이 책의 머리말

로이어스 기출시리즈의 변화
로이어스 기출 시리즈는 시험초기부터 이번 2023년 제12회 변호사시험에 이르기까지 함께 해왔습니다. 다년 간 시험의 출제 형태와 경향 및 쟁점에서 변화가 있었듯, 로이어스 기출시리즈도 이에 대응하여 많다면 많은 변화를 겪었습니다.

매년 해설과 모범답안을 작성 해 주시는 변호사님들의 수험경향의 확인 및 쟁점과 답안의 재검토가 있었고, 출간형태에 대해서도 많은 고민을 하였습니다.

최근 몇 년간 저희가 시도한 키워드는 「집중」, 한 단어로 설명될 수 있습니다.
문제출제에 대한 최신 트렌드의 반영과 함께, 분량의 문제, 내용 중복의 문제와 이에 따라 가중되는 수험생들의 심리적 부담감의 해결을 위하여, 법전협 모의시험의 분량을 제한하며 해설을 재정비한 것입니다.

이는 선택형 기출해설에서 가장 먼저 시작하였고, 이어서 사례형 기출해설 또한 올해로 개정2판을 출간하였습니다. 이제, 기출시리즈의 마지막인 기록형 기출해설도 「기록형 집중」으로 출간합니다.

로이어스 기록형 집중
로이어스 기록형 집중(이하 「기집」)은 변호사시험 전회차와 최근 3개년 법전협 모의시험을 대상으로 정리한 교재입니다.

앞서 말씀드린 바와 같이
이와 같은 구성을 취한 것은 최근 2023년 제12회 변호사시험까지 다년간에 걸쳐 누적된 방대한 분량의 기출문제 전체에 대해 학습하는 것보다는, 최근 수험경향에 맞춰서 시험 준비를 하기 위해 내용적으로는 물론 분량적으로도 압축·정리하여 학습하는 것이 효율적이기 때문입니다. 실제로 로이어스 선택형 집중(이하 「선집」) 시리즈의 출간 및 연계강의를 통해 선택형 수험서로서의 효용성이 입증되었고, 사례형의 경우에도 작년부터 사례형기출이 아닌 「사집」을 통해서 강의가 이뤄졌고 선택형과 마찬가지로 긍정적인 결과를 보이고 있습니다.

최근 강의 커리큘럼 또한 이와 같이 진행되고 있습니다.

문제와 해설을 한 권의 책으로
법전협 모의시험 수록범위를 최근 3개년으로 제한하였기에, 문제와 해설을 별도 분리하지 않고 합본하여 회차별로 구성하였습니다.
즉, 과목별로 1~2권으로 구성됩니다.

예를 들어 민사법의 경우 「민사법 기록형 집중 1 : 변호사시험」과 「민사법 기록형 집중 2 : 법전협모의시험」처럼 변호사시험 1권(문제+해설; 전회차), 법전협모의시험 1권(문제+해설; 최근 3개년)과 같이 구성됩니다.

「기답」시리즈와의 연계성
이번 「집중」시리즈로 변화된 구성을 취함에 따라 「기록 답부터 공부하기(이하 「기답」)와의 연계성이 더욱 높아질 것으로 보입니다. 「기답」시리즈가 법전협 모의시험 전회차를 대상으로 하여 쟁점별・서류별로 선별 정리한 교재이므로, 상호 교자학습을 통해 「집중」시리즈에 수록되지 않은 부분에 대한 불안과 부담 또한 일소될 수 있습니다.

변경된 판례와 법령의 정비
기록형의 경우 출제 당시의 법령 또는 문제에서 제시된 법령을 가지고 사안의 해결을 추출하게 되므로, 변경된 법령 또는 판례는 답안의 원안을 훼손하지 않고 부연 또는 각주로 첨언하였습니다.

앞으로도 「기록형 집중」시리즈가 기록형 답안 작성에 대한 부담을 줄이고, 효율적인 길잡이가 되도록 노력하겠습니다.

2023. 7.

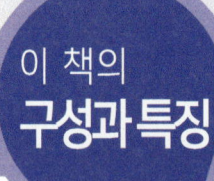

이 책의 구성과 특징

신뢰 ① _ 공식인증 문제 사용

수록된 문제는 변호사시험 출제분을 비롯하여 법학전문대학원협의회에서 인증된 문제를 공식계약·사용함으로써 시중의 해설집에서 볼 수 있을 변형이나 각색을 지양하고, 문제 자체의 신뢰를 가질 수 있도록 하였습니다.

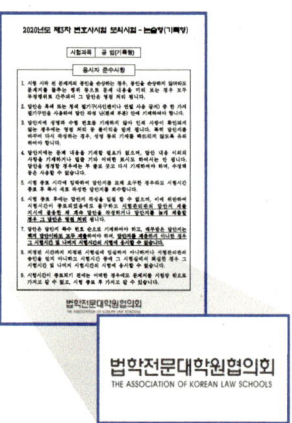

신뢰 ② _ 다년간 경력의 변호사들이 직접 작성한 답안

기록형 문제는, 형사법의 경우 변론요지서와 검토의견서, 민사법은 소장, 공법은 소장과 헌법소원심판청구서를 작성하는 구조를 가지고 있습니다.

이는 '이론'뿐만 아니라 '실무'적으로 어떤 부분이 문제되는지를 실제 법무법인 소속의 각 분야의 전문 변호사가 직접 작성한 서류를 통해 '정답 수준의 해설'을 제시하고 있으며, 직접 강의를 진행함으로써, 서류문제해결의 우위를 점할 수 있음은 물론, 실무적으로도 손색이 없도록 서비스되고 있습니다.

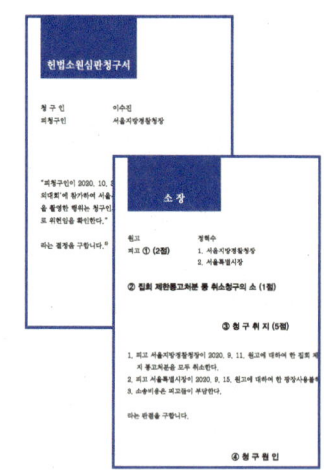

집중 _ 문제편 · 해설편 통합

별도로 문제편과 해설편을 분리하지 않고,
각 연도별 또는 회차별로 문제+해설 재배치하여
통합 1권으로 구성하여 집중적으로 학습할 수 있도록
하였습니다.

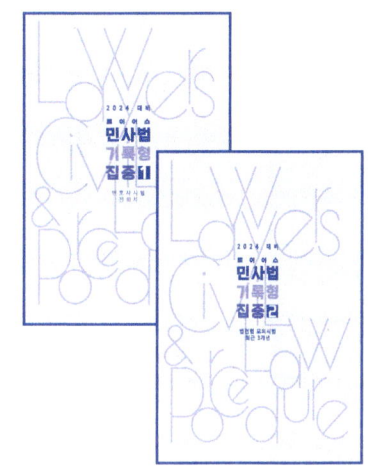

핵심 _ 해설 자체보다는 찾는 과정 중시

기록형 문제는 찾는 과정을 반복하는 것이 중요합니다.
'함정'과 '힌트'를 적합하게 발견하는 과정을 중시하기 때문에,
문제편에서는 문제를 수록하여 서류를 온전히 읽을 기회 제공,
해설편에서는 서류에 대한 Tip을 서류 분량만큼 제시하여
함정과 힌트를 얼마나 잘 찾았는지 확인하도록 하였습니다.

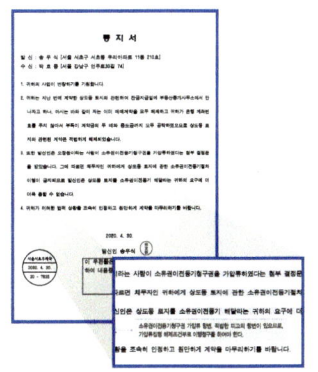

이 책의 목차

2012년도 제1회 변호사시험 문제	…	1
문제해결 TIP	…	42
답안	…	66
2013년도 제2회 변호사시험 문제	…	77
문제해결 TIP	…	114
답안	…	142
2014년도 제3회 변호사시험 문제	…	157
문제해결 TIP	…	194
답안	…	224
2015년도 제4회 변호사시험 문제	…	245
문제해결 TIP	…	284
답안	…	318
2016년도 제5회 변호사시험 문제	…	335
문제해결 TIP	…	380
답안	…	410
2017년도 제6회 변호사시험 문제	…	431
문제해결 TIP	…	480
답안	…	518

2018년도 제7회 변호사시험 문제	⋯ 537
문제해결 TIP	⋯ 582
답안	⋯ 608
2019년도 제8회 변호사시험 문제	⋯ 625
문제해결 TIP	⋯ 672
답안	⋯ 706
2020년도 제9회 변호사시험 문제	⋯ 723
문제해결 TIP	⋯ 768
답안	⋯ 802
2021년도 제10회 변호사시험 문제	⋯ 821
문제해결 TIP	⋯ 868
답안	⋯ 894
2022년도 제11회 변호사시험 문제	⋯ 911
문제해결 TIP	⋯ 956
답안	⋯ 986
2023년도 제12회 변호사시험 문제	⋯ 999
문제해결 TIP	⋯ 1044
답안	⋯ 1076

기록 서류정리

문제에서 제시하는 기록지 유형(변호사시험)

	12	13	14	15	16	17	18	19	20	21	22	23
(의뢰인)상담일지	1	1	1	1	1	1	1	1	1	1	1	1
판결문 / 결정문	4	2	2	1	3	3		2	2	3	4	3
확정증명원 / 송달증명원	3	2	1	1		1	1	1	1	2	1	1
등기사항증명서	2	3	3	4	7	5	6	3	4	3	4	5
가족관계증명서 / 재적등본 / (혼인관계,기본)증명서 / 주민등록등본	2			2				2	1	6		1
(부동산)임대(전대)차계약서	1	1		1	1	1	1	1	4	1	1	1
(부동산) 매매계약서 / 매매예약서		1	1	1	1	2	1	2	3			
(채권양도양수, 기타)계약서 / 약정서		2		3	1	3	2	1	1	2	4	1
우편물배달증명서	1			2		2						
(토지임대료/채무/사실)확인서 / (입금)확인증 / (정산)내역서	2		2				2	3			2	
이행촉구서 / 통지서 / 통고서 / 최고서 / 요구서 / 요청서 / 지시서 / 청구서	3	2	4	2	7	7	6	5	3	2	1	4
답변서 / 답신	1	3		4	4	2	3	3	1	7	4	6
정관 / 주주명부 / (주주총회) 의사록		1					2			1		
각서 / 결의서 / 확약서 / 연대보증서		1	1	2		2	1			1	1	
어음 / (어음)공정증서		1			1							
내용증명 / 증명원				1	1			3	4	1	1	1
영수증 / 차용증 / 수령증 / (공제)증서		1				1	4	4	5	2	1	2
집행불능조서 / (화재현장)조사서 / 진술서		1								2		
합의서			2			1	1		1		1	
인수인계서 / 견적서 / 감정평가서 / 위임장			1	1						2		
토지대장 / 배당표 / 도면				1								1
화해조서 / 채무면제서 / 승낙서 / (건축)허가서 / 지급명령신청서			1	1				1		1		1
(사업자)등록증 / 자격증 / (재직)증명서				1		1	1					
공탁서 / 소장					1						1	
녹취록 / 사직서						2						

문제에서 제시하는 기록지 유형(법전협모의시험)

	12[2]	12[3]	13[1]	13[2]	13[3]	14[1]	14[2]	14[3]	15[1]	15[2]	15[3]	16[1]	16[2]	16[3]	17[1]	17[2]	17[3]	18[1]	18[2]	18[3]	19[1]	19[2]	19[3]	20[1]	20[2]	20[3]	21[1]	21[2]	21[3]	22[1]	22[2]	22[3]
(의뢰인)상담일지	1	1	1	1	1	1	1	1	1	1	1	1	1	1	1	1	1	1	1	1	1	1	1	1	1	1	1	1	1	1	1	1
판결문 / 결정문		1	3	1	1	1	1		4			3	1	1	3	5	2	3	1	7	4	1	5	2	3	1	2	4	5	2	5	6
확정증명원 / 송달증명원			3			1			2						1	4	1	2		1	3		4	1	2	1	2	3	2	2	2	6
등기사항증명서	3	1	1	1	1	2	2	3	3	3	3	2	2	3	1	2	5	4	7		3	5	2	1	5	3	3	3	2	5	2	3
가족관계증명서 / 제적등본 / (혼인관계, 기본)증명서 / 주민등록등본	4					3			3			2	2	2		3	4	3				4	1		1		2			2	2	2
(부동산)임대(전대)차 계약서				1	1				2	1		1	1	1	1	1			2		1	1	1	2		3		2		1		2
(부동산)매매계약서 / 매매예약서	2	2			1	1	1	2	1	1	1	2	2		1	1		2			4	1	1				1		1	1		
(채권양도양수, 기타)계약서 / 약정서			2	1		2				1	3		1	2		2	3	2	1	2		1			1	3	2	3	1	2		2
우편물배달증명서	1		2	4		1	1	3	2	1			1	2	2	1			1		1	4		1		1	2	1	1	1		2
(토지임대료 / 채무 / 사실)확인서 / (입금)확인증 / (잔산)내역서	1	1	2	2		2	1	1	2	2	2	2	2	2	3	2		2	2		3	2	2		2	2	2		1	2		1
이행촉구서 / 통지서 / 통고서 / 최고서 / 요구서 / 요청서 / 지시서 / 청구서	1	1	3	1		4	2	8	7	7	1	6	6	4	3	2	5	3	4	1	5	5	3	6	1	3	2	1	5	3	2	6
답변서 / 답신 / 회신	1	1	1	3		3	1		1	3	2	5	6	6	5	4		7	13	1	2	7	3	1	7	3	1		6	5	5	6
정관 / 주주명부 / (주주총회)의사록 / (이사회)규정																1						1							1			
각서 / 결의서 / 확약서 / 연대보증서				1	2				1	1			1		1		1					1					1		2			
어음 / (어음)공장증원													1					2			4											
내용증명 / 증명원			1		3										2		1							1	1	2						1
영수증 / 차용증 / 수령증 / (공제)증서	2	3	3	3	1	2	4	2	3	1	1		1	2			1	1	1	2	2	2	2	2	2	1	4	3	5	1		
집행불능조서 / (화재현장)조사서 / 진술서		1					1			1						1			1										1	1	1	
합의서									1									1							1							
인수인계서 / 견적서 / 감정평가서 / 위임장	1							2		1								1	1			1	1		1	1						1
토지대장 / 배당표 / 도면					1											1									2	1						
화해조서 / 채무면제서 / 승낙서 / (건축)허가서 / 지급명령신청서		2																											1			
(사업자)등록증 / 자격증 / (재직)증명서						2	1	1		1							1		2		1			1		1			1	1		
공탁서 / 소장	1	1	2	1											2	1			3			1							1			
녹취록 / 사직서	1	1			1							1									1											

기록 서류정리

문제에서 요구하는 서류별 분류

	변호사시험											
	12	13	14	15	16	17	18	19	20	21	22	23
소장	○	○	○	○	○	○	○	○	○	○	○	○
답변서			○									
준비서면												
반소장												

	법전협모의시험																							
	12[2]	12[3]	13[1]	13[2]	13[3]	14[1]	14[2]	14[3]	15[1]	15[2]	15[3]	16[1]	16[2]	17[1]	17[2]	17[3]	18[1]	18[2]	19[1]	19[2]	20[1]	20[2]	20[3]	21[1]	21[2]	21[3]	22[1]	22[2]	22[3]
소장	○		○			○	○	○	○	○	○	○	○	○	○	○	○	○	○	○	○	○	○	○	○	○	○	○	○
답변서					○																								
준비서면		○																											
반소장		○																											

민사법 / 기록형

2012년도 **제1회** 변호사 시험

문제

2012년도 제1회 변호사시험 문제

시험과목	민사법(기록형)

응시자 준수사항

1. 시험 시작 전 문제지의 봉인을 손상하는 경우, 봉인을 손상하지 않더라도 문제지를 들추는 행위 등으로 문제 내용을 미리 보는 경우 모두 부정행위로 간주되어 그 답안은 영점처리 됩니다.

2. 답안은 흑색 또는 청색 필기구(사인펜이나 연필 사용 금지) 중 한 가지 필기구만을 사용하여 답안 작성 난(흰색 부분) 안에 기재하여야 합니다.

3. 답안지에 성명과 수험 번호를 기재하지 않아 인적사항이 확인되지 않는 경우에는 영점 처리 등 불이익을 받게 됩니다. 특히 답안지를 바꾸어 다시 작성하는 경우, 성명 등의 기재를 빠뜨리지 않도록 유의하여야 합니다.

4. 답안지에는 문제내용을 기재할 필요가 없으며, 답안 내용 이외의 사항을 기재하거나 밑줄 기타 어떠한 표시도 하여서는 아니됩니다. 답안을 정정할 경우에는 두 줄로 긋고 다시 기재하여야 하며, 수정액 등은 사용할 수 없습니다.

5. 시험종료 시각에 임박하여 답안지를 교체요구한 경우라도 시험시간 종료 후 즉시 새로 작성한 답안지를 회수합니다.

6. 시험 종료 후에는 답안지 작성을 일절 할 수 없으며, 이에 위반하여 시험시간이 종료되었음에도 불구하고 **시험관리관의 답안지 제출 지시에 불응한 채 계속 답안을 작성하거나 답안지를 늦게 제출할 경우 그 답안은 영점처리** 됩니다.

7. 답안은 답안지 쪽수 번호 순으로 기재하여야 하고, **배부받은 답안지는 백지 답안이라도 모두 제출**하여야 하며, **답안지를 제출하지 아니한 경우 그 시험시간 및 나머지 시험시간의 시험에 응시할 수 없습니다.**

8. 지정된 시간까지 지정된 시험실에 입실하지 아니하거나 시험관리관의 승인을 얻지 아니하고 시험시간 중에 그 시험실에서 퇴실한 경우 그 시험시간 및 나머지 시험시간의 시험에 응시할 수 없습니다.

9. 시험시간이 종료되기 전에는 어떠한 경우에도 문제지를 시험장 밖으로 가지고 갈 수 없고, 시험 종료 후 가지고 갈 수 있습니다.

【문제】

서울 종로구 종로 1가 1 교보빌딩 1203호에서 단독으로 변호사 개업을 하고 있는 신영수 변호사는 2012. 1. 5. 박대원과 <의뢰인 상담일지>에 기재된 내용의 상담을 하고 첨부서류를 자료로 받았다. 위 신영수 변호사가 <의뢰인 상담일지>와 첨부서류 및 예시·참고 자료를 바탕으로 의뢰인을 위하여 법원에 소를 제기한다고 가정하고 아래 <작성요령>에 따라 소장을 작성하시오.

【작성요령】

※ 아래 작성요령을 위반하여 작성한 경우에는 감점이나 불이익을 당함.

1. 소장 작성일 및 소 제기일은 2012. 2. 1.로 전제할 것.
2. 법리적으로 가능한 범위에서 의뢰인에게 최대한 유리하게 소장을 작성하되, <의뢰인 상담일지>에 나타난 의뢰인의 의사에 반하지는 말 것.
3. 소의 전부나 일부가 각하되거나, 청구의 전부나 일부가 기각되지 않도록 하고, 예비적 청구나 선택적 청구를 하지 말 것. 다만, 첨부서류의 내용에 비추어 장차 소송 과정에서 피고(들)의 항변이 예상되는 경우, 미리 이를 가정하여 이에 대한 반박을 기재할 것.
4. 금전청구의 경우 기간이 결부될 때에는 이를 정산하지 말고 금액과 기간의 초일, 말일을 표시하는 방법으로 기재하고, 지연손해금청구는 제외할 것.
5. 물건의 표시가 필요한 경우 목록을 별지로 만들지 말고 청구취지와 청구원인에 직접 표시할 것.
6. 당사자는 반드시 자격(원고, 피고, 소외)과 이름으로 기재하고, '원고 1.' 등과 같이 번호로 특정하지 말 것.
7. 본 기록에 나타나 있는 사실관계 및 첨부자료만을 기초로 하고, 별도의 법률행위 또는 사실행위를 전제하거나, 채권자대위권의 행사를 하지 말 것.

8. 특별한 언급이 없는 한, 이 기록 내의 각종 서류는 모두 적법하게 작성되었고, 첨부서류 및 <의뢰인 상담일지>의 내용은 모두 진실한 것으로 전제할 것.
9. 예시로 제시한 소장의 형식과 참고자료로 제시한 「각급 법원의 설치와 관할구역에 관한 법률」을 참고하되, 피고가 복수인 경우 청구원인은 반드시 피고별로 나누어 기재하고, 입증방법란과 첨부서류란은 생략할 것(청구원인에 입증방법을 표시하지 않아도 무방함).
10. 법리문제는 현행 법령 및 대법원 판례의 태도에 따를 것.

【소장 양식】

소 장

원 고 ○○○
　　　　　_____
　　　　　소송대리인 변호사 △△△
　　　　　_____

피 고 □□□
　　　　　_____

건물철거 등 청구의 소

청 구 취 지

청 구 원 인

1. 피고 □□□에 대한 청구
　　　°
　　　°
　　　°

입 증 방 법

(생략)

첨 부 서 류

(생략)

20○○. ○. ○○.
원고(들) 소송대리인
변호사 △△△ ㊞

○○지방법원 귀중

【참고자료】

각급 법원의 설치와 관할구역에 관한 법률

제1조(목적) 이 법은 「법원조직법」 제3조 제3항에 따라 각급 법원의 설치와 관할구역을 정함을 목적으로 한다.

제2조(설치) ① 고등법원, 특허법원, 지방법원, 가정법원, 행정법원과 지방법원의 지원(支院) 및 가정법원의 지원을 별표 1과 같이 설치한다.
② 시법원 또는 군법원(이하 "시·군법원"이라 한다)을 별표 2와 같이 설치한다.

제3조(합의부지원) 지방법원의 지원 및 가정법원의 지원에 합의부를 둔다. 다만, 대법원규칙으로 정하는 지원에는 두지 아니한다.

제4조(관할구역) 각급 법원의 관할구역은 다음 각 호의 구분에 따라 정한다. 다만, 지방법원 또는 그 지원의 관할구역에 시·군법원을 둔 경우 「법원조직법」 제34조 제1항 제1호 및 제2호의 사건에 관하여는 지방법원 또는 그 지원의 관할구역에서 해당 시·군법원의 관할구역을 제외한다.
1. 각 고등법원·지방법원과 그 지원의 관할구역: 별표 3
2. 특허법원의 관할구역: 별표 4
3. 각 가정법원과 그 지원의 관할구역: 별표 5
4. 행정법원의 관할구역: 별표 6
5. 각 시·군법원의 관할구역: 별표 7
6. 항소사건(抗訴事件) 또는 항고사건(抗告事件)을 심판하는 지방법원 본원 합의부 및 지방법원 지원 합의부의 관할구역: 별표 8
7. 행정사건을 심판하는 춘천지방법원 및 춘천지방법원 강릉지원의 관할구역: 별표 9

제5조(행정구역 등의 변경과 관할구역)
① 법원의 관할구역의 기준이 되는 행정구역이 변경된 경우에는 이 법에 따라 법원의 관할구역이 정하여질 때까지 정부와 협의하여 그 변경으로 인한 관할구역을 대법원규칙으로 정할 수 있다.
② 인구 및 사건 수 등의 변동으로 인하여 시·군법원의 관할구역을 조정할 필요가 있다고 인정되는 경우에는 이 법에 따라 관할구역이 정하여질 때까지 그 관할구역의 변경을 대법원규칙으로 정할 수 있다.

[별표 3] 고등법원·지방법원과 그 지원의 관할구역 중 일부

고등법원	지방법원	지원	관할구역
서울	서울중앙		서울특별시 종로구·중구·성북구·강남구·서초구·관악구·동작구
	서울동부		서울특별시 성동구·광진구·강동구·송파구
	서울남부		서울특별시 영등포구·강서구·양천구·구로구·금천구
	서울북부		서울특별시 동대문구·중랑구·도봉구·강북구·노원구
	서울서부		서울특별시 서대문구·마포구·은평구·용산구
	의정부		의정부시·동두천시·구리시·남양주시·양주시·연천군·포천시·가평군, 강원도 철원군. 다만, 소년보호사건은 앞의 시·군 외에 고양시·파주시
		고양	고양시·파주시

기록내용 시작

기 록 목 록

1. 의뢰인 상담일지 ·· 8
2. 판결문(2008. 10. 24.) ··· 11
3. 판결문(2009. 10. 9.) ··· 14
4. 확정증명원(2012. 1. 5.) ·· 15
5. 판결문(2005. 10. 1.) ··· 16
6. 확정증명원(2012. 1. 5.) ·· 18
7. 등기부 등본(서울 종로구 관철동 50-1) ··· 19
8. 등기부 등본(서울 종로구 관철동 50-2) ··· 21
9. 제적 등본 ·· 22
10. 가족관계증명서 ·· 25
11. 부동산 임대차계약서 ·· 26
12. 채권 양도양수 통지서 ·· 27
13. 우편물 배달증명서 ·· 28
14. 토지임대료 확인서 ·· 29
15. 등기이행 촉구서 ·· 30
16. 등기이행 촉구서에 대한 답변 ·· 31
17. 통지서 ·· 32
18. 채권 가압류 결정문 ·· 34
19. 송달증명원 ·· 36
20. 채무확인서 ·· 37

의뢰인 상담일지

변호사 신영수 법률사무소

서울 종로구 종로 1가 1 교보빌딩 1203호
☎ : 732-1000, 팩스 : 732-1001, e-mail : sys@hanmail.com

접수번호	2012-05	상담일시	2012. 1. 5.
상담인	박대원 02-730-5169	내방경위	지인 소개, 소 제기 의뢰
관할법원		사건번호 (법원, 검찰)	

<상 담 내 용>

1. 박대원의 아버지 박정수는 가구 제조·판매업을 하였는데, 서울 종로구 관철동 50-1 대 500㎡와 50-2 잡종지 330㎡를 소유하고 있었다.

2. 위 50-1 토지는 박정수가 주택을 신축할 목적으로 옛 집을 헐어 나대지가 되었는데 자금 사정으로 건축이 지연되어 현재까지 나대지 상태로 있다. 위 잡종지는 위 나대지에 바로 붙어 있는 땅으로 아버지 박정수는 이를 폐가구나 목재 등의 자재를 쌓아두는 데에 사용하였다.

3. 박대원은 1995년경 캐나다에 가서 태권도 체육관을 운영하다가 2005년 봄에 영구 귀국하였고, 여동생인 박점숙은 1992년에 출가하여 현재까지 부산에서 살고 있다.

4. 박정수는 2000년 여름 급성 폐렴으로 사망하였으며, 박대원은 아버지의 사업을 잇기 위해서 위와 같이 2005년 체육관을 정리하고 귀국을 하였다.

5. 숙부 박진수(박정수의 동생)는 부친 박정수의 집 가까이에 거주하며 박정수의 가구점 일을 도와주곤 하였는데, 박정수가 사망한 후 박대원과 박점숙이 상속등기를 하지 않고 그 재산을 관리하지 못하는 사정을 이용하여, 위 2필지를 마치 자신이 박정수에게서 매수한 것처럼 서류를 위조해서 자기 앞으로 등기를 한 후 위 나대지는 자신이 고물수집장소로 이용하다가 신한은행 앞으로 근저당권을 설정하고, 위 잡종지는 김영철이라는 사람에게 임대해버렸다.

6. 박대원은 이런 사실을 귀국 후인 2005년 7월 1일에야 알고 박진수에게 등기의 환원을 요구하고 김영철에게도 잡종지의 반환을 요구하였다. 숙부 박진수는 자신이 위 토지들을 박대원의 조부로부터 증여를 받았고 박정수는 단지 등기 명의만 보유하고 있던 것에 불과하다며 불응하였고, 김영철도 자신은 등기부를 보고 박진수가 소유자인 것으로 알고 임차한 것뿐이라며 박진수와 해결하라고 인도를 거절하였다.

7. 이에 박대원과 박점숙은 아는 법조인의 도움을 받아 변호사 없이 김영철을 상대로 민사재판을 제기하였는데, 법을 잘 몰라 증거를 대지 못하는 바람에 패소하고 말았다.

8. 그 뒤에도 박대원과 박점숙은 박진수에게 모든 것을 원상으로 돌려놓을 것을 요구하였으나 박진수가 이에 응하지 않으므로 부득이 2007년 9월 1일 박진수를 형사고소하였고, 박진수는 1심에서 유죄판결을 받았다. 이에 박대원은 판결문을 복사하여 2008년 11월 1일 김영철을 찾아가 이를 건네주고, 박진수가 무단으로 잡종지를 임대한 것이니 즉시 이를 반환해 줄 것을 요구하였던바, 김영철은 정리할 시간을 좀 달라고 하였다 (김영철은 잡종지에서 지게차 대여업을 운영하고 있음).

9. 박진수는 1심에서 유죄판결이 나자 항소심 계속 중인 2009년 5월 10일 박대원과 박점숙을 찾아와 화해를 요청하고, 위 나대지를 고물상 영업장소로 무단 사용한 데 대한 보상으로 자신이 김영철에게 받을 대여금반환채권을 박대원과 박점숙에게 대신 받아 가지라며 양도해 주고 김영철에게 그 뜻을 통지까지 하였다. 박대원과 박점숙은 이를 수락하고 나대지 사용에 따른 문제는 더 이상 거론하지 않기로 하였다.

10. 이에 박대원과 박점숙은 박진수에게 최대한 빠른 시간 안에 원상복구할 것을 요구하고, 박진수가 이미 김영철에게서 받아 써버린 임대료 상당의 손해를 배상해 주고 이후로 김영철에게 받을 임대료를 받는 족족 박대원과 박점숙에게 지급해 주도록 요구하였다(그러나 박진수의 무단임대를 추인한 것은 아니고 지금도 그럴 생각은 없다).

11. 그러나 박진수는 위 나대지만을 지난 12월 말에 반환하였을 뿐, 돈이 없다며 자신이 받아 써버린 임대료는 반환하지 않고 있음은 물론 현재까지도 계속 김영철에게 임대료를 받고 있으며 김영철도 아직까지 위 잡종지를 반환하지 않고 있다.

12. 위 2필지를 임대할 경우 매월 800만 원의 임대료를 받을 수 있다고 여러 부동산중개업소에서 확인하였다.

<상담인의 희망사항>

1. 박대원은 위 2필지에 빌라를 신축하여 임대업을 할 계획을 세웠다. 그런데 박진수 명의로 등기가 되어 있고 근저당권까지 설정되어 있어 건축허가가 지연되고 있다. 건축허가만 나면 곧 건축공사에 들어갈 예정이다. 박진수와 신한은행 명의의 등기를 말소해 주면 상속등기를 한 후 건축허가를 받겠다. 신한은행에서는 박진수의 채무 5,000만 원만 갚아 주면 근저당을 풀어 주겠다고 하므로, 박대원은 그 채무를 자신이 법적으로 책임져야 한다면 그 돈을 대신 갚고서라도 속히 근저당권 문제를 해결하고 싶다.

2. 숙부가 잡종지를 무단으로 임대하고 김영철에게서 받아먹은 임대료를 박대원과 박점숙에게 주어야 하나, 숙부가 아직까지 해결해주지 않고 있으니 김영철에게 이를 받았으면 좋겠다. 숙부는 앞으로 받을 임대료도 자신이 써버리고 우리에게 안 줄 게 틀림없다. 그러나 숙부 박진수는 재산이 없어 교도소 출소 후 현재 노숙자 상태나 다름이 없고 연로한 데다 앞으로도 재산을 보유할 가능성이 전혀 없어 소송을 해봐야 실익이 없다. 김영철은 양수금도 가압류가 있다는 핑계로 한 푼도 지급하지 않고 있으니 이것도 받아 주었으면 좋겠다.

3. 여동생 박점숙은 최근에 미국 여행을 갔는데, 요 몇 달 동안 서로 연락이 되지 못해 위 토지 문제에 대해 미리 말을 하지 못했다. 박점숙이 오늘 변호사 사무소를 찾아 문제 해결을 의뢰한 오빠 박대원의 이런 행동에 대해 찬성을 할지 어떨지는 잘 모르겠다(이전에 형사고소와 민사재판을 할 때도 여동생은 "굳이 그렇게까지 할 필요 있느냐, 삼촌이 원상복구할 때까지 기다리자."라며 다소 소극적이었다). 일이 급하니 박점숙의 귀국 전이라도 속히 문제를 해결했으면 한다.

서 울 중 앙 지 방 법 원

판 결

사　　　건	2007고단7512 사문서위조, 위조사문서행사, 공정증서원본불실기재, 불실기재공정증서원본행사
피　고　인	박진수 (250308-1234600), 고물상
	주거　서울 종로구 신교동 500
	등록기준지　경주시 서부동 255
검　　　사	한문혁
변　호　인	변호사 정영훈(국선)
판 결 선 고	2008. 10. 24.

주　　문

피고인을 징역 1년에 처한다.

이　　유

범 죄 사 실

피고인은 공소외 박정수의 동생으로서, 박정수 소유인 서울 종로구 관철동 50-1 대 500㎡ 및 같은 동 50-2 잡종지 330㎡를 박정수로부터 매수한 바 없음에도, 박정수가 사망하고 그 상속인들인 박대원, 박점숙이 위 각 토지의 관리를 소홀히 한 틈을 이용하여 위 각 토지에 대한 등기를 자신의 명의로 이전하기로 마음먹고,

1. 사문서 위조

행사할 목적으로, 2001. 3. 3.경 서울 종로구 신교동 500 피고인의 주소지에서 박정수 명의의 서울 종로구 관철동 50-1 대 500㎡ 및 같은 동 50-2 잡종지 330㎡에

관한 매도증서의 매수인란에 피고인의 이름을 기재한 다음, 매도인란에 볼펜으로 매도인의 성명 '박정수', 주민등록번호 '221206-1222510', 주소 '서울 종로구 내자동 12'라고 각 기재한 후 미리 위조하여 소지하고 있던 박정수 명의의 인장을 찍어 권리의무에 관한 사문서인 박정수 명의의 매도증서 1장을 위조하고,

2. 위조사문서행사

2001. 3. 5. 14:00경 서울 중구 순화동 17 소재 서울지방법원 중부등기소에서 피고인 명의로 소유권이전등기를 경료하기 위하여, 위조사실을 모르는 성명불상의 등기소 직원에게 위와 같이 위조된 매도증서 1장을 마치 진정하게 작성한 것처럼 교부하여 이를 행사하고,

3. 공정증서원본불실기재 및 불실기재공정증서원본행사

2001. 3. 5. 14:00경 위 중부등기소 접수실에서, 사실은 박정수가 피고인에게 위 각 토지를 매도한 사실이 없음에도 불구하고, 위조한 박정수 명의의 매도증서를 첨부하여 피고인을 위 토지에 대한 소유자로 하는 소유권이전등기신청서를 작성·접수하여, 2001. 3. 5. 시간불상경 그 정을 모르는 위 등기소 담당직원으로 하여금 위 토지들에 대하여 피고인 앞으로 각 소유권이전등기를 마치게 함으로써, 공무원에게 허위신고를 하여 공정증서원본인 부동산등기부에 불실의 사실을 기재하게 하고, 그 때 이를 그곳에 비치하게 하여 행사하였다.

증거의 요지

1. 피고인의 법정진술
1. 피고인에 대한 각 경찰 피의자신문조서
1. 고소장
1. 위조된 매도증서
1. 등기부 등본

법령의 적용

1. 범죄사실에 대한 해당 법조

   형법 제231조(사문서위조의 점), 제234조(위조사문서행사의 점), 제228조 제1항(공정증서원본불실기재의 점), 형법 제229조, 제228조 제1항(불실기재공정증서원본행사의 점)

1. 형의 선택

   각 징역형 선택

1. 경합범가중

   형법 제37조 전단, 제38조 제1항 제2호, 제50조

이상의 이유로 주문과 같이 판결한다.

판사   박창범

서 울 중 앙 지 방 법 원
제 12 형사부
판 결

사 건	2008노57134 사문서위조, 위조사문서행사, 공정증서원본불실기재, 불실기재공정증서원본행사
피 고 인	박진수 (250308-1234600), 고물상
	주거 서울 종로구 신교동 500
	등록기준지 경주시 서부동 255
검 사	고동석
항 소 인	피고인
변 호 인	변호사 김미리(국선)
제 1 심 판 결	서울중앙지방법원 2008. 10. 24. 선고 2007고단7512 판결
판 결 선 고	2009. 10. 9.

주 문

피고인의 항소를 기각한다.

이 유

피고인의 이 사건 항소요지는 원심의 형량이 너무 무거워 부당하다는 것이나, 기록을 살펴보아도 원심의 양형이 부당하다고 보이지는 않으므로, 피고인의 항소는 이유 없다. 그러므로 이를 기각하기로 하여 주문과 같이 판결한다.

재판장 판사 조용기 _____

판사 김유석 _____

판사 최인철 _____

확 정 증 명 원

사 건   2007고단7512 사문서위조, 위조사문서행사 등
피 고 인   박진수

위 피고인에 대한 귀원 2007고단7512(2008노57134) 사문서위조, 위조사문서행사 등 사건에 관하여 2008. 10. 24. 선고된 판결이 항소기각 판결로 2009. 10. 17. 확정되었음을 증명하여 주시기 바랍니다.

2012. 1. 5.

신청인 고소인 박대원

서울중앙지방법원 귀중

위 사실을 증명합니다.

2012. 1. 5.

서울중앙지방법원
법원주사 고주미

서 울 중 앙 지 방 법 원

판 결

사　　건	2005가단36104 부당이득반환청구
원　　고	1. 박대원(600824-1234567)
	서울 종로구 내자동 12
	2. 박점숙(630227-2234568)
	부산시 수영구 감천동 51
피　　고	김영철(750417-1316400)
	서울 종로구 효자동 32
변론 종결	2005. 9. 20.
판결 선고	2005. 10. 1.

주　　문

1. 원고들의 청구를 모두 기각한다.
2. 소송비용은 원고들이 부담한다.

청 구 취 지

피고는 원고들에게 2004. 9. 1.부터 서울 종로구 관철동 50-2 잡종지 330㎡를 반환할 때까지 매달 3백만 원씩 지급하라.

이　　유

1. 원고들의 주장

　　원고들은 이 사건 청구원인으로, 서울 종로구 관철동 50-2 잡종지 330㎡는 자신들의 소유인데 피고가 위 토지를 아무런 권원 없이 점유·사용하여 매월 임대료 상당액인 3,000,000원의 부당이득을 얻고 원고들은 동액 상당의 손해를 입고 있으니 이를 반환할 의무가 있다고 주장한다.

2. 판단

그러나 갑제1호증(등기부 등본)의 기재만으로는 원고들이 위 토지의 소유자임을 인정하기에 부족하고(오히려 갑제1호증에 의하면 위 토지의 소유자는 박진수임을 알 수 있다.) 달리 이를 인정할 증거가 없다.

3. 결론

따라서 원고들의 임료 상당 금액에 관한 주장 및 피고의 소멸시효 항변 주장에 대하여 더 나아가 볼 것 없이 원고들의 이 사건 청구는 모두 이유 없으므로 주문과 같이 판결한다.

판사   신도현 _____

확정증명원

사 건   2005가단36104 부당이득반환청구

원 고   1. 박 대 원
        2. 박 점 숙

피 고   김 영 철

위 당사자 간 귀원 2005가단36104 부당이득반환청구 사건에 관하여 2005. 10. 1. 선고된 판결이 위 원고들의 항소포기로 2005. 10. 25. 확정되었음을 증명하여 주시기 바랍니다.

2012. 1. 5.

신청인 원고 박대원

서울중앙지방법원 귀중

위 사실을 증명합니다.
2012. 1. 5.
서울중앙지방법원
법원주사 한성균

등기부 등본(말소사항 포함)-토지

[토지] 서울 종로구 관철동 50-1   고유번호 3103-1997-341247

【표제부】 (토지의 표시)

표시번호	접 수	소재지번	지목	면적	등기원인 및 기타사항
1 (전2)	1997년6월15일	서울 종로구 관철동 50-1	대	500㎡	부동산등기법시행규칙부칙 제3조 제1항의 규정에 의하여 1997년7월14일 전산이기

【갑 구】 (소유권에 관한 사항)

순위번호	등기목적	접 수	등 기 원 인	권리자 및 기타사항
1 (전2)	소유권이전	1970년4월16일 제1453호	1970년3월15일 매매	소유자 박정수 221206-1222510 서울 종로구 내자동 12 부동산등기법시행규칙부칙 제3조 제1항의 규정에 의하여 1997년7월14일 전산이기
2	소유권이전	2001년3월5일 제1500호	2001년3월3일 매매	소유자 박진수 250308-1234600 서울 종로구 신교동 500

--- 이 하 여 백 ---

문서 하단의 바코드를 스캐너로 확인하거나 인터넷등기소(http://iros.go.kr)의 발급확인 메뉴에서 발급확인번호를 입력하여 위·변조 여부를 확인할 수 있습니다. 발급확인번호를 통한 확인은 발행일부터 3개월까지 5회에 한하여 가능합니다.

발행번호11360011004936072010961250SLBO114951WOG295021311122 1/2 발행일 2011/08/05

대법원

[토지] 서울 종로구 관철동 50-1   고유번호 3103-1997-341247

【을　　구】	(소유권 이외의 권리에 관한 사항)			
순위번호	등기목적	접　　수	등 기 원 인	권리자 및 기타사항
1	근저당권설정	2001년7월3일 제5950호	2001년7월3일 설정계약	채권최고액 금 500,000,000원 채무자 박진수 250308-1234600 　서울 종로구 신교동 500 근저당권자 주식회사 신한은행 　110301-1109403 　서울 중구 을지로 1가 18

--- 이　하　여　백 ---

수수료 금 1,000원 영수함.　관할등기소 서울중앙지방법원 중부등기소 / 발행등기소 법원행정처 등기정보중앙관리소

이 등본은 부동산 등기부의 내용과 틀림없음을 증명합니다.

서기 2011년 8월 5일

법원행정처 등기정보중앙관리소 전산운영책임관 박수한

문서 하단의 바코드를 스캐너로 확인하거나 인터넷등기소(http://iros.go.kr)의 발급확인 메뉴에서 발급확인번호를 입력하여 위·변조 여부를 확인할 수 있습니다. 발급확인번호를 통한 확인은 발행일부터 3개월까지 5회에 한하여 가능합니다.

* 실선으로 그어진 부분은 말소사항을 표시함. *등기부에 기록된 사항이 없는 갑구 또는 을구는 생략함.
발행번호11360011004936072010961250SLBO114951WOG295021311122 2/2 발행일 2011/08/05

등기부 등본(말소사항 포함)-토지

[토지] 서울 종로구 관철동 50-2   고유번호 3103-1997-341248

【표제부】 (토지의 표시)

표시번호	접수	소재지번	지목	면적	등기원인 및 기타사항
1 (전2)	1997년6월15일	서울 종로구 관철동 50-2	잡종지	330㎡	부동산등기법시행규칙부칙 제3조 제1항의 규정에 의하여 1997년7월14일 전산이기

【갑구】 (소유권에 관한 사항)

순위번호	등기목적	접수	등기원인	권리자 및 기타사항
1 (전2)	소유권이전	1970년4월16일 제1453호	1970년3월15일 매매	소유자 박정수 221206-1222510 서울 종로구 내자동 12
				부동산등기법시행규칙부칙 제3조 제1항의 규정에 의하여 1997년7월14일 전산이기
2	소유권이전	2001년3월5일 제1500호	2001년3월3일 매매	소유자 박진수 250308-1234600 서울 종로구 신교동 500

--- 이 하 여 백 ---

수수료 금 1,000원 영수함. 관할등기소 서울중앙지방법원 중부등기소 / 발행등기소 법원행정처 등기정보중앙관리소

이 등본은 부동산 등기부의 내용과 틀림없음을 증명합니다.

서기 2011년 8월 5일

법원행정처 등기정보중앙관리소 전산운영책임관 박수한

문서 하단의 바코드를 스캐너로 확인하거나 인터넷등기소(http://iros.go.kr)의 발급확인 메뉴에서 발급확인번호를 입력하여 위·변조 여부를 확인할 수 있습니다. 발급확인번호를 통한 확인은 발행일부터 3개월까지 5회에 한하여 가능합니다.

* 실선으로 그어진 부분은 말소사항을 표시함. *등기부에 기록된 사항이 없는 갑구 또는 을구는 생략함.
발행번호11360011004936072010961250SLBO114951WOG295021311123 1/1 발행일 2011/08/05

제 적 등 본

본 적	경주시 서부동 255					
호적 편제	[편제일] 1980년 07월 10일					
호적 재제	[재제일] 2000년 04월 15일 [재제사유] 멸실우려(전산화)					
전산 이기	[이기일] 2002년 11월 11일 [이기사유]호적법시행규칙 부칙 제2조 제1항					
전호주와의 관계	박석곤의 자			전호적		
부	박석곤	성별	남	본	입 적 또 는 신호적	
모	이숙자			密陽		
호주	박정수(朴正洙)　　제적				출 생	서기 1922년 12월 06일
					주민등록 번　　호	221206-1222510
출생	[출생장소] 경주시 서부리 255 [신고일] 1925년 01월 20일　　　[신고인] 호주					
혼인	[혼인신고일] 1945년 01월 13일　　　[배우자] 김수연					
호주 상속	[호주상속일] 1980년 06월 29일　　　[호주상속사유] 전호주 사망 [신고일] 1980년 07월 10일					
사망	[사망장소] 서울 종로구 혜화동 15 서울대학교병원 [사망일] 2000년 08월 01일　　　[신고일] 2005년 05월 30일 [신고인] 자 박대원					
부	김덕만	성별	여	본	전호적	경상남도 창녕군 고암면 계상리 53
모	송애자			慶州		
처	김수연(金水延)　　제적				입 적 또 는 신호적	
					출 생	서기 1927년 06월 24일
					주민등록 번　　호	270624-2257390
출생	[출생장소] 경상남도 창녕군 고암면 계상리 53 [신고일] 1927년 08월 13일　　　[신고인] 호주					
혼인	[혼인신고일] 1945년 01월 13일　　[배우자] 박정수					
사망	[사망장소] 서울 동작구 대방동 425 일성병원 [사망일] 1999년 05월 18일　　　[신고일] 1999년 05월 25일 [신고인] 호주					

부	박정수	성별	남	본		전호적	
모	김수연			密陽			

자	대원(大元)	제적	입 적 또는 신호적	
			출 생	서기 1960년 08월 24일
			주민등록 번 호	600824-1234567

출생	[출생장소] 서울 종로구 무악동 12 보람산부인과 [신고일] 1960년 08월 24일 [신고인] 호주
혼인	[혼인신고일] 1995년 09월 25일 [배우자] 최수정
호주 승계	[호주승계일] 2000년 08월 01일 [호주승계사유] 전호주 사망 [신고일] 2005년 05월 30일

부	박정수	성별	여	본		전호적	
모	김수연			密陽			

자	점숙(点淑)	제적	입 적 또는 신호적	부산시 수영구 감천동 51 호주 조명국
			출 생	서기 1963년 02월 27일
			주민등록 번 호	630227-2234568

출생	[출생장소] 서울 종로구 무악동 12 보람산부인과 [신고일] 1963년 02월 27일 [신고인] 부
혼인	[혼인신고일] 1992년 10월 07일 [배우자] 조중연

부	최진원	성별	남	본		전호적	광주시 남구 학동 242 호주 최주영
모	강수진			慶州			

자 의 처	최수정(崔秀貞)	제적	입 적 또는 신호적	
			출 생	서기 1965년 11월 05일
			주민등록 번 호	651105-2231235

출생	[출생장소] 광주시 동구 금남로 12 기쁨산부인과 [신고일] 1965년 11월 05일 [신고인] 호주
혼인	[혼인신고일] 1995년 09월 25일 [배우자] 박대원

위 등본은 제적의 내용과 틀림없음을 증명합니다.

서기 2012년 01월 05일

경 주 시 장 [경주시 장의인 민원용]

가 족 관 계 증 명 서

등록기준지	경주시 서부동 255

구분	성명	출생연월일	주민등록번호	성별	본
본인	박정수(朴正洙) 사망	1922년 12월 06일	221206-1222510	남	密陽

가족사항

구분	성명	출생연월일	주민등록번호	성별	본
부	박석곤			남	密陽
모	이숙자			여	全州
배우자	김수연(金水延) 사망	1927년 06월 24일	270624-2257390	여	慶州
자녀	박대원(朴大元)	1960년 08월 24일	600824-1234567	남	密陽
자녀	박점숙(朴点淑)	1963년 02월 27일	630227-2234568	여	密陽

위 가족관계증명서는 가족관계등록부의 기록사항과 틀림없음을 증명합니다.

2012년 1월 5일

경 주 시 장 [경주시 장의인 민원용]

부동산임대차계약서(전세/월세)

부동산의 표시: 서울 종로구 관철동 50-2 잡종지 330㎡

제1조 위 부동산을 (전세/월세)로 사용함에 있어 쌍방 합의하에 아래 각 조항과 같은 조건으로 계약한다.

보증금		월세금액	3,000,000원정(매월 말일 후불함)
계약금	일금 원정을 계약당일 임대인에게 지불하고		
중도금	일금 원정을 년 월 일 지불하고		
잔 금	일금 원정을 년 월 일 소개인 입회하에 지불키로 함.		

제2조 부동산은 2004년 9월 1일 인도하기로 한다.
제3조 임대기간은 2004년 9월 1일부터 년 월 일까지로 한다.
제4조 임차인은 이 계약으로 인한 권리를 타에 양도, 전대할 수 없다.
제5조 임차인은 임대인의 승인 없이는 토지의 형상을 변경할 수 없다.

특약사항:
1. 임대기간은 10년으로 하되 임대기간 만료 후 당사자 간 특별한 의사표시가 없으면 5년 단위로 연장되는 것으로 한다.
2. 임차인은 본 임대차계약이 종료한 경우 원상회복의무가 있다.
3. 임차인은 토지에 대한 임대차기간의 제세공과금을 모두 책임지며, 법령을 위반하여 임대인이 여하한 불이익도 받게 해서는 안 된다.

위 계약조건을 틀림없이 지키기 위하여 본 계약서를 2부 작성하여 각자 1부씩 보관한다.

2004년 7월 15일

임대인	주소	서울 종로구 신교동 500		
	성명	박진수	주민등록번호	250308-1234600
임차인	주소	서울 종로구 효자동 32		
	성명	김영철	주민등록번호	750417-1316400

채권 양도양수 통지서

1. 본 통고인은 고물수집업을 운영하던 2008. 10. 5. 귀하에게 금 3천만 원을 대여한 바 있습니다.

2. 그 당시 귀하는 지게차 임대업을 하는데 지게차 수량이 모자라 영업에 애로사항이 있어 신규로 지게차를 구입하는 데 사용한다며 위 금액을 차용해 갔습니다.

3. 그때 본 통고인은 귀하의 사정이 하도 딱하고 돈이 급하다고 해서 이자에 대한 말도 하지 못하고, 나중에 필요하면 귀하에게 구입할 고물의 선도자금으로 충당하기로 하는 조건으로, 고물 판 돈을 몽땅 모아 1년 6개월 후에 돌려받기로 하고 귀하에게 빌려주었으나, 귀하는 현재까지 사례도 하지 않고 돈도 갚지 않고 있습니다.

4. 이에 본 통고인은 위 채권 중 절반을 양수인 박대원(주소: 서울 종로구 내자동 12, 주민등록번호: 600824-1234567)에게, 나머지 절반을 양수인 박점숙(주소: 부산시 수영구 감천동 51, 주민등록번호: 630227-2234568)에게 오늘 자로 양도하였고, 양수인들은 이를 수락하였습니다.

5. 그러니 귀하께서는 위 금전 대여와 관련하여 본 통고인에게 지급할 일체의 돈을 양수인 박대원과 박점숙에게 지급하여 주시기 바랍니다.

2009. 5. 11.

통고인 박진수 (인)
    서울 종로구 신교동 500

김영철 귀하
    서울 종로구 효자동 32

이 우편물은 2009년 5월 11일 등기 제3456호에 의하여 내용증명 우편물로 발송하였음을 증명함

서울종로우체국장 (인)

우 편 물 배 달 증 명 서			
수취인의 주거 및 성명 　서울 종로구 효자동 32 김영철			
접수국명	서울 종로	접수연월일	2009년 5월 11일
접수번호	제3456호	배달연월일	2009년 5월 13일
적　요 　본인 수령 　김 영 철　(인)		2009. 5. 20. 서울종로우체국장　(인)	

토지임대료 확인서

아래 토지들에 대하여 2004년 9월 1일부터 현재까지 임대보증금 없이 임대할 경우 그 임료는 다음과 같음을 확인합니다.

1. 서울 종로구 관철동 50-1 대 500㎡: 월 500만 원
2. 서울 종로구 관철동 50-2 잡종지 330㎡: 월 300만 원

2012년 1월 5일

그린하우스 공인중개사 사무소(서울 종로구 교남동 700)
대표 공인중개사 김후남 (김후남인)

무악재 부동산(서울 종로구 무악동 50-8)
대표 공인중개사 박명철 (박명철인)

등기이행 촉구서

발신인: 박대원(서울 종로구 내자동 12)
수신인: 박진수(서울 종로구 신교동 500)

삼가 건승을 빕니다.

다름이 아니오라, 수신인은 발신인의 부친인 박정수 소유의 종로구 관철동 50-1 및 50-2 토지의 문서를 위조하여 자신 명의로 소유권이전등기를 하였다는 혐의로 이미 형사판결이 확정되었음에도 불구하고, 아직까지 위 등기명의를 원래대로 복구하지 않고 있습니다. 그간 발신인은 수신인의 친족으로서 여러 가지 사정을 감안하여 전화 등으로 조속히 등기를 말소해 줄 것을 촉구했으나, 아직까지도 이행되지 아니하여 부득이하게 문서로 촉구하게 되었습니다. 만일, 이 촉구서에도 불구하고 등기말소를 해 주지 않으신다면 이후에는 민사상 법적인 조치를 취하도록 할 것입니다. 그로 인한 손해는 모두 수신인이 부담하여야 할 것임을 말씀드리며, 다시 한 번 협조를 부탁드립니다.

2011. 5. 27.

박 대 원

 이 우편물은 2011년 5월 27일 등기 제4327호에 의하여 내용증명 우편물로 발송하였음을 증명함

서울종로우체국장

등기이행 촉구서에 대한 답변

수신인(조카)의 등기이행 촉구서에 대해 다음과 같이 답변하겠네.

우선, 조카와 사이에 안 좋은 일이 생긴 것에 대해서는 미안하게 생각하지만, 조카가 나를 범죄자처럼 취급하는 것은 몹시 섭섭하네. 이제 와서 이런 얘기를 하는 것은 아무 소용이 없을 것이지만 관철동 땅들은 원래 자네 조부의 소유였는데, 등기 명의만 자네 부친(박정수) 명의로 있었고, 나는 조부 생전에 이 땅을 증여받았다는 것만은 알아주었으면 하네. 비록 증거가 없어 유죄판결을 받고 억울한 옥살이를 했지만 나는 떳떳하네. 게다가 나도 법을 잘 아는 사람에게 물어보니 등기 후 10년을 경과하면 등기명의자가 시효취득으로 소유권을 취득한다고 하니 내가 등기를 말소해 줄 이유가 전혀 없다고 하네. 그러니 소송 운운하는 것은 매우 잘못된 일이고, 만약 소송이 벌어지면 나도 응당 법적 대응을 할 것이니 심사숙고해서 처리하기를 바라네. 이만 줄이네.

2011. 6. 2.

발신인: 서울 종로구 신교동 500 박진수

수신인: 박대원 귀하

이 우편물은 2011년 6월 2일 등기 제4517호에 의하여 내용증명 우편물로 발송하였음을 증명함

서울종로우체국장

통지서

발신인: 김영철

수신인: 박대원(서울 종로구 내자동 12)

1. 안녕하십니까. 본인은 박진수 씨로부터 서울 종로구 관철동 50-2 잡종지 330㎡를 임차하여 '승리지게차'라는 상호로 지게차 임대업을 운영하고 있는 김영철이라고 합니다.

2. 귀하는 2011년 7월 말까지 5회에 걸쳐 전화를 하거나 본인을 찾아와, 귀하가 위 토지의 현재 소유자이고 임대인인 박진수의 조카라면서 본인에게 위 토지의 인도와 양수금의 지급을 요구하였으나, 본인의 뜻을 다음과 같이 명확히 해 두고자 합니다.

3. 먼저, 본인은 선의의 임차인이므로 위 토지에 대한 임차권을 선의취득하였습니다. 본인은 위 토지의 임대차 계약 당시 분명히 등기부 등본을 발급받아 박진수 씨가 소유인 사실을 확인한 뒤 그 사실을 믿고 계약을 하였고, 위 토지를 선의로 인도받아 현재까지 점유해 오고 있는 것입니다. 따라서 본인에게 위 토지를 점유할 정당한 권원이 있으므로 귀하에게 토지를 인도해 줄 이유가 없습니다. 더구나 본인이 2008년 11월 1일 귀하로부터 박진수가 등기서류를 위조하여 1심에서 유죄판결을 받았다는 말을 듣고 그 즉시 박진수를 찾아가 확인하였을 때도, 박진수는 "등기서류를 위조한 것은 맞지만 그렇게 한 데는 말 못 할 사정이 있고, 내 양심에 반하는 행동을 한 적은 없다."라고 말한 바 있습니다.

4. 다음으로, 귀하와 박점숙 씨는 이미 2005년 본인을 상대로 민사소송을 제기하였다가, 위 토지가 귀하 등의 소유라는 증거가 없다는 이유로 패소확정

되었는데, 다시 민사소송 제기 운운하는 것은 무슨 처사입니까? 본인은 법을 잘은 모르지만 기판력이라는 것도 알고 있고 소멸시효가 있다는 것도 알고 있습니다.

5. 끝으로, 귀하가 양수하였다는, 박진수의 본인에 대한 대여금 반환채권은 이미 귀하의 채권자인 정태수가 가압류하여 법원결정이 확정되어 본인도 그에 따라 부득이 지급을 정지하고 있는 이상 본인에게 청구할 일이 아니며, 소송도 할 수 없습니다.

6. 이상과 같은 이유로 발신인은 귀하의 요구에 응할 수 없으니, 이를 잘 헤아리시고 이 뜻을 여동생 박점숙 씨에게도 잘 전해 주시기 바랍니다. 만약 앞으로 소송이 벌어진다면 본인은 앞에서 말한 내용을 모두 판사님에게 낱낱이 말씀드릴 것입니다.

※ 첨부: 가압류결정문 및 송달증명원

2011. 8. 10.

발신인   김영철 (김영철 인영)
서울 종로구 효자동 32 승리지게차

이 우편물은 2011년 8월 10일 등기 제5610호에 의하여 내용증명 우편물로 발송하였음을 증명함

서울종로우체국장 (인)

서 울 중 앙 지 방 법 원

결 정

사　　건　　2009카단3516 채권가압류
채 권 자　　정태수 (431001-1516300)
　　　　　　서울 서초구 반포 4동 501 서초아파트 301동 1004호
채 무 자　　박대원 (600824-1234567)
　　　　　　서울 종로구 내자동 12
제3채무자　　김영철 (750417-1316400)
　　　　　　서울 종로구 효자동 32

주 문

채무자의 제3채무자에 대한 별지 목록 기재 채권을 가압류한다.
제3채무자는 채무자에게 위 채권에 관한 지급을 하여서는 아니 된다.
채무자는 다음 청구금액을 공탁하고 가압류의 집행정지 또는 그 취소를 구할 수 있다.

청구채권　　2007. 8. 21.자 소비대차계약에 의한 대여금
청구금액　　금 50,000,000원

이 유

이 사건 가압류 신청은 이유 있으므로 담보로 금 2,500,000원을 공탁하게 하고 주문과 같이 결정한다.

2009. 5. 20.

판사　임상수 ㊞

목록

2008. 10. 5.자 3,000만 원의 금전소비대차계약 및 2009. 5. 11.자 채권양도계약에 기하여 채무자가 제3채무자에 대하여 가지는 대여금반환채권 및 이와 관련한 일체의 채권 중 위 청구금액에 이를 때까지의 금액. 끝.

송 달 증 명 원

귀원 2009카단3516 채권가압류사건에 관하여 2009. 5. 20.자 가압류결정 정본이 2009. 5. 23. 제3채무자에게 송달되었음을 증명하여 주시기 바랍니다.

2011. 8. 5.

신청인 김영철 (인)

서울중앙지방법원 귀중

위 사실을 증명합니다.

2011. 8. 5.

서울중앙지방법원
법원주사 진수영 (인)

채무확인서

당행은 채무자 박진수(주민등록번호: 250308-1234600)에 대하여 2001. 7. 3. 서울 종로구 관철동 50-1 대 500㎡를 담보로 3억 5,000만 원을 대출한 바 있는데, 오늘(2012. 1. 5.) 현재 대출금은 원금 5,000만 원이 남아 있음을 확인합니다.

2012. 1. 5.

주식회사 신한은행
서울 중구 을지로 1가 18
대표이사 라웅식
종로 제2지점 여신과장 최영돈
서울 종로구 신교동 826 신한은행 종로 제2지점

[주식회사 신한은행 종로제2지점장인]

기록이면표지

확 인 : 법무부 법조인력과장

민사법

기록형

2012년도 **제1회**
변호사 시험

문제해결 TIP

기록 1면

【문 제】

서울 종로구 종로 1가 1 교보빌딩 1203호에서 단독으로 변호사 개업을 하고 있는 신영수 변호사는 2012. 1. 5. 박대원과 〈의뢰인 상담일지〉에 기재된 내용의 상담을 하고 첨부서류를 자료로 받았다. 위 신영수 변호사가 〈의뢰인 상담일지〉와 첨부서류 및 예시·참고 자료를 바탕으로 의뢰인을 위하여 법원에 소를 제기한다고 가정하고 아래 〈작성요령〉에 따라 소장을 작성하시오.

【작성 요령】

> 소장의 작성일자는 소멸시효 및 제척기간의 기준일로써 메모작성시 반드시 기재하여야 한다.

※ 아래 작성요령을 위반하여 작성한 경우에는 감점이나 불이익을 당함.

1. 소장 작성일 및 소 제기일은 2012. 2. 1.로 전제할 것.
2. 법리적으로 가능한 범위에서 의뢰인에게 최대한 유리하게 소장을 작성하되, 〈의뢰인 상담일지〉에 나타난 의뢰인의 의사에 반하지는 말 것.
3. 소의 전부나 일부가 각하되거나, 청구의 전부나 일부가 기각되지 않도록 하고, 예비적 청구나 선택적 청구를 하지 말 것. 다만, 첨부서류의 내용에 비추어 장차 소송 과정에서 피고(들)의 항변이 예상되는 경우, 미리 이를 가정하여 이에 대한 반박을 기재할 것.
4. 금전청구의 경우 기간이 결부될 때에는 이를 정산하지 말고 금액과 기간의 초일, 말일을 표시하는 방법으로 기재하고, 지연손해금청구는 제외할 것.
5. 물건의 표시가 필요한 경우 목록을 별지로 만들지 말고 청구취지와 청구원인에 직접 표시할 것.
6. 당사자는 반드시 자격(원고, 피고, 소외)과 이름으로 기재하고, '원고 1.' 등과 같이 번호로 특정하지 말 것.

> 작성요령에서 지연손해금을 청구하지 말 것과 채권자대위권을 청구원인으로 하지 말 것을 지정하였다.

7. 본 기록에 나타나 있는 사실관계 및 첨부자료만을 기초로 하고, 별도의 법률행위 또는 사실행위를 전제하거나, 채권자대위권의 행사를 하지 말 것.
8. 특별한 언급이 없는 한, 이 기록 내의 각종 서류는 모두 적법하게 작성되었고, 첨부서류 및 〈의뢰인 상담일지〉의 내용은 모두 진실한 것으로 전제할 것.
9. 예시로 제시한 소장의 형식과 참고자료로 제시한 「각급 법원의 설치와 관할구역에 관한 법률」을 참고하되, 피고가 복수인 경우 청구원인은 반드시 피고별로 나누어 기재하고, 입증방법란과 첨부서류란은 생략할 것(청구원인에 입증방법을 표시하지 않아도 무방함).
10. 법리문제는 현행 법령 및 대법원 판례의 태도에 따를 것.

기록 8면

의뢰인 상담일지

변호사 신영수 법률사무소

서울 종로구 종로 1가 1 교보빌딩 1203호
☎ : 732-1000, 팩스 732-****, email : ***@*******.***

대리인의 연락처

접수번호	2012-05	상담일시	2012. 1. 5.
상 담 인	박대원 02-730-5169	내방경위	지인 소개, 소 제기 의뢰
관할법원		사건번호 (법원, 검찰)	

〈 상 담 내 용 〉

1. 박대원의 아버지 박정수는 가구 제조·판매업을 하였는데, 서울 종로구 관철동 50-1 대 500㎡와 50-2 잡종지 330㎡를 소유하고 있었다. ······● 상인임을 의미한다.

2. 위 50-1 토지는 박정수가 주택을 신축할 목적으로 옛 집을 헐어 나대지가 되었는데 자금 사정으로 건축이 지연되어 현재까지 나대지 상태로 있다. 위 잡종지는 위 나대지에 바로 구나 목재 등의 자재를 쌓아두는 데에 사용하
   ●······ 박정수의 사망으로 상속이 개시되었고, 현재까지 확인 할 수 있는 상속인은 박대원과 박점숙이며, 공유물의 법률관계가 출제되었다는 점을 예상할 수 있다.

3. 박대원은 1995년경 캐나다에 가서 태권도 체육관을 운영하다가 2005년 봄에 영구 귀국하였고, 여동생인 박점숙은 1992년에 출가하여 현재까지 부산에서 살고 있다.

4. 박정수는 2000년 여름 급성 폐렴으로 사망하였으며, 박대원은 아버지의 사업을 잇기 위해서 위와 같이 2005년 체육관 ●······ 위조문서에 기한 원인무효의 등기가 경료되었고, 위 등기에 터잡아 후속 처분행위가 이루어졌다. 채권자대위권으로 청구원인을 구성하지 말 것을 지정하였으므로, 소유권에 기한 물권적 청구권에 기하여 모든 청구원인을 구성하여야 한다.

5. 숙부 박진수(박정수의 동생)
   도와주곤 하였는데, 박정수가 사망한 후 박대원과 박점숙이 상속등기를 하지 않고 그 재산을 관리하지 못하는 사정을 이용하여, 위 2필지를 마치 자신이 박정수에게서 매수한 것처럼 서류를 위조해서 자기 앞으로 등기를 한 후 위 나대지는 자신이 고물수집장소로 이용하다가 신한은행 앞으로 근저당권을 설정하고, 위 잡종지는 김영철이라는 사람에게 임대해버렸다.

기록 9면

> 박정수가 명의신탁을 받았다는 주장이므로, 박정수가 소유권이 없어 소유권에 기한 물권적 청구권을 행사할 수 없다는 항변이다.

……야 알고 박진수에게 등기의 환원을 요구하였으나. 숙부 박진수는 자신이 위 토지들을 박대원의 조부로부터 증여를 받았고 박정수는 단지 등기 명의만 보유하고 있던 것에 불과하다며 불응하였고, 김영철도 자신은 등기부를 보고 박진수가 소유자인 것으로 알고 임차한 것뿐이라며 박진수와 해결하라고 인도를 거절하였다.

> 일종의 선의취득의 주장으로 볼 여지가 있는데, 이후 기록을 확인해 보고 항변의 취지가 무엇인지 확인할 필요가 있다.

7. ……아 변호사 없이 김영철을 상대로 민사재판을 제기하였는데, 법을 잘 몰라 증거를 대지 못하는 바람에 패소하고 말았다.

> 기판력항변이 있음을 예상할 수 있다.

8. 그 뒤에도 박대원과 박점숙은 박진수에게 모든 것을 원상으로 돌려놓을 것을 요구하였으나 박진수가 이에 응하지 않으므로 부득이 2007년 9월 1일 박진수를 형사고소하였고, 박진수는 1심에서 유죄판결을 받았다. 이에 박대원은 판결문을 복사하여 2008년 11월 1일 김영철을 찾아가 이를 건네주고, 박진수가 무단으로 잡종지를 임대한 것이니 즉시 이를 반환해 줄 것을 요구하였던바, 김영철은 정ㅡ지게차 대여업을 운영하고 있음).

> 원고의 청구원인이 되는 원인무효에 관한 가장 유력한 증거가 될 수 있으므로, 판결이유를 자세히 살펴보아야 한다.

9. 박진수는 1심에서 유죄판ㅡ을 찾아와 화해를 요청하ㅡ로 자신이 김영철에게 받을 대여금반환채권을 박대원과 박점숙에게 대신 받아 가지라며 양도해 주고 김영철에게 그 뜻을 통지까지 하였다. 박대원과 박점숙은 이를 수락하고 나대지 사용에 따른 문제는 더 이상 거론하지 않기로 하였다.

> 채권양도가 있었으므로, 양도일자 및 양도의 통지일자까지 모두 확인하여야 하고, 경합하는 압류 또는 채권양도가 있는지를 유의하며 기록을 검토하여야 한다.

> 나대지의 사용으로 인한 부당이득반환청구는 하지 말 것을 의미한다. 박진수가 나대지의 점유를 계속하고 있지 않으므로, 인도청구도 불필요하다.

10. ……복구할 것을 요구하고, 박진수가 이미 김영철에게서 받아 써버린 임대료 상당의 손해를 배상해 주고 이후로 김영철에

> 일응 점유시작일로부터 인도완료일까지의 부당이득반환청구권을 행사하라는 의미인데, 여기에는 여러가지 문제점이 있다. ① 김영철은 점유시작시에는 선의였으나, 상담일지 8의 기재에 따르면 2008. 11. 1.경 악의점유자로 전환되었고, ② 김영철은 이미 일정한 차임을 지급하였기 때문에 위 차임지급의 효력이 원고에게 미치는지 여부도 문제되며, ③ 이미 김영철을 상대로 한 패소판결이 있기 때문에 기판력에 저촉되지 않게 청구원인을 구성하여야 하고, ④ 불법행위에 기한 손해배상청구권으로 청구원인을 구성하게 되면 단기소멸시효가 적용됨을 유의하여야 한다(부당이득반환채권이라면 10년의 소멸시효 기간이 적용된다).

11. 그러나 박진수는 위 나대지만을 지난 12월 말에 반환하였을 뿐, 돈이 없다며 자신이 받아 써버린 임대료는 반환하지 않고 있음은 물론 현재까지도 계속 김영철에게 임대료를 받고 있으며 김영철도 아직까지 위 잡종지를 반환하지 않고 있다.

기록 10면

12. 위 2필지를 임대할 경우 매월 800만 원의 임대료를 받을 수 있다고 여러 부동산중개업소에서 확인하였다. ······• 부당이득 또는 손해배상청구시 청구금액의 기준이 된다.

<상담인의 희망사항>

이 단계에서 모범답안의 청구취지와 같은 개괄적인 소송형태를 정하고, 이후 기록을 통하여 메모를 보충해 나가야 한다. 민사기록의 메모는 목적을 가지고 필요사실을 기재하는 것이므로, 소송형태의 결정없이 메모를 하는 것은 아무런 의미가 없다.

1. 신축하여 임대업을 할 계획을 세웠다. 그런데 박진수 명의로 ~~~지 설정되어 있어 건축허가가 지연되고 있다. 건축허가만 나~~~성이다. 박진수와 신한은행 명의의 등기를 말소해 주면 상속등기를 한 후 건축허가를 받겠다. 신한은행에서는 박진수의 채무 5,000만 원만 갚아 주면 근저당을 풀어 주겠다고 하므로, 박대원은 그 채무를 자신이 법적으로 책임져야 한다면 그 돈을 대신 갚고서라도 속히 근저당권 문제를 해결하고 싶다. ······•

근저당권을 반드시 말소하되, 신한은행의 주장을 예상항변으로 판단하라는 의미이다.

2. 숙부가 잡종지를 무단으로 임대하고 심영철에게서 받아먹은 임대료를 박대원과 박점숙에

박진수에 대해서는 금원청구(특히, 50-1의 사용으로 인한 부당이득반환청구)를 하지 말라는 의미이다.

~~~주지 않고 있으니 김영철에게 이를 받았으면 좋겠~~~써버리고 우리에게 안 줄 게 틀림없다. 그러나 숙부 박진수는 재산이 없어 교도소 출소 후 현재 노숙자 상태나 다름이 없고 연로한 데다 앞으로도 재산을 보유할 가능성이 전혀 없어 소송을 해봐야 실익이 없다. 김영철은 양수금도 가압류가 있다는 핑계로 한 푼도 지급하지 않고 있으니 이것도 받아 주었으면 좋겠다. ······•

3. 여동생 박점숙은 최근

원고의 양수금청구에 대하여 김영철의 가압류항변이 있다는 의미이다. 이에 금전채권에 가압류가 있는 경우에도 채권자는 이행청구를 할 수 있고, 법원은 무조건의 이행판결을 선고하여야 한다는 판례를 기재하여야 한다.

지 문제에 대해 미리

의뢰한 오빠 박대원의 이런 행동에 대해 찬성을 할지 어떨지는 잘 모르겠다(이전에 형사고소와 민사재판을 할 때도 여동생은 "굳이 그렇게까지 할 필요 있느냐, 삼촌이 원상복구 할 때까지 기다리자."라며 다소 소극적이었다). 일이 급하니 박점숙의 귀국 전이라도 속히 문제를 해결했으면 한다. ······•

박점숙을 제외한 박대원만을 원고로 하여 소장을 작성하라는 의미이고, 공유물의 보존행위에 기하여 물권적 청구권을 행사하여 원고가 원하는 목적을 달성하라는 의미이다.

기록 11-12면

1. 사문서 위조

행사할 목적으로, 2001. 3. 3.경 서울 종로구 신교동 500 피고인의 주소지에서 박정수 명의의 서울 종로구 관철동 50-1 대 500㎡ 및 같은 동 50-2 잡종지 330㎡에 관한 매도증서의 매도인란에 피고인의 이름을 기재한 다음, 매도인란에 볼펜으로 매도인의 성명 '박정수', 주민등록번호 '******-*******', 주소 '서울 종로구 내자동 12'라고 각 기재한 후 미리 위조하여 소지하고 있던 박정수 명의의 인장을 찍어 권리의무에 관한 사문서인 박정수 명의의 매도증서 1장을 위조하고,

• 위조문서에 기하여 원인무효의 소유권이전등기가 마쳐졌음을 의미한다.

2. 위조사문서행사

2001. 3. 5. 14:00경 서울 중구 순화동 17 소재 서울지방법원 중부등기소에서 피고인 명의로 소유권이전등기를 경료하기 위하여, 위조사실을 모르는 성명불상의 등기소 직원에게 위와 같이 위조된 매도증서 1장을 마치 진정하게 작성한 것처럼 교부하여 이를 행사하고,

3. 공정증서원본불실기재 및 불실기재공정증서원본행사

2001. 3. 5. 14:00경 위 중부등기소 접수실에서, 사실은 박정수가 피고인에게 위 각 토지를 매도한 사실이 없음에도 불구하고, 위조한 박정수 명의의 매도증서를 첨부하여 피고인을 위 토지에 대한 소유자로 하는 소유권이전등기신청서를 작성·접수하여, 2001. 3. 5. 시간불상경 그 정을 모르는 위 등기소 담당직원으로 하여금 위 토지들에 대하여 피고인 앞으로 각 소유권이전등기를 마치게 함으로써, 공무원에게 허위신고를 하여 공정증서원본인 부동산등기부에 불실의 사실을 기재하게 하고, 그 때 이를 그곳에 비치하게 하여 행사하였다.

증거의 요지

1. 피고인의 법정진술
1. 피고인에 대한 각 경찰 피의자신문조서
1. 고소장
1. 위조된 매도증서
1. 등기부 등본

기록 16면

서울중앙지방법원

판 결

사　　건　　2005가단36104 부당이득반환청구

원　　고　　1. 박대원(******-*******)
　　　　　　　서울 종로구 내자동 12
　　　　　　2. 박점숙(******-*******)
　　　　　　　부산시 수영구 감천동 51

피　　고　　김영철(******-*******)
　　　　　　서울 종로구 효자동 32

변론 종결　　2005. 9. 20.
판결 선고　　2005. 10. 1.

> 박진수 명의의 소유권이전등기가 원인무효임을 증명하지 못하여 부당이득반환청구소송에서 패소하였음을 의미하는데, 이후 위 판결이 확정되었다면, 부당이득반환청구권이 없음에 대하여 기판력이 미친다. 기판력의 표준시는 변론종결시이므로, 변론종결일자를 반드시 메모하여야 한다.

주 문

1. 원고들의 청구를 모두 기각한다.
2. 소송비용은 원고들이 부담한다.

청 구 취 지

피고는 원고들에게 2004. 9. 1.부터 서울 종로구 관철동 50-2 잡종지 330㎡를 반환할 때까지 매달 3백만 원씩 지급하라.

이 유

1. 원고들의 주장

　　원고들은 이 사건 청구원인으로, 서울 종로구 관철동 50-2 잡종지 330㎡는 자신들의 소유인데 피고가 위 토지를 아무런 권원 없이 점유·사용하여 매월 임대료

기록 17면

상당액인 3,000,000원의 부당이득을 얻고 원고들은 동액 상당의 손해를 입고 있으니 이를 반환할 의무가 있다고 주장한다.

2. 판단

그러나 갑제1호증(등기부 등본)의 기재만으로는 원고들이 위 토지의 소유자임을 인정하기에 부족하고(오히려 갑제1호증에 의하면 위 토지의 소유자는 박진수임을 알 수 있다.) 달리 이를 인정할 증거가 없다.

3. 결론

따라서 원고들의 … 아가 볼 것 없이 원고들의 이 사건 청구는 모두 이유 없으므로 주문과 같이 판결한다.

> 박진수 명의의 소유권이전등기가 원인무효임을 증명하지 못하여 부당이득반환청구소송에서 패소하였음을 의미하는데, 이후 위 판결이 확정되었다면, 부당이득반환청구권이 없음에 대하여 기판력이 미친다. 기판력의 표준시는 변론종결시이므로, 변론종결일자를 반드시 메모하여야 한다.

판사 신도현 _____

확 정 증 명 원

사　　건　　2005가단36104 부당이득반환청구

원　　고　　1. 박 대 원
　　　　　　2. 박 점 숙

피　　고　　김 영 철

위 당사자 간 귀원 2005가단36104 부당이득반환청구 사건에 관하여 2005. 10. 1. 선고된 판결이 위 원고들의 항소포기로 2005. 10. 25. 확정되었음을 증명하여 주시기 바랍니다.

　　　　　　　　　　위 판결이 2005. 10. 25. 확정되었다.

2012. 1. 5.

신청인 원고 박대원

서울중앙지방법원 귀중

위 사실을 증명합니다.

2012. 1. 5.

서울중앙지방법원
법원주사 한성규 (인)

기록 19면

등기사항전부증명서(말소사항 포함) - 토지

[토지] 서울 종로구 관철동 50-1   고유번호 3103-1997-341247

【표제부】	(토지의 표시)				
표시번호	접수	소재지번	지목	면적	등기원인 및 기타사항
1 (전2)	1997년6월15일	서울 종로구 관철동 50-1	대	500㎡	부동산등기법시행규칙부칙 제3조 제1항의 규정에 의하여 1997년 7월 14일 전산이기

【갑 구】	(소유권에 관한 사항)			
순위번호	등기목적	접수	등기원인	권리자 및 기타사항
1 (전2)	소유권이전	1970년4월16일 제1453호	1970년3월15일 매매	소유자 박정수 ******-******* 서울 종로구 내자동 12 원고가 자신의 소유권을 증명하기 위해서는 ① 박정수가 토지의 소유권자인 사실, ② 자신이 박정수의 상속권자인 사실을 증명하여야 하는데, 박정수가 토지의 소유권자인 사실은 등기의 추정력을 원용하여야 한다. 따라서 청구원인에 박정수가 이전등기를 경료한 사실을 반드시 기재하여야 한다.
2	소유권이전	2001년3월5일 제1500호	2001년3월3일 매매	

말소대상인 원인무효의 등기이다.

--- 이 하 여 백 ---

문서 하단의 바코드를 스캐너로 확인하거나 **인터넷등기소**(http://iros.go.kr)의 발급확인 메뉴에서 발급확인번호를 입력하여 위·변조 여부를 확인할 수 있습니다. 발급확인번호를 통한 확인은 발행일부터 3개월까지 5회에 한하여 가능합니다.

발행번호 11360011004936072010961250SLBO114951WOG295021311122   1/1   발행일 2011/08/05

대 법 원

기록 20면

[토지] 서울 종로구 관철동 50-1 　　　　고유번호 3103-1997-341247

【을 구】	(소유권 이외의 권리에 관한 사항)			
표시번호	등기목적	접　수	등 기 원 인	권리자 및 기타사항
1	근저당권설정	2001년7월3일 제5950호	2001년7월3일 설정계약	채권최고액 금 500,000,000원 채무자 박진수 ******-******* 서울 종로구 신교동 500 근저당권자 주식회사 신한은행 110301-1109403

원인무효의 소유권이전등기에 터잡아 마쳐진 지로 1가 18
근저당권설정등기이므로, 역시 원인무효의
등기에 해당하여 말소되어야 한다.

--- 이 하 여 백 ---

수수료 금 1,000원 영수함.　관할등기소 서울중앙지방법원 중부등기소 / 발행등기소
법원행정처 등기정보중앙관리소

이 등본은 부동산 등기부의 내용과 틀림없음을 증명합니다.

서기 2011년 8월 5일

법원행정처 등기정보중앙관리소 전산운영책임관 박수한

문서 하단의 바코드를 스캐너로 확인하거나 **인터넷등기소**(http://iros.go.kr)의 **발급확인** 메뉴에서 **발급확인번호**를 입력하여
위·변조 여부를 확인할 수 있습니다. **발급확인번호**를 통한 확인은 발행일부터 3개월까지 5회에 한하여 가능합니다.

* 실선으로 그어진 부분은 말소사항을 표시함. * 등기부에 기록된 사항이 없는 갑구 또는 을구는 생략함.
발행번호 11360011004936072010961250SLBO114951WOG295021311122　　1/1　　발행일　2011/08/05

대 법 원

기록 21면

등기부 등본(말소사항 포함) - 토지

[토지] 서울 종로구 관철동 50-2   고유번호 3103-1997-341248

【표 제 부】 (토지의 표시)

표시번호	접수	소재지번	지목	면적	등기원인 및 기타사항
1 (전2)	1997년6월15일	서울 종로구 관철동 50-2	잡종지	300㎡	부동산등기법시행규칙부칙 제3조 제1항의 규정에 의하여 1997년 7월 14일 전산이기

【갑 구】 (소유권에 관한 사항)

순위번호	등기목적	접수	등기원인	권리자 및 기타사항
1 (전2)	소유 [말소대상인 원인무효의 등기이고, 50-1 대지의 소유권이전등기와 등기번호가 동일하므로 청구취지에 동일번호로 기재하여야 한다.]			소유자 박정수 ******-******* 서울 종로구 내자동 12 부동산등기법시행규칙부칙 제3조 제1항의 규정에 의하여 1997년7월14일 전산이기
2	소유권이전	2001년3월5일 제1500호	2001년3월3일 매매	소유자 박진수 ******-******* 서울 종로구 신교동 500

--- 이 하 여 백 ---

수수료 금 1,000원 영수함.   관할등기소 서울중앙지방법원 중부등기소 / 발행등기소
법원행정처 등기정보중앙관리소

이 등본은 부동산 등기부의 내용과 틀림없음을 증명합니다.

서기 2011년 8월 5일

법원행정처 등기정보중앙관리소 전산운영책임관 박수한

문서 하단의 바코드를 스캐너로 확인하거나 **인터넷등기소**(http://iros.go.kr)의 발급확인 메뉴에서 발급확인번호를 입력하여 위·변조 여부를 확인할 수 있습니다. 발급확인번호를 통한 확인은 발행일부터 3개월까지 5회에 한하여 가능합니다.

* 실선으로 그어진 부분은 말소사항을 표시함.   * 등기부에 기록된 사항이 없는 갑구 또는 을구는 생략함.
발행번호 11360011004936072010961250SLBO114951WOG295021311122   1/1   발행일   2011/08/05

기록 22면

제 적 등 본

본적	경주시 서부동 255					
호적 편제	[편제일] 1980년 07월 10일					
호적 재제	[재제일] 2000년 04월 15일 [재제사유] 멸실우려(전산화)					
전산 이기	[이기일] 2002년 11월 11일 [이기사유]호적법시행규칙 부칙 제2조 제1항					
전호주와의 관계	박석곤의 자			전호적		
부	박석곤	성별	남	본	입 적 또 는 신호적	
모	이숙자			密陽		
호주	박정수(朴正洙) [제적]				출 생	서기 1922년 12월 06일
					주민등록 번 호	******_*******
출생	[출생장소] 경주시 서부리 255 [신고일] 1925년 01월 20일 [신고인] 호주					
혼인	[혼인신고일] 1945년 01월 13일 [배우자] 김수연					
호주 상속	[호주상속일] 1980년 06월 29일 [호주상속사유] 전호주 사망 [신고일] 1980년 07월 10일					
사망	[사망장소] 서울 종로구 혜화동 15 서울대학교병원 [사망일] 2000년 08월 01일 [신고일] 2005년 05월 30일 [신고인] 자 박대원					
부	김덕만	성별	여	본	전호적	경상남도 창녕군 고암면 계상리 53
모	송애자			慶州	입 적 또 는 신호적	
처	김수연(金水延) [제적]				출 생	서기 1927년 06월 24일
					주민등록 번 호	******_*******
출생	[출생장소] 경상남도 창녕군 고암면 계상리 53 [신고일] 1927년 08월 13일 [신고인] 호주					
혼인	[혼인신고일] 1945년 01월 13일 [배우자] 박정수					
사망	[사망장소] 서울 동작구 대방동 425 일성병원 [사망일] 1999년 05월 18일 [신고일] 1999년 05월 25일 [신고인] 호주					

상속권자를 확인할 수 있는 기초서류이고, 이에 따르면 상속권자는 박대원과 박점숙 2인이다.

부동산임대차계약서(~~전세~~/월세)

부동산의 표시: 서울 종로구 관철동 50-2 잡종지 330㎡

제1조 위 부동산을 (~~전세~~/월세)로 사용함에 있어 쌍방 합의하에 아래 각 조항과 같은 조건으로 계약한다.

보증금			월세금액	3,000,000원정(매월 말일 후불함)
계약금	~~일금 원정을 계약당일 임대인에게 지불하고~~			
중도금	~~일금 원정을 년 월 일 지불하고~~			
잔금	~~일금 원정을 년 월 일 소개인 입회하에 지불키로 함.~~			

제2조 부동산은 2004년 9월 1일 인도하기로 한다.
제3조 임대기간은 2004년 9월 1일부터 ~~년 월 일까지로 한다.~~ (이영, 이진)
제4조 임차인은 이 계약으로 인한 권리를 타에 양도, 전대할 수 없다.
제5조 임차인은 임대인의 승인 없이는 토지의 형상을 변경할 수 없다.

> 임대차계약의 요건사실. 이 사건에서 임차인은 관리권한도 없는 박진수로부터 목적물을 임차하였으므로, 물권적 청구권을 행사하는 원고에게 대항할 수 없다. 원고의 청구나 피고의 항변은 임대차계약에 근거한 것이 아니므로 임대차보증금의 지급사실 및 임대목적물의 인도사실은 이 사건에서 요건사실이 될 수 없다.

특약사항:
1. 임대기간은 10년으로 하되 임대기간 만료 단위로 연장되는 것으로 한다.
2. 임차인은 본 임대차계약이 종료한 경우 원상회복의무가 있다.
3. 임차인은 토지에 대한 임대차기간의 제세공과금을 모두 책임지며, 법령을 위반하여 임대인이 여하한 불이익도 받게 해서는 안 된다.

위 계약조건을 틀림없이 지키기 위하여 본 계약서를 2부 작성하여 각자 1부씩 보관한다.

2004년 7월 15일

임대인	주소	서울 종로구 신교동 500		
	성명	박진수 (인)	주민등록번호	******-*******
임차인	주소	서울 종로구 효자동 32		
	성명	김영철 (인)	주민등록번호	******-*******

기록 27면

채권 양도양수 통지서

1. 본 통고인은 고물수집업을 운영하던 2008. 10. 5. 귀하에게 금 3천만 원을 대여한 바 있습니다.

2. 그 당시 귀하는 지게차 임대업을 하는데 지게차를 구입하는 데 사용한다면 위 금액을 소비대차계약의 당사자가 모두 상인이므로, 상사채권의 법리가 적용되고, 이자약정이 없더라도 6%의 법정이자가 발생한다.

   고물 판 돈을 몽땅 모아 1년 6개월 후에 돌려받기로 하고 귀하에게 빌려주었으나, 귀하는 현재까지 사례도 하지 않고 돈도 갚지 않고 있습니다.

   채권자가 대여금 중 절반을 박대원에게 양도하였고, 위 양도통지를 채권자가 하였으며, 위 양도통지는 2009. 5. 13. 채무자인 김영철에게 도달하였음을 알 수 있다. 채권양수인과 경합할 수 있는 2중양수인 또는 압류채권자와 우열을 정하는 기준은 채권양도의 통지가 채무자에게 도달한 일자가 되므로 반드시 메모를 하여야 한다.

4. 이에 본 통고인은 위 채권 중 절반을 양수인 박대원(주소: 서울 종로구 내자동 12, 주민등

   변제기가 2010. 4. 5.이고, 문제에서 지연손해금을 청구하지 말 것을 지시하였으므로, 위 변제기 다음날부터의 지연손해금을 청구해서는 안된다.

   게, 나머지 절반을 양수인 박점숙(주소: 부산시 수영구 감*-******)에게 오늘 자로 양도하였고, 양수인들은 이를

5. 그러니 귀하께서는 위 금전 대여와 관련하여 본 통고인에게 지급할 일체의 돈을 양수인 박대원과 박점숙에게 지급하여 주시기 바랍니다.

   이자(및 지연손해금)도 채권양도의 대상에 포함되었음을 의미한다.

                                    2009. 5. 11.

통고인 박진수 (수박인진)

  서울 종로구 신교동 500

김영철 귀하

  서울 종로구 효자동 32

(서울종로우체국
 2009. 5. 11.
 09 - 3456)

이 우편물은 2009년 5월 11일 등기 제3456호에 의하여
내용증명 우편물로 발송하였음을 증명함

                   서울종로우체국장 (서울종로우체국장인)

우 편 물 배 달 증 명 서

> 채권자가 대여금 중 절반을 박대원에게 양도하였고, 위 양도통지를 채권자가 하였으며, 위 양도통지는 2009. 5. 13. 채무자인 김영철에게 도달하였음을 알 수 있다. 채권양수인과 경합할 수 있는 2중양수인 또는 압류채권자와 우열을 정하는 기준은 채권양도의 통지가 채무자에게 도달한 일자가 되므로 반드시 메모를 하여야 한다.

수취인의 주거 및 성명

　서울 종로구 효자동 32 김영철

접수국명	서울 종로	접수연월일	2009년 5월 11일
접수번호	제3456호	배달연월일	2009년 5월 13일

2009. 5. 20.

적 요
　본인 수령
　김 영 철 (인)

서울종로우체국장 (인)

토지임대료 확인서

아래 토지들에 대하여 2004년 9월 1일부터 현재까지 임대보증금 없이 임대할 경우 그 임료는 다음과 같음을 확인합니다.

1. 서울 종로구 관철동 50-1 대 500㎡ : 월 500만 원
2. 서울 종로구 관철동 50-2 잡종지 330㎡ : 월 300만 원 ⋯⋯⋯⋯

> 부당이득반환청구의 기준이 되는 토지의 임대차보증금 없는 경우의 차임이다. 이 사건에서 박대원만이 50-2 잡종지의 사용으로 인한 부당이득반환을 청구하고 있으므로, 자신의 지분인 1/2의 범위에서만 위 반환청구를 할 수 있다.

그린하우스 공인중개사 사무소(서울 종로구 교남동 700)
대표 공인중개사 김후남 (인: 김후남)

무악재 부동산(서울 종로구 무악동 50-8)
대표 공인중개사 박명철 (인: 박명철)

등기이행 촉구서에 대한 답변

수신인(조카)의 등기이행 촉구서에 대해 다음과 같이 답변하겠네.

우선, 조카와 사이에 안 좋은 일이 생겨[박정수가 소유권이 없어, 이를 승계한 원고도 소유권이 없으므로 원고의 청구가 이유가 없다는 취지의 명의신탁항변에 해당한다.] 범죄자처럼 취급하는 것은 몹시 섭섭하 을 것이지만 관철동 땅들은 원래 자네 조부의 소유였는데, 등기 명의만 자네 부친(박정수) 명의로 있었고, 나는 조부 생전에 이 땅을 증여받았다는 것만은 알아주었으면 하네. 비록 증거가 없어 유죄판결을 받고 억울한 옥살이를 했지만 나는 떳떳하네. 게다가 나도 법을 잘 아는 사람에게 물어보니 등기 후 10년을 경과하면 등기명의자가 시효취득으로 소유권을 취득한다고 하니 내가 등기를 말소해 줄 이유가 전혀 없다고 하네. 그러니 소송 운운하는 것은 매우 잘못된 일이고, 만약 소송이 벌어지면 나도 응당 법적 대응을 할 것이니 심사숙고해서 처리하기를 바라네. 이만 줄이네.

[등기부취득시효 항변으로, 이에 대해 원고는 박진수의 점유가 악의의 무단점유라는 재항변을 하여야 한다.]

2011. 6. 2.

발신인: 서울 종로구 신교동 500 박진수

수신인: 박대원 귀하

서울종로우체국
2011. 6. 2.
11 - 4517

이 우편물은 2011년 6월 2일 등기 제4517호에 의하여 내용증명 우편물로 발송하였음을 증명함

서울종로우체국장 (서울종로우체국장인)

기록 32면

통 지 서

발신인: 김영철

수신인: 박대원(서울 종로구 내자동 12)

1. 안녕하십니까. 본인은 박진수 씨로부터 서울 종로구 관철동 50-2 잡종지 330㎡를 임차하여 '승리지게차'라는 상호로 지게차 임대업을 운영하고 있는 김영철이라고 합니다.

2. 귀하는 2011년 7월 말까지 5회에 걸쳐 전화를 하거나 본인을 찾아와, 귀하가 위 토지의 현재 소유자이고 임대인인 박진수의 조카라면서 본인에게 위 토지의 인도와 양수금의 지급을 요구하였으나, 본인의 뜻을 다음과 같이 명확히 해 두고자 합니다.

> 자신이 선의 점유자라는 주장이다.

> 부동산임차권 선의취득의 항변으로, 부동산임차권은 선의취득의 대상이 아니므로 근거가 없다.

3. 먼저, 본인은 선의의 임차인이므로 위 토지에 대한 임차권을 선의취득 하였습니다. 본인은 위 토지의 임대차 계약 당시 분명히 등기부 등본을 발급받아 박진수 씨가 소유자인 사실을 확인한 뒤 그 사실을 믿고 계약을 하였고, 위 토지를 선의로 인도받아 현재까지 점유해 오고 있는 것입니다. 따라서 본인에게 위 토지를 점유할 정당한 권원이 있으므로 귀하에게 토지를 인도해 줄 이유가 없습니다. 더구나 본인이 2008년 11월 1일 귀하로부터 박진수가 등기서류를 위조하여 1심에서 유죄판결을 받았다는 말을 듣고 그 즉시 박진수를 찾아가 확인하였을 때도, 박진수는 "등기서류를 위조한 것은 맞지만 그렇게 한 데는 말 못할 사정이 있고, 내 양심에 반하는 행동을 한 적은 없다."라고 말한 바 있습니다.

> 자신이 선의 점유자라는 주장을 하는 동시에 2008. 11. 1. 악의의 점유자로 전환되었다는 점을 자인하고 있다.

4. 다음으로, 귀하와 박점숙 씨는 이미 2005년 본인을 상대로 민사소송을 제기하였다가, 위 토지가 귀하 등의 소유라는 증거가 없다는 이유로 패소확정

되었는데, 다시 민사소송 제기 운운하는 것은 무슨 처사입니까? 본인은 법을 잘은 모르지만 기판력이라는 것도 알고 있고 소멸시효가 있다는 것도 알고 있습니다.

> 기판력 및 소멸시효 항변을 동시에 하고 있다. 따라서 기판력에 저촉되지 않는 불법행위에 기한 손해배상청구권을 청구원인으로 주장하여야 하고, 소멸시효가 완성되지 않은 소 제기일로부터 3년 전까지의 손해배상금만을 청구할 수 있다.

5. 끝으로, 귀하가 양수하였다는, 박진수의 본인에 대한 대여금 반환채권은 이미 귀하의 채권자인 정태수가 가압류하여 법원결정이 확정되어 본인도 그에 따라 부득이 지급을 정지하고 있는 이상 본인에게 청구할 일이 아니며, 소송도 할 수 없습니다.

6. 이상과 같은 이유로 발신인은 귀하의 요구에 응할 수 없으니, 이를 잘 헤아리시고 이 뜻을 여동생 박점숙 씨에게도 잘 전해 주시기 바랍니다. 만약 앞으로 소송이 벌어진다면 본인은 앞에서 말한 내용을 모두 판사님에게 낱낱이 말씀드릴 것입니다.

※ 첨부: 가압류결정문 및 송달증명원

> 청구채권에 대한 가압류항변이다. 금전채권에 한정하여, 채권에 대한 가압류가 있더라도 이는 채무자가 제3채무자로부터 현실로 급부를 추심하는 것만을 금지하는 것일 뿐 채무자는 제3채무자를 상대로 그 이행을 구하는 소송을 제기할 수 있고 법원은 가압류가 되어 있음을 이유로 이를 배척할 수는 없다. 반면, 소유권이전등기청구권에 대하여 가압류가 있는 경우에는 법원은 가압류해제조건부 인용판결을 하여야 함을 유의하여야 한다(대법원 1992. 11. 10. 선고 92다4680 전원합의체 판결).

2011. 8. 10.

발신인 김영철 (김영철 인)
서울 종로구 효자동 32 승리지게차

이 우편물은 2011년 8월 10일 등기 제5610호에 의하여 내용증명 우편물로 발송하였음을 증명함

서울종로우체국장 (서울종로우체국장인)

서 울 중 앙 지 방 법 원
결   정

사   건   2009카단3516 채권가압류

채 권 자   정태수 (******-*******)

　　　　　 서울 서초구 반포 4동 501 서초아파트 301동 1004호

채 무 자   박대원 (******-*******)

　　　　　 서울 종로구 내자동 12

제3채무자 김영철 (******-*******)

　　　　　 서울 종로구 효자동 32

주   문

채무자의 제3채무자에 대한 별지 목록 기재 채권을 가압류한다.

제3채무자는 채무자에게 위 채권에 관한 지급을 하여서는 아니 된다.

채무자는 다음 청구금액을 공탁하고 가압류의 집행정지 또는 그 취소를 구할 수 있다.

청구채권   2007. 8. 21.자 소비대차계약에 의한 대여금

청구금액   금 50,000,000원

이   유

  이 사건 가압류 신청은 이유 있으므로 담보로 금 2,500,000원을 공탁하게 하고 주문과 같이 결정한다.

　　　　　　　　　　　　 2009. 5. 20.

　　　　　　　　　　　　　　 판사 임상수   ㊞

목록

2008. 10. 5.자 3,000만 원의 금전소비대차계약 및 2009. 5. 11.자 채권양도계약에 기하여 채무자가 제3채무자에 대하여 가지는 대여금반환채권 및 이와 관련한 일체의 채권 중 위 청구금액에 이를 때까지의 금액. 끝.

→ 가압류의 목적물

송 달 증 명 원

귀원 2009카단3516 채권가압류사건에 관하여 2009. 5. 20.자 가압류결정 정본이 2009. 5. 23. 제3채무자에게 송달되었음을 증명하여 주시기 바랍니다.

2011. 8. 5.

신청인 김영철

> 채권가압류의 효력발생시기는 제3채무자에게 송달된 때이다. 따라서 채권가압류결정문이 기록에 포함되어 있으면, 가압류의 대상, 제3채무자, 제3채무자 송달일을 반드시 확인하여야 한다. 한편, 채권가압류에 있어서 채무자에게 가압류결정문이 송달되지 않았다 하더라도 제3채무자에게 송달된 이상 가압류의 효력이 발생한다.

서울중앙지방법원 귀중

위 사실을 증명합니다.

2011. 8. 5.

서울중앙지방법원

법원주사 진수영

민사법
기록형

2012년도 **제1회**
변호사 시험
답안

소 장

원　　고　1. 박대원(******-*******)
　　　　　　서울 종로구 내자동 12

　　　　　　원고 소송대리인 변호사 신영수
　　　　　　서울 종로구 종로 1가 1 교보빌딩 1203호
　　　　　　전화 02-732-1000, 팩스 02-732-1001
　　　　　　전자우편 sys@hanmail.com

피　　고　1. 박진수(******-*******)
　　　　　　서울 종로구 신교동 500

　　　　　　2. 주식회사 신한은행
　　　　　　　서울 중구 을지로 1가 18
　　　　　　　대표이사 라응식

　　　　　　3. 김영철(******-*******)
　　　　　　　서울 종로구 효자동 32

소유권이전등기 말소 등 청구의 소

청 구 취 지

1. 피고 박진수는 원고에게 서울 종로구 관철동 50-1 대 500㎡ 및 같은 동 50-2 잡종지 330㎡에 관하여 서울중앙지방법원 중부등기소 2001. 3. 5. 접수 제1500호로 마친 각 소유권이전등기의 말소등기절차를 이행하라.

2. 피고 주식회사 신한은행은 원고에게 서울 종로구 관철동 50-1 대 500㎡에 관하여 서울중앙지방법원 중부등기소 2001. 7. 3. 접수 제5950호로 마친 근저당권설정등기의 말소등기절차를 이행하라.

3. 피고 김영철은 원고에게,

   가. 서울 종로구 관철동 50-2 잡종지 330㎡를 인도하고,

   나. 2009. 2. 1.부터 위 가항 기재 토지의 인도완료일까지 매월 1,500,000원의 비율에 의한 금원을 지급하고,

   다. 15,000,000원 및 이에 대한 2008. 10. 5.부터 2010. 4. 5.까지 연 6%의 비율에 의한 금원을 지급하라.

4. 소송비용은 피고들이 부담한다.

5. 위 제3항은 가집행 할 수 있다.

라는 판결을 구합니다.

청 구 원 인

1. 피고 박진수에 대한 청구

가. 소외 박정수의 부동산의 소유 및 원고의 상속

소외 박정수는 원고의 부친으로, 서울 종로구 관철동 50-1 대 500㎡(이하 '이 사건 대지'라 합니다)와 같은 동 50-2 잡종지 330㎡(이하 '이 사건 잡종지'라 합니다)에 관하여 1970. 3. 15.자 매매를 원인으로 서울중앙지방법원 중앙등기소 1970. 4. 16. 접수 제1453호로 각 소유권이전등기를 마친 위 각 부동산의 소유자였습니다.

그리고 소외 박정수가 2000. 8. 1. 사망함으로써 상속이 개시되었고, 상속당시 상속인인 원고와 원고의 여동생인 소외 박점숙이 이 사건 대지 및 잡종지를 포함한 모든 재산을 상속하였습니다. 따라서 원고는 이 사건 대지 및 잡종지의 1/2의 지분의 소유권자입니다.

나. 피고 박진수 명의의 원인무효의 등기

원고와 소외 박점숙이 이 사건 대지 및 잡종지에 관하여 상속등기를 하지 않는 동안, 소외 박정수의 동생인 박진수는 2011. 3. 3. 이미 위조하여 소지하고 있던 소외 박정수 명의의 인장을 이용하여 이 사건 대지 및 잡종지에 관한 매도증서를 위조하여, 위 매도증서를 원인으로 2011. 3. 5. 이 사건 대지 및 잡종지에 관하여 각 소유권이전등기를 경료하였습니다.

피고 박진수는 위 매도증서의 위조를 원인으로 사문서위조 및 동행사, 공정증서원본불실기재 및 동행사의 범죄사실로 징역 1년의 형을 2009. 10. 9. 선고받았고, 위 판결 2009. 10. 17. 그대로 확정되었습니다. 따라서 피고 박진수 명의의 각 소유권이전등기는 적법한 원인없이 경료된 원인무효의 등기이므로 말소되어야 합니다.

다. 피고 박진수에 대한 말소청구

위와 같이 원고는 피고 박진수에 대하여 자신의 지분인 1/2의 지분의 범위내에서 소유권이전등기의 말소를 청구할 수 있는 것이나, 한편 부동산의 공유자 중 일인은 그 공유물에 대한 보존행위로써 그 공유물에 관하여 경료된 원인무효의 등기 전부의 말소를 청구할 수도 있으므로, 원고는 피고 박진수에게 이 사건 대지 및 잡종지에 관하여 경료된 각 소유권이전등기의 전부의 말소를 구할 수 있습니다.

> 대법원 1996. 2. 9. 선고 94다61649 판결. 공동상속재산은 상속인들의 공유이고, 또 부동산의 공유자인 한 사람은 그 공유물에 대한 보존행위로서 그 공유물에 관한 원인 무효의 등기 전부의 말소를 구할 수 있다.

라. 피고 박진수의 예상항변

한편, 피고 박진수는 ① 이 사건 대지 및 잡종지에 관하여 2001. 3. 5.부터 소유의 의사로 선의·무과실로 등기 및 점유를 하여 등기부취득시효가 완성되었으므로, 위 각 토지에 관한 피고 박진수 명의의 소유권이전등기는 실체관계에 부합하는 등기이고, ② 위 각 토지는 본래 원고의 조부인 소외 박석곤의 소유였고, 소외 박석곤이 자신에게 증여한 것인데 등기명의만 소외 박정수의 명의로 이전등기를 경료한 것이므로, 소외 망 박정수의 등기는 명의신탁에 기한 것으로써 무효라는 취지로 주장할 수도 있으나, ① 점유자가 점유 개시 당시 소유권 취득의 원인이 될 수 있는 법률행위 기타 법률요건이 없다는 사실을 잘 알면서 타인 소유의 부동산을 무단으로 점유한 것이 입증된 경우, 즉 악의의 무단점유의 경우 점유자의 자주점유의 추정은 복멸되므로, 자신이 자주점유자임을 전제로 한 피고 박진수의 등기부취득시효의 항변은 근거가 없고, ② 부동산에 관하여 소유권이전등기가 마쳐져 있는 경우 그 등기명의자는 제3자에 대하여서 뿐만 아니라 그 전 소유자에 대하여서도 적법한 절차 및 원인에 의하여 소유권을 취득한 것으로 추정되므로, 그 절차 및 원인이 부당하여 그 등기가 무효라는 사실은 이를 주장하는 자에게 입증책임이 있는데, 피고 박진수는 소외 박정수의 등기가 무효라는 주장만을 하고 있을 뿐 이를 뒷받침하는 정황이나 증거가 전혀 없으므로, 피고 박진수의 위 항변은 아무런 근거가 없습니다.

> 대법원 1997. 8. 21. 선고 95다28625 전원합의체 판결. 점유자가 점유 개시 당시에 소유권 취득의 원인이 될 수 있는 법률행위 기타 법률요건이 없이 그와 같은 법률요건이 없다는 사실을 잘 알면서 타인 소유의 부동산을 무단점유한 것임이 입증된 경우, 특별한 사정이 없는 한 점유자는 타인의 소유권을 배척하고 점유할 의사를 갖고 있지 않다고 보아야 할 것이므로 이로써 소유의 의사가 있는 점유라는 추정은 깨어졌다고 할 것이다.

> 대법원 2010. 7. 22. 선고 2010다21702 판결. 부동산에 관하여 소유권이전등기가 마쳐져 있는 경우 그 등기명의자는 제3자에 대하여서뿐만 아니라 그 전 소유자에 대하여서도 적법한 절차 및 원인에 의하여 소유권을 취득한 것으로 추정되므로, 그 절차 및 원인이 부당하여 그 등기가 무효라는 사실은 이를 주장하는 자에게 입증책임이 있으나, 등기절차가 적법하게 진행되지 아니한 것으로 볼 만한 의심스러운 사정이 있음이 입증되는 경우에는 그 추정력은 깨어진다.

2. 피고 주식회사 신한은행에 대한 근저당권설정등기말소청구

가. 소유권에 기한 근저당권설정등기의 말소청구

또한 피고 박진수는 2001. 7. 3. 피고 주식회사 신한은행으로부터 금 3억 5천만 원을 차용하면서, 위 차용금을 담보하기 위하여 같은 날 피고 주식회사 신한은행과 이 사건 대지에 관하여 근저당권 설정계약을 체결하고, 같은 날 이 사건 대지에 관하여 피고 주식회사 신한은행에게 채권 최고액 금 5억 원, 채무자 피고 박진수로 한 근저당권설정등기를 마쳐주었습니다.

위에서 말씀드린 바와 같이 이 사건 대지에 관한 피고 박진수 명의의 소유권이전등기는 원인무효의 등기이므로, 이에 터잡아 이루어진 위 근저당권설정등기 역시 원인무효의 등기에 해당하여 말소되어야 합니다.

나. 예상항변

한편 피고 신한은행 주식회사는 피고 박진수의 차용금 채무 중 잔존 채무의 변제를 조건으로 근저당권설정등기를 말소할 수 있다고 주장할 수도 있으나, 피고 신한은행 주식회사 명의의 근저당권설정등기는 원인무효의 등기이므로 위 근저당권설정등기가 유효임을 전제로 한 피고 신한은행 주식회사의 항변은 주장 자체로 이유가 없습니다.

3. 피고 김영철에 대한 청구

가. 이 사건 잡종지의 인도청구

(1) 소유권에 기한 방해배제청구

위에서 말씀드린 바와 같이 원고는 이 사건 잡종지의 1/2의 지분을 상속받은 소유권자입니다.

한편, 피고 박진수는 위조문서를 이용하여 이 사건 잡종지에 관한 소유권이전등기를 경료하여 이 사건 잡종지에 관하여 아무런 권한이 없음에도 불구하고, 2004. 7. 15. 피고 김영철에게 이 사건 잡종지를 보증금없이 월 차임 3백만 원, 임대차기간 2004. 9. 1.부터 10년 간으로 정하여 임대하였고, 피고 김영철은 2004. 9. 1. 이 사건 잡종지를 인도받아 계속해서 이를 점유하며 지게차 대여업의 영업장으로 사용하고 있습니다.

부동산의 공유자 1인은 그 부동산을 불법점유하는 제3자에게 단독으로 전체 부동산에 대하여 공유물에 대한 보존행위로써 그 인도를 청구할 수 있으므로, 원고는 피고 김영철에게 이 사건 잡종지의 인도를 청구할 수 있습니다.

> 대법원 1966. 4. 19. 선고 66다283 판결. 부동산의 공유지분권자 중의 한 사람은 보존행위로서 공유물을 권원없이 점유하는 자에 대하여 그 부동산의 인도를 청구할 수 있다.

(2) 피고 김영철의 예상항변

한편 피고 김영철은 이 사건 잡종지에 관한 임차권을 선의취득하였으므로, 원고의 청구에 대항할 수 있다는 취지로 항변할 수도 있으나, 선의취득은 동산의 소유권 및 질권에 대해서만 인정되고 임차권의 선의취득은 인정될 수 없으므로 피고 김영철의 위 항변은 주장자체로 근거가 없습니다.

나. 불법행위에 기한 임대료 상당의 손해배상청구

(1) 불법행위에 기한 손해배상의 청구

피고 김영철은 2004. 9. 1.부터 이 사건 소제기일 현재까지 이 사건 잡종지를 점유·사용하고 있습니다. 한편, 원고는 2005. 7. 1. 피고 김영철에 대하여 이 사건 잡종지의 인도를 청구하였고, 나아가 2008. 11. 1. 피고 박진수에 대한 유죄의 판결문을 보여주며 피고 김영철의 점유가 법률상 근거가 없음을 알려 주었습니다. 위 원고의 인도요구에 따라 피고 김영철은 이 무렵 자신의 이 사건 잡종지의 점유가 법률상 근거가 없음을 알게 되었음에도 불구하고 이 사건 잡종지의 점유를 계속하였는데, 이는 원고에 대한 고의의 불법행위에 해당하고, 이로써 원고에게 차임 상당액의 손해를 입히고 있는 것입니다.

(2) 손해배상의 범위

원고가 최근 확인한 바에 따르면, 이 사건 잡종지의 보증금없는 차임은 월 300만 원입니다. 이에 원고는 피고 김영철에 대하여 이 사건 소제기일인 2012. 2. 1.을 기준으로 불법행위에 기한 손해배상청구권의 소멸시효가 도과하지 않은 2009. 2. 1.부터 이 사건 잡종지의 인도완료일까지 원고의 지분상당액인 차임상당액의 1/2에 해당하는 월 금 150만 원의 비율에 의한 손해배상금의 지급을 청구할 수 있습니다.

(3) 피고 김영철의 예상항변

한편, 피고 김영철은 원고와 소외 박점숙이 서울중앙지방법원 2005가단36104호로 부당이득반환청구소송을 제기하였으나 위 원고와 소외 박점숙의 청구를 기각하는 판결이 2005. 10. 25. 확정되었으므로 원고의 이 사건 청구가 전소의 기판력에 반한다는 취지의 항변을 할 수도 있으나, 원고의 전소의 소송물은 부당이득반환청구권이고 이 사건 소송의 소송물은 불법행위에 기한 손해배상청구이므로 그 소송물이 달라 원고의 이 사건 청구는 전소의 기판력에 반하지 않습니다. 따라서 이에 관한 피고 김영철의 항변은 근거가 없습니다.

다. 양수금의 청구

(1) 채권양도에 따른 양수금의 청구

피고 박진수는 고물 수집업을 하는 상인으로서 2008. 10. 5. 지게차 임대업을 하는 피고 김영철에게 금 3천만 원을 대여하면서, 별도의 이자지급없이 변제기를 2010. 4. 5.로 정하였습니다. 그리고 피고 박진수는 위 대여일에 피고 김영철에게 대여금을 지급하였습니다.

그리고, 피고 박진수는 2009. 5. 11. 원고에게 위 대여금 채권 중 1/2을 양도하고, 같은 날 피고 김영철에게 확정일자 있는 증서로써 채권양도의 통지를 하였으며, 위 양도통지는 2009. 5. 13. 피고 김영철에게 도달하였습니다. 따라서 원고는 피고 김영철에게 위 대여금의 1/2인 금 1천 5백만 원의 상환을 청구할 수 있습니다.

한편, 피고 박진수와 피고 김영철은 모두 상인이고, 피고 김영철은 자신의 영업을 위하여 금원을 차용한 것이므로 이는 보조적 상행위에 해당하여 피고 박진수와 피고 김영철이 별도의 이자약정을 하지 않았다 하더라도 피고 박진수는 상법 제55조 제1항에 따른 법정이자를 청구할 수 있습니다. 따라서 위 대여금 채권을 양수받은 원고는 피고 김영철에게 금 1천 5백만 원 및 이에 대한 대여금의 지급일인 2008. 10. 5.부터 변제기인 2010. 4. 5.까지 상법에 따른 연 6%의 비율에 의한 금원을 청구할 수 있습니다.

> 문제에서 지연손해금을 청구하지 말 것을 조건으로 하였으므로 변제기까지의 법정이자만을 청구할 수 있다.

(2) 피고 김영철의 예상항변

한편 피고 김영철은 소외 정태수가 2009. 5. 20. 원고에 대한 대여금을 청구채권으로 하여 원고의 피고 김영철에 대한 채권에 대하여 서울중앙지방법원 2009카단3516 채권가압류결정을 받아, 위 결정문이 같은 달 23. 피고 김영철에게 송달되었으므로, 위 가압류결정의 집행이 해제되지 않는 한 원고에게 양수금을 지급할 의무가 없다고 항변할 수도 있으나, 일반적으로 채권에 대한 가압류가 있더라도 이는 채무자가 제3채무자로부터 현실로 급부를 추심하는 것만을 금지하는 것일 뿐 채무자는 제3채무자를 상대로 그 이행을 구하는 소송을 제기할 수 있고 법원은 가압류가 되어 있음을 이유로 이를 배척할 수는 없는 것이 원칙이므로, 피고의 위 항변은 근거가 없습니다.

> 대법원 2002. 4. 26. 선고 2001다59033 판결. [1] 채권양도는 구 채권자인 양도인과 신 채권자인 양수인 사이에 채권을 그 동일성을 유지하면서 전자로부터 후자에게로 이전시킬 것을 목적으로 하는 계약을 말한다 할 것이고, 채권양도에 의하여 채권은 그 동일성을 잃지 않고 양도인으로부터 양수인에게 이전된다 할 것이며, 가압류된 채권도 이를 양도하는데 아무런 제한이 없다 할 것이나, 다만 가압류된 채권을 양수받은 양수인은 그러한 가압류에 의하여 권리가 제한된 상태의 채권을 양수받는다고 보아야 할 것이고, 이는 채권을 양도받았으나 확정일자 있는 양도통지나 승낙에 의한 대항요건을 갖추지 아니하는 사이에 양도된 채권이 가압류된 경우에도 동일하다. [2] 일반적으로 채권에 대한 가압류가 있더라도 이는 채무자가 제3채무자로부터 현실로 급부를 추심하는 것만을 금지하는 것일 뿐 채무자는 제3채무자를 상대로 그 이행을 구하는 소송을 제기할 수 있고 법원은 가압류가 되어 있음을 이유로 이를 배척할 수는 없는 것이 원칙이다. 왜냐하면 채무자로서는 제3채무자에 대한 그의 채권이 가압류되어 있다 하더라도 채무명의를 취득할 필요가 있고 또는 시효를 중단할 필요도 있는 경우도 있을 것이며 또한 소송 계속 중에 가압류가 행하여진 경우에 이를 이유로 청구가 배척된다면 장차 가압류가 취소된 후 다시 소를 제기하여야 하는 불편함이 있는데 반하여 제3채무자로서는 이행을 명하는 판결이 있더라도 집행단계에서 이를 저지하면 될 것이기 때문이다.

[나아가 피고 김영철은 원고의 양수금 채권이 시효로 소멸하였다고 항변할 수도 있으나, 원고의 양수금채권의 변제기는 2010. 4. 5.이고, 원고는 위 변제기로부터 5년이내에 이 사건 소를 제기하여 소멸시효를 중단시켰으므로, 피고의 위 항변은 근거가 없습니다.]

> 기록상 피고 김영철이 소멸시효에 관한 언급은 하고 있으나, 명확히 양수금의 소멸시효를 주장하는지 여부는 불분명하다.

4. 결론

위와 같은 이유로 피고들에 대하여 청구취지의 기재와 같은 판결을 선고하여 주시기 바랍니다.

증 명 방 법

첨 부 서 류

2012. 2. 1.

위 원고의 소송대리인
변호사 신영수

서울중앙지방법원 귀중

민사법 / 기록형

2013년도 제2회
변호사 시험

문제

2013년도 제2회 변호사시험 문제

| 시험과목 | 민사법(기록형) |

응시자 준수사항

1. 시험 시작 전 문제지의 봉인을 손상하는 경우, 봉인을 손상하지 않더라도 문제지를 들추는 행위 등으로 문제 내용을 미리 보는 경우 모두 부정행위로 간주되어 그 답안은 영점처리 됩니다.

2. 답안은 흑색 또는 청색 필기구(사인펜이나 연필 사용 금지) 중 한 가지 필기구만을 사용하여 답안 작성 난(흰색 부분) 안에 기재하여야 합니다.

3. 답안지에 성명과 수험번호를 기재하지 않아 인적사항이 확인되지 않는 경우에는 영점 처리 등 불이익을 받게 됩니다. 특히 답안지를 바꾸어 다시 작성하는 경우, 성명 등의 기재를 빠뜨리지 않도록 유의하여야 합니다.

4. 답안지에는 문제내용을 기재할 필요가 없으며, 답안 내용 이외의 사항을 기재하거나 밑줄 기타 어떠한 표시도 하여서는 아니 됩니다. 답안을 정정할 경우에는 두 줄로 긋고 다시 기재하여야 하며, 수정액 등은 사용할 수 없습니다.

5. 시험종료 시각에 임박하여 답안지를 교체요구한 경우라도 시험시간 종료 후 즉시 새로 작성한 답안지를 회수합니다.

6. 시험 종료 후에는 답안지 작성을 일절 할 수 없으며, 이에 위반하여 시험시간이 종료되었음에도 불구하고 **시험관리관의 답안지 제출지시에 불응한 채 계속 답안을 작성하거나 답안지를 늦게 제출할 경우 그 답안은 영점처리** 됩니다.

7. 답안은 답안지 쪽수 번호 순으로 기재하여야 하고, **배부받은 답안지는 백지 답안이라도 모두 제출**하여야 하며, **답안지를 제출하지 아니한 경우 그 시험시간 및 나머지 시험시간의 시험에 응시할 수 없습니다.**

8. 지정된 시간까지 지정된 시험실에 입실하지 아니하거나 시험관리관의 승인을 얻지 아니하고 시험시간 중에 그 시험실에서 퇴실한 경우 그 시험시간 및 나머지 시험시간의 시험에 응시할 수 없습니다.

9. 시험시간이 종료되기 전에는 어떠한 경우에도 문제지를 시험장 밖으로 가지고 갈 수 없고, 시험 종료 후 가지고 갈 수 있습니다.

【문 제】

귀하는 서울 서초구 서초동 233 동문빌딩 511호에서 개업을 한 변호사 이경수이다. 귀하는 2013. 1. 7. 김갑동과 송무중에게 <의뢰인 상담일지>에 기재된 내용과 같이 상담을 해주고 이들로부터 사건을 수임하면서 첨부서류를 자료로 받았다. 의뢰인들을 위하여 법원에 제출할 소장을 아래 작성요령에 따라 작성하시오.

【작성요령】

1. 소장 작성일 및 소 제기일은 2013. 1. 7.로 하시오.
2. 의뢰인의 의사와 요구에 최대한 부합하는 내용으로 소장을 작성하되, 법령 및 판례에 따라 일부라도 패소하는 부분이 생기지 않도록 하시오.
3. 공동소송의 요건은 모두 갖추어진 것으로 전제하시오.
4. 청구원인은 주요사실이 분명히 드러나도록 기재하고, 주요사실의 증명과 무관한 간접사실은 기재하지 마시오. 다만, 기록상 상대방이 소송 중 제기할 것으로 예상되는 주장 중 이유 없다고 판단되는 것은 소장을 통해 반박하시오.
5. 예비적·선택적 청구는 하지 마시오.
6. 물건의 표시가 필요한 경우 별지로 목록을 만들지 말고 소장의 해당 부분에 직접 표기하시오.
7. 당사자는 반드시 소송상 자격(원고, 피고 등)으로 지칭하고, 원고 또는 피고가 여러 명인 경우에는 소송상 자격 및 이름으로 지칭하시오(피고1. 등과 같이 번호로 지칭하지 않음).
8. 상담 결과 청취된 사실관계는 모두 진실한 것으로 간주하고, 첨부서류의 진정성립을 의심할만한 사유는 없는 것으로 간주하며, 사실관계는 본 기록에 나타나 있는 것으로 한정하시오.
9. 피고가 복수인 경우 청구원인은 피고별로 나누어 기재하고, 증거방법란과 첨부서류란은 기재하지 마시오(필요할 경우 청구원인란에서는 해당 증거방법을 적절한 방법으로 제시하여도 무방함).
10. 기간을 계산할 때는 '○'월은 '○/12'년으로 계산하시오(예: '4'월은 '4/12'년으로 계산).

【참고자료 1】

이자제한법 제2조 제1항의 최고이자율에 관한 규정

제정 2007. 6. 28. 대통령령 제20118호

이자제한법 제2조 제1항에 따른 금전대차에 관한 계약상의 최고이자율은 연 30퍼센트로 한다.

부칙 (제20118호, 2007. 6. 28.)
이 영은 2007년 6월 30일부터 시행한다.

【참고자료 2】

각급 법원의 설치와 관할구역에 관한 법률 (일부)

제4조(관할구역) 각급 법원의 관할구역은 다음 각 호의 구분에 따라 정한다. 다만, 지방법원 또는 그 지원의 관할구역에 시·군법원을 둔 경우「법원조직법」제34조 제1항 제1호 및 제2호의 사건에 관하여는 지방법원 또는 그 지원의 관할구역에서 해당 시·군법원의 관할구역을 제외한다.

1. 각 고등법원·지방법원과 그 지원의 관할구역: 별표 3
2. 특허법원의 관할구역: 별표 4
3. 각 가정법원과 그 지원의 관할구역: 별표 5
4. 행정법원의 관할구역: 별표 6
5. 각 시·군법원의 관할구역: 별표 7
6. 항소사건(抗訴事件) 또는 항고사건(抗告事件)을 심판하는 지방법원 본원 합의부 및 지방법원 지원 합의부의 관할구역: 별표 8
7. 행정사건을 심판하는 춘천지방법원 및 춘천지방법원 강릉지원의 관할구역: 별표 9

[별표 3] 고등법원·지방법원과 그 지원의 관할구역 (일부)

고등법원	지방법원	지원	관할 구역
서 울	서울중앙		서울특별시 종로구·중구·성북구·강남구·서초구·관악구·동작구
	서울동부		서울특별시 성동구·광진구·강동구·송파구
	서울남부		서울특별시 영등포구·강서구·양천구·구로구·금천구
	서울북부		서울특별시 동대문구·중랑구·도봉구·강북구·노원구
	서울서부		서울특별시 서대문구·마포구·은평구·용산구
	의정부		의정부시·동두천시·구리시·남양주시·양주시·연천군·포천시·가평군, 강원도 철원군. 다만, 소년보호사건은 앞의 시·군 외에 고양시·파주시
		고 양	고양시·파주시

의뢰인 상담일지

변호사 이경수 법률사무소

서울 서초구 서초동 233 동문빌딩 511호
☎ 532-1000, 팩스 532-1001, 전자우편 lks@gmail.com

접수번호	2013-05	상담일시	2013. 1. 7.
상 담 인	김갑동 송무중	내방경위	지인 소개, 소제기 의뢰
관할법원		사건번호 (법원, 검찰)	

【 상 담 내 용 】

1. 김갑동은 2010. 6.경 을서 주식회사에 서울 서초구 땅을 임대하였다. 을서 주식회사는 위 토지상에 건물을 건축하고, 등기를 마친 후 그 2층에 '드래곤스'라는 상호의 패스트푸드 프랜차이즈 본사를 두고 2010. 8. 23.부터 위 건물 1층에서 그 영업점을 운영해 왔다. 위 토지 전부가 위 건물의 대지로 이용되고 있다.

2. 을서 주식회사가 임대차기간이 만료된 후에도 위 토지를 인도해주지 않으므로, 김갑동은 을서 주식회사를 상대방으로 하여 건물철거 등을 구하는 소송을 제기하였다. 임대료는 2012. 6. 22.까지 발생한 부분만큼은 모두 지급받았으나, 그 이후에는 어떤 돈도 받은 것이 없다.

3. 가. 김갑동은 승소 판결을 받아 그 판결이 확정되었다. 김갑동은 점유이전금지가처분을 해두지는 않았다. 그 사이에 김갑동은 위 토지를 송무중에게 매도하고 그 소유권이전등기를 마쳐주었다. 송무중은 소유권 이전과 동시에 김갑동의 을서 주식회사에 대한 임차보증금반환채무도 인수하였고, 을서 주식회사는 이를 승낙하였다.

나. 한편 송무중은 2006. 1.경 문영수에게 1억 원을 대여해 주었고(이자는 원금 변제 시 함께 받기로 함) 을서 주식회사는 그 당시 이를 연대보증하였는데, 당시 대표이사는 최상근이었다. 문영수는 그 담보조로 액면 1억 원의 약속어음을 발행해 주었는데, 송무중은 아직까지도 위 대여금을 지급받지 못

하고 있다. 송무중은 2009. 1. 4. 문영수에 대하여 위 어음금의 지급을 구하는 소를 제기하여 확정판결을 받았으나, 문영수가 재산이 없어 집행은 하지 못하였다.

4. 송무중은 김갑동이 받은 판결에 승계집행문을 받아 위 건물의 철거 및 토지 인도 집행을 하려고 집행관과 함께 현장에 갔는데, 박병남이 위 건물에서 한식당 영업을 하고 있었고, 을서 주식회사는 위 건물을 점유하고 있지 않았다. 박병남 말로는 자신이 을서 주식회사와 약정을 하고 사용 중이므로 위 건물에서 나갈 이유가 없다고 하며, 자신을 내보내려면 자신에 대하여 판결을 받아 오라고 하였다.

5. 게다가 집행 현장에는 을서 주식회사의 대표이사인 노용호가 나타나, 송무중에게 "민법에 따라 건물에 대한 매수청구권을 행사한다. 매매대금 3억 원을 모두 받기 전에는 철거 집행을 할 수 없다."라고 하였다. 이 말을 들은 집행관은 더 이상 집행할 수 없다고 말하면서 돌아가 버렸다.

6. 그런데 위 건물에는 최정북(시청 소속 공무원) 명의로 근저당권이 설정되어 있다. 김갑동이 그 경위를 상세히 알아보니 을서 주식회사가 2010. 8. 23. 회사 운영자금 5,000만 원을 대표이사 노용호의 지인인 최정북에게서 차용하면서 위 근저당권을 설정해 준 것이었다.

7. 을서 주식회사는 그 후 위 차용금에 대한 변제조로 두 차례에 걸쳐 합계 5,750만 원을 지급하였고, 최정북은 이의 없이 이 금액을 모두 수령하였음에도 현재 위 근저당권을 말소해 주지 않고 있다.

【의뢰인 김갑동, 송무중의 요구사항】

1. 서울 서초구 서초동 671 지상 건물에 관하여 타인에 의한 점유나 담보물권의 제한이 없는 상태로 완전한 소유권을 취득하고, 위 건물 및 대지를 인도 받고 싶다.
2. 위 토지의 임대료 또는 토지사용료 상당의 돈도 지급받고 싶다.
3. 을서 주식회사가 문영수의 차용금채무를 보증한 데 따른 보증금도 지급받았으면 좋겠다. 끝.

등기사항전부증명서(말소사항 포함) - 토지

[토지] 서울특별시 서초구 서초동 671   고유번호 1107-1995-341247

【표제부】 (토지의 표시)

표시번호	접 수	소재지번	지목	면적	등기원인 및 기타사항
1 (전2)	1995년6월5일	서울특별시 서초구 서초동 671	대	320㎡	부동산등기법시행규칙부칙 제3조 제1항의 규정에 의하여 2001년7월14일 전산이기

【갑 구】 (소유권에 관한 사항)

순위번호	등기목적	접 수	등기원인	권리자 및 기타사항
1 (전2)	소유권이전	1997년7월5일 제2453호	1997년7월3일 매매	소유자 서영구 490325-1349454 성남시 분당구 정자동 277 정자아파트 109동 901호
				부동산등기법시행규칙부칙 제3조 제1항의 규정에 의하여 2001년7월14일 전산이기
2	소유권이전	2002년11월15일 제33451호	2002년11월15일 매매	소유자 김갑동 581225-1957650 서울 영등포구 여의도동 334
3	소유권이전	2012년11월23일 제30757호	2012년11월10일 매매	소유자 송무웅 650308-1566444 서울 종로구 내자동 500

—— 이 하 여 백 ——

수수료 금 1,000원 영수함   관할등기소 서울중앙지방법원 등기국 / 발행등기소 서울중앙지방법원 등기국

이 증명서는 등기기록의 내용과 틀림없음을 증명합니다.

서기 2013년 01월 07일

법원행정처 등기정보중앙관리소 전산운영책임관

* 실선으로 그어진 부분은 말소사항을 표시함.   *등기기록에 기록된 사항이 없는 갑구 면적일부는 생략함.

문서 하단의 바코드를 스캐너로 확인하거나 인터넷등기소(http://iros.go.kr)의 발급확인 메뉴에서 발급확인번호를 입력하여 위·변조 여부를 확인할 수 있습니다. 발급확인번호를 통한 확인은 발행일부터 3개월까지 5회에 한하여 가능합니다.

발행번호11360011004936072010961250SLBO114951WOG295021311122   1/1   발행일 2013/01/07

대 법 원

등기사항전부증명서(말소사항 포함) - 건물

[건물] 서울특별시 서초구 서초동 671   고유번호 1109-2010-654325

【 표 제 부 】 （건물의 표시）

표시번호	접 수	소재지번	건물내역	등기원인 및 기타사항
1	2010년8월13일	서울특별시 서초구 서초동 671	철골조 샌드위치패널지붕 2층 근린생활시설 1층 200㎡ 2층 200㎡	

【 갑   구 】 （소유권에 관한 사항）

순위번호	등기목적	접 수	등기원인	권리자 및 기타사항
1	소유권보존	2010년8월13일 제16774호		소유자 을서 주식회사 110644-2743651 서울 송파구 잠실동 123 송파빌딩 407호

【 을   구 】 （소유권 이외의 권리에 관한 사항）

순위번호	등기목적	접 수	등기원인	권리자 및 기타사항
1	근저당권설정	2010년8월25일 제17543호	2010년8월23일 설정계약	채권최고액 금 65,000,000원 채무자 을서 주식회사 　서울 송파구 잠실동 123 송파빌딩 407호 근저당권자 최정북 721220-1566477 　서울 서초구 반포동 423

—— 이 하 여 백 ——

수수료 금 1,000원 영수함   관할등기소 서울중앙지방법원 등기국 / 발행등기소 서울중앙지방법원 등기국

이 증명서는 등기기록의 내용과 틀림없음을 증명합니다.

서기 2013년 01월 07일

법원행정처 등기정보중앙관리소 전산운영책임관

* 실선으로 그어진 부분은 말소사항을 표시함.   *등기기록에 기록된 사항이 없는 갑구 또는 을구는 생략함.

문서 하단의 바코드를 스캐너로 확인하거나 인터넷등기소(http://iros.go.kr)의 발급확인 메뉴에서 발급확인번호를 입력하여 위·변조 여부를 확인할 수 있습니다. 발급확인번호를 통한 확인은 발행일부터 3개월까지 5회에 한하여 가능합니다.

발행번호11360011004936072010961250SLBO114951WOG295021311122   1/1   발행일 2013/01/07

대 법 원

부동산임대차계약서

부동산의 표시 : 서울특별시 서초구 서초동 671 대 320㎡

제1조 위 부동산을 임대차함에 있어 임대인과 임차인은 쌍방 합의하에 아래 각 조항과 같은 조건으로 계약한다.

보증금	칠억 (700,000,000)원	월세금액	오백만 (5,000,000)원 (매월 22일 후불)
계약금	일금　　　　원정을 계약당일 임대인에게 지불하고		
중도금	일금　　　　원정을　　년　월　일 지불하고		
잔액금	일금 700,000,000 원정을 2010년 6월 23일 소개인 입회하에 지불키로 함. 위 금액을 전액 수령함. 2010. 6. 23. 김갑동 (인)		

제2조 부동산은 2010년 6월 23일 인도하기로 한다.
제3조 임대기간은 2010년 6월 23일부터 2012년 6월 22일까지로 한다.
제4조 임차인은 이 계약으로 인한 권리를 타에 양도, 전대할 수 없다.
제5조 임차인은 임대인의 승인 없이는 토지의 형상을 변경할 수 없다.

특약사항 : 1. 임차인은 자신의 비용으로 임차지상에 건물을 축조하여 영업을 할 수 있다.
2. 임차인은 임대차기간 동안 토지와 건물에 대한 제세공과금을 모두 책임지며, 법령을 위반하여 임대인이 여하한 불이익도 받게 해서는 안 된다.

위 계약조건을 틀림없이 지키기 위하여 본 계약서를 2부 작성하여 각자 1부씩 보관한다.

2010년 6월 23일

임대인	주소	서울특별시 영등포구 여의도동 334		
	성명	김 갑 동 (인)	주민등록번호	581225-1957650
임차인	주소	서울 송파구 잠실동 123 송파빌딩 407호		
	성명	을서 주식회사 대표이사 노용호 (인)	주민등록번호 (법인등록번호)	110644-2743651

등기번호	0035598
등록번호	110644-2743651

등기사항전부증명서(현재사항)

상 호 을서 주식회사	. .	변경
	. .	등기
본 점 서울 송파구 잠실동 123 송파빌딩 407호	. .	변경
	. .	등기

공고방법 서울시내에서 발행하는 일간 매일경제신문에 게재한다.	. .	변경
	. .	등기

1주의 금액 금 5,000원	. .	변경
	. .	등기

발행할 주식의 총수 40,000주	. .	변경
	. .	등기

발행주식의 총수와 그 종류 및 각각의 수	자본의 총액	변 경 연 월 일 등 기 연 월 일	

발행주식의 총수 20,000주
   보통주식 15,000주
   우선주식 5,000주
	금 100,000,000 원	. .	변경

		. .	등기

목 적

1. 음식판매업무
2. 연예기획업무
3. 부동산임대업무
4. 제1호 내지 제3호에 부대되는 업무로서 기획재정부 장관의 승인을 얻은 업무

임원에 관한 사항

이사 정운성 680904-1566442
원인 취임
연 월 일   2011년 07월 21일

이사 진현우 590808-1265437
원인 중임
연 월 일   2010년 08월 20일

이사 서정수 551204-1588669
원인 취임
연 월 일   2011년 07월 21일

대표이사 노용호 651104-1165667
서울 중구 필동 3가 149-6
원인 취임
연 월 일   2010년 05월 30일

감사 최양숙 661027-2255661
원인 중임
연 월 일   2011년 08월 23일

기타사항
- 생 략 -

회사성립연월일	2005년 04월 21일

등기용지의 개설사유 및 연월일	
설립	2005년 04월 21일 등기

― 이 하 여 백 ―

수수료 1,000원 영수함 　　　　　　　　　　　　　　　서울중앙지방법원 등기국

등기사항증명서입니다. {다만 신청이 없는 경우에는 효력이 없는 등기사항과 지배인(대리인), 지점(분사무소)의 등기사항을 생략하였습니다.}
　　　　　　　　　서울중앙지방법원 등기국 등기관

4010915313667289567922482064　　1　1000　1　　발행일 2013/01/07

정 관

(발췌)

을서 주식회사

중 략

제22조(이사회의 결의사항) 대표이사가 아래 각 호의 행위를 할 때에는 사전에 이사회의 결의를 얻어야 한다. 이사회의 결의는 이사 전원 중 과반수의 동의로써 이루어진다.
- ㉮ 프랜차이즈 가맹규약 등 본사와 가맹점 사이의 기본관계에 관한 규약의 변경
- ㉯ 부동산의 취득, 처분, 담보설정 등의 행위
- ㉰ 회사가 타인의 채무를 보증하는 행위
- ㉱ 회사가 소제기 또는 보전처분을 신청하는 행위
- ㉲ 기타 회사의 중요 업무로서, 대표이사가 이사회에 결의를 요구한 사항

이 하 생 략

서 울 중 앙 지 방 법 원

제 23 민사부

판 결

사　　건	2012가합15477 건물철거 등
원　　고	김갑동 (581225-1957650)
	서울 영등포구 여의도동 334
피　　고	을서 주식회사
	서울 송파구 잠실동 123 송파빌딩 407호
	대표이사 노용호
변론종결	2012. 10. 5.
판결선고	2012. 11. 2.

주　　문

1. 피고는 원고에게,

　가. 별지 목록 제2 기재 건물을 철거하고,

　나. 원고로부터 7억 원을 지급받음과 동시에 별지 목록 제1 기재 토지를 인도하라.

2. 소송비용은 피고가 부담한다.

3. 제1항은 가집행할 수 있다.

청 구 취 지

주문과 같다.

이　유

원고가 별지 목록 제1 기재 토지(아래에서는 '이 사건 토지'라고 한다)를 소유하고 있고 피고가 위 토지상에 별지 목록 제2 기재 건물(아래에서는 '이 사건 건물'이라고 한다)을 신축하여 소유하고 있는 사실에 대해서는 당사자 사이에 다툼이 없다. 그러므로 피고는 특별한 사정이 없는 한 원고에게 위 건물을 철거하고, 위 토지를 인도할 의무가 있다.

이에 대하여 피고는 원고로부터 이 사건 토지를 임차하였고 그 임대차계약이 묵시적으로 갱신되었으므로 위 토지를 점유할 정당한 권원이 있다고 항변한다.

살피건대, 을 제1호증의 기재에 변론 전체의 취지를 종합하면, 피고가 2010. 6. 23. 원고로부터 이 사건 토지를 임대차기간 2010. 6. 23.부터 2012. 6. 22.까지, 임대차보증금 7억 원, 월 차임 500만 원으로 약정하여 임차한 사실을 인정할 수 있으나, 갑 제1호증의 기재에 변론 전체의 취지를 종합하면, 피고가 임대차기간이 만료되기 전인 2012. 6. 15. 원고에게 위 임대차계약의 갱신을 청구하였으나 원고가 이를 거절한 사실을 인정할 수 있다. 그러므로 피고의 항변은 이유 없다.

따라서 이 사건 토지의 소유권에 기하여 이 사건 건물의 철거와, 임대차보증금 7억 원의 지급과 상환으로 위 토지의 인도를 구하는 원고의 이 사건 청구는 모두 이유 있어 이를 인용하기로 하고, 소송비용 부담에 관하여는 민사소송법 제98조, 가집행선고에 관하여는 민사소송법 제213조를 적용하여 주문과 같이 판결한다.

　　　　　　　　재판장　　판사　　오현명 _____

　　　　　　　　　　　　　판사　　장영주 _____

　　　　　　　　　　　　　판사　　정명훈 _____

목 록

1. 서울 서초구 서초동 671 대 320㎡
2. 위 지상 철골조 샌드위치패널지붕 2층 근린생활시설
   1층 200㎡
   2층 200㎡. 끝.

확 정 증 명 원

사 건   2012가합15477 건물철거 등
원 고   김갑동
피 고   을서 주식회사

위 당사자 간 귀원 2012가합15477 건물철거 등 사건에 관하여 2012. 11. 2. 선고된 판결이 2012. 11. 30. 확정되었음을 증명하여 주시기 바랍니다.

2013. 1. 4.

신청인 원고 김갑동

서울중앙지방법원 귀중

위 사실을 증명합니다.
2013. 1. 4.
서울중앙지방법원
법원주사 한성균

不 動 産 賣 買 契 約 書

매도인과 매수인 쌍방은 아래 표시 부동산에 관하여 다음 계약내용과 같이 매매 계약을 체결한다.

1. 부동산의 표시

所在地	서울 서초구 서초동 671				
土 地	지 목	대		面 積	320㎡
建 物	구조·용도			面 積	

2. 계약내용

제1조 위 부동산의 매매에 대하여 매도인과 매수인은 합의에 의하여 매매대금을 아래와 같이 지불하기로 한다.

賣買代金	金 貳拾億 원(₩2,000,000,000) 整	單位	
契約金	金 貳億 원(₩200,000,000) 整을 계약시 지불하고		
中渡金	金 七億 원(₩700,000,000) 整은 2012년 11월 15일 지불하고		
殘 金	金 壹拾壹億 원(₩1,100,000,000) 整은 2012년 11월 23일 지불한다.		

제2조 매도인은 매수인으로부터 매매대금의 잔금을 수령함과 동시에 매수인에게 소유권 이전등기에 필요한 모든 서류를 교부하고 이전등기에 협력하여야 하며, 또한 위 부동산을 인도하여야 한다.

제3조 매도인은 위 부동산에 설정된 저당권, 지상권, 임차권 등 소유권의 행사를 제한하는 사유가 있거나, 조세공과 기타 부담금의 미납금 등이 있을 때에는 잔금 수수일까지 그 권리의 하자 및 부담 등을 제거하여 완전한 소유권을 매수인에게 이전하여야 한다. 다만 승계하기로 합의하는 권리 및 금액은 그러하지 아니한다.

제4조 위 부동산의 전부 또는 일부가 그 인도전에 천재지변 등 불가항력의 사유로 멸실, 훼손된 경우와 공용수용 등 당사자 쌍방의 책임없는 사유로 부담이 과하여졌을 경우 그 손실은 매도인의 부담으로 한다. 다만 매수인의 수령지체 중에 위와 같은 사유가 발생한 경우 그 손실은 매수인의 부담으로 한다.

제5조 매수인이 매도인에게 중도금을 지불할 때까지는 매도인은 계약금의 배액을 상환하고, 매수인은 계약금을 포기하고 이 계약을 해제할 수 있다.

※ 특약사항 : 잔금 중 7억 원은 토지임차인에 대한 임대차보증금 7억 원을 소유권이전등기와 동시에 매수인이 인수함으로써 갈음한다.

위 채무인수를 승낙함.
을서 주식회사   (乙西株式會社代表理事 印)

이 계약을 증명하기 위하여 계약서 2부를 작성하여 계약당사자가 이의 없음을 확인하고 각자 날인한다.

2012년 11월 10일

매도인	주 소	서울시 영등포구 여의도동 334					
	주민등록번호	581225-1957650	전화	02-723-1607	성명	김갑동	(金甲 印)
매수인	주 소	서울시 종로구 내자동 500					
	주민등록번호	650308-1566444	전화	02-668-2905	성명	송무중	(宋戊 印)

각   서

대여자 : 서울시 종로구 내자동 500 송무중 (650308-1566444)
차용인 : 서울시 강서구 염창동 56-3 문영수 (680824-1223510)

금   액 : 일금 1억 원
이   자 : 연 6%(이자는 변제일에 원금과 함께 일시에 지급하기로 함)
변제일 : 2007. 1. 4.

차용인은 오늘 자로 대여자로부터 위와 같이 차용하기로 하고 위 돈을 지급받았으므로 변제기에 확실히 변제하겠음을 각서합니다.

2006. 1. 5.

차용인   문 영 수

문영수가 2006. 1. 5. 귀하로부터 차용한 위 금 1억 원 및 이자 등을 지급하지 않을 경우 문영수와 연대하여 지급할 것을 보증하기로 하여 이에 각서합니다.

2006. 1. 5.

연대보증인   을서 주식회사 대표이사 최상근

약 속 어 음

__송 무 중__ 귀하

금 100,000,000원 정

위의 금액을 귀하 또는 귀하의 지시인에게 이 약속어음과 상환으로 지급하겠습니다.

지 급 일 2006년 1월 5일   발 행 일 2005년 12월 5일
지 급 지 서울   발 행 지 서울
지급장소 서울   발 행 인 문영수 (洙文榮印)

서 울 중 앙 지 방 법 원

판 결

사 건	2009가단7326 어음금
원 고	송무중 (650308-1566444)
	서울 종로구 내자동 500
피 고	문영수 (680824-1223510)
	서울 강서구 염창동 56-3
변론종결	2009. 4. 16.
판결선고	2009. 4. 30.

주 문

1. 피고는 원고에게 1억 원 및 이에 대한 2006. 1. 5.부터 2009. 1. 15.까지는 연 6%의, 그 다음 날부터 다 갚는 날까지는 연 20%의 각 비율에 의한 돈을 지급하라.
2. 소송비용은 피고가 부담한다.
3. 제1항은 가집행할 수 있다.

청 구 취 지

주문과 같다.

이 유

원고가 이 사건 청구원인으로, 피고는 2006. 1. 5. 원고에게 액면 1억 원, 지급지, 발행지 및 지급장소 각 서울, 지급일 2006. 1. 5., 수취인 원고, 발행일 2005. 12. 5.로 된 약속어음을 발행하였고, 원고는 2009. 1. 3. 피고에게 위 어음을 지급을 위하여 제시하였다고 주장함에 대하여, 피고는 민사소송법 제150조에 따라 이를 자백한 것으로 본다.

위 인정사실에 의하면, 피고는 원고에게 어음금 1억 원 및 이에 대한 지급일인 2006. 1. 5.부터 지급제시일인 2009. 1. 3.까지는 어음법이 정한 연 6%의 비율에 의한 법정이자를, 그 다음 날부터 이 사건 소장부본 송달일임이 기록상 명백한 2009. 1. 15.까지는 어음법이 정한 연 6%의, 그 다음 날부터 다 갚는 날까지는 「소송촉진 등에 관한 특례법」이 정한 연 20%의 각 비율에 의한 지연손해금을 지급할 의무가 있다. 따라서 원고의 이 사건 청구는 모두 이유 있어 이를 인용하기로 하고, 소송비용 부담에 관하여는 민사소송법 제98조, 가집행선고에 관하여는 민사소송법 제213조를 적용하여 주문과 같이 판결한다.

판사 노은설 _____

확 정 증 명 원

사　　건　　2009가단7326 어음금
원　　고　　송무중
피　　고　　문영수

위 당사자 간 귀원 2009가단7326 어음금 사건에 관하여 2009. 4. 30. 선고된 판결이 2009. 5. 20. 확정되었음을 증명하여 주시기 바랍니다.

2013. 1. 4.

신청인 원고 송무중 (印)

서울중앙지방법원 귀중

> 위 사실을 증명합니다.
> 2013. 1. 4.
> 서울중앙지방법원
> 법원주사 한성균 (서울중앙지방법원 법원주사 印)

한국감정원 - ISO 0001 인증

감 정 평 가 서

물 건 명	서울 서초구 서초동 671 지상 철골조 샌드위치패널지붕 2층 근린생활시설
감정평가서 번 호	한국부감-123-2012

알리는 말씀

본 감정평가서는 감정의뢰 목적 이외에 사용하거나 타인(감정의뢰인 또는 담보감정시 확인 은행 이외의 자)이 사용할 수 없을 뿐 아니라 복사, 개작, 전재할 수 없으며 한국감정원은 이로 인한 결과에 대하여 책임을 지지 아니합니다.

한 국 감 정 원
KOREA APPRAISAL BOARD

부동산 평가부 TEL.(02)2189-8188
FAX.(02)562-2871
http://www.kab.co.kr

부 동 산 평 가 표

APPRAISAL STATEMENT

본 감정평가서는 40년 전통의 출자 감정평가 전문기관인 한국감정원에서「부동산 가격공시 및 감정평가에 관한 법률」등 관련법규에 따라 성실·공정하게 작성하였습니다.

평가가액	가 격 시 점	가 액	
	2012. 12. 21.	₩200,000,000	
평가의뢰인	송무중	평가목적	자체평가
채무자		제출처 (채권기관)	송무중
평가조건	가격시점 당시를 기준함		

목록표시 근거	등기사항전부증명서	가격시점	조사기간	작성일자
		2012.12.21.	2012.12.29.	2013. 1. 5.

평가내용	종 별	면적 또는 수량	단가		평가가액
			가격시점	가액	
	건물(서울시 서초구 서초동 671 지상 철골조 샌드위치패널지붕 2층 근린생활시설)	1층 200㎡ 2층 200㎡	2012.12.21.	500,000원/㎡	200,000,000원
		이 하 여 백			

위 평가결과는 평가 가격시점을 기준으로 하여 전후 4월 이내 시점의 가격으로도 활용할 수 있습니다.

조사자	임 수 병 (印)	감정평가사	권 일 욱 (印)
임수병		권일욱	

약 정 서

대주 : 최정북
　　　 서울 서초구 반포동 423

차주 : 을서 주식회사
　　　 서울 송파구 잠실동 123 송파빌딩 407호
　　　 대표이사 노용호

대여금 : 오천만원 (₩50,000,000)

대주와 차주는 아래와 같이 대여금 약정을 체결하고 이를 확인하기 위하여 이 약정서를 작성하여 1부씩 보관한다.

아　래

1. 대주는 2010. 8. 23. 차주에게 금 50,000,000원을, 이자 월 4%, 대여기간 2010. 8. 23.부터 2012. 8. 22.까지로 약정하여 대여한다.

2. 차주는 매월 22일에 대주에게 월 4%의 이자를 대주가 지정하는 계좌로 입금하고, 대여금의 변제기인 2012. 8. 22.에 원금 50,000,000원을 위 대주의 계좌로 입금한다.

2010. 8. 23.

대주 : 최정북 (721220-1566477) (인)

차주 : 을서 주식회사
　　　 서울 송파구 잠실동 123 송파빌딩 407호
　　　 대표이사 노용호 (인)

영 수 증

금 삼천칠백오십만 (37,500,000)원 정

대주 최정북은 차주 을서 주식회사의 2010. 8. 23.자 차용금의 변제로 위와 같이 정히 영수함.

        2011. 2. 22.
        영수인 최정북 (인)

을서 주식회사 귀중
서울 송파구 잠실동 123 송파빌딩 407호
대표이사 노용호

영 수 증

금 이천만 (20,000,000)원 정

대주 최정북은 차주 을서 주식회사의 2010. 8. 23.자 차용금의 변제로 위와 같이 정히 영수함.

        2012. 2. 22.
        영수인 최정북 (인)

을서 주식회사 귀중
서울 송파구 잠실동 123 송파빌딩 407호
대표이사 노용호

서울중앙지방법원

건물철거 및 토지인도 집행불능조서

사　　　건 : 2012본36678
채　권　자 : 김갑동의 승계인 송무중
채　무　자 : 을서 주식회사
집 행 권 원 : 서울중앙지방법원 2012가합15477 건물철거 등 판결
집 행 일 시 : 2012. 12. 21. 10:00
집 행 장 소 : 서울특별시 서초구 서초동 671

1. 위 집행권원에 의한 채권자 승계인 송무중의 위임에 의하여 집행장소에서 집행대상 건물을 철거하려 하였으나, 채무자는 집행대상건물을 사무실로 사용하고 있지 않으며, 집행대상건물은 박병남이 점유하고 있고, 박병남은 '을서 주식회사와 약정을 하고 사용 중이므로 건물에서 나갈 이유가 없다. 나를 내보내려면 나에 대한 판결을 받아와야 한다.'는 취지로 진술하며 약정서를 제시하므로 이를 사본하여 본 조서에 편철하였다.

2. 채무자 을서 주식회사의 대표이사 노용호는 집행현장에서 송무중에게 '집행대상건물의 매수청구권을 행사하는 바이므로 그 매매대금 3억 원을 지급받을 때까지는 집행할 수 없다.'는 취지로 진술하였다.

3. 본 집행관은 집행불능을 선언하고 이 절차를 2012. 12. 21. 11:00에 종료하였다.

이 조서는 현장에서 작성하여 집행참여인들에게 읽어주었으며, 집행참여인들은 이를 승인하고 다음과 같이 서명날인한다.

2012. 12. 21.

2013. 1. 4.

집　행　관 : 정형섭
채　권　자 : 김갑동의 승계인 송무중
채　무　자 : 을서 주식회사 (대표이사 노용호)
입　회　인 : 박병남

등본입니다

서울중앙지방법원
집행관 김 종 인

약 정 서

부동산의 표시 : 서울 서초구 서초동 671 지상 철골조 샌드위치패널지붕 2층
　　　　　　　근린생활시설 1층 200㎡, 2층 200㎡

제1조 대주는 위 부동산을 차주에게 무상으로 사용·수익하게 하고, 차주는 이를 사용·수익한 후 반환한다.
제2조 대주는 위 부동산을 2012년 12월 3일 인도한다.
제3조 차주는 선량한 관리자의 주의로 위 부동산을 보관하여야 한다.
제4조 차주는 대주의 승낙 없이 위 부동산을 제3자에게 사용·수익하게 할 수 없다.
제5조 차주는 위 목적물에 관한 통상의 필요비를 부담한다.
제6조 차주는 언제든지 대주가 인도요구를 하면 3일 이내에 조건 없이 원상회복하여 인도한다.

위 계약조건을 틀림없이 지키기 위하여 본 계약서를 2부 작성하여 각자 1부씩 보관한다.

　　　　　　　　　　2012년 12월 3일

대주	주소	서울 송파구 잠실동 123 송파빌딩 407호		
	성명	을서 주식회사 대표이사 노용호	법인등록번호	110644-2743651
차주	주소	서울 강남구 삼성동 475		
	성명	박병남	주민등록번호	750325-1175432

통 고 장

수 신 : 최정북 (721220-1566477)
　　　　서울 서초구 반포동 423

1. 먼저, 귀하와 면식이 없는 가운데 이렇게 서면으로 통고하게 되어 유감스럽게 생각합니다.
2. 본인은 을서 주식회사(대표이사 노용호)가 임차하여 대지로 사용하고 있는 서울 서초구 서초동 671 토지의 소유자입니다.
3. 등기부에 따르면 위 대지의 지상 건물에 귀하가 채권최고액 6,500만 원인 근저당권을 가지고 있고, 본인이 을서 주식회사에 확인한 바에 의하면 대여한 채권 원금은 5,000만 원인데 현재는 이자까지 모두 변제한 것으로 알고 있습니다.
4. 따라서 본인은 귀하에게 근저당권설정등기를 말소하여 주실 것을 요청드리게 되었으니, 조속한 시일 내에 협조하여 주시기 바랍니다.

2012. 11. 23.

발신인　　송무중 (650308-1566444)　(인)
　　　　　서울 종로구 내자동 500

서울종로우체국
2012. 11. 23.
12 - 9765

이 우편물은 2012년 11월 23일 등기 제9765호에 의하여 내용증명 우편물로 발송하였음을 증명함

서울종로우체국장 (인)

통고에 대한 답신

수 신 : 송무중 (650308-1566444)

　　　　서울 종로구 내자동 500

1. 귀하의 통고장을 잘 받아보았습니다.
2. 본인은 을서 주식회사의 대표이사 노용호와 개인적으로 알고 지내는 처지인데, 노용호 씨가 2010년 여름에 가축구제역 파동으로 가맹점 매출이 급감하고 가맹점 해약이 속출하면서 외상대금 수금도 제대로 이루어지지 않는다고 하소연하면서 급히 사업자금을 빌려달라고 하였는데, 저로서는 가진 돈이 없었는데 주변에서 돈을 모아 빌려 준 것입니다.
3. 그런데 차용인이 회사인 데다가, 을서 주식회사가 자금사정이 좋지 않다는 것을 알고 있는 상태이다 보니 담보설정을 요구할 수밖에 없었고, 그래서 회사 명의로 된 서초동 671번지 건물에 근저당권을 설정하게 된 것입니다.
4. 그 후 을서 주식회사는 2011. 2. 22. 금 3,750만 원을 지급하고, 2012. 2. 22. 금 2,000만 원을 지급하였는데, 그때는 변제기 도래 전이었음에도 본인이 이의 없이 이를 수령하였으나 그 이후로 을서 주식회사는 더 이상 말이 없습니다.
5. 노용호 씨 생각대로라면 그 정도로 모두 변제된 것으로 해주길 바라는 것인지 모르겠지만, 본인으로서는 본인이 가진 돈을 빌려 준 것도 아니고, 그 당시 저한테 돈을 빌려 준 주위 사람들에 대한 입장도 있기 때문에 노용호 씨 생각대로 마무리할 수는 없는 것이고, 당초 약속한 대로 월 4%에 따른 이자를 받지 않으면 근저당권 등기를 말소해 줄 수 없는 처지인 것입니다.
6. 참고로, 제가 담보로 잡고 있는 건물은 을서 주식회사의 소유인데, 무슨 근거로 귀하가 저당권등기를 말소해달라고 요구하는지도 알 수가 없습니다.

2012. 11. 27.

발신인　　최정북 (721220-1566477)

　　　　　서울 서초구 반포동 423

최 고 서

수 신 : 을서 주식회사(110644-2743651) (대표이사 노용호)
　　　　서울 송파구 잠실동 123 송파빌딩 407호

1. 귀사의 일익번창을 기원합니다.
2. 본인은 2006. 1. 5. 문영수에게 1억 원을 대여하였고, 그 당시 귀사는 문영수의 차용금채무를 연대보증한 바 있습니다.
3. 본인은 문영수를 상대로 어음금에 대한 확정판결을 받은 바 있어 이를 믿고 기다려 왔는데 최근 문영수는 아예 행방을 감추어 더 이상 연락조차 되지 않고 있습니다.
4. 이에 부득이 본인은 연대보증을 한 귀사에 대하여 이행을 최고하기에 이른 것입니다.
5. 이런 경위를 혜량하시고 조속한 시일 내에 원금 1억 원과 약정한 이자 등을 합한 금액을 차질 없이 변제하시기 바랍니다.

2012. 12. 13.

송무중 (650308-1566444) (印)
서울 종로구 내자동 500

서울종로우체국
2012. 12. 13.
12 - 9923

이 우편물은 2012년 12월 13일 등기 제9923호에 의하여 내용증명 우편물로 발송하였음을 증명함

서울종로우체국장 (서울종로우체국장인)

최고에 대한 회신

수 신 : 송무중(650308-1566444) 서울 종로구 내자동 500

1. 귀하의 최고서를 잘 받았는데, 내용인즉 영문을 모르겠습니다.
2. 먼저 본사가 귀하가 주장하는 바와 같은 보증을 섰다는 것도 믿기 어려웠지만, 그렇다 하더라도 7년 전에 보증 선 것을 이제 와서 책임지라고 하는 것은 납득할 수 없습니다.
3. 귀하도 알다시피 본사는 주식회사라서 상사채무의 소멸시효를 적용하더라도 본사가 책임질 일은 아닐 것입니다.
4. 또한 귀하의 최고서를 받고서 경위를 알아본바, 그 당시 대표이사였던 최상근이 이사회의 결의도 받지 않고서 위와 같은 보증을 한 것으로 확인되었는데, 아래 인용해드리는 바와 같이 본사의 정관 제22조 제㉰호에 의하면 본사가 타인의 채무를 보증함에 있어서는 반드시 이사회의 결의를 얻도록 되어 있었음에도 그 당시 대표이사 최상근이 정관의 규정을 무시하고 연대보증을 한 것이라서 그와 같은 보증행위는 무효이고, 따라서 이제 와서 본사가 책임을 질 수는 없는 것입니다.

정 관 (일부)

제22조(이사회의 결의사항) 대표이사가 아래 각 호의 행위를 할 때에는 사전에 이사회의 결의를 얻어야 한다. 이사회의 결의는 이사 전원 중 과반수의 동의로써 이루어진다.
　㉮ 프랜차이즈 가맹규약 등 본사와 가맹점 사이의 기본관계에 관한 규약의 변경
　㉯ 부동산의 취득, 처분, 담보설정 등의 행위
　㉰ 회사가 타인의 채무를 보증하는 행위
　㉱ 회사가 소제기 또는 보전처분을 신청하는 행위
　㉲ 기타 회사의 중요 업무로서, 대표이사가 이사회에 결의를 요구한 사항

2012. 12. 18.

을서 주식회사 (110644-2743651)

서울 송파구 잠실동 123 송파빌딩 407호

대표이사 노용호 (인)

(서울송파우체국 2012. 12. 18. 12 - 9323)

답 변 서

수 신 : 을서 주식회사(110644-2743651) (대표이사 노용호)
　　　　서울 송파구 잠실동 123 송파빌딩 407호

1. 귀사가 보낸 12. 18.자 회신에 대한 답신입니다.

2. 귀사가 보증을 선 뒤 7년이 지난 지금에 와서야 보증책임의 이행을 요구한 데 대해서는 본인으로서도 유감스럽게 생각합니다. 그러나, 그 동안에는 주채무자인 문영수가 책임을 질 것으로 믿고 기다려왔던 것인데, 문영수가 종적을 감추었고, 더구나 최근에 확인한 바에 의하면 문영수가 도산하여 개인회생 신청절차를 알아보고 다닌다는 소문까지 들리는 마당인지라 어쩔 수 없이 보증인에게 변제를 요구하게 된 것이니 이 점 거듭 이해를 구합니다.

3. 귀사는 그 당시 대표이사가 이사회 결의를 받지 않고서 연대보증을 한 것이니 무효라고 주장하나, 본인이 문영수에 대하여 연대보증 입보를 요구하자 문영수는 귀사의 대표이사인 최상근을 대동하고 법무사 사무실에 나타났고, 그 자리에서 최상근은 귀사의 대표이사로 기재된 명함을 교환하고서, 가지고 온 귀사의 명판과 인감도장으로 보증계약서에 날인하였습니다. 그런 상황에서 본인으로서는 당연히 최상근에게 대표권이 있다고 믿었던 것이고, 그 당시 입회한 법무사도 "대표이사가 직접 인감을 날인하면 충분하다"고 말하였으며, 본인으로서는 이에 대하여 더 이상 누구에게 물어보거나 확인할 방법도 없었던 것입니다. 게다가 그 때 법무사 사무실에는 당시 귀사의 이사 중 한 사람인 진현우도 최상근과 함께 찾아 와서 동석하였는데 아무런 이의도 하지 아니하였습니다.

4. 그럼에도 불구하고 이제 와서 종전 대표이사가 한 일이라서 책임지지 못하겠다고 하는 것은 납득이 될 수 없는 주장인 것입니다.

5. 추가로 요청드릴 사항은, 귀사도 잘 알고 있는 바와 같이 귀사는 김갑동으로부터 서울 서초구 서초동 671 대지를 임차하였고, 본인은 김갑동으로부터 그 땅을 매수하여 소유권자가 되었는데, 귀하는 김갑동에게 2012. 6. 22.까지의 임대료만을 지급하고서, 그 후에는 지급하지 않고 있습니다. 따라서 2012. 6. 23.부

터 임대료를 지급하여 주시기 바랍니다. 또 귀사의 대표이사가 지난 12. 21. 서초동 건물철거의 집행 현장에서 본인에게 건물매수청구 운운한 바 있으나, 그것은 귀사와 임대차계약을 체결한 김갑동에게 할 말이지 저에게 주장할 일은 아닌 것으로 사료됩니다.

6. 어차피 본인으로서는 귀사를 상대로 건물 관련 소송을 제기할 처지에 있으므로, 만일 이 서면을 받은 날로부터 3일 이내에 보증금과 임대료에 관한 긍정적인 답신이 없으면 이 부분도 함께 법원의 판단을 받는 쪽으로 준비를 하겠으니 양해하시기 바랍니다.

2012. 12. 24.

발신인   송무중 (650308-1566444)
          서울 종로구 내자동 500

이 우편물은 2012년 12월 24일 등기 제10267호에 의하여 내용증명 우편물로 발송하였음을 증명함

서울종로우체국장

기록이면표지

확 인 : 법무부 법조인력과장

민사법

기록형

2013년도 **제2회**
변호사 시험

문제해결 TIP

【문 제】

귀하는 서울 서초구 서초동 233 동문빌딩 511호에서 개업을 한 변호사 이경수이다. 귀하는 2013. 1. 7. 김갑동과 송무중에게 〈의뢰인 상담일지〉에 기재된 내용과 같이 상담을 해주고 이들로부터 사건을 수임하면서 첨부서류를 자료로 받았다. 의뢰인들을 위하여 법원에 제출할 소장을 아래 작성요령에 따라 작성하시오.

> 서울 서초구 서초동 233 동문빌딩 511호 → 대리인의 주소
> 변호사 이경수 → (변호사명)
> 첨부서류 → (자료)

【작성요령】

1. 소장 작성일 및 소 제기일은 **2013. 1. 7.**로 하시오.
   > 소장의 작성일자는 소멸시효 및 제척기간의 기준일로써 메모작성시 반드시 기재하여야 한다.
2. 의뢰인의 의사와 요구에 최대한 부합하는 내용으로 소장을 작성하되, 법령 및 판례에 따라 일부라도 패소하는 부분이 생기지 않도록 하시오.
3. 공동소송의 요건은 모두 갖추어진 것으로 전제하시오.
4. 청구원인은 주요사실이 분명히 드러나도록 기재하고, 주요사실의 증명과 무관한 간접사실은 기재하지 마시오. 다만, 기록상 상대방이 소송 중 제기할 것으로 예상되는 주장 중 이유 없다고 판단되는 것은 소장을 통해 반박하시오.
5. 예비적·선택적 청구는 하지 마시오.
6. 물건의 표시가 필요한 경우 별지로 목록을 만들지 말고 소장의 해당 부분에 직접 표기하시오.
7. 당사자는 반드시 소송상 자격(원고, 피고 등)으로 지칭하고, 원고 또는 피고가 여러명인 경우에는 소송상 자격 및 이름으로 지칭하시오(피고1. 등과 같이 번호로 지칭하지 않음).
8. 상담 결과 청취된 사실관계는 모두 진실한 것으로 간주하고, 첨부서류의 진정성립을 의심할만한 사유는 없는 것으로 간주하며, 사실관계는 본 기록에 나타나 있는 것으로 한정하시오.
9. 피고가 복수인 경우 청구원인은 피고별로 나누어 기재하고, 증거방법란과 첨부서류란은 기재하지 마시오(필요할 경우 청구원인란에서는 해당 증거방법을 적절한 방법으로 제시하여도 무방함).
10. 기간을 계산할 때는 'O'월은 'O/12'년으로 계산하시오(예: '4'월은 '4/12'년으로 계산).
    > 기간계산을 년단위로 할 것을 지정하였으므로, 부당이득, 이자, 지연손해금 등의 계산은 이에 따라야 한다.

기록 2면

【참고자료 1】

이자제한법 제2조 제1항의 최고이자율에 관한 규정

제정 2007. 6. 28. 대통령령 제*****호

이자제한법 제2조 제1항에 따른 금전대차에 관한 계약상의 최고이자율은 연 30퍼센트로 한다.

부칙 (제20118호, 2007. 6. 28.)
이 영은 2007년 6월 30일부터 시행한다.

> 사안의 일자에 따른 이자제한법 적용 이율은 다음과 같다. 2014.7.15. 이전은 연 30%, 2014.7.15부터는 연 25%, 2018.2.8.부터는 연 24%, 2021.7.6. 이후는 연 20%. 단, 이전에 체결한 계약이나 갱신전 계약에 대해서는 종전의 최고이자율이 적용된다.

【참고자료 2】

각급 법원의 설치와 관할구역에 관한 법률 (일부)

제4조(관할구역) 각급 법원의 관할구역은 다음 각 호의 구분에 따라 정한다. 다만, 지방법원 또는 그 지원의 관할구역에 시·군법원을 둔 경우「법원조직법」제34조 제1항 제1호 및 제2호의 사건에 관하여는 지방법원 또는 그 지원의 관할구역에서 해당 시·군법원의 관할구역을 제외한다.

1. 각 고등법원·지방법원과 그 지원의 관할구역: 별표 3
2. 특허법원의 관할구역: 별표 4
3. 각 가정법원과 그 지원의 관할구역: 별표 5
4. 행정법원의 관할구역: 별표 6
5. 각 시·군법원의 관할구역: 별표 7
6. 항소사건(抗訴事件) 또는 항고사건(抗告事件)을 심판하는 지방법원 본원 합의부 및 지방법원 지원 합의부의 관할구역: 별표 8
7. 행정사건을 심판하는 춘천지방법원 및 춘천지방법원 강릉지원의 관할구역: 별표 9

| 기록 4면 |

의뢰인 상담일지

변호사 이경수 법률사무소
서울 서초구 서초동 *** **** ***호
☎ 532-****, 팩스 532-****, 전자우편 ***@gmail.com

접수번호	2013-05	상담일시	2013. 1. 7.
상 담 인	김갑동 송무중	내방경위	지인 소개, 소제기 의뢰
관할법원		사건번호	

【상 담 내 용】

1. 김갑동은 2010. 6.경 을서 주식회사에 서울 서초구 땅을 임대하였다. 을서 주식회사는 위 토지상에 건물을 건축하고, 등기를 마친 후 그 2층에 '드래곤스'라는 상호의 패스트푸드 프랜차이즈 본사를 두고 2010. 8. 23.부터 위 건물 1층에서 그 영업점을 운영해 왔다. 위 토지 고 있다.

   > 건물소유를 위한 토지임대차에 해당하고, 건물에 관한 등기를 마침으로써 민법 제622조에 따른 대항력을 구비하였다. 토지임대차가 출제되면 민법 제622조의 적용여부를 반드시 확인하여야 한다.

   > 차임연체로써 계약 해지사유가 발생하였고, 2012. 6. 23.이후의 차임 또는 부당이득반환청구권을 행사하여야 함을 의미한다.

2. 을 후에도 위 토지를 인도 서 주식회사를 상대방으로 하여 건물철거 등을 구하는 소송을 제기하였다. 임대료는 2012. 6. 22.까지 발생한 부분만큼은 모두 지급받았으나, 그 이후에는 어떤 돈도 받은 것이 없다.

   > 기판력 항변이 있음을 전제하고 있다.

3. 가. 김갑동은 승소 판결을 받아 그 판결이 확정되었다. 김갑동은 점유이전금지가처분을 해두지는 않았다. 그 사이에 김갑동은 위 토지를 송무중에게 매도하고 그 소유권이전등기를 마쳐주었다. 송무중은 소유권 이전과 동시에 김갑동의 을서 주식회사에 대한 임차보증금반환채무도 인수하였고, 을서 주식회사는 이를 승낙하였다.

   > 임차인의 승낙을 얻은 임대목적물의 양도이므로, 임차인은 양수인에 대해서만 임대차보증금반환청구권을 행사할 수 있다. 단, 이미 발생한 연체차임이나 목적물의 사용으로 인한 부당이득반환채권은 임대목적물의 양도로써 당연히 이전되는 것은 아니므로, 이후 기록을 검토하여 연체차임이나 부당이득반환채권이 양도되었는지 아니면 양도인에게 유보되어 있는지 여부를 확인하여야 한다. 이는 김갑동이 원고가 될 수 있는지 여부와 직접적인 관련을 가지므로 매우 중요하다.

   나. 한편 송무중은 2006. 1.경 문영수에게 1억 원을 대여해 주었고(이자는 원금 변제 시 함께 받기로 함) 을서 주식회사는 그 당시 이를 연대보증하였는데, 당시 대표이사는 최상근이었다. 문영수는 까지도 위 대여금

   > 민사채무에 대하여 상인이 연대보증을 한 경우, 이는 상행위로 인한 채무이므로 연대보증채무는 5년의 소멸시효기간이 적용된다.

송무중은 2009. 1. 4. 문영수에 대하여 위 어음금의 지급을 구하는 소를 제기하여 확정판결을 받았으나, 문영[수...]

> 원인채권의 담보를 위하여 어음이 교부된 경우, 어음금 청구소송을 제기하는 것이 원인채권의 소멸시효 중단사유가 될 수 있는지 여부에 관한 문제로써, 이후 기록에서 원인채권의 소멸시효 도과여부와 위 어음금 청구소송의 확정일자를 확인하여야 한다.

4. 송무중은 김갑동이[...] 려고 집행관과 함께 현장에 갔는데, 박병남이 위 건물에서 한식당 영업을 하고 있었고, 을서 주식회사는 위 건물을 점유하고 있지 않았다. 박병남 말로는 자신이 을서 주식회사와 약정을 하고 사용 중이므로 위 건물에서 나갈 이유가 없다고 하며, 자신을 내보내려면 자신에 대하여 판결을 받아 오라고 하였다.

> 건물의 철거청구 소송 도중 점유자가 변경된 경우, 점유이전금지가처분 등을 통하여 당사자를 항정시키지 않았다면 현재의 점유자를 상대로 철거집행은 불가능하다. 따라서 현재의 건물점유자로부터 건물의 점유를 회수할 수 있는 방법을 모색하여야 한다.

5. 게[...]가 집행 현[장...]에는 을서 주[식회사의 대표이사인 노용호가 나타나], 송무중에게 "민법에 따라 건물에 대한 매수청구권을 행사한다. 매매대금 3억 원을 모두 받기 전에는 철거 집행을 할 수 없다."라고 하였다. 이 말을 들은 집행관은 더 이상 집행할 수 없다고 말하면서 돌아가 버렸다.

> 건물철거청구 소송의 패소판결이 확정된 이후에도 건물의 소유자가 건물매수청구권을 행사할 수 있는지 여부를 묻는 문제로, 건물매수청구권이 인정된다면 청구원인단계에서 건물매매대금의 지급과 상환으로 건물의 소유권이전등기청구소송을 제기하여야 한다.

6. 그런데 위 건물에는 최정북(시청 소속 공무원) 명의로 근저당권이 설정되어 있다. 김갑동이 그 경위를 상세히 알아보니 을서 주식회사가 2010. 8. 23. 회사 운영자금 5,000만 원을 대표이사 노용호의 지인인 최정북에게서 차용하면서 위 근저당권을 설정해 준 것이었다.

> 매도인은 매매목적물에 관한 모든 부담을 제거하고 소유권을 이전해 주어야 하므로, 매수인 원고의 입장에서는 매도인의 부담으로 건물에 설정된 근저당권을 소멸시킬 수 있는 방법을 모색하여야 한다.

7. 을서 주식회사는 그 후 위 차용금에 대한 변제조로 두 차례에 걸쳐 합계 5,750만 원을 지급하였고, 최정북은 이의 없이 이 금액을 모두 수령하였음에도 현재 위 근저당권을 말소해 주[...]

> 2회의 변제를 하였으므로, 이후 기록을 검토하여 각 변제일자 기준으로 변제충당 계산을 하여야 한다. 그리고 최정북이 이의없이 변제금을 수령하였다고 하므로, 합의충당 또는 지정충당이 있었는지 여부도 반드시 확인하여야 한다.

【의뢰인 김갑동, 송무중의 요구사항】

1. 서울 서초구 서초동 671 지상 건물에 관하여 [...] 상태로 완전한 소유권을 취득하고, 위 건물 [...]
2. 위 토지의 임대료 또는 토지사용료 상당의 돈 [...]
3. 을서 주식회사가 문영수의 차용금채무를 보[...]
끝.

> 이 단계에서 모범답안의 청구취지와 같은 개괄적인 소송형태를 정하고, 이후 기록을 통하여 메모를 보충해 나가야 한다. 민사기록의 메모는 목적을 가지고 필요사실을 기재하는 것이므로, 소송형태의 결정없이 메모를 하는 것은 아무런 의미가 없다.

기록 6면

등기사항전부증명서(말소사항 포함) - 토지

[토지] 서울특별시 서초구 서초동 671   고유번호 ****-****-******

【표 제 부】 (토지의 표시)

표시번호	접 수	소재지번	지목	면 적	등기원인 및 기타사항
1 (전2)	1995년6월5일	서울특별시 서초구 서초동 671	대	320㎡	부동산등기법시행규칙부칙 제3조 제1항의 규정에 의하여 2001년7월 14일 전산이기

【갑 구】 (소유권에 관한 사항)

순위번호	등기목적	접 수	등기원인	권리자 및 기타사항
1 (전2)	소유권이전	1997년7월5일 제2453호	1997년7월3일 매매	소유자 서영구 ******-******
2	소유권이전	2002년11월 제33451호	매매	서울 영등포구 여의도동 334
3	소유권이전	2012년11월23일 제30757호	2012년11월10일 매매	소유자 송무중 ******-****** 서울 종로구 내자동 500

> 2012. 11. 23. 기준으로 서초동 토지의 소유권이 김갑동에게서 송무중으로 이전되었다. 을서주식회사가 토지를 법률상 권원없이 점유하는 중 토지의 소유권이 변동된 것이므로, 부당이득의 귀속주체가 달라질 수 있어 이전 일자를 반드시 메모하여야 한다. 그리고 건물매수청구권은 현재의 토지소유자를 상대로 행사하여야 하고, 토지의 소유권에 기한 물권적 청구권은 현재의 소유권자만이 행사할 수 있으므로, 소유권의 변경여부는 매우 중요한 사실이다.

─ 이 하 여 백 ─

수수료 금 1,000원 영수함   관할등기소 서울중앙지방법원 등기국 / 발행등기소 서울중앙지방법원 등기국

이 증명서는 등기기록의 내용과 틀림없음을 증명합니다.

서기 2013년 01월 07일

법원행정처 등기정보중앙관리소 전산운영책임관

* 실선으로 그어진 부분은 말소사항을 표시함.   *등기기록에 기록된 사항이 없는 갑구 또는 을구는 생략함.

문서 하단의 바코드를 스캐너로 확인하거나 인터넷등기소(http://*****.go.kr)의 발급확인 메뉴에서 발급확인번호를 입력하여 위·변조 여부를 확인할 수 있습니다. 발급확인번호를 통한 확인은 발행일부터 3개월까지 5회에 한하여 가능합니다.

발행번호11360011004936072010961250SLBO114951WOG295021311122 1/1 발행일 2013/01/07

기록 7면

등기사항전부증명서(말소사항 포함) - 건물

[건물] 서울특별시 서초구 서초동 671 　　　고유번호 ****-****-******

【표제부】 (건물의 표시)

표시번호	접수	소재지번	건물내역	등기원인 및 기타사항
1	2010년8월13일	서울특별시 서초구 서초동 671	철골조 샌드위치패널지붕 2층 근린생활시설 1층 200㎡ 2층 200㎡	

【갑구】 (소유권에 관한 사항)

순위번호	등기목적	접수	등기원인	권리자 및 기타사항
1	소유권보존	2010년8월13일 제16774호		소유자 을서 주식회사 ****** - ******* 서울 송파구 잠실동 123 송파빌딩 407호

> 건물에 관하여 말소되어야 할 근저당권이 설정되어 있다(설문에서 건물매수청구권의 행사가 적법하여 건물의 소유권을 취득하는 방법을 모색할 것을 요구하였으므로, 기록을 검토하여 근저당권의 말소방법을 모색하여야 한다).

【을구】 (소유권 이외의 권리에 관한 사항)

순위번호	등기목적	접수	등기원인	권리자 및 기타사항
1	근저당권설정	2010년8월25일 제17543호	2010년8월23일 설정계약	채권최고액 금 65,000,000원 채무자 을서 주식회사 　서울 송파구 잠실동 123 송파빌딩 407호

> 확정된 금전채권의 담보를 위한 근저당권이므로, 피담보채권의 확정절차는 불필요하다. 따라서 채권의 원리금만 계산하면 된다.

— 이 하 여 백 —

수수료 금 1,000원 영수함　　관할등기소 서울중앙지방법원 등기국 / 발행등기소 서울중앙지방법원 등기국

이 증명서는 등기기록의 내용과 틀림없음을 증명합니다.
서기 2013년 01월 07일
법원행정처 등기정보중앙관리소 전산운영책임관

* 실선으로 그어진 부분은 말소사항을 표시함.　　*등기기록에 기록된 사항이 없는 갑구 또는 을구는 생략함.

문서 하단의 바코드를 스캐너로 확인하거나 인터넷등기소(http://*****.go.kr)의 발급확인 메뉴에서 발급확인번호를 입력하여 위·변조 여부를 확인할 수 있습니다. 발급확인번호를 통한 확인은 발행일부터 3개월까지 5회에 한하여 가능합니다.

발행번호11360011004936072010961250SLBO114951WOG295021311122 1/1 발행일 2013/01/07

대 법 원

부동산임대차계약서

부동산의 표시 : 서울특별시 서초구 서초동 671 대 320㎡

제1조 위 부동산을 임대차함에 있어 임대인과 임차인은 쌍방 합의하에 아래 각 조항과 같은 조건으로 계약한다.

보증금	칠억 (700,000,000)원	월세금액	오백만 (5,000,000)원 (매월 22일 후불)
계약금	일금 ~~원정을 계약당일 임대인에게 지불하고~~		
중도금	일금 ~~원정을 년 월 일 지불하고~~		
잔액금	일금 700,000,000 원정을 2010년 6월 23일 소개인 입회하에 지불키로 함. 위 금액을 전액 수령함. 2010. 6. 23. 김갑동 [인]		

제2조 부동산은 2010년 6...
제3조 임대기간은 2010년...
제4조 임차인은 이 계약으...
제5조 임차인은 임대인의...

> 임대차계약의 요건사실은 당사자, 계약일, 임대목적물, 보증금, 차임, 임대기간이고, 임대차보증금의 반환청구의 요건사실은 (물론 임대차계약의 체결사실은 당연히 전제되어 있다) 임대차보증금의 지급사실 및 임대차의 종료사실이며, 임대차목적물의 반환청구의 요건사실은 임대목적물의 인도사실 및 임대차의 종료사실이다. 이 사건에서 임대목적물의 반환을 청구하고 이에 대하여 임대보증금 반환의 동시이행변을 하고 있으므로, 임대차보증금의 지급사실 및 임대목적물의 인도사실을 반드시 기재하여야 한다.

특약사항 : 1. 임차인은 자신의 비용으로 임차지상에 건물을 축조하여 영업을 할 수 있다.
2. 임차인은 임대차기간 동안 토지와 건물에 대한 제세공과금을 모두 책임지며, 법령을 위반하여 임대인이 여하한 불이익도 받게 해서는 안 된다.

위 계약조건을 틀림없이 지키기 위하여 본 계약서를 2부 작성하여 각자 1부씩 보관한다.

2010년 6월 23일

임대인	주소	서울특별시 영등포구 여의도동 334		
	성명	김갑동 [인]	주민등록번호	****** - *******
임차인	주소	서울 송파구 잠실동 123 송파빌딩 407호		
	성명	을서 주식회사 대표이사 노용호 [인]	주민등록번호 (법인등록번호)	****** - *******

기록 9면

등기사항전부증명서(현재사항)

등기번호	00*****
등록번호	******-*******

상 호	을서 주식회사	. .	변경
		. .	등기
본 점	서울 송파구 잠실동 123 송파빌딩 407호	. .	변경
		. .	등기

| 공고방법 서울시내에서 발행하는 일간 매일경제신문에 게재한다. | . . | 변경 |
| | . . | 등기 |

| 1주의 금액 금 5,000원 | . . | 변경 |
| | . . | 등기 |

| 발행할 주식의 총수 40,000주 | . . | 변경 |
| | . . | 등기 |

발행주식의 총수와 그 종류 및 각각의 수	자본의 총액	변경 연월일 등기 연월일	
발행주식의 총수 20,000주 보통주식 15,000주 우선주식 5,000주	금 100,000,000 원	. .	변경
		. .	등기

목 적

1. 음식판매업무
2. 연예기획업무
3. 부동산임대업무
4. 제1호 내지 제3호에 부대되는 업무로서 기획재정부 장관의 승인을 얻은 업무

임원에 관한 사항

이사 정운성 ****** - *******
원인 취임
연 월 일 2011년 07월 21일

이사 진현우 ****** - **
원인 중임
연 월 일 2010년 08월 20일

> 2010. 5. 30.자로 을서주식회사의 대표이사가 변경되었다. 기록에서 법인등기부등본(등기사항전부증명서)이 첨부되면 대표이사, 법인명, 법인주소 등을 변경시켜 함정을 파 놓을 수 있으므로 이를 반드시 확인하여야 한다.

이사 서정수 ****** - **
원인 취임
연 월 일 2011년 07월 21일

대표이사 노용호 ****** - *******
서울 중구 필동 3가 149-6
원인 취임
연 월 일 2010년 05월 30일

감사 최양숙 ****** - *******
원인 중임
연 월 일 2011년 08월 23일

기록 12면

중 략

제22조(이사회의 결의사항) 대표이사가 아래 각 호의 행위를 할 때에는 사전에 이사회의 결의를 얻어야 한다. 이사회의 결의는 이사 전원 중 과반수의 동의로써 이루어진다.
  ㉮ 프랜차이즈 가맹규약 등 본사와 가맹점 사이의 기본관계에 관한 규약의 변경
  ㉯ 부동산의 취득, 처분, 담보설정 등의 행위
  ㉰ 회사가 타인의 채무를 보증하는 행위
  ㉱ 회사가 소제기 또는 보전처분을 신청하는 행위
  ㉲ 기타 회사의 중요 업무로서, 대표이사가 이사회에 결의를 요구한 사항

이 하 생 략

> 채무의 보증이 이사회결의사항으로 규정되어 있다. 이 단계에서 이사회결의 없는 대표이사의 대외적 거래행위의 효력이 쟁점이 될 것이라는 점을 충분히 예상할 수 있다.

기록 13면

서울중앙지방법원

제 23 민사부

판 결

사 건   2012가합***** 건물철거 등

원 고   김갑동 (****** - *******)
       서울 영등포구 여의도동 334

피 고   을서 주식회사
       서울 송파구 잠실동 123 송파빌
       대표이사 노용호

변론종결   2012. 10. 5.
판결선고   2012. 11. 2.

> 건물철거 및 토지인도청구에 대하여 승소판결이 확정되었고, 소송물의 승계인인 송무중이 승계집행문을 발부받아 집행에 나아갔으나, 건물매수청구권의 행사로 인하여 집행이 불가능하게 되었다. 위와 같이 기판력의 표준시 이후 형성권의 행사로 인하여 사정변경이 발생하였으므로, 전소 판결의 기판력에 저촉됨이 없이 송무중은 새로운 사실관계에 기하여 건물의 소유권이전등기청구 및 토지의 인도청구를 할 수 있다. 한편, 기판력의 표준시는 변론종결시이므로, 소송기록 중 판결문에 대해서는 반드시 변론종결일을 확인하여야 한다.

주 문

1. 피고는 원고에게,

   가. 별지 목록 제2 기재 건물을 철거하고,

   나. 원고로부터 7억 원을 지급받음과 동시에 별지 목록 제1 기재 토지를 인도하라.

2. 소송비용은 피고가 부담한다.

3. 제1항은 가집행할 수 있다.

청 구 취 지

주문과 같다.

기록 14면

이 유

원고가 별지 목록 제1 기재 토지(아래에서는 '이 사건 토지'라고 한다)를 소유하고 있고 피고가 위 토지상에 별지 목록 제2 기재 건물(아래에서는 '이 사건 건물'이라고 한다)을 신축하여 소유하고 있는 사실에 대해서는 당사자 사이에 다툼이 없다. 그러므로 피고는 특별한 사정이 없는 한 원고에게 위 건물을 철거하고, 위 토지를 인도할 의무가 있다.

이에 대하여 피고는 원고로부터 이 사건 토지를 임차하였고 그 임대차계약이 묵시적으로 갱신되었으므로 위 토지를 점유할 정당한 권원이 있다고 항변한다. 살피건대, 을 제1호증의 기재에 변론 전체의 취지를 종합하면, 피고가 2010. 6. 23. 원고로부터 이 사건 토지를 임대차기간 2010. 6. 23.부터 2012. 6. 22.까지, 임대차보증금 7억 원, 월 차임 500만 원으로 약정하여 임차한 사실을 인정할 수 있으나, 갑 제1호증의 기재에 변론 전체의 취지를 종합하면, 피고가 임대차기간이 만료되기 전인 2012. 6. 15. 원고에게 위 임대차계약의 갱신을 청구하였으나 원고가 이를 거절한 사실을 인정할 수 있다. 그러므로 피고의 항변은 이유 없다.

따라서 이 사건 토지의 소유권에 기하여 이 사건 건물의 철거와, 임대차보증금 7억 원의 지급과 상환으로 위 토지의 인도를 구하는 원고의 이 사건 청구는 모두 이유 있어 이를 인용하기로 하고, 소송비용 부담에 관하여는 민사소송법 제98조, 가집행선고에 관하여는 민사소송법 제213조를 적용하여 주문과 같이 판결한다.

> 전형적이고 모범적인 임대차계약의 요건사실의 기재례이다. 암기할 필요가 있다.

재판장　판사　오현명 _____

　　　　판사　장영주 _____

　　　　판사　정명훈 _____

기록 16면

확정증명원

사　건　2012가합***** 건물철거 등
원　고　김갑동
피　고　을서 주식회사

위 당사자 간 귀원 2012가합***** 건물철거 등 사건에 관하여 2012. 11. 2. 선고된 판결이 2012. 11. 30. 확정되었음을 증명하여 주시기 바랍니다.

> 판결의 확정일자이다. 이날을 기준으로 기판력이 발생하게 된다.

2013. 1. 4.

신청인 원고 김갑동

서울중앙지방법원 귀중

위 사실을 증명합니다.
2013. 1. 4.
서울중앙지방법원
법원주사 한성균

不 動 産 賣 買 契 約 書

매도인과 매수인 쌍방은 아래 표시 부동산에 관하여 다음 계약내용과 같이 매매 계약을 체결한다.

1. 부동산의 표시

所在地	서울 서초구 서초동 671				
土 地	지 목	대		面 積	320m²
建 物	구조·용도			面 積	

2. 계약내용

제1조 위 부동산의 매매에 대하여 매도인과 매수인은 합의에 의하여 매매대금을 아래와 같이 지불하기로 한다.

賣買代金	金	貳拾億원(2,000,000,000) 整	單位	
契 約 金	金	貳億원(200,000,000) 整을 계약시 지불하고		
中 渡 金	金	七億원(700,000,000) 整은 2012년 11월 15일 지불하고		
殘 金	金	壹拾壹億원(1,100,000,000) 整은 2012년 11월 23일 지불한다.		

> 일응 2012. 11. 23.을 잔금지급일로 정하였고, 위 지급일에 실제 잔금이 지급되었다면 위 날짜를 기준으로 소유권이 변동될 것으로 예상할 수 있다(물론 이전 토지등기부등본에 위 날짜에 소유권이 이전된 사실을 확인할 수 있다).

제2조 매도인은 매수인으로부터 매매대금의 [잔금을 수령함과 동시에 소유권이전등]기에 필요한 모든 서류를 교부하고 [위 부동산을 매수인에게 인도]하여야 한다.

제3조 매도인은 위 부동산에 설정된 저당[권, 지상권, 임차권 등 소유권의 행사를 제한하는 사유]가 있거나, 조세공과 기타 부담금의 미납금 등이 있을 때에는 잔금 수수일까지 그 권리의 하자 및 부담 등을 제거하여 완전한 소유권을 매수인에게 이전하여야 한다. 다만 승계하기로 합의하는 권리 및 금액은 그러하지 아니한다.

제4조 위 부동산의 전부 또는 일부가 그 인도전에 천재지변 등 불가항력의 사유로 멸실, 훼손된 경우와 공용수용 등 당사자 쌍방의 책임없는 사유로 부담이 과하여졌을 경우 그 손실은 매도인의 부담으로 한다. 다만 매수인의 수령지체 중에 위와 같은 사유가 발생한 경우 그 손실은 매수인의 부담으로 한다.

제5조 매수인이 매도인에게 중도금을 지불할 때까지는 매도인은 계약금의 배액을 상환하고, 매수인은 계약금을 포기하고 이 계약을 해제할 수 있다.

※ 특약사항 : 잔금 중 7억 원은 토지임차인에 대한 임대차보증금 7억 원을 소유권이전등기와 동시에 매수인이 인수함으로써 갈음한다.

> 을서 주식회사가 채무인수를 승낙하였으므로, 임대차보증금의 반환의무는 송무중만이 부담하게 된다.

위 채무인수를 승낙함. 을서 주식회사 [乙西株式會社代表理事 인]

이 계약을 증명하기 위하여 계약서 2부를 작성하여 계약당사자가 이의 없음을 확인하고 각자 날인한다.

2012년 11월 10일

매도인	주 소	서울시 영등포구 여의도동 334					
	주민등록번호	****** - *******	전화	02-723-****	성명	김갑동	(인)
매도인	주 소	서울시 종로구 내자동 500					
	주민등록번호	****** - *******	전화	02-668-****	성명	송무중	(인)

각   서

대여자 : 서울시 종로구 내자동 500 송무중 (****** - *******)
차용인 : 서울시 강서구 염창동 56-3 문영수 (****** - *******)

금 액 : 일금 1억 원
이 자 : 연 6%(이자는 변제일에 원금과 함께 일시에 지급하기로 함)
변제일 : 2007. 1. 4.

> 지분적 이자채무가 발생하지 않음을 의미하고, 지분적 이자채무는 민법 제163조 제1호에 따라 3년의 단기소멸시효가 적용될 수 있음을 유의하여야 한다. 반면 지연손해금은 그 법적 성질이 손해배상금이므로, 민법 제163조의 단기소멸시효가 적용되지 않는다.

차용인은 오늘 자로 대여자로부터 위와 같이 차용하였으며 위 변제일에 확실히 변제하겠음을 각서합니다.

2006. 1. 5.

차용인 문 영 수

문영수가 2006. 1. 5. 귀하로부터 차용한 위 금 1억 원 및 이자 등을 지급하지 않을 경우 문영수와 연대하여 지급할 것을 보증하기로 하여 이에 각서합니다.

> 을서 주식회사는 상인인 주식회사이므로 단순보증의 약정을 하였더라도 상법 제57조 제2항에 따라 특별한 사정이 없는 한 연대보증의 책임을 부담한다.

2006. 1. 5.

연대보증인 을서 주식회사 대표이사 최상근

乙 西 株 式 會 社
******-*******
서울 송파구 잠실동 123 송파빌딩 407호
代表理事 崔 上 根

서울중앙지방법원

판 결

사 건   2009가단**** 어음금

원 고   송무중 (****** - *******)
        서울 종로구 내자동 500

피 고   문영수 (****** - *******)
        서울 강서구 염창동 56-3

변론종결   2009. 4. 16.
판결선고   2009. 4. 30.

주 문

1. 피고는 원고에게 1억 원 및 이에 대한 2006. 1. 5.부터 2009. 1. 15.까지는 연 6%의, 그 다음 날부터 다 갚는 날까지는 연 20%의 각 비율에 의한 돈을 지급하라.
2. 소송비용은 피고가 부담한다.
3. 제1항은 가집행할 수 있다.

청구취지

주문과 같다.

이 유

원고가 이 사건 청구원인으로, 피고는 2006. 1. 5. 원고에게 액면 1억 원, 지급

기록 21면

지·발행지 및 지급장소 각 서울, 지급일 2006. 1. 5., 수취인 원고, 발행일 2005. 12. 5.로 된 약속어음을 발행하였고, 원고는 2009. 1. 3. 피고에게 위 어음을 지급을 위하여 제시하였다고 주장함에 대하여, 피고는 민사소송법 제150조에 따라 이를 자백한 것으로 본다.

위 인정사실에 의하면, 피고는 원고에게 어음금 1억 원 및 이에 대한 지급일인 2006. 1. 5.부터 지급제시일인 2009. 1. 3.까지는 어음법이 정한 연 6%의 비율에 의한 법정이자를, 그 다음 날부터 이 사건 소장부본 송달일임이 기록상 명백한 2009. 1. 15.까지는 어음법이 정한 연 6%의, 그 다음 날부터 다 갚는 날까지는 「소송촉진 등에 관한 특례법」이 정한 연 20%의 각 비율에 의한 지연손해금을 지급할 의무가 있다. 따라서 원고의 이 사건 청구는 모두 이유 있어 이를 인용하기로 하고, 소송비용 부담에 관하여는 민사소송법 제98조, 가집행선고에 관하여는 민사소송법 제213조를 적용하여 주문과 같이 판결한다.

> 모범적인 어음요건의 기재방법이다. 반드시 암기하여야 한다.

> 사안의 일자에 따른 소촉법 이율을 달리 계산하여야 한다. 즉, 2015.10.21. 이전에는 연 20%, 2015.10.21.~2019.5.30.까지는 연 15%, 2019.6.1 이후부터는 연 12%의 비율로 계산하여야 한다.

판사   노은설 _____

[기록 22면]

확 정 증 명 원

사　건　　2009가단***** 어음금

원　고　　송무중

피　고　　문영수

위 당사자 간 귀원 2009가단***** 어음금 사건에 관하여 2009. 4. 30. 선고된 판결이 2009. 5. 20. 확정되었음을 증명하여 주시기 바랍니다.

> 판결확정일자가 2009. 5. 20.이다. 어음채권에 기한 청구는 원인채권의 시효중단의 효력이 있고, 판결확정일을 기준으로 새로이 소멸시효가 진행하므로, 2009. 5. 21.이 소멸시효의 기산일이 된다.

신 청 인　원고　송무중　

서울중앙지방법원 귀중

> 위 사실을 증명합니다.
> 2013. 1. 4.
> 서울중앙지방법원
> 법원주사 한성균

기록 24면

부 동 산 평 가 표
APPRAISAL STATEMENT

본 감정평가서는 40년 전통의 출자 감정평가 전문기관인 한국감정원에서 「부동산 가격공시 및 감정평가에 관한 법률」 등 관련법규에 따라 성실·공정하게 작성하였습니다.

평가가액	가 격 시 점	가 액	
	2012. 12. 21.	₩200,000,000	
평가의뢰인	송무중	평가목적	자체평가
채무자		제출처 (채권기관)	송무중
평가조건		가격시점 당시를 기준함	
목록표시 근거	등기사항전부증명서	가격시점 / 조사기간 / 작성일자	
		2012. 12. 21. / 2012. 12. 29. / 2013. 1. 5.	

평가내용	종 별	면적 또는 수량	단가 (가격시점 / 가액)	평가가액
	건물(서울시 서초구 서초동 671 지상 철골조 샌드위치패널지붕 2층 근린생활시설)	1층 200㎡ 2층 200㎡	2012. 12. 21. 500,000원/㎡	200,000,000원

건물매수청구권의 행사에 따른 매수대금은 행사 당시의 시가에 따른다. 그리고 모든 시가감정은 기준일자가 있으므로 기준일자를 확인하여야 한다.

위 평가결과는 평가 가격시점을 기준으로 하여 전후 4월 이내 시점의 가격으로도 활용할 수 있습니다.

조사자	임수병 (柄林印洙)	감정평가사	권일욱 (旭權印逸)
임수병		권일욱	

기록 25면

약 정 서

대주 : 최정북
　　　서울 서초구 반포동 423

차주 : 을서 주식회사
　　　서울 송파구 잠실동 123 송파빌딩 407호
　　　대표이사 노용호

대여금 : 오천만 원 (₩50,000,000)

대주와 차주는 아래와 같이 대여금 약정을 체결하고 이를 확인하기 위하여 이 약정서를 작성하여 1부씩 보관한다.

아 래

1. 대주는 2010. 8. 23. 차주에게 금 50,000,000원을, 이자 월 4%, 대여기간 2010. 8. 23. 부터 2012. 8. 22.까지로 약정하여 대여한다.

2. 차주는 매월 22일에 대주에게 [이자를 지급하고,] 변제기인 2012. 8. 22.에 원금[을 변제한다.]

[이자제한법을 초과하는 이자약정은 무효이므로, 채무자는 소비대차계약 체결 당시의 이자제한법에 따른 연 30%의 이자만을 부담한다. 이자제한법의 위반은 강행법규의 위반이므로 당사자의 항변의 유무에 상관없이 청구원인 단계에서 이자제한법의 범위 내에서 이자를 청구하여야 한다.
사안의 일자에 따른 이자제한법 적용 이율은 다음과 같다. 2014.7.15. 이전은 연 30%, 2014.7.15부터는 연 25%, 2018.2.8.부터는 연 24%, 2021.7.6. 이후는 연 20%]

2010. 8. 23.

　　　　대주 : 최정북 (****** - *******) (北催印丁)

　　　　차주 : 을서 주식회사
　　　　　　　서울 송파구 잠실동 123 송파빌딩 407호
　　　　　　　대표이사 노용호 (乙西株式會社代表理事)

> 기록 26면

영 수 증

금 삼천칠백오십만 (37,500,000)원 정

대주 최정북은 차주 을서 주식회

> 변제충당은 각 변제일을 기준으로 원리금의 변제에 충당하는 것이므로, 변제금액과 변제일을 반드시 확인하여야 한다. 이 사건에서는 1년의 기간을 두고 일부의 변제가 있었으므로 충당계산을 2번하여야 한다.

2011. 2. 22.

영수인   최정북

을서 주식회사 귀중
서울 송파구 잠실동 123 송파빌딩 407호
대표이사 노용호

영 수 증

금 이천만 (20,000,000)원 정

대주 최정북은 차주 을서 주식회

> 변제충당은 각 변제일을 기준으로 원리금의 변제에 충당하는 것이므로, 변제금액과 변제일을 반드시 확인하여야 한다. 이 사건에서는 1년의 기간을 두고 일부의 변제가 있었으므로 충당계산을 2번하여야 한다.

2012. 2. 22.

영수인   최정북

을서 주식회사 귀중
서울 송파구 잠실동 123 송파빌딩 407호
대표이사 노용호

서울중앙지방법원

건물철거 및 토지인도 집행불능조서

사 건 : 2012본*****
채 권 자 : 김갑동의 승계인 송무중
채 무 자 : 을서 주식회사
집 행 권 원 : 서울중앙지방법원 2012가합***** 건물철거 등 판결
집 행 일 시 : 2012. 12. 21. 10:00
집 행 장 소 : 서울특별시 서초구 서초동 671

1. 위 집행권원에 의한 채권자 승계인 송무중의 위임에 의하여 집행장소에서 집행대상건물을 철거하려 하였으나, 채무자는 집행대상건물을 사무실로 사용하고 있지 않으며, 집행대상건물은 박병남이 점유하고 있고, 박병남은 "을서 주식회사와 약정을 하고 사용 중이므로 건물에서 나갈 이유가 없다. 나를 내보내려면 나에 대한 판결을 받아와야 한다."라는 취지로 진술하며 약정서를 제시하므로 이를 사본하여 본 조서에 편철하였다.

   34-1 건물매수청구권의 행사일자를 확인할 수 있다.

2. 채무자 을서 주식회사의 대표이사 노용호는 집행현장에서 송무중에게 "집행대상건물의 매수청구권을 행사하는 바이므로 그 매매대금 3억 원을 지급받을 때까지는 집행할 수 없다."라는 취지로 진술하였다.

3. 본 집행관은 집행불능을 선언하고 이 절차를 2012. 12. 21. 11:00에 종료하였다.

이 조서는 현장에서 작성하여 집행참여인들에게 읽어주었으며, 집행참여인들은 이를 승인하고 다음과 같이 서명날인하다.

2012. 12. 21.

2013. 1. 4.

집 행 관 : 정형섭
채 권 자 : 김갑동의 승계인 송무중
채 무 자 : 을서 주식회사 (대표이사 노용호)
입 회 인 : 박병남

등본입니다

서울중앙지방법원
집행관 김종인

약 정 서

부동산의 표시 : 서울 서초구 서초동 671 지상 철골조 샌드위치패널지붕 2층
　　　　　　　근린생활시설 1층 200㎡, 2층 200㎡

제1조 대주는 위 부동산을 차주에게 무상으로 사용·수익하게 하고, 차주는 이를 사용·수익한 후 반환한다.
제2조 대주는 위 부동산을 2012년 12월 3일 인도한다.
제3조 차주는 선량한 관리자의 주의로 위 부동산을 보〔…〕
제4조 차주는 대주의 승낙 없이 위 부동산을 제3자에〔…〕
제5조 차주는 위 목적물에 관한 통상의 필요비를 부담한다.
제6조 차주는 언제든지 대주가 인도요구를 하면 3일 이내에 조건 없이 원상회복하여 인도한다.

> 기한을 정하지 않은 사용대차계약임을 의미한다. 따라서 원고는 을서주식회사에 대한 건물에 관한 소유권이전등기청구권에 기하여 사용대차계약의 해지권 및 건물인도청구권을 대위행사 할 수 있다.

위 계약조건을 틀림없이 지키기 위하여 본 계약서를 2부 작성하여 각자 1부씩 보관한다.

2012년 12월 3일

대주	주소	서울 송파구 잠실동 123 송파빌딩 407호		
	성명	을서 주식회사 대표이사 노용호 (인)	법인등록번호	****** _ *******
차주	주소	서울 강남구 삼성동 475		
	성명	박병남 (인)	주민등록번호	****** _ *******

통고에 대한 답신

수 신 : 송무중 (****** - *******)
　　　　서울 종로구 내자동 500

> 이 사건의 쟁점은 아니지만, '사업자금을 위한 대여'는 일방적 상사채무에 해당하고, 따라서 5년의 소멸시효기간이 적용될 수 있음을 유의하여야 한다.

1. 귀하의 통고장을 잘 받아보았습니다.
2. 본인은 을서 주식회사의 대표이사 노용호와 개인적으로 알고 지내는 처지인데, 노용호씨가 2010년 여름에 가축구제역 파동으로 가맹점 매출이 급감하고 가맹점 해약이 속출하면서 외상대금 수금도 제대로 이루어지지 않는다고 하소연하면서 급히 사업자금을 빌려달라고 하였는데, 저로서는 가진 돈이 없었는데 주변에서 돈을 모아 빌려 준 것입니다.
3. 그런데 차용인이 회사인데다가, 을서 주식회사가 자금사정이 좋지 않다는 것을 알고 있는 상태이다 보니 담보설정을 요구할 수밖에 없었고, 그래서 회사 명의로 된 서초동 671번지 건물에 근저당권을 설정하게 된 것입니다.
4. 그 후 을서 주식회사는 2011. 2. 22. 금 3,750만 원을 지급하고, 2012. 2. 22. 금 2,000만 원을 지급하였는데, 그때는 변제기 도래 전이었음에도 본인이 이의 없이 이를 수령하였으나 그 이후로 을서 주식회사는 더 이상 말이 없습니다.
5. 노용호 씨 생각대로라면 그 정도로 모두 변제되었으로 해주진 사기는 것일지 모르겠지만, 본인으로서는 본인이 가진 돈을 빌려 준 것이 아니라 주위 사람들에 대한 입장도 있기 때문에 노용호 씨 생각대로 마무리할 수는 없는 것이고, 당초 약속한 대로 월 4%에 따른 이자를 받지 않으면 근저당권 등기를 말소해 줄 수 없는 처지인 것입니다.

> 합의충당 또는 지정충당이 없었고, 따라서 법정충당의 법리에 따라 충당계산을 하면 된다.

6. 참고로, 제가 담보로 잡고 있는 건물은 을서 주식회사의 소유인데, 무슨 근거로 귀하가 저당권등기를 말소해달라고 요구하는지도 알 수가 없습니다.

> 충당계산 단계에서 이자제한법을 위반한 소비대차약정이라는 점을 서술하였으면, 최정북의 4%의 이자지급에 관한 주장에 대해서는 별도의 예상항변으로 판단을 할 필요가 없다.

2012. 11. 27.

(서울서초우체국 2012. 11. 27. 12 - 12765)

발신인　　최정북 (****** - *******)　(北催印丁)
　　　　　서울 서초구 반포동 423

최 고 서

수 신 : 을서 주식회사(****** - *******) (대표이사 노용호)
　　　　서울 송파구 잠실동 123 송파빌딩 407호

1. 귀사의 일익번창을 기원합니다.
2. 본인은 2006. 1. 5. 문영수에게 1억 원을 대여하였고, 그 당시 귀사는 문영수의 차용금채무를 연대보증한 바 있습니다.
3. 본인은 문영수를 상대로 어음금에 대한 확정판결을 받은 바 있어 이를 믿고 기다려 왔는데 최근 문영수는 아예 행방을 감추어 더 이상 연락조차 되지 않고 있습니다.
4. 이에 부득이 본인은 연대보증을 한 귀사에 대하여 이행을 최고하기에 이른것 입니다.
5. 이런 경위를 혜량하시고 조속한 시일 내에 원금 1억 원과 약정한 이자 등을 합한 금액을 차질 없이 변제하시기 바랍니다.

> 어음채권의 청구로 인하여 소멸시효가 일응 중단된 원인채권을 보증인에 대하여 청구하는 것이다. 따라서 민법 제440조가 쟁점이 된다는 점을 예상할 수 있다.

2012. 12. 13.

송무중 (****** - *******) (中宋印戊)
서울 종로구 내자동 500

서울종로우체국
2012. 12. 13.
12 - 9923

이 우편물은 2012년 12월 13일 등기 제9923호에 의하여 내용증명 우편물로 발송하였음을 증명함

서울종로우체국장 (서울종로우체국장인)

최고에 대한 회신

수 신 : 송무중(****** – *******) 서울 종로구 내자동 500

> 전형적인 소멸시효 완성 항변이므로, 이에 대해서는 소멸시효 중단의 재항변의 형식으로 청구원인을 작성하여야 한다.

1. 귀하의 최고서를 잘 받았는데, 내용인즉 영문을 모르겠습니다.
2. 먼저 본사가 귀하가 주장하는 바와 같은 보증을 섰다는 것도 믿기 어려웠지만, 그렇다 하더라도 7년 전에 보증 선 것을 이제 와서 책임지라고 하는 것은 납득할 수 없습니다.
3. 귀하도 알다시피 본사는 주식회사라서 상사채무의 소멸시효를 적용하더라도 본사가 책임질 일은 아닐 것입니다.
4. 또한 귀하의 최고서를 받고서 경위를 알아본바, 그 당시 대표이사였던 최상근이 이사회의 결의도 받지 않고서 위와 같은 보증을 한 것으로 확인되었는데, 아래 인용해드리는 바와 같이 본사의 정관 제22조 제㉰호에 의하면 본사가 타인의 채무를 보증함에 있어서는 반드시 이사회의 결의를 얻도록 되어 있었음에도 그 당시 대표이사 최상근이 정관의 규정을 무시하고 연대보증을 한 것이라서 그와 같은 보증행위는 무효이고, 따라서 이제 와서 본사가 책임을 질 수는 없는 것입니다.

> 대표이사의 전단적 대표행위로써 무효라는 항변이다. 대법원 1999.10.8 선고 98다2488 판결을 원용하며 재항변의 형식으로 청구원인을 작성하면 된다.

정 관 (일부)

제22조(이사회의 결의사항) 대표이사가 아래 각 호의 행위를 할 때에는 사전에 이사회의 결의를 얻어야 한다. 이사회의 결의는 이사 전원 중 과반수의 동의로써 이루어진다.

㉮ 프랜차이즈 가맹규약 등 본사와 가맹점 사이의 기본관계에 관한 규약의 변경
㉯ 부동산의 취득, 처분, 담보설정 등의 행위
㉰ 회사가 타인의 채무를 보증하는 행위
㉱ 회사가 소제기 또는 보전처분을 신청하는 행위
㉲ 기타 회사의 중요 업무로서, 대표이사가 이사회에 결의를 요구한 사항

2012. 12. 18.

을서 주식회사 (****** – *******)
서울 송파구 잠실동 123 송파빌딩 407호
대표이사 노용호 [印: 乙西株式會社 代表理事]

[서울송파우체국 2012. 12. 18. 12-9323]

답 변 서

수 신 : 을서 주식회사(****** - *******) (대표이사 노용호)
　　　　서울 송파구 잠실동 123 송파빌딩 407호

1. 귀사가 보낸 12. 18.자 회신에 대한 답신입니다.
2. 귀사가 보증을 선 뒤 7년이 지난 지금에 와서야 보증책임의 이행을 요구한 데 대해서는 본인으로서도 유감스럽게 생각합니다. 그러나, 그 동안에는 주채무자인 문영수가 책임을 질 것으로 믿고 기다려왔던 것인데, 문영수가 종적을 감추었고, 더구나 최근에 확인한 바에 의하면 문영수가 도산하여 개인회생 신청절차_____ 어쩔 수 없이 보증인에게 변제를 요구하__

> 송무중의 선의에 관한 간접사실을 언급하고 있다. 명판과 인감도장, 법무사, 동료이사의 동석에 관하여 각 언급을 하면 된다.

3. 귀사는 그 당시 대표이사가 이사회 결의를 받지 않고서 연대보증을 한 것이니 무효라고 주장하나, 본인이 문영수에 대하여 연대보증 입보를 요구하자 문영수는 귀사의 대표이사인 최상근을 대동하고 법무사 사무실에 나타났고, 그 자리에서 최상근은 귀사의 대표이사로 기재된 명함을 교환하고서, 가지고 온 귀사의 명판과 인감도장으로 보증계약서에 날인하였습니다. 그런 상황에서 본인으로서는 당연히 최상근에게 대표권이 있다고 믿었던 것이고, 그 당시 입회한 법무사도 "대표이사가 직접 인감을 날인하면 충분하다"라고 말하였으며, 본인으로서는 이에 대하여 더 이상 누구에게 물어보거나 확인할 방법도 없었던 것입니다. 게다가 그 때 법무사 사무실에는 당시 귀사의 이사 중 한 사람인 진현우도 최상근과 함께 찾아 와서 동석 하였는데 아무런 이의도 하지 아니하였습니다.
4. 그럼에도 불구하고 이제 와서 종전 대표이사가 한 일이라서 책임지지 못하겠다고 하는 것은 납득이 될 수 없는 주장인 것입니다.
5. 추가로 요청드릴 사항은, 귀사도 잘 알고 있는 바와 같이 귀사는 김갑동으로부터 서울 서초구 서초동 671 대지를 임차하였고, 본인은 김갑동으로부터 그 땅을 매수하여 소유권자가 되었는데, 귀하는 김갑동에게 2012. 6. 22.까지의 임대료만을 지급하고서, 그 후에는 지급하지 않고 있습니다. 따라서 2012. 6. 23.부터 임대료를 지급하여 주시기 바랍니다.

> 송무중은 2012. 11. 23. 토지의 소유권을 취득하였고, 토지매매계약서에 2012. 6. 23.부터 2012. 11. 22.까지 발생한 부당이득의 귀속에 관한 특약이 없으므로, 위 부당이득채권은 종전 소유자인 김갑동에게 귀속된다.

민사법
기록형

2013년도 제2회
변호사 시험
답안

소 장

원 고   1. 송무중(******-*******)
             서울 종로구 내자동 500

            2. 김갑동(******-*******)
             서울 영등포구 여의도동 334

            원고 소송대리인 변호사 이경수
            서울 서초구 서초동 233 동문빌딩 511호

피 고   1. 을서주식회사
             서울 송파구 잠실동 133 송파빌딩 407호
             대표이사 노용호

            2. 박병남(******-*******)
             서울 강남구 삼성동 475

            3. 최정북(******-*******)
             서울 서초구 반포동 423

토지인도 등 청구의 소

청 구 취 지

1. 피고 을서주식회사는, 원고 송무중에게,

   가. 원고 송무중으로부터 700,000,000원에서 2012. 11. 23.부터 서울 서초구 서초동 671 대 320㎡의 인도완료일까지 매월 5,000,000원의 비율에 의한 금원을 공제한 나머지 금원을 지급받음과 동시에 위 토지를 인도하고,

   ┄┄● 보증금반환청구의 동시이행의 항변 및 이에 대한 부당이득금 공제의 재항변이 부착된 경우의 청구취지 기재례

   나. 원고 송무중으로부터 200,000,000원을 지급받음과 동시에 서울 서초구 서초동 671 지상 철골조 샌드위치패널지붕 2층, 근린생활시설 1층 200㎡, 2층 200㎡에 관하여 2012. 12. 21. 매매를 원인으로 한 소유권이전등기절차를 이행하고, 위 건물을 인도하며,

   다. 100,000,000원 및 이에 대한 2006. 1. 5.부터 이 사건 소장부본 송달일까지는 연 6%의, 그 다음날부터 다 갚는날까지는 연 20%의 각 비율에 의한 금원을 지급하라.

2. 피고 박병남은 피고 을서주식회사에게 위 1의 나항 기재 건물을 인도하라.

3. 피고 최정북은 피고 을서주식회사로부터 6,000,000원 및 이에 대한 2012. 2. 23.부터 다 갚는 날까지 연 30%의 비율에 의한 금원을 지급받은 다음 피고 을서주식회사에게 위 1의 나항 기재 건물에 관하여 서울중앙지방법원 2010. 8. 25. 접수 제17543호로 마친 근저당권설정등기의 말소등기절차를 이행하라.

4. 피고 을서주식회사는 원고 김갑동에게 25,000,000원 및 이에 대한 이 사건 소장부본 송달일 다음날부터 다 갚는 날까지 연 20%의 비율에 의한 금원을 지급하라.

   ┄┄● 사안의 일자에 따른 소촉법 이율을 달리 계산하여야 한다. 즉, 2015.10.21.이전에는 연 20%, 2015.10.21.~2019.5.30.까지는 연 15%, 2019.6.1 이후부터는 연 12%의 비율로 계산하여야 한다.

5. 소송비용은 피고들이 부담한다.

6. 위 제1의 가항, 제1의 나항의 인도부분 및 다항, 제2항, 제4항은 가집행 할 수 있다.

라는 판결을 구합니다.

청 구 원 인

1. 원고 송무중의 피고 을서주식회사에 대한 청구

가. 토지의 인도청구 부분

(1) 기초사실

원고 김갑동은 2002. 11. 15. 소외 서영구로부터 서울 서초구 서초동 671 대320㎡ (이하 '이 사건 토지'라 합니다)를 매수하여 소유하던 중 2010. 6. 23. 피고 을서주식회사에 이 사건 토지를 임대차보증금 금 7억 원, 월 차임 5,000,000 원, 임대차기간 2010. 6. 23.부터 2012. 6. 22.까지로 정하여 임대하였고(이하 '이 사건 임대차계약'이라 합니다), 피고 을서주식회사는 위 임대차계약일에 임대차보증금을 모두 지급한 뒤 이 사건 토지를 인도받아 2010. 8. 13. 이 사건 토지 위에 서울 서초구 서초동 671 철골조 샌드위치패널지붕 2층 근린생활시설 1층 200㎡, 2층 200㎡의 건물(이하 '이 사건 건물'이라 합니다)을 신축하여 보존등기를 마친 후 이를 계속해서 소유하고 있습니다.

한편, 원고 김갑동은 2012. 11. 10. 원고 송무중에게 이 사건 토지를 20억 원에 매도하고, 계약금 2억 원을 계약일에, 중도금 7억 원을 2012. 11. 15.에, 잔금 11억 원을 2012. 11. 23.에 각 지급하는 것으로 정하였으며, 특약으로 이 사건 임대차계약에 따른 임대차보증금 반환의무를 원고 송무중이 승계하는 것으로 약정하고 피고 을서주식회사는 이에 대하여 동의를 해 주었습니다(이하 '이 사건 매매계약'이라 합니다). 이 사건 매매계약에 따라 원고 송무중은 매매대금 전액을 지급하고, 이 사건 토지에 관하여 서울중앙지방법원 2012. 11. 23. 접수 제30757호로 소유권이전등기를 마쳤습니다.

(2) 토지의 인도청구

이 사건 임대차계약이 2012. 6. 22. 기간의 만료로 종료되고, 원고 김갑동과 피고 을서주식회사는 임대차를 갱신하지 않았으므로, 이 사건 토지를 점유할 적법한 권한이 없는 피고 을서주식회사는 이 사건 토지의 소유자인 원고 송무중에게 이 사건 토지를 인도하여야 합니다.

(3) 임대차보증금의 반환청구의 항변 및 부당이득의 공제의 재항변

위에서 말씀드린 바와 같이 원고 송무중은 이 사건 매매계약을 통하여 매매잔금의 지급에 갈음하여 이 사건 임대차계약에 따른 보증금반환의무를 승계하였으므로 원고 송무중은 피고 을서주식회사에 임대차보증금 7억 원을 지급하여야 하고, 위 임대차보증금의 반환과 임대차목적물의 인도는 동시이행의 관계에 있습니다.

한편, 피고 을서주식회사는 이 사건 임대차계약의 체결일이후 현재까지 이 사건 토지를 점유하고 있는데, 임대차계약의 종료일인 2012. 6. 22.까지의 차임만을 원고 김갑동에게 지급하였고, 그 이후의 차임을 지급하지 않고 있습니다.

위와 같이 피고 을서주식회사는 적법한 권원없이 이 사건 토지위에 이 사건 건물을 신축·소유하여 이 사건 토지를 점유함으로써 이 사건 토지의 차임상당액의 이익을 얻고, 이로 인하여 원고 송무중에게 동액 상당의 손해를 입히고 있는 것이므로, 원고 송무중이 이 사건 토지의 소유권을 취득한 2012. 11. 23.이후 이 사건 토지의 인도완료일까지 월 5,000,000원의 비율에 의한 차임 상당의 부당이득을 반환하여야 합니다. 또한 부동산 임대차에 있어서 수수된 보증금은 임료채무, 목적물의 멸실·훼손 등으로 인한 손해배상채무 등 임대차관계에 따른 임차인의 모든 채무를 담보하는 것으로서 그 피담보채무 상당액은 임대차관계의 종료 후 목적물이 반환될 때에 보증금에서 당연히 공제되는 것이므로, 원고 송무중은 피고 을서주식회사에게 이 사건 임대차계약에 따른 보증금 7억 원에서 2012. 11. 23.부터 이 사건 토지의 인도완료일까지 월 금 500만 원의 비율에 의한 금원을 공제한 나머지 금원만을 반환하여야 할 의무가 있습니다.

대법원 1999. 12. 7. 선고 99다50729 판결.

따라서 피고 을서주식회사는 원고 송무중으로부터 금 7억 원에서 2012. 11. 23.부터 이 사건 토지의 인도완료일까지 월 금 500만 원의 비율에 의한 금원을 공제한 나머지 금원을 지급받음과 동시에 원고 송무중에게 이 사건 토지를 인도하여야 합니다.

나. 건물의 소유권이전등기 및 인도청구 부분

(1) 건물철거청구소송의 확정

위에서 말씀드린 바와 같이, 피고 을서주식회사는 이 사건 건물을 신축하여 소유하고 있습니다.

한편, 원고 김갑동은 이 사건 임대차계약의 기간의 만료되자 피고 을서주식회사의 임대차 갱신요구를 거절하고, 피고 을서주식회사에 대하여 이 사건 건물의 철거와 이 사건 토지의 인도를 구하는 소송을 제기하여 2012. 11. 2. 승소판결을 받았고, 위 승소판결은

2012. 11. 30. 그대로 확정되었습니다. 원고 송무중은 이 사건 토지의 매수인으로서 위 승소판결에 대한 승계집행문을 발부받아, 2012. 12. 21. 건물철거 및 토지인도의 강제집행에 나아갔으나, 피고 을서주식회사는 이 사건 건물에 대한 건물매수청구권을 행사하였고, 또한 피고 박병남이 이 사건 건물의 점유를 이전받아 점유를 하고 있었으므로, 위 승소판결의 집행이 불가능하게 되었습니다.

(2) 건물매수청구권의 효과

피고 을서주식회사는 건물철거청구소송의 패소확정 이후 2012. 12. 21. 건물매수청구권을 행사하고, 건물매매대금으로 금 3억 원의 지급을 구하였습니다.

피고 을서주식회사의 건물매수청구권과 관련하여 ① 건물의 소유를 위한 임대차가 기간의 만료로 종료한 경우, 토지의 임대인이 임차인에 대하여 제기한 토지인도 및 건물철거청구소송에서 패소하여 그 패소판결이 확정되었다고 하더라도, 그 확정판결에 의하여 건물철거가 집행되지 아니한 이상 토지의 임차인은 건물매수청구권을 행사할 수 있고,

> 대법원 1995. 12. 26. 선고 95다42195 판결. [1] 건물의 소유를 목적으로 하는 토지 임대차에 있어서, 토지 임차인의 지상물매수청구권은 기간의 정함이 없는 임대차에 있어서 임대인에 의한 해지통고에 의하여 그 임차권이 소멸한 경우에도, 임차인의 계약갱신 청구의 유무에 불구하고 인정된다. [2] 건물의 소유를 목적으로 하는 토지 임대차에 있어서, 임대차가 종료함에 따라 토지의 임차인이 임대인에 대하여 건물매수청구권을 행사할 수 있음에도 불구하고 이를 행사하지 아니한 채, 토지의 임대인이 임차인에 대하여 제기한 토지인도 및 건물철거청구 소송에서 패소하여 그 패소판결이 확정되었다고 하더라도, 그 확정판결에 의하여 건물철거가 집행되지 아니한 이상 토지의 임차인으로서는 건물매수청구권을 행사하여 별소로써 임대인에 대하여 건물 매매대금의 지급을 구할 수 있다.

② 임차인이 임대차종료시 건물매수청구권을 행사할 수 있었다면, 이후 토지의 양수인에 대해서도 건물매수청구권을 행사할 수 있으며,

> 대법원 1996. 6. 14. 선고 96다14517 판결. 갑이 토지를 취득할 당시에는 을과 병 사이에 그 토지에 대한 임대차계약이 존재하지 않고 있었다고 하더라도, 그 이전에 을이 병과의 사이에 건물의 소유를 목적으로 하는 임대차계약을 체결하였다가 그 계약이 종료되어 을이 병에 대하여 그 건물에 관한 매수청구권을 행사할 수 있었을 때에는, 을은 그 토지의 취득자인 갑에 대하여도 매수청구권을 행사할 수 있다.

③ 그 건물의 매수가격은 건물자체의 가격 외에 건물의 위치, 주변토지의 여러 사정 등을 종합적으로 고려하여 매수청구권의 행사 당시 건물이 현재하는 대로의 상태에서 평가된 시가를 의미하는 것이므로, 피고 을서주식회사의 건물매수청구권의 행사는 일응 적법하고, 건물매수청구권의 상대방은 원고 송무중이 되어야 하며, 건물의 매수대금은 건물매수 청구권 행사 당시의 시가인 2억 원이 되어야 합니다.

대법원 1987. 6. 23. 선고 87다카390 판결. 건물소유를 목적으로 한 토지임대차계약의 기간이 만료됨에 따라 지상건물 소유자가 임대인에 대하여 민법 제643조에 의한 건물매수청구권을 행사한 경우에 그 건물의 매수가격은 건물자체의 가격 외에 건물의 위치, 주변토지의 여러 사정 등을 종합적으로 고려하여 매매청구권의 행사 당시 건물이 현재하는 대로의 상태에서 평가된 시가를 말한다.

건물매수청구권은 형성권으로써 그 행사와 동시에 매매계약이 체결된 것과 같은 효과가 발생하므로, 피고 을서주식회사가 원고 송무중에게 건물매수청구권을 행사한 결과 피고 을서주식회사는 원고 송무중에게 이 사건 건물을 금 2억 원에 매도한 것과 같은 법률효과가 발생합니다.

대법원 1995. 7. 11. 선고 94다34265 전원합의체 판결. [1] 토지임차인의 지상물매수청구권은 기간의 정함이 없는 임대차에 있어서 임대인에 의한 해지통고에 의하여 그 임차권이 소멸된 경우에도 마찬가지로 인정된다. [2] 지상물매수청구권은 이른바 형성권으로서 그 행사로 임대인·임차인 사이에 지상물에 관한 매매가 성립하게 되며, 임차인이 지상물의 매수청구권을 행사한 경우에는 임대인은 그 매수를 거절하지 못하고, 이 규정은 강행규정이므로 이에 위반하는 것으로서 임차인에게 불리한 약정은 그 효력이 없다. [3] 토지임대차 종료시 임대인의 건물철거와 그 부지인도 청구에는 건물매수대금 지급과 동시에 건물명도를 구하는 청구가 포함되어 있다고 볼 수 없다. [4] "[3]"항의 경우에 법원으로서는 임대인이 종전의 청구를 계속 유지할 것인지, 아니면 대금지급과 상환으로 지상물의 명도를 청구할 의사가 있는 것인지(예비적으로라도)를 석명하고 임대인이 그 석명에 응하여 소를 변경한 때에는 지상물 명도의 판결을 함으로써 분쟁의 1회적 해결을 꾀하여야 한다. 그러므로 이와는 달리 이러한 경우에도 법원에게 위와 같은 점을 석명하여 심리하지 아니한 것이 위법이 아니라는 취지의 당원 변경 대법원 1995.7.11. 선고 94다34265 판결에 의하여 변경 1972.5.23. 선고 72다341 판결은 이로써 이를 변경한다.

또한 건물의 매매에 있어서 매도인의 소유권이전등기의무 및 인도의무와 매수인의 매매대금지급의무는 동시이행관계에 있으므로, 피고 을서주식회사는 원고 송무중으로부터 금 2억 원을 지급받음과 동시에 원고 송무중에게 이 사건 건물에 관하여 2012. 12. 21. 매매를 원인으로 한 소유권이전등기절차를 이행하고, 이 사건 건물을 인도하여야 합니다.

다. 대여금의 청구

(1) 소비대차계약의 체결 및 연대보증

원고 송무중은 2006. 1. 5. 소외 문영수에게 금 1억원을 대여하면서, 이자율을 연 6%, 변제기를 2007. 1. 4.로 정하였고(이하 '이 사건 소비대차계약'이라 합니다), 같은 날 소외 문영수에게 대여금을 지급하였으며, 피고 을서주식회사는 같은 날 이 사건 소비대차계약에 따른 소외 문영수의 채무를 연대보증하였고, 소외 문영수는 이 사건 소비대차계약에 따른 대여금의 상환을 담보하기 위하여 원고 송무중에게 액면금 1억 원, 수취인 원고 송무중, 발행일 2005. 12. 5. 지급지·발행지 및 지급장소 각 서울, 지급일 2006. 1. 5.로 된 약속어음을 발행·교부해 주었습니다.

• 일반적인 어음의 기재방식이다.

• 대여금의 지급사실은 대여금 반환청구의 요건사실이 된다.

그리고 원고 송무중은 2009. 1. 3. 소외 문영수를 피고로 금 1억 원 및 이에 대한 이자의 지급을 구하는 어음금청구소송을 제기하여 2009. 4. 30. 승소판결을 받았고, 위 승소판결은 2009. 5. 20. 그대로 확정되었습니다.

위 연대보증약정에 따라, 피고 을서주식회사는 원고 송무중에게 금 1억 원 및 이에 대한 대여금을 지급받은 2006. 1. 5.부터 이 사건 소장부본송달일까지는 약정이율인 연 6%의, 그 다음날부터 다 갚는 날까지는 소송촉진등에관한특례법에 따른 연 20%(2015. 10. 1. 이후 청구부터는 15%, 2019. 6. 1. 이후 청구부터는 12% 개정)의 각 비율에 의한 이자 및 지연손해금을 지급하여야 합니다.

(2) 예상항변

한편 피고 을서주식회사는 ① 자신의 보증채무는 상사채무로써 소멸시효기간이 5년인데, 원고 송무중의 재판상 청구없이 변제기인 2007. 1. 4.로부터 5년이 도과하였으므로 자신의 보증채무는 시효로 소멸하였고, ② 나아가 피고 을서주식회사의 정관 제22조 제(다)호에 따르면 회사가 타인의 채무를 보증하기 위해서는 이사회의 결의를 얻어야 하는데, 당시 대표이사였던 최상근은 이사회결의 없이 이 사건 소비대차계약에 따른 대여금채무를 연대보증 하였으므로, 위 연대보증은 무효라고 주장할 수도 있습니다.

그러나, ① 원인채권의 지급을 확보하기 위한 방법으로 어음이 수수된 경우, 어음채권에 기하여 청구를 하는 것은 원인채권의 소멸시효를 중단시키는 효력이 있고, 민법 제440조에 따라 주채무자에 대한 시효중단은 보증인에 대하여도 효력이 미치는데, 위에서 말씀드린 바와 같이 원고 송무중은 주채무자인 소외 문영수를 상대로 어음금청구소송을 제기하여 그 승소판결이 2009. 5. 20. 확정되었으므로, 이로써 원고 송무중의 보증인인 피고 을서주식회사에 대한 보증채권은 위 판결확정일인 2009. 5. 20. 소멸시효가 중단되었습니다. 그리고 원고 송무중의 이 사건 소는 위 소멸시효중단일로부터 5년 이내인 2013. 1. 7. 제기된 것이므로 피고 을서주식회사의 항변은 근거가 없습니다.

대법원 1999. 6. 11. 선고 99다16378 판결. [1] 원인채권의 지급을 확보하기 위한 방법으로 어음이 수수된 경우에 원인채권과 어음채권은 별개로서 채권자는 그 선택에 따라 권리를 행사할 수 있고, 원인채권에 기하여 청구를 한 것만으로는 어음채권 그 자체를 행사한 것으로 볼 수 없어 어음채권의 소멸시효를 중단시키지 못한다. [2] 원인채권의 지급을 확보하기 위한 방법으로 어음이 수수된 경우, 이러한 어음은 경제적으로 동일한 급부를 위하여 원인채권의 지급수단으로 수수된 것으로서 그 어음채권의 행사는 원인채권을 실현하기 위한 것일 뿐만 아니라, 원인채권의 소멸시효는 어음금 청구소송에 있어서 채무자의 인적항변 사유에 해당하는 관계로 채권자가 어음채권의 소멸시효를 중단하여 두어도 채무자의 인적항변에 따라 그 권리를 실현할 수 없게 되는 불합리한 결과가 발생하게 되므로, 채권자가 원인채권에 기하여 청구를 한 것이 아니라 어음채권에 기하여 청구를 하는 반대의 경우에는 원인채권의 소멸시효를 중단시키는 효력이 있다고 봄이 상당하고, 이러한 법리는 채권자가 어음채권을 피보전권리로 하여 채무자의 재산을 가압류함으로써 그 권리를 행사한 경우에도 마찬가지로 적용된다.

② 또한 주식회사의 대표이사가 이사회의 결의를 거쳐야 할 대외적 거래행위에 관하여 이를 거치지 아니한 경우라도, 이사회 결의사항은 회사의 내부적 의사결정에 불과하므로, 그 거래 상대방이 그와 같은 이사회 결의가 없었음을 알았거나 알 수 있었을 경우가 아니라면 그 거래행위는 유효한 것이 원칙입니다. 위 판결의 취지에 비추어 이 사건을 보면 피고 을서주식회사가 연대보증계약을 체결할 당시 대표이사인 소외 최상근은 피고 을서주식회사의 법인인감도장과 명판으로 연대보증계약서에 날인을 하였고, 다른 이사인 소외 진현우도 위 연대보증계약체결시 참석하여 아무런 이의를 제기하지 않았으며, 입회한 법무사도 '대표이사가 직접 인감을 날인하면 충분하다'라고 말을 하였으므로 원고 송무중은 이사회의 결의가 없었음을 알았거나 알 수 있었다고 볼 수 없습니다. 따라서 피고 을서주식회사의 항변은 근거가 없습니다.

● 대법원 1999. 10. 8. 선고 98다2488 판결.

2. 원고 송무중의 피고 박병남에 대한 청구

가. 사용대차계약의 체결

사용대차계약의 요건사실 기재례

피고 을서주식회사는 2012. 12. 3. 피고 박병남에게 이 사건 건물을 무상으로 사용케하고, 대차기간의 약정없이 특약으로 대주의 인도요구일로부터 3일 이내 차주는 건물을 원상회복하는 것으로 약정하였습니다(이하 '이 사건 사용대차계약'이라 합니다). 피고 박병남은 이 사건 사용대차계약에 따라 계약체결일에 이 사건 건물을 인도받아 점유·사용을 시작하였으며, 원고 송무중의 인도청구를 거절하며 현재까지도 이 사건 건물을 점유하고 있습니다.

나. 인도청구권의 대위행사

원고 송무중은 자신의 건물인도청구권을 보전하기 위하여 아래와 같이 피고 을서주식회사의 계약해제권 및 건물인도청구권을 대위행사하고자 합니다.

위에서 말씀드린 바와 같이 피고 을서주식회사가 건물매수청구권을 행사함에 따라 원고 송무중은 피고 을서주식회사에 대하여 이 사건 건물에 관한 소유권이전등기청구권 및 인도청구권을 행사할 수 있고, 피고 을서주식회사는 이 사건 건물을 아무런 제한이 없는 상태로 원고 송무중에게 인도하여야 할 의무가 있습니다(피보전채권). 이 사건 사용대차계약은 그 기간을 정하지 않았으므로, 피고 을서주식회사는 언제든지 이 사건 사용대차계약을 해지하고 피고 박병남에게 이 사건 건물의 인도를 청구할 수 있습니다(피대위채권).

현재 피고 을서주식회사는 원고 송무중에게 이 사건 건물의 인도의무를 부담하고 있음에도 불구하고 해지권 및 건물의 인도청구권을 행사하지 않고 있고(권리미행사), 위와 같은 특정물 채권을 행사하는 경우 채무자의 무자력은 필요하지 않습니다. 나아가 사용대차와 같이 대차계약의 해지권은 행사상의 일신전속권이 아니어서 채권자가 대위하여 행사할 수 있습니다.

> 대법원 2007. 5. 10. 선고 2006다82700 판결. 임대인의 임대차계약 해지권은 오로지 임대인의 의사에 행사의 자유가 맡겨져 있는 행사상의 일신전속권에 해당하는 것으로 볼 수 없다.

위와 같이 원고 송무중이 피고 을서주식회사의 계약해지권 및 건물인도청구권을 대위행사하는 결과, 피고 박병남은 피고 을서주식회사에 이 사건 건물을 인도하여야 합니다.

3. 원고 송무중의 피고 최정북에 대한 청구

가. 피고 을서주식회사의 피고 최정북에 대한 근저당권의 설정

피고 을서주식회사는 2010. 8. 23. 피고 최정북으로부터 50,000,000원을 차용하면서, 이자율을 월 4%, 변제기를 2012. 8. 22.로 정하였고, 같은 날 위 차용금을 지급받았습니다. 그리고 피고 을서주식회사는 위 차용금의 상환을 담보하기 위하여 같은 날 피고 최정북과 이 사건 건물에 관하여 채무자 피고 을서주식회사, 채권최고액 65,000,000원으로 한 근저당권설정계약을 체결하고, 위 근저당권설정계약을 원인으로 2010. 8. 25. 피고 최정북에게 서울중앙지방법원 2010. 8. 25. 접수 제17543호로 근저당권설정등기를 마쳐주었습니다.

나. 피고 을서주식회사의 피담보채무의 변제충당

(1) 피담보채무의 변제

한편, 피고 을서주식회사는 피고 최정북에게 2011. 2. 22. 금 37,500,000원을, 2012. 2. 22. 금 2천만 원을 각 변제하였고, 피고 최정북은 이의없이 이를 모두 수령하였습니다.

(2) 변제의 충당

> 사안의 일자에 따른 이자제한법 적용 이율은 다음과 같다. 2014.7.15. 이전은 연 30%, 2014.7.15부터는 연 25%, 2018.2.8.부터는 연 24%, 2021.7.6. 이후는 연 20%

위와 같이 피고 을서주식회사와 피고 최정북은 소비대차계약에서 월 4%로 이자약정을 하였지만, 위 소비대차계약체결 당시인 2010. 8. 23.을 기준으로 이자제한법상 최고이자율은 연 30%이므로, 이를 초과한 이자약정은 무효이고, 따라서 피고 을서주식회사는 연 30%의 비율에 의한 이자만을 지급하면 됩니다.

먼저, 피고 을서주식회사가 1차로 차용금을 변제한 2011. 2. 22. 기준으로 차용금의 원리금을 보면 원금 50,000,000원, 차용일인 2010. 8. 23.부터 2011. 2. 22.까지의 (6/12년)의 이자 7,500,000원(50,000,000원 X 30% X 6/12년)이 되고, 민법 제477조의 법정변제충당의 법리에 따라 비용, 이자, 원본의 순서로 충당하면 변제금 37,500,000원은 먼저 이자 7,500,000원에 충당되고 나머지 금 3천만 원이 원본에 충당되어, 원금 20,000,000원이 남게 됩니다.

그리고, 피고 을서주식회사가 2차로 차용금을 변제한 2012. 2. 22. 기준으로 차용금의 원리금을 보면 원금 20,000,000원, 1차 변제일 다음날인 2011. 2. 23.부터 2012. 2. 22.까지의 1년간 이자 6,000,000원(20,000,000원 X 30% X 1년)이 되고, 법정변제충당의 법리에 따라 충당하면 변제금 20,000,000원은 먼저 이자 6,000,000원에 충당되고, 나머지 14,000,000원이 원본에 충당되어, 원금 6,000,000원이 남게 됩니다.

이 사건과 같이 채무자가 피담보채무 전액을 변제하였다고 주장하며 저당권설정등기의 말소등기절차 이행을 청구하였지만, 피담보채무의 일부가 잔존한 경우, 그 청구 중에는 확정된 잔존채무의 변제를 조건으로 그 등기의 말소를 구한다는 취지까지 포함되어 있는 것으로 해석하여야 하고, 이러한 경우에는 장래 이행의 소로서 그 저당권설정등기의 말소를 미리 청구할 필요가 인정되므로, 피고 을서주식회사는 위 원금 및 이에 대한 지연손해금의 변제를 조건으로 피고 최정북의 근저당권설정등기의 말소를 청구할 수 있습니다.

대법원 1996. 2. 23. 선고 95다9310 판결. 채무자가 피담보채무 전액을 변제하였다고 하거나 피담보채무의 일부가 남아 있음을 시인하면서 그 변제를 조건으로 저당권설정등기의 말소등기절차 이행을 청구하였지만, 피담보채무의 범위에 관한 견해 차이로 그 채무 전액을 소멸시키지 못하였거나, 변제하겠다는 금액만으로는 소멸시키기에 부족한 경우에, 그 청구 중에는 확정된 잔존채무의 변제를 조건으로 그 등기의 말소를 구한다는 취지까지 포함되어 있는 것으로 해석하여야 하고, 이러한 경우에는 장래 이행의 소로서 그 저당권설정등기의 말소를 미리 청구할 필요가 있다고 보아야 한다.

다. 채권자대위에 기한 말소청구

위에서 말씀드린 바와 같이 원고 송무중은 피고 을서주식회사에 대하여 이 사건 건물에 관한 소유권이전등기청구권을 보유하고 있고(피보전채권), 피고 을서주식회사는 피고 최정북에 대하여 위 근저당권설정등기의 말소청구권을 보유하고 있으며(피대위채권), 피고 을서주식회사는 원고 송무중에게 이 사건 건물을 아무런 부담없는 상태로 소유권이전등기를 마쳐주어야 함에도 불구하고, 위 근저당권설정등기의 말소청구권을 행사하지 않고 있고(권리미행사), 위와 같은 특정물채권을 행사하는 경우 채무자의 무자력은 필요하지 않습니다.

따라서 피고 최정북은 피고 을서주식회사로부터 6,000,000원 및 이에 대한 2차 변제일 다음날인 2012. 2. 23.부터 다 갚는 날까지 연 30%의 비율에 의한 금원을 지급받은 다음 피고 을서주식회사에게 이 사건 건물에 관하여 서울중앙지방법원 2010. 8. 25. 접수 제17543호로 마친 근저당권설정등기의 말소등기절차를 이행할 의무가 있습니다.

4. 원고 김갑동의 피고 을서주식회사에 대한 부당이득반환청구

위에서 말씀드린 바와 같이, 이 사건 임대차계약이 2012. 6. 23. 기간의 만료로 종료하였음에도 불구하고, 피고 을서주식회사는 적법한 권원없이 이 사건 토지를 이 사건 임대차계약의 종료 이후에도 계속해서 점유하고 있으며, 원고 김갑동은 2012. 11. 23. 이 사건 매매계약을 통하여 원고 송무중에게 소유권이전등기를 경료해 주어 소유권을 상실하였습니다.

피고 을서주식회사는 적법한 권원없이 이 사건 토지를 점유함으로써 이 사건 토지의 차임상당액의 이익을 얻고, 이로 인하여 토지의 소유권자에게 동액상당의 손해를 입히고 있는 것이므로, 피고 을서주식회사의 부당이득반환채무 중 이 사건 임대차계약이 종료한 2012. 6. 23.부터 원고 김갑동이 이 사건 토지의 소유권을 상실한 2012. 11. 22.까지의 5/12년동안의 차임상당액인 부당이득 금 2천5백만 원은 원고 김갑동에게 귀속되어야 합니다. 그리고 부당이득반환채무는 기한의 정함이 없는 채무이므로 채권자가 이행을 청구한 날로부터 채무자는 지체책임을 부담하게 됩니다.

> 대법원 2008. 2. 1. 선고 2007다8914 판결. 타인의 토지를 점유함으로 인한 부당이득반환채무는 이행의 기한이 없는 채무로서 이행청구를 받은 때로부터 지체책임이 있다.

따라서 피고 을서주식회사는 원고 김갑동에게 부당이득의 합계금 25,000,000원 및 원고 김갑동이 부당이득의 반환을 청구한 이 사건 소장부본 송달일의 다음날부터 다 갚는 날까지 소송촉진등에관한특례법에 따른 연 20%의 비율에 의한 지연손해금을 지급할 의무가 있습니다.

5. 결론

위와 같은 이유로 피고들에 대하여 청구취지의 기재와 같은 판결을 선고하여 주시기 바랍니다.

증 명 방 법

첨 부 서 류

2013. 1. 7.

위 원고들의 소송대리인
변호사 이경수

서울중앙지방법원 귀중

민사법
기록형

2014년도 제3회
변호사 시험
문제

2014년도 제3회 변호사시험 문제

| 시험과목 | 민사법(기록형) |

응시자 준수사항

1. 시험 시작 전 문제지의 봉인을 손상하는 경우, 봉인을 손상하지 않더라도 문제지를 들추는 행위 등으로 문제 내용을 미리 보는 경우 그 답안은 영점으로 처리됩니다.

2. 답안은 흑색 또는 청색 필기구(사인펜이나 연필 사용 금지) 중 한 가지 필기구만을 사용하여 답안 작성란(흰색 부분) 안에 기재하여야 합니다.

3. 답안지에 성명과 수험번호 등을 기재하지 않아 인적사항이 확인되지 않는 경우에는 영점으로 처리되는 등 불이익을 받게 됩니다. 특히 답안지를 바꾸어 다시 작성하는 경우, 성명 등의 기재를 빠뜨리지 않도록 유의하여야 합니다.

4. 답안지에는 문제내용을 쓸 필요가 없으며, 답안 이외의 사항을 기재하거나 밑줄 기타 어떠한 표시도 하여서는 안 됩니다. 답안을 정정할 경우에는 두 줄로 긋고 다시 써야 하며, 수정액 등은 사용할 수 없습니다.

5. 시험 종료 시각에 임박하여 답안지를 교체했더라도 시험 시간이 끝나면 그 즉시 새로 작성한 답안지를 회수합니다.

6. 시험 시간이 지난 후에는 답안지를 일절 작성할 수 없습니다. 이를 위반하여 **시험 시간이 종료되었음에도 불구하고 계속 답안을 작성할 경우 그 답안은 영점으로 처리됩니다.**

7. 답안은 답안지의 쪽수 번호 순으로 써야 합니다. **배부된 답안지는 백지 답안이라도 모두 제출**하여야 하며, **답안지를 제출하지 아니한 경우 그 시간 시험과 나머지 시험에 응시할 수 없습니다.**

8. 지정된 시간까지 지정된 시험실에 입실하지 않거나 시험관리관의 승인 없이 시험 시간 중에 시험실에서 퇴실한 경우, 그 시간 시험과 나머지 시간의 시험에 응시할 수 없습니다.

9. 시험 시간 중에는 어떠한 경우에도 문제지를 시험장 밖으로 가지고 갈 수 없고, 그 시험 시간이 끝난 후에는 문제지를 시험장 밖으로 가지고 갈 수 있습니다.

【문 제 1. 소장 작성】

조일국 변호사는 의뢰인들로부터 소송사건 처리를 위임받고, <의뢰인 상담일지>와 같이 상담하였고, 그 첨부서류는 의뢰인들이 가져온 것입니다. 조일국 변호사가 의뢰인들을 위하여 법원에 제출할 소장을 아래 작성 요령에 따라 작성하시오. (155점)

【소장 작성 요령】

1. 소장 작성일과 소 제기일은 2014. 1. 6.로 하시오.
2. 의뢰인들의 의사와 요구에 최대한 부합하는 내용으로 소장을 작성하되, 법령 및 판례에 따라 일부라도 패소하는 부분이 생기지 않도록 하시오.
3. 공동소송의 요건은 모두 갖추어진 것으로 전제하시오.
4. 청구원인은 주요사실이 분명히 드러나도록 기재하고, 주요사실의 증명과 무관한 간접사실은 기재하지 마시오. 다만, <의뢰인 상담일지>의 첨부문서에 나타난 상대방의 태도에 비추어 장차 상대방이 소송에서 제기할 것으로 예상되는 주장 중 이유 없다고 판단되는 것은 소장을 통해 반박하시오.
5. 예비적·선택적 청구는 하지 마시오.
6. 물건의 표시가 필요한 경우 별지로 목록을 만들지 말고 소장의 해당 부분에 직접 표기하시오.
7. 당사자는 반드시 소송상 자격(원고, 피고 등)과 그 이름으로 지칭하시오(피고 1 등과 같이 번호로 지칭할 수 없음).
8. <의뢰인 상담일지>와 그 첨부서류에 나타난 사실관계는 특별한 지시가 없는 한 모두 진실한 것으로 간주하고, 첨부서류의 진정성립도 모두 인정되는 것으로 전제하며, 사실관계는 본 기록에 나타나 있는 것으로 한정하시오.
9. 피고가 복수인 경우 청구원인은 피고별로 나누어 기재하고, 증거방법란과 첨부서류란은 기재하지 마시오(필요할 경우 청구원인란에서는 해당 증거방법을 적절한 형식으로 제시하여도 무방함).
10. 소장의 작성자와 수소법원은 기재하시오.

【문제 2. 답변서 작성】

【문제 1】과 관련하여 원고 ○○○이 홍은동 521 토지에 관하여 정준일 명의의 소유권보존등기를 하기 위해 대한민국을 피고로 하여 ○○○법원 2013가단10123호(소유권확인)로 아래와 같은 내용의 소를 제기하였다고 가정하고, 위 사건에 관하여 피고 대한민국의 소송대리인 변호사 이민우가 피고 대한민국을 위하여 2014. 1. 6.자로 위 법원에 제출할 답변서를 작성하시오. (20점)

※ 1. 피고 대한민국은, 위 토지가 현재 미등기 상태이고, 그 토지대장에 연일정씨 숙정공파종중이 소유자로 등록되어 있는 사실은 다투지 않는 것을 전제하시오.
   2. 원고 적격이나 채권자대위의 요건은 갖추어진 것으로 전제하시오.
   3. 원고 기재란은 '원고 ○○○'로, 수소법원 기재란은 '○○○법원 제2단독'으로 각 표시하고, 증거방법란과 첨부서류란은 생략하시오.

청구취지

원고 ○○○와 피고 대한민국 사이에서 서울 서대문구 홍은동 521 잡종지 90㎡가 정준일의 소유임을 확인한다.

청구원인

청구취지 기재 이 사건 토지는 1911. 2. 1. 소외 정상우가 사정을 받아 원시취득하였습니다. 그런데 정상우가 1943. 7. 6. 사망하여 그 아들 정병조가 이를 단독으로 상속하였고, 정병조가 1969. 4. 1. 사망하여 다시 그 아들인 정준일이 단독으로 이를 상속하였습니다.

위 토지는 현재 미등기 상태로 그 토지대장에는 연일정씨숙정공파종중이 사정을 받은 소유자로 잘못 등록되어 있습니다. 따라서 위 정준일은 이 사건 토지의 소유권보존등기를 위해 피고 대한민국을 상대로 소유권확인을 청구할 권리가 있습니다.

원고 ○○○는 위 정준일에 대한 채권자로서 그 채권을 보전하기 위해, 무자력 상태임에도 피고 대한민국에 대한 위 소유권확인청구권을 행사하지 않고 있는 정준일을 대위하여 청구취지와 같은 재판을 구합니다.

증거방법
(생략)

첨부서류
(생략)

2013. 12. 20.
원고 ○○○　　　(인)

○○○법원 귀중

【참고자료 1】

각급 법원의 설치와 관할구역에 관한 법률 (일부)

제4조(관할구역) 각급 법원의 관할구역은 다음 각 호의 구분에 따라 정한다. 다만, 지방법원 또는 그 지원의 관할구역에 시·군법원을 둔 경우 「법원조직법」제34조 제1항 제1호 및 제2호의 사건에 관하여는 지방법원 또는 그 지원의 관할구역에서 해당 시·군법원의 관할구역을 제외한다.

1. 각 고등법원·지방법원과 그 지원의 관할구역: 별표 3
2. 특허법원의 관할구역: 별표 4
3. 각 가정법원과 그 지원의 관할구역: 별표 5
4. 행정법원의 관할구역: 별표 6
5. 각 시·군법원의 관할구역: 별표 7
6. 항소사건(抗訴事件) 또는 항고사건(抗告事件)을 심판하는 지방법원 본원 합의부 및 지방법원 지원 합의부의 관할구역: 별표 8
7. 행정사건을 심판하는 춘천지방법원 및 춘천지방법원 강릉지원의 관할구역: 별표 9

【참고자료 2】

[별표 3] 고등법원·지방법원과 그 지원의 관할구역 (일부)

고등법원	지방법원	지원	관할구역
서울	서울중앙		서울특별시 종로구·중구·성북구·강남구·서초구·관악구·동작구
	서울동부		서울특별시 성동구·광진구·강동구·송파구
	서울남부		서울특별시 영등포구·강서구·양천구·구로구·금천구
	서울북부		서울특별시 동대문구·중랑구·도봉구·강북구·노원구
	서울서부		서울특별시 서대문구·마포구·은평구·용산구
	의정부		의정부시·동두천시·구리시·남양주시·양주시·연천군·포천시·가평군, 강원도 철원군. 다만, 소년보호사건은 앞의 시·군 외에 고양시·파주시
		고양	고양시·파주시

의뢰인 상담일지

변호사 조일국 법률사무소

서울 종로구 삼청로 1121, 1503호(삼청동, 삼청빌딩)
☎ 02-720-1100, 팩스 720-1101, 전자우편 ikc@gmail.com

접수번호	2014-02	상담일시	2014. 1. 3.
상 담 인	최희선, 이명구	내방경위	지인 소개
관할법원		사건번호 (법원, 검찰)	

【 상 담 내 용 】

1. 토지의 공동매수

 가. 이명구와 최희선은 고등학교 동창인데, 2010년 공동으로 부동산을 매수하기로 합의한 후 각기 3억 원씩 출연하여 공동자금 6억 원을 모았다. 그 당시 매매계약 등 업무는 이명구가 맡아서 처리하기로 하였다가, 2012. 12. 25.부터는 최희선이 그 업무를 맡아서 처리하기로 하였다.

 나. 이명구는 2010. 5. 정준일에게서 박이채의 명의로 서울 서대문구 홍은동 520 임야와 홍은동 521 잡종지를 매수하였고, 그 당시 이명구는 자신을 대리인으로 표시하였다. 이명구는 박이채에게 최희선과 공동으로 매수하기로 하였다는 점을 설명하고 박이채의 명의로 등기를 넘겨받기로 동의를 받았지만, 정준일은 매매 당시 명의차용이나 공동매수 관계를 전혀 알지 못하였다.

 이명구는 2010. 6. 30. 위 공동자금으로 매매대금을 모두 지급하고, 홍은동 520 토지에 관하여는 박이채의 명의로 소유권이전등기를 받았으나, 홍은동 521 토지는 미등기 상태라서 나중에 등기를 이전 받기로 하였다.

2. 홍은동 520 토지의 처분

 가. 박이채는 서병석에게 손해배상채무를 지고 있었는데, 그 채무 담보를 위해 임의로 홍은동 520 토지에 관하여 서병석 앞으로 소유권이전등기를 마

쳐 주었다. 그 당시 박이채와 서병석은 위 담보약정 외에 채무의 청산 등에 관하여는 아무런 합의를 한 바 없다. 박이채가 약속한 날까지 돈을 갚지 못하자, 서병석은 2011. 1. 박이채에게 위 토지를 자신의 소유로 귀속한다는 내용의 통지서를 보냈다. 박이채는 다음날 그 통지서를 받았지만, 현재까지 아무런 조치를 취하지 않고 있다. 박이채는 2010. 8. 경까지는 적극재산이 더 많았으나 2010. 9. 1. 이후 현재까지는 소극재산이 적극재산보다 많아 경제적으로 매우 어려운 상태이다.

나. 2011. 6. 초 이와 같은 사실을 알게 된 이명구는 박이채와 서병석에게 원상복구를 강력히 요구하였다. 그러나 박이채는 이명구의 요구를 거부하였고, 서병석은 박이채가 빚을 갚지 않아 자신이 홍은동 520 토지의 소유권을 취득하였다며 역시 이를 거부하였다.

다. 최희선이 2013. 4. 초 박이채의 재산관계를 조사해 보았더니, 박이채는 자신의 여동생 박이순 앞으로 시가 2억 원 상당의 서울 은평구 대조로 120 소재 아파트 1채를 1억 원에 매도하여 소유권이전등기해 주었고, 시가 1억 2,000만 원 상당의 서울 은평구 녹번동 403 잡종지를 5,000만 원에 매도하여 소유권이전등기해 준 사실이 드러났다. 위 각 부동산의 시가는 현재까지 변동이 없다.

라. 최희선은 이명구와 함께 박이순을 찾아가 항의하였다. 박이순은 돈을 주고 진정하게 매수하였을 뿐 이명구와 박이채의 관계 등 다른 것은 전혀 알지 못한다고 말하였다. 위 아파트에는 현재 신한은행 명의의 근저당권이 설정되어 있는데, 위 은행에서는 박이순에게 돈을 대출하고 담보권을 설정받았을 뿐 박이채와 박이순의 관계에 대해서는 전혀 아는 바가 없다고 한다. 이명구와 박이채의 관계를 모른다는 박이순의 말은 믿을 수 없지만 신한은행의 말은 거짓이 아닌 것 같다.

3. 홍은동 521 토지의 상태
가. 정준일은 홍은동 521 토지를 인도하지 않은 채 2010. 7. 무단으로 홍은동 521 토지에 미등기 건물 1동을 신축한 다음 이를 김병만에게 임대하였다.

이명구는 2010. 9. 초 이런 사실을 알고 자신과 최희선의 명의로 정준일을 상대로 손해배상청구의 소를 제기하였는데, 소송 도중 재판상 화해가 이루어졌다.

나. 이명구와 박이채, 최희선은 위 화해가 이루어지기 전 정준일을 만나 그들의 관계와 그때까지 그들 사이에 있었던 일을 모두 설명하였다. 이에 따라 이들과 정준일은 홍은동 521 토지의 매수인 지위를 박이채로부터 이명구, 최희선 앞으로 양도하기로 합의하였고, 정준일은 2010. 12. 말까지 매도인으로서의 의무를 모두 이행하기로 약속하였다. 그러나 정준일은 그 약속을 지키지 않았다.

다. 최희선은 2013. 2. 정준일을 찾아가 홍은동 521 토지의 등기를 속히 넘겨주고, 또 재판상 화해 및 합의한 내용대로 위 토지를 인도해줄 것을 요구하였다. 그러자 정준일은, 홍은동 521 토지는 자신이 조부 정상우와 부친을 거쳐 단독으로 전전상속 받은 것인데, 지적공부가 멸실되었다가 복구·등록되면서 근거 없이 연일정씨숙정공파종중의 소유인 것으로 토지대장에 잘못 기재되어 있으므로 이를 정리한 후 이명구와 최희선에게 이전·인도해 주겠다고 하였다. 그러나 정준일은 그 뒤 위 홍은동 521 토지 문제를 전혀 해결해 주지 않았고, 오히려 자신에게 그 토지의 사용·수익권이 있다는 내용의 편지를 보낸 후 2013. 6. 경 행방을 감춰버렸다.

4. 최희선과 김병수의 가구 매매

가. 최희선은 2001년 봄 김병수에게 수입 목가구 1점을 매도하였다. 그 당시 김병수는 '런던가구'라는 상호로 가구 판매점을 운영하고 있었는데, 그는 위 목가구를 상품으로 팔기 위해 최희선에게서 구입하였다.

나. 김병수는 2007. 1. 김병만에게 위 가구점의 영업 일체를 양도하여 현재까지 김병만이 '런던가구'라는 상호로 가구 판매점을 운영해 오고 있다. 최희선은 위와 같은 사실을 알고 법무사에 의뢰하여 2007년 김병만 소유의 아파트를 가압류하였다.

다. 최희선이 근래 김병수와 김병만에게 가구대금 지급을 요구하였더니, 김병수와 김병만은 서로 책임을 떠넘기며 돈을 갚지 않고 있다.

【의뢰인 최희선, 이명구의 희망사항】

1. 의뢰인들이 가지는 홍은동 520 토지와 관련한 일체의 권리를 실현해 주고, 홍은동 521 토지에 대해서는 의뢰인들이 완전한 소유권을 취득, 행사할 수 있도록 해 주며, 최희선이 김병수에게 판 목가구의 매도대금 사안도 해결해 줄 것을 희망한다.

2. 김병만이 만약 정준일에게 홍은동 521 지상 점포를 반환한다면 정준일이 또다시 타인에게 처분할 우려가 있으므로, 정준일에게 반환되지 않기를 바란다.

3. 정준일이 화해 내용 및 구두 약속을 지키지 않고 오히려 홍은동 521 토지의 소유권을 주장하고 있으므로, 가능하면 의뢰인들이 위 토지를 사용하지 못한 데에 따른 손해도 전보받기를 원한다.

4. 홍은동 521 토지에 관하여 정준일 앞으로 소유권보존등기를 하기 위해 이미 대한민국을 상대로 소유권확인의 소를 제기한 상태이므로, 필요하다면 추후 다른 절차를 취하더라도 위 토지에 대한 소유권확인의 문제에 관하여는 위 확인소송의 결론이 날 때까지 보류해 주기 바란다. 끝.

합의서

甲: 이명구
　　주소 서울시 서대문구 창천로 32, 101동 503호(창천동, 현대아파트)

乙: 최희선
　　주소 서울시 서대문구 연희로 57, 102호(연희동, 삼성아파트)

甲과 乙은 다음과 같이 합의한다.

1. 甲과 乙은 공동으로 부동산을 매입하여 전매하기로 하고, 그 소요자금의 출연 비율 및 취득하는 부동산의 지분은 1:1로 한다.

2. 공동자금의 관리, 매매계약의 체결, 등기 등 업무 일체는 甲이 맡아서 처리한다.

3. 매매계약의 체결과 부동산 소유권등기는 박이채의 명의로 하기로 한다.

4. 甲과 乙은 각자의 계산과 책임으로 자유로이 그 취득한 부동산 지분을 처분할 수 있다.

2010년 3월 1일

甲: 이명구(630507-1542634) (인)

乙: 최희선(630127-1538216) (인)

금일 부동산매수자금 등으로 6억 원을 조달하기로 하고, 갑과 을은 각 3억 원을 출연하기로 하여, 갑은 을로부터 3억 원을 영수함
2010년 5월 1일 영수인 이명구 (인)

인 수 인 계 서

이명구는 2010년 3월 1일 최희선과 공동자금으로 부동산을 매수하기로 약정하고, 그동안 공동자금의 관리와 매매 등 관련 업무를 이명구가 맡아서 해 왔으나, 사정에 의하여 금일자로 그 업무 일체를 최희선에게 인계하기로 함

2012년 12월 25일

인계인 이명구 (李明印)

인수인 최희선 (최희선인)

남은 금 5,000만 원을 정히 영수함 (최희선인)

부동산매매계약서

매도인 甲과 매수인 乙은 다음과 같이 합의하여 계약을 체결하고, 이를 증하기 위해 甲과 乙이 서명·날인한 후 각각 계약서 1통씩을 보관하기로 한다.

제1조 甲은 그 소유의 아래 2필지 부동산을 乙에게 매도하고, 乙은 이를 매수한다.

소 재 지	서울 서대문구 홍은동 520				
토 지	지 목	임야	면 적	3,200㎡(평)	

소 재 지	서울 서대문구 홍은동 521				
토 지	지 목	잡종지	면 적	90㎡(평)	

제2조 ① 매매대금은 총 5억 5,000만 원(홍은동 520 토지는 5억 원, 같은 동 521 토지는 5,000만 원)으로 하고, 다음과 같이 지급하기로 한다.

계 약 금	금 1억 원은 계약체결 시에 지급하고
중 도 금	금 원은 년 월 일에 지급하며
잔 금	금 4억 5,000만 원은 2010년 6월 30일에 지급하기로 함.

② 제1항의 계약금은 잔금수령 시에 매매대금의 일부에 충당하기로 한다.

제3조 甲은 乙로부터 매매대금의 잔금을 수령함과 동시에 乙에게 소유권이전등기에 필요한 모든 서류를 교부하고 이전등기에 협력하여야 하며, 또한 위 부동산을 인도하여야 한다. ※ 단, 향후 홍은동 521 토지는 등기정리 후 이전하기로 함.

제4조 甲은 위 부동산에 설정된 저당권, 지상권, 임차권 등 소유권의 행사를 제한하는 사유가 있거나, 조세공과 기타 부담금의 미납금 등이 있을 때에는 잔금 수수일까지 그 권리의 하자 및 부담 등을 제거하여 완전한 소유권을 乙에게 이전하여야 한다. 다만 승계하기로 합의하는 권리 및 금액은 그러하지 아니한다.

제5조 乙이 甲에게 잔대금을 지불할 때까지는 甲은 계약금의 배액을 상환하고, 乙은 계약금을 포기하고 이 계약을 해제할 수 있다.

2010년 5월 1일

甲: 정준일(541120-1913459) ㊞ (정준일인)

　　서울시 은평구 진관사로 59

乙: 박이채(640805-1349510)

　　서울시 마포구 공덕로 41, 201동 309호(공덕동, 대명아파트)

　　대리인 이명구(630507-1542634) ㊞ (이명구인)

　　서울시 서대문구 창천로 32, 101동 503호(창천동, 현대아파트)

등기사항전부증명서(말소사항 포함) - 토지

[토지] 서울특별시 서대문구 홍은동 520   고유번호 1008-2008-12377

【표제부】 (토지의 표시)

표시번호	접 수	소재지번	지목	면적	등기원인 및 기타사항
1	1980년7월5일	서울특별시 서대문구 홍은동 520	임야	3,200㎡	부동산등기법시행규칙부칙 제3조 제1항의 규정에 의하여 2001년7월14일 전산이기

【갑 구】 (소유권에 관한 사항)

순위번호	등기목적	접 수	등기원인	권리자 및 기타사항
1 (전5)	소유권이전	1990년7월5일 제2680호	1990년7월1일 증여	소유자 정준일 541120-1913459 서울시 은평구 진관내동 59
				부동산등기법시행규칙부칙 제3조 제1항의 규정에 의하여 2001년7월14일 전산이기
2	소유권이전	2010년6월30일 제2473호	2010년5월1일 매매	소유자 박이채 640805-1349510 서울시 마포구 공덕로 41, 201동 309호(공덕동, 대명아파트)
3	소유권이전	2010년8월10일 제32347호	2010년8월8일 매매	소유자 서병석 781031-1638112 서울 서대문구 연희로 132

―― 이 하 여 백 ――

수수료 금 1,000원 영수함 관할등기소 서울서부지방법원 서대문등기소 / 발행등기소 서울중앙지방법원 등기국

이 증명서는 등기기록의 내용과 틀림없음을 증명합니다.

서기 2014년 01월 03일
법원행정처 등기정보중앙관리소 전산운영책임관

* 실선으로 그어진 부분은 말소사항을 표시함.   *등기기록에 기록된 사항이 없는 갑구 또는 을구는 생략함.

문서 하단의 바코드를 스캐너로 확인하거나 인터넷등기소(http://iros.go.kr)의 발급확인 메뉴에서 발급확인번호를 입력하여 위·변조 여부를 확인할 수 있습니다. 발급확인번호를 통한 확인은 발행일부터 3개월까지 5회에 한하여 가능합니다.

발행번호 11360011004936072010961250SLBO114951WOG295021311122   1/1   발행일 2014/01/03

고유번호	4545011400-10096-0002			도면번호	6	발급번호	050115-0072-01
토지소재	서울시 서대문구 홍은동		토지대장	장번호	1-1	처리시각	15시44분10초
지번	521	축척	1:1200	비고		작성자	박창진 ㉑

토 지 표 시			소 유 권		
지목	면적(㎡)	사 유	변동일자	주 소	
^	^	^	변동원인	성명 또는 명칭	등록번호
(08)잡종지	*90*	(44)1997년 6월 9일 면적정정	1911년2월1일	서울 은평구 진관내동 44	
			사정	연일정씨숙정공파종중 (대표자 정상일)	
		이 하 여 백	2010년7월10일	서울 은평구 진관사로 59-1	
			주소 및 대표자 변경	연일정씨숙정공파종중 (대표자 정병일)	
				이 하 여 백	

등급수정 년월일	1994.1.1. 수정	1997.1.1. 수정	2000.1.1. 수정	2002.1.1. 수정	2006.1.1. 수정	2008.1.1. 수정	2010.1.1. 수정	2012.1.1. 수정
토지등급 (기준수확량등급)	163	213	221	243	315	350	500	480

토지대장에 의하여 작성한 등본입니다.
2014년 1월 3일

서울서대문구청장 [서대문구 청장의인 민원사무전용]

등기사항전부증명서(말소사항 포함) - 집합건물

[집합건물] 서울특별시 은평구 대조로 120 문화아파트 201동 203호   고유번호 1239-2812-25232

【표제부】 (1동의 건물의 표시)

표시번호	접수	소재지번, 건물명칭 및 번호	건물내역	등기원인 및 기타사항
1	2005년4월3일	~~서울특별시 은평구 대조동 707 문화아파트 201동~~	~~철근콘크리트조 슬래브 지붕 4층 아파트~~ ~~1층 863.50㎡~~ ~~2층 863.50㎡~~ ~~3층 863.50㎡~~ ~~4층 863.50㎡~~ ~~지층 863.50㎡~~	~~도면편철장 제6책 제65면~~
2	2010년7월1일	서울특별시 은평구 대조로 120 문화아파트 201동	철근콘크리트조 슬래브 지붕 4층 아파트 1층 863.50㎡ 2층 863.50㎡ 3층 863.50㎡ 4층 863.50㎡ 지층 863.50㎡	도면편철장 제6책 제65면 도로명주소

(대지권의 목적인 토지의 표시)

표시번호	소재지번	지목	면적	등기원인 및 기타사항
1	서울특별시 은평구 대조동 707	대	52,368.2㎡	2005년4월3일

【표제부】 (전유부분의 건물의 표시)

표시번호	접수	건물번호	건물내역	등기원인 및 기타사항
1	2005년4월3일	제2층 제203호	철근콘크리트조 131.83㎡	도면편철장 제6책 제65면

(대지권의 표시)

표시번호	대지권 종류	대지권 비율	등기원인 및 기타사항
1	소유권 대지권	52,368.2분의 50.72	2005년2월1일 대지권 2005년4월3일 등기

* 실선으로 그어진 부분은 말소사항을 표시함.   *등기기록에 기록된 사항이 없는 갑구 또는 을구는 생략함.

문서 하단의 바코드를 스캐너로 확인하거나 인터넷등기소(http://iros.go.kr)의 발급확인 메뉴에서 발급확인번호를 입력하여 위·변조 여부를 확인할 수 있습니다. 발급확인번호를 통한 확인은 발행일부터 3개월까지 5회에 한하여 가능합니다.

발행번호 11360011004936072010961250SLBO114951WOG295021311123   1/2   발행일 2014/01/03

대법원

[집합건물] 서울특별시 은평구 대조로 120 문화아파트 201동 203호   고유번호 1239-2812-25232

【갑　　구】	(소유권에 관한 사항)			
순위번호	등기목적	접　수	등기원인	권리자 및 기타사항
1	소유권보존	2005년4월3일 제9123호		소유자 신라건설 주식회사 　　120011-2140578 　　서울시 성북구 안암동 220
2	소유권이전	2005년7월18일 제13456호	2005년6월10일 매매	소유자 박이채 640805-1349510 　　서울시 마포구 공덕동 41 대명아파트 　　201동 309호
3	소유권이전	2011년4월9일 제2473호	2011년4월9일 매매	소유자 박이순 660102-2349513 　　서울시 마포구 공덕로 41, 509동 　　701호(공덕동, 대명아파트) 　　매매가액 금 100,000,000원

【을　　구】	(소유권 이외의 권리에 관한 사항)			
순위번호	등기목적	접　수	등기원인	권리자 및 기타사항
1	근저당권설정	2011년5월2일 제6321호	2011년5월2일 설정계약	채권최고액 금 50,000,000원 채무자 박이순 660102-2349513 　　서울시 마포구 공덕로 41, 509동 　　701호(공덕동, 대명아파트) 근저당권자 주식회사 신한은행 　　110014-1110453 　　서울시 마포구 공덕로 220 　　(마포지점)

―― 이　하　여　백 ――

수수료 금 1,000원 영수함   관할등기소 서울서부지방법원 은평등기소 / 발행등기소 서울중앙지방법원 등기국

이 증명서는 등기기록의 내용과 틀림없음을 증명합니다.
서기 2014년 01월 03일
법원행정처 등기정보중앙관리소 전산운영책임관

* 실선으로 그어진 부분은 말소사항을 표시함.   *등기기록에 기록된 사항이 없는 갑구 또는 을구는 생략함.

문서 하단의 바코드를 스캐너로 확인하거나 인터넷등기소(http://iros.go.kr)의 발급확인 메뉴에서 발급확인번호를 입력하여 위·변조 여부를 확인할 수 있습니다. 발급확인번호를 통한 확인은 발행일부터 3개월까지 5회에 한하여 가능합니다.

발행번호 11360011002191072010961250SLBO114951WOG295021311123   2/2   발행일 2014/01/03

등기사항전부증명서(말소사항 포함) - 토지

[토지] 서울특별시 은평구 녹번동 403 　　　　　　　　　고유번호 1213-1034-42358

【표제부】 (토지의 표시)

표시번호	접 수	소재지번	지목	면적	등기원인 및 기타사항
1 (전2)	1983년6월2일	서울특별시 은평구 녹번동 403	잡종지	150㎡	부동산등기법시행규칙부칙 제3조 제1항의 규정에 의하여 2001년7월 14일 전산이기

【갑　구】 (소유권에 관한 사항)

순위번호	등기목적	접 수	등기원인	권리자 및 기타사항
1 (전5)	소유권이전	1999년7월20일 제5793호	1999년7월19일 매매	소유자 서민영 470325-1025611 서울시 강남구 대치동 177 개나리아파트 108동 301호
				부동산등기법시행규칙부칙 제3조 제1항의 규정에 의하여 2001년7월14일 전산이기
2	소유권이전	2002년8월30일 제7239호	2002년8월27일 매매	소유자 박이채 640805-1349510 서울시 마포구 공덕동 41 대명아파트 201동 309호
3	소유권이전	2011년4월9일 제2474호	2006년4월6일 매매	소유자 박이순 660102-2349513 서울시 마포구 공덕로 41, 509동 701호(공덕동, 대명아파트) 매매가액 금 50,000,000원

── 이　하　여　백 ──

수수료 금 1,000원 영수함　　관할등기소 서울서부지방법원 은평등기소 / 발행등기소 서울중앙지방법원 등기국

이 증명서는 등기기록의 내용과 틀림없음을 증명합니다.
서기 2014년 01월 03일
법원행정처 등기정보중앙관리소 전산운영책임관

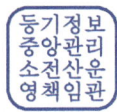

* 실선으로 그어진 부분은 말소사항을 표시함.　　*등기기록에 기록된 사항이 없는 갑구 또는 을구는 생략함.

문서 하단의 바코드를 스캐너로 확인하거나 인터넷등기소(http://iros.go.kr)의 발급확인 메뉴에서 발급확인번호를 입력하여 위·변조 여부를 확인할 수 있습니다. 발급확인번호를 통한 확인은 발행일부터 3개월까지 5회에 한하여 가능합니다.

발행번호 11360011002191072010961250SLBO114951WOG295021311124　　1/1　　발행일 2014/01/03

대 법 원

각 서

서병석 사장님 귀하

1. 귀하에 대한 민사상 손해배상채무금 2억 원(원금)의 담보 목적으로, 귀하에게 본인 소유의 아래 부동산에 대하여 틀림없이 소유권이전등기를 경료해 드리겠습니다.

   ■ **부동산 : 서울 서대문구 홍은동 520 임야 3,200㎡**

2. 본인은 2010년 12월 31일까지 위 채무를 귀하에게 정히 변제하고, 만약 이를 어길 시 모든 책임을 질 것을 각서합니다.

※ 단, 위 2억 원에 대한 2010년 12월 31일 이전의 지연손해금채무는 면제함.

2010년 8월 8일

각서인 박이채(640805-1349510) ㉑
서울시 마포구 공덕로 41, 201동 309호(공덕동, 대명아파트)

- 18 -

통 지 서

수신인: 박이채(640805-1349510)
　　　　서울시 마포구 공덕로 41, 201동 309호(공덕동, 대명아파트)
발신인: 서병석 (781031-1638112)
　　　　서울시 서대문구 연희로 132

1. 귀하는 2010년 12월 31일까지 본인에게 손해배상채무 금 2억 원을 변제할 것을 약속하였으나 현재까지 변제하지 않았습니다.
2. 고로 귀하의 2010년 8월 8일자 각서에 따라 서울 서대문구 홍은동 520 임야 3,200㎡는 금일부로 본인이 소유권을 취득하였음을 통지합니다. 따라서 귀하가 이후 위 채무를 변제하더라도 본인은 이를 수령하거나 위 토지를 반환할 생각이 없습니다.
3. 그러니 귀하는 이후 위 토지에 대하여 일절 이의를 제기하거나 본인의 소유권 행사를 방해하는 일이 없도록 해주시기 바랍니다.
4. 끝으로 귀하의 행운을 빕니다.

2011년 1월 5일

발신인 서병석 ㊞

서울서대문우체국
2011. 1. 5.
11 - 0250

이 우편물은 2011년 1월 5일 등기 제0250호에 의하여 내용증명 우편물로 발송하였음을 증명함

서울서대문우체국장 ㊞

통 지 서

수 신 : 이명구 (630507-1542634)
　　　　서울 서대문구 창천로 32, 101동 503호(창천동, 현대아파트)

1. 그간 안녕하셨는지요. 며칠 전 형님께서 다녀가신 후 내내 제 마음이 무겁고, 서신으로 이런 말씀 드리는 것이 도리는 아닌 줄 압니다. 물론 제가 형님 승낙 없이 홍은동 520 토지를 서병석 씨에게 담보로 제공한 것에 대해서는 입이 열 개라도 드릴 말씀이 없습니다. 그러나 당시에는 제가 형편이 좋을 때라 곧 해결할 생각으로 그렇게 한 것이고, 그래서 이제까지 말씀을 못 드린 것입니다.
2. 형님이 일전에 오셔서 저를 무조건 죄인 취급하시니 저로서도 많이 서운했습니다. 홍은동 520 토지 건은 명의신탁이 불법인 이상 명의신탁자인 형님 입장에서는 어떤 권리 주장도 할 수 없다는 점을 형님도 잘 아시겠지요?
3. 형님도 아시다시피 저는 2010년 9월 초 큰 부도를 맞아 이후 형편이 어려워졌고, 그래서 지금 서병석 씨에게도 돈을 갚지 못해 그 땅을 되찾아 올 형편이 못 됩니다. 그러니 형님께서도 제 처지를 이해해 주시고, 앞으로 홍은동 520 토지에 관해서는 당분간 말씀하지 않으셨으면 좋겠습니다.
4. 다만, 제가 사업이 풀리는 대로 형님한테 폐 끼친 것은 꼭 갚아드릴 테니 동서 간의 우애로 믿고 기다려 주셨으면 합니다.

　　　　　　　　　　　2011년 6월 12일

　　발신인　　박이채 (640805-1349510)　(인) 彩朴印理
　　　　　　서울 마포구 공덕로 41, 201동 309호(공덕동, 대명아파트)

서울마포우체국
2011. 06. 12.
11 - 9765

이 우편물은 2011년 6월 12일 등기 제9765호에 의하여 내용증명 우편물로 발송하였음을 증명함

　　　　　　　서울마포우체국장　(서울마포우체국장인)

합의서

甲: 이명구 (630507-1542634)   서울 서대문구 창천로 32, 101동 503호
乙: 최희선 (630127-1538216)   서울 서대문구 연희로 57, 102호
丙: 박이채 (640805-1349510)   서울 마포구 공덕로 41, 201동 309호
丁: 정준일 (541120-1913459)   서울 은평구 진관사로 59

甲, 乙, 丙, 丁은 **2010년 5월 1일자 서울 서대문구 홍은동 521 잡종지 90㎡**의 매매계약과 관련하여 아래와 같이 합의함

1. 甲, 乙, 丙, 丁은 위 매매계약상 매수인의 지위를 丙으로부터 甲과 乙에게 균등하게 이전하기로 합의한다.
2. 丁은 위 토지에 관하여 甲과 乙이 2010년 5월 1일자 매매계약에 따른 매수인으로서의 모든 권리를 행사할 수 있도록 매도인으로서의 의무를 2010년 12월 말까지 이행할 것을 약속한다.

2010년 11월 1일

갑: 이명구 (인)   을: 최희선 (인)

병: 박이채 (인)   정: 정준일 (인)

서 울 중 앙 지 방 법 원
화 해 조 서

사 건	2010가단22809 손해배상(기)
원 고	1. 이명구 (630507-1542634)
	서울 서대문구 창천로 32, 101동 503호(창천동, 현대아파트)
	2. 최희선 (630127-1538216)
	서울 서대문구 연희로 57, 102호(연희동, 삼성아파트)
피 고	정준일 (541120-1913459)
	서울 은평구 진관사로 59
판 사	하정림　　　　　　　　　　기 일　　2010. 11. 5. 10:00
장 소	203호 소법정　　　　　　　공개여부　　공개
법원사무관	주명석
원고들	각 출석
피 고	출석

위 당사자들은 다음과 같이 화해하였다.

화 해 조 항

1. 피고는 원고들에게 서울 서대문구 홍은동 521 잡종지 90㎡를 2010. 12. 31.까지 인도한다.
2. 원고들은 피고에 대한 이 사건 손해배상청구권을 포기한다.
3. 소송비용은 각자 부담한다.

청구의 표시

청구취지

피고는 원고들에게 2010. 7. 1.부터 화해조항 제1항 기재 토지의 인도 완료일까지 월 50만 원의 비율에 의한 금전을 지급하라.

청구원인

1. 원고들은 2010. 5. 1. 박이채의 명의를 빌려 피고로부터 청구취지 기재 토지(이하 '이 사건 토지'라 함)를 대금 5,000만 원에 매수하기로 약정하였고, 그 약정에 따라 2010. 6. 30. 대금 전액을 지급하였습니다.

2. 그럼에도 피고는 2010. 7. 1. 원고들의 동의 없이 무단으로 이 사건 토지상에 시멘트 벽돌조 판넬 지붕으로 된 50㎡의 점포 1동을 축조하고, 같은 해 8. 1.부터 소외 김병만에게 이를 임대하여 월 50만 원씩의 차임을 지급받고 있습니다.

3. 그러므로 피고는 원고들에게 불법행위 또는 채무불이행에 따른 손해배상으로 위 건물 축조일인 2010. 7. 1.부터 이 사건 토지 인도 완료일까지 매월 50만 원의 비율에 의한 금전을 지급할 의무가 있습니다.

법원사무관　주 명 석　(인)

판　사　하 정 림　(인)

통 지 서

수신인 : 최희선 (630127-1538216)
　　　　　서울 서대문구 연희로 57, 102호(연희동, 삼성아파트)

1. 그간 안녕하셨는지요.

2. 몇 달 전 귀하가 찾아왔을 때 상세히 말씀드린 바와 같이, 홍은동 521 토지는 저의 조부(정상우)가 1911. 2. 1 사정을 받고, 1943. 7. 6 조부가 돌아가시자 외아들인 저의 부친(정병조)이 단독으로 상속을 받았으며, 부친이 1969. 4. 1 사망하여 외아들인 본인이 다시 단독으로 상속을 받은 땅인데, 6·25 동란의 와중에 지적공부가 멸실되었다가 1970년 경 지적을 복구하는 과정에서 연일정씨숙정공파종중의 전 회장인 정상일(본인의 육촌 형)이 임의로 위 토지를 종중 소유로 신고하는 바람에 현재 토지대장에는 종중 소유로 등록되어 있는 것에 불과하므로, 소유권은 저에게 있습니다.

3. 제가 이명구(박이채) 씨에게 위 토지를 매각한 사실은 있으나, 근래 주위에서 들어보니 위 토지는 보존등기가 되어 있지 않은 것이라서 애초부터 소유권이전은 불가능한 것이었고(오래 전에 본인이 조부 명의로 소유권확인 소송을 제기했다가 패소판결을 선고받은 사실도 있으므로, 첨부한 판결문을 참고하시기 바랍니다.), 현재까지 본인이 귀하와 이명구씨 앞으로 등기를 넘겨주지 않은 이상 소유권자인 본인이 여전히 그 모든 권리를 행사할 수 있다고 합니다.

4. 그리고 본인은 위 홍은동 521 토지상에 시멘트벽돌조 판넬지붕 점포(50㎡ 등기는 안 함) 1채를 2010. 7. 1에 완공하여 그해 8. 1 김병만 씨(서울 서대문구 연희로 112, 201호, 연희동, 한화아파트)에게 기간을 2012. 7. 31까지로 하고 보증금은 없이 매월 임료로 50만 원씩 받기로 약정하여 임대하였는데, 김병만 씨는 2011년 10월 1일 이후 임료도 내지 않고 있어서 2012년 6월 중순 더 이상 임대할 의사가 없으니 비워달라고 통지했지만 아직까지 나가지 않고 있습니다.

5. 그러나 위 토지의 소유권이 현재까지 본인에게 있으므로 본인으로서는 귀하들의 모든 요구에 응할 수 없습니다. 또한 귀하는 본인이 위 점포를 지어 임대한 것을 두고 불법행위라고 하면서 손해배상 운운하는데, 귀하도 잘 알다시피 귀

하 등은 이미 본인을 상대로 그 같은 이유로 손해배상청구 소송을 제기하였다가 재판상 화해를 통해 손해배상청구권을 포기하기로 한 바가 있는 이상 더 이상 그런 주장을 해서는 안 될 것입니다. 그런데도 귀하들이 그 같은 요구를 계속한다면 본인으로서도 법적 조치를 취할 생각이니 그리 아시기 바랍니다.

2013년 6월 3일

발신인   정준일 (541120-1913459)
          서울 은평구 진관사로 59

이 우편물은 2013년 6월 3일 등기 제8335호에 의하여 내용증명 우편물로 발송하였음을 증명함

서울은평우체국장

서 울 중 앙 지 방 법 원

판 결

사　　건　　2010가단10882 소유권확인

원　　고　　정상우 (鄭相宇, 1890. 3. 23. 생)

　　　　　　최후주소 서울 서대문구 홍은동 44

　　　　　　송달장소 서울 은평구 진관사로 59

피　　고　　대한민국

　　　　　　법률상 대표자 법무부 장관 정형진

　　　　　　소송수행자 이병석

변론종결　　2010. 8. 25.

판결선고　　2010. 9. 8.

주　　문

1. 이 사건 소를 각하한다.
2. 소송비용은 원고가 부담한다.

청 구 취 지

서울 서대문구 홍은동 521 잡종지 90㎡가 원고의 소유임을 확인한다.

이　　유

　원고는 이 사건 청구원인으로, 원고가 1911. 2. 1. 청구취지 기재의 이 사건 토지를 사정받아 원시취득하였는데, 현재 미등기 상태이므로 그 소유권보존등기를 위해 피고를 상대로 청구취지와 같은 확인을 구한다고 주장한다.

이 사건 소의 적법 여부에 관하여 직권으로 살피건대, 소장에 첨부된 제적등본의 기재에 의하면 원고는 이 사건 소 제기 이전인 1943. 7. 6. 사망한 사실이 인정되므로, 이 사건 소는 당사자능력이 없는 자가 제기한 것으로서 부적법하다.

그러므로 이 사건 소를 각하하기로 하여 주문과 같이 판결한다.

판사 이유섭 _____

확 정 증 명 원

사　　건　　2010가단10882 소유권확인

원　　고　　정상우

피　　고　　대한민국

　위 사건에 관하여 2010. 9. 8. 귀원이 선고한 판결이 2010. 11. 5. 확정되었음을 증명하여 주시기 바랍니다.

2012. 10. 28.

신청인 정준일 (인)

서울중앙지방법원 귀중

위 사실을 증명합니다.
2012. 10. 28.
서울중앙지방법원
법원주사 최영란 (서울중앙지방법원 법원주사 인)

확 인 서

1. 본인은 서울 서대문구 홍은로 772에서 '명일부동산'이라는 상호로 부동산 중개업을 하고 있는 공인중개사입니다.
2. 본인은 2010. 5. 1. 이명구 씨가 정준일 씨로부터 서울 서대문구 홍은동 520, 521 토지 2필지를 매수할 당시 그 매매계약을 중개한 사실이 있습니다.
3. 그 당시 홍은동 521 토지는 미등기 상태라서 잔대금 지급과 동시에 매수인이 인도받는 것으로 하고, 그 후 빠른 시일 내에 매도인이 보존등기를 마치고 소유권이전등기까지 해 주기로 약정한 사실이 있으며, 잔금 지급도 우리 사무실에서 하였는데, 그 당시 위 토지는 지상에 아무런 시설물이나 적치물이 없었습니다.
4. 위 홍은동 520, 521 토지의 시가는 매매 이후 현재까지 아무런 변동이 없으며, 현재 위 홍은동 521 토지를 그 지상 건물까지 임대할 경우 차임은 보증금 없이 월 50만 원 가량으로, 건물이 없는 상태로 토지만 임대할 경우 차임은 보증금 없이 월 30만 원 가량으로 거래되고 있습니다.

2013년 12월 28일

공인중개사 강만해(491220-1533652) [인]
서울 서대문구 홍은로 772 명일부동산

양도양수계약서

양도인: 김병수
　　　　서울시 서초구 양재동 221
양수인: 김병만
　　　　서울시 서대문구 연희동 88 한화아파트 201호

양도인과 양수인은 아래와 같이 양도양수계약을 체결하기로 한다.

제1조(계약의 목적) 양수인은 양도인으로부터 서울시 동작구 동작동 123 소재 '런던가구'의 영업을 양수하여 금일부터 가구판매점을 운영하기로 한다.

제2조(양도의 대상) 다음 각 호를 포함한 '런던가구' 영업에 필요한 유무형의 일체의 재산
 1. '런던가구'의 상호
 2. 영업 관련 고객명부, 전화가입권 등 영업권
 3. 양도인의 '런던가구'의 점포에 대한 보증금반환채권

제3조(양도의 대가) 영업양도의 대가는 금 1억 원으로 하고, 양수인의 양도인에 대한 기존 대여금 채권 금 1억 원과 상계하기로 한다.

제4조(이행시기) 본 계약 체결일에 양도인은 양수인에게 제2조의 재산에 관하여 이전에 필요한 행위를 하여야 한다.

제5조(기타) 본 계약에 명시되지 않은 사항에 대하여는 상관례 및 상호 합의하에 처리하기로 한다.

위 내용을 명확히 하기 위하여 본 계약서를 2부 작성하여 각자 1부씩 보관하기로 한다.

2007년 1월 15일

양도인 김병수(710514-1812812) ㊞

양수인 김병만(690302-1236512) ㊞

서 울 서 부 지 방 법 원
결   정

사   건   2007카단10882 부동산가압류

채 권 자   최희선 (630127-1538216)

　　　　　 서울 서대문구 연희동 15 삼성아파트 102호

채 무 자   김병만 (690302-1236512)

　　　　　 서울 서대문구 연희동 88 한화아파트 201호

주   문

채무자 소유의 별지 목록 기재 부동산을 가압류한다.

채무자는 다음 청구금액을 공탁하고 집행정지 또는 집행취소를 신청할 수 있다.

청구채권의 내용   2001. 3. 20.자 물품대금 및 지연손해금 *(내역은 생략)*

청구금액   *(내역은 생략)*

이   유

　이 사건 부동산 가압류신청은 이유 있으므로, 담보로 5,000,000원의 지급보증 위탁계약을 맺은 문서를 제출받고 주문과 같이 결정한다.

2007. 3. 14.

판사 노민호   (인)

부동산 목록

1동의 건물의 표시
　　서울 서대문구 연희동 88 철근콘크리트조 슬래브 지붕 3층 한화아파트
　　　　1층 756.40㎡
　　　　2층 756.40㎡
　　　　3층 756.40㎡

대지권의 목적인 토지의 표시
　　서울 서대문구 연희동 88 대 10,128㎡

전유부분의 건물의 표시
　2층 201호 철근콘크리트조 120.72㎡

대지권의 표시
　소유권 대지권 10128분의 100.54 끝.

확인서

최희선 사장님 귀하

1. 본인은 최희선 사장이 공무원으로 재직하던 2001년 3월 20일 '런던가구점' 사장 김병수 씨에게 수입 목가구 1점을 대금 2천만 원에 매도한 일이 있음을 그 당시 매매를 알선했던 관계로 잘 알고 있습니다. 당시 김병수 사장은 위 가구대금을 2002년 3월 19일까지 갚기로 약속하였습니다.

2. 그 뒤 김병수 사장은 위 가구대금을 갚지 않은 채 가구점을 김병만 사장님에게 넘겨버렸는데, 최희선 사장님이 뒤늦게 이를 알고 2007년 3월 11일 김병만 사장의 아파트에 가압류를 신청하여 2007년 3월 15일자로 가압류등기가 되었고, 현재까지도 가압류등기가 존속하고 있습니다. 그러나 아직까지도 이 문제가 해결되지 않고 있습니다.

3. 근래 최희선 사장과 본인이 김병수 사장님과 김병만 사장님을 찾아가 가구대금 문제의 해결을 요구하였던바, 김병수 사장은 "가구점의 영업재산 일체를 이미 김병만에게 양도하였으니 법적으로 보더라도 나는 책임을 질 일이 없다. 그러니 앞으로 일절 그런 말을 하지 마라."라며 완강히 거부하였고, 김병만 사장은 "이미 10년도 더 지났는데 이제 와서 무슨 말이냐? 재판을 해도 내가 이길 것이다."라며 그 역시 절대로 돈을 줄 수 없다며 법대로 하든지 맘대로 하라고 대답하여 본인의 입장이 매우 난처한 상태입니다.

4. 이상의 사실을 확인하오며, 만약 법원에서 증인으로 소환할 경우 아는 대로 증언할 것임을 확약합니다.

2013년 12월 26일

확인인 최상철(621010-1627345) (인)
서울 동대문구 전농로 56, 106동 405호(전농동, 청구아파트)

기록이면표지

확 인: 법무부 법조인력과장

민사법
기록형

**2014년도 제3회
변호사 시험**

문제해결 TIP

기록 1면

【문 제 1. 소장 작성】

조일국 변호사는 의뢰인들로부터 소송사건 처리를 위임받고, 〈의뢰인 상담일지〉와 같이 상담하였고, 그 첨부서류는 의뢰인들이 가져온 것입니다. 조일국 변호사가 의뢰인들을 위하여 법원에 제출할 소장을 아래 작성 요령에 따라 작성하시오. (155점)

> 소장의 작성일자는 소멸시효 및 제척기간의 기준일로써 메모작성시 반드시 기재하여야 한다. 특히 이 사건은 사해행위취소가 쟁점이기 때문에 매우 중요하다.

【소장 작성 요령】

1. 소장 작성일 및 소 제기일은 2014. 1. 6.로 하시오.
2. 의뢰인들의 의사와 요구에 최대한 부합하는 내용으로 소장을 작성하되, 법령 및 판례에 따라 일부라도 패소하는 부분이 생기지 않도록 하시오.
3. 공동소송의 요건은 모두 갖추어진 것으로 전제하시오.
4. 청구원인은 주요사실이 분명히 드러나도록 기재하고, 주요사실의 증명과 무관한 간접 사실은 기재하지 마시오. 다만, 〈의뢰인 상담일지〉의 첨부문서에 나타난 상대방의 태도에 비추어 장차 상대방이 소송에서 제기할 것으로 예상되는 주장 중 이유 없다고 판단되는 것은 소장을 통해 반박하시오.
5. 예비적·선택적 청구는 하지 마시오.
6. 물건의 표시가 필요한 경우 별지로 목록을 만들지 말고 소장의 해당 부분에 직접 표기 하시오.
7. 당사자는 반드시 소송상 자격(원고, 피고 등)과 그 이름으로 지칭하시오(피고 1 등과 같이 번호로 지칭할 수 없음).
8. 〈의뢰인 상담일지〉와 그 첨부서류에 나타난 사실관계는 특별한 지시가 없는 한 모두 진실한 것으로 간주하고, 첨부서류의 진정성립도 모두 인정되는 것으로 전제하며, 사실관계는 본 기록에 나타나 있는 것으로 한정하시오.
9. 피고가 복수인 경우 청구원인은 피고별로 나누어 기재하고, 증거방법란과 첨부서류란은 기재하지 마시오(필요할 경우 청구원인란에서는 해당 증거방법을 적절한 형식으로 제시하여도 무방함).
10. 소장의 작성자와 수소법원은 기재하시오.

【문 제 2. 답변서 작성】

【문 제 1】과 관련하여 원고 ○○○이 홍은동 521 토지에 관하여 정준일 명의의 소유권보존등기를 하기 위해 대한민국을 피고로 하여 ○○○법원 2013가단10123호(소유권확인)로 아래와 같은 내용의 소를 제기하였다고 가정하고, 위 사건에 관하여 피고 대한민국의 소송대리인 변호사 이민우가 피고 대한민국을 위하여 2014. 1. 6.자로 위 법원에 제출할 답변서를 작성하시오. (20점)

※ 1. 피고 대한민국은, 위 토지가 현재 미등기 상태이고, 그 토지대장에 연일정씨숙정공파종중이 소유자로 등록되어 있는 사실은 다투지 않는 것을 전제하시오.
  2. 원고 적격이나 채권자대위의 요건은 갖추어진 것으로 전제하시오.
  3. 원고 기재란은 '원고 ○○○'로, 수소법원 기재란은 '○○○법원 제2단독'으로 각 표시하고, 증거방법란과 첨부서류란은 생략하시오.

> 국가가 그 소유권을 다투지 않는 미등기토지의 소유권확인의 소의 확인이 이익의 쟁점이 된다. 대법원 1994.12.2 선고 93다58738 판결의 취지에 따라 원고의 소는 확인의 이익이 없다.

> 이 사건 소는 채권자대위소송이고, 대위소송의 소송물은 피대위채권이므로, 피대위채권의 청구에 각하사유가 있는 경우, 주문(즉, 답변취지)의 형태는 소 각하가 된다.

청구취지

원고 ○○○와 피고 대한민국 사이에서 서울 서대문구 홍은동 521 잡종지 90㎡가 정준일의 소유임을 확인한다.

청구원인

청구취지 기재 이 사건 토지는 1911. 2. 1. 소외 정상우가 사정을 받아 원시 취득하였습니다. 그런데 정상우가 1943. 7. 6. 사망하여 그 아들 정병조가 이를 단독으로 상속하였고, 정병조가 1969. 4. 1. 사망하여 다시 그아들인 정준일이 단독으로 이를 상속하였습니다.

위 토지는 현재 미등기 상태로 그 토지대장에는 연일정씨숙정공파종중이 사정을 받은 소유자로 잘못 등록되어 있습니다. 따라서 위 정준일은 이 사건토지의 소유권보존등기를 위해 피고 대한민국을 상대로 소유권확인을 청구할 권리가 있습니다.

원고 ○○○는 위 정준일에 대한 채권자로서 그 채권을 보전하기 위해, 무자력 상태임에도 피고 대한민국에 대한 위 소유권확인청구권을 행사하지 않고 있는 정준일을 대위하여 청구취지와 같은 재판을 구합니다.

> 토지대장에 등록명의자가 있어, 대법원 1994. 12. 2. 선고 93다58738 판결에 따른 국가를 상대로 한 소유권확인의 소를 제기할 수 있는 경우에 해당하지 않음을 의미한다.

의뢰인 상담일지

변호사 조일국 법률사무소

서울 종로구 삼청로 1121, 1503호(삼청동, 삼청빌딩)
☎ 02-720-1100, 팩스 720-1101, 전자우편 jkc@gmail.com

접수번호	2014-02	상담일시	2014. 1. 3.
상담인	최희선, 이명구	내방경위	변호사 사무실의 주소 및 연락처 지인 소개
관할법원		사건번호 (법원, 검찰)	

【 상 담 내 용 】

> 양자의 관계가 조합인지, 단순공유인지 여부가 문제되고, 이후 기록을 통하여 이를 확정하여야 한다. 만약 조합이라면 필수적 공동소송의 형태가 되고, 재산은 조합원들에게 불가분적으로 귀속된다.

1. 토지의 공동매수

가. 이명구와 최희선은 고등학교 동창인데, 2010년 공동으로 부동산을 매수하기로 합의한 후 각기 3억 원씩 출연하여 공동자금 6억 원을 모았다. 그 당시 매매계약 등 업무는 이명구가 〔계약당사자의 확정의 법리에 따르면, 위 매매계약의 당사자는 박이채이고, 따라서 명의신탁약정에 따른 부동산의 취득이 된다.〕 2012. 12. 25.부터는 최희선이 그 업무를 맡아서 처리하기

나. 이명구는 2010. 5. 정준일에게서 박이채의 명의로 서울 서대문구 홍은동 520 임야와 홍은동 521 잡종지를 매수하였고, 그 당시 이명구는 자신을 대리인으로 표시하였다. 이명구는 박이채에게 최희선과 공동으로 매수하기로 하였다는 점을 설명하고 박이채의 명의로 등기를 넘겨받기로 동의를 받았지만, 정준일은 매매 당시 명의차용이나 공동매수 관계를 전혀 알지 못하였다. 〔매도인 선의의 계약명의신탁임을 의미한다.〕

이명구는 2010. 6. 30. 위 공동자금으로 매매대금을 모두 지급하고, 홍은동 520 토지에 관하여는 박이채의 명의로 소유권이전등기를 받았으나, 홍은동 521 토지는 미등기 상태라서 나중에 등기를 이전 받기로 하였다. 〔매매대금의 지급일자는 매우 중요하다. 위 날짜를 기준으로 과실(사용이익)의 취득권자가 결정되고, 해제시 법정이자의 발생기준일이 결정된다.〕

2. 홍은 〔손해배상채무를 담보하기 위한 양도담보약정이므로, 가등기담보등에 관한 법률의 적용 대상이 아니다.〕

가. 박이채는 서병석에게 손해배상채무를 지고 있었는데, 그 채무 담보를 위해 임의로 홍은동 520 토지에 관하여 서병석 앞으로 소유권이전등기를 마쳐 주었다.

그 당시 박이채와 서병석은 위 담보약정 외에 채무의 청산 등에 관하여는 아무런 합의를 한 바 없다. 박이채 ~~담보물에 처분에 관한 명확한 정산합의가 없는 이른바 '약한 의미의 양도담보'임을 의미한다.~~ 토지를 자신의 소유로 귀속한다는 내용의 통지서를 보냈다. 박이채는 다음날 그 통지서를 받았지만, 현재까지 아무런 조치를 취하지 않고 있다. 박이채는 2010. 8. 경까지는 적극재산이 더 많았으나 2010. 9. 1. 이후 현재까지는 소극재산이 적극재산보다 많아 경제적으로 매우 어려운 상태이다.

> 채권자대위에 있어서 권리미행사의 요건을 의미한 것이다. 양도담보로 제공된 부동산의 회복방법과 관련하여 ① 채무변제후 이전등기의 말소를 통한 부동산 자체의 회복, ② 사해행위취소를 통한 부동산 자체의 회복, ③ 양도담보에 따른 청산금의 청구 3가지 정도를 생각할 수 있는데, 사해행위취소는 무자력 중 처분행위가 아니어서 청구가 기각될 수 있고, 청산금의 청구는 청산당시의 부동산의 가액을 알 수가 없으므로 청구원인을 구성할 수 없을 것으로 생각된다.

> 무자력 및 무자력의 기준일시에 대한 설명으로 매우 중요하다. 2010. 9. 1. 이전의 처분행위는 사해행위로 취소할 수 없고, 현재 무자력임을 이유로 채권자대위권만을 행사할 수 있음을 의미한다. 아직까지 기록검토를 통하여 채무자의 무자력상태를 포섭하는 문제는 출제되지 않았으나, 실무적으로 사해행위취소소송의 가장 중요한 쟁점이 무자력 입증이므로 향후 이에 대한 출제가능성을 배제할 수 없다.

나. 2011. 6. 초 이와 같은 사실을 알게 된 이명구는 박이채와 서병석에게 원상복구를 강력히 요구하였다. 그러나 박이채는 이명구의 요구를 거부하였다고, 서병석은 박이채가 빚을 갚지 않아 자신이 홍은동 520 토지의 소유권을 취득하였다며 역시 이를 거부하였다.

> 청산금을 지급하지 않고 담보물의 소유권을 취득할 수 없으므로, 이에 관한 서병석의 주장은 법률상 주장이 아닌 단순 부인에 불과하다.

> 이때 채무자의 처분행위를 알게 되었으므로, 일응 채권자취소권의 제척기간의 기산점이 된다.

다. 최희선이 2013. 4. 초 박이채의 재산관계를 조사해 보았더니, 박이채는 자신의 여동생 박이순 앞으로 시가 2억 원 상당의 서울 은평구 대조로 120 소재 아파트 1채를 1억 원에 매도여 소유권이전등기해 주었고, 시가 1억 2,000만 원 상당의 서울 은평구 녹번동 403 잡종지를 5,000만 원에 매도하여 소유권 이전등기해 준 사실이 드러났다. 위 각 부동산의 시가는 현재까지 변동이 없다.

> 아파트의 처분행위는 사해행위에 해당할 수 있으므로, 등기부등본을 통하여 처분일자, 전득자의 유무를 반드시 확인하여야 한다.

> 잡종지의 처분행위는 사해행위에 해당할 수 있으므로, 등기부등본을 통하여 처분일자, 전득자의 유무를 반드시 확인하여야 한다(후술하겠지만, 잡종지의 처분행위는 피보전채권의 발생이전이어서 사해행위에 해당하지 않는다).

> 사해행위인 부동산의 처분행위와 관련하여, 사해행위인지 여부는 처분당시의 부동산의 가액을 기준으로 결정하나, 가액배상을 위한 목적물의 공동담보가액을 결정하는 때에는 변론종결시 기준의 부동산의 가액을 기준으로 산정한다. 따라서 처분당시의 부동산의 가액과 소제기시(또는 변론종결일)의 부동산의 가액을 모두 확인하여야 한다.

> 기록 7-8면

라. 최희선은 이명구와 함께 박이순을 찾아가 항의하였다. 박이순은 돈을 주고 진정하게 매수하였을 뿐 이명구와 박이채의 관계 등 다른 것은 전혀 알지 못한다고 말하였다. 위 아파트에는 현재 신한은행 명의의 근저당권이 설정되어 있는데, 위 은행에서는 박이순에게 돈을 대출하고 담보권을 설정 받았을 뿐 박이채와 박이순의 관계에 대해서는 전혀 아는 바가 없다고 한다. 이명구와 박이채의 관계를 모른다는 박이순의 말은 믿을 수 없지만 신한은행의 말은 거짓이 아닌 것 같다.

> 수익자의 사해의사는 인정할 수 있지만, 전득자의 악의는 인정하기 어렵다는 의미이다. 선의의 전득자가 전득을 하여 원물반환이 법률상 불가능한 경우에는 가액배상의 방법으로 원상회복의 청구를 하여야 하고, 매매계약의 취소의 범위는 매매계약의 전부가 됨을 유의하여야 한다.

3. 홍은동 521 토지의 상태

가. 정준일은 홍은동 521 토지를 인도하지 않은 채 2010. 7. 무단으로 홍은동 521 토지에 미등기 건물 1동을 신축한 다음 이를 김병만에게 임대하였다. 이명구는 2010. 9. 초 이런 사실을 알고 자신과 최희선의 명의로 정준일을 상대로 손해배상청구의 소를 제기하였는데, 소송 도중 재판상 화해가 이루어졌다.

> 정준일이 건물소유를 통하여 521토지를 점유하고 있고, 지상건물은 김병만이 점유하고 있는 상태를 의미한다. 따라서 원고들은 정준일을 상대로 토지의 인도 및 건물철거청구를 하여야 하고, 원고들이 521토지의 소유권자가 아니므로 소유권에 기한 김병만에 대한 직접적인 퇴거청구는 불가능하여 결국 정준일을 대위하여 위 지상건물의 인도청구를 하여야 하는 것이 원칙이나, 문제의 지시사항에서 정준일에 대한 인도를 하지 말 것을 지시하였으므로, 부득이 인도청구권에 포함되어 있는 퇴거청구권을 대위행사하는 것으로 청구원인을 구성하여야 한다.

> 전소의 재판상 화해를 통한 기판력이 있음을 의미한다. 기록에서 소송물, 당사자, 기판력의 범위에 대하여 반드시 확인을 하여야 한다.

나. 이명구와 박이채, 최희선은 위 화해가 이루어지기 전 정준일을 만나 그들의 관계와 그때까지 그들 사이에 있었던 일을 모두 설명하였다. 이에 따라 이들과 정준일은 홍은동 521 토지의 매수인 지위를 박이채로부터 이명구, 최희선 앞으로 양도하기로 합의하였고, 정준일은 2010. 12. 말까지 매도인으로서의 의무를 모두 이행하기로 약속하였다. 그러나 정준일은 그 약속을 지키지 않았다.

> 명의신탁자, 명의수탁자, 매도인 사이에 계약인수 또는 매수인의 지위를 이전시키는 (무명계약인) 양도약정이 있음을 의미하고, 이명구, 최희선은 이로써 정준일에 대하여 특정물채권인 521토지에 관한 소유권이전등기청구권을 보유하게 된 것이다.

다. 최희선은 2013. 2. 정준일을 찾아가 홍은동 521 토지의 등기를 속히 넘겨 주고, 또 재판상 화해 및 합의한 내용대로 위 토지를 인도해줄 것을 요구하였다. 그러자 정준일은, 홍은동 521 토지는 자신이 조부 정상우와 부친을 거쳐 단독으로 전전상속 받은 것인데, 지적공부가 멸실되었다가 복구·등록되면서 근거 없이 연일정씨숙정공파종중의 소유인 것으로 토지대장에 잘못 기재되어 있으므로 이를 정리한 후 이명구와 최희선에게 이전·인도해 주겠다고 하였다. 그러나 정준일은 그 뒤 위 홍은동 521 토지 문제를 전혀 해결해 주지 않았고, 오히려 자신에게 그 토지의 사용·수익권이 있다는 내용의 편지를 보낸 후 2013. 6.경 행방을 감춰버렸다.

> 미등기토지의 매수인이 토지의 소유권을 취득할 수 있는 방법에 대하여 묻는 문제이다. 미등기토지의 매수인은 매도인을 상대로 이전등기청구소송을 제기하여 판결을 받고, 위 판결을 첨부, 보존등기를 신청하여 보존등기 및 이전등기를 경료함으로써 소유권을 취득할 수 있다. 사안에서 정준일의 주장은 법률상 주장이 아니므로 예상항변으로 가볍게 언급하면 충분하다.

> 민법 제587조에 따른 인도하지 않은 목적물로부터 생긴 과실의 귀속문제이다. 이 사건에서 매수인이 매매대금을 모두 지급하였으므로, 매매대금지급일 이후의 사용이익은 매수인에게 귀속되어야 한다. 그리고 이에 관한 정준일의 주장은 단순한 부인에 불과하므로, 예상항변으로 언급할 필요는 없다.

> 매수인이 상인인 경우의 물건의 매매대금이므로, 일방적 상사채무에 해당한다. 민법 제163조 제7호의 '생산자 및 상인이 판매한 생산물 및 상품의 대가'에 해당하지 않음을 유의하여야 한다.

4. 최희선과 김병수의 가구 매매

가. 최희선은 2001년 봄 김병수에게 수입 목가구 1점을 매도하였다. 그 당시 김병수는 '런던가구'라는 상호로 가구 판매점을 운영하고 있었는데, 그는 위 목가구를 상품으로 팔기 위해 최희선에게서 구입하였다.

> 상호를 속용하는 영업양수인의 책임에 관한 문제이다. 위 영업양수인은 양도인과 병존적 채무인수 관계에 있다.

나. 김병수는 2007. 1. 김병만에게 위 가구점의 영업 일체를 양도하여 현재까지 김병만이 '런던가구'라는 상호로 가구 판매점을 운영해 오고 있다. 최희선은 위와 같은 사실을 알고 법무사에 의뢰하여 2007년 김병만 소유의 아파트를 가압류하였다.

> 영업양수인에 대해서 가압류가 있었으므로, 이후 기록을 통하여 소멸시효가 중단되었는지 확인하여야 한다.

【 의뢰인 최희선, 이명구의 희망사항 】

1. 의뢰인들이 가지는 홍은동 520 토지와 관련한 일체의 권리를 실현해 주고, 홍은동 521 토지에 대해서는 의뢰인들이 완전한 소유권을 취득, 행사할 수 있도록 해주며, 최희선이 김병수에게 판 목가구의 매도대금 사안도 해결해 줄 것을 희망한다.

> 이 단계에서 모범답안의 청구취지와 같은 개괄적인 소송형태를 정하고, 이후 기록을 통하여 메모를 보충해 나가야 한다. 민사기록의 메모는 목적을 가지고 필요사실을 기재하는 것이므로, 소송형태의 결정없이 메모를 하는 것은 아무런 의미가 없다.

2. 김병만이 만약 정준일에게 홍은동 521 지상 점포를 반환한다면 정준일이 또다시 타인에게 처분할 우려가 있으므로, 정준일에게 반환되지 않기를 바란다.

> 채권자대위에 있어서 채권자가 목적물을 수령할 수 있도록 청구원인을 구성하라는 의미이다.

3. 정준일이 화해 내용 및 구두 약속을 지키지 않고 오히려 홍은동 521토지의 소유권을 주장하고 있으므로, 가능하면 의뢰인들이 위 토지를 사용하지 못한 데에 따른 손해도 전보받기를 원한다.

> 민법 제587조에 따른 인도하지 않은 목적물로부터 생긴 과실도 원고들이 취득할 수 있도록 청구원인을 구성하라는 의미이다.

4. 홍은동 521 토지에 관하여 정준일 앞으로 소유권보존등기를 하기 위해 이미 대한민국을 상대로 소유권확인의 소를 제기한 상태이므로, 필요하다면 추후 다른 절차를 취하더라도 위 토지에 대한 소유권 확인의 문제에 관하여는 위 확인소송의 결론이 날 때까지 보류해 주기 바란다. 끝.

기록 10면

합의서

甲: 이명구
　　주소 서울시 서대문구 창천로 32, 101동 503호(창천동, 현대아파트)
乙: 최희선
　　주소 서울시 서대문구 연희로 57, 102호(연희동, 삼성아파트)

甲과 乙은 다음과 같이 합의한다.

1. 甲과 乙은 공동으로 부동산을 매입하여 전매하기로 하고, 그 소요자금의 출연 비율 및 취득하는 부동산의 지분은 1:1로 한다.

2. 공동자금의 관리, 매매계약의 체결, 등 신탁자들 사이의 명의신탁의 약정에 해당한다.

3. 매매계약의 체결과 부동산 소유권등기는 박이채의 명의로 하기로 한다.

4. 甲과 乙은 각자의 계산과 책임으로 자유로이 그 취득한 부동산 지분을 처분할 수 있다.

> 지분비율이 1:1이고, 지분의 자유로운 처분이 인정되므로 대법원 2007.6.14 선고 2005다5140 판결의 취지에 따르면, 당사자들의 관계는 공유이다. 따라서 이명구와 최희선이 공동원고가 되는 경우 소송의 형태는 통상 공동소송이 되고, 각각의 지분별로 나누어서 청구를 하여야 한다.

　　　　　　　　　　　　　　　년 3월 1일

　　　　　　　甲: 이명구(650507-1542634)　(印)

　　　　　　　乙: 최희선(630127-1538216)　(印)

금일 부동산매수자금 등으로 6억 원을 조달하기로 하고, 갑과 을은 각 3억 원을 출연하기로 하여, 갑은 을로부터 3억 원을 영수함

　　　　　　2010년 5월 1일　　영수인 이명구 (印)

부동산매매계약서

매도인 甲과 매수인 乙은 다음과 같이 합의하여 계약을 체결하고, 이를 증하기 위해 甲과 乙이 서명·날인한 후 각각 계약서 1통씩을 보관하기로 한다.

제1조 甲은 그 소유의 아래 2필지 부동산을 乙에게 매도하고, 乙은 이를 매수한다.

소 재 지	서울 서대문구 홍은동 520				
토 지	지 목	임야	면 적	3,200㎡(평)	
소 재 지	서울 서대문구 홍은동 521				
토 지	지 목	잡종지	면 적	90㎡(평)	

> 매매대금을 각 5억 원 및 5천만 원으로 정하였다.

제2조 ① 매매대금을 총 5억 5,000만 원(홍은동 520 토지는 5억 원, 같은 동 521 토지는 5,000만 원)으로 하고, 다음과 같이 지급하기로 한다.

계 약 금	금 1억 원은 계약체결 시에 지급하고
중 도 금	금 원은 년 월 일에 지급하며
잔 금	금 4억 5,000만 원은 2010년 6월 30일에 지급하기로 함

② 제1항의 계약금은 잔금수령 시에 매매대금의 일...

> 제3조와 제4조에 비용의 부담이나 과실의 귀속에 관한 명시적인 약정이 없다. 따라서 민법 제587조에 따라 과실의 수취권자가 정해진다.

제3조 甲은 乙로부터 매매대금의 잔금을 수령함과 동시에 乙에게 소유권이전등기에 필요한 모든 서류를 교부하고 이전등기에 협력하여야 하며, 또한 위 부동산을 인도하여야 한다. ※ 단. 향후 홍은동 521 토지는 등기정리 후 이전하기로 함.

제4조 甲은 위 부동산에 설정된 저당권, 지상권, 임차권 등 소유권의 행사를 제한하는 사유가 있거나, 조세공과 기타 부담금의 미납 등이 있을 때에는 잔금 수수일까지 그 권리의 하자 및 부담 등을 제거하여 완전한 소유권을 乙에게 이전하여야 한다. 다만 승계하기로 합의하는 권리 및 금액은 그러하지 아니한다.

제5조 乙이 甲에게 잔대금을 지불할 때까지는 甲은 계약금의 배액을 상환하고, 乙은 계약금을 포기하고 이 계약을 해제할 수 있다.

> 전형적인 계약금계약으로 약정해제권이 유보되어 있다. 단, 매매계약서에 위약금 약정이 없으므로, 제5조에 기하여 위약금을 청구할 수 없음을 반드시 기억하여야 한다.

2010년 5월 1일

甲: 정준일(541120-1913459) ㊞
   서울시 은평구 진관사로 59

乙: 박이채(640805-1349510)
   서울시 마포구 공덕로 41, 201동 309호(공덕동, 대명아파트)
   대리인 이명구(630501-1542634) ㊞
          서울시 ... 호(창천동, 현대아파트)

> 매매계약의 당사자는 박이채이고, 따라서 명의신탁에 의한 부동산취득이 된다.

기록 13면

등기사항전부증명서(말소사항 포함) - 토지

[토지] 서울특별시 서대문구 홍은동 520　　　　　고유번호 1008-2008-12377

【표제부】 (토지의 표시)

표시번호	접수	소재지번	지목	면적	등기원인 및 기타사항
1	1980년7월5일	서울특별시 서대문구 홍은동 520	임야	3,200㎡	부동산등기법시행규칙부칙 제3조 제1항의 규정에 의하여 2001년7월14일 전산이기

【갑 구】 (소유권에 관한 사항)

순위번호	등기목적	접수	등기원인	권리자 및 기타사항
1 (전5)	부동산 실권리자명의 등기에 관한 법률 시행 이후 매도인선의의 계약명의신탁에 의한 부동산취득이므로, 동법 제4조 제2항에 따라 박이채가 부동산의 소유권을 취득하게 된다. 이에 명의신탁자들은 박이채에 대하여 매매대금상당액의 부당이득반환청구권만을 행사할 수 있다.		1990년7월1일 증여	소유자 정준일 541120-1913459 서울시 은평구 진관내동 59 부동산등기법시행규칙부칙 제3조 제1항의 규정에 의하여 2001년7월14일 전산이기
2	소유권이전	2010년6월30일 제2473호	2010년5월1일 매매	소유자 박이채 6400805-1349510 서울시 마포구 공덕로 41, 201동 309호(공덕동, 대명아파트)
3	소유권이전	2010년8월10일 제32347호	2010년8월8일 매매	소유자 서병석 781031-1638112 서울 서대문구 연희로 132

— 이 하 여 백 —

수수료 금 1,000원 영수함　관할등기소 서울서부지방법원 서 등기원인은 매매로 기재되어 있으나, 약한 의미의 양도담보약정에 따른 등기임을 유의하여야 한다. 그리고 박이채가 유자력인 상태에서 처분행위를 한 것이므로 사해행위취소의 대상이 될 수 없다.

이 증명서는 등기기록의 내용과 틀림없음을 증명합니다.

서기 2014년 1월 3일
법원행정처 등기정보중앙관리소 전산운영책임관

*실선으로 그어진 부분은 말소사항을 표시함.　　*등기기록에 기록된 사항이 없는 갑구 또는 을구는 생략함.

문서 하단의 바코드를 스캐너로 확인하거나 **인터넷등기소(http://iros.go.kr)의** 발급확인 메뉴에서 발급확인번호를 입력하여 위·변조 여부를 확인할 수 있습니다. 발급확인번호를 통한 확인은 발행일부터 3개월까지 5회에 한하여 가능합니다.

발행번호　11360011004936072010961250SLBO114951WOG295021311122　　　1/1　　발행일 2014/01/03

기록 14면

고유번호	4545011400-10096-0002			도면번호	6	발급번호	050115-0072-01
고유번호	서울시 서대문구 홍은동		토지대장	장번호	1-1	처리시각	15시44분10초
지번	521	축척	1:1,200	비고		작성자	박창진 ㊞

토지대장은 권리추정력이 없는 것이 원칙이나, 토지사정부 및 기타 특별법에 의한 몇몇의 토지대장에 대해서는 권리추정력이 인정된다.

토 지 표 시

지목	면적(㎡)	사유	변동일자	주 소	
			변동원인	성명 또는 명칭	등록번호
(08) 잡종지	*90*	(44)1997년 6월 9일 면적정정	1911년2월1일	서울 은평구 진관내동 44	
			사정	연일정씨숙정공파종중 (대표자 정상일)	
		이 하 여 백	2010년7월10일	서울 은평구 진관사로 59-1	
			주소 및 대표자 변경	연일정씨숙정공파종중 (대표자 정병일)	
				이 하 여 백	

등급수정 년월일	1994.1.1. 수정	1997.1.1. 수정	2000.1.1. 수정	2002.1.1. 수정	2006.1.1. 수정	2008.1.1. 수정	2010.1.1. 수정	2012.1.1. 수정
토지등급 (기준수확량등급)	163	213	221	243	315	350	500	480

토지대장에 의하여 작성한 등본입니다.

2014년 1월 3일

서울서대문구청장

(서대문구 청장 의인 민원사무전용)

기록 15면

등기사항전부증명서(말소사항 포함) - 집합건물

[집합건물] 서울특별시 은평구 대조로 120 문화아파트 201동 203호 　　고유번호 1239-2812-25232

【표 제 부】		(1동의 건물의 표시)		
표시번호	접수	소재지번, 건물명칭 및 번호	건물내역	등기원인 및 기타사항
~~1~~	~~2005년4월3일~~	~~서울특별시 은평구 대조동 707 문화아파트 201동~~	~~철근콘크리트조 슬래브 지붕 4층 아파트~~ ~~1층 863.50㎡~~ ~~2층 863.50㎡~~ ~~3층 863.50㎡~~ ~~4층 863.50㎡~~ ~~지층 863.50㎡~~	~~도면 편철장 제6책 제65면~~
2	2010년7월1일	서울특별시 은평구 대조로 120 문화아파트 201동	철근콘크리트조 슬래브 지붕 4층 아파트 1층 863.50㎡ 2층 863.50㎡ 3층 863.50㎡ 4층 863.50㎡ 지층 863.50㎡	도면 편철장 제6책 제65면 도로명 주소

> 집합건물의 표시를 위해서는 1동의 건물, 대지권의 목적인 토지, 전유부분의 건물, 대지권 모두를 기재하여야 한다.

	(대지권의 목적인 토지의 표시)			
표시번호	소재지번	지목	면적	등기원인 및 기타사항
1	서울특별시 은평구 대조동 707	대	52,368.2㎡	2005년4월3일

【표 제 부】		(전유부분의 건물의 표시)		
표시번호	접수	건물번호	건물내역	등기원인 및 기타사항
1	2005년4월3일	제2층 제203호	철근콘크리트조 131.83㎡	도면편철장 제6책 제65면

	(대지권의 표시)		
표시번호	대지권의 종류	대지권 비율	등기원인 및 기타사항
1	소유권 대지권	52,368.2분의 50.72	2005년2월1일 대지권 2005년4월3일 등기

*실선으로 그어진 부분은 말소사항을 표시함.　　*등기기록에 기록된 사항이 없는 갑구 또는 을구는 생략함.

문서 하단의 바코드를 스캐너로 확인하거나 **인터넷등기소**(http://iros.go.kr)의 발급확인 메뉴에서 발급확인번호를 입력하여 위·변조 여부를 확인할 수 있습니다. 발급확인번호를 통한 확인은 발행일부터 3개월까지 5회에 한하여 가능합니다.

발행번호　11360011004936072010961250SLBO114951WOG295021311123　　1/2　　발행일　2014/01/03

대 법 원

[집합건물] 서울특별시 은평구 대조로 120 문화아파트 201동 203호   고유번호 1239-2812-25232

【갑 구】 (소유권에 관한 사항)

순위번호	등기목적	접 수	등기원인	권리자 및 기타사항
1	소유권보존	2005년4월3일 제9123호		소유자 신라건설 주식회사 120011-2140578 서울시 서부구 아암동 220
2	소유권이전	2005년7월18일 제13456호	2005 매매	파트 201동 309호
3	소유권이전	2011년4월9일 제2473호	2011년4월9일 매매	소유자 박이순 660102-2349513 서울시 마포구 공덕로 41, 509 동 701호(공덕동, 대명아파트) 매매가액 금 100,000,000원

> 아파트의 처분행위는 2011. 4. 9. 이루어졌고, 무자력 중 처분행위이므로 사해행위취소의 대상이 될 수 있다.

【을 구】 (소유권 이외의 권리에 관한 사항)

순위번호	등기목적	접 수	등기원인	관리자 및 기타사항
1	근저당권설정	2011년5월2일 제6321호	2011년5월2일 설정계약	채권최고액 금 50,000,000원 채무자 박이순 660102-2349513 서울시 마포구 공덕로 41, 509

> 신한은행은 사해행위 이후의 전득자에 해당한다. 전득자 선의의 경우 원물반환이 불가능하므로, 가액배상의 법리에 따르나 가액배상의 범위에 전득자의 근저당권의 피담보채권액을 공제하여서는 안됨을 유의하여야 한다. 근저당권의 피담보채권을 공제하는 경우는 근저당권이 설정되어 있는 부동산을 사해행위로 처분하고, 이후 수익자가 근저당권의 피담보채권을 변제하여 근저당권을 말소한 경우이다.

— 이 하 여 백 —

수수료 금 1,000원 영수함   관할등기소 서울서부지방법원 은평등기소 / 발행등기소 서울중앙지방법원 등기국

이 증명서는 등기기록의 내용과 틀림없음을 증명합니다.
서기 2014년 01월 03일
법원행정처 등기정보중앙관리소 전산운영책임관

*실선으로 그어진 부분은 말소사항을 표시함.   *등기기록에 기록된 사항이 없는 갑구 또는 을구는 생략함.

문서 하단의 바코드를 스캐너로 확인하거나 인터넷등기소(http://iros.go.kr)의 발급확인 메뉴에서 발급확인번호를 입력하여 위·변조 여부를 확인할 수 있습니다. 발급확인번호를 통한 확인은 발행일부터 3개월까지 5회에 한하여 가능합니다.

기록 17면

등기사항전부증명서(말소사항 포함) - 토지

[토지] 서울특별시 은평구 녹번동 403   고유번호 1213-1034-42358

【표 제 부】	(토지의 표시)				
표시번호	접수	소재지번	지목	면적	등기원인 및 기타사항
1 (전2)	1983년6월2일	서울특별시 은평구 녹번동 403	잡종지	150㎡	부동산등기법시행규칙부칙 제3조 제1항의 규정에 의하여 2001년7월14일 전산이기

【갑 구】	(소유권에 관한 사항)			
순위번호	등기목적	접수	등기원인	권리자 및 기타사항
1 (전5)	소유권이전	1999년7월20일 제5793호	1999년7월19일 매매	소유자 서민영 470325-1025611 서울시 강남구 대치동 177 개나리아파트 108동 301호
				부동산등기법시행규칙부칙 제3조 제1항의 규정에 의하여 2001년7월14일 전산이기
2	소유권이전	2002년8월30일 제7239호	2002년8월27일 매매	소유자 박이채 640805-1349510 서울시 마포구 공덕동 41 대명아파트 201동 309호
3	소유권이전	2011년4월9일 제2474호	2006년4월6일 매매	소유자 박이순 660102-2349513 서울시 마포구 공덕로 41, 509동 701호(공덕동, 대명아파트) 매매가액 금 50,000,000원

— 이 하 여 백 —

녹번동 잡종지의 처분행위가 사해행위에 해당하는지를 묻는 문제로 매우 어려운 문제이다. 대법원 2002.11.8 선고 2002다41589 판결에 따르면, 원칙적으로 등기원인일자를, 실제 처분행위가 있었던 날을 증명할 수 있으면 실제 처분행위가 있었던 날을 기준으로 사해행위의 발생시점을 결정하여야 하는데, 이 사건에서는 실제 처분일자(예컨대, 실제 매매계약 체결일자는 2011. 4. 9.이나 매매계약서의 체결일자를 2006. 4. 6.자로 소급하여 기재한 경우임을 증명할 수 있다면 처분일자는 2011. 4. 9.이 될 수 있다)를 확인할 수 없으므로, 2006. 4. 6.이 처분일자가 되고, 따라서 취소채권자의 피보전채권 발생이전의 처분행위에 해당하여 사해행위취소의 대상이 될 수 없다.

서기 2014년 01월 03일
법원행정처 등기정보중앙관리소 전산운영책임관

*실선으로 그어진 부분은 말소사항을 표시함.   *등기기록에 기록된 사항이 없는 갑구 또는 을구는 생략함.

문서 하단의 바코드를 스캐너로 확인하거나 인터넷등기소(http://iros.go.kr)의 발급확인 메뉴에서 발급확인번호를 입력하여 위·변조 여부를 확인할 수 있습니다. 발급확인번호를 통한 확인은 발행일부터 3개월까지 5회에 한하여 가능합니다.

발행번호 11360011002191072010961250SLBO114951WOG295021311124   1/1   발행일 2014/01/03

각 서

서병석 사장님 귀하

> 가등기담보등에 관한 법률이 적용되지 않는 양도담보이고, 등기부상 등기원인의 기재와 관련없이 등기원인이 양도담보임을 의미한다.

1. 귀하에 대한 민사상 손해배상채무금 2억 원(원금)의 담보 목적으로, 귀하에게 본인 소유의 아래 부동산에 대하여 틀림없이 소유권이전등기를 경료해 드리겠습니다.

    ▣ 부동산 : 서울 서대문구 홍은동 520 임야 3,200㎡

2. 본인은 2010년 12월 31일까지 위 채무를 귀하에게 정히 변제하고, 만약 이를 어길 시 모든 책임을 질 것을 각서합니다.

※ 단, 위 2억 원에 대한 2010년 12월 31일 이전의 지연손해금채무는 변제함.

> 별도의 정산약정이 없는 약한 의미의 양도담보약정이고, 지연손해금의 면제약정이 있으므로, 채무자는 원금 및 이에 대한 2011. 1. 1.부터 다 갚는 날까지의 지연손해금만을 변제하며 이전등기의 말소를 청구할 수 있다. 이와 같이 지연손해금의 면제약정은 출제자의 함정에 해당하므로, 기록검토시 반드시 메모를 하여야 한다.

2010년 8월 8일

각서인 박이채(640805-1349510)

서울시 마포구 공덕로 41, 201동 309호(공덕동, 대명아파트)

기록 19면

통 지 서

수신인 : 박이채(640805-1349510)

　　　　서울시 마포구 공덕로 41, 201동 309호(공덕동, 대명아파트)

발신인 : 서병석(781031-1638112)

　　　　서울시 서대문구 연희로 132

1. 귀하는 2010년 12월 31일까지 본인에게 손해배상채무 금 2억 원을 변제 할 것을 약속하였으나 현재까지 변제하지 않았습니다.

2. 고로 귀하의 2010년 8월 8일자 각서에 따라 서울 서대문구 홍은동 520 임야 3,200㎡는 금일부로 본인이 소유권을 취득하였음을 통지합니다. 따라서 귀하가 이후 위 채무를 변제하더라도 본인은 이를 수령하거나 위 토지를 반환할 생각이 없습니다.

3. 그러니 귀하는 이후 위 토지에 대하여 일절 이의를 제기하거나 본인의 소유권 행사를 방해하는 일이 없도록 해주시기 바랍니다.

4. 끝으로 귀하의 행운을 빕니다.　　청산금 지급이 없으므로, 서병석은 소유권을 취득할 수 없다.

　　　　　　　　　　　　2011년 1월 5일

　　　　　　　　　　　　발신인 서병석

서울서대문
우체국
2011. 1. 5.
11-0250

이 우편물은 2011년 1월 5일 등기 제0250호에 의하여 내용증명 우편물로 발송하였음을 증명함

서울서대문우체국장

기록 20면

통 지 서

수신 : 이명구 (630507-1542634)
　　　서울 서대문구 창천로 32, 101동 503호(창천동, 현대아파트)

1. 그간 안녕하셨는지요. ㅁ... 말씀 드리는 것이 도리란... 석씨에게 담보로 제공한... 는 제가 형편이 좋을 때... 드린 것입니다.

   > 명의수탁자가 명의신탁이 불법임을 알고 있었다고 자인하는 내용이다. 대법원 2010.1. 28 선고 2009다24187 판결에 따르면 명의신탁약정이 부동산 실권리자명의 등기에 관한 법률 제4조 제1항에 의하여 무효임을 알았다는 등의 사정이 부가되면 명의수탁자의 악의가 인정된다. 따라서 이 사건에서 박이채는 악의의 수익자에 해당하여 부동산의 소유권이전등기를 마친 2010. 6. 30.의 다음날인 7. 1.부터 민법 제748조에 따른 법정이자를 지급하여야 한다. 만약 박이채가 선의라면 소장부본 송달일 다음날부터 지연손해금을 청구하여야 할 것이다(어려운 쟁점에 관한 최신 판례가 출제된 것으로 생각된다).

2. 형님이 일전에 오셔서 저를 무조건 죄인 취급하시니 저로서도 많이 서운했습니다. 홍은동 520 토지 건은 명의신탁이 불법인 이상 명의 신탁자인 형님 입장에서는 어떤 권리 주장도 할 수 없다는 점을 형님도 잘 아시겠지요?

3. 형님도 아시다시피 저는 2010년 9월 초 큰 부도를 맞아 이후 형편이 어려워졌고, 그래서 지금 서병석 씨에게도 돈을 갚지 못해 그 땅을 되찾아 올 형편이 못 됩니다. 그러니 형님께서도 제 처지를 이해해 주시고, 앞으로 홍은동 520 토지에 관해서는 당분간 말씀하지 않으셨으면 좋겠습니다.

   > 채권자대위의 권리미행사의 요건에 관한 내용이다.

4. 다만, 제가 사업이 풀리는 대로 형님한테 폐 끼친 것은 꼭 갚아드릴 테니 동서간의 우애로 믿고 기다려 주셨으면 합니다.

　　　　　　　　　　　　　2011년 6월 12일

　　　　발신인　박이채 (640805-1349510)
　　　　　　　　서울 마포구 공덕로 41, 201동 309호(공덕동, 대명아파트)

[서울마포우체국 2011. 6. 12. 11-9765]

이 우편물은 2011년 6월 12일 등기 제9765호에 의하여 내용증명 우편물로 발송하였음을 증명함

　　　　　　　　서울마포우체국장 (인)

기록 21면

합의서

甲: 이명구 (630507-1542634) 서울 서대문구 창천로 32, 101동 503호
乙: 최희선 (630127-1538216) 서울 서대문구 연희로 57, 102호
丙: 박이채 (640805-1349510) 서울 마포구 공덕로 41, 201동 309호
丁: 정준일 (541120-1913459) 서울 은평구 진관사로 59

甲, 乙, 丙, 丁은 2010년 5월 1일자 서울 서대문구 홍은동 521 잡종지 90㎡의 매매계약과 관련하여 아래와 같이 합의함

1. 甲, 乙, 丙, 丁은 위 매매계약상 매수인의 지위를 丙으로부터 甲과 乙에게 균등하게 이전하기로 합의한다.
2. 丁은 위 토지에 관하여 甲과 乙이 2010년 5월 1일자 매매계약에 따른 매수인으로서의 모든 권리를 행사할 수 있

> 이 합의는 매매계약의 계약인수 또는 명의신탁의 당사자 사이의 별개의 양도약정 모두로 볼 여지가 있다. 계약인수로 보면 종전의 매매계약이 등기원인이 되어야 하고, 양도약정으로 보면 2010. 11. 1.자 양도약정이 등기원인이 된다.

2010년 11월 1일

갑: 이명구 (李明印)   을: 최희선 (崔희선印)

병: 박이채 (朴理印)   정: 정준일 (정준일印)

서울중앙지방법원
화 해 조 서

사　　건　　2010가단22809 손해배상(기)

원　　고　　1. 이명구 (630507-1542634)

　　　　　　　서울 서대문구 창천로 32, 101동 503호(창천동, 현대아파트)

　　　　　　2. 최희선 (630127-1538216)

　　　　　　　서울 서대문구 연희로 57, 102호(연희동, 삼성아파트)

피　　고　　정준일 (541120-1913459)

　　　　　　서울 은평구 진관사로 59

판　　사　　하정림　　　　　　　　　　　기　일　　2010. 11. 5. 10:00

장　　소　　203호 소법정　　　　　　　　공개여부　　공개

법원사무관　주명석

원고들　　　　　　　　　　　　　　　　　　　　　　　　　각 출석

피　　고　　　　　　　　　　　　　　　　　　　　　　　　출석

위 당사자들은 다음과 같이 화해하였다.

> 토지의 인도청구부분에 대해서는 이미 기판력이 발생하였으므로, 이 사건에서 토지의 인도청구는 할 수 없다.

화 해 조 항

1. 피고는 원고들에게 서울 서대문구 홍은동 521 잡종지 90㎡를 2010. 12. 31.까지 인도한다.
2. 원고들은 피고에 대한 이 사건 손해배상청구권을 포기한다.
3. 소송비용은 각자 부담한다.

> 점유사용이익에 대한 반환방법은 불법행위에 기한 손해배상청구 또는 부당이득의 반환청구 모두가 가능하고, 이에 대한 문제가 계속해서 출제되고 있다. 이 사건에서는 손해배상청구권의 포기에 대해서는 기판력이 있으므로, 청구원인을 달리하여 부당이득으로 청구하여야 한다.

청 구 의 표 시

청구취지

피고는 원고들에게 2010. 7. 1.부터 화해조항 제1항 기재 토지의 인도 완료일까지 월 50만 원의 비율에 의한 금전을 지급하라.

청구원인

1. 원고들은 2010. 5. 1. 박이채의 명의를 빌려 피고로부터 청구취지 기재 토지(이하 '이 사건의 토지'라 함)를 대금 5,000만 원에 매수하기로 약정하였고, 그 약정에 따라 2010. 6. 30. 대금 전액을 지급하였습니다.

2. 그럼에도 피고는 2010. 7. 1. 원고들의 동의 없이 무단으로 이 사건 토지상에 시멘트 벽돌조 판넬 지붕으로 된 50㎡의 점포 1동을 축조하고, 같은 해 8. 1.부터 소외 김병만에게 이를 임대하여 월 50만 원씩의 차임을 지급받고 있습니다.

3. 그러므로 피고는 원고들에게 불법행위 또는 채무불이행에 따른 손해배상으로 위 건물 축조일인 2010. 7. 1.부터 이 사건 토지 인도 완료일까지 매월 50만 원의 비율에 의한 금전을 지급할 의무가 있습니다.

법원사무관 주 명 석 (인)

판 사 하 정 림 (인)

> 점유사용이익에 대한 반환방법은 불법행위에 기한 손해배상청구 또는 부당이득의 반환청구 모두가 가능하고, 이에 대한 문제가 계속해서 출제되고 있다. 이 사건에서는 손해배상청구권의 포기에 대해서는 기판력이 있으므로, 청구원인을 달리하여 부당이득으로 청구하여야 한다.

기록 24면

통 지 서

수신인 : 최희선 (630127-1538216)
　　　　서울 서대문구 연희로 57, 102호(연희동, 삼성아파트)

1. 그간 안녕하셨는지요.

2. 몇 달 전 귀하가 찾아왔을 때 상세히 말씀드린 바와 같이, 홍은동 521 토지는 저의 조부(정상 ㅇ)가 1911. 2. 1. 사정을 받고, 1943. 7. 6. 조부가 돌아가시자 외아들인 저의 부친(정병조) ~~가 단독으로 상속을 받았으며, 1960년~~ ~~부친이 돌아가시자 외아들인~~ 본인이 다시 단독으로 상속을 받은 땅인데, 6·25 동란의 와중에 지적공부가 멸실되었다가 1970년경 지적을 복구하는 과정에서 연일정씨숙정공파종중이 전 회장인 정상ㅇ(본인의 육촌 형)이 이름으로 위 토지를 종중 소유로 신고하는 바람에 ~~~~ 므로, 소유권은 저에게 있습니다.

> 미등기토지이므로 소유권이전이 불가능하다는 취지의 항변유사 주장에 해당한다.

> 기판력 항변에 해당하므로, 이후 판결문을 검토하여 기판력의 범위에 대하여 명확하게 확정하여야 한다(이 사건에서는 소각하 판결을 받았으므로, 소송요건의 존부에 대해서만 기판력이 있다).

3. 제가 이명구(박이채)씨에게 위 토지를 매각한 사실은 있으나, 근래 주위에서 들어보니 위 토지는 보존등기가 되어 있지 않은 것이라서 애초부터 소유권이전은 불가능한 것이었고(오래 전에 본인이 조부 명의로 소유권확인 소송을 제기했다가 패소판결을 선고받은 사실도 있으므로, 첨부한 판결문을 참고하시기 바랍니다), 현재까지 본인이 귀하와 이명구씨 앞으로 등기를 넘겨주지 않은 이상 소유권자인 본인이 여전히 그 모든 권리를 행사할 수 있다고 합니다.

> 매매목적물의 과실의 취득권자에 대한 항변유사 주장에 해당한다.

4. 그리고 본인은 위 홍은동 521 토지상에 시멘트벽돌조 판넬지붕 점포(50㎡ 등기는 안 함) 1채를 2010. 7. 1.에 완공하여 그해 8. 1. 김병만 씨(서울 서대문구 연희로 112, 201호 연희동, 한화아파트)에게 기간을 2012. 7. 31.까지로 하고 보증금은 없이 매월 임료로 50만 원씩 받기로 약정하여 임대하였는데, 김병만씨는 2011년 10월 1일 이후 임료도 내지 않고 있어서 2012년 6월 중순 더 이상 임대 할 의사가 없으니 비워달라고 통지했지만 아직까지 나가지 않고 있습니다.

> 정준일과 김병만 사이의 임대차계약의 요건사실이 기재되어 있다.

5. 그러나 위 토지의 소유권이 현재까지 본인에게 있으므로 본인으로서는 귀하들의 모든 요구에 응할 수 없습니다. 또한 귀하는 본인이 위 점포를 지어 임대한 것을 두고 불법행위라고 하면

> 김병만이 차임을 연체하여, 2012. 6. 중순경 임대차계약이 해지되었음을 의미한다. 김병만이 정준일에 대하여 연체차임 및 부당이득의 반환의무가 있다 하더라도 원고의 피보전권리가 특정물채권이어서, 정준일의 위 부당이득반환청구권을 대위행사할 수는 없으므로 부당이득의 반환범위에 대해서는 더 이상 검토할 필요는 없다.

기록 25면

손해배상청구 소송을 제기하였다가 재판상 화해를 통해 손해배상청구권을 포기하기로 한 바 있는 이상 더 이상 그런 주장을 해서는 안 될 것입니다. 그런데도 귀하들이 그 같은 요구를 계속 한다면 본인으로서도 법적 조치를 취할 생각이니 그리 아시기 바랍니다.

→ 재판상 화해에 기한 기판력 항변에 해당한다.

2013년 6월 3일

발신인   정준일 (541120-1913459)
          서울 은평구 진관사로 59

서울은평
우체국
2013. 06. 3.
13 - 8335

이 우편물은 2013년 6월 3일 등기 제8335호에 의하여 내용증명 우편물로 발송하였음을 증명함

서울은평우체국장

> 기록 26면

서 울 중 앙 지 방 법 원
판 결

사   건   2010가단10882 소유권확인

원   고   정상우 (鄭相宇, 1890. 3. 23. 生)

               최후주소 서울 서대문구 홍은동 44

               송달장소 서울 은평구 진관사로 59

피   고   대한민국

               법률상 대표자 법무부 장관 정형진

               소송수행자 이병석

변론종결   2010. 8. 25.

판결선고   2010. 9. 8.

> 당사자능력 흠결을 원인으로 한 소각하 판결에 불과하다. 따라서 정준일이 적법한 피고를 상대로 소유권확인소송을 제기하는 것에는 아무런 장해가 없다.

주 문

1. 이 사건 소를 각하한다.
2. 소송비용은 원고가 부담한다.

청 구 취 지

서울 서대문구 홍은동 521 잡종지 90㎡가 원고의 소유임을 확인한다.

이 유

 원고는 이 사건 청구원인으로, 원고가 1911. 2. 1. 청구취지 기재의 이 사건 토지를 사정받아 원시취득하였는데, 현재 미등기 상태이므로 그 소유권보존등기를 위해 피고를 상대로 청구

> 기록 27면

취지와 같은 확인을 구한다고 주장한다.

 이사건의 소의 적법 여부에 관하여 직권으로 살피건대, 소장에 첨부된 제적등본의 기재에 의하면 원고는 이 사건 소 제기 이전인 1943. 7. 6. 사망한 사실이 인정되므로, 이 사건 소는 당사자능력이 없는 자가 제기한 것으로서 부적법하다.

 그러므로 이사건 소를 각하하기로 하여 주문과 같이 판결한다.

판사 이유섭 _____

> 당사자능력 흠결을 원인으로 한 소각하 판결에 불과하다. 따라서 정준일이 적법한 피고를 상대로 소유권확인소송을 제기하는 것에는 아무런 장해가 없다.

확 정 증 명 원

사　　건　　2010가단10882 소유권확인

원　　고　　정상우

피　　고　　대한민국

　　　　　　　　　　　　　　　소각하 판결의 확정일자가 2010. 10. 5.이다.

위 사건에 관하여 2010. 9. 8. 귀원이 선고한 판결이 2010. 11. 5. 확정되었음을 증명하여 주시기 바랍니다.

　　　　　　　　　　　2012. 10. 28.

　　　　　　　　　　　신청인　정준일

서울중앙지방법원 귀중

　　　　　　　　　　　　　　위 사실을 증명합니다.
　　　　　　　　　　　　　　　2012. 10. 28.
　　　　　　　　　　　　　서울중앙지방법원
　　　　　　　　　　　　　법원주사 최영란

기록 29면

확 인 서

1. 본인은 서울 서대문구 홍은로 772에서 '명일부동산'이라는 상호로 부동산 중개업을 하고 있는 공인중개사입니다.

2. 본인은 2010. 5. 1. 이명구 씨가 정준일 씨로부터 서울 서대문구 홍은동 520, 521 토지 2필지를 매수할 당시 그 매매계약을 중개한 사실이 있습니다.

3. 그 당시 홍은동 521 토지는 미등기 상태라서 잔금 지급일 당일에 소유권이 이전반지 못하고, 그 후 빠른 시일 내에 매도인이 보존등기를 마치고 소유권이전등기까지 해 주기로 약정한 사실이 있으며, 잔금 지급도 우리 사무실에서 하였는데, 그 당시 위 토지는 지상에 아무런 시설물이나 적치물이 없었습니다. [잔금이 잔금지급일자에 지급된 사실이 기재되어 있다.]

4. 위 홍은동 520, 521 토지의 시가는 매매 이후 현재까지 아무런 변동이 없으며, 현재 위 홍은동 521 토지를 그 지상 건물까지 임대할 경우 차임은 보증금 없이 월 50만 원 가량으로, 건물이 없는 상태로 토지만 임대할 경우 차임은 보증금 없이 월 30만 원 가량으로 거래되고 있습니다.

[토지의 사용으로 인한 부당이득반환청구시 청구금액의 기준이 되는 차임상당액이다.]

[피고 김병만에 대한 건물의 사용으로 인한 부당이득반환청구를 하는 경우를 대비한 함정이다.]

2013년 12월 28일

공인중개사 강만해(491220-1533652) [海姜印萬]

서울 서대문구 홍은로 772 명일부동산

양도양수계약서

양도인: 김병수
　　　　서울시 서초구 양재동 221
양수인: 김병만
　　　　서울시 서대문구 연희동 88 한화아파트 201호

양도인과 양수인은 아래와 같이 양도양수계약을 체결하기로 한다.

제1조(계약의 목적) 양수인은 양도인으로부터 서울시 동작구 동작동 123 소재 '런던가구'의 영업을 양수하여 금일부터 가구판매점을 운영하기로 한다.

제2조(양도의 대상) 다음 각 호를 포함한 '런던가구' 영업에 필요한 유무형의 일체의 재산
　1. '런던가구'의 상호
　2. 영업 관련 고객명부, 전화가입권 등 영업권
　3. 양도인의 '런던가구'의 점포에 대한 보증금반환채권

> 상호속용의 영업양도(즉, 영업재산의 포괄적 양도)계약이고, 따라서 양수인이 양도인과 병존적으로 영업상의 채무에 대한 변제책임을 부담하게 된다.

제3조(양도의 대가) 영업양도의 대가는 금 1억 원으로 하고, 양수인의 양도인에 대한 기존 대여금 채권 금 1억 원과 상계하기로 한다.

제4조(이행시기) 본 계약 체결일에 양도인은 양수인에게 제2조의 재산에 관하여 이전에 필요한 행위를 하여야 한다.

제5조(기타) 본 계약에 명시되지 않은 사항에 대하여는 상계에 따 사후 협의하에 처리하기로 한다.

> 영업양도일자. 양도인은 상법 제45조에 따라 양수인이 책임을 부담하는 경우 양도일로부터 2년이 경과하면 책임을 면하므로 양도일자의 확인이 필요하다. 한편 이 사건에서 김병수의 채무는 2007. 3. 19. 상사채무의 소멸시효의 완성으로 이미 소멸하였다.

위 내용을 명확히 하기 위하여 본 계약서를 2부 작성하여 각자 1부씩 보관하기로 한다.

2007년 1월 15일

양도인 김병수(710514-1812812)
양도인 김병만(690302-1236512)

기록 31면

서 울 서 부 지 방 법 원
결 정

사　　건　　2007카단10882 부동산가압류

채 권 자　　최희선 (630127-1538216)

　　　　　　서울 서대문구 연희동 15 삼성아파트 102호

채 무 자　　김병만 (690302-1236512)

　　　　　　서울 서대문구 연희동 88 한화아파트 201호

주　　문

채무자 소유의 별지 목록 기재 부동산을 가압류한다.

채무자는 다음 청구금액을 공탁하고 집행정지 또는 집행취소를 신청할 수 있다.

청구채권의 내용 2001. 3. 20.자 물품대금 및 지연손해금 *(내역은 생략)*

청구금액　　　*(내역은 생략)*

이　　유

이 사건 부동산 가압류신청은 이유 있으므로, 담보로 5,000,000원의 지급보증 위탁계약을 맺은 문서를 제출받고 주문과 같이 결정한다.

2007. 3. 14.

판사　노민호　　(인)

2007. 3. 14. 가압류결정으로 인한 소멸시효의 중단사유가 일응 발생하였다. 이에 추후 기록을 통하여 소멸시효의 기산점 및 시효만료기간의 확인이 필요하다. 그리고 부동산가압류의 경우 등기부에 가압류사실을 기입하는 방법으로 집행을 하게 되고(미등기부동산에 대해서는 처분제한등기촉탁에 따른 소유권보존등기를 통하여 보존등기후 가압류기입등기를 할 수 있다), 집행불능의 경우가 발생할 가능성이 거의 없으므로, 가압류신청시 소멸시효가 중단된다(집행불능이 되면 일응 집행불능조서가 작성된 날을 기준으로 소멸시효가 한번 중단되고, 이후 새로운 소멸시효가 진행됨을 유의하여야 한다).

확인서

최희선 사장님 귀하

> 이른바 일방적 상사채권으로, 5년의 소멸시효기간이 적용된다.

1. 본인은 최희선 사장이 공무원으로 재직하던 2001년 3월 20일 '런던가구점' 사장 김병수 씨에게 수입 목가구 1점을 대금 2천만 원에 매도한 일이 있음을 그 당시 매매를 알선했던 관계로 잘 알고 있습니다. 당시 김병수 사장은 위 가구 대금을 2002년 3월 19일까지 갚기로 약속하였습니다.

   > 가구매매대금의 변제기가 2002. 3. 19.이므로 그 다음날인 2002. 3. 20.이 소멸시효의 기산점이 되며, 이로부터 5년내에 소멸시효 중단사유가 있으면 소멸시효가 중단된다.

2. 그 뒤 김병수 사장은 위 가구대금을 갚지 않은 채 가구점을 김병만 사장님에게 넘겨버렸는데, 최희선 사장님이 뒤늦게 이를 알고 2007년 3월 11일 김병만 사장의 아파트에 가압류를 신청하여 2007년 3월 15일자로 가압류등기가 되었고, 현재까지도 가압류등기가 존속하고 있습니다. 그러나 아직까지도 이 문제가 해결되지 않고 있습니다.

   > 소멸시효 완성 전 가압류집행이 완료되어 소멸시효가 적법하게 중단된 사실이 기재되어 있다.

3. 근래 최희선 사장과 본인이 김병수 사장님과 김병만 사장님에게 변제를 요구하였던바, 김병수 사장은 "가구점의 영업재산 일체를 이미 김병만에게 양도하였으니 법적으로 보더라도 나는 책임을 질 일이 없다. 그러니 앞으로 일절 그런 말을 하지 마라."라며 완강히 거부하였고, 김병만 사장은 "이미 10년도 더 지났는데 이제 와서 무슨 말이냐? 재판을 해도 내가 이길 것이다."라며 그 역시 절대로 돈을 줄 수 없다며 법대로 하든지 맘대로 하라고 대답하여 본인의 입장이 매우 난처한 상태입니다.

   > 김병만의 소멸시효항변에 해당하고, 이에 대한 소멸시효 중단의 재항변사실을 명확히 기재하여야 한다(반면 김병수에 대한 채권은 소멸시효가 완성되었으므로 이에 대한 청구를 할 수 없다).

4. 이상의 사실을 확인하오며, 만약 법원에서 증인으로 소환할 경우 아는 대로 증언할 것임을 확약합니다.

2013년 12월 26일

확인인 최상철(621010-1627345)

서울 동대문구 전농로 56, 106동 405호(전농동, 청구아파트)

민사법
기록형

2014년도 제3회
변호사 시험
답안

소 장

원 고 1. 이명구(630507-1542634)
　　　　　서울 서대문구 창천로 32, 101동 503호(창천동, 현대아파트)

　　　　2. 최희선(630127-1538216)
　　　　　서울 서대문구 연희로 57, 102호(연희동, 삼성아파트)

　　　　원고들 소송대리인 변호사 조일국
　　　　서울 종로구 삼청로 1121, 1503호(삼청동, 삼청빌딩)
　　　　전화 02-720-1100, 팩스 02-720-1101
　　　　전자우편 : ikc@gmail.com

피 고 1. 박이채(650805-1349510)
　　　　　서울 마포구 공덕로 41, 201동 309호(공덕동, 대명아파트)

　　　　2. 서병석(781031-1638112)
　　　　　서울 서대문구 연희로 132

　　　　3. 박이순(660102-2349513)
　　　　　서울 마포구 공덕로 41, 509동 701호(공덕동, 대명아파트)

　　　　4. 정준일(541120-1913459)
　　　　　서울 은평구 진관사로 59

　　　　5. 김병만(690302-1236512)
　　　　　서울 서대문구 연희동 88 한화아파트 201호

부당이득반환 등 청구의 소

청 구 취 지

1. 피고 박이채는 원고들에게 각 250,000,000원 및 이에 대한 2010. 5. 1.부터 이 사건 소장부본 송달일까지는 연 5%의, 그 다음날부터 다 갚는 날까지는 연 20%의 각 비율에 의한 금원을 지급하라.

2. 피고 서병석은 피고 박이채로부터 200,000,000원 및 이에 대한 2011. 1. 1.부터 다 갚는 날까지 연5%의 비율에 의한 금원을 지급받은 다음 피고 박이채에게 서울 서대문구 홍은동 520 임야 3,200㎡에 관하여 서울서부지방법원 서대문등기소 2010. 8. 10. 접수 제32347호로 마친 소유권이전등기의 말소등기절차를 이행하라.

3. (1동건물의 표시) 서울 은평구 대조로 120 문화아파트 201동, 철근콘크리트조 슬래브지붕 4층 아파트, 지층 내지 4층 각 863.50㎡, (대지권의 목적인 토지의 표시) 서울 은평구 대조동 707 대 52,368.2㎡, (전유부분의 건물의 표시) 제2층 제203호 철근콘크리트조 131.83㎡, (대지권의 표시) 소유권대지권 50.72/52,368.2에 관하여,

    가. 피고 박이채와 피고 박이순 사이에 2011. 4. 9. 체결된 매매계약을 200,000,000원의 한도내에서 취소한다.

    > 공동원고가 사해행위취소를 청구하는 것이므로 각자에게 가액배상을 청구하여야 한다.

    나. 피고 박이순은 원고들에게 각 200,000,000원 및 이에 대한 이 사건 판결 확정일 다음날부터 다 갚는 날까지 연 5%의 비율에 의한 금원을 지급하라.

    > 대법원 2008. 4. 24. 선고 2007다84352판결. 사해행위취소로 인한 원상회복을 가액배상으로 하는 경우 그 이행의 상대방은 채권자이어야 한다.

    > 사해행위 취소소송은 형성소송이므로, 판결확정시까지 지연손해금을 청구할 수 없다.

4. 피고 정준일은 원고들에게,

    가. 서울 서대문구 홍은동 521 잡종지 90㎡ 중 각 1/2지분에 관하여 2010. 11. 1. 양도약정을 원인으로 한 소유권이전등기절차를 이행하고,

    나. 위 가항 기재 토지 지상 시멘트벽돌조 판넬지붕 점포 50㎡를 철거하고,

    다. 2011. 1. 1.부터 위 가항 기재 토지의 인도완료일까지 각 월 150,000원의 비율에 의한 금원을 지급하라.

    > 2010. 5. 1.자 매매계약의 계약인수로 보아 등기원인을 2010. 5. 1.자 매매로 기재할 수도 있다.

5. 피고 김병만은

   가. 원고들에게 위 제4의 나항 기재 점포에서 퇴거하고,

   나. 원고 최희선에게 20,000,000원 및 이에 대한 2002. 3. 20.부터 이 사건 소장부본 송달일까지는 연 6%의, 그 다음날부터 다 갚는 날까지는 연 20%의 각 비율에 의한 금원을 지급하라.

6. 소송비용은 피고들이 부담한다.

7. 위 제1항, 제4의 나항 및 다항, 제5항은 가집행 할 수 있다.

라는 판결을 구합니다.

청 구 원 인

1. 피고 박이채에 대한 청구

가. 원고들 사이의 내부관계

원고들은 2010. 3. 1. 공동으로 부동산을 매입하여 이를 전매하고 그 수익을 나누기로 약정을 하고, 그 소유자금의 출연 비율 및 부동산의 지분비율을 1:1로, 업무처리는 원고 이명구가 담당하는 것으로, 출자금액은 각 300,000,000원으로 정한 뒤, 원고 최희선은 2010. 5. 1. 원고 이명구에게 출자금 300,000,000원을 지급하였습니다(이하 '이 사건 사업약정'이라 합니다).

원고들은 이 사건 사업약정에서, 각자의 계산과 책임으로 자유로이 그 취득한 부동산 지분을 처분할 수 있는 것으로 정하였는데, 위와 같은 원고들의 관계는 단순한 공동의 목적 달성을 위한 조직에 불과하고 공동으로 사업을 경영하는 것을 내용으로 한 약정으로 볼 수 없으므로, 단순한 공유관계에 불과합니다.

> 대법원 2007. 6. 14. 선고 2005다5140 판결. 수인이 부동산을 공동으로 매수한 경우, 매수인들 사이의 법률관계는 공유관계로서 단순한 공동매수인에 불과할 수도 있고, 그 수인을 조합원으로 하는 동업체에서 매수한 것일 수도 있는바, 공동매수의 목적이 전매차익의 획득에 있을 경우 그것이 공동사업을 위해 동업체에서 매수한 것이 되려면, 적어도 공동매수인들 사이에서 그 매수한 토지를 공유가 아닌 동업체의 재산으로 귀속시키고 공동매수인 전원의 의사에 기해 전원의 계산으로 처분한 후 그 이익을 분배하기로 하는 명시적 또는 묵시적 의사의 합치가 있어야만 할 것이고, 이와 달리 공동매수 후 매수인 별로 토지에 관하여 공유에 기한 지분권을 가지고 각자 자유롭게 그 지분권을 처분하여 대가를 취득할 수 있도록 한 것이라면 이를 동업체에서 매수한 것으로 볼 수는 없다.

따라서 원고들이 취득한 부동산과 채권은 각 공유 또는 준공유관계에 있습니다.

나. 원고들과 피고 박이채 사이의 명의신탁약정

원고들은 이 사건 사업약정에서 앞으로 취득하게 될 부동산의 매매계약의 체결 및 소유권이전등기는 모두 피고 박이채의 명의로 할 것을 합의하였고, 피고 박이채도 이에 대하여 동의를 하였습니다(이하 '이 사건 명의신탁약정'이라 합니다).

이 사건 명의신탁약정에 따라, 원고 이명구는 피고 박이채를 대리하여 2010. 5. 1. 피고 정준일로부터 ① 서울 서대문구 홍은동 520 임야 3,200㎡(이하 '이 사건 임야'라고 합니다)를 500,000,000원에, ② 서울 서대문구 홍은동 521 잡종지 90㎡(이하 '이 사건 잡종지'

라고 합니다)를 50,000,000원에 각 매수하고, 계약금 100,000,000원을 계약일에, 잔금 450,000,000원을 2010. 6. 30.에 각 지급하기로 정하였으며, 위 약정한 지급기일에 계약금과 잔금 전액을 피고 정준일에게 지급하였습니다. 그리고 원고 이명구는 피고 박이채의 명의로 2010. 6. 30. 이 사건 임야의 소유권이전등기를 마쳤지만, 이 사건 잡종지는 미등기 토지여서 이전등기를 마치지 못하였습니다.

위와 같이 원고 이명구가 피고 박이채를 대리하여 매매계약을 체결하였지만, 위 매매계약의 당사자는 피고 박이채이고, 위 매매계약의 체결당시 매도인인 피고 정준일은 이 사건 명의신탁의 약정에 대해서 전혀 몰랐으므로, 이 사건 명의신탁약정은 부동산실권리자등기명의에 관한 법률 제4조 제2항에 따른 계약명의신탁에 해당하고, 따라서 이 사건 명의신탁약정이 무효임에도 불구하고 피고 박이채가 이 사건 임야의 소유권을 취득하게 됩니다.

> 대법원 2013. 10. 7. 자 2013스133 결정. 명의신탁약정이 이른바 3자간 등기명의신탁인지 아니면 계약명의신탁인지의 구별은 계약당사자가 누구인가를 확정하는 문제로 귀결된다. 그런데 타인을 통하여 부동산을 매수함에 있어 매수인 명의를 그 타인 명의로 하기로 하였다면 이때의 명의신탁관계는 그들 사이의 내부적인 관계에 불과하므로, 설령 계약의 상대방인 매도인이 그 명의신탁관계를 알고 있었다고 하더라도, 계약명의자인 명의수탁자가 아니라 명의신탁자에게 계약에 따른 법률효과를 직접 귀속시킬 의도로 계약을 체결하였다는 등의 특별한 사정이 인정되지 아니하는 한, 그 명의신탁관계는 계약명의신탁에 해당한다고 보아야 함이 원칙이다.

다. 부당이득의 반환청구

(1) 부당이득의 반환범위

계약명의신탁의 경우, 명의수탁자는 부동산의 완전한 소유권을 취득하게 되고, 명의수탁자는 명의신탁자에 대하여 부당이득반환의무를 부담하게 되는데, 그 부당이득의 반환범위는 부동산실권리자명의등기에 관한 법률 시행 후의 명의신탁의 경우 명의신탁자로부터 제공받은 매수대금 상당액이 됩니다.

> 대법원 2005. 1. 28. 선고 2002다66922 판결. 부동산실권리자명의등기에관한법률 제4조 제1항, 제2항에 의하면, 명의신탁자와 명의수탁자가 이른바 계약명의신탁약정을 맺고 명의수탁자가 당사자가 되어 명의신탁약정이 있다는 사실을 알지 못하는 소유자와의 사이에 부동산에 관한 매매계약을 체결한 후 그 매매계약에 따라 당해 부동산의 소유권이전등기를 수탁자 명의로 마친 경우에는 명의신탁자와 명의수탁자 사이의 명의신탁약정의 무효에도 불구하고 그 명의수탁자는 당해 부동산의 완전한 소유권을 취득하게 되고, 다만 명의수탁자는 명의신탁자에 대하여 부당이득반환의무를 부담하게 될 뿐이라 할 것인데, 그 계약명의신탁약정이 부동산실권리자명의등기에관한법률 시행 후인 경우에는 명의신탁자는 애초부터 당해 부동산의 소유권을 취득할 수 없었으므로 위 명의신탁약정의 무효로 인하여 명의신탁자가 입은 손해는 당해 부동산 자체가 아니라 명의수탁자에게 제공한 매수자금이라 할 것이고, 따라서 명의수탁자는 당해 부동산 자체가 아니라 명의신탁자로부터 제공받은 매수자금을 부당이득하였다고 할 것이다.

사안에서 명의수탁자인 피고 박이채는 2010. 6. 30. 이 사건 임야의 소유권이전등기를 마침에 따라 이 사건 임야의 소유권을 취득하였고, 이로 인하여 이 사건 임야의 매매대금 상당액인 500,000,000원을 부당이득하였습니다. 따라서 피고 박이채는 일응 위 부당이득금 500,000,000원을 명의신탁자인 원고들에게 반환하여야 합니다.

(2) 악의의 수익자의 반환범위

선의의 수익자는 그 받은 이익이 현존한 한도에서 반환의 책임이 있고, 악의의 수익자는 그 받은 이익에 이자를 붙여서 반환하여야 하며(민법 제748조), 부당이득반환청구채권은 기한을 정하지 않은 채권에 해당하여 채무자는 그 청구를 받은 때로부터 지연손해금을 지급하여야 합니다. 한편, 수익자의 악의와 관련하여 판례는 '계약명의신탁에서 명의수탁자가 수령한 매수자금이 명의신탁약정에 기하여 지급되었다는 사실을 알았다고 하여도 그 명의신탁약정이 부동산실권리자명의등기에 관한 법률 제4조 제1항 에 의하여 무효임을 알았다는 등의 사정이 부가되지 아니하는 한 명의수탁자가 그 금전의 보유에 관하여 법률상 원인 없음을 알았다고 쉽사리 말할 수 없다.'고 판시하여 계약명의신탁에 있어서 명의수탁자가 명의신탁이 법률상 무효임을 알았던 경우에 한하여 수익자의 악의를 인정하고 있습니다.

> 대법원 2010. 1. 28. 선고 2009다24187 판결 : 부당이득반환의무는 이행기한의 정함이 없는 채무이므로 그 채무자는 이행청구를 받은 때에 비로소 지체책임을 진다.

대법원 2010. 1. 28. 선고 2009다24187 판결. 부당이득반환의무자가 악의의 수익자라는 점에 대하여는 이를 주장하는 측에서 입증책임을 진다. 여기서 '악의'라고 함은, 민법 제749조 제2항에서 악의로 의제되는 경우 등은 별론으로 하고, 자신의 이익 보유가 법률상 원인 없는 것임을 인식하는 것을 말하고, 그 이익의 보유를 법률상 원인이 없는 것이 되도록 하는 사정, 즉 부당이득반환의무의 발생요건에 해당하는 사실이 있음을 인식하는 것만으로는 부족하다. 따라서 계약명의신탁에서 명의수탁자가 수령한 매수자금이 명의신탁약정에 기하여 지급되었다는 사실을 알았다고 하여도 그 명의신탁약정이 부동산 실권리자명의 등기에 관한 법률 제4조 제1항에 의하여 무효임을 알았다는 등의 사정이 부가되지 아니하는 한 명의수탁자가 그 금전의 보유에 관하여 법률상 원인 없음을 알았다고 쉽사리 말할 수 없다.

이 사건에서 피고 박이채는 2011. 6. 12.자 통지서를 통하여 '명의신탁이 불법인 이상 원고들은 자신에게 어떤 권리 주장도 할 수 없다.'는 취지로 주장하며, 자신이 이 사건 명의신탁이 무효임을 잘 알고 있었음을 인정하고 있는데, 이는 피고 박이채가 악의의 수익자임을 자인하는 것입니다. 따라서 피고 박이채는 매수대금을 지급받은 2010. 5. 1.부터 악의의 수익자로서 법정이자를 지급하여야 합니다.

(3) 부당이득반환청구권의 준공유

위에서 말씀드린 바와 같이 이 사건 사업약정과 관련한 원고들의 관계는 공유관계이므로, 원고들은 피고 박이채에 대한 부당이득반환청구권을 준공유하게 되어, 피고 박이채는 원고들에게 각 지분에 따른 각 250,000,000원의 부당이득반환의무를 부담하게 됩니다.

따라서 피고 박이채는 원고들에게 부당이득으로 각 250,000,000원 및 이에 대한 매수대금을 지급받은 2010. 5. 1.부터 이 사건 소장부본 송달일까지는 민법에 따른 연 5%의 법정이자를, 그 다음날부터 다 갚는 날까지는 소송촉진등에 관한 특례법에 따른 연 20%(2015. 10. 1. 이후 청구부터는 15%, 2019. 6. 1. 이후 청구부터는 12% 개정)의 지연손해금을 각 지급하여야 합니다.

2. 피고 서병석에 대한 청구

가. 피고 박이채의 피고 서병석에 대한 소유권이전등기 말소청구권

피고 박이채와 피고 서병석은 2010. 8. 8. 피고 박이채의 피고 서병석에 대한 200,000,000원의 손해배상채무를 담보할 목적으로 피고 서병석에게 이 사건 임야의 소유권이전등기를 마쳐주고, 2010. 12. 31.까지 위 손해배상채무를 변제할 것을 약정하며(이하 '이 사건 양도담보약정'이라 합니다), 위 약정에 따라 이 사건 임야에 관하여 서울서부지방법원 서대문등기소 2010. 8. 10. 접수 제32347호로 소유권이전등기를 마쳐주었습니다.

위 피고들은 이 사건 양도담보약정 당시 채무의 정산과 귀속에 대하여 명시적인 합의를 하지 않았는데, 양도담보의 효력에 관한 판례에 따르면, 양도담보에 기한 소유권이전등기는 당사자들이 달리 특별한 약정을 하지 아니하는 한 채권담보의 목적으로 경료된 것으로서 당사자 사이에 정산절차를 예정하고 있는 이른바 '약한 의미의 양도담보'가 설정된 것으로 보아야 합니다. 그리고 '약한 의미의 양도담보'가 이루어진 경우 채무의 변제기가 도과한 후라고 하더라도 채권자가 담보권을 실행하여 정산절차를 마치기 전에는 채무자는 언제든지 채무를 변제하고 채권자에게 가등기 및 가등기에 기한 본등기의 말소를 청구할 수 있습니다.

> 대법원 1993. 6. 22. 선고 93다7334 판결. [1] 채권자가 채권담보의 목적으로 부동산에 가등기를 경료하였다가 그 후 변제기까지 변제를 받지 못하게 되어 위 가등기에 기한 소유권이전의 본등기를 경료한 경우에는 당사자들이 달리 특별한 약정을 하지 아니하는 한 그 본등기도 채권담보의 목적으로 경료된 것으로서 당사자 사이에 정산절차를 예정하고 있는 이른바 '약한 의미의 양도담보'가 된 것으로 보아야 할 것이다. [2] "약한 의미의 양도담보"가 이루어진 경우 채무의 변제기가 도과된 후라고 하더라도 채권자가 담보권을 실행하여 정산절차를 마치기 전에는 채무자는 언제든지 채무를 변제하고 채권자에게 가등기 및 가등기에 기한 본등기의 말소를 청구할 수 있는 것이다.

이 사건 임야는 매매가격이 500,000,000원 상당임에도 불구하고 200,000,000원 및 이에 대한 2011. 1. 1.부터 다 갚는 날까지의 지연손해금을 담보하기 위하여 소유권이전등기가 경료된 것이므로, 피고 박이채는 위 200,000,000원 및 이에 대한 지연손해금채무를 변제한 후 소유권이전등기를 말소하여 이 사건 임야를 자신의 책임재산으로 환원시킬 수 있습니다.

나. 채권자대위에 기한 소유권이전등기 말소청구

위에서 말씀드린 바와 같이 원고들은 피고 박이채에 대하여 각 250,000,000원 및 이에 대한 지연손해금 채권을 보유하고 있고(피보전채권), 피고 박이채는 손해배상금 채무 및 이에 대한 지연손해금 채무를 변제한 뒤 피고 서병석에 대하여 이 사건 임야의 소유권이전등기의 말소를 청구할 수 있으며(피대위채권), 소 제기일 현재 피고 박이채는 무자력 상태이고, 위 말소등기청구권을 행사하지 않고 있습니다.

따라서 원고들은 피고 박이채를 대위하여 피고 서병석에게 200,000,000원 및 이에 대한 2011. 1. 1.부터 다 갚는 날까지의 지연손해금을 피고 박이채로부터 지급받은 다음, 이 사건 임야에 관하여 서울서부지방법원 서대문등기소 2010. 8. 10. 접수 제32347호로 마친 소유권이전등기를 말소해 줄 것을 청구할 수 있습니다.

3. 피고 박이순에 대한 (사해행위취소) 청구

가. 피보전채권

위에서 말씀드린 바와 같이 원고들은 2010. 7. 1. 피고 박이채에 대하여 각 250,000,000원 상당의 부당이득반환채권을 취득하였습니다.

나. 무자력

피고 박이채는 2010. 9. 1.이후 사업실패로 인하여 소극재산이 적극재산을 초과하는 무자력상태에 있습니다.

다. 사해행위

사해행위의 인정여부에 관하여 판례는 채무자가 무자력상태에서 자신의 재산을 염가에 매각하는 행위는 기본적으로 사해행위에 해당한다고 판단하였습니다.

위 판례의 취지에 비추어 이 사건을 보면, 피고 박이채는 2011. 4. 9. 무자력인 상태에서 자신의 여동생인 피고 박이순에게 자신의 소유인 시가 200,000,000원 상당의 서울 은평구 대조로 120 문화아파트 201동 203호(이하 '이 사건 아파트'라 합니다)를 100,000,000원에 매도하고, 서울서부지방법원 은평등기소 2011. 4. 9. 접수 제2473호로 소유권이전등기를 마쳐주었는데, 이는 무자력상태에서 자신의 재산을 염가에 매각하는 행위로 명백히 사해행위에 해당합니다.

라. 사해의사 및 수익자의 악의

위 매매의 처분행위가 사해행위에 해당되는 이상 피고 박이채는 일반채권자들의 공동담보를 감소시키는 행위임을 알면서 처분행위를 한 것이고, 피고 박이채의 사해의사가 인정되는 이상 피고 박이순의 악의는 추정됩니다.

마. 원상회복의 방법

> 판례에 따른 가액배상의 방법. 관용적인 표현이므로 이대로 기재하는 것이 적절함.

한편, 피고 박이순은 이 사건 아파트의 소유권을 취득한 이후, 소외 주식회사 신한은행(이하 '신한은행'이라 합니다)과 소비대차계약을 체결하고 위 소비대차계약에 따른 채무를 담보하기 위하여 신한은행에게 서울서부지방법원 은평등기소 2011. 5. 2. 접수 제6321호로 채무자 피고 박이순, 근저당권자 신한은행, 채권최고액 50,000,000원으로 한 근저당권 설정등기를 마쳐주었습니다. 한편 이 사건 아파트의 전득자인 신한은행은 이 사건 아파트의 처분행위가 사해행위인지 몰랐으므로, 신한은행의 위 근저당권에 대해서는 말소를 청구하기 어려운 상황입니다.

위와 같이 선의의 전득자가 전득을 하여 원물반환이 법률상 불가능한 경우에는 가액배상의 방법에 따라 원상회복을 하여야 하고, ==가액배상의 범위는 채권자의 피보전채권액과 수익자가 실제 취득한 이익 중 적은 금액을 한도로 이루어져야 하는데==, 채권자인 원고들의 피보전채권액은 각 250,000,000원 및 이에 대한 이자 및 지연손해금이고, 피고 박이순이 실제 취득한 이익은 이 사건 아파트의 처분당시의 시가 200,000,000원 상당이므로, 이 중 적은 200,000,000원의 한도 내에서 가액배상이 이루어져야 합니다.

그리고, 여러 명의 채권자가 사해행위취소 및 원상회복청구의 소를 제기하여 여러 개의 소송이 계속중인 경우에는 각 소송에서 채권자의 청구에 따라 사해행위의 취소 및 원상회복을 명하는 판결을 선고하여야 하고, 수익자가 반환하여야 할 가액 범위 내에서 각 채권자의 피보전채권액 전액의 반환을 명하여야 하므로, 원고들은 각자 자신의 피보전채권의 범위 내에서 가액배상을 청구할 수 있으며, 사해행위 후 그 목적물에 관하여 선의의 제3자가 저당권을 취득하였음을 이유로 가액배상을 명하는 경우에는 사해행위 당시 일반 채권자들의 공동담보로 되어 있었던 부동산 가액 전부의 배상을 명하여야 하고, 그 가액에서 제3자가 취득한 저당권의 피담보채권액을 공제해서는 안됩니다.

대법원 2005. 11. 25. 선고 2005다51457 판결. 대법원 2003. 12. 12. 선고 2003다40286 판결.

따라서 피고 박이채와 피고 박이순 사이에 이 사건 아파트에 관하여 2011. 4. 9. 체결된 매매계약은 200,000,000원의 한도 내에서 취소되어야 하고, 피고 박이순은 원고들에게 각 200,000,000원 및 이에 대한 이 사건 판결 확정일 다음날부터 다 갚는 날까지 연 5%의 비율에 의한 지연손해금을 지급하여야 합니다.

바. 제척기간

대법원 2008. 4. 24. 선고 2007다84352판결. 사해행위취소로 인한 원상회복을 가액배상으로 하는 경우 그 이행의 상대방은 채권자이어야 한다.

원고들은 2013. 4. 초순경 피고 박이채에 대한 재산조사를 통하여 피고 박이채가 무자력 상태에서 이 사건 아파트를 처분한 사실을 알게 되었으므로, 위 안 날로부터 1년 이내인 2014. 1. 6.에 제기된 이 사건 소는 제척기간을 준수한 적법한 소 제기입니다.

[cf. 서울 은평구 녹번동 403토지에 관한 청구]

위 녹번동 토지의 등기부에는 박이순으로의 소유권이전등기의 등기원인이 2006. 4. 6.자 매매로 기재되어 있다. 사해행위의 발생시점과 관련하여 대법원 2002. 11. 8. 선고 2002다41589 판결은 '어느 시점에서 사해행위에 해당하는 법률행위가 있었는가를 따짐에 있어서는 당사자 사이의 이해관계에 미치는 중대한 영향을 고려하여 신중하게 이를 판정하여야 할 것이고, 사해행위에 해당하는 법률행위가 언제 있었는가는 실제로 그러한 사해행위가 이루어진 날을 표준으로 판정할 것이되, 다른 특별한 사정이 없는 한 처분문서에 기초한 것으로 보이는 등기부상 등기원인일자를 중심으로 그러한 사해행위가 실제로 이루어졌는지 여부를 판정할 수밖에 없을 것이다.'고 판시하여 원칙적으로 등기원인일자를, 실제 처분행위가 있었던 날을 증명할 수 있으면 실제 처분행위가 있었던 날을 기준으로 사해행위의 발생시점을 결정하여야 한다고 본다. 이 사건에서 실체 처분행위의 시점을 증명할 수 없으므로 등기원인일자를 기준으로 사해행위 시점을 판단하여야 하고, 따라서 처분행위가 피보전채권의 발생시점 이전이므로 원고들은 위 토지의 매매계약을 취소할 수 없을 것으로 생각된다.

4. 피고 정준일에 대한 청구

가. 기본 사실관계

위에서 말씀드린 바와 같이 피고 박이채는 2010. 5. 1. 피고 정준일로부터 이 사건 잡종지를 50,000,000원에 매수하였고, 2010. 6. 30. 위 매매계약에 따른 매매대금 전부를 지급하였습니다. 따라서 피고 정준일은 일응 피고 박이채에게 이 사건 잡종지의 소유권을 이전하여야 합니다.

그런데 피고 정준일은 위와 같은 소유권이전의무를 부담함에도 불구하고, 이를 이행하지 않고 오히려 2010. 7. 1. 이 사건 잡종지의 지상에 시멘트 벽돌조 판넬지붕 점포 50㎡(이하 '이 사건 점포'라고 합니다)를 신축하여 이 사건 잡종지의 점유를 계속하는 동시에 2010. 8. 1. 피고 김병만에게 이 사건 점포를 보증금 없이 차임 월 50만 원, 임대기간 2010. 8. 1.부터 2012. 7. 31.로 정하여 임대하였고, 피고 김병만은 현재까지도 이 사건 점포를 계속해서 점유하고 있습니다.

이에 원고들은 서울중앙지방법원 2010가단22809호로 피고 정준일의 이 사건 잡종지의 사용에 따른 손해의 배상을 청구하였고, 위 소송 도중 원고들과 피고 박이채, 피고 정준일은 2010. 11. 1. 이 사건 잡종지의 매수인의 지위를 피고 박이채로부터 원고들에게 각 1/2의 지분씩 이전시키는 것으로 양도약정을 하였으며(이하 '이 사건 양도약정'이라 합니다), 위 양도약정을 통하여 2010. 12. 31.까지 소유권이전등기를 마치는 것으로 약정하였습니다.

그리고 위 손해배상 소송 중 원고들과 피고 정준일은 2010. 11. 5. ① 피고 정준일이 원고들에게 2010. 12. 31.까지 이 사건 잡종지를 인도하고, ② 원고들의 손해배상청구권을 포기하는 것으로 재판상 화해를 하였습니다.

나. 피고 정준일의 이 사건 잡종지에 대한 소유권이전의무

(1) 소유권이전의무

원고들과 피고 정준일은 2010. 11. 1.자 양도약정을 통하여 이 사건 잡종지의 소유권을 이전하기로 합의하였으므로, 피고 정준일은 원고들에게 이 사건 잡종지의 각 1/2의 지분에 관하여 2010. 11. 1.자 양도약정을 원인으로 한 소유권이전등기절차를 이행할 의무가 있습니다.

> 위에서 설명한 바와 같이, 2010. 11. 1.자 합의를 계약인수로 보아 등기원인을 2010. 5. 1.자 매매계약으로 볼 수도 있다.

(2) 예상항변

한편, 피고 정준일은 ① 이 사건 잡종지가 미등기토지이기 때문에 소유권이전등기가 불가능하고, ② 이전 자신의 조부인 소외 정상우의 명의로 국가를 피고로 한 소유권확인청구소송에서 2010. 9. 8. 소각하의 패소판결이 선고되고, 그 판결이 2010. 11. 5. 확정되어 이전등기의무가 법률상 이행불능의 상태에 있다는 취지로 항변할 수 있으나, ① 미등기토지라 하더라도 토지에 관하여 토지대장 또는 임야대장상 소유자로 등록되어 있는 자가 있는 경우에는 그 명의자를 상대로 한 소송에서 당해 부동산이 보존등기신청인의 소유임을 확인하는 내용의 확정판결을 받으면 소유권보존등기를 신청할 수 있고,

● 대법원 1994. 12. 2. 선고 93다58738 판결.

위 소유권보존등기 후 소유권이전등기를 할 수 있으므로 위 피고 정준일의 항변은 근거가 없고, ② 위 피고 정준일이 받은 패소 확정판결은 소각하판결이어서 소송요건의 흠결에 관해서만 기판력이 미칠 뿐, 소유권의 존부에 대해서는 기판력이 미치지 않으므로 지금이라도 피고 정준일은 적법한 피고인 연일정씨숙정공파종중을 상대로 소유권확인청구소송을 제기하여 승소판결을 받을 수 있으며, ③ 나아가 국가를 상대로 한 토지소유권확인청구는 그 토지가 미등기이고 토지대장이나 임야대장상에 등록명의자가 없거나 등록명의자가 누구인지 알 수 없을 때와 그 밖에 국가가 등기 또는 등록명의자인 제3자의 소유를 부인하면서 계속 국가소유를 주장하는 등 특별한 사정이 있는 경우에 한하여 그 확인의 이익이 있는데, 피고 정준일이 받은 패소 확정판결은 국가를 피고로 한 것이므로, 연일정씨숙정공파종중을 상대로 한 소유권확인청구소송에는 당사자가 달라 전소의 기판력이 미칠 수 없습니다. 따라서 이와 배치되는 피고 정준일의 항변은 모두 근거가 없습니다.

● 대법원 1994. 12. 2. 선고 93다58738 판결.

다. 피고 정준일의 지상 점포의 철거의무

피고 정준일은 이 사건 양도약정에 정한 바에 따라 원고들에게 이 사건 잡종지의 소유권을 이전하는 동시에 아무런 부담이 없는 토지를 인도할 의무가 있으므로 피고 정준일은 이 사건 점포를 철거하여 이 사건 잡종지를 인도하여야 합니다. 한편, 원고들은 위 재판상 화해를 통하여 이 사건 잡종지의 인도에 관한 집행권원을 이미 얻었으므로, 이 사건 소송에서 이 사건 잡종지의 인도를 청구하지는 않습니다.

라. 피고 정준일의 부당이득반환의무

(1) 부당이득반환의무

매매목적물의 과실수취권과 관련하여, ① 당사자 사이의 합의가 있으면 이에 따르고, ② 명시적인 합의가 없는 경우, 민법 제587조에 따라 인도하지 아니한 목적물로부터 생긴 과실은

매도인에게 속하는 것이나, 매매목적물의 인도 전이라도 매수인이 매매대금을 완납한 때에는 그 이후의 과실수취권은 매수인에게 귀속되어야 합니다.

> 대법원 1993. 11. 9. 선고 93다28928 판결. 특별한 사정이 없는 한 매매계약이 있은 후에도 인도하지 아니한 목적물로부터 생긴 과실은 매도인에게 속하나, 매매목적물의 인도 전이라도 매수인이 매매대금을 완납한 때에는 그 이후의 과실수취권은 매수인에게 귀속된다.

피고 박이채가 피고 정준일에게 2011. 6. 30. 이 사건 잡종지의 매매대금을 모두 지급하였으므로 이후의 목적물의 사용이익은 원고들에게 귀속되어야 하는 것이 원칙이나, 원고들과 피고 정준일은 2010. 11. 1. 이 사건 양도약정을 통하여 2010. 12. 31.까지 이 사건 잡종지의 인도의무 이행기를 유예해 주었으므로, 이행기의 다음 날인 2011. 1. 1.부터 매매목적물의 사용이익은 원고들에게 귀속되어야 합니다.

위에서 말씀드린 바와 같이 현재 피고 정준일은 이 사건 잡종지의 지상에 이 사건 점포를 신축하여 법률상 원인없이 이 사건 잡종지를 계속해서 점유·사용함으로써 이득을 얻고, 이로 인하여 원고들에게 동액 상당의 손해를 입히고 있으므로, 원고들은 피고 정준일에게 홍은동 토지의 임대료 상당의 부당이득의 반환을 청구할 수 있습니다.

한편, 부당이득의 액수는 이 사건 잡종지의 보증금없는 차임 상당액을 기준으로 산정하여야 하는데, 원고들이 최근 확인한 바에 따르면 이 사건 잡종지의 보증금없는 차임은 월 300,000원이므로 피고 정준일은 원고들에게 2011. 1. 1.부터 홍은동 토지의 인도완료일까지 원고들의 지분비율에 상당하는 차임인 각 월 150,000원의 비율에 의한 금원을 지급하여야 합니다.

(2) 예상항변

한편, 피고 정준일은 재판상 화해를 통하여 원고들이 피고 정준일에 대한 이 사건 잡종지의 사용으로 인한 손해배상청구권을 포기하였으므로, 원고들이 부당이득반환청구권을 행사할 수 없다는 취지로 항변할 수 있으나, 이 사건 소송은 부당이득반환청구소송이고 위 재판상 화해의 청구원인은 불법행위 또는 채무불이행에 기한 손해배상청구이므로 그 청구원인이 달라 기판력에 저촉되지 않습니다. 따라서 위 피고 정준일의 항변은 근거가 없습니다.

> 대법원 1991. 3. 27. 선고 91다650 판결. 대지의 불법점유로 인한 임료 상당의 손해배상청구소송은 대지의 임료에 상당하는 부당이득의 반환을 청구한 전소와는 청구원인이나 소송물이 다른 별개의 소로서 전소의 기판력에 저촉된다고 볼 수 없다.

5. 피고 김병만에 대한 청구

가. 채권자대위에 기한 이 사건 점포에서의 퇴거청구

위에서 말씀드린 바와 같이 원고들은 이 사건 양도약정에 따라 피고 정준일에 대하여 이 사건 잡종지에 대한 소유권이전등기청구권 및 인도청구권을 보유하고 있습니다(피보전채권).

그리고 피고 정준일은 2010. 8. 1. 피고 김병만에게 이 사건 점포를 보증금없이 차임 월 50만원, 임대기간 2010. 8. 1.부터 2012. 7. 31.로 정하여 임대하였는데, 피고 김병만이 2011. 10. 1.이후 임대차 계약에 따른 차임을 지급하지 않아 피고 정준일은 2012. 6. 중순경 피고 김병만에게 임대차계약의 해지를 통보하고 이 사건 점포의 인도를 요구하였습니다. 따라서 피고 정준일은 피고 김병만에 대하여 이 사건 점포의 인도를 청구할 수 있습니다(피대위채권). 또한 피고 정준일은 현재까지 피고 김병만에 대하여 이 사건 점포의 인도를 구하는 소를 제기하지 않고 있으므로 (권리미행사), 원고들은 피고 정준일의 이 사건 점포에 대한 인도청구권을 대위행사할 수 있습니다.

한편, 특정물 채권의 보전을 위하여 채권자대위권을 행사하는 경우 채무자의 무자력은 요구되지 않으므로, 원고들은 피고 정준일의 무자력과 상관없이 피고 정준일의 인도청구권을 대위행사할 수 있습니다.

따라서 원고들은 피고 김병만에게 이 사건 점포에서 퇴거할 것을 대위하여 청구할 수 있습니다.

> 원칙적으로 원고들은 피고 김병만에 대하여 피고 정준일에게 점포를 인도할 것을 청구하여야 하나, 문제의 지시사항에서 정준일에 대한 인도청구를 하지 말 것을 지시하였으므로, 부득이 인도청구권에 포함되어 있는 퇴거청구권을 대위행사하는 것으로 청구원인을 구성하였다.

나. 원고 최희선의 피고 김병만에 대한 가구매매대금 지급청구

(1) 가구매매계약의 체결 및 영업양도

원고 최희선은 2001. 3. 20. '런던가구'라는 상호로 가구 판매점을 운영하던 상인인 소외 김병수(이하 '김병수'라고 합니다)에게 수입 목가구 1점을 20,000,000원에 매도하였고, 매매대금의 변제기를 2002. 3. 19.로 정하였습니다. 그런데 김병수는 위 변제기에 매매대금을 지급하지 않았고, 현재까지도 그 지급을 연체하고 있습니다.

한편, 김병수는 2007. 1. 15. 피고 김병만에게 위 런던가구의 상호를 포함한 영업재산 일체를 포괄적으로 양도하였고, 피고 김병만은 현재까지도 위 런던가구의 상호를 사용하며 영업을 하고 있습니다.

피고 김병만은 영업재산 일체를 양수한 후 런던가구의 상호를 계속해서 사용하여 영업을 하고 있으므로, 상법 제42조 제1항에 따라 양도인의 영업으로 인한 제3자의 채무에 대하여 변제책임을 부담하여야 합니다. 그리고 양수인이 책임을 부담한다는 의미는 양도인과 양수인이 병존적 채무인수의 관계에 있고, 따라서 각자 독립하여 채무를 부담하는 것을 의미합니다.

(2) 가구매매대금채권의 시효중단

원고 최희선의 김병수에 대한 매매대금채권은 상인인 소외 김병수의 상행위로 인하여 발생한 채권이므로 5년의 소멸시효기간이 적용됩니다. 따라서 원고 최희선의 김병수에 대한 매매대금채권은 변제기의 다음날인 2002. 3. 20.부터 5년간 이를 행사하지 않아 2007. 3. 20. 시효로 소멸하였습니다.

한편, 피고 김병만은 원고 최희선의 피고 김병만에 대한 매매대금채권도 시효로 소멸하였다고 주장할 수도 있습니다. 그러나 원고 최희선은 소멸시효기간이 도과하기 전인 2007. 3. 14. 서울서부지방법원 2007카단10882호로 피고 김병만 소유의 서울 서대문구 연희동 88 한화아파트 201호에 대한 가압류결정을 받아, 2007. 3. 15. 가압류의 기입등기를 마침으로써 가압류집행을 완료하였으므로, 피고 김병만에 대한 매매대금채권의 소멸시효가 중단되었고, 시효중단의 효력이 계속되고 있습니다.

따라서 피고 김병만은 원고 최희선에게 20,000,000원 및 이에 대한 변제기 다음날인 2002. 3. 20.부터 이 사건 소장부본 송달일까지는 상법에 따른 연 6%의, 그 다음날부터 다 갚는 날까지는 소송촉진 등에 관한 특례법에 따른 연 20%의 각 비율에 의한 지연손해금을 지급하여야 합니다.

6. 결론

위와 같은 이유로 피고들에 대하여 청구취지의 기재와 같은 판결을 선고하여 주시기 바랍니다.

증 명 방 법

첨 부 서 류

2014. 1. 6.

위 피고의 소송대리인
변호사 조일국

서울서부지방법원 귀중

답변서

사　　건　　2013가단10123호 소유권확인
원　　고　　○○○
피　　고　　대한민국
　　　　　　소송대리인 변호사 이민우

위 사건에 관하여 피고 소송대리인은 다음과 같이 답변합니다.

다 음

청구취지에 대한 답변

1. 이 사건 소를 각하한다.
2. 소송비용은 원고가 부담한다.
라는 판결을 구합니다.

청구원인에 대한 답변

1. 다툼없는 사실

원고의 주장사실 중 ① 이 사건 토지가 미등기 토지인 사실, ② 이 사건 토지에 대한 토지대장에 연일정씨숙정공파종중이 소유자로 등록되어 있는 사실은 다툼이 없습니다.

2. 확인의 이익

소유권확인의 소와 같은 확인의 소는 확인의 이익이 있어야 하고, 확인이 이익이 없으면 권리보호이익이 없어 부적법하고 따라서 각하되어야 합니다.

미등기토지의 소유권확인의 소와 관련하여 판례는 '국가를 상대로 한 토지소유권확인청구는 그 토지가 미등기이고 토지대장이나 임야대장상에 등록명의자가 없거나 등록명의자가 누구인지 알 수 없을 때와 그 밖에 국가가 등기 또는 등록명의자인 제3자의 소유를 부인하면서 계속 국가소유를 주장하는 등 특별한 사정이 있는 경우에 한하여 그 확인의 이익이 있다.'고 판시하여, 위와 같이 특별한 사정이 있는 경우에 한하여 확인의 이익을 인정하고 있습니다.

대법원 1994. 12. 2. 선고 93다 58738 판결

위 판결의 취지에 비추어 이 사건을 보면, ① 이 사건 토지는 토지대장에 이미 연일정씨숙정공파종중이 소유자로 등록되어 있고, ② 피고인 대한민국이 연일정씨숙정공파종중의 소유권을 부인하면서 피고의 소유임을 주장하고 있지 않으므로, 이 사건 소는 확인의 이익이 없습니다.

3. 결론

위와 같이 이 사건 소는 권리보호이익이 없어 부적법하므로, 이 사건 소를 각하하여 주시기 바랍니다.

2014. 1. 6.

위 피고의 소송대리인
변호사 이민우

○○○법원 제2단독 귀중

민사법
기록형

2015년도 **제4회**
변호사 시험

문제

2015년도 제4회 변호사시험 문제

시험과목	민사법(기록형)

응시자 준수사항

1. 시험 시작 전 문제지의 봉인을 손상하는 경우, 봉인을 손상하지 않더라도 문제지를 들추는 행위 등으로 문제 내용을 미리 보는 경우 그 답안은 영점으로 처리됩니다.

2. 답안은 흑색 또는 청색 필기구(사인펜이나 연필 사용 금지) 중 한 가지 필기구만을 사용하여 답안 작성란(흰색 부분) 안에 기재하여야 합니다.

3. 답안지에 성명과 수험번호 등을 기재하지 않아 인적사항이 확인되지 않는 경우에는 영점으로 처리되는 등 불이익을 받게 됩니다. 특히 답안지를 바꾸어 다시 작성하는 경우, 성명 등의 기재를 빠뜨리지 않도록 유의하여야 합니다.

4. 답안지에는 문제 내용을 쓸 필요가 없으며, 답안 이외의 사항을 기재하거나 밑줄 기타 어떠한 표시도 하여서는 안 됩니다. 답안을 정정할 경우에는 두 줄로 긋고 다시 써야 하며, 수정액 등은 사용할 수 없습니다.

5. 시험 종료 시각에 임박하여 답안지를 교체했더라도 시험 시간이 끝나면 그 즉시 새로 작성한 답안지를 회수합니다.

6. 시험 시간이 지난 후에는 답안지를 일절 작성할 수 없습니다. 이를 위반하여 **시험 시간이 종료되었음에도 불구하고 계속 답안을 작성할 경우 그 답안은 영점으로 처리됩니다**.

7. 답안은 답안지의 쪽수 번호 순으로 써야 합니다. **배부된 답안지는 백지 답안이라도 모두 제출**하여야 하며, **답안지를 제출하지 아니한 경우 그 시간 시험과 나머지 시험에 응시할 수 없습니다.**

8. 지정된 시각까지 지정된 시험실에 입실하지 않거나 시험관리관의 승인 없이 시험 시간 중에 시험실에서 퇴실한 경우, 그 시간 시험과 나머지 시간의 시험에 응시할 수 없습니다.

9. 시험 시간 중에는 어떠한 경우에도 문제지를 시험실 밖으로 가지고 갈 수 없고, 그 시험 시간이 끝난 후에는 문제지를 시험장 밖으로 가지고 갈 수 있습니다.

【 문　　제 】

귀하는 서울 서초구 서초로 75, 511호(서초동)에서 개업을 한 변호사 김영철이다. 귀하는 2015. 1. 5. 조일제 등에게 <의뢰인 상담일지>에 기재된 내용과 같이 상담을 해주고 사건을 수임하면서 첨부된 서류를 자료로 받았다. 의뢰인을 위하여 법원에 제출할 소장을 아래 작성요령에 따라 작성하시오.

【 작 성 요 령 】

1. 소장 작성일 및 소 제기일은 2015. 1. 8.로 하시오.
2. 본 기록에 나타나 있는 사실관계만을 기초로 하여 법령 및 판례에 따라 의뢰인의 의사와 요구에 최대한 부합하는 내용으로 소장을 작성하되, 일부라도 패소하는 부분이 생기지 않도록 하시오.
3. 당사자가 여러 명인 경우에는 '피고 OOO'와 같은 방식으로 기재하고, '피고 1.' 등과 같이 기재하지 마시오.
4. 당사자의 주소가 여러 개일 경우 도로명 주소를 기재하시오.
5. <u>등기청구의 경우, 진정명의회복을 원인으로 소유권이전등기를 구하는 형태의 청구는 법리상 가능하더라도 택하지 마시오.</u>
6. 피고가 복수인 경우 <u>청구취지 및 청구원인은 피고별로 나누어 기재</u>하되, 공동소송의 요건은 모두 갖추어진 것으로 전제하고, 예비적·선택적 청구는 하지 마시오.
7. 기록 내에서 상대방이 명백히 의견을 밝히고 있어서 소송 중 제기할 것으로 예상되는 주장이나 항변 중 이유 없다고 판단되는 것은 소장을 통해 반박하시오.
8. '상담내용'은 모두 진실한 것으로 간주하고, 첨부된 서류는 진정하게 작성된 것으로 간주하시오.
9. '증명방법' 란과 '첨부서류' 란은 기재하지 말고, 소장에서 부동산을 표기할 필요가 있는 경우에는 아래 목록을 소장에 첨부한다고 전제하여 목록 번호를 인용하는 방식(예 : '별지 목록 제1. 기재 부동산')으로 기재하시오.

목 록 (부동산의 표시)

1. 서울특별시 강남구 포이동 671 대 330㎡

2. 서울특별시 강남구 포이동 671
   [도로명주소] 서울특별시 강남구 양재대로 22
   철골조 슬래브지붕 2층 근린생활시설
   1층 165㎡, 2층 165㎡

3. 서울특별시 서초구 양재동 274 잡종지 200㎡

4. 서울특별시 관악구 신림동 157
   [도로명주소] 서울특별시 관악구 대학로 674
   시멘트콘크리트조 슬래브지붕 상가 및 사무실
   1층 300㎡, 2층 300㎡, 3층 300㎡. 끝.

【참고자료 1】

각급 법원의 설치와 관할구역에 관한 법률 (일부)

제4조(관할구역) 각급 법원의 관할구역은 다음 각 호의 구분에 따라 정한다. 다만, 지방법원 또는 그 지원의 관할구역에 시·군법원을 둔 경우 「법원조직법」 제34조 제1항 제1호 및 제2호의 사건에 관하여는 지방법원 또는 그 지원의 관할구역에서 해당 시·군법원의 관할구역을 제외한다.
1. 각 고등법원·지방법원과 그 지원의 관할구역: 별표 3
   (이하 제2호 내지 제7호는 생략)

[별표 3] 고등법원·지방법원과 그 지원의 관할구역 (일부)

고등법원	지방법원	지원	관 할 구 역
서울	서울중앙		서울특별시 종로구·중구·강남구·서초구·관악구·동작구
	서울동부		서울특별시 성동구·광진구·강동구·송파구
	서울남부		서울특별시 영등포구·강서구·양천구·구로구·금천구
	서울북부		서울특별시 동대문구·중랑구·성북구·도봉구·강북구·노원구
	서울서부		서울특별시 서대문구·마포구·은평구·용산구
	의정부		의정부시·동두천시·양주시·연천군·포천시, 강원도 철원군. 다만, 소년보호사건은 앞의 시·군 외에 고양시·파주시·남양주시·구리시·가평군
		고양	고양시·파주시
		남양주	남양주시·구리시·가평군

【참고자료 2】

「상가건물 임대차보호법」의 적용 범위

적용지역	적용기간	법 적용 대상 보증금액	기 타
서울특별시	2008. 08. 21. ~ 2010. 07. 25.	260,000,000원 이하	1. 단, 종전 계약에 대해서는 종전의 규정이 적용됨. 2. 보증금 외에 차임이 있는 경우에는 월 단위의 차임액에 1분의 100을 곱하여 보증금에 합산함.
	2010. 07. 26. ~ 2013. 12. 31.	300,000,000원 이하	
	2014. 01. 01. ~ 현재	400,000,000원 이하	

의뢰인 상담일지

변호사 김영철 법률사무소

서울 서초구 서초로 75, 511호(서초동)
☎ 529-1000, 팩스 529-1001, 전자우편 yck@gmail.com

접수번호	2015-05	상담일시	2015. 1. 5.
상 담 인	조일제(종중 회장) 조승제, 조근호	내방경위	소제기 의뢰
관할법원		사건번호 (법원, 검찰)	

【 상 담 내 용 】

1. 풍산조씨신사공파종중(이하 '종중'이라고 함)은 서울 강남구 포이동 671 토지 상에 종중 회관 건물을 신축하기로 하고 젊은 나이에 사망한 종중원의 아들 조영만에게 공사를 도급 주었다. 종중은 공사대금 10억 원 중 5억 원을 선금으로 주었는데, 조영만은 그 돈 중 1억 원만 공사비로 쓰고 나머지는 주식 투자를 하다가 실패하고는 공사를 중단하였다.

2. 종중이 조영만을 형사고소 하겠다고 하자 조영만은 서울 서초구 양재동 274 잡종지(이하 '274 잡종지'라 함)에 관한 조경제(조영만의 부친) 명의의 등기권리증 사본을 보여주면서, 조영만이 임의로 사용한 돈 4억 원 중 1억 원에 대한 변제조로 조경제로부터 상속받은 274 잡종지의 지분을 종중에 넘겨주겠다고 하였다. 이예림(조영만의 모친)은 조영만의 위 양도약정과는 별도로 조영만이 손해를 끼친 위 4억 원 중 1억 원은 자신이 책임지고 변제하겠다고 약정하였다. 종중은 즉시 조영만에게서는 양도약정서를, 이예림에게서는 변제각서를 각 작성 받았고, 조영만은 공사현장에서 철수하였다.

- 5 -

3. 종중은 위 공사를 타처에 발주하여 공사대금을 모두 종중이 부담하고 공사를 완료하였다. 그런데 종중이 위 신축 건물에 관한 소유권보존등기를 하려고 보니, 이미 조영만 명의로 소유권보존등기가 되어 있었다. 종중은 종중 명의로 건축허가를 받는 것이 번거로워 일단 조영만 명의로 건축허가를 받고, 나중에 건축주명의를 종중 명의로 변경하기로 하였었는데, 이를 이용하여 조영만은 자신이 위 건물의 실제 건축주인 것처럼 행세하고 다니면서 한상수로부터 돈을 차용하여 사용하였다. 한상수가 위 건물을 가압류하였는데, 그 과정에서 위 건물에 관한 소유권보존등기가 이루어졌다.

4. 종중이 274 잡종지에 대한 등기기록을 조사하여 보니, 조영만이 18세이던 2011. 11. 5. 조경제가 사망하자 이예림이 조영만 본인과 상속재산 협의분할약정을 하고 이를 원인으로 274 잡종지를 단독으로 상속받았는데, 현재 274 잡종지는 손철민 명의로 이전되어 있다. 협의분할약정 당시 미성년자이던 조영만의 특별대리인이 선임된 적은 없다.

5. 이예림은 커피점을 경영하다가 손철민에게 위 커피점 영업권 일체를 넘기기로 하면서, 필요한 행정절차에 소요되는 위임장을 작성하라고 백지에 도장만 찍어주고, 미국 로스앤젤레스의 동생 집에 가 있었다. 손철민은 이런 사실을 모두 알면서도 "이예림이 274 잡종지를 손철민에게 매매한다."라는 내용으로 위 문서의 백지 부분을 보충하였다. 그리고 손철민은 자신이 이미 인수하여 영업하고 있던 위 커피점을 송달 주소지로 하여 위 274 잡종지에 대한 소유권이전등기를 구하는 내용의 소장이 송달되도록 한 후 자신이 고용한 점원으로 하여금 위 소장을 송달받게 하고, 이에 기하여 전부승소 확정판결을 받아 274 잡종지에 대한 소유권이전등기를 마쳤다. 이예림은 커피점을 넘길 때까지만 해도 재산이 많았으나 현재는 그녀의 명의로 된 재산이 아무것도 없다.

6. 조영만은 자신의 사무실 임차보증금반환채권 2억 원도 자신이 종중에 끼친 손해 중 나머지 2억 원에 대한 변제조로 종중에 양도하였고, 종중은 건물주 안영이에게 이 양도사실을 통지하였다. 그런데 안영이는 위 건물을 장그래에게 매도하였을 뿐만 아니라, 조영만의 사업자등록(신청일 : 2014. 3. 2.) 이전에 위 건물에 관하여 이미 신승운의 근저당권이 설정되어 있는 상태여서, 현재 종중으로서는 양도받은 임차보증금을 반환받을 수 있는지 걱정된다. 조영만은 위와 같이 임차보증금반환채권을 양도한 후 임대차기간이 만료되기도 전인 2014. 11. 30. 사무실 집기만 그대로 둔 채 사무실 문을 잠그고 잠적하였으며, 건물주 장그래는 이에 관하여 아무런 조치도 취하지 않고 있다.

【 의뢰인의 희망사항 】

종중원인 상담인들은 다음과 같이 희망하면서 김영철 변호사가 요청하는 적법한 위임장을 작성해 주었다.

① 종중 회관 건물의 소유권을 찾을 수 있는 판결을 받아 달라.

② 조영만에게서 양도받은 부동산 지분을 넘겨오고 조영만이 양도해 준 채권을 변제받을 수 있는 판결을 받아 달라.

③ 이예림이 변제하기로 한 돈을 지급받을 수 있는 판결을 받고 그 판결에 기하여 강제집행을 할 수 있도록 이예림의 재산도 확보해 달라. 끝.

등기사항전부증명서(말소사항 포함) - 토지

[토지] 서울특별시 강남구 포이동 671 고유번호 1107-1995-341247

【표　제　부】		(토지의 표시)			
표시번호	접 수	소재지번	지목	면 적	등기원인 및 기타사항
1 (전2)	1995년 6월 5일	서울특별시 강남구 포이동 671	대	330㎡	부동산등기법시행규칙부칙 제3조 제1항의 규정에 의하여 2001년 7월 14일 전산이기

【갑　　　구】		(소유권에 관한 사항)		
순위번호	등기목적	접 수	등기원인	권리자 및 기타사항
1 (전2)	소유권이전	1997년 7월 5일 제2453호	1997년 7월 3일 매매	소유자 이진영 510617-1579425 　성남시 분당구 정자동 467 　정자아파트 204동 307호
				부동산등기법시행규칙부칙 제3조 제1항의 규정에 의하여 2001년 7월 14일 전산이기
2	소유권이전	2007년 11월 16일 제23451호	2007년 11월 15일 매매	소유자 풍산조씨신사공파종중 　200725-1566772 　용인시 구성동 774 　대표자 조일제 401123-1566225 　용인시 구성동 234 거래가액 금500,000,000원

―― 이 하 여 백 ――

수수료 금 1,000원 영수함　관할등기소 서울중앙지방법원 등기국 / 발행등기소 법원행정처 등기정보중앙관리소

이 증명서는 등기기록의 내용과 틀림없음을 증명합니다.

서기 2015년 01월 03일

법원행정처 등기정보중앙관리소 전산운영책임관

* 실선으로 그어진 부분은 말소사항을 표시함.　　* 등기기록에 기록된 사항이 없는 갑구 또는 을구는 생략함.

문서 하단의 바코드를 스캐너로 확인하거나 **인터넷등기소(http://iros.go.kr)의** 발급확인 메뉴에서 발급확인번호를 입력하여 **위·변조 여부를 확인할 수 있습니다.** 발급확인번호를 통한 확인은 발행일부터 3개월까지 5회에 한하여 가능합니다.

발행번호11360011004936072010961250SLBO114951WOG295021311122　1/1　발행일 2015/01/03

대 법 원

등기사항전부증명서(말소사항 포함) - 건물

[건물] 서울특별시 강남구 포이동 671   고유번호 1109-2014-326925

【표 제 부】		(건물의 표시)		
표시번호	접 수	소재지번	건물내역	등기원인 및 기타사항
1		서울특별시 강남구 포이동 671 [도로명 주소] 서울특별시 강남구 양재대로 22	철골조 슬래브지붕 2층 근린생활시설 1층 165㎡ 2층 165㎡	2014년 12월 20일 등기

【갑 구】		(소유권에 관한 사항)		
순위번호	등기목적	접 수	등기원인	권리자 및 기타사항
1	소유권보존			소유자 조영만 930205-1255779 서울 성북구 성북로 25 가압류등기의 촉탁으로 인하여 2014년 12월 20일 등기
2	가압류	2014년 12월 20일 제26775호	2014년 12월 18일 서울북부지방법원 의 가압류결정 (2014카합2035)	청구금액 금200,000,000원 채권자 한상수 620515-1567242 서울 서초구 서초로 342

―― 이 하 여 백 ――

수수료 금 1,000원 영수함   관할등기소 서울중앙지방법원 등기국 / 발행등기소 법원행정처 등기정보중앙관리소

이 증명서는 등기기록의 내용과 틀림없음을 증명합니다.

서기 2015년 01월 03일

법원행정처 등기정보중앙관리소 전산운영책임관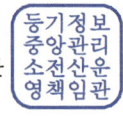

* 실선으로 그어진 부분은 말소사항을 표시함.   * 등기기록에 기록된 사항이 없는 갑구 또는 을구는 생략함.

문서 하단의 바코드를 스캐너로 확인하거나 **인터넷등기소**(http://iros.go.kr)의 **발급확인** 메뉴에서 **발급확인번호**를 입력하여
위·변조 여부를 확인할 수 있습니다. **발급확인번호**를 통한 확인은 발행일부터 3개월까지 5회에 한하여 가능합니다.

발행번호11360011004936072010961250SLBO114951WKK295021311567   1/1   발행일 2015/01/03
대 법 원

등기사항전부증명서(말소사항 포함) - 토지

[토지] 서울특별시 서초구 양재동 274　　　　　　고유번호 1124-2002-196566

【표제부】 (토지의 표시)

표시번호	접수	소재지번	지목	면적	등기원인 및 기타사항
1 (전2)	2002년 6월 5일	서울특별시 서초구 양재동 274	잡종지	200㎡	부동산등기법시행규칙부칙 제3조 제1항의 규정에 의하여 2003년 7월 14일 전산이기

【갑구】 (소유권에 관한 사항)

순위번호	등기목적	접수	등기원인	권리자 및 기타사항
1 (전2)	소유권이전	1997년 7월 5일 제2470호	1997년 7월 3일 매매	소유자 조경제 560321-1255771 서울 성북구 성북동 74
				부동산등기법시행규칙부칙 제3조 제1항의 규정에 의하여 2003년 7월 14일 전산이기
2	소유권이전	2012년 1월 5일 제1451호	2011년 11월 5일 협의분할에 의한 상속	소유자 이예림 610812-2456234 서울 송파구 송파로 62
3	소유권이전	2013년 7월 20일 제3573호	2012년 12월 17일 매매	소유자 손철민 700125-1347925 서울 강남구 삼성로 50

―― 이 하 여 백 ――

수수료 금 1,000원 영수함　　관할등기소 서울중앙지방법원 등기국 / 발행등기소 법원행정처 등기정보중앙관리소

이 증명서는 등기기록의 내용과 틀림없음을 증명합니다.

서기 2015년 01월 03일

법원행정처 등기정보중앙관리소 전산운영책임관

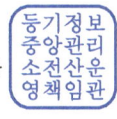

* 실선으로 그어진 부분은 말소사항을 표시함.　　* 등기기록에 기록된 사항이 없는 갑구 또는 을구는 생략함.

문서 하단의 바코드를 스캐너로 확인하거나 **인터넷등기소**(http://iros.go.kr)의 **발급확인** 메뉴에서 **발급확인번호**를 입력하여 위·변조 여부를 확인할 수 있습니다. **발급확인번호**를 통한 확인은 발행일부터 3개월까지 5회에 한하여 가능합니다.

발행번호11360011004936072010961250SLBO114951WOG295021311122　　1/1　　발행일 2015/01/03

대 법 원

등기사항전부증명서(말소사항 포함) - 건물

[건물] 서울특별시 관악구 신림동 157   고유번호 1548-2009-154769

【표 제 부】		(건물의 표시)		
표시번호	접 수	소재지번	건물내역	등기원인 및 기타사항
~~1~~	~~2009년 6월 23일~~	~~서울특별시 관악구 신림동 157~~	~~시멘트콘크리트조 슬래브지붕 상가 및 사무실 1층 300㎡ 2층 300㎡ 3층 300㎡~~	~~도면편철장 제7책 92면~~
2		서울특별시 관악구 신림동 157 [도로명 주소] 서울특별시 관악구 대학로 674	시멘트콘크리트조 슬래브지붕 상가 및 사무실 1층 300㎡ 2층 300㎡ 3층 300㎡	2013년 7월 16일 등기

【갑 구】		(소유권에 관한 사항)		
순위번호	등기목적	접 수	등기원인	권리자 및 기타사항
1	소유권보존	2009년 6월 23일 제1674호		소유자 안영이 740905-2315669 서울 영등포구 영등포동 30
2	소유권이전	2014년 10월 31일 제21223호	2014년 10월 31일 매매	소유자 장그래 770425-1566445 서울 성동구 성동대로 81 거래가액 금800,000,000원

【을 구】		(소유권 이외의 권리에 관한 사항)		
순위번호	등기목적	접 수	등기원인	권리자 및 기타사항
1	근저당권설정	2012년 5월 7일 제2301호	2012년 5월 6일 설정계약	채권최고액 금100,000,000원 채무자 안영이 서울 영등포구 영등포로 571 근저당권자 신숭운 800226-1544667 서울 동대문구 휘경로 337

── 이 하 여 백 ──

수수료 금 1,000원 영수함   관할등기소 서울중앙지방법원 등기국 / 발행등기소 법원행정처 등기정보중앙관리소

이 증명서는 등기기록의 내용과 틀림없음을 증명합니다.

서기 2015년 01월 03일

법원행정처 등기정보중앙관리소 전산운영책임관

* 실선으로 그어진 부분은 말소사항을 표시함.   * 등기기록에 기록된 사항이 없는 갑구 또는 을구는 생략함.

문서 하단의 바코드를 스캐너로 확인하거나 **인터넷등기소**(http://iros.go.kr)**의 발급확인** 메뉴에서 발급확인번호를 입력하여 **위·변조 여부를 확인할 수 있습니다. 발급확인번호**를 통한 확인은 발행일부터 3개월까지 5회에 한하여 가능합니다.

발행번호1136001100493607201096125OSLBO114951WKK295021311567   2/2   발행일 2015/01/03

공사도급계약서

공사목적물	● 위치 : 서울특별시 강남구 포이동 671 ● 건축할 건물 : 철골조 슬래브지붕 2층 근린생활시설 　　　　　　　1층 165㎡, 2층 165㎡. 합계 330㎡.
공사기간	● 2014. 3. 20. ~ 2014. 9. 19.
공사대금	● 총 공사금 : 10억 원 ● 지급방법 : ① 갑은 공사금 중 5억 원은 선급금으로 본 계약과 동시에 지급한다. ② 잔금 5억 원은 사용승인 후 갑 명의의 소유권보존등기를 마침과 동시에 지급한다.
기　타	● 건축허가는 편의상 을 명의로 받는다. ● 을은 공사 완료 후 지체 없이 갑 명의의 소유권보존등기절차에 협조하여야 한다.

2014. 3. 15.

갑 : 풍산조씨신사공파종중
용인시 구성동 774
회장 조일제 (인)

을 : 조영만(상호 : 풍진건업) (인)
서울 성북구 성북로 25
사무실주소 : 서울 관악구 대학로 674
전화 : 010-6515-4333

영 수 증

<u>금 5억 원정</u>

위 돈을 서울 강남구 포이동 671 지상 풍산조씨신사공파종중 회관 신축건물 공사금의 선수금으로 수령합니다.

2014. 3. 15.
조영만(풍진건업) (인)

제 적 등 본

본 적	충청북도 옥천군 옥천읍 삼양리 925번지의 3						
호적 편제	[편제일] 1980년 07월 10일						
호적 재제	[재제일] 2000년 04월 15일 [재제사유] 멸실우려(전산화)						
전산 이기	[이기일] 2002년 11월 11일 [이기사유] 호적법시행규칙 부칙 제2조 제1항						
전호주와의 관계	조승현의 자				전호적		
부	조승현	성별	남	본	입 적 또 는 신호적		
모	박복숙			豊山			
호주	조경제(趙經濟) 제적				출 생	서기 1956년 03월 21일	
					주민등 록번호	560321-1255771	
출생	[출생장소] 충청북도 옥천군 옥천읍 삼양리 925번지의 3 [신고일] 1956년 03월 23일 [신고인] 호주						
혼인	[혼인신고일] 1985년 01월 13일 [배우자] 이예림						
호주 상속	[호주상속일] 1980년 06월 29일 [호주상속사유] 전호주 사망 [신고일] 1980년 07월 10일						
부	이덕만	성별	여	본	전호적	경상남도 창녕군 고암면 계상리 53	
모	송애자			金海			
처	이예림(李豫琳) 제적				입 적 또 는 신호적		
					출 생	서기 1961년 08월 12일	
					주민등 록번호	610812-2456234	
출생	[출생장소] 경상남도 창녕군 고암면 계상리 53 [신고일] 1961년 08월 16일 [신고인] 호주						
혼인	[혼인신고일] 1985년 01월 13일 [배우자] 조경제						

부	조경제	성별	남	본	전호적	
모	이예림			豊山		
자	영만(榮晩) 제적			입적 또는 신호적		
				출생	서기 1993년 02월 05일	
				주민등록번호	930205-1255779	
출생	[출생장소] 서울 종로구 무악동 12 보람산부인과 [신고일] 1993년 02월 10일　　　[신고인] 호주					

위 등본은 제적의 내용과 틀림없음을 증명합니다.

서기 2015년 01월 03일

충청북도 옥천군 옥천읍장　(인)

가 족 관 계 증 명 서

등록기준지	충청북도 옥천군 옥천읍 삼양로 330

구분	성 명	출생연월일	주민등록번호	성별	본
본인	조경제(趙經濟) 사망	1956년 3월 21일	560321-1255771	남	豊山

가족사항

구분	성 명	출생연월일	주민등록번호	성별	본
부	조승현(趙承賢) 사망	1923년 4월 9일	230409-1245679	남	豊山
모	박복숙(朴福淑) 사망	1924년 8월 7일	240807-2784891	여	密陽
배우자	이예림(李豫琳)	1961년 8월 12일	610812-2456234	여	金海
자녀	조영만(趙榮晩)	1993년 2월 5일	930205-1255779	남	豊山

위 가족관계증명서는 가족관계등록부의 기록사항과 틀림없음을 증명합니다.

2015년 01월 03일

충청북도 옥천군 옥천읍장

기 본 증 명 서

등록기준지	충청북도 옥천군 옥천읍 삼양로 330

구 분	상 세 내 용
작 성	[가족관계등록부 작성일] 2008년 01월 01일 [작성사유] 가족관계의 등록 등에 관한 법률 부칙 제3조 제1항

구 분	성 명	출생연월일	주민등록번호	성별	본
본 인	조경제(趙經濟) 사망	1956년 3월 21일	560321-1255771	남	豊山

일반등록사항

구 분	상 세 내 용
출 생	[출생장소] 충청북도 옥천군 옥천읍 삼양리 925번지의 3 [신고일] 1956년 03월 23일 [신고인] 부 조승현
사 망	[사망장소] 서울 종로구 혜화동 15 서울대학교병원 [사망일] 2011년 11월 05일 [신고일] 2011년 11월 17일 [신고인] 처 이예림

위 기본증명서는 가족관계등록부의 기록사항과 틀림없음을 증명합니다.

2015년 01월 03일

충청북도 옥천군 옥천읍장

상속재산 협의분할 약정서

대상 부동산 표시 : 서울특별시 서초구 양재동 274 잡종지 200㎡

甲과 乙은 조경제(2011. 11. 5. 사망)에게서 상속받은 위 대상 부동산에 관하여 甲이 단독으로 그 소유권을 취득하기로 상속재산 협의분할을 한다.

2011년 12월 10일

甲 : 이예림(610812-2456234) (인)
　　주소 서울특별시 송파구 송파로 62

乙 : 조영만(930205-1255779) (인)
　　주소 서울특별시 송파구 송파로 62

부동산 양도 약정서

양도인 : 조영만
양수인 : 풍산조씨신사공파종중(회장 조일제)
양도대상 부동산 : 서울 서초구 양재동 274 잡종지 중 양도인의 지분

양도인이 양수인에게 부담하고 있는 공사대금 반환 채무 중 1억 원에 대한 변제조로 양도인은 양수인에게 위 양도대상 부동산을 양도합니다.

2014. 10. 15.

양도인 : 조영만(930205-1255779) (인)

양수인 : 풍산조씨신사공파종중
회장 조일제 (인)

변 제 각 서

각 서 인 : 이예림(610812-2456234)
　　　　　서울 송파구 송파로 62

각서수령인 : 풍산조씨신사공파종중(회장 조일제)

상기 본인은 아들 조영만이 종중 회관 건축공사 중단으로 인하여 귀 종중에 반환해야 할 공사대금 4억 원 중 1억 원을, 조영만이 귀 종중에 넘겨주기로 한 부동산 지분과는 별도로, 2014. 11. 14.까지 본인이 지급할 것을 약속합니다.

　　　　　　　　　　　　2014.　10.　15.

　　　　　　　　　　　각서인　이예림 (인)

　　　　　　　　　풍산조씨신사공파종중 귀중

결 의 서

풍산조씨신사공파종중은 임시회의를 개최하여 다음과 같이 결의하였다.

1. **일 시** : 2014년 12월 26일
2. **장 소** : 종중 사무실(용인시 구성동 774)
3. **참석자** : 재적 종중원 50인 중 회장 및 감사 포함 42인 출석(출석 내용은 별지와 같음)
4. **의 안** : 회관 공사대금 관련 소 제기의 건
5. **의결내용** :

① 회장은 다음과 같은 내용을 보고하고 소 제기에 관한 결의를 요구하였음.
본 종중은 회관 신축공사를 조영만에게 도급주면서 그 공사금의 일부로 5억 원을 지급하였음. 원래는 조영만의 부친 조경제에게 공사를 도급주려고 하였는데, 조경제가 젊은 나이에 사망하여 그 유족들을 도와주려고 종중이 결의하여 그 아들 조영만에게 공사를 도급주었음. 그런데 조영만이 종중의 기대에 반하여 1억 원어치 공사만 하고 나머지 공사를 중단하여 4억 원의 손해가 발생하였고, 그후 종중이 완공한 회관 건물도 조영만 명의로 소유권보존등기가 되어 있는 상태임. 이에 종중은 조영만의 서울 서초구 양재동 274 잡종지 지분을 위 4억 원 중 1억 원에 대한 변제조로 양도받기로 약정 받았음. 그 외에 별도로 조영만에게서 채권을 양도받았고, 이예림에게서는 따로 돈을 받기로 약정하였음. 그래서 종중 회관을 다시 찾고, 조영만에게서 양도받은 부동산과 채권을 실제로 받아내고, 이예림이 약정한 돈을 받아내기 위해서는 소송을 제기하여야 함. 이에 대한 결의를 요구함.

② 의사정족수는 충족되었고, 거수 표결한 결과 참석한 종중원 42인 중 35인이 찬성함.

위 회의록 내용은 사실과 틀림이 없음을 확인함.

2014. 12. 26.

확인인   1. 회장   조일제 (인)

　　　　 2. 감사   조상제 (인)

- 21 -

매 매 계 약 서

1. 매도인은 매수인에게 매도인 소유인 서울 서초구 양재동 274 잡종지를 매매대금 2억(200,000,000) 원에 매도한다.

2. 매도인은 금일 매수인에게서 매매대금 2억 원을 모두 받았다.

3. 매도인은 제1항 기재 매매목적물에 관한 소유권이 매수인에게 즉시 이전될 수 있도록 필요한 조치를 취해 주기로 한다.

2012. 12. 17.

매도인: 이예림 (인)
주민번호: 610812-2456234
주소: 서울 송파구 송파로 62

매수인: 손철민 (인)
주민번호: 700125-1347925
주소: 서울 강남구 삼성로 50

건 축 허 가 서

귀하께서 제출하신 건축허가신청서는 건축법령의 규정에 적합하므로 건축법시행규칙 제8조의 규정에 의하여 건축허가서를 교부합니다.

건축구분	신 축	허가일자	2014년 03월 18일
		설계변경일자	
허가번호	2014-건축과-신축허가-36		
건 축 주	조영만	주민등록번호	930205-1255779
대지위치	서울특별시 강남구 포이동 671		
대지면적(㎡)	330		
건축물명칭	종중 회관	주용도	업무시설
건축면적(㎡)	165	건폐율(%)	50
연면적(㎡)	330	용적률(%)	100
가설건축물존치기간			

동고유번호	동명칭및번호	연면적(㎡)	동고유번호	동명칭및번호	연면적(㎡)

* 건축물의 용도/규모는 전체건축물의 개요입니다.

2014년 03월 18일

서울특별시 강남구청장 (인)

부동산임대차계약서

부동산의 표시 : 서울특별시 관악구 신림동 157 지상 건물 3층 300㎡

제1조 위 부동산을 임대차함에 있어 임대인과 임차인은 쌍방 합의하에 아래 각 조항과 같은 조건으로 계약한다.

보증금	이억 (200,000,000)원	월세금액	일백만 (1,000,000)원 (매월 말일 후불)
계약금	일금 원정을 계약당일 임대인에게 지불하고		
중도금	일금 원정을 년 월 일 지불하고		
잔 금	일금 200,000,000 원정을 2013년 3월 1일 소개인 입회하에 지불키로 함. 위 금액을 전액 수령함. 2013. 3. 1. 안영이 (인)		

제2조 부동산은 2013년 3월 1일 인도하기로 한다.

제3조 임대기간은 2013년 3월 1일부터 2014년 12월 31일까지(1년 10개월)로 한다.

제4조 임차인은 임대인의 승인 없이는 건물의 형상을 변경할 수 없다.

특약사항 : 임차인은 임대차기간 동안 건물에 대한 제세공과금을 모두 책임지며, 법령을 위반하여 임대인이 여하한 불이익도 받게 해서는 안 된다.

위 계약조건을 틀림없이 지키기 위하여 본 계약서를 2부 작성하여 각자 1부씩 보관한다.

2013년 3월 1일

임대인	주소	서울특별시 영등포구 영등포로 571		
	성명	안 영 이 (인)	주민등록번호	740905-2315669
임차인	주소	서울 성북구 성북로 25		
	성명	조 영 만 (인)	주민등록번호	930205-1255779

사 업 자 등 록 증

(등록번호 관악 13-144293)

① 명칭(상호) : 풍진건업

② 대표자 : 조영만(930205-1255779)

③ 개업 연월일 : 2013년 3월 2일

④ 사업장 소재지 : 서울특별시 관악구 신림동 157, 3층
　　　　　　　　(도로명 주소 : 서울특별시 관악구 대학로 674)

⑤ 본점 소재지 : 상동

⑥ 사업의 종류 : [업태] 건설업, 건축업 [종목] 건설, 설비, 건축

⑦ 교부사유 : 신규

⑧ 주류판매 신고번호 : 해당 없음

2013년 3월 2일

서 울 관 악 세 무 서 장 [관악세무서장의직인]

채권 양도양수 통지서

수신인   안영이
         서울 영등포구 영등포로 571

1. 귀하의 사업이 번창하길 기원합니다.
2. 조영만은 종중회관 건립과 관련하여 본 풍산조씨신사공파종중에 4억 원의 금전적 피해를 입힌 바 있는데, 본 종중은 조영만으로부터 이에 대한 일부 변상조로 조영만이 귀하에 대하여 가지는 서울특별시 관악구 신림동 157 지상 건물 3층 300㎡에 관한 임대차보증금반환채권 2억 원을 양도받았습니다.
3. 본 종중은 첨부된 채권양도양수계약서 제5항에 따라 귀하에게 이와 같은 채권양도양수를 통지하는 바입니다.
4. 그러니 귀하께서는 임대차기간이 만료되면 즉시 조영만을 내보내시고 위 2억 원을 본 종중에게 반환하여 주시길 바랍니다.

첨부: 채권양도양수계약서

                    2014. 10. 16.

         통지인   풍산조씨신사공파종중
                  용인시 구성동 774
                  회장 조일제 (인)

[용인처인우체국 2014. 10. 16. 14-3456]

이 우편물은 2014년 10월 16일 등기 제3456호에 의하여 내용증명 우편물로 발송하였음을 증명함.
                            용인처인우체국장

채권양도양수계약서

1. 당사자
   양도인 : 조영만
   양수인 : 풍산조씨신사공파종중

2. 양도대상물
   조영만이 안영이에 대해 가지는 서울 관악구 신림동 157번지 지상 건물 3층 300㎡에 대한 임대차보증금반환채권 2억(200,000,000) 원

3. 양도 목적
   양도인은 양수인의 종중 회관 신축과 관련하여 양수인에게 재산상 피해를 입힌 바, 그 피해액의 일부에 대한 변제조로 위 임대차보증금반환채권을 전부 양수인에게 양도함.

4. 책임면제
   양수인이 양도인으로부터 양도받은 2억 원의 채권 범위 내에서는 더 이상 양도인에게 민·형사상의 책임을 묻지 않기로 함.

5. 양도통지권 위임
   양도인은 본 양도양수계약 내용에 대하여 채무자에게 통지할 권한을 양수인에게 위임함.

2014. 10. 15.

양도인 조영만(930205-1255779) (인)
서울 성북구 성북로 25

양수인 풍산조씨신사공파종중
회장 조일제 (인)

우편물배달증명서

수취인의 주거 및 성명
　서울특별시 영등포구 영등포로 571 안영이

접수국명	용인처인	접수연월일	2014년 10월 16일
접수번호	제3456호	배달연월일	2014년 10월 18일

적　요
　본인 수령
　안영이 (안영)

2014. 10. 18.

용인처인우체국 (용인처인우체국장인)

통고에 대한 답신

수 신 : 이예림 (610812-2456234)
　　　　서울 송파구 송파로 62

1. 귀하의 통고장을 잘 받아보았습니다.
2. 귀하는 서울특별시 서초구 양재동 274 잡종지 200㎡에 관하여 2013. 7. 20. 자로 마쳐진 제 명의의 소유권이전등기에 대하여 해명을 요구한 바 있습니다. 그러나 저는 위 잡종지가 제 소유라는 점에 관하여 서울중앙지방법원으로부터 판결을 이미 받았고, 그 판결은 확정되었으므로 제 소유권을 부인할 수는 없는 것입니다.
3. 귀하는 제가 귀하에 대하여 위 잡종지에 관한 소를 제기한 사실도 몰랐고, 위와 같은 판결이 나온 사실도 전혀 몰랐다고 말씀하고 계십니다. 그러나 저는 위 소를 제기할 당시 귀하가 미국에 가 계신 것은 알았지만 다른 방도가 없어서 귀하의 최종 영업지였던 '예림' 커피점을 귀하의 송달장소로 특정하였고, 모든 소송서류 및 판결정본까지 위 주소로 송달되도록 하였던 것입니다. 따라서 귀하가 위와 같은 소 제기 사실이나 판결을 몰랐다고 하더라도 이는 귀하의 잘못이므로 귀하는 판결에서 이미 인정한 저의 소유권을 부인할 수 없습니다.
4. 제가 위 잡종지에 관하여 적법하게 소유권이전등기를 넘겨왔다는 점에 대한 증거자료로 제가 받은 판결문을 첨부하오니 참고하시기 바랍니다.

첨부 : 판결문 및 확정증명 사본

　　　　　　　　　　　　　　　　2014. 11. 27.

　　　　　　　　　발신인　　손철민 (700125-1347925)
　　　　　　　　　　　　　　서울 강남구 삼성로 50

서 울 중 앙 지 방 법 원

제 23 민 사 부

판 결

사　　건	2013가합36104 소유권이전등기
원　　고	손철민 (700125-1347925)
	서울 강남구 삼성로 50
피　　고	이예림 (610812-2456234)
	서울 송파구 송파로 62
	송달장소 서울 송파구 송파로 80 '예림' 커피점
변론종결	2013. 5. 20.
판결선고	2013. 6. 1.

주　　문

1. 피고는 원고에게 서울 서초구 양재동 274 잡종지 200㎡에 관하여 2012. 12. 17. 매매를 원인으로 한 소유권이전등기절차를 이행하라.
2. 소송비용은 피고가 부담한다.

청 구 취 지

주문과 같다.

이 유

원고는 2012. 12. 17. 피고에게서 서울 서초구 양재동 274 잡종지 200㎡를 매수하였다고 주장하는바, 민사소송법 제150조에 의하여 피고는 이를 자백한 것으로 본다. 따라서 원고의 이 사건 청구는 이유 있으므로 전부 인용하고, 소송비용의 부담에 관하여는 민사소송법 제98조를 적용하여 주문과 같이 판결한다.

재판장   판사   이호영 _____

판사   이정현 _____

판사   정명훈 _____

정 본 입 니 다.

2013. 6. 1.

서울중앙지방법원

법원주사 최 화 석

확정증명원

사　　건　　2013가합36104 소유권이전등기

원　　고　　손철민

피　　고　　이예림

위 당사자 간 귀원 2013가합36104 소유권이전등기 사건에 관하여 2013. 6. 1. 선고된 판결이 2013. 6. 25. 확정되었음을 증명하여 주시기 바랍니다.

2013. 6. 30.

신청인 원고 손철민

서울중앙지방법원 귀중

위 사실을 증명합니다.

2013. 6. 30.

서울중앙지방법원

법원주사 한성균 (인)

통고에 대한 답신

수 신 : 풍산조씨신사공파종중(회장 : 조일제)
　　　　용인시 구성동 774

1. 귀 종중의 번창을 기원합니다.
2. 귀 종중은 조영만에게서 제 소유의 서울특별시 관악구 신림동 157 지상 건물 3층 300㎡에 대한 2억 원의 임대차보증금반환채권을 양수하였다고 주장하면서 저에게 위 임대차보증금의 반환을 요구하고 계십니다. 그러나 저는 위 임대차보증금반환채권의 양도양수계약을 전혀 알지 못하고 통지를 받은 바도 없습니다. 또한 저는 조영만과 임대차계약을 체결한 적이 없을 뿐만 아니라 위 건물의 전 소유자인 안영이로부터 위 건물을 매수할 당시 안영이의 임대인의 지위를 승계하는 데 동의한 바도 없습니다. 따라서 설사 귀 종중이 조영만으로부터 위 임대차보증금반환채권을 양수한 게 사실이라 하더라도 조영만이 임대차계약을 체결한 안영이에게 반환을 청구하여야지 저에게 청구할 수는 없는 것입니다.
3. 설사 제가 임대인의 지위를 승계한다고 하더라도 위 건물에 관해서는 신승운의 채권최고액 1억 원의 선순위 근저당권이 설정되어 있으므로 조영만은 자신의 임차권을 저에게 주장할 수 없습니다.
4. 또한 조영만은 2014. 11. 30. 이후 잠적하였는데, 자신이 사용하던 집기들을 그대로 둔 채 출입문을 잠그고 위 건물을 반환해주지도 않고 있습니다. 저는 조영만에게서 위 건물을 반환받기 전까지는 임대차보증금을 한 푼도 반환할 수 없습니다. 뿐만 아니라 조영만이 미지급한 월세 등이 있다면 이 또한 임대차보증금에서 먼저 공제가 되어야 할 것인데, 저는 조영만에게서 어떤 명목으로든 받은 돈이 한 푼도 없습니다.

2014. 12. 26.

발신인　장그래 (770425-1566445)
　　　　서울 성동구 성동대로 81

답 변 서

수 신 : 풍산조씨신사공파종중(회장 : 조일제)

　　　　용인시 구성동 774

1. 문의하신 사항에 관하여 아래와 같이 답변을 드립니다.

2. 본인은 2013. 3. 1. 조영만과 그 당시 제 소유였던 서울특별시 관악구 신림동 157 지상 건물 3층 300㎡에 관하여 임대기간 2013. 3. 1.부터 2014. 12. 31.까지, 임대차보증금 200,000,000원, 월 차임 1,000,000원을 내용으로 하는 임대차계약을 체결하고 계약 당일 위 보증금 전액을 수령하고 위 건물 3층 부분을 인도하였습니다.

3. 조영만은 2014. 10. 31.까지의 차임은 모두 지급하였으나 그 이후의 차임 등은 저에게 지급한 바 없고, 연락도 전혀 되지 않고 있습니다.

　　　　　　　　　　　2014. 12. 17.

　　　　　발신인　　안영이 (740905-2315669) (인)

　　　　　　　　　서울 영등포구 영등포로 571

내 용 증 명

수 신 : 이예림 (610812-2456234)
　　　　서울 송파구 송파로 62

1. 어머니 저 영만이에요. 먼저 제가 어머니께 이런 내용으로 내용증명을 보내게 되어 죄송하다는 말씀 드립니다.

2. 어머니도 아시다시피 아버지가 갑자기 돌아가시고 풍산조씨신사공파종중에서 어머니와 저를 불쌍히 여겨 아버지가 원래 맡아 하시기로 하셨던 종중 회관 건축공사를 저에게 도급하여 주었습니다. 그런데 제가 선수금 5억 원 중 4억 원을 날려 먹어서 종중이 저에 대한 법적 조치를 취하려고 준비하고 있다고 합니다. 그래서 저는 종중에 대하여 끼친 손해 중 일부 변제조로 아버지로부터 상속받은 서울특별시 서초구 양재동 274 잡종지 중 제가 가지게 되는 지분을 종중에게 넘겨주기로 약정을 하였습니다. 그런데 어머니께서 2012. 1. 5. 위 잡종지에 관하여 소유권이전등기를 마치셨고, 현재 손철민이라는 사람 앞으로 소유권이 넘어가 있어서 종중에 제 지분을 넘겨줄 수 없는 상황입니다. 비록 제가 2011. 12. 10. 어머니와 위 잡종지에 관하여 상속재산 협의분할약정을 체결한 적은 있지만, 그 당시 저는 18세에 불과하였고, 법을 잘 아는 사람에게 물어보니 어머니께서 저의 특별대리인 선임 청구를 법원에 하지 않고 저와 법률행위를 하셨기 때문에 위 분할약정은 무효라고 합니다. 만약 무효가 아니라면 저는 이 내용증명 송달로써 상속재산 협의분할약정을 취소하는 바입니다.

3. 어머니께서 1억 원이나 갚아 주시기로 하셨는데, 제가 이렇게까지 해서 정말 죄송합니다. 그러나 제가 위 잡종지 지분을 종중에 넘겨주지 못할 경우 종중에서 저를 형사고소한다고 하여 저도 부득이 이러한 내용증명을 보내오니 이해 부탁드립니다.

　　　　　　　　　　　　　2014. 12. 26.

　　　　　　　　　　　발신인 조영만 (930205-1255779)
　　　　　　　　　　　서울 성북구 성북로 25

이 우편물은 2014년 12월 26일 등기 제12975호에 의하여 내용증명 우편물로 발송하였음을 증명함.
　　　　　　　　서울성북우체국장

우 편 물 배 달 증 명 서

수취인의 주거 및 성명
　　서울특별시 송파구 송파로 62 이예림

접수국명	서울성북	접수연월일	2014년 12월 26일
접수번호	제12975호	배달연월일	2014년 12월 31일

적　요 　　본인 수령 　　이예림 (인)	2014. 12. 31. 서울성북우체국 (서울성북우체국장인)

기록이면표지

확 인 : 법무부 법조인력과장

민사법
기록형

lawyers

2015년도 **제4회**
변호사 시험

문제해결 TIP

기록 1면

【문제】

귀하는 서울 서초구 서초로 75, 511호(서초동)에서 개업을 한 변호사 김영철이다. 귀하는 2015. 1. 5. 조일제 등에게 〈의뢰인 상담일지〉에 기재된 내용과 같이 상담을 해주고 사건을 수임하면서 첨부된 서류를 자료로 받았다. 의뢰인을 위하여 법원에 소장을 아래 작성요령에 따라 작성하시오.

【작성요령】

(소장의 작성일자는 소멸시효 및 제척기간의 기준일로써 메모작성시 반드시 기재하여야 한다.)

1. 소장 작성일 및 소 제기일은 2015. 1. 8.로 하시오.

2. 본 기록에 나타나 있는 사실관계만을 기초로 하여 법령 및 판례에 따라 의뢰인의 의사와 요구에 최대한 부합하는 내용으로 소장을 작성하되, 일부라도 패소하는 부분이 생기지 않도록 하시오.

3. 당사자가 여러 명인 경우에는 '피고 ○○○'와 같은 방식으로 기재하고, '피고 1.'등과 같이 기재 하지 마시오.

4. 당사자의 주소가 여러 개일 경우 도로명 주소를 기재하시오.

5. 등기청구의 경우, 진정명의회복을 원인으로 소유권이전등기를 구하는 형태의 청구는 법리상 가능하더라도 택하지 마시오.

6. 피고가 복수인 경우 청구취지 및 청구원인은 피고별로 나누어 기재해 추어진 것으로 전제하고, 예비적·선택적 청구는 하지 마시오.

(변호사시험에서는 진정명의회복을 위한 이전등기가 허용되지 않으므로, 반드시 지분의 말소등기 또는 순차 말소등기의 청구의 방식으로 청구취지를 작성하여야 한다.)

7. 기록 내에서 상대방이 명백히 의견을 밝히고 있어서 소송 중 제기할 것으로 예상되는 주장이나 항변 중 이유 없다고 판단되는 것은 소장을 통해 반박하시오.

8. '상담내용'은 모두 진실한 것으로 간주하고, 첨부된 서류는 진정하게 작성된 것으로 간주하시오.

9. '증명방법'란과 '첨부서류'란은 기재하지 말고, 소장에서 부동산을 표기할 필요가 있는 경우에는 아래 목록을 소장에 첨부한다고 전제하여 목록번호를 인용하는 방식(예 : '별지 목록 제1. 기재 부동산')으로 기재하시오.

(실무에서는 통상 '별지 목록 기재 제1부동산'의 형식으로 기재하나, 문제에서 '별지 목록 제1. 기재 부동산'의 형식으로 기재할 것을 요구하였으므로 이에 따라야 한다.)

목 록 (부동산의 표시)

1. 서울특별시 강남구 포이동 671 대 330㎡

2. 서울특별시 강남구 포이동 671

    [도로명주소] 서울특별시 강남구 양재대로 22

    철골조 슬래브지붕 2층 근린생활시설

    1층 165㎡, 2층 165㎡ ·············· 건물 전체가 별지 목록 제2. 기재 부동산임을 유의할 것

3. 서울특별시 서초구 양재동 274 잡종지 200㎡

4. 서울특별시 관악구 신림동 157

    [도로명주소] 서울특별시 관악구 대학로 674

    시멘트콘크리트조 슬래브지붕 상가 및 사무실

    1층 300㎡, 2층 300㎡, 3층 300㎡. 끝. ·············· 건물 전체가 별지 목록 제4. 기재 부동산임을 유의할 것.

【참고자료 1】

각급 법원의 설치와 관할구역에 관한 법률 (일부)

제4조(관할구역) 각급 법원의 관할구역은 다음 각 호의 구분에 따라 정한다. 다만, 지방법원 또는 그 지원의 관할구역에 시·군법원을 둔 경우·법원조직법·제34조 제1항 제1호 및 제2호의 사건에 관하여는 지방법원 또는 그 지원의 관할구역에서 해당 시·군법원의 관할구역을 제외한다.

1. 각 고등법원·지방법원과 그 지원의 관할구역 : 별표 3

   (이하 제2호 내지 제7호는 생략)

> 2014. 12. 30. 기준으로 성북구의 관할은 서울북부지방법원으로 변경되었음을 유의할 것.

[별표 3] 고등법원·지방법원과 그 지원의 관할구역 (일부)

고등법원	지방법원	지원	관할구역
서울	서울중앙		서울특별시 종로구·중구·성북구·강남구·서초구·관악구·동작구
	서울동부		서울특별시 성동구·광진구·강동구·송파구
	서울남부		서울특별시 영등포구·강서구·양천구·구로구·금천구
	서울북부		서울특별시 동대문구·중랑구·성북구·도봉구·강북구·노원구
	서울서부		서울특별시 서대문구·마포구·은평구·용산구
	의정부		의정부시·동두천시·양주시·연천군·포천시·가평군, 강원도 철원군. 다만, 소년보호사건은 앞의 시·군 외에 고양시·파주시·남양주시·구리시·가평군
		고양	고양시·파주시
		남양주	남양주시·구리시·가평군

기록 4면

【참고자료 2】

「상가건물 임대차보호법」의 적용 범위

적용지역	적용기간	법 적용 대상 보증금액	기타
서울특별시	2008. 08. 21 ~ 2010. 07. 25.	260,000,000원 이하	1. 단, 종전 계약에 대해서는 종전의 규정이 적용됨. 2. 보증금 외에 차임이 있는 경우에는 월 단위의 차임액에 1분의 100을 곱하여 보증금에 합산함.
	2010. 07. 26 ~ 2013. 12. 31.	300,000,000원 이하	
	2014. 01. 01 ~ 현재	400,000,000원 이하	

환산 보증금의 산정방법(상가건물 임대차보호법시행령 제2조) : 약정 보증금 + (월 차임 × 100)

의뢰인 상담일지

변호사 김영철 법률사무소

서울 서초구 서초로 75, 511호 (서초동)
☎ 529-1000, 팩스 529-1001, 전자우편 yck@gmail.com

접수번호	2015-05	상담일시	2015. 1. 5.
상 담 인	조일제(종중 회장) 조승제, 조근호	내방경위	소제기 의뢰
관할법원		사건번호 (법원, 검찰)	

【상담내용】

> 종중이 당사자이다. 종중이 소송당사자가 될 수 있는지 여부는 설명할 필요는 없으나, 종중의 당사자 기재방법을 따라야 한다.

> 종중이 조영만에 대한 4억 원의 반환채권을 보유하고 있다. 이 사건 소장의 기본구조를 형성하는 금전채권이 될 수 있으므로, 메모작성에 반드시 기재하여야 한다.

1. 풍산조씨신사공파종중(이하 '종중'이라고 함)은 서울 강남구 포이동 671 토지 상에 종중 회관 건물을 신축하기로 하고 젊은 나이에 사망한 종중원의 아들 조영만에게 공사를 도급 주었다. 종중은 공사대금 10억 원 중 5억 원을 선금으로 주었는데, 조영만은 그 돈 중 1억 원만 공사비로 쓰고 나머지는 주식 투자를 하다가 실패하고는 공사를 중단하였다.

2. 종중이 조영만을 형사고소 하겠다고 하자 조영만은 서울 서초구 양재동 〔 〕('274 잡종지'라 함)에 관한 조경제(조영만의 부친) 명의의 등기권리증 사본을 보여주면서, 조영만이 임의로 사용한 돈 4억 원 중 1억 원에 대한 변제조로 조경제로부터 상속받은 274 잡종지의 지분을 종중에 넘겨주겠다고 하였다. 이예림(조영만의 모친)은 조영만의 위 양도약정과는 별도로 조영만이 손해를 끼친 위 4억 원 중 1억 원은 자신이 책임지고 변제하겠다고 약정하였다. 종중은 즉시 조영만에게서는 양도약정서를, 이예림에게서는 변제각서를 각 작성 받았고, 조영만은 공사현장에서 철수하였다.

> 대물변제의 약정에 해당한다.

> 변제약정에 따른 약정금 청구에 해당한다. 즉, 도급계약에 따른 도급금의 반환청구가 아닌 별도의 약정에 따른 약정금 청구이고, 청구원인에 변제약정을 기재하여야 한다.

> 무효의 보존등기가 경료된 경우 위 보존등기를 말소하고, 진정한 소유권자가 새로이 보존등기를 신청하여야 한다.

> 종중이 자신의 비용으로 건물을 완성하였으므로, 일응 소유권을 원시취득할 수 있음을 의미한다. 이후 기록에 첨부된 도급계약서에 '소유권의 귀속'에 관한 특약이 있는지 확인하여야 한다.

3. 종중은 위 공사를 타처에 발주하여 공사대금을 모두 종중이 부담하고 공사를 완료하였다. 그런데 종중이 위 신축 건물에 관한 소유권보존등기를 하려고 보니, 이미 조영만 명의로 소유권 보존등기가 되어 있었다. 종중은 종중로 건축허가를 받고, 나중에 건축주명

> 건축허가 명의가 소유권의 귀속에 관한 추정력이 있는지 여부에 관한 문제이다.

번거로워 일단 조영만 명의로 하였었는데, 이를 이용하여 조영만은 자신이 위 건물의 실제 건축주인 것처럼 행세하고 다니면서 한상수로부터 돈을 차용하여 사용하였다. 한상수가 위 건물을 가압류하였는데, 그 과정에서 위 건물에 관한 소유권보존등기가 이루어졌다.

> 위 소유권보존등기가 미등기건물의 처분제한등기촉탁에 따른 소유권보존등기에 해당하는지 확인하여야 한다.

> 이해상반행위에 해당하는지 여부, 이예림의 등기가 상속등기이므로 상속회복청구권에 해당하는지 여부에 대하여 확인하여야 한다.

4. ~~~~~~~~~~~~~~~~~~~ 조사하여 보니, 조영만이 18세이던 2011. 11. 5. 조경제가 사망하자 이예림이 조영만 본인과 상속재산 협의분할약정을 하고 이를 원인으로 274 잡종지를 단독으로 상속받았는데, 현재 274 잡종지는 손철민 명의로 이전되어 있다. 협의분할약정 당시 미성년자이던 조영만의 특별대리인이 선임된 적은 없다.

> 민법 제921조에 위반한 것임을 의미한다.

> 상법상 영업양도가 출제되었다는 것을 의미하는데, 이 경우 수험생들은 이와 관련된 채권은 모두 상사채권의 법리가 적용(시효, 이자율, 보증 등)된다는 점을 반드시 유의하고 기록을 검토하여야 한다.

5. 이~~~~~~~~~~~~~ 커피점 영업권 일체를 넘기기로 하면서, 필요한 행~~~~~~~~~~ ~~지에 도장

> 위법한 백지보충에 따른 매매계약서의 위조임을 의미한다.

생 집에 가 있었다. 손철민은 이런 사실을 모두 알면서 게 매매한다."라는 내용으로 위 문서의 백지 부분을 보충하였다. 그리고 손철민은 자신이 이미 인수하여 영업하고 있던 위 커피점을 송달 주소지로 하여 위 274 잡종지에 대한 소유권이전 등기를 구하는 내용의 소장이 송달되도록 한 후 자신이 고용한 점원으로 하여금 위 소장을 송달받게 하고, 이에 기하여 전부승소 확정판결을 받아 274 잡종지에 대한 소유권이전등기를 마쳤다. 이예림은 커피점을 넘길 때까지만 해도 재산이 많았으나 현재는 그녀의 명의로 된 재산이 아무것도 없다.

> 위조된 계약서를 근거로 소송을 제기하여 확정판결을 받았는데, 이 경우 수험생들은 위 확정판결의 극복방법(청구원인을 다르게 구성하거나, 아예 기판력 자체를 부인하는 방법)을 미리 염두하고 이후 기록을 검토하여야 한다.

> 이예림이 현재 무자력임을 의미한다. 무자력이 전제사실로 주어지면, 반드시 채권자대위나 채권자취소가 출제된다는 것을 의미하는데, 채권자대위로 청구원인을 구성하는 경우에는 무자력의 일시는 중요하지 않지만, 채권자취소로 청구원인을 구성하는 경우에는 무자력의 일시가 중요하므로 메모작성시 반드시 기재하여야 한다.

> 사업자등록일이 기재되었다는 것은 상가건물임대차의 대항력과 우선변제일이 출제될 수 있다는 것을 의미한다.

> 채권양도가 출제되면, 이후 기록에서 채권양도일자, 통지일자, 통지권자가 누구인지 반드시 확인을 하여야 한다. 그리고, 임차보증금의 양도의 경우에는 보증금양수인의 임대인을 대위하여 임차인을 상대로 한 인도청구가 출제될 수 있음을 유의하고 기록을 검토하여야 한다.

6. 조영만은 자신의 사무실 임차보증금반환채권 2억 원도 자신이 종중에 끼친 손해 중 나머지 2억 원에 대한 변제조로 종중에 양도하였고, 종중은 건물주 안영이에게 이 양도사실을 통지하였다. 그런데 안영이는 위 건물을 장그래에게 매도하였을 뿐만 아니라, 조영만의 사업자등록(신청일 : 2013. 3. 2.) 이전에 위 건물에 관하여 이미 신승운의 근저당권이 설정되어 있는 상태여서, 현재 종중으로서는 양도받은 임차보증금을 반환받을 수 있는지 걱정된다. 조영만은 위와 같이 임차보증금반환채권을 양도한 후 임대차기간이 만료되기도 전인 2014. 11. 30. 사무실 집기만 그대로 둔 채 사무실 문을 잠그고 잠적하였으며, 건물주 장그래는 이에 관하여 아무런 조치도 취하지 않고 있다.

> 사무실을 시정하고, 집기를 그대로 두고 퇴거한 것이 임대목적물의 사용에 해당하는지 여부에 관한 판례를 묻는 것이다. 대법원 1998. 7. 10. 선고 98다8554 판결의 취지에 따라 2014. 11. 30. 기준으로 점유·사용이 종료되었음을 유의하여야 한다.

> 기록에서 '아무런 조치를 취하지 않는다'고 기재하는 것은 채권자대위권의 법리에 따라 청구원인을 구성하라고 힌트를 주는 것이다.

【의뢰인의 희망사항】

종중원인 상담인들은 다음과 같이 희망하면서 김영철 변호사가 요청하는 적법한 위임장을 작성해 주었다.

① 종중 회관 건물의 소유권을 찾을 수 있는 판결을 받아 달라.
② 조영만에게서 양도받은 부동산 지분을 넘겨오고 조영만이 양도해 준 채권을 변제받을 수 있는 판결을 받아 달라.
③ 이예림이 변제하기로 한 돈을 지급받을 수 있는 판결을 받고 그 판결에 기하여 강제집행을 할 수 있도록 이예림의 재산도 확보해 달라. 끝.

> 소장의 전체적인 구성방법을 지시하는 것으로써, 의뢰인의 상담내용과 이를 토대로 전체적이고, 개괄적인 소송의 틀을 미리 결정하여야 한다. 이 단계에서 모범답안의 청구취지와 같은 소송의 틀을 미리 결정해 놓지 않으면 이후 소송기록을 보더라도 제대로 된 메모를 할 수 없다.

등기사항전부증명서(말소사항 포함) - 토지

[토지] 서울특별시 강남구 포이동 671 고유번호 1107-1995-341247

【표 제 부】		(토지의 표시)			
표시번호	접수	소재지번	지목	면적	등기원인 및 기타사항
1 (전 2)	1995년 6월 5일	서울특별시 강남구 포이동 671	대	330㎡	부동산등기법시행규칙부칙 제3조 제1항의 규정에 의하여 2001년 7월 14일 전산이기

【갑 구】		(소유권에 관한 사항)		
순위번호	등기목적	접수	등기원인	권리자 및 기타사항
1 (전 2)	소유권이전			소유자 이진영 510617-1579425 성남시 분당구 정자동 467 ○○자아파트 204동 307호 부동산등기법시행규칙부칙 제3조 제1항의 규정에 의하여 2001년 7월 14일 전산이기
2	소유권이전	2007년 11월 16일 제23451호	2007년 11월 15일 매매	소유자 풍산조씨신사공파종중 200725-1566772 용인시 구성동 774 대표자 조일제 401123-1566225 용인시 구성동 234 거래가액 금 500,000,000

종중이 포이동 671토지의 소유권자임을 의미하고, 등기원인과 등기접수번호를 메모하여야 한다. 소유권에 기한 물권적 청구권을 행사하는 경우, 원고가 소유권자인 사실이 요건사실이 되는데, 등기부상 소유권자로 기재된 사실을 증명함으로써 위 요건사실의 증명에 갈음한다. 따라서 기록 중 등기부에서 소유권의 변동내역은 반드시 메모를 하여야 한다.

— 이 하 여 백 —

수수료 1,000원 영수함   관할등기소 서울중앙지방법원 등기국/ 발행등기소 법원행정처 등기정보중앙관리소

이 증명서는 등기기록의 내용과 틀림없음을 증명합니다.

서울중앙지방법원이 관할등기소가 된다. '등기소'는 별도의 관청이므로 청구취지에 기재하여야 하나, '등기국'은 별도의 관청이 아니므로 청구취지에 기재할 필요가 없다.

서기 2015년 01월 03일

행정처 등기정보중앙관리소 전산운영책임관

*실선으로 그어진 부분은 말소사항을 표시함. * 등기기록에 기록된 사항이 없는 갑구 또는 을구는 생략함.

문서 하단의 바코드를 스캐너로 확인하거나 **인터넷등기소**(http://iros.go.kr)의 발급확인 메뉴에서 발급확인번호를 입력하여 위·변조 여부를 확인할 수 있습니다. 발급확인번호를 통한 확인은 발행일로부터 3개월까지 5회에 한하여 가능합니다.

발행번호 11360011004936072010961250SLBB0114951WOG295021311122   1/1   발행일 2015/01/03

기록 9면

등기사항전부증명서(말소사항 포함) - 건물

[건물] 서울특별시 강남구 포이동 671   고유번호 1109-2014-326925

【표 제 부】 (건물의 표시)

표시번호	접수	소재지번	건물내역	등기원인 및 기타사항
1		서울특별시 강남구 포이동 671 [도로명 주소]	철골조 슬래브지붕 2층 근린생활시설 1층 165㎡	2014년 12월 20일 등기

> 위 소유권보존등기는 미등기건물의 처분제한등기촉탁에 따른 소유권보존등기에 해당하므로, 소유권보존등기시 등기원인에 처분제한에 의하여 소유권등기를 한다는 뜻을 기록하여야 하고, 보존등기의 말소청구시 처분제한의 등기촉탁에 의한 등기임을 표시하여야 한다. 그리고 위와 같은 소유권보존등기의 경우 보존등기 자체의 접수번호가 없으므로, 말소청구시 접수번호를 기재하지 않는다.

【갑 구】

순위번호	등기목적	접수	등기원인	권리자 및 기타사항
1	소유권보존			조영만 930205-1255779 서울 성북구 성북로 25 **가압류등기의 촉탁으로 인하여 2014년 12월 20일 등기**
2	가압류	2014년 12월 20일 제26775호	2014년 12월 18일 서울북부지방법원의 가압류결정 (2014카합2035)	청구금액 금200,000,000원 채권자 한상수 620515-1567242 서울 서초구 서초로 342

- 이 하 여 백 -

수수료 1,000원 영수함   관할등기소 **서울중앙지방법원 등기국** / 발행등기소 법원행정처 등기정보중앙관리소

이 증명서는 등기기록의 내용과 틀림없음을 증명합니다.

관할등기소는 서울중앙지방법원이다.

서기 2015년 01월 03일
법원행정처 등기정보중앙관리소 전산운영책임관

*실선으로 그어진 부분은 말소사항을 표시함. * 등기기록에 기록된 사항이 없는 갑구 또는 을구는 생략함.

문서 하단의 바코드를 스캐너로 확인하거나 인터넷등기소(http://iros.go.kr)의 발급확인 메뉴에서 발급확인번호를 입력하여 위·변조 여부를 확인할 수 있습니다. 발급확인번호를 통한 확인은 발행일로부터 3개월까지 5회에 한하여 가능합니다.

발행번호 11360011004936072010961250SLBO114951WKK295021311567   1/1   발행일 2015/01/03

대 법 원

기록10면

등기사항전부증명서(말소사항 포함) - 토지

[토지] 서울특별시 서초구 양재동 274   고유번호 1124-2002-196566

【 표 제 부 】   (토지의 표시)

표시번호	접수	소재지번	지목	면적	등기원인 및 기타사항
			잡종지	200㎡	부동산등기법시행규칙부칙 제3조 제1항의 규정에 의하여 2003년 7월 14일 전산이기

> 참칭상속인이 되려면 반드시 상속재산에 관하여 '상속'을 원인으로 등기가 경료되어야 한다 (대법원 1997. 1. 21. 선고 96다4688 판결). 소유권이전등기에 의하여 재산상속인임을 신뢰케 하는 외관을 갖추었는지의 여부는 권리관계를 외부에 공시하는 등기부의 기재에 의하여 판단하여야 하므로, 비록 등기의 기초가 된 보증서 및 확인서에 취득원인이 상속으로 기재되어 있다 하더라도 등기부상 등기원인이 매매로 기재된 이상 재산상속인임을 신뢰케 하는 외관을 갖추었다고 볼 수 없다.

순위번호	등기목적	접수	등기원인	권리자 및 기타사항
			1997년 7월 3일 매매	소유자 조경제 560321-1255771 서울 성북구 성북동 74 · · · 조경제가 양재동 274의 종전 소유자임을 의미한다.
				부동산등기법시행규칙부칙 제3조 제1항의 규정에 의하여 2003년 7월14일 전산이기
2	소유권이전	2012년 1월 5일 제1451호	2011년 11월 15일 협의분할에 의한 상속	소유자 이예림 610812-2456234 서울 송파구 송파로 62
3	소유권이전	2013년 7월 20일 제3573호	2012년 12월 17일 매매	소유자 손철민 700125-1347925 서울 강남구 삼성로 50

― 이 하 여 백 ―

수수료 1,000

> 양재동 274 전체에 관하여 손철민 명의의 소유권이전등기가 경료되어 있는데, 위 등기의 말소방법에 대하여 결정하여야 한다. 위 토지의 소유권자는 조영만과 이예림이므로 조영만과 이예림이 각 자신의 지분에 관하여 말소청구를 하여야 함을 유의하여야 한다. 그리고, 위 조영만과 이예림의 권리를 원고가 대위행사하는 경우 각 채권자대위권의 요건이 다름을 유의하여야 한다.

발행등기소 법원행정처 등기정보중앙관리소

없음을 증명합니다.

)3일

전산운영책임관

* 실선으로 그어진 부분은 말소사항을 표시함. * 등기기록에 기록된 사항이 없는 갑구 또는 을구는 생략함.

문서 하단의 바코드를 스캐너로 확인하거나 **인터넷등기소**(http://iros.go.kr)의 발급확인 메뉴에서 발급확인번호를 입력하여 위·변조 여부를 확인할 수 있습니다. 발급확인번호를 통한 확인은 발행일로부터 3개월까지 5회에 한하여 가능합니다.

발행번호 11360011004936072010961250SLBB0114951WOG295021311122   1/1   발행일 2015/01/03

대법원

기록 11면

등기사항전부증명서(말소사항 포함) - 건물

[건물] 서울특별시 관악구 신림동 157   고유번호 1548-2009-154769

【 표 제 부 】   (건물의 표시)

표시번호	접 수	소재지번	건물내역	등기원인 및 기타사항
~~1~~	~~2009년 6월 23일~~	~~서울특별시 관악구 신림동 157~~	~~시멘트콘크리트조 슬래브지붕 상가 및 사무실~~ ~~1층 300㎡~~ ~~2층 300㎡~~ ~~3층 300㎡~~	~~도면편철장 제7책 92면~~
2		서울특별시 관악구 신림동 157 [도로명 주소] 서울특별시 관악구 대학로 674	시멘트콘크리트조 슬래브지붕 상가 및 사무실 1층 300㎡ 2층 300㎡ 3층 300㎡	2013년 7월 16일 등기

【 갑 구 】   (소유권에 관한 사항)

순위번호	등기목적	접 수	등기원인	권리자 및 기타사항
1	소유권보존	2009년 6월 23일 제1674호		소유자 안영이 65****-2****** 서울 영등포구 영등포동 30
2	소유권이전	**2014년 10월 31일 제21223호**	**2014년 10월 31일 매매**	소유자 장그래 77****-1****** 서울 성동구 성동대로 812 거래가액 금800,000,000원

(피고 장그래가 신림동 157건물의 현재 소유권자이고, 2014. 10. 31. 소유권이전이 되었음을 의미한다.)

【 을 구 】   (소유권 이외의 권리에 관한 사항)

순위번호	등기목적	접 수	등기원인	권리자 및 기타사항

1	근저당권설정	2012년 5월 7일
		제2301호
			2012년 5월 6일
			설정계약
				채권최고액 금100,000,000원
				채무자 안영이
				  서울 영등포구 영등포로 571
				근저당권자 신승운
				80****-1******
				  서울 동대문구 휘경로 337

문서 하단의 바코드를 스캐너로 확인하거나 **인터넷등기소**(http://iros.go.kr)의 발급확인 메뉴에서 발급확인번호를 입력하여 위·변조 여부를 확인할 수 있습니다. 발급확인번호를 통한 확인은 발행일로부터 3개월까지 5회에 한하여 가능합니다.

발행번호 11360011004936072010961250SLBO114951WKK295021311567   1/2   발행일 2015/01/03

대 법 원

공사도급계약서

공사목적물	• 위치 : 서울특별시 강남구 포이동 671 • 건축할 건물 : 철골조 슬래브지붕 2층 근린생활시설 　1층 165㎡, 2층 165㎡ 합계 330㎡
공사기간	• 2014. 3. 20. ~ 2014. 9. 19.
공사대금	• 총 공사금 : 10억 원 • 지급방법 : ① 갑은 공사금 중 5억 원은 계약 체결과 동시에 지급한다. ② 잔금 5억 원은 사용승인 후 갑 명의의 소유권보존등기를 마침과 동시에 지급한다.
기타	• 건축허가는 편의상 을 명의로 받는다. • 을은 공사 완료 후 지체 없이 갑 명의의 소유권보존등기절차에 협조하여야 한다.

> 이 사건은 도급계약에 기한 공사대금의 청구 또는 반환과 직접적인 관련이 없지만, 통상의 경우 공사대금의 지급시기는 공사의 완료시로 약정하는 경우가 많고, 공사의 완료시가 변제기가 되므로 도급계약에서 공사완료시점은 반드시 확인을 하여야 한다.

2014. 3. 15.

갑 : 풍산조씨신사공파종중
용인시 구성동 774
회장 조일제 (인)

을 : 조영만(상호 : 풍진건업) (인)
서울 성북구 성북로 25
사무실주소 : 서울 관악구 대학로 674
전화 : 010-6515-4333

영 수 증

<u>금 5억 원정</u>

위 돈을 서울 강남구 포이동 671 지상 풍산조씨신사공파종중회관 신축건물 공사금의 선수금으로 수령합니다.

2014. 3. 15.
조영만(풍진건업)

기록 14면

제 적 등 본

본적	충청북도 옥천군 옥천읍 삼양리 925번지의3					
호적 편제	[편제일] 1980년 07월 10일					
호적 재제	[재제일] 2000년 04월 15일 [재제사유] 멸실우려(전산화)					
전산이기	[이기일] 2002년 11월 11일 [이기사유] 호적법시행규칙 부칙 제2조 제1항					
전호주와의 관계	조승현의 자				전호적	
부	조승현	성별	남	본	입 적 또 는 신호적	
모	박복숙			豊山		
호주	조경제(趙經濟)　제적				출생	서기 1956년 03월 21일
					주민등록 번 호	560321-1255771
출생	[출생장소] 충청북도 옥천군 옥천읍 삼양리 925번지의 3 [신고일] 1956년 03월 23일　　　　[신고인] 호주					
혼인	[혼인신고일] 1985년 01월 13일　　　[배우자] 이예림					
호주 상속	[호주상속일] 1980년 06월 29일　　　[호주상속사유] 전호주 사망 [신고일] 1980년 07월 10일					
부	이덕만	성별	여	본	전호적	경상남도 창녕군 고암면 계상리 53
모	송애자			金海		
처	이예림(李豫琳)　제적				입 적 또 는 신호적	
					출생	서기 1961년 08월 12일
					주민등록 번 호	610812-2456234
출생	[출생장소] 경상남도 창녕군 고암면 계상리 53 [신고일] 1961년 08월 16일　　　　[신고인] 호주					
혼인	[혼인신고일] 1985년 01월 13일　　　[배우자] 조경제					

> 제적등본과 가족관계증명서는 상속권자를 확정할 수 있는 기초문서이다. 이 사건에서 상속권자는 이예림과 조영만임을 알 수 있다.

기록 17면

기본증명서

등록기준지	충청북도 옥천군 옥천읍 삼양로 330

구분	상 세 내 용
작성	[가족관계등록부 작성일] 2008년 01월 01일 [작성사유] 가족관계의 등록 등에 관한 법률 부칙 제3조 제1항

구분	성명	출생연월일	주민등록번호	성별	본
본인	조경제(趙經濟) **사망**	1956년 3월 21일	560321-1255771	남	豊山

일반등록사항

구분	상 세 내 용
출생	[출생장소] 충청북도 옥천군 옥천읍 삼양리 925번지의 3 [신고일] 1956년 03월 23일 [신고인] 부 조승현
사망	[사망장소] 서울 종로구 혜화동 15 서울대학교병원 [사망일] 2011년 11월 05일 ········· 조경제의 사망일이 상속개시일이 되고, 이 날을 기준으로 상속재산의 소유권이 상속인에게 귀속된다. [신고일] 2011년 11월 17일 [신고인] 처 이예림

위 기본증명서는 가족관계등록부의 기록사항과 틀림없음을 증명합니다.

2015년 01월 03일

충청북도 옥천군 옥천읍장

상속재산 협의분할 약정서

대상 부동산 표시 : 서울특별시 서초구 양재동 274 잡종지 200㎡

甲과 乙은 조경제(2011. 11. 5. 사망)에게서 상속받은 위 대상 부동산에 관하여 甲이 단독으로 그 소유권을 취득하기로 상속재산 협의분할을 한다.

> 상속재산분할협의 당시 미성년자를 위한 특별대리인이 선임되지 않아 분할협의가 무효가 된다.

2011년 12월 10일

甲 : 이예림(610812-2456234)

주소 서울특별시 송파구 송파로 62

乙 : 조영만(930205-1255779)

주소 서울특별시 송파구 송파로 62

부동산 양도 약정서

양도인 : 조영만

양수인 : 풍산조씨신사공파종중(회장 조일제)

양도대상 부동산 : 서울 서초구 양재동 274 잡종지 중 양도인의 지분

양도인이 양수인에게 부담하고 있는 공사대금 반환 채무 중 1억 원에 대한 변제조로 양도인은 양수인에게 위 양도대상 부동산을 양도합니다.

2014. 10. 15.

양도인 : 조영만(930205-1255779)

양수인 : 풍산조씨신사공파종중

회장 조일제

변제각서

각 서 인 : 이예림(610812-2456234)
　　　　　서울 송파구 송파로 62

각서수령인 : 풍산조씨신사공파종중(회장 조일제)

상기 본인은 아들 조영만이 종중 회관 건축공사 중단으로 인하여 귀 종중에 반환해야 할 공사대금 4억 원 중 1억 원을, 조영만이 귀 종중에 넘겨주기로 한 부동산 지분과는 별도로, 2014. 11. 14.까지 본인이 지급할 것을 약속합니다.

> 공사대금의 반환에 관하여 채무없는 자가 별도의 약정을 통하여 약속을 하였으므로, 이에 대한 청구원인은 도급계약이 아닌 변제약정이 된다. 그리고 지급기일에 관하여 1개월의 유예기간이 있음을 유의하여야 한다.

2014. 10. 15.

각서인 이예림 (인)

풍산조씨신사공파종중 귀중

기록 21면

결 의 서

풍산조씨신사공파종중은 임시회의를 개최하여 다음과 같이 결의하였다.

> 이 사건과는 직접적인 관련이 없지만, 종중의 재산은 총유물에 해당하고, 따라서 총유물의 관리·처분행위를 위해서는 사원총회의 결의가 필요하다.

1. **일시** : 2014년 12월 26일

2. **장소** : 종중 사무실(용인시 구성동 774)

3. **참석자** : 재적 종중원 50인 중 회장 및 감사 포함 42인 출석(출석 내용은 별지와 같음)

4. **의안** : 회관 공사대금 관련 소 제기의 건

5. **의결내용** :

① 회장은 다음과 같은 내용을 보고하고 소 제기에 관한 결의를 요구하였음.

본 종중은 회관 신축공사를 조영만에게 도급주면서 그 공사금의 일부로 5억 원을 지급하였음. 원래는 조영만의 부친 조경제에게 공사를 도급주려고 하였는데, 조경제가 젊은 나이에 사망하여 그 유족들을 도와주려고 종중이 결의하여 그 아들 조영만에게 공사를 도급주었음. 그런데 조영만이 종중의 기대에 반하여 1억 원어치 공사만 하고 나머지 공사를 중단하여 4억 원의 손해가 발생하였고, 그후 종중이 완공한 회관 건물도 조영만 명의로 소유권보존등기가 되어 있는 상태임. 이에 종중은 조영만의 서울 서초구 양재동 274 잡종지 지분을 위 4억 원 중 1억 원에 대한 변제조로 양도받기로 약정 받았음. 그 외에 별도로 조영만에게서 채권을 양도받았고, 이예림에게서는 따로 돈을 받기로 약정하였음. 그래서 종중 회관을 다시 찾고, 조영만에게서 양도받은 부동산과 채권을 실제로 받아내고, 이예림이 약정한 돈을 받아내기 위해서는 소송을 제기하여야 함. 이에 대한 결의를 요구함.

② 의사정족수는 충족되었고, 거수 표결한 결과 참석한 종중원 42인 중 35인이 찬성함.

위 회의록 내용은 사실과 틀림이 없음을 확인함.

2014. 12. 26.

확인인　1.　회장　조일제　

　　　　2.　감사　조상제　

기록 22면

매매계약서

····················· ● 위조된 매매계약서

1. 매도인은 매수인에게 매도인 소유인 서울 서초구 양재동 274 잡종지를 매매대금 2억(200,000,000) 원에 매도한다.

2. 매도인은 금일 매수인에게서 매매대금 2억 원을 모두 받았다.

3. 매도인은 제1항 기재 매매목적물에 관한 소유권이 매수인에게 즉시 이전될 수 있도록 필요한 조치를 취해 주기로 한다.

2012. 12. 17.

매도인: 이예림 (인)

주민번호: 610812-2456234

주소: 서울 송파구 송파로 62

매수인: 손철민 (인)

주민번호: 700125-347925

주소: 서울 강남구 삼성로 50

건 축 허 가 서

귀하께서 제출하신 건축허가신청서는 건축법령의 규정에 적합하므로 건축법시행규칙 제8조의 규정에 의하여 건축허가서를 교부합니다.

건축구분	신축	허가일자	2014년 03월 18일
		설계변경일자	
허가번호	2014-건축과-신축허가-36		
건축주	조영만	주민등록번호	930205-1255779
대지위치			571
대지면적(㎡)			
건축물명칭	종중 회관		업무시설
건축면적(㎡)	165	건폐율(%)	50
연면적(㎡)	330	용적률(%)	100
가설건축물존치기간			

동고유번호	동명칭및번호	연면적(㎡)	동고유번호	동명칭및번호	연면적(㎡)

> 건축허가서에서는 기본적으로 건축주 명의를 확인하여야 한다. 대법원 2002. 4. 26. 선고 2000다16350 판결의 취지와 같이 건축허가서는 권리추정력은 없지만, 진정한 소유권자를 확인할 수 있는 중요한 증거가 될 수 있음은 부정할 수 없다.

* 건축물의 용도/규모는 전체건축물의 개요입니다.

2014년 03월 18일

서울특별시 강남구청장 (인)

기록 24면

부동산임대차계약서

부동산의 표시 : 서울특별시 관악구 신림동 157 지상 건물 3층 300㎡

제1조 위 부동산을 임대차함에 있어 임대인과 임차인은 쌍방 합의하에 아래 각 조항과 같은 조건으로 계약한다.

보증금	이억 (200,000,000)원	월세금액	일백만 (1,000,000)원 (매월 말일 후불)
계약금	일금 원정을 계약당일 임대인에게 지불하고		
중도금	일금 원정을 년 월 일 지불하고		
잔금	일금 200,000,000원정을 2013년 3월 1일 소개인 임화에게 지불키로 함. 위 금액을 전액 수령함. 2013. 3. 1. 안영이 (인)		

제2조 부동산은 2013년 3월 1일 인도하기로 한다.
제3조 임대기간은 2013년 3월 1일부터 2014년 12월 31일까지(1년 10개월)로 한다.
제4조 임차인은 임대인의 승인 없이는 건물의 형상을 변경할 수 없다.

특약사항 : 임차인은 임대차기간 동안 건물에 대한 계세 대인이 여하한 불이익도 받게 해서는 안 된다

> 임대차계약의 요건사실은 당사자, 계약일, 임대목적물, 보증금, 차임, 임대기간이고, 임대차보증금의 반환청구의 요건사실은 임대차보증금의 지급사실 및 임대차의 종료사실이며, 임대차목적물의 반환청구의 요건사실은 임대목적물의 인도사실 및 임대차의 종료사실이다. 이 사건에서 임대차보증금 및 임대목적물의 반환 모두를 청구하고 있으므로, 임대차보증금의 지급사실 및 임대목적물의 지급사실을 반드시 기재하여야 한다. 그리고 환산 임대차보증금이 3억 원이므로 상가건물임대차보호법의 적용대상이다.

위 계약조건을 틀림없이 지키기 위하여 본 계약서를 2부 작

2013년 3월

임대인	주소	서울특별시 영등포구 영등포로 571		
	성명	안영이 (인)	주민등록번호	740905-2315669
임차인	주소	서울 성북구 성북로 25		
	성명	조영만 (인)	주민등록번호	930205-1255779

사 업 자 등 록 증
(등록번호 관악 13-144293)

① 명 칭 (상 호) : 풍진건업

② 대 표 자 : 조영만(930205-1255779)

③ 개 업 연 월 일 : 2013년 3월 2일

④ 사업장 소재지 : 서울특별시 관악구 신림동 157, 3층
　　　　　　　　 (도로명 주소 : 서울특별시 관악구 대학로 674)

⑤ 본 점 소 재 지 : 상동

⑥ 사 업 의 종 류 : ┌업태┐ 건설업, 건축업　┌종목┐ 건설, 설비, 건축

⑦ 교 부 사 유 : 신규

⑧ 주류판매 신고번호 : 해당 없음

　　　　　　　　　　　　　　　　　　사업자등록일이 2013. 3. 2.이므로,
　　　　　　　　　　　　　　　　　　다음날부터 대항력 및 우선변제력이
　　　　　　　　　　　　　　　　　　생긴다.

　　　　　　　　　　2013년 3월 2일

　　　　　　서 울 관 악 세 무 서 장

채권 양도양수 통지서

수신인   안영이

　　　　서울 영등포구 영등포로 571

1. 귀하의 사업이 번창하길 기원합니다.
2. 조영만은 종중회관 건립과 관련하여 본 풍산조씨신사공파종중에 4억 원의 금전적 피해를 입힌 바 있는데, 본 종중은 조영만으로부터 이에 대한 일부 변상조로 조영만이 귀하에 대하여 가지는 서울특별시 관악구 신림동 157 지상 건물 3층 300㎡에 관한 임대차보증금반환채권 2억 원을 양도받았습니다.
3. 본 종중은 첨부된 채권양도양수계약서 제5항에 따라 귀하에게 이와 같은 채권양도양수를 통지하는 바입니다.
4. 그러니 귀하께서는 임대차기간이 만료되면 즉시 조영만을 내보내시고 위 2억 원을 본 종중에게 반환하여 주시길 바랍니다.

첨부 : 채권양도양수계약서

> 채권양수인이 통지하였으므로, 채권양도계약서에 통지권한에 대한 대리 또는 위임이 있는지 확인하여야 한다.

2014. 10. 16.

통지인   풍산조씨신사공파종중

용인시 구성동 774

회장 조일제 [인: 풍산조씨신사공파종중회장]

> 채권양도통지일자

[용인처인우체국 2014. 10. 16. 14-3456]

본 우편물은 2014. 10. 16. 등기 제3456호에 의하여 내용증명 우편물로 발송하였음을 증명함
용인처인우체국장 [인]

채권양도양수계약서

1. 당사자

    양도인 : 조영만

    양수인 : 풍산조씨신사공파종중

    양도목적물은 채권양도의 요건사실이므로, 반드시 확인하여야 한다.

2. 양도대상물

    조영만이 안영이에 대해 가지는 서울 관악구 신림동 157번지 지상 건물 3층 300㎡에 대한 임대차보증금반환채권 2억(200,000,000) 원

3. 양도 목적

    양도인은 양수인의 종중 회관 신축과 관련하여 양수인에게 재산상 피해를 입힌 바, 그 피해액의 일부에 대한 변제조로 위 임대차보증금반환채권을 전부 양수인에게 양도함.

4. 책임면제

    양수인이 양도인으로부터 양도받은 2억 원의 채권 범위 내에서는 더 이상 양도인에게 민·형사상의 책임을 묻지 않기로 함.

    통지권한에 대한 위임이 있으므로, 양수인의 양도통지는 적법하다.

5. 양도통지권 위임

    양도인은 본 양도양수계약 내용에 대하여 채무자에게 통지할 권한을 양수인에게 위임함.

2014. 10. 15.

양도인 조영만(930205-1255779)

서울 성북구 성북로 25

양수인 풍산조씨신사공파종중

회장 조일제 (인)

기록 28면

우 편 물 배 달 증 명 서

수취인의 주거 및 성명 서울특별시 영등포구 영등포로 571 안영이			통지의 도달일자는 2014. 10. 18.이므로, 이 날을 기준으로 양수인과 경합할 수 있는 제3자와의 우열여부가 결정된다.	
접수국명	용인처인	접수연월일	2014년 10월 16일	
접수번호	제3456호	배달연월일	2014년 10월 18일	
적 요 본인 수령 안영이 (인)		2014. 10. 18. 용인처인우체국장 (인)		

통고에 대한 답신

수신인 이예림 (610812-2456234)

　　　　서울 송파구 송파로 62

1. 귀하의 통고장을 잘 받아보았습니다.

2. 귀하는 서울특별시 서초구 양재동 274 잡종지 200㎡에 관하여 2013. 7. 20.자로 마쳐진 제 명의의 소유권이전등기에 대하여 해명을 요구한 바 있습니다. 그러나 저는 위 잡종지가 제 소유라는 점에 관하여 서울중앙지방법원으로부터 판결을 이미 받았고, 그 판결은 확정되었으므로 제 소유권을 부인할 수는 없는 것입니다. *[손철민의 승소판결에 기한 기판력 항변에 해당한다.]*

3. 귀하는 제가 귀하에 대하여 위 잡종지에 관한 소를 제기한 사실도 몰랐고, 위와 같은 판결이 나온 사실도 전혀 몰랐다고 말씀하고 계십니다. 그러나 저는 위 소를 제기할 당시 귀하가 미국에 가 계신 것은 알았지만 다른 방도가 없어서 귀하의 최종 영업지였던 '예림' 커피점을 귀하의 송달장소로 특정하였고, 모든 소송서류 및 판결정본까지 위 주소로 송달되도록 하였던 것입니다. 따라서 귀하가 위와 같은 소 제기 사실이나 판결을 몰랐다고 하더라도 이는 귀하의 잘못이므로 귀하는 판결에서 이미 인정한 저의 소유권을 부인할 수 없습니다.

4. 제가 위 잡종지에 관하여 적법하게 소유권이전등기를 넘겨왔다는 점에 대한 증거자료로 제가 받은 판결문을 첨부하오니 참고하시기 바랍니다.

[손철민의 승소판결에 송달의 무효의 하자가 있고, 편취판결에 해당할 수 있음을 스스로 자인하고 있다. 이 단계에서 위 확정판결은 무효의 송달에 기한 편취판결이므로 기판력이 발생할 수 없고, 항소 또는 별소로써 다툴 수 있다고 메모를 하여야 하고, 이 사건에서는 별소로써 다투어야 하는데, 구체적인 별소의 제기방법에 대해서 결정하여야 한다. 그리고 위 판결은 손철민과 이예림 사이의 판결이므로 조영만에 대해서는 기판력이 발생할 수 없다.]

첨부 : 판결문 및 확정증명 사본

　　　　　　　　　　　　2014. 11. 27.

발신인 손철민 (700125-1347925)

　　　　서울 강남구 삼성로 50

(서울강남우체국 2014. 11. 27. 14-14569)

서울중앙지방법원

제 23 민사부

판 결

사 건	2013가합36104 소유권이전등기
원 고	손철민 (700125-1347925)
	서울 강남구 삼성로 50
피 고	이예림 (610812-2456234)
	서울 송파구 송파로 62
	송달장소 서울 송파구 송파로 80 '예림' 커피점
변 론 종 결	2013. 5. 20.
판 결 선 고	2013. 6. 1.

> 변론종결일이 기판력의 표준시가 되므로, 반드시 확인하여야 한다.

주 문

> 소송물이 2012. 12. 17.자 매매를 원인으로 한 소유권이전등기청구소송이다. 따라서 이 승소판결이 무효가 아니라면, 이예림의 지분에 대해서는 말소청구를 할 수 없다.

1. 피고는 원고에게 서울 서초구 양재동 274 잡종지 200㎡에 관하여 2012. 12. 17. 매매를 원인으로 한 소유권이전등기절차를 이행하라.
2. 소송비용은 피고가 부담한다.

청 구 취 지

주문과 같다.

이 유

원고는 2012. 12. 17. 피고에게서 서울 서초구 양재동 274 잡종지 200㎡를 매수하였다고 주장하는 바, 민사소송법 제150조에 의하여 피고는 이를 자백한 것으로 본다. 따라서 원고의 이 사건 청구는 이유 있으므로 전부 인용하고, 소송비용의 부담에 관하여는 민사소송법 제98조를 적용하여 주문과 같이 판결한다.

> 소송물이 2012. 12. 17.자 매매를 원인으로 한 소유권이전등기 청구소송이다. 따라서 이 승소판결이 무효가 아니라면, 이예림의 지분에 대해서는 말소청구를 할 수 없다.

재판장 판사 이호영 _____

판사 이정현 _____

판사 정명훈 _____

정 본 입 니 다.

2013. 6. 1.

서울중앙지방법원

법원주사 최화석

[서울중앙지방법원 법원주사 인민원실 인]

확정증명원

사　　건　　2013가합36104 소유권이전등기

원　　고　　손철민

피　　고　　이예림

> 2013. 6. 25. 확정되었으므로, 이 날을 기준으로 기판력이 생긴다.

위 당사자 간 귀원 2013가합36104 소유권이전등기 사건에 관하여 2013. 6. 1. 선고된 판결이 2013. 6. 25. 확정되었음을 증명하여 주시기 바랍니다.

2013. 6. 30.

신청인 원고 손철민

서울중앙지방법원 귀중

위 사실을 증명합니다.

2013. 6. 30.

서울중앙지방법원

법원주사 한성균

통고에 대한 답신

수신인   풍산조씨신사공파종중(회장 : 조일제)

          용인시 구성동 774

1. 귀 종중의 번창을 기원합니다.

2. 귀 종중은 조영만에게서 제 소유의 서울특별시 관악구 신t...원의 임대차보증금반환채권을 양수하였다고 주장하면서 ...2억...하고 계십니다. 그러나 저는 위 임대차보증금반환채권의 양도양수계약을 전혀 알지 못하고 통지를 받은 바도 없습니다. 또한 저는 조영만과 임대차계약을 체결한 적이 없을 뿐만 아니라 위 건물의 전 소유자인 안영이로부터 위 건물을 매수할 당시 안영이의 임대인의 지위를 승계하는 데 동의한 바도 없습니다. 따라서 설사 귀 종중이 조영만으로부터 위 임대차보증금반환채권을 양수한 게 사실이라 하더라도 조영만이 임대차계약을 체결한 안영이에게 반환을 청구하여야지 저에게 청구할 수는 없는 것입니다.

3. 설사 제가 임대인의 지위를 승계한다고 하더라도 위 건물에 관해서는 신승운의 채권최고액 1억 원의 선순위 근저당권이 설정되어 있으므로 조영만은 자신의 임차권을 저에게 주장할 수 없습니다.

4. 또한 조영만은 2014. 11. 30. 이후 잠적하였는데, 자신이 사용하던 집기들을 그대로 둔 채 출입문을 잠그고 위 건물을 반환해주지도 않고 있습니다. 저는 조영만에게서 위 건물을 반환받기전 까지는 임대차보증금을 한 푼도 반환할 수 없습니다. 뿐만 아니라 조영만이 미지급한 월세 등이 있다면 이 또한 임대차보증금에서 먼저 공제가 되어야 할 것인데, 저는 조영만에게서 어떤 명목으로든 받은 돈이 한 푼도 없습니다.

2014. 12.

발신인   장그래 (770425-1566445)

          서울 성동구 성동대로 81

답 변 서

수신인 풍산조씨신사공파종중(회장 : 조일제)

　　　　용인시 구성동 774

1. 문의하신 사항에 관하여 아래와 같이 답변을 드립니다.

2. 본인은 2013. 3. 1. 조영만과 그 당시 제 소유였던 서울특별시 관악구 신림동 157 지상 건물 3층 300㎡에 관하여 임대기간 2013. 3. 1.부터 2014. 12. 31.까지, 임대차보증금 200,000,000원, 월 차임 1,000,000원을 내용으로 하는 임대차계약을 체결하고 계약 당일 위 보증금 전액을 수령하고 위 건물 3층 부분을 인도하였습니다.

3. 조영만은 2014. 10. 31.까지의 차임은 모두 지급하였으나 그 이후의 차임 등은 저에게 지급한 바 없고, 연락도 전혀 되지 않고 있습니다.

2014. 12. 17.

[서울영등포우체국 2014. 12. 17. 14-9600]

　　　　발신인 안영이 (740905-2315669)
　　　　　　　　서울 영등포구 영등포로 571

> 조영만은 2014. 10. 31.까지의 차임은 지급하였고, 2014. 11. 30.이후 사무실을 점유하고 있지 않으나, 임대차 기간은 2014. 12. 31.까지이다. 따라서 2014. 11. 1.부터 2014. 12. 31.까지의 2개월 간의 차임이 연체되었음을 알 수 있다.

내용증명

수신 : 이예림 (610812-2456234)

서울 송파구 송파로 62

> 취소의 의사표시이나, 나아가 상속재산분할협의를 사후적으로 추인할 의사가 없음을 명시적으로 나타내고 있다. 민법 제921조를 위반한 행위는 무권대리에 해당하여 무효이므로, 사후 추인이 있으면 유효로 될 수 있음을 유의하여야 한다.

1. 어머니 저 영만이에요. 먼저 제가 어머니께 이런 내용으로 내용증명을 보내게 되어 죄송하다는 말씀 드립니다.

2. 어머니도 아시다시피 아버지가 갑자기 돌아가시고 풍산조씨신사공파종중에서 어머니와 저를 불쌍히 여겨 아버지가 원래 맡아 하시기로 하셨던 종중 회관 건축공사를 저에게 도급하여 주었습니다. 그런데 제가 선수금 5억 원 중 4억 원을 날려 먹어서 종중이 저에 대한 법적 조치를 취하려고 준비하고 있다고 합니다. 그래서 저는 종중에 대하여 끼친 손해 중 일부 변제조로 아버지로부터 상속받은 서울특별시 서초구 양재동 274 잡종지 중 제가 가지게 되는 지분을 종중에게 넘겨주기로 약정을 하였습니다. 그런데 어머니께서 2012. 1. 5. 위 잡종지에 관하여 소유권이전등기를 마치셨고, 현재 손철민이라는 사람 앞으로 소유권이 넘어가 있어서 종중에 제 지분을 넘겨줄 수 없는 상황입니다. 비록 제가 2011. 12. 10. 어머니와 위 잡종지에 관하여 상속재산 협의분할 약정을 체결한 적은 있지만, 그 당시 저는 18세에 불과하였고, 법을 잘 아는 사람에게 물어보니 어머니께서 저의 특별대리인 선임청구를 법원에 하지 않고 저와 법률행위를 하셨기 때문에 위 분할약정은 무효라고 합니다. 만약 무효가 아니라면 저는 이 내용증명 송달로써 상속재산 협의분할약정을 취소하는 바입니다.

3. 어머니께서 1억 원이나 갚아 주시기로 하셨는데, 제가 이렇게까지 해서 정말 죄송합니다. 그러나 제가 위 잡종지 지분을 종중에 넘겨주지 못할 경우 종중에서 저를 형사고소한다고 하여 저도 부득이 이러한 내용증명을 보내오니 이해 부탁드립니다.

2014. 12. 26.

발신인 조영만 (930205-1255779)

서울 성북구 성북로 25

서울성북우체국
2014. 12. 26.
14-12975

이 우편물은 2014. 12. 26. 등기 제12975호에 의하여 내용증명 우편물로 발송하였음을 증명함.
서울성북우체국장우체국장

민사법
기록형

2015년도 제4회
변호사 시험
답안

소 장

원　　고　　풍산조씨신사공파종중
　　　　　　경기 용인시 구성동 774
　　　　　　대표자 조일제

　　　　　　원고 소송대리인 변호사 김영철
　　　　　　서울 서초구 서초로 75, 511호(서초동)
　　　　　　전화 02-529-1000, 팩스 02-529-1001

피　　고　　1. 조영만(930205-1255779)
　　　　　　　서울 성북구 성북로 25

　　　　　　2. 이예림(610812-2456234)
　　　　　　　서울 송파구 송파로 62

　　　　　　3. 한상수(620515-1567242)
　　　　　　　서울 서초구 서초로 342

　　　　　　4. 손철민(700125-1347925)
　　　　　　　서울 강남구 삼성로 50

　　　　　　5. 장그래(770425-1566445)
　　　　　　　서울 성동구 성동대로 81

소유권보존등기 말소 등 청구의 소

청 구 취 지

1. 피고 조영만은,

   가. 원고에게 별지 목록 제2. 기재 부동산에 관하여 서울중앙지방법원 2014. 12. 20. 접수 가압류등기의 촉탁으로 인한 소유권보존등기의 말소등기절차를 이행하고,

   나. 원고에게 별지 목록 제3. 기재 부동산 중 2/5지분에 관하여 2014. 10. 15. 대물변제약정을 원인으로 한 소유권이전등기절차를 이행하고,

   다. 원고가 피고 장그래로부터 198,000,000원을 지급받음과 동시에 피고 장그래에게 별지 목록 제4. 기재 부동산 중 3층 300㎡를 인도하라.

   > 위 소유권보존등기는 미등기건물의 처분제한등기촉탁에 따른 소유권보존등기에 해당하므로, 소유권보존등기시 등기원인에 처분제한에 의하여 소유등기를 한다는 뜻을 기록하여야 하고, 보존등기의 말소청구시 처분제한의 등기촉탁에 의한 등기임을 표시하여야 한다(등기예규 2012. 6. 29. 개정 예규 제1469호). 관련사건의 판결문들을 검토한 바에 따르면, '촉탁으로 인한' 등기라는 점은 청구취지에 반드시 명시하여야 하나, 접수번호는 기재하지 않은 것으로 보인다(인천지방법원 2010. 11. 11. 선고 2010가합4642 판결 등 참조).

2. 피고 이예림은,

   가. 원고에게 금 100,000,000원 및 이에 대한 2014. 11. 15.부터 이 사건 소장부본 송달일까지는 연 5%의, 그 다음날부터 다 갚는 날까지는 연 20%의 각 비율에 의한 금원을 지급하고,

   나. 피고 조영만에게 별지 목록 제3. 기재 부동산 중 2/5의 지분에 관하여 서울중앙지방법원 2012. 1. 5. 접수 제1451호로 마친 소유권이전등기의 말소등기절차를 이행하라.

   > 일부지분의 말소등기에 해당하는 사안으로, 청구취지(또는 판결주문)는 일부지분에 대한 말소청구의 형식으로 하여야 하고, 판결의 집행은 경정등기의 형식에 따른다. 부동산소유권보존등기의 지분 일부만 원인무효일 경우 그 지분에 한하여만 말소를 명할 수 있고, 다만 그 판결의 집행은 지분말소등기의 방법이 아니라 잔존지분권자와 말소를 명한 지분의 진정한 권리자와의 공유로 하는 경정등기를 신청하는 방법으로 이루어질 따름이다(대법원 1995. 5. 9. 선고 94다38403 판결).

3. 피고 한상수는 위 제1의 가항 기재 소유권보존등기의 말소등기에 대하여 승낙의 의사표시를 하라.

   > 가압류등기는 법원의 촉탁에 의한 등기이므로 직접 말소청구를 할 수는 없고, 말소청구에 대한 승낙의 의사표시를 청구하여야 한다.

4. 피고 손철민은,

> 별지 목록 제3. 기재 부동산의 소유권 중 2/5의 지분은 피고 조영만에게, 3/5의 지분은 피고 이예림에게 각 귀속되어 있으므로, 이전등기의 말소로 인한 소유권의 귀속주체는 본래의 진정한 소유권자가 되어야 한다.

    가. 피고 조영만에게 별지 목록 제3. 기재 부동산 중 2/5지분에 관하여 서울중앙지방법원 2013. 7. 20. 접수 제3573호로 마친 소유권이전등기의 말소등기절차를 이행하고,

    나. 피고 이예림에게 별지 목록 제3. 기재 부동산 중 3/5지분에 관하여 서울중앙지방법원 2013. 7. 20. 접수 제3573호로 마친 소유권이전등기의 말소등기절차를 이행하라.

5. 피고 장그래는 피고 조영만으로부터 별지 목록 제4. 기재 부동산 중 3층 300㎡를 인도받음과 동시에 원고에게 금 198,000,000원을 지급하라.

6. 소송비용은 피고들이 부담한다.

7. 위 제1의 다항, 제2의 가항 및 제5항은 가집행할 수 있다.

라는 판결을 구합니다.

청 구 원 인

1. 피고 조영만에 대한 청구

가. 별지 목록 제2. 기재 부동산에 관한 청구

(1) 공사도급계약의 체결, 이행지체 및 건물의 신축

  원고는 2014. 3. 15. 피고 조영만에게 별지목록 제1. 기재 부동산 지상의 종중회관건물신축에 관하여 도급을 주고, 총공사대금을 1,000,000,000원, 공사기간 2014. 3. 20.부터 2014. 9. 19.까지, 선급금 500,000,000원을 계약체결시에, 잔금 500,000,000원을 소유권보존등기 경료시 각 지급하는 것으로, 잔금에 관하여 500,000,000원 소유권보존등기 경료시 지급, 건축허가는 수급인의 명의로 신청할 것으로 각 정하였고, 위 도급계약에 따라 계약체결일에 500,000,000원을 피고 조영만에게 지급하였습니다.

피고 조영만은 도급계약에 따른 건물을 신축하여야 함에도 불구하고, 지급받은 선급금 500,000,000원 중 100,000,000원만을 건축비로 사용하고, 나머지는 개인용도에 유용하여 공사가 중단되기에 이르렀고, 이에 원고는 원고의 비용으로 다른 수급인을 통하여 별지 목록 제2.기재 부동산을 완공하였습니다.

대법원 1992. 3. 27. 선고 91다34790 판결 : 일반적으로 자기의 노력과 재료를 들여 건물을 건축한 사람은 그 건물의 소유권을 원시취득하는 것이고, 다만 도급계약에 있어서는 수급인이 자기의 노력과 재료를 들여 건물을 완성하더라도 도급인과 수급인 사이에 도급인 명의로 건축허가를 받아 소유권보존등기를 하기로 하는 등 완성된 건물의 소유권을 도급인에게 귀속시키기로 합의한 것으로 보여질 경우에는 그 건물의 소유권은 도급인에게 원시적으로 귀속된다.

(2) 별지 목록 제2. 기재 부동산의 소유권 귀속

신축건물의 소유권의 귀속은 (1) 도급인과 수급인 사이의 특약이 있으면 이에 따르고 , (2) 특약이 없으면 실제 건축물의 완성에 필요한 재료의 전부 또는 중요부분을 공급한 자에게 귀속되는 것이 원칙인데, 원고와 피고 조영만 사이의 도급계약에 따르면 원고 명의로 소유권보존등기를 마치기로 합의를 하였고, 원고가 공사중단 이후 필요한 모든 비용을 부담하였으므로, 원고가 별지 목록 제2. 기재 부동산의 소유권자입니다.

대법원 2002. 4. 26. 선고 2000다16350 판결 : 건축허가는 행정관청이 건축행정상 목적을 수행하기 위하여 수허가자에게 일반적으로 행정관청의 허가 없이는 건축행위를 하여서는 안된다는 상대적 금지를 관계 법규에 적합한 일정한 경우에 해제하여 줌으로써 일정한 건축행위를 하여도 좋다는 자유를 회복시켜 주는 행정처분일 뿐 수허가자에게 어떤 새로운 권리나 능력을 부여하는 것이 아니고, 건축허가서는 허가된 건물에 관한 실체적 권리의 득실변경의 공시방법이 아니며 추정력도 없으므로 건축허가서에 건축주로 기재된 자가 건물의 소유권을 취득하는 것은 아니므로, 자기 비용과 노력으로 건물을 신축한 자는 그 건축허가가 타인의 명의로 된 여부에 관계없이 그 소유권을 원시취득한다.

한편, 피고 조영만은 건축허가서에 자신이 건축주로 기재된 점을 근거로 자신이 별지 목록 제2. 기재 건물의 소유자라고 주장할 수도 있으나, 건축허가서의 효력에 관하여 판례는 '건축허가서는 건물에 관한 실체적 권리의 득실변경의 공시방법이 아니고 권리추정력도 없다.' 는 것이므로 건축허가서의 건축주의 명의기재는 신축건물의 소유권귀속과는 아무런 관련이 없습니다. 따라서 피고 조영만의 위 주장은 근거가 없습니다.

> 피고 조영만의 항변이 있는지 여부가 불분명하므로 예상 항변은 기재하지 않아도 무방하다.

(3) 소유권보존등기의 말소청구

위에서 말씀드린 바와 같이 별지 목록 제2. 기재 부동산의 소유권자는 원고입니다. 그럼에도 불구하고, 피고 조영만의 채권자인 피고 한상수가 별지 목록 제2. 기재 부동산을 가압류하는 과정에서 피고 조영만의 명의로 서울중앙지방법원 2014. 12. 20. 접수 처분제한등기촉탁에 따른 소유권보존등기가 마쳐졌는데, 위 소유권보존등기는 소유권자가 아닌 자 앞으로 마쳐진 것이므로 무효이고, 따라서 소유권자인 원고는 소유권에 기한 방해배제청구권에 기하여 위 소유권보존등기의 말소를 청구할 수 있습니다.

나. 별지 목록 제3. 기재 부동산에 관한 청구

원고와 피고 조영만은 2014. 10. 15. 원고의 피고 조영만에 대한 공사대금반환채권 중 100,000,000원에 대한 변제에 갈음하여 피고 조영만이 별지 목록 제3. 기재 부동산 중 피고 조영만의 지분을 원고에게 양도하기로 합의하였습니다.

아래에서 말씀드리는 바와 같이 별지 목록 제3. 기재 부동산 중 피고 조영만이 소유한 지분은 2/5이므로, 원고는 피고 조영만에게 위 부동산 중 2/5지분에 관하여 2014. 10. 15. 대물변제약정을 원인으로 한 소유권이전등기 절차를 이행해 줄 것을 청구할 수 있습니다.

다. 별지 목록 제4. 부동산 중 3층 300㎡ 부분에 대한 청구

(1) 피고 조영만과 소외 안영이와의 임대차계약

피고 조영만은 2013. 3. 1. 소외 안영이(이하 '안영이'라 합니다)로부터 별지 목록 제4. 기재 부동산 중 3층 300㎡를 임대차보증금 200,000,000원, 차임 월 1,000,000원(매월 말일 지급), 임대차기간 2013. 3. 1.부터 2014. 12. 31.까지로 정하여 임차하였고, 위 계약일에 임대차보증금 200,000,000원을 안영이에게 지급하였으며, 같은 날 위 부동산을 안영이로부터 인도받았습니다.

> 임대차보증금이 지급사실, 임대목적물의 인도사실이 모두 기재되어야 한다.

(2) 임대차보증금의 양수

피고 조영만은 2014. 10. 15. 원고에게 위 임대차계약에 따른 임대차보증금 200,000,000원의 반환채권을 양도하고, 채권양도통지에 관한 대리권을 원고에게 수여하였습니다. 이에 원고는 2014. 10. 16. 피고 조영만을 대리하여 안영이에게 위 채권양도의 사실을 통지하였고, 위 통지의 의사표시는 2014. 10. 18. 안영이에게 도달하였습니다. 따라서 원고는 안영이에게 위 임대차계약에 따른 임대차보증금의 반환을 청구할 수 있습니다.

(3) 피고 장그래의 임대차계약상 의무의 승계

소외 안영이는 위 임대차계약의 존속기간 중인 2014. 10. 31. 피고 장그래에게 별지 목록 제4.기재 부동산을 금 8억원에 매도하였습니다. 그리고 아래에서 말씀드리는 바와 같이 피고 조영만과 소외 안영이의 임대차계약은 상가건물임대차보호법이 적용되는 임대차이고, 피고 조영만은 2013. 3. 2. 사업자등록을 하여 2013. 3. 3.부터 대항력을 취득하였으므로, 피고 장그래는 위 임대차계약에 따른 임대인의 모든 의무를 승계하여야 합니다.

(4) 채권자대위에 기한 인도청구

원고는 피고 장그래에 대하여 임대차계약에 따른 임대차보증금반환채권을 보유하고 있고(피보전채권), 임대차계약이 2014. 12. 31. 기간만료로 종료함에 따라 피고 장그래는 피고 조영만에게 임대차목적물인 별지 목록 제4. 부동산 중 3층 300㎡의 인도를 청구할 수 있으며(피대위채권), 현재 피고 장그래는 피고 조영만에 대해 인도청구권을 행사하지 않고 있으므로(권리미행사), 원고는 피고 장그래를 대위하여 피고 조영만에게 별지 목록 제4.부동산 중 3층 300㎡를 피고 장그래에게 인도해 줄 것을 청구할 수 있습니다.

> 대법원 1989. 4. 25. 선고 88다카4253 판결.

한편, 보전의 필요성에 관하여 판례는 '임차인의 가옥명도가 선이행되어야 할 필요가 있는 임대차보증금반환청구권의 양수인이 임대인의 임차가옥명도청구권을 대위행사 하는 경우에는 임대인의 무자력과 상관없이 보전의 필요성이 인정된다'고 판시하였으므로, 원고는 임대인인 피고 장그래의 무자력과 상관없이 피고 장그래의 인도청구권을 대위행사할 수 있습니다.

(5) 동시이행관계

피고 조영만의 위 부동산의 인도의무와 피고 장그래의 보증금반환의무는 동시이행관계에 있으므로, 피고 조영만은 피고 장그래가 원고에게 보증금을 지급하는 것과 상환으로 위 부동산을 인도할 것을 주장할 수 있습니다.

> 종전 해설지에서 조건없는 인도청구로 청구원인을 구성하였으나, 이는 잘못된 것으로 생각되고, 이에 보증금을 원고에게 지급하는 것과 동시이행으로 인도청구를 하는 것으로 청구취지와 청구원인을 수정한다.

2. 피고 이예림에 대한 청구

가. 변제각서에 기한 약정금의 청구

피고 이예림과 원고는 2014. 10. 15. 피고 이예림이 공사대금반환채권 중 100,000,000원을 원고에게 2014. 11. 14.까지 반환하기로 약정하였습니다. 위 약정에도 불구하고, 피고 이예림은 이 사건 소제기일까지 원고에게 위 약정금을 지급하지 않고 있습니다.

따라서, 피고 이예림은 원고에게 약정금 100,000,000원 및 약정한 변제기 다음날인 2014. 11. 15.부터 이 사건 소장부본 송달일까지는 민법에 따른 연 5%의, 그 다음날부터 다 갚는 날까지는 소송촉진 등에 관한 특례법에 따른 연 20%(2015. 10. 1. 이후 청구부터는 15%, 2019. 6. 1. 이후 청구부터는 12% 개정)의 각 비율에 의한 지연손해금을 지급하여야 합니다.

나. 별지 목록 제3. 기재 부동산에 관한 소유권이전등기의 말소 청구

(1) 별지 목록 제3. 기재 부동산의 물권변동

피고 조영만의 부친인 망 조경제는 별지 목록 제3. 기재 부동산에 관하여 1997. 7. 3.자 매매를 원인으로 서울중앙지방법원 1997. 7. 5. 접수 제2470호로 소유권이전등기를 마치며 위 부동산의 소유권을 취득하였습니다. 위 망 조경제는 2011. 11. 5. 사망하여 위 부동산에 대하여 상속이 개시되어 망 조경제의 상속권자인 자 피고 조영만과 처 피고 이예림이 위 부동산 중 2/5의 지분 및 3/5의 지분을 각 취득하였으나, 피고 조영만과 피고 이예림은 2011. 11. 5. 피고 이예림이 위 부동산 전부를 상속하는 것으로 상속재산분할합의를 하고 이를 원인으로 서울중앙지방법원 2012. 1. 5. 접수 제1451호로 피고 이예림 앞으로 소유권이전등기가 마쳐졌습니다.

(2) 상속재산분할협의의 효력 및 상속등기의 무효

위 부동산에 관하여 서울중앙지방법원 2012. 1. 5. 접수 제1451호로 마친 소유권이전등기는 아래와 같은 이유로 무효입니다.

판례에 따르면, 상속인인 처와 미성년인 자가 공동상속인이 되고, 처가 미성년인 자의 친권자로서 상속재산분할협의를 하는 경우 이는 민법 제921조에 따른 이해상반행위에 해당하여 특별대리인을 선임하여 미성년자를 대리해야 합니다. 그리고 특별대리인을 선임하지 않고 이루어진 상속재산분할협의는 미성년자의 적법한 추인이 없는 한 무권대리에 해당하여 무효입니다.

> 대법원 1993. 4. 13. 선고 92다54524 판결 : 공동상속재산분할협의는 행위의 객관적 성질상 상속인 상호간에 이해의 대립이 생길 우려가 있는 행위라고 할 것이므로 공동상속인인 친권자와 미성년인 수인의 자 사이에 상속재산분할협의를 하게 되는 경우에는 미성년자 각자마다 특별대리인을 선임하여 각 특별대리인이 각 미성년인 자를 대리하여 상속재산분할의 협의를 하여야 한다.

> 대법원 1993. 4. 13. 선고 92다54524 판결 : 친권자가 수인의 미성년자의 법정대리인으로서 상속재산분할협의를 한 것이라면 이는 민법 제921조에 위반된 것으로서 이러한 대리행위에 의하여 성립된 상속재산분할협의는 피대리자 전원에 의한 추인이 없는 한 무효이다.

이 사건에서 상속재산분할협의가 이루어진 2011. 11. 5. 당시 피고 조영만은 만 18세에 불과한 미성년자였으므로, 피고 이예림은 특별대리인을 선임하여 피고 조영만과 상속재산분할협의를 하여야 함에도 불구하고 단독으로 피고 조영만을 대리하여 상속재산분할협의를 하였으므로, 이는 피고 조영만의 추인이 없는 한 무효입니다. 따라서 위 상속재산분할협의에 기하여 마쳐진 소유권이전등기도 피고 조영만의 상속재산의 범위내에서는 무효이므로, 피고 조영만은 피고 이예림에게 위 부동산 중 자신의 상속분인 2/5의 지분의 범위내에서 소유권이전등기의 말소를 청구할 수 있습니다. 피고 조영만의 위 소유권이전등기말소청구권의 법적 성질이 상속회복청구권에 해당한다고 하더라도 상속권의 침해행위가 2012. 1. 5.에 있었고, 피고 조영만은 2014. 12. 26.에야 그 침해를 알게 되었으므로, 피고 조영만의 상속회복청구권은 이 사건 소제기일 현재 제척기간이 도과되지 않았습니다.

(3) 채권자대위에 기한 말소청구

위에서 말씀드린 바와 같이 원고는 피고 조영만에 대하여 대물변제약정에 기한 소유권이전등기청구권을 보유하고 있고(피보전채권), 피고 조영만은 피고 이예림에 대하여 위 부동산 중 2/5지분에 관한 소유권이전등기 말소등기청구권을 보유하고 있으며(피대위채권), 피고 조영만은 피고 이예림에 대한 위 말소등기청구권을 행사하지 않고 있습니다(권리미행사).

한편, 특정물채권을 보전하기 위하여 채권자대위권을 행사하는 경우 채무자의 무자력은 요구되지 않고, 상속회복청구권도 채권자대위권의 대상이 될 수 있으므로, 원고는 피고 조영만을 대위하여 피고 이예림에 대하여 위 부동산 중 2/5의 지분에 관하여 소유권이전등기의 말소를 청구할 수 있습니다.

3. 피고 한상수에 대한 청구

위에서 말씀드린 바와 같이 별지 목록 제2. 기재 부동산에 관하여 서울중앙지방법원 2014. 12. 20. 접수 가압류등기의 촉탁으로 인하여 마친 소유권보존등기는 원인무효의 등기이므로 말소되어야 합니다.

그리고 피고 한상수는 위 원인무효인 보존등기에 기하여 부동산에 관한 가압류를 한 자로 등기부상 이해관계자이며, 피고 한상수의 가압류등기도 원인무효의 등기이므로 말소되어야 합니다. 따라서 원고는 피고 한상수에 대하여 위 보존등기의 말소등기에 대하여 승낙의 의사표시를 할 것을 청구할 수 있습니다.

4. 피고 손철민에 대한 청구

가. 별지 목록 제3. 기재 부동산에 관한 소유권이전등기의 말소의무

피고 손철민은 별지 목록 제3. 기재 부동산에 관하여 2012. 12. 17. 매매를 원인으로 2013. 7. 20. 서울중앙지방법원 접수 제3573호로 소유권이전등기를 마쳤으나, 위 소유권이전등기는 아래와 같은 이유로 모두 말소되어야 합니다.

나. 피고 조영만에 대한 소유권이전등기 말소의무

위에서 말씀드린 바와 같이 별지 목록 제3. 기재 부동산 중 2/5의 지분은 피고 조명만이 상속을 통하여 소유권을 취득하였고, 피고 이예림 앞으로 이루어진 소유권이전등기는 원인무효의 등기이므로, 피고 이예림의 등기에 터잡아 이루어진 피고 손철민의 소유권이전등기도 원인무효의 등기이기 때문에 말소되어야 합니다.

원고는 대물변제 약정에 기하여 피고 조영만에 대하여 소유권이전등기청구권을 보유하고 있고(피보전채권), 피고 조영만은 소유권에 기한 방해배제청구권의 행사로써 피고 손철민에 대하여 위 부동산 중 2/5의 범위내에서 2013. 7. 20. 서울중앙지방법원 접수 제3573호로 마친 소유권이전등기의 말소를 청구할 수 있으며(피대위채권), 현재 피고 조영만은 위 말소등기청구권을 행사하지 않고 있으므로(권리미행사), 원고는 피고 조영만을 대위하여 피고 조영만의 피고 손철민에 대한 말소등기청구권을 대위행사할 수 있습니다.

그리고 원고가 특정물채권을 보전하기 위하여 채권자대위권을 행사하는 것이므로, 피고 조영만의 무자력은 필요하지 않습니다.

다. 피고 이예림에 대한 소유권이전등기 말소의무

(1) 피고 손철민의 매매계약서의 위조 및 등기원인의 무효

피고 이예림은 피고 손철민에게 커피점의 영업권을 양도하고자 이에 필요한 행정서류의 작성을 위하여 피고 손철민에게 백지위임장을 작성해 주었는데, 피고 손철민은 권한없이 위 백지위임장에 '이예림이 274 잡종지를 손철민에게 매매한다'는 내용을 기재하여 매매계약서를 위조하였고, 위 매매계약서에 터잡아 피고 이예림을 상대로 서울중앙지방법원 2013가합36104 소유권이전등기 청구소송을 제기하면서 송달장소를 자신이 영업하고 있던 커피점의 주소로 기재하여 커피점의 직원으로 하여금 소장을 송달받게 하고, 무변론으로 인한 전부승소의 확정판결을 받아 이에 기하여 소유권이전등기를 마쳤습니다.

위와 같이 피고 손철민은 매매계약서를 위조하였으므로, 2013. 7. 20. 서울중앙지방법원 접수 제3573호로 마친 소유권이전등기는 원칙적으로 등기원인이 없는 무효의 등기입니다.

(2) 송달의 무효

송달은 받을 사람의 주소, 거소, 영업소 또는 사무소에서 해야 하고(민사소송법 제183조 제1항), 송달장소를 알지 못하거나 송달을 할 수 없을 때에는 송달받을 사람이 고용, 위임, 법률상 행위로 취업하고 있는 다른 사람의 주소 등에서 송달할 수 있는데(민사소송법 제183조 제2항), 이 사건에서 피고 손철민은 피고 이예림이 미국에 체류하는 것을 기화로 피고 이예림의 현재 거주지를 알고 있었음에도 불구하고 피고 이예림의 영업소로 볼 수 없는 커피점으로 송달장소를 지정하여 송달을 하였는데, 위와 같은 하자있는 송달은 모두 무효입니다.

한편, 피고 손철민은 위 송달이 유효하다는 취지로 주장할 수도 있으나, 소송서류를 송달받은 커피점은 피고 이예림이 고용, 위임, 취업한 장소가 아니어서 민사소송법 제183조 제2항에 위배되고, 나아가 송달을 받은 직원은 피고 이예림이 고용한 직원도 아니므로 송달받을 자를 만나지 못한 경우 사무원, 피용인에게 송달할 수 있다는 민사소송법 제186조 제1항을 위배한 것이어서 이에 관한 피고 손철민의 주장은 근거가 없습니다.

(3) 편취판결의 효력

사안과 같이 허위주소로 송달하여 얻은 편취판결의 효력과 관련하여 판례는 '사위판결의 경우에 있어서는 그 판결정본이 상대방에게 적법하게 송달되었다고 할 수 없으므로 그 판결에 대한 상소기간은 진행을 개시하지 아니한다 할 것이어서 그 판결은 형식적으로 확정되었다고 할 수 없고, 따라서 기판력도 발생하지 아니한다. 또한 사위판결에 기하여 경료된 부동산에 관한 소유권이전등기는 실체적 권리관계에 부합될 수 있는 특별한 사정이 없는 한 원인무효로 말소될 처지에 있고, 또 그 상대방이 사위판결에 대하여 상소를 제기하지 아니하고 별소에 의하여 소유권이전등기의 말소를 구한다 하더라도 그 등기명의인으로서는 이를 거부할 수 없다.'고 판시하여 사위판결은 효력이 없어 기판력이 인정되지 않고, 당사자는 항소 또는 별소를 제기하여 사위판결에 따른 소유권이전등기를 말소할 수 있다고 하였습니다.

> 대법원 1992. 4. 24. 선고 91다38631 판결.

위 판결의 취지에 비추어 사안을 보면, 피고 손철민의 피고 이예림에 대한 소유권이전등기 청구소송의 판결은 허위주소로 송달하여 얻은 편취판결에 해당하여 기판력이 발생하지 않고, 따라서 피고 이예림은 자신의 지분 범위 내에서 피고 손철민에 대하여 소유권이전등기의 말소를 청구할 수 있습니다.

한편, 피고 손철민은 확정판결에 의하여 자신의 소유권이 인정되었으므로 피고 이예림의 말소청구가 기판력에 반한다는 취지의 주장을 할 수도 있으나, 위에서 말씀드린 바와 같이 허위주소로 송달하여 얻은 편취판결은 기판력이 발생하지 않으므로, 피고 이예림은 항소 또는 별소로써 소유권이전등기의 말소를 청구할 수 있습니다.

(4) 채권자대위에 기한 말소청구

원고는 피고 이예림에 대하여 100,000,000원 상당의 약정금채권을 보유하고 있고(피보전채권), 위에서 말씀드린 바와 같이 피고 이예림은 피고 손철민에 대하여 별지 목록 제3. 기재 부동산 중 자신의 지분의 범위 내에서 소유권이전등기의 말소청구권을 행사할 수 있으며(피대위채권), 피고 이예림은 현재 말소등기청구권을 행사하지 않고 있고 나아가 무자력상태입니다(권리미행사 및 무자력).

이에 원고는 피고 이예림을 대위하여 피고 손철민에게 위 부동산 중 피고 이예림의 지분에 관하여 마쳐진 소유권이전등기를 말소해 줄 것을 청구할 수 있습니다.

5. 피고 장그래에 대한 청구

가. 상가건물임대차보호법의 적용여부

위에서 말씀드린 바와 같이 피고 조영만은 2013. 3. 1. 안영이로부터 별지 목록 제4. 기재 부동산 중 3층 300㎡를 임대차보증금 200,000,000원, 차임 월 1,000,000원(매월 말일 지급), 임대차기간 2013. 3. 1.부터 2014. 12. 31.까지로 정하여 임차하였고, 위 계약일에 임대차보증금 200,000,000원을 안영이에게 지급하였으며, 같은 날 위 부동산을 안영이로부터 인도받았습니다.

별지 목록 제4. 기재 부동산은 상가건물에 해당하고, 상가건물임대차보호법 시행령에 따른 환산보증금은 위 임대차계약 체결 당시 300,000,000원(200,000,000원 + 차임 1,000,000원 × 100)이므로 위 임대차계약은 상가건물임대차보호법이 적용되는 임대차입니다.

나. 임대인의 지위승계

상가건물의 임차인은 건물의 인도 및 사업자등록을 신청하게 되면, 그 다음날부터 제3자에 대하여 대항력을 가지게 되고(상가건물임대차보호법 제3조 제1항), 임차건물의 양수인은 임대인의 지위를 승계한 것으로 간주됩니다(상가건물임대차보호법 제3조 제2항).

이 사건에서 임차인인 피고 조영만은 2013. 3. 1. 건물의 인도를 받고, 2013. 3. 2. 사업자등록을 마쳤으므로, 그 다음날인 2013. 3. 3. 대항력을 취득하였습니다. 그리고 피고 장그래는 임대차계약의 존속 중인 2014. 10. 31. 임대목적물의 소유권을 취득하였으므로, 임대인의 지위를 승계하게 됩니다.

따라서 피고 장그래는 2014. 10. 16. 임대차보증금반환채권을 양수받고 대항력을 갖춘 원고에게 임대차보증금을 반환하여야 합니다.

한편, 피고 장그래는 (1) 임대차계약 체결 당시 소외 신승운의 채권최고액 100,000,000원의 선순위 근저당권이 설정되어 있어 자신에게 임차인의 대항력을 행사할 수 없고, (2) 임대인의 지위를 승계하는 것에 대하여 동의한 바 없어 임대차보증금 반환의무를 부담하지 않는다는 취지로 주장할 수 있으나, (1) 선순위 근저당권자의 존부는 임차인의 임대목적물에 대한 우선변제권의 존부에 영향이 있을 뿐, 임차인의 대항력과는 아무 관련이 없고, (2) 상가건물임대차보호법상 임대인의 지위 승계는 법률의 규정에 의한 당연승계이므로 임대인의 동의여부는 승계에 아무런 영향이 없으며, 위 당연승계에 따라 양도인의 임대보증금반환의무는 양수인에게 면책적으로 이전되기 때문에 피고 장그래의 주장은 근거가 없습니다.

> 대법원 1994. 3. 11. 선고 93다29648 판결 : 임대부동산의 소유권이 이전되고 주택임대차보호법 제3조 제1항, 제2항에 의하여 그 양수인이 임대인의 지위를 승계한 경우에는 임대차보증금반환채무도 부동산의 소유권과 결합하여 일체로서 임대인의 지위를 승계한 양수인에게 이전되는 것이므로, 양도인의 보증금반환채무는 소멸하는 것으로 해석하여야 한다.

다. 임대차보증금의 반환의무

위와 같이 원고는 피고 조영만으로부터 임대차보증금반환채권을 양수받았고, 채권양도의 대항력을 모두 구비하였으며, 위 임대차계약은 2014. 12. 31. 기간만료로 종료하였으므로, 피고 장그래는 원고에게 임대차보증금을 반환하여야 합니다.

> 대법원 1987. 6. 23. 선고 87다카98판결, 2002. 12. 10. 선고 2002다52657 판결, 2004. 12. 23. 선고 2004다56554 판결 등 : 부동산 임대차에 있어서 수수된 보증금은 차임채무, 목적물의 멸실·훼손 등으로 인한 손해배상채무 등 임대차에 따른 임차인의 모든 채무를 담보하는 것으로서 그 피담보채무 상당액은 임대차관계의 종료 후 목적물이 반환될 때에 특별한 사정이 없는 한, 별도의 의사표시 없이 보증금에서 당연히 공제되는 것이므로, 임대보증금이 수수된 임대차계약에서 차임채권에 관하여 압류 및 추심명령이 있었다 하더라도, 당해 임대차계약이 종료되어 목적물이 반환될 때에는 그 때까지 추심되지 아니한 채 잔존하는 차임채권 상당액도 임대보증금에서 당연히 공제된다.

한편, 임대차보증금은 임대차관계에서 발생하는 임차인의 모든 채무를 담보하는 것으로서, 임대인의 임대차보증금 반환의무는 연체차임 등 임차인의 모든 채무를 공제한 나머지 금액에 관하여서만 비로소 이행기에 도달하는 것인데, 피고 조영만은 2014. 10. 31.부터 2014. 12. 31.까지의 2개월간 차임을 지급하지 않았으므로, 위 연체차임을 공제한 나머지 금 198,000,000원이 반환하여야 할 임대차보증금이 되고, 피고 장그래가 주장하는 바와 같이 임차목적물의 반환과 임대차보증금의 반환은 동시이행의 관계에 있으므로, 피고 장그래는 피고 조영만으로부터 임대목적물을 인도받음과 동시에, 원고에게 임대차보증금 금 198,000,000원을 지급할 의무가 있습니다.

한편, 피고 장그래는 피고 조영만이 임대목적물에 집기를 그대로 두고 출입문을 잠그고 잠적하였기 때문에 위 임대목적물의 반환시까지 임대목적물의 사용으로 인한 연체차임 상당의 부당이득도 임대차보증금에서 공제되어야 한다는 취지로 주장할 수 있으나, 판례에 따르면 임차인의 부당이득반환의무가 발생하기 위해서는 임차인이 본래의 임대차계약상 목적에 따라 사용하여 실질적인 이득을 얻어야 하고, 임차인이 자신의 물건을 반출하지 않은 것만으로는 사용으로 인한 실질적인 이득을 얻은 것으로 볼 수 없으므로, 피고 장그래의 이에 관한 주장은 근거가 없습니다.

대법원 1998. 7. 10. 선고 98다8554 판결 : 법률상의 원인 없이 이득하였음을 이유로 한 부당이득의 반환에 있어 이득이라 함은 실질적인 이익을 의미하므로, 임차인이 임대차계약관계가 소멸된 이후에 임차건물 부분을 계속 점유하기는 하였으나 이를 본래의 임대차계약상의 목적에 따라 사용·수익하지 아니하여 실질적인 이득을 얻은 바 없는 경우에는, 그로 인하여 임대인에게 손해가 발생하였다고 하더라도 임차인의 부당이득반환의무는 성립하지 아니하는 것이고, 이는 임차인의 사정으로 인하여 임차건물 부분을 사용·수익을 하지 못하였거나 임차인이 자신의 시설물을 반출하지 아니하였다고 하더라도 마찬가지이다.

6. 결론

위와 같은 이유로 피고들에 대하여 청구취지의 기재와 같은 판결을 선고하여 주시기 바랍니다.

증 명 방 법

첨 부 서 류

2015. 1. 8.

위 원고의 소송대리인

변호사 김영철

서울중앙지방법원 귀중

민사법
기록형

2016년도 제5회
변호사 시험

문제

2016년도 제5회 변호사시험 문제

| 시험과목 | 민사법(기록형) |

응시자 준수사항

1. 시험 시작 전 문제지의 봉인을 손상하는 경우, 봉인을 손상하지 않더라도 문제지를 들추는 행위 등으로 문제 내용을 미리 보는 경우 그 답안은 영점으로 처리됩니다.

2. 답안은 흑색 또는 청색 필기구(사인펜이나 연필 사용 금지) 중 한 가지 필기구만을 사용하여 답안 작성란(흰색 부분) 안에 기재하여야 합니다.

3. 답안지에 성명과 수험번호 등을 기재하지 않아 인적사항이 확인되지 않는 경우에는 영점으로 처리되는 등 불이익을 받게 됩니다. 특히 답안지를 바꾸어 다시 작성하는 경우, 성명 등의 기재를 빠뜨리지 않도록 유의하여야 합니다.

4. 답안지에는 문제 내용을 쓸 필요가 없으며, 답안 이외의 사항을 기재하거나 밑줄 기타 어떠한 표시도 하여서는 안 됩니다. 답안을 정정할 경우에는 두 줄로 긋고 다시 써야 하며, 수정액 등은 사용할 수 없습니다.

5. 시험 종료 시각에 임박하여 답안지를 교체했더라도 시험 시간이 끝나면 그 즉시 새로 작성한 답안지를 회수합니다.

6. 시험 시간이 지난 후에는 답안지를 일절 작성할 수 없습니다. 이를 위반하여 **시험 시간이 종료되었음에도 불구하고 계속 답안을 작성할 경우 그 답안은 영점으로 처리됩니다.**

7. 답안은 답안지의 쪽수 번호 순으로 써야 합니다. **배부된 답안지는 백지 답안이라도 모두 제출**하여야 하며, **답안지를 제출하지 아니한 경우 그 시간 시험과 나머지 시험에 응시할 수 없습니다.**

8. 지정된 시각까지 지정된 시험실에 입실하지 않거나 시험관리관의 승인 없이 시험 시간 중에 시험실에서 퇴실한 경우, 그 시간 시험과 나머지 시간의 시험에 응시할 수 없습니다.

9. 시험 시간 중에는 어떠한 경우에도 문제지를 시험실 밖으로 가지고 갈 수 없고, 그 시험 시간이 끝난 후에는 문제지를 시험장 밖으로 가지고 갈 수 있습니다.

【 문 제 】

　귀하는 서울 서초구 서초대로 320, 1305호(서초동, 부림빌딩)에 사무실을 둔 변호사 설영수입니다. 귀하는 2016. 1. 5. 조병갑 등과의 상담을 통해 <의뢰인 상담일지>에 기재된 내용과 같은 사실관계를 청취하고, 각 【의뢰인 희망사항】 기재와 관련된 일체의 소송수행에 관한 수임약정을 하면서 그 이하에 첨부된 서류를 자료로 받았습니다. 귀하가 의뢰인(들)을 위하여 본안의 소를 제기하는 데 필요한 소장을 아래 【작성요령】에 따라 작성하시오.

【 작 성 요 령 】

1. 당사자가 여러 명인 경우 '피고 홍길동'과 같은 방식으로 특정하고, '피고 1'과 같이 기재하지 않으며(위반 시 감점), 주민등록번호는 기재하지 않아도 무방합니다.

2. 피고가 복수인 경우 청구취지와 청구원인은 피고별로 나누어 기재하되, 공동소송의 요건은 모두 갖추어진 것으로 전제하고, 예비적·선택적 병합청구는 주관적이든 객관적이든 하지 마시오(위반 시 감점).

3. 【의뢰인 희망사항】란에 기재된 희망사항에 부합하고 현행법과 그 해석상 승소 가능한 최대한의 범위에서 청구하고, 소 각하나 청구기각 부분이 발생하지 않도록 하시오(위반 시 감점).

4. 첨부자료를 통하여 상대방이 명백히 의견을 밝히고 있어서 소송 중 방어방법으로 제출할 것으로 예상되는 주장이나 항변 중 이유 있다고 생각되는 부분은 청구에 미리 반영하고, 이유 없다고 판단되는 사항은 청구원인란을 통해 미리 반박하시오(기재하지 않을 경우 감점).

5. <의뢰인 상담일지>와 첨부자료에 기재된 사실관계는 특별한 지시가 없는 한 모두 진실한 것으로 전제하고, 언급되지 않은 사실은 없는 것으로 간주하시오. 첨부된 서류도 모두 적법하게 작성된 것으로 간주하시오.

6. 부동산을 표기할 필요가 있는 경우 목록을 만들지 말고 직접 표기하시오.

7. <증명방법>란과 <첨부서류>란은 기재하지 말고, 청구원인 서술 시 관련 증거자료를 제시할 필요는 없습니다.

8. 소장 작성일 및 소 제기일은 2016. 1. 7.로 하시오.

【참고자료 1】
각급 법원의 설치와 관할구역에 관한 법률 (일부)

제4조(관할구역) 각급 법원의 관할구역은 다음 각 호의 구분에 따라 정한다. 다만, 지방법원 또는 그 지원의 관할구역에 시·군법원을 둔 경우 「법원조직법」 제34조 제1항 제1호 및 제2호의 사건에 관하여는 지방법원 또는 그 지원의 관할구역에서 해당 시·군법원의 관할구역을 제외한다.

1. 각 고등법원·지방법원과 그 지원의 관할구역: 별표 3

   (이하 제2호 내지 제7호는 생략)

[별표 3] 고등법원·지방법원과 그 지원의 관할구역 (일부)

고등법원	지방법원	지원	관할구역
서울	서울중앙		서울특별시 종로구·중구·강남구·서초구·관악구·동작구
	서울동부		서울특별시 성동구·광진구·강동구·송파구
	서울남부		서울특별시 영등포구·강서구·양천구·구로구·금천구
	서울북부		서울특별시 동대문구·중랑구·성북구·도봉구·강북구·노원구
	서울서부		서울특별시 서대문구·마포구·은평구·용산구
	의정부		의정부시·동두천시·양주시·연천군·포천시, 강원도 철원군. 다만, 소년보호사건은 앞의 시·군 외에 고양시·파주시·남양주시·구리시·가평군
		고양	고양시·파주시
		남양주	남양주시·구리시·가평군

【참고자료 2】

「상가건물 임대차보호법」의 적용 범위

적용지역	적용기간	법 적용 대상 보증금액	기 타
서울특별시	2008. 08. 21. ~ 2010. 07. 25.	260,000,000원 이하	1. 단, 종전 계약에 대해서는 종전의 규정이 적용됨. 2. 보증금 외에 차임이 있는 경우에는 월 단위의 차임액에 1분의 100을 곱하여 보증금에 합산함.
	2010. 07. 26. ~ 2013. 12. 31.	300,000,000원 이하	
	2014. 01. 01. ~ 현재	400,000,000원 이하	

의뢰인 상담일지

변호사 설영수 법률사무소

서울 서초구 서초대로 320, 1305호(서초동, 부림빌딩)
☎ 553-1233, 팩스 553-1234, 전자우편 sys@hanmail.net

접수번호	2016-05	상담일시	2016. 1. 5.
상 담 인	조병갑(010-3216-1223) 우범선(010-4482-2917)	내방경위	지인의 소개
관할법원		사건번호 (법원, 검찰)	

【 상 담 내 용 】

1. 가. 조병갑은 서울 강남구 역삼로 59 두꺼비빌딩 1층에서 '추풍령갈비'라는 상호로 음식점 영업을 하고 있는데, 사업자등록을 하지 않았다. 조병갑은 2013. 1. 4. 위 음식점 건물을 건물주 최병철로부터 임차하고, 2013. 1. 9. 이를 인도받아 현재까지 영업을 하고 있다.

   나. 그런데 조병갑은 2015. 8. 9.과 2015. 10. 9.에 지급하였어야 할 차임을 지급하지 못하였다. 약정한 임대차기간의 만료일이 다가와 2015. 12. 1. 조병갑은 최병철에게 위 임대차계약을 갱신해 줄 것을 요구하는 내용증명우편을 보냈는데, 최병철은 차임 지체 등을 이유로 들면서 임대차계약을 갱신할 수 없다는 답신을 보내왔고, 조병갑은 2015. 12. 6. 이를 수령하였다.

   다. 이에 조병갑이 수차 최병철을 찾아가 지체된 차임과 12월분 차임을 즉시 지불할 테니 사정을 좀 봐달라고 그 돈까지 주면서 간청을 하였으나 최병철은 무조건 안 된다며 그 수령을 거절하므로, 조병갑은 위 차임 등을 변제공탁하였다. 그러자 최병철은 2015. 12. 12.자 해지통지서를 보내왔고, 조병갑은 2015. 12. 14. 이를 수령하였다.

   라. 그 뒤에도 최병철은 공탁금을 수령하지 않은 채 매일같이 음식점에 찾아와 "2016. 1. 8.이 되면 무조건 건물을 비워주고 나가야 한다. 나가지 않으면 임대차계약에서 정한 대로 위약금 3억 원을 물어야 할 것이니 손해를 보지 않으려면 틀림없이 건물을 비워줘야 할 것이다."라는 말을 하고 있어 영업에 지장을 받고 있는 형편이다.

【의뢰인 희망사항】
조병갑은 최병철과의 분쟁을 해결하고 중소기업청에 중소 상공인을 위한 운영자금을 신청하기 위해, 자신에게 적법한 임차권이 있다는 점을 증명할 수 있는 판결을 받을 수 있는 소를 제기하여 주기 바란다.

2. 가. 조병갑은 2010. 1. 10. 서울 마포구 성산동 750 토지를 소호진에게서 매수한 후 대금을 지급하고, 2010. 1. 15. 이를 인도받음과 동시에 소유권이전등기를 마쳤다. 그 당시 위 토지 상에는 시멘트블럭조 슬레이트지붕 단층 창고 126㎡의 신축 공사가 진행 중이었는데, 기둥, 외벽, 지붕 등 골조가 완성된 상태였다. 조병갑은 위 건축 중인 창고도 함께 매수하여 대금을 완불하고 인도받았으나, 창고는 미등기 상태라 위 성산동 750 토지만 소유권이전등기를 넘겨받았는데, 위 창고는 완공 후 현재까지도 미등기 상태이다.

나. 그런데 위 성산동 750 토지의 소유자라고 주장하는 공상국이 2015. 12. 위 토지에 대한 조병갑 명의의 소유권이전등기 말소와 창고의 철거를 요구해 왔다. 공상국의 주장대로 그가 억울한 것은 사실이지만, 소호진과 조병갑도 각각 부동산중개업소를 통해 정상적인 방법으로 위 토지를 매수한 이상, 조병갑은 공상국의 요구를 받아들일 수 없다고 한다.

다. 공상국은 위 창고 건물에 대하여 점유이전금지가처분을 받아 2015. 12. 4. 그 집행까지 마쳤다. 조병갑이 법무사에게 위 가처분의 취소를 의뢰하였던바, 법무사는 본안판결을 받아오면 가처분을 취소해 주겠다고 한다.

【의뢰인 희망사항】
조병갑은 위 성산동 750 토지와 창고 건물에 관하여 각각 공상국과의 법적 분쟁을 해결하는 데에 필요한 판결을 받기 원한다.

3. 가. 조병갑은 자신이 운영하는 위 음식점에 채소류를 조달하기 위한 농경지로 쓰려고, 2015. 4. 14. 김요선으로부터 서울 강동구 고덕동 517 토지와 같은 동 518 토지를 매수하여 대금을 완불하고 2015. 4. 17. 위 토지들을 인도받았다.

나. 그런데 2015. 10. 초 조병갑은 위 고덕동 517 토지에서 배추를 심기 위하여 작업을 하다가, 그 토지의 지하에 콘크리트가 깔려 있는 것을 발견하여 김요선에게 조치를 요구하였다. 그런데 얼마 후 고덕동 518 토지에서 악취가 올라오는 것을 발견하고 2015. 11. 9. 중장비를 동원하여 그 토지를 파헤쳐 본 결과, 지하에 폐유와 폐비닐 등 약 10톤가량의 쓰레기가 묻혀

있음을 발견하였다. 이에 조병갑은 추가로 김요선에게 이를 통지하고 조치를 요구하였으나, 김요선은 그 다음 날 그 통지서를 받고도 현재까지 이에 응하지 않고 있다.
다. 조병갑이 환경업체에 알아보니 위 콘크리트와 쓰레기 제거에 총 1억 3,700만 원의 비용이 소요되며, 그것들만 제거하면 위 토지들을 농경지로 사용하는 데에는 아무런 지장이 없을 것이라고 한다.

【의뢰인 희망사항】
조병갑은 위 콘크리트와 쓰레기를 제거하기 위한 공사비를 김요선으로부터 받는 데 필요한 소의 제기를 희망한다.

4. 가. 서울 마포구 성산동 320 대지는 조한근의 소유였는데, 경매에 넘어가 조병갑이 2010. 6. 10. 매각대금을 납입하여 소유권을 취득하였다. 조병갑이 2015년 봄 건물 신축을 위해 위 토지를 측량하는 과정에서, 조한근의 소유인 성산동 326 지상 주택에 딸린 옥외 화장실이 위 성산동 320 대지에 건축되어 있는 사실을 확인하였다.
나. 그 경위를 알아보니, 조한근은 성산동 320 대지를 주식회사 한미은행의 근저당권이 설정된 상태에서 이동필로부터 매수하고, 그 매매대금에서 위 은행에 대한 이동필의 채무액을 뺀 나머지만을 지급하기로 하면서 근저당권 설정등기는 그대로 둔 상태로 소유권을 넘겨받았다. 그런데 조한근은 1995. 5.경 성산동 320 대지에 연접한 성산동 326 대지 위에 단독주택 신축공사를 착공하는 과정에서, 측량기사가 경계표시를 잘못해 준 바람에 위 성산동 320 대지의 지상에 화장실 건물을 축조하였으나 최근에는 위 화장실을 사용하지 않고 있다.
다. 조병갑은 2015. 4. 8. 조한근에게 화장실 철거를 요구하는 서면을 보냈는데, 조한근은 그 서면을 받아보고서도 아무런 답신을 하지 않다가, 조병갑이 2015. 8. 20. 점유이전금지가처분을 신청하여 그 결정 정본이 2015. 8. 31. 조한근에게 송달되고 조병갑이 2015. 9. 1. 이를 집행하자, 그제야 철거를 거부하는 답신을 보내고는 아직 철거를 하지 않고 있다.
라. 측량기사의 잘못으로 화장실 위치가 잘못된 것이므로 조한근에게는 악의나 과실이 없으나, 조병갑이 그동안 위 화장실 대지 12㎡를 사용하지 못한 것은 큰 손실이다. 조병갑이 인근 부동산중개업소에 알아보니, 위 화장실 대지 12㎡를 보증금 없이 임대할 경우, 1995년경부터 2005년 말까지는 매월 50만 원, 그 이후 현재까지는 매월 70만 원을 받을 수 있다고 한다.

【의뢰인 희망사항】
조병갑은 위 화장실 대지 부분을 포함한 성산동 320 대지에 신축공사를 하는 데에 지장을 받지 않고, 그 부분 토지를 사용하지 못한 손실을 전보받는 데 필요한 소의 제기를 희망한다.

5. 가. 이형철은 2011. 10. 1. 동방석유주식회사와 석유류 제품 공급계약을 체결하고, 위 회사로부터 각종 석유류 제품을 외상으로 공급받아 판매하여 왔는데, 그 약정 당시 위 회사는 거래기준상 담보를 요구하였다. 이에 조병갑의 처 이송자는 남동생인 이형철과 위 회사의 영업이사 조홍구의 간청에 못 이겨 위 이형철의 유류대금 채무를 보증하고, 그 보증채무를 담보하기 위하여 당시 시가 15억 원 상당인 토지에 2011. 10. 2. 위 회사 앞으로 채권최고액 7억 원의 근저당권설정등기를 마쳐주었다. 위 토지는 조병갑이 퇴직금을 받아 이상운에게서 매수한 것이나, 도박의 습벽이 있는 조병갑이 이를 쉽게 처분하지 못하도록 이송자의 명의로 등기해 두기로 약정하여, 이상운의 승낙을 받아 등기만은 이송자 앞으로 넘겨받았다.

나. 그러나 위 이형철이 석유회사에 대한 외상값을 제대로 갚지 못해 수차례 연체가 발생하므로, 이송자는 구두와 서면으로 이형철과 위 회사에 수차 보증인을 교체하여 줄 것 등을 요청하였으나 이들은 그 요청서를 2012. 2. 3.에 받았음에도 아무런 조치를 취하지 않았다. 이에 이송자는 2012. 4. 20.자로 위 회사에 보증계약을 해지한다는 통지를 하여 그 통지서가 다음 날 도달하였는데, 그 도달 당시 이형철의 외상 채무는 아래와 같이 원금만도 총 4억 원에 달하였다.

공 급 일	공급금액(만 원)	미변제잔액(만 원)
2011. 10. 10.	18,700	9,200
2011. 11. 7.	16,420	4,900
2011. 12. 5.	13,900	6,300
2012. 2. 9.	36,000	9,600
2012. 3. 17.	12,600	10,000
합 계		40,000

다. 위 회사는 이송자의 해지 통지서를 받고도 아무런 응답을 하지 않은 채 이형철과 계속 거래를 하였다. 이에 조병갑이 2015. 10. 중순경 위 회사를 찾아가 "방이동 215 번지 토지의 실소유자는 나인데, 내 동의도 없이 처가 임의로 근저당권을 설정해 주었다. 이형철과 당신네 회사가 약정한 거래계약

기간도 이미 지났으니 이제 내 땅의 근저당권등기를 말소해 달라."고 요구하였다. 그러자 위 회사의 지배인 김영기는 이를 거절하면서 "우리 회사가 이형철 씨에게 2013. 9. 이후 2015. 9. 30.까지에도 3회에 걸쳐 합계 1억 원의 석유를 추가로 외상 공급한 것도 있으니 총 미수금액 5억 원과 지체이자를 다 갚기 전에는 근저당권등기를 말소해 줄 수 없다. 우리 회사는 근저당권등기만 믿고 그동안 이형철 씨에게 외상값 독촉 한 번을 안 하고 그가 달라는 대로 기름을 공급해 주었다. 그러니 당신네도 누나와 매형의 입장에서 고마워서라도 대신 외상값을 갚아줘야 할 것이 아닌가? 지체이자는 면제하여 줄 테니 원금만 갚아 달라. 그러면 즉시 근저당권 등기를 말소하여 주겠다."라고 대답하였다. 위 회사는 그동안 이형철의 외상대금 미납에도 불구하고, 이형철과의 거래가 종료된 2015. 9. 30.까지 이형철에게 외상값 변제를 독촉하거나 재산을 가압류하는 등의 조치를 한 적 없이 외상거래를 해 왔던 것이 사실이다.

【의뢰인 희망사항】

조병갑은 근저당권설정등기가 자신의 의사와 무관하게 이루어진 것이어서 무효라고 주장하면서, 만일 법적으로 갚아야 할 외상대금이 있다면 이를 갚고서라도 근저당권설정등기를 말소하기를 희망한다. 현재 이송자는 자기 이름의 순재산이 5억 원가량 되는데, 위 토지 문제로 다툰 후 몇 달 전에 집을 나가 연락이 안 되고 있다.

6. 가. 조병갑은 2010. 5. 1. 동료 상인인 우범선에게 4억 원을 변제기 2013. 4. 30., 이율 및 지연손해금률 각 월 2.7%로 약정하여 대여하였으나 원리금을 전혀 받지 못해, 2013. 5. 10. 서울동부지방법원 2013가합12345호로 "피고는 원고에게 4억 원 및 이에 대하여 2010. 5. 1.부터 다 갚는 날까지 월 2.7%의 비율에 의한 금원을 지급하라."는 대여금청구의 소를 제기하였다. 그런데 소송 도중인 2013. 7. 11. "1. 피고는 원고에게 3억 원 및 이에 대하여 2010. 5. 1.부터 다 갚는 날까지 연 30%의 비율에 의한 금원을 지급한다. 2. 원고의 나머지 청구는 포기한다."는 화해권고결정이 내려져 그 결정이 확정되었다.

나. 한편 삼진전자주식회사는 이정진이 그 대표이사로 등기되어 있으나, 이정진은 평소 회사에 거의 출근을 하지 않고 중요한 회사 업무 처리를 대주주인 송병일에게 위임하였다. 이에 따라 송병일이 '삼진전자주식회사 대표이사

송병일'이라는 명함과 대표이사 인장을 사용하면서 대부분의 회사 업무를 처리해 왔고, 이런 사정 때문에 최상진을 비롯한 주변 사람들은 모두 송병일이 대표이사인 줄로 알고 있었다. 송병일은 2015. 3. 1. 위 회사를 대표해 최상진에게 액면금란을 백지로 한 약속어음 1장을 발행하였는데, 2015. 10. 말까지 위 회사가 최상진으로부터 총 10억 원 한도에서 무이자로 돈을 빌려 쓰기로 하되, 그 금전거래가 종료하면 그 당시까지의 최종 차용액을 최상진이 액면금란에 기재해 넣기로 합의하였다. 위 송병일과 최상진은 2015. 6. 20. 위 금전거래를 종료하기로 합의하였는데, 그때까지 최상진이 빌려준 돈은 총 1억 원이었다.

다. 최상진은 2015. 6. 25. 우범선에게 1억 2,000만 원의 물품대금 채무 변제에 갈음하여 위 어음을 배서, 교부하였고, 그 당시 최상진은 우범선에게 액면금란을 1억 2,000만 원으로 보충해도 좋다고 말하였다. 이에 우범선은 그 말만을 믿고 액면금란을 1억 2,000만 원으로 보충 기재한 후 2015. 11. 12. 위 회사를 찾아가 어음을 제시하며 어음금 지급을 요구하였으나, 위 회사는 어음이 무효라는 등의 이유로 지급을 거절하였다. 우범선은 아직 어음금을 받지 못하고 있다.

라. 조병갑이 우범선에게 2015. 11.경 위 대여금을 갚으라고 독촉하자 우범선은 "나 대신 삼진전자주식회사로부터 어음금을 받아서 내 빚을 까달라. 절차상 필요하다면 어음을 가져가도 좋다."라고 말하였는데, 조병갑은 어음을 받아오면 혹시라도 나중에 우범선이 그 액수만큼 빚을 갚은 것이라고 주장할까봐 어음을 받아 오지는 않고 "방법을 강구해 보겠다."라고만 말하였다. 그후 조병갑이 위 화해권고결정에 기하여 우범선의 삼진전자주식회사에 대한 어음금채권에 대하여 압류 및 추심명령을 신청하여, 그 명령이 확정되었음에도 위 회사는 어음금을 지급하지 않고 있다. 조병갑의 생각에는, 아무래도 우범선이 삼진전자주식회사를 상대로 어음금청구의 소를 제기하여야 할 것 같다고 한다.

【의뢰인 희망사항】

삼진전자주식회사를 상대로 위 어음금을 받는 데 필요한 소를 제기하여 주기 바라며, 법률상 가능하다면 조병갑이 우범선에 대하여서도 빌려준 돈 중 위 화해권고결정에 반영되지 못한 부분을 받을 수 있는 판결을 원한다.

부동산임대차계약서

부동산의 표시: 서울특별시 강남구 역삼로 59 두꺼비빌딩 1층 210㎡

제1조 위 부동산을 임대차함에 있어 임대인과 임차인은 쌍방 합의하에 아래 각 조항과 같은 조건으로 계약한다.

보증금	일억 (100,000,000)원	월세금액	이백만 (2,000,000)원 (매월 9일 선불)
계약금	일금 ~~원정을 계약당일 임대인에게 지불하고~~		
중도금	일금 ~~원정을 년 월 일 지불하고~~		
잔 금	일금 1억 원정을 2013년 1월 9일 소개인 입회하에 지불키로 함. 위 금액을 전액 수령함. 2013. 1. 9. 최병철 ㊞		

제2조 부동산은 2013년 1월 9일 인도하기로 한다.

제3조 임대기간은 2013년 1월 9일부터 2016년 1월 8일까지(3년)로 한다.

제4조 임차인은 임대인의 승인 없이는 건물의 형상을 변경할 수 없다.

※ 특약사항: 1. 임차인이 차임을 지체할 시에는 월 3%의 지체상금을 지불한다.

2. 임대차가 종료한 후 임차인이 임대차 목적물을 즉시 임대인에게 반환하지 않을 경우 임차인은 위약금으로 임대인에게 3억 원을 지급하기로 한다.

위 계약조건을 틀림없이 지키기 위하여 본 계약서를 2부 작성하여 각자 1부씩 보관한다.

2013년 1월 4일

임대인	주소	서울 강남구 역삼2길 339	연락처	010 - 9917 - 2016
	성명	최 병 철 ㊞	주민등록번호	590822-1878334
임차인	주소	서울 마포구 성산로 57	연락처	010 - 3216 - 1223
	성명	조 병 갑 ㊞	주민등록번호	661204-1625337

임대차계약 갱신요구서

발신인: 조병갑
　　　　서울 강남구 역삼로 59 추풍령갈비
수신인: 최병철
　　　　서울 강남구 역삼2길 339

1. 귀하의 댁내 행운을 빕니다.
2. 다름이 아니오라, 본인과 귀하가 2013년 1월 4일에 체결한 추풍령갈비 건물 임대차계약 기간이 오는 2016년 1월 8일로 만료되기에, 본인은 상가건물임대차보호법 규정에 따라 임대차기간 만료 1개월 전에 갱신을 요구합니다.
3. 본인이 알기로는 위 법률상 임대차계약 기간 갱신은 5년까지 허용되므로, 본 통지서를 발송하는 날부터 5년이 되는 2020년 12월 1일까지 기간이 연장되어야 합니다.
4. 본인이 연체하고 있는 금년도 8월분 임료와 10월분 임료는 약정대로 지체이자까지 계산해서 곧 지불하도록 하겠습니다. 본인이 임료를 두 번이나 지체하였음에도 귀하께서 9월분과 11월분 임료를 수령하면서 연체된 임료에 충당하지 않고 이의 없이 수령하여 주셔서 대단히 고맙습니다. 앞으로는 임료를 연체하는 일이 없도록 명심하겠습니다.

2015년 12월 1일

발신인　조병갑　(印 甲趙炳)
서울 강남구 역삼로 59 추풍령갈비

서울강남우체국
2015. 12. 01.
15 - 7895

이 우편물은 2015년 12월 01일 등기 제7895호에 의하여 내용증명 우편물로 발송하였음을 증명함.
서울강남우체국장

갱신요구에 대한 답신

발신인: 최병철
　　　　　서울 강남구 역삼2길 339
수신인: 조병갑
　　　　　서울 강남구 역삼로 59 추풍령갈비

1. 귀하의 임대차계약 갱신요구서는 지난 12월 3일에 받아 보았습니다.
2. 귀하의 말씀대로 귀하는 2015년도 8월분 임료 200만 원, 10월분 임료 200만 원을 지금까지 연체하고 있습니다. 본인은 귀하의 사정이 어렵다고 해서 계약기간이 끝날 때까지 서로 얼굴 붉히지 않으려고 모른 체 해왔습니다.
3. 그러나 귀하가 말씀하시는 상가건물임대차보호법은 사업자등록을 하여 대항력을 취득한 임차인에게나 적용되는 것이지 귀하처럼 사업자등록을 하지 않은 임차인에게는 적용되지 않는 것으로 압니다. 그러니 귀하는 당연히 갱신을 요구할 권리가 없습니다.
4. 백보를 양보하여 귀하 같은 경우의 임차인에게도 위 법률이 적용된다고 할지라도, 귀하는 2기분의 임료를 연체하고 있으므로 위 법률에 의하여 임대인인 본인은 귀하의 갱신요구를 거절할 권리가 있는바, 본인은 갱신요구를 거절합니다.
5. 그러니 귀하는 무슨 일이 있어도 임대차계약 기간 만료일인 2016년 1월 8일에 반드시 위 식당 건물을 본인에게 반환하셔야 합니다. 만약 이를 어길 경우 3억 원의 위약금을 물어야 한다는 사실을 유념하시기 바랍니다.

　　　　　　　　　　2015. 12. 5.

　　　　　　발신인　최병철 (인)
　　　　　　서울 강남구 역삼2길 339

서울강남우체국
2015. 12. 05.
15 - 8013

이 우편물은 2015년 12월 05일 등기 제8013호에 의하여 내용증명 우편물로 발송하였음을 증명함.
서울강남우체국장

금전 공탁서(변제 등)

공탁번호	2015년 금 제12356호	2015년 12월 9일 신청	법령조항	민법 제487조
공탁자	성 명 (상호, 명칭): 조병갑 주민등록번호(법인등록번호): 661204-1625337 주 소 (본점, 주사무소): 서울 마포구 성산로 57 전화번호: 010-3216-1223		피공탁자	성 명 (상호, 명칭): 최병철 주민등록번호(법인등록번호): 590822-1878334 주 소 (본점, 주사무소): 서울 강남구 역삼2길 339 전화번호: 010-9917-2016

공탁금액	한글 육백삼십육만 원 숫자 6,360,000원	보관은행	신한은행 서초동지점 법원출장소

공탁원인사실	1. 공탁자는 2013. 1. 4. 피공탁자로부터 서울 강남구 역삼로 59 두꺼비빌딩 1층을 임차하였음. 2. 공탁자는 2015년도 8월분 및 10월분 임료 합계 400만 원 및 그 지연손해금 36만 원과 2015년도 12월분 임료 200만 원을 합한 636만 원을 피공탁자에게 지급할 채무가 있는바, 공탁자가 2015. 12. 7. 이후 위 합계 금액을 제공하면서 수령을 최고하였으나 피공탁자는 그 수령을 거부하므로 그 변제를 위하여 공탁함.

비고(첨부서류 등)	1. 임대차계약서 사본 1부 2. 이체확인서 사본 1부 (기록 첨부 생략)

1. 공탁으로 인하여 소멸하는 질권, 전세권 또는 저당권 2. 반대급부 내용	없음

위와 같이 공탁합니다.   대리인 주소
                          전화번호
공탁자 성명 조병갑 (서명)   성명   인(서명)

위 공탁을 수리합니다.
공탁금을 2015년 12월 9일까지 위 보관은행의 공탁관 계좌에 납입하시기 바랍니다.
위 납입기일까지 공탁금을 납입하지 않을 때는 이 공탁 수리결정의 효력이 상실됩니다.

2015년 12월 9일

서울중앙지방법원   공탁관 김성우

(영수증) 위 공탁금이 납입되었음을 증명합니다.

2015년 12월 9일

공탁금 보관은행(공탁관) 신한은행 서초동지점 법원출장소
지점장대리 신은석

임대차계약 해지 통고서

발신인: 최병철
  서울 강남구 역삼2길 339
수신인: 조병갑
  서울 강남구 역삼로 59 추풍령갈비

1. 귀하가 그동안 연체하였던 임료 400만 원과 지체이자 36만 원, 12월분 임료 200만 원을 2015. 12. 9.에 변제공탁하였다는 통지서를 어제 법원에서 받았습니다.
2. 그러나 연체된 임료를 받고 안 받고는 임대인의 자유가 아닙니까? 임대인이야 그런 일에 대비해서 보증금을 받아 두었으니 필요하면 나중에 거기에서 공제하면 되는 겁니다. 그래서 본인은 귀하가 지난 12월 7일부터 돈을 들고 와서 수차례 사정을 해도 이를 수령하지 않았던 것입니다. 그리고 귀하가 임료를 두 번이나 연체한 상태에서 이미 본인이 귀하의 갱신요구를 거절하였으므로 이미 다 끝난 일인데, 왜 이제 와서 돈을 받으라 말라 귀찮게 하고 공탁을 하시는지 도무지 이해하지 못하겠습니다. 본인은 공탁금을 찾을 생각이 없습니다.
3. 만약 본인의 앞선 거절통지가 효력이 없다면, 본인은 귀하의 2기분 임료 연체를 이유로 민법 제640조에 의하여 본 임대차계약을 해지합니다. 이런 경우 임대인이 계약을 해지할 수 있다는 대법원 판례가 있다는 것을 첨언해 둡니다.
4. 다만, 귀하의 사정을 감안하여 본 임대차계약 해지의 효력이 발생하더라도 본래의 임대차기간 만료일인 2016년 1월 8일까지는 명도요구나 부당이득반환청구를 하지 않을 것이니, 약정대로 반드시 위 식당 건물을 본인에게 반환해 주시기 바랍니다. 만약 귀하가 이를 어길 경우 3억 원의 위약금을 당연히 물어야 합니다. 귀하가 본인의 말을 듣지 않을 경우 본인은 부득이 법으로 문제를 해결할 수밖에 없음을 알려 드립니다.

2015. 12. 12.
발신인 최병철

서울강남우체국
2015. 12. 12.
15 - 8127

이 우편물은 2015년 12월 12일 등기 제8127호에 의하여 내용증명 우편물로 발송하였음을 증명함.
서울강남우체국장

등기사항전부증명서(말소사항 포함) - 토지

[토지] 서울특별시 마포구 성산동 750　　　　　　　　　고유번호 2139-4034-298873

【표 제 부】　　（토지의 표시）

표시번호	접 수	소재지번	지 목	면 적	등기원인 및 기타사항
1 (전2)	1994년 6월 5일	서울특별시 마포구 성산동 750	잡종지	240㎡	부동산등기법시행규칙부칙 제3조 제1항의 규정에 의하여 2001년 7월 14일 전산이기

【갑 구】　　（소유권에 관한 사항）

순위번호	등기목적	접 수	등기원인	권리자 및 기타사항
1 (전2)	소유권이전	1994년 8월 25일 제3751호	1994년 8월 10일 매매	소유자 공상국 470219-1922897 　　서울특별시 마포구 동교동 357
				부동산등기법시행규칙부칙 제3조 제1항의 규정에 의하여 2001년 7월 14일 전산이기
2	소유권이전	1997년 6월 30일 제35472호	1997년 6월 25일 매매	소유자 서영수 690524-1845336 　　서울특별시 서대문구 북아현동 249
3	소유권이전	2005년 4월 25일 제50179호	2005년 4월 5일 매매	소유자 소호진 640207-1542643 　　서울특별시 서대문구 창천동 150-2
4	소유권이전	2010년 1월 15일 제2019호	2010년 1월 10일 매매	소유자 조병갑 661204-1625337 　　서울특별시 마포구 성산동 253

―― 이 하 여 백 ――

수수료 금 1,000원 영수함　　관할등기소 서울서부지방법원 등기과 / 발행등기소 법원행정처 등기정보중앙관리소

이 증명서는 등기기록의 내용과 틀림없음을 증명합니다.

서기 2016년 1월 03일

법원행정처 등기정보중앙관리소 전산운영책임관

* 실선으로 그어진 부분은 말소사항을 표시함.　　* 등기기록에 기록된 사항이 없는 갑구 또는 을구는 생략함.

문서 하단의 바코드를 스캐너로 확인하거나 인터넷등기소(http://iros.go.kr)의 발급확인 메뉴에서 발급확인번호를 입력하여 위·변조 여부를 확인할 수 있습니다. 발급확인번호를 통한 확인은 발행일부터 3개월까지 5회에 한하여 가능합니다.

발행번호11360011004936072010961250SLBO114951WOG2950213111127　　1/1　　발행일 2016/01/03

통 고 서

수신인: 조병갑 (661204-1625337)

　　　　서울 마포구 성산로 57

발신인: 공상국 (470219-1922897)

　　　　서울 마포구 동교3길 338

1. 본인은 현재 귀하의 명의로 되어 있는 서울시 마포구 성산동 750 잡종지 240㎡의 실제 소유주입니다.

2. 사실은, 귀하에게 위 토지를 매도한 소호진의 전 소유 명의자인 서영수가 1996. 12. 10. 본인에게서 위 토지를 임차하여 사용하다가, 마치 이를 자신이 매수한 양 등기서류를 위조하여 1997. 6. 30. 그 명의로 소유권이전등기를 마친 후 이를 2005. 4. 5. 소호진에게 매도하고, 같은 달 25. 소호진에게 소유권이전등기를 마쳐 주었고 같은 달 27. 이를 인도해 주었던 것입니다.

3. 본인은 이미 서영수와 소호진을 등기서류 위조에 관한 범죄로 형사고소한 결과, 서영수가 형사처벌을 받았습니다. 그러니 서영수, 소호진 및 귀하의 등기는 모두 원인무효입니다.

4. 따라서 위 토지에 대한 귀하 명의의 소유권이전등기를 말소하고 그 지상의 창고도 조속한 시일 내에 철거해 주시기 바랍니다.

　　　　　　　　　　2015년 12월 2일

　　　　　　　　　　발신인　공상국 (인)

서울마포우체국
2015. 12. 2.
15 - 26234

이 우편물은 2015년 12월 2일 등기 제26234호에 의하여
내용증명 우편물로 발송하였음을 증명함.
　　　　　서울마포우체국장

서 울 서 부 지 방 법 원
결 정

사　　건	2015카단8217 점유이전금지가처분
채 권 자	공상국 (470219-1922897)
	서울 마포구 동교3길 338
채 무 자	조병갑 (661204-1625337)
	서울 마포구 성산로 57

주 문

채무자는 서울 마포구 성산동 750 지상 시멘트블럭조 슬레이트지붕 단층 창고 126㎡에 대한 점유를 풀고, 이를 채권자가 위임하는 집행관에게 인도하여야 한다. 집행관은 현상을 변경하지 아니할 것을 조건으로 하여 채무자에게 이를 사용하게 하여야 한다.

채무자는 그 점유를 타인에게 이전하거나 점유명의를 변경하여서는 아니 된다.

집행관은 위 명령의 취지를 적당한 방법으로 공시하여야 한다.

청구채권의 내용: 토지 소유권에 기한 철거청구권

이 유

이 사건 점유이전금지가처분 신청은 이유 있으므로 담보로 금 1,500,000원을 공탁하게 하고 주문과 같이 결정한다.

2015. 12. 3.

판사 곽 병 수 (인)

통고서에 대한 답변

수신인: 공상국 (470219-1922897)
　　　　서울 마포구 동교3길 338
발신인: 조병갑 (661204-1625337)
　　　　서울 마포구 성산로 57

1. 귀하의 통고서를 받고 깜짝 놀라서 소호진에게 경위를 알아보았습니다.
2. 귀하와 서영수 사이에 어떤 일이 있었는지 세세히는 모르지만, 소호진은 시세에 따른 매매대금을 정상적으로 지급하고 서울 마포구 성산동 750 잡종지 240㎡를 서영수로부터 매수하여 2005. 4. 27. 이를 인도받아 그 이래 이를 자기 땅으로 알고 점유·사용하였고, 당시 부동산 소개업자의 말을 믿고 나름대로 조사까지 하여 서영수가 진짜 주인인 것으로 믿었으므로 아무런 잘못이 없고, 그래서 수사기관에서도 무혐의처분을 받은 것으로 압니다. 본인 또한 소호진의 등기를 믿고 상당한 조사를 거쳐 소호진으로부터 정상적으로 위 토지를 매수하여 현재까지 정당한 내 땅으로 알고 점유해 왔습니다.
3. 그런즉 소호진과 본인이 위 토지를 매수해서 등기를 하고 점유를 이전받은 데에 아무런 잘못이 없으므로, 귀하는 서영수에게 손해배상을 받을지언정 본인에게 이의를 제기할 수 없습니다. 더욱이 창고 건물은 본인이 매수하여 사용하고는 있지만, 본인 앞으로 등기도 되어 있지 않은 상태여서 본인에게 소유권이 없으므로 본인은 그 철거의무자가 될 수도 없습니다.
4. 따라서 본인은 위 토지에 대한 소유권이전등기의 말소와 창고의 철거요구에 응할 수 없으므로 적의 조처하시기 바랍니다. 본인도 법적 대응을 할 것입니다.

2015년 12월 5일
발신인　조병갑 (인)

서울마포우체국
2015. 12. 5.
15 - 26457

이 우편물은 2015년 12월 5일 등기 제26457호에 의하여 내용증명 우편물로 발송하였음을 증명함.
서울마포우체국장

부동산 매매계약서

매도인 甲과 매수인 乙은 다음과 같이 합의하여 계약을 체결하고, 이를 증하기 위해 甲과 乙이 서명·날인한 후 각각 계약서 1통씩을 보관하기로 한다.

제1조 甲은 그 소유의 아래 2필지 부동산을 乙에게 매도하고, 乙은 이를 매수한다.

소 재 지	서울 강동구 고덕동 517				
토 지	지 목	전	면 적	1,250㎡(평)	

소 재 지	서울 강동구 고덕동 518				
토 지	지 목	전	면 적	6,200㎡(평)	

제2조 ① 매매대금은 총 8억 원(517 토지는 2억 원, 518 토지는 6억 원)으로 하고, 다음과 같이 지급하기로 한다.

계 약 금	금 1억 원은 계약체결 시에 지급하고
중 도 금	금 원은 년 월 일에 지급하며
잔 금	금 7억 원은 2015년 4월 17일에 지급하기로 함.

② 제1항의 계약금은 잔금수령 시에 매매대금의 일부에 충당하기로 한다.

제3조 甲은 乙로부터 매매대금의 잔금을 수령함과 동시에 乙에게 소유권이전등기에 필요한 모든 서류를 교부하고 이전등기에 협력하여야 하며, 또한 위 부동산을 인도하여야 한다.

제4조 甲은 위 부동산에 설정된 저당권, 지상권, 임차권 등 소유권의 행사를 제한하는 사유가 있거나, 조세·공과금 기타 부담금의 미납금 등이 있을 때에는 잔금 수수일까지 그 권리의 하자 및 부담 등을 제거하여 완전한 소유권을 乙에게 이전하여야 한다.

제5조 乙이 甲에게 잔금을 지불할 때까지는 甲은 계약금의 배액을 상환하고, 乙은 계약금을 포기하고 이 계약을 해제할 수 있다.

2015년 4월 14일

甲: 김요선(630924-2655432) (인)
　　서울 강동구 고덕2길 530

乙: 조병갑(661204-1625337) (인)
　　서울 마포구 성산로 57

등기사항전부증명서(말소사항 포함) - 토지

[토지] 서울특별시 강동구 고덕동 517   고유번호 1107-1995-341249

【표 제 부】 (토지의 표시)

표시번호	접 수	소재지번	지 목	면 적	등기원인 및 기타사항
1 (전2)	1995년 6월 5일	서울특별시 강동구 고덕동 517	전	1,250㎡	부동산등기법시행규칙부칙 제3조 제1항의 규정에 의하여 2001년 7월 14일 전산이기

【갑 구】 (소유권에 관한 사항)

순위번호	등기목적	접 수	등기원인	권리자 및 기타사항
1 (전2)	소유권이전	1997년 7월 5일 제2453호	1997년 7월 3일 매매	소유자 김진수 410317-1479426 성남시 분당구 정자동 367
				부동산등기법시행규칙부칙 제3조 제1항의 규정에 의하여 2001년 7월 14일 전산이기
2	강제경매개시결정	2014년 6월 16일 제23123호	2014년 6월 15일 서울동부지방법원 의 강제경매개시결정(2014타경5278)	채권자 한누리 670624-2314543 용인시 구성동 374
3	소유권이전	2015년 3월 24일 제11202호	2015년 3월 21일 강제경매로 인한 매각	소유자 김요선 630924-2655432 서울특별시 강동구 고덕2길 530
4	2번 강제경매개시결정등기말소	2015년 3월 24일 제11202호	2015년 3월 21일 강제경매로 인한 매각	
5	소유권이전	2015년 4월 17일 제35483호	2015년 4월 14일 매매	소유자 조병갑 661204-1625337 서울특별시 마포구 성산로 57

—— 이 하 여 백 ——

수수료 금 1,000원 영수함   관할등기소 서울동부지방법원 강동등기소 / 발행등기소 법원행정처 등기정보중앙관리소

이 증명서는 등기기록의 내용과 틀림없음을 증명합니다.

서기 2016년 1월 03일

법원행정처 등기정보중앙관리소 전산운영책임관

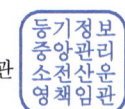

* 실선으로 그어진 부분은 말소사항을 표시함.   * 등기기록에 기록된 사항이 없는 갑구 또는 을구는 생략함.

문서 하단의 바코드를 스캐너로 확인하거나 인터넷등기소(http://iros.go.kr)의 발급확인 메뉴에서 발급확인번호를 입력하여 위·변조 여부를 확인할 수 있습니다. 발급확인번호를 통한 확인은 발행일부터 3개월까지 5회에 한하여 가능합니다.

발행번호11360011004936072010961250SLBO114951WOG295021311123   1/1   발행일 2016/01/03

대 법 원

등기사항전부증명서(말소사항 포함) - 토지

[토지] 서울특별시 강동구 고덕동 518   고유번호 1107-1995-341250

【표 제 부】 (토지의 표시)

표시번호	접 수	소재지번	지 목	면 적	등기원인 및 기타사항
1 (전2)	1995년 6월 5일	서울특별시 강동구 고덕동 518	전	6,200㎡	부동산등기법시행규칙부칙 제3조 제1항의 규정에 의하여 2001년 7월 14일 전산이기

【갑 구】 (소유권에 관한 사항)

순위번호	등기목적	접 수	등기원인	권리자 및 기타사항
1 (전2)	소유권이전	1997년 7월 5일 제2453호	1997년 7월 3일 매매	소유자 김진수 410317-1479426 성남시 분당구 정자동 367
				부동산등기법시행규칙부칙 제3조 제1항의 규정에 의하여 2001년 7월 14일 전산이기
2	강제경매개시결정	2014년 6월 16일 제23123호	2014년 6월 15일 서울동부지방법원의 강제경매개시결정(2014타경5278)	채권자 한누리 670624-2314543 용인시 구성동 374
3	소유권이전	2015년 3월 24일 제11202호	2015년 3월 21일 강제경매로 인한 매각	소유자 김요선 630924-2655432 서울특별시 강동구 고덕2길 530
4	2번 강제경매개시결정등기말소	2015년 3월 24일 제11202호	2015년 3월 21일 강제경매로 인한 매각	
5	소유권이전	2015년 4월 17일 제35483호	2015년 4월 14일 매매	소유자 조병갑 661204-1625337 서울특별시 마포구 성산로 57

―― 이 하 여 백 ――

수수료 금 1,000원 영수함   관할등기소 서울동부지방법원 강동등기소 / 발행등기소 법원행정처 등기정보중앙관리소

이 증명서는 등기기록의 내용과 틀림없음을 증명합니다.

서기 2016년 1월 03일

법원행정처 등기정보중앙관리소 전산운영책임관

* 실선으로 그어진 부분은 말소사항을 표시함.   * 등기기록에 기록된 사항이 없는 갑구 또는 을구는 생략함.

문서 하단의 바코드를 스캐너로 확인하거나 인터넷등기소(http://iros.go.kr)의 발급확인 메뉴에서 발급확인번호를 입력하여 위·변조 여부를 확인할 수 있습니다. 발급확인번호를 통한 확인은 발행일부터 3개월까지 5회에 한하여 가능합니다.

발행번호11360011004936072010961250SLBO114951WOG2950021311124   1/1   발행일 2016/01/03

통 지 서

수신인: 김요선 (630924-2655432)

　　　　서울 강동구 고덕2길 530

발신인: 조병갑 (661204-1625337)

　　　　서울 마포구 성산로 57

1. 본인은 귀하 소유였던 서울 강동구 고덕동 517 전 1,250㎡를 2015. 4. 14. 매수하여 같은 해 4. 17. 소유권이전등기를 마치고 같은 날 위 토지를 인도받은 사람입니다. 본인이 운영하는 음식점에 채소류를 조달하기 위한 농경지로 사용하기 위해 본인이 위 토지를 매수한 사정은 귀하도 잘 알고 계실 것입니다.

2. 그런데 2015. 10. 6. 배추를 심기 위하여 작업을 하다가 위 토지의 지표에서 약 70cm 깊이에 두께 5cm의 콘크리트가 깔려 있는 것을 발견하였습니다. 그래서 본인은 위 토지를 현재 사용하지 못하고 있습니다.

3. 위 토지를 농경지로 이용하기 위해서는 위 콘크리트 제거가 필요한데, 직접 제거를 해주시든지 그 제거비용 2,200만 원을 지급해 주시기 바랍니다.

2015년 10월 7일

발신인　조병갑 (인)

서울마포우체국
2015. 10. 07.
15 - 14250

이 우편물은 2015년 10월 07일 등기 제14250호에 의하여 내용증명 우편물로 발송하였음을 증명함.
서울마포우체국장

통지에 대한 답변

수신인: 조병갑 (661204-1625337)

　　　　서울 마포구 성산로 57

발신인: 김요선 (630924-2655432)

　　　　서울 강동구 고덕2길 530

1. 귀하의 2015. 10. 7.자 통지서는 2015. 10. 9. 수령하여 잘 읽어 보았습니다. 본의 아니게 귀하에게 폐를 끼친 것에 대하여 심심한 사과의 말씀을 드립니다.

2. 그런데 본인도 고덕동 517 토지의 지하에 콘크리트가 깔려 있었던 것은 전혀 몰랐던 사실입니다. 본인은 그 토지를 제가 운영하는 조경업체의 묘목 식재지로 사용하기 위해 경매로 취득한 것인데, 자금 사정으로 한 번도 사용을 하지 못한 채 급하게 귀하에게 매도한 것입니다. 따라서 본인에게는 어떠한 잘못도 없음을 알려 드립니다.

3. 그리고 위 토지를 인도한 날로부터 벌써 상당한 기간이 지났는데 그동안 아무 말씀이 없다가 이제 와서 뒤늦게 그런 말씀을 하시니 법에도 안 맞는 것 같고, 본인으로서는 콘크리트 제거비용에 대한 책임이 있는지 매우 의문스럽습니다. 도의적으로는 몰라도 본인에게 법적 책임을 물을 수는 없는 것이 아닌가 생각합니다. 본인은 현재 금전 사정도 여의치 않아 귀하의 사정을 봐드리기가 어렵습니다.

　　　　　　　　　　　　2015년 10월 11일

　　　　　　　　　　　　　발신인　김요선 (인)

서울강동우체국
2015. 10. 11.
15 - 13321

이 우편물은 2015년 10월 11일 등기 제13321호에 의하여 내용증명 우편물로 발송하였음을 증명함.
서울강동우체국장

통 지 서

수신인: 김요선(630924-2655432)
         서울 강동구 고덕2길 530
발신인: 조병갑 (661204-1625337)
         서울 마포구 성산로 57

1. 본인은 귀하 소유였던 서울 강동구 고덕동 518 전 6,200㎡를 본인이 운영하는 음식점에 채소류를 조달하기 위한 농경지로 쓰려고 매수하여 2015. 4. 17. 소유권 이전등기를 마치고 같은 날 위 토지를 인도받았습니다.
2. 본인이 함께 매수한 위 같은 동 517 토지에서 콘크리트가 깔려 있는 것을 발견하고 나서 귀하에게 조치를 요구한 후 악취가 나므로 2015. 11. 9. 그 옆 토지인 위 518 토지를 파헤쳐보니 지하 1미터 깊이에 폐유와 폐비닐 등 약 10톤가량의 쓰레기가 묻혀 있음을 발견하였습니다.
3. 위 토지를 농경지로 이용하기 위해서는 위 쓰레기 제거가 필요한데, 환경업체에 알아보니 쓰레기 제거에 1억 1,500만 원의 비용이 소요된다고 합니다. 위 쓰레기만 제거하면 농경지로 사용하는 데에는 아무 지장이 없을 것이라고 합니다.
4. 귀하에게 악의나 과실이 없다는 것은 인정하지만, 문제가 있는 땅을 팔고도 매매대금을 다 받아간 채 아무런 조치를 할 수 없다는 데에는 동의할 수 없습니다. 그러니 위 콘크리트와 쓰레기를 직접 제거해 주시든지 아니면 그 제거비용 2,200만 원과 1억 1,500만 원을 즉시 지급해 주시기 바랍니다.

2015년 11월 11일

발신인   조병갑

서울마포우체국
2015. 11. 11.
15 - 14552

이 우편물은 2015년 11월 11일 등기 제14552호에 의하여 내용증명 우편물로 발송하였음을 증명함.
서울마포우체국장

등기사항전부증명서(말소사항 포함) - 토지

[토지] 서울특별시 마포구 성산동 320   고유번호 1107-1995-501230

【표 제 부】 (토지의 표시)

표시번호	접 수	소재지번	지목	면 적	등기원인 및 기타사항
1 (전2)	1997년 4월 15일	서울특별시 마포구 성산동 320	대	450㎡	부동산등기법시행규칙부칙 제3조 제1항의 규정에 의하여 2001년 7월 14일 전산이기

【갑 구】 (소유권에 관한 사항)

순위번호	등기목적	접 수	등기원인	권리자 및 기타사항
1 (전2)	소유권이전	1990년 3월 19일 제4427호	1990년 2월 10일 매매	소유자 이동필 571120-1678934 서울특별시 노원구 공릉동 32
2 (전3)	소유권이전	1994년 3월 20일 제5998호	1994년 3월 10일 매매	소유자 조한근 590912-1922352 서울특별시 마포구 성산동 19-3
				부동산등기법시행규칙부칙 제3조 제1항의 규정에 의하여 2001년 7월 14일 전산이기
3	가압류	2009년 12월 10일 제77282호	2009년 12월 7일 서울서부지방법원의 가압류결정 (2009카합62821)	청구금액 금 200,000,000원 채권자 박필성 650721-1259412 서울특별시 서대문구 연희3동 692
4	강제경매개시결정(3번가압류의 본압류로의 이행)	2010년 3월 8일 제35882호	2010년 3월 5일 서울서부지방법원의 강제경매개시결정 (2010타경4987)	채권자 박필성 650721-1259412 서울특별시 서대문구 연희3동 692
5	소유권이전	2010년 6월 20일 제45079호	2010년 6월 10일 강제경매로 인한 매각	소유자 조병갑 661204-1625337 서울특별시 마포구 성산동 253
6	3번 가압류등기, 4번 강제경매개시결정 등기 말소	2010년 6월 20일 제45079호	2010년 6월 10일 강제경매로 인한 매각	

―― 이 하 여 백 ――

* 실선으로 그어진 부분은 말소사항을 표시함.   * 등기기록에 기록된 사항이 없는 갑구 또는 을구는 생략함.

문서 하단의 바코드를 스캐너로 확인하거나 **인터넷등기소(http://iros.go.kr)의** 발급확인 메뉴에서 **발급확인번호를 입력하여 위·변조 여부를 확인**할 수 있습니다. 발급확인번호를 통한 확인은 발행일부터 3개월까지 5회에 한하여 가능합니다.

발행번호11360011004936072010961250SLBO114951WOG295021311345   1/2   발행일 2016/01/03

대법원

[토지] 서울특별시 마포구 성산동 320　　　　　　고유번호 1107-1995-501230

【을　　구】		(소유권 이외의 권리에 관한 사항)		
순위번호	등기목적	접　수	등기원인	권리자 및 기타사항
1	근저당권설정	1993년 12월 5일 제49301호	1993년 12월 1일 설정계약	채권최고액 금 390,000,000원 채무자 이동필 571120-1678934 　서울특별시 노원구 공릉동 32 근저당권자 주식회사 한미은행 110778-3012321 　서울특별시 영등포구 여의도동 28
2	1번 근저당권설정등기말소	2010년 6월 20일 제45079호	2010년 6월 10일 강제경매로 인한 매각	

―― 이　하　여　백 ――

수수료 금 1,000원 영수함　　관할등기소 서울서부지방법원 등기과 / 발행등기소 법원행정처 등기정보중앙관리소

이 증명서는 등기기록의 내용과 틀림없음을 증명합니다.

서기 2016년 1월 03일

법원행정처 등기정보중앙관리소 전산운영책임관

* 실선으로 그어진 부분은 말소사항을 표시함.　　* 등기기록에 기록된 사항이 없는 갑구 또는 을구는 생략함.

문서 하단의 바코드를 스캐너로 확인하거나 **인터넷등기소(http://iros.go.kr)의** 발급확인 메뉴에서 **발급확인번호를** 입력하여 위·변조 여부를 확인할 수 있습니다. **발급확인번호를** 통한 확인은 발행일부터 3개월까지 5회에 한하여 가능합니다.

발행번호11360011004936072010961250SLBO114951WOG295021311345　　2/2　　발행일 2016/01/03

대 법 원

등기사항전부증명서(말소사항 포함) - 건물

[건물] 서울특별시 마포구 성산동 326   고유번호 2139-4034-298872

【표제부】		(건물의 표시)		
표시번호	접수	소재지번	건물내역	등기원인 및 기타사항
~~1~~	~~1995년 7월 29일~~	~~서울특별시 마포구 성산동 326~~	~~시멘트벽돌조 기와지붕 단층 주택 162㎡ 시멘트블럭조 슬래브지붕 단층 화장실 12㎡~~	~~도면편철장 제7책 91면~~
2		서울특별시 마포구 성산동 326 [도로명 주소] 서울특별시 마포구 성산로 52	시멘트벽돌조 기와지붕 단층 주택 162㎡ 시멘트블럭조 슬래브지붕 단층 화장실 12㎡	도면편철장 제7책 91면 2013년 7월 16일 등기

【갑구】		(소유권에 관한 사항)		
순위번호	등기목적	접수	등기원인	권리자 및 기타사항
1	소유권보존	1995년 7월 29일 제2987호		소유자 조한근 590912-1922352 서울특별시 마포구 성산동 19-3

―― 이 하 여 백 ――

수수료 금 1,000원 영수함   관할등기소 서울서부지방법원 등기과 / 발행등기소 법원행정처 등기정보중앙관리소

이 증명서는 등기기록의 내용과 틀림없음을 증명합니다.

서기 2016년 1월 03일

법원행정처 등기정보중앙관리소 전산운영책임관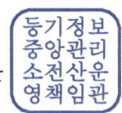

* 실선으로 그어진 부분은 말소사항을 표시함.   * 등기기록에 기록된 사항이 없는 갑구 또는 을구는 생략함.

문서 하단의 바코드를 스캐너로 확인하거나 인터넷등기소(http://iros.go.kr)의 발급확인 메뉴에서 발급확인번호를 입력하여 위·변조 여부를 확인할 수 있습니다. 발급확인번호를 통한 확인은 발행일부터 3개월까지 5회에 한하여 가능합니다.

발행번호11360011004936072010961250SLBO114951WKK295021311539   1/1   발행일 2016/01/03

대 법 원

통 지 서

수 신 :   조한근(590912-1922352)
          서울 마포구 성산로 52

안녕하신지요.
1. 이웃에 살면서 몇 차례 찾아뵙고 말씀드리고자 하였으나 번번이 뵙지 못하였기에 부득이 서신으로 말씀드리게 된 점을 양해하여 주시기 바랍니다.
2. 아시다시피 저는 과거 귀하의 소유였으나 현재 본인이 소유하고 있는 성산동 320번지 토지를 2010년 경매절차에 따라 매입하였는데, 최근에 본인이 건축을 하기 위해 토지 경계측량을 하다 보니 귀하의 성산동 326번지 지상 주택(성산로 52)에 딸린 옥외 화장실(12㎡)이 본인의 320번지 토지 상에 건축되어 있는 사실을 발견하게 되었습니다.
3. 오랫동안 잘 살펴보지 못한 본인의 잘못도 있긴 하지만, 본인으로서는 건물을 신축하여야 하는 상황이라서, 위 화장실 대지 부분 12㎡를 확보하여 설계를 하지 않는다면 신축할 건물의 구조가 매우 옹색하게 나오게 되어 부득이 화장실 건물의 철거를 간청하게 되었습니다. 하오니 부디 양해하여 주시기 바랍니다.
4. 측량기사를 통해 확인한 바에 의하면, 12㎡인 위 화장실 건물 전체가 제 소유인 320번지 토지에 들어서 있는데, 면적은 얼마 안 되지만 오랫동안 사용해 온 기간을 감안할 때 액면대로 사용료를 계산하면 적지 않은 금액이 될 것입니다.
5. 하지만 귀하께서 올해 말까지 화장실을 철거해 주신다면 사용료 부분은 제가 양해하고 청구하지 않겠습니다. 저의 건물신축 계획에 차질이 없도록 순리대로 문제를 해결해 주시기를 바랍니다. 귀하와 댁내 행운을 기원합니다.

          2015년 4월 8일

          발신인   조병갑 (661204-1625337)
                   서울 마포구 성산로 57

서울마포우체국
2015. 4. 8.
15 - 11375

이 우편물은 2015년 4월 8일 등기 제11375호에 의하여 내용증명 우편물로 발송하였음을 증명함.
서울마포우체국장

서울서부지방법원
결 정

사　　건　　2015카단3282 점유이전금지가처분
채 권 자　　조병갑 (661204-1625337)
　　　　　　서울 마포구 성산로 57
채 무 자　　조한근 (590912-1922352)
　　　　　　서울 마포구 성산로 52

주 문

채무자는 별지 목록 기재 부동산에 대한 점유를 풀고 이를 채권자가 위임하는 집행관에게 인도하여야 한다.
집행관은 현상을 변경하지 아니할 것을 조건으로 하여 채무자에게 이를 사용하게 하여야 한다.
채무자는 그 점유를 타인에게 이전하거나 점유명의를 변경하여서는 아니 된다.
집행관은 위 명령의 취지를 적당한 방법으로 공시하여야 한다.

청구채권의 내용: 토지 소유권에 기한 철거청구권

이 유

이 사건 점유이전금지가처분 신청은 이유 있으므로 담보로 금 1,000,000원을 공탁하게 하고 주문과 같이 결정한다.

2015. 8. 24.

판사 김 수 현　　(인)

목 록

서울 마포구 성산동 326 (도로명 주소: 서울 마포구 성산로 52) 지상 시멘트블럭조 슬래브지붕 단층 화장실 12㎡(실제 현황은 서울 마포구 성산동 320 지상에 소재함). 끝.

답 변 서

수신인: 조병갑
　　　　서울 마포구 성산로 57

1. 귀하의 2015. 4. 8.자 통지서는 2015. 4. 9.에 받아보았으나, 도저히 수긍할 수 없어 이제야 답신을 드림을 유감으로 생각합니다.
2. 귀하가 일전에 서신으로 우리 집 옥외 화장실이 귀하의 땅을 침범했다고 주장하면서 철거를 요구한 데 대하여 본인은 매우 당혹스럽게 생각하고 있습니다. 그런데 8월 31일날 법원으로부터 가처분결정이라는 것을 받고 보니, 본인으로서도 더 이상은 방관할 수가 없어 본인이 알아 본 바를 토대로 제 입장을 전해드리는 바입니다.
3. 먼저, 본인으로서는 1995년 5월 말경 성산동 326 지상에 저희 집 주택 신축공사를 착공할 당시 전문 측량업체를 통해 토지 경계측량을 하였고, 측량기사가 빨간 경계말뚝을 꽂아 놓은 경계선 안쪽에 터를 잡아 주택과 옥외 화장실을 건축한 것이므로, 본인에게 잘못이 있다는 귀하의 주장을 인정할 수 없고, 본인이 책임질 부분은 추호도 없다고 생각합니다. 만의 하나 잘못이 있다 하더라도, 옥외 화장실 건물의 대지 부분에 관해서는 취득시효가 완성되었고, 그렇지 않더라도 민법상 또는 관습상 법정지상권이 발생하였음을 확인하였습니다. 이와 같은 전문적인 사항에 관해서는 본인이 변호사와 충분히 상의해서 얻은 결론이니, 의심이 되면 귀하도 잘 알아보시기 바랍니다.
4. 더구나 본인은 옥외 화장실 건축 당시 경계 침범 사실을 알지도 못했고, 2006. 1. 1. 이후로는 옥외 화장실을 폐쇄하고 더 이상 사용하지 않고 있습니다. 그러니 앞으로는 화장실 문제로 본인에게 더 이상 무리한 요구를 하지 말기를 바랍니다.

　　　　　　　　　　　　　　　　2015년 9월 4일
　　　　　　　　　　　　　　　　발신인　조 한 근
　　　　　　　　　　　　　　　　서울 마포구 성산로 52

이 우편물은 2015년 9월 4일 등기 제15678호에 의하여 내용증명 우편물로 발송하였음을 증명함.
　　　　　　　　　　　서울마포우체국장

석유류 제품 공급계약서

매도인   동방석유주식회사
           서울 마포구 공덕2길 233, 1320호(공덕동, 동방빌딩)
           대표이사 서동국

매수인   이 형 철(660719-1829278)
           서울 송파구 올림픽로 25

보증인   이 송 자(620822-2829267)
           서울 마포구 성산로 57

1. 매도인은 매수인에게 아래와 같은 조건으로 매수인의 주유소에서 판매하는 각종 석유류 제품을 공급하기로 한다.

공급품목	주유소 판매용 각종 석유류 제품
거래기간	2011. 10. 1. - 2015. 9. 30.
외상공급 한도액	5억 원(원금)
대금 변제기	매 공급일로부터 1개월 후, 지체손해금률 월 1%
대금 지급방법	매도인이 지정하는 예금계좌로 송금

2. 보증인은 매수인의 외상 채무를 보증하며, 또한 서울 송파구 방이동 215 잡종지 3,600㎡에 관하여 채권최고액 7억 원의 근저당권설정등기를 하여 준다.

3. 본 계약에 정하지 아니 한 사항은 관련 법규와 상관례에 따른다.

2011년 10월 1일

매 도 인   동방석유주식회사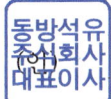
                대표이사 서동국

매 수 인   이 형 철

보 증 인   이 송 자

등기사항전부증명서(말소사항 포함) - 토지

[토지] 서울특별시 송파구 방이동 215 고유번호 3103-1997-341247

【표 제 부】 (토지의 표시)

표시번호	접 수	소재지번	지목	면적	등기원인 및 기타사항
1 (전2)	1997년 6월 15일	서울특별시 송파구 방이동 215	잡종지	3,600㎡	부동산등기법시행규칙부칙 제3조 제1항의 규정에 의하여 1997년7월14일 전산이기

【갑 구】 (소유권에 관한 사항)

순위번호	등기목적	접 수	등 기 원 인	권리자 및 기타사항
1 (전2)	소유권이전	1970년 4월 16일 제1453호	1970년 3월 15일 매매	소유자 이상운 421206-1222510 서울특별시 종로구 내자동 12
				부동산등기법시행규칙부칙 제3조 제1항의 규정에 의하여 1997년7월14일 전산이기
2	소유권이전	2011년 8월 5일 제1500호	2011년 8월 3일 매매	소유자 이송자 620822-2829267 서울특별시 마포구 성산로 57

--- 이 하 여 백 ---

*실선으로 그어진 부분은 말소사항을 표시함.*등기기록에 기록된 사항이 없는 갑구 또는 을구는 생략함.

문서 하단의 바코드를 스캐너로 확인하거나 인터넷등기소(http://iros.go.kr)의 발급확인 메뉴에서 발급확인번호를 입력하여 위·변조 여부를 확인할 수 있습니다. 발급확인번호를 통한 확인은 발행일부터 3개월까지 5회에 한하여 가능합니다.

발행번호11360011004936072010961250SLBO114951WOG295021311122 1/2 발행일 2016/01/03

대 법 원

[토지] 서울특별시 송파구 방이동 215　　　　　고유번호 3103-1997-341247

【을　구】	(소유권 이외의 권리에 관한 사항)			
순위번호	등기목적	접　수	등 기 원 인	권리자 및 기타사항
1	근저당권설정	2011년 10월 2일 제1630호	2011년 10월 1일 설정계약	채권최고액 금 700,000,000원 채무자 이송자 620822-2829267 　서울특별시 마포구 성산로 57 근저당권자 동방석유주식회사 　130364-2043551 　서울특별시 마포구 공덕2길 233, 　1320호(공덕동, 동방빌딩)

--- 이 하 여 백 ---

수수료 금 1,000원 영수함　관할등기소 서울동부지방법원 송파등기소 / 발행등기소 법원행정처 등기정보중앙관리소

이 증명서는 등기기록의 내용과 틀림없음을 증명합니다.

서기 2016년 1월 03일

법원행정처 등기정보중앙관리소 전산운영책임관

*실선으로 그어진 부분은 말소사항을 표시함.*등기기록에 기록된 사항이 없는 갑구 또는 을구는 생략함.

문서 하단의 바코드를 스캐너로 확인하거나 인터넷등기소(http://iros.go.kr)의 발급확인 메뉴에서 발급확인번호를 입력하여
위·변조 여부를 확인할 수 있습니다. 발급확인번호를 통한 확인은 발행일부터 3개월까지 5회에 한하여 가능합니다.

발행번호11360011004936072010961250SLBO114951WOG295021311122　2/2　　　발행일 2016/01/03

대 법 원

보증인 교체 요청서

발신인 : 이송자
　　　　　서울 마포구 성산로 57

수신인 : 1. 이형철
　　　　　　서울 송파구 올림픽로 25
　　　　　2. 동방석유주식회사
　　　　　　대표이사 서동국
　　　　　　서울 마포구 공덕2길 233, 1320호(공덕동, 동방빌딩)

1. 귀하들이 2011년 10월 1일 석유류 공급계약을 할 때 본인이 몇 번이나 거절하였으나 귀하들이 본인에게 채무 보증을 간청하여 그 간청에 못 이겨 본인이 결국 보증을 하고 근저당까지 설정해 준 일이 있음을 잊지 않았겠지요? 그 당시 동생 이형철은 분명히 3개월 뒤면 새로운 보증인을 물색하여 교체해 줄 터이니 걱정 말라고 했고, 귀사 영업이사 조홍구 씨도 교체에 협조하겠다고 다짐하였지요?

2. 그러나 귀하들은 본인의 수차에 걸친 구두 요청에도 불구하고 보증인 교체를 안 해 주니 이는 어찌 된 까닭입니까? 거기다 들리는 소문에 의하면, 이형철은 경마장과 강원랜드를 드나들며 도박을 하면서 주유소 수입을 모두 탕진하고 있고, 그 때문에 귀사에 대한 외상대금을 제때에 갚지 못해 오늘 현재만 해도 외상 잔금이 2억 원을 넘는다고 하던데, 이래 가지고야 본인이 근저당해준 땅이 경매에 넘어가지 않는다고 누가 보장하겠습니까? 이형철은 왜 이 누나를 피해만 다니는 겁니까?

3. 본인이 근저당해 준 땅은 사실 이름만 내 것이지 사실은 남편 조병갑 씨 것입니다. 그런 사실을 보증 당시 들어서 번연히 알면서도 어찌 이럴 수가 있습니까? 누나의 처지를 한 번이라도 생각하는 동생이라면 이럴 수는 없을 겁니다. 또 귀사가 연체를 밥 먹듯이 하는 이형철에게 지체이자도 안 받고 거래를 계속하는 저의가 무엇입니까?

4. 이제 본인의 뜻을 분명히 전하겠습니다. 이형철은 즉시 보증인을 교체해 주고 귀사는 위 근저당을 풀어주십시오. 이후에도 조치가 없으면 부득이 법에 호소할 수밖에 없음을 경고해 둡니다.

　　　　　　　　　　　　　　　　2012년　2월　1일

　　　　　　　　　　　　　　발신인　이송자 (자이인송)
　　　　　　　　　　　　　　서울 마포구 성산로 57

서울마포우체국
2012. 2. 1.
12 - 1010

이 우편물은 2012년 2월 1일 등기 제1010호에 의하여 내용증명 우편물로 발송하였음을 증명함.
서울마포우체국장

보증계약 해지 통고서

발신인 : **이송자**
　　　　　서울 마포구 성산로 57
수신인 : 1. **이형철**
　　　　　서울 송파구 올림픽로 25
　　　　2. **동방석유주식회사**
　　　　　대표이사 서동국
　　　　　서울 마포구 공덕2길 233, 1320호(공덕동, 동방빌딩)

1. 본인이 지난 2월 1일 서신으로 보증인 교체를 정식으로 요구하였음에도, 이형철은 보증인 교체에 대해 일언반구도 없이 누나인 본인을 계속 피하기만 하면서 주유소 영업은 종업원들에게 맡겨놓고 도박에만 탐닉하고 있으니 걱정입니다.

2. 그런데 귀사의 행태도 도저히 이해할 수가 없습니다. 이형철이 도박으로 돈을 탕진하고 귀사에 대한 외상대금을 계속 연체하여 그 돈이 늘어만 가는데도 독촉 한 번 없이 계속 외상공급을 확대하는 이유가 무엇인지요? 본인이 근저당해 준 땅만 믿고 그러는 것입니까? 본인이 2월 1일자 서신에서 분명히 이 점을 지적하고 경고를 하였음에도 보란 듯이 바로 며칠 후 3억 6,000만 원어치나 외상공급을 하였다는데 이건 도대체 어떻게 된 것입니까? 또 지난 3월에 공급받은 1억 2,600만 원의 기름 값은 현재 1억 원이나 연체하고 있다니 참으로 우려할 만한 일입니다.

3. 본인은 이형철의 누나라는 정리에 부득이 보증을 서고 근저당을 했고, 3개월 후면 보증인이 교체되고 근저당도 풀릴 것으로 믿고 있었는데, 이제 귀하들이 본인의 처지를 전혀 고려해 주지 않으므로 더 이상 본인은 귀하들을 신뢰할 수가 없습니다. 그러므로 오늘 부로 보증을 해지하오니 귀사는 즉시 위 근저당을 풀어주십시오. 근저당 문제 때문에 저희 부부는 이혼의 위기에 처했으니 너무 본인에게 서운하다 하지 말기 바랍니다.

　　　　　　　　　　　　　　　　2012년 4월 20일

　　　　　　　　　　　　　　발신인　이송자 (인)
　　　　　　　　　　　　　　서울 마포구 성산로 57

서울마포우체국
2012. 4. 20.
12 - 3012

이 우편물은 2012년 4월 20일 등기 제3012호에 의하여 내용증명 우편물로 발송하였음을 증명함.
서울마포우체국장

<약속어음 앞면>

약 속 어 음

최 상 진 귀하　　자가 46357289　　서울 01 921673

금　120,000,000원 정

위의 금액을 귀하 또는 귀하의 지시인에게 이 약속어음과 상환으로 지급하겠습니다.

지급기일　2015년 10월 31일　　　발행일　2015년 3월 1일
지 급 지　서울　　　　　　　　　발행지　서울
지급장소　삼진전자주식회사 본점　발행인　삼진전자주식회사
　　　　　또는 기업은행 서울 공항동지점　대표이사 송병일　(인: 삼진전자 주식회사 대표이사)

발행지, 발행일, 수취인 등이 누락된 상태에서 지급제시하는 경우 지급거절로 선의의 피해를 입을 수도 있으니 누락됨이 없도록 주의하시기 바랍니다.

점선 아래의 앞뒷면은 전산처리 부분이오니 글씨를 쓰거나 더럽히지 마시오.

53793532　23∭∭∭∭∭∭∭∭∭∭∭　　　05

<약속어음 뒷면>

앞면에 적힌 금액을 (우 범 선) 또는 그 지시인에게 지급하여 주십시오.
지급거절증서 작성의무를 면제함

2015. 6. 25.
최 상 진　(인: 최상진)

서 울 동 부 지 방 법 원
결   정

사   건   2015타채9018 채권압류 및 추심명령
채 권 자   조병갑(661204-1625337)
            서울 마포구 성산로 57
채 무 자   우범선(540927-1767245)
            서울 광진구 성수2길 554
제3채무자   삼진전자주식회사
            서울 강서구 공항로 123
            대표이사 이정진

채무자, 제3채무자 송달일: 2015. 11. 21.	
확정일: 2015. 11. 28.	

주   문

채무자의 제3채무자에 대한 별지 기재 채권을 압류한다.
제3채무자는 채무자에게 위 채권에 관한 지급을 하여서는 아니 된다.
채무자는 위 채권의 처분과 영수를 하여서는 아니 된다.
채권자는 위 압류채권을 추심할 수 있다.

청구금액

금 7억 9,500만 원(서울동부지방법원 2013가합12345호 대여금청구사건의 원금 3억 원 및 이에 대한 2010. 5. 1.부터 2015. 10. 31.까지 연 30%의 비율에 의한 4억 9,500만 원의 합계)

이   유

   채권자가 위 청구금액을 변제받기 위하여 서울동부지방법원 2013. 7. 11.자 2013가합12345호 대여금청구 사건의 집행력 있는 화해권고결정에 기초하여 한 이 사건 압류 및 추심명령 신청은 이유 있으므로 주문과 같이 결정한다.

2015. 11. 18.

사법보좌관   윤 정 수   (인)

압류할 채권의 표시

1억 2,000만 원 및 이에 대한 2015. 10. 31.부터 다 갚는 날까지 어음법 및 소송촉진 등에 관한 특례법에 따른 지연손해금(단, 채무자가 제3채무자에 대하여 가지는 아래 약속어음에 기한 채권)

액 면 금: 1억 2,000만 원
지 급 일: 2015. 10. 31.
발 행 일: 2015. 3. 1.
지 급 지: 서울
지급장소: 발행인의 본점 또는 기업은행 서울공항동지점
발 행 지: 서울. 끝.

등본입니다.

2016. 1. 4.

서울동부지방법원
법원주사 김 병 호 [인]

등기사항전부증명서(현재사항)

등기번호	0035598
등록번호	110644-2743651

상 호	삼진전자주식회사	. .	변경
		. .	등기
본 점	서울특별시 강서구 공항로 123	. .	변경
		. .	등기

| 공고방법 서울시내에서 발행하는 일간 매일경제신문에 게재한다. | . . | 변경 |
| | . . | 등기 |

| 1주의 금액 금 5,000원 | . . | 변경 |
| | . . | 등기 |

| 발행할 주식의 총수 40,000주 | . . | 변경 |
| | . . | 등기 |

발행주식의 총수와 그 종류 및 각각의 수	자본의 총액	변 경 연 월 일 등 기 연 월 일
발행주식의 총수 20,000주 보통주식 15,000주 우선주식 5,000주	금 100,000,000 원	. . 변경 . . 등기

목 적
1. 전자기기제조업무 2. 제1호에 부대되는 업무

임원에 관한 사항
이사 이금솔 680904-1566442 원인 취임 연 월 일 2013년 07월 21일
이사 김대열 590808-1265437 원인 중임 연 월 일 2013년 08월 20일
대표이사 이정진 651104-1165667 서울특별시 중구 퇴계로 149-6 원인 취임 연 월 일 2013년 05월 30일
감사 최양숙 661027-2255661 원인 중임 연 월 일 2013년 08월 23일

(중략)

서울중앙지방법원 등기국 등기관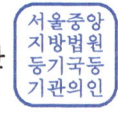

4010915313667289567922482064-1234-1000   1/1   발행일   2016/01/03

내 용 증 명

수신인: 1. 우범선 (서울 광진구 성수2길 554)
　　　 2. 조병갑 (서울 마포구 성산로 57)
발신인: 삼진전자주식회사 (서울 강서구 공항로 123)

우범선 씨는 2015. 11. 12. 당사를 방문하여, 본사가 발행하고 최상진이 배서한 금 1억 2,000만 원의 약속어음 1매를 지급제시한 바 있습니다. 위 약속어음은 당사가 발행한 약속어음임은 틀림없으나, 다음과 같은 이유에서 지급을 할 수 없습니다.

첫째, 위 약속어음상 당사의 대표이사로 기재된 송병일은 당사의 주주일 뿐 대표이사가 아닙니다. 비록 송병일이 당사의 주식 20%를 가진 대주주이기는 하나, 당사의 주주총회나 이사회는 송병일에게 대표권을 부여한 사실이 없습니다.

둘째, 당사는 최상진 씨에게 어음금액란을 보충할 권한을 1억 원 한도 내에서만 부여하였는데, 우범선 씨는 보충권의 범위에 대하여 당사에 한 번도 물어보지도 않은 채 보충권의 범위를 초과한 1억 2,000만 원으로 보충하였습니다. 이는 어음소지인의 중대한 과실이라고 할 것입니다.

셋째, 우범선 씨는 또 위 약속어음의 지급제시기간을 도과한 후 위 어음을 지급제시하여 어음의 효력이 소멸하였으므로 당사는 지급책임이 없습니다. 그래서 당사는 추심명령에 즉시항고를 하지 않았습니다.

2015. 12. 3.

발신인 삼진전자주식회사
　　　 서울 강서구 공항로 123
　　　 대표이사 이정진

서울공항우체국
2015. 12. 3.
15 - 12975

이 우편물은 2015년 12월 3일 등기 제12975호에 의하여 내용증명 우편물로 발송하였음을 증명함.
서울공항우체국장

기록이면표지

확 인 : 법무부 법조인력과장

민사법
기록형

lawyers

2016년도 **제5회**
변호사 시험

문제해결 TIP

기록 1면

【 문 제 】

귀하는 서울 서초구 서초대로 320, 1305호(서초동, 부림빌딩)에 사무실을 둔 변호사 설영수입니다. 귀하는 2016. 1. 5. 조병갑 등과의 상담을 통해 〈의뢰인 상담일지〉에 기재된 내용과 같은 사실관계를 청취하고, 각【의뢰인 희망사항】기재와 관련된 일체의 소송수행에 관한 수임약정을 하면서 그 이하에 첨부된 서류를 자료로 받았습니다. 귀하가 의뢰인(들)을 위하여 본안의 소를 제기하는 데 필요한 소장을 아래【작성요령】에 따라 작성하시오.

【 작 성 요 령 】

1. 당사자가 여러 명인 경우 '피고 홍길동'과 같은 방식으로 특정하고, '피고 1'과 같이 기재하지 않으며(위반 시 감점), 주민등록번호는 기재하지 않아도 무방합니다.
    - 주민등록번호를 기재하지 않을 수 있다고 지시하였는데, 이는 판결문 작성규칙의 변경을 고려한 것으로 생각된다.

2. 피고가 복수인 경우 청구취지와 청구원인은 피고별로 나누어 기재하되, 공동소송의 요건은 모두 갖추어진 것으로 전제하고, 예비적·선택적 병합청구는 주관적이든 객관적이든 하지 마시오(위반 시 감점).

3. 【의뢰인 희망사항】란에 기재된 희망사항에 부합하고 현행법과 그 해석상 승소 가능한 최대한의 범위에서 청구하고, 소 각하나 청구기각 부분이 발생하지 않도록 하시오(위반 시 감점).

4. 첨부자료를 통하여 상대방이 명백히 의견을 밝히고 있어서 소송 중 방어방법으로 제출할 것으로 예상되는 주장이나 항변 중 이유 있다고 생각되는 부분은 청구에 미리 반영하고, 이유 없다고 판단되는 사항은 청구원인란을 통해 미리 반박하시오(기재하지 않을 경우 감점).

5. 〈의뢰인 상담일지〉와 첨부자료에 기재된 사실관계는 특별한 지시가 없는 한 모두 진실한 것으로 전제하고, 언급되지 않은 사실은 없는 것으로 간주하시오. 첨부된 서류도 모두 적법하게 작성된 것으로 간주하시오.

6. 부동산을 표기할 필요가 있는 경우 목록을 만들지 말고 직접 표기하시오.

7. 〈증명방법〉, 청구원인 서술 시 관련 증거자료를
    - 소장의 작성일자는 소멸시효 및 제척기간의 기준일로써 메모작성시 반드시 기재하여야 한다.

8. 소장 작성일 및 소 제기일은 2016. 1. 7.로 하시오.

의뢰인 상담일지

변호사 설영수 법률사무소

서울 서초구 서초대로 320, 1305호(서초동, 부림빌딩)
☎ 553-1233, 팩스 553-1234, 전자우편 sys@hanmail.net

접수번호	2016-05	상담일시	2016. 1. 5.
상 담 인	조병갑(010-3216-1223) 우범선(010-4482-2917)	내방경위	지인의 소개
관할법원		사건번호 (법원, 검찰)	

1. 가. 조병갑은 서울 강남구 역삼로 59 두꺼비빌딩 1층에서 '추풍령갈비'라는 상호로 음식점 영업을 하고 있는데, 사업자등록을 하지 않았다. 조병갑은 2013. 1. 4. 위 음식점 건물을 건물주 최병철로부터 임차하고 2013. 1. 9. 이를 인도받아 현재까지 영업을 하고 있다.
   > 상가건물임대차보호법의 적용여부가 문제되고, 현재 대항요건을 구비하지는 못하였다.

   나. 그런데 조병갑은 2015. 8. 9.과 2015. 10. 9.에 지급하였어야 할 차임을 지급하지 못하였다. 약정한 임대차기간의 만료일이 다가와 2015. 12. 1. 조병갑은 최병철에게 위 임대차계약을 갱신해 줄 것을 요구하는 내용증명우편을 보냈는데, 최병철은 차임 지체 등을 이유로 들면서 임대차계약을 갱신할 수 없다는 답신을 보내왔고, 조병갑은 2015. 12. 6. 이를 수령하였다.

   다. 이에 조병갑이 수차 ~~~ 하였으나 최병철은 무조건 안 된다며 ~~~ 등을 변제공탁하였다. 그러자 최 ~~~ 왔고, 조병갑은 2015. 12. 14. 이 ~~~
   > 2기 차임연체의 효력과 관련한 상가건물임대차보호법의 개정내용을 묻는 것으로 보인다.
   > 현재 임차권의 존부가 다투어지고 있고, 임대인이 임대차의 종료를 주장하고 있으며, 원고가 목적물을 인도받아 사용 중이므로, 별도의 이행청구를 생각하기 어려운 상황이다. 이에 확인청구의 이익의 검토가 필요하다.

   라. 그 뒤에도 최병철은 공탁금을 수령하지 않은 채 매일같이 음식점에 찾아와 "2016. 1. 8.이 되면 무조건 건물을 비워주고 나가야 한다. 나가지 않으면 임대차계약에서 정한 대로 위약금 3억 원을 물어야 할 것이니 손해를 보지 않으려면 틀림없이 건물을 비워줘야 할 것이다."라는 말을 하고 있어 영업에 지장을 받고 있는 형편이다.

【의뢰인 희망사항】

조병갑은 최병철과의 분쟁을 해결하고 중소기업청에 중소 상공인을 위한 운영자금을 신청하기 위해, 자신에게 적법한 임차권이 있다는 점을 증명할 수 있는 판결을 받을 수 있는 소를 제기하여 주기 바란다.

2. 가. 조병갑은 2010. 1. 10. 서울 마포구 성산동 750 토지를 소호진에게서 매수한 후 대금을 지급하고, 2010. 1. 15. 이를 인도받음과 동시에 소유권이전등기를 마쳤다. ~~~~~~~~~~~~~~~~~~ 트지붕 단층 창고 126㎡의 신축 공사 ~~~~~~~~~~~~~~~~~ 붕 등 골조가 완성된 상태였다. 조 ~~~~~~~~~~~~~~~~~~ 하여 대금을 완불하고 인도받았으나 ~~~~~~~~~~~~~~~~~ 토지만 소유권이전등기를 넘겨받았 ~~~~~~~~~~~~~~~~ 기 상태이다.

> 현재 원고가 성산동 750토지의 소유권이전등기를 경료하였고, 점유 중이므로 별도의 이행청구를 할 수는 없다. 이에 원고의 소유권을 부인하는 공상국을 상대로 제기할 수 있는 소송은 확인청구만이 가능하다. 나아가 원인무효에 기한 물권적청구권에 대해서는 피고가 주장할 수 있는 항변은 취득시효 항변만이 있으므로, 취득시효의 완성여부의 검토가 필요하다.

나. 그런데 위 성산동 750 토지의 소유자라고 주장하는 공상국이 2015. 12. 위 토지에 대한 조병갑 명의의 소유권이전등기 말소와 창고의 철거를 요구해왔다. 공상국의 주장대로 그가 억울한 것은 사실이지만, 소호진과 조병갑도 각각 부동산중개업소를 통해 정상적인 방법으로 위 토지를 매수한 이상, 조병갑은 공상국의 요구를 받아들일 수 없다고 한다.

다. 공상국은 위 창고 건물에 대하여 점유이전금지가처분을 받아 2015. 12. 4. 그 집행까지 마쳤다. 조병갑이 법무사에게 위 가처분의 취소를 의뢰하였던바, 법무사는 본안판결을 받아오면 가처분을 취소해 주겠다고 한다.

【의뢰인 희망사항】

조병갑은 위 성산동 750 ~~~~~~~~~~~~~ 공상국과의 법적 분쟁을 해결하는 데에 필요

> 상사매매에 해당할 수 있음을 의미하는 것이므로, 매도인도 상인인지 여부를 확인하여야 한다.

3. 가. 조병갑은 자신이 운영하는 위 음식점에 채소류를 조달하기 위한 농경지로 쓰려고, 2015. 4. 14. ~~~~~~~~~~~~~~~~~ 517 토지와 같은 동 518 토지를 매수하 ~~~~~~~~~~~~~~~~ 토지들을 인도받았다.

> 각 토지의 하자를 발견한 날짜가 토지의 인도일로부터 6개월 되는 날의 전후로 나뉘어져 있다. 상법상 매수인의 검수의무에 관한 함정이 있을 수 있다.

나. 그런데 2015. 10. 초 조병갑은 위 고덕동 517 토지에 배추를 심기 위하여 작업을 하다가, 그 토지의 지하에 콘크리트가 깔려 있는 것을 발견하여 김요선에게 조치를 요구하였다. 그런데 얼마 후 고덕동 518 토지에서 악취가 올라오는 것을 발견하고 2015. 11. 9. 중장비를 동원하여 그 토지를 파헤쳐 본 결과, 지하에 폐유와 폐비닐 등 약 10톤가량의 쓰레기가 묻혀

있음을 발견하였다. 이에 조병갑은 추가로 김요선에게 이를 통지하고 조치를 요구하였으나, 김요선은 그 다음 날 그 통지서를 받고도 현재까지 이에 응하지 않고 있다.

다. 조병갑이 환경업체에 알아보니 위 콘크리트와 쓰레기 제거에 총 1억 3,700만 원의 비용이 소용되며, 그것들만 제거하면 위 토지들을 농경지로 사용하는 데에는 아무런 지장이 없을 것이라고 한다.

【의뢰인 희망사항】

조병갑은 위 콘크리트와 쓰레기를 [소유권에 기한 물권적청구권 즉, 화장실의 철거 및 토지의 인도 청구에 관한 문제가 출제된 것이고, 추가로 부당이득 반환청구도 검토하여야 한다.] 부터 받는 데 필요한 소의 제기를 희

4. 가. 서울 마포구 성산동 320 대지는 소한근의 소유였는데, 경매에 넘어가 조병갑이 2010. 6. 10. 매각대금을 납입하여 소유권을 취득하였다. 조병갑이 2015년 봄 건물 신축을 위해 위 토지를 측량하는 과정에서, 조한근의 소유인 성산동 326 지상 주택에 딸린 옥외 화장실이 위 성산동 320 대지에 건축되어 있는 사실을 확인하였다.

나. 그 경위를 알아보니, 조한근은 성산동 320 대지를 주식회사 한미은행의 근저당권이 설정된 상태에서 이동필로부터 매수하고, 그 매매대금에서 위 은행에 대한 이동필의 채무액을 뺀 나머지만을 지급하기로 하면서 근저당권설정등기는 그대로 둔 상태로 소유권을 넘겨받았다. 그런데 조한근은 1995. 5.경 성산동 320 대지에 연접한 성산동 326 대지 위에 단독주택 신축공사를 착공하는 과정에서, 측량기사가 경계표시를 잘못해 준 바람에 위 성산동 320 대지의 지상에 화장실 건물을 축조하였으나 최근에는 위 화장실을 사용하지 않고 있다.

다. 조병갑은 2015. 4. 8. 조한근에게 화장실 철거를 요구하는 서면을 보냈는데, 조한[소유권에 기한 물권적청구권 즉, 화장실의 철거 및 토지의 인도 청구에 관한 문제가 출제된 것이고, 추가로 부당이득 반환청구도 검토하여야 한다.] 답신을 하지 않다가, 조병갑이 201... 그 결정 정본이 2015. 8. 31. 조한근에게 송달되고 소명갑이 2015. 9. 1. 이를 집행하자, 그제야 철거를 거부하는 답신을 보내[부당이득반환청구의 산정기준] 않고 있다.

라. 측량기사의 잘못으로 화장실 위치가 잘못된 것이므로 조한근에게 악의나 과실이 없으나, 조병갑이 그동안 위 화장실 대지 12㎡를 사용하지 못한 것은 큰 손실이다. 조병갑이 인근 부동산중개업소에 알아보니, 위 화장실 대지 12㎡를 보증금 없이 임대할 경우, 1995년경부터 2005년 말까지는 매월 50만 원, 그 이후 현재까지는 매월 70만 원을 받을 수 있다고 한다.

기록 7면

【의뢰인 희망사항】

조병갑은 위 화장실 대지 부분을 포함한 성산동 320 대지에 신축공사를 하는 데에 지장을 받지 않고, 그 부분 토지를 사용하지 못한 손실을 전보 받는 데 필요한 소의 제기를 희망한다.

5. 가. 이형철은 2011. 10. 1. 동방석유주식회사와 석유류 제품 공급계약을 체결하고, 위 회사로부터 각종 석유류 제품을 외상으로 공급받아 판매하여 왔는데, 그 약정 당시 위 회사는 거래기준상 담보를 요구하였다. 〔계속적 보증계약이 체결되었음을 의미한다.〕 이에 조병갑의 처 이송자는 남동생인 이형철과 위 회사의 영업이사 조홍구의 간청에 못 이겨 위 이형철의 유류대금 채무를 보증하고, 그 보증채무를 담보하기 〔부부간의 명의신탁약정이 있고, 명의수탁자의 처분행위가 있었으므로, 위 각 약정과 처분행위의 효력의 검토가 필요하다.〕 10. 2. 위 회사 앞으로 채 ····· 었다. 위 토지는 조병갑이 퇴직금을 받아 이상운에게서 매수한 것이나, 도박의 습벽이 있는 조병갑이 이를 쉽게 처분하지 못하도록 이송자의 명의로 등기해 두기로 약정하여, 이상운의 승낙을 받아 등기만을 이송자 앞으로 넘겨받았다.

나. 그러나 위 이형철이 석유회사에 대한 외상값을 제대로 갚지 못해 수차례 연체가 발생하므로, 이송자는 구두와 서면으로 이형철과 위 회사에 수차 보증인을 교체하여 줄 것 등을 요청하였으나 이들은 그 요청서를 2012. 2. 3.에 받았음에도 아무런 조치를 취하지 않았다. 이에 이송자는 2012. 4. 20.자로 위 회사에 보증계약을 해지한다는 통지를 하여 그 통지서가 다음 날 도달하였는데, 그 도달 당시 이형철의 외상 채무는 아래와 같이 원금만도 총 4억 원에 달하였다. ······ 〔보증계약의 해지통지의 효력의 검토가 필요하다.〕

공급일	공급금액(만 원)	미변제잔액(만 원)
2011. 10. 10.	18,700	9,200
2011. 11. 7.	16,420	4,900
2011. 12. 5.	13,900	6,300
2012. 2. 9.	36,000	9,600
2012. 3. 17.	12,600	10,000
합계		40,000

다. 위 회사는 이송자의 해지 통지서를 받고도 아무런 응답을 하지 않은 채 이형철과 계속 거래를 하였다. 이에 조병갑이 2015. 10. 중순경 위 회사를 찾아가 "방이동 215번지 토지의 실소유자는 나인데, 내 동의도 없이 처가 임의로 근저당권을 설정해 주었다. 이형철과 당신네 회사가 약정한 거래계약

기간도 이미 지났으니 이제 내 땅의 근저당권등기를 말소해 달라."고 요구하였다. 그러자 위 회사의 지배인 김영기는 이를 거절하면서 "우리 회사가 이형철 씨에게 2013. 9. 이후 2015. 9. 30.까지에도 3회에 걸쳐 합계 1억 원의 석유를 추가로 외상 공급한 것도 있으니 총 미수금액 5억 원과 지체이자를 다 갚기 전에는 근저당권등기를 말소해 줄 수 없다. 우리 회사는 근저당권등기만 믿고 그동안 이형철 씨에게 외상값 독촉 한 번을 안하고 그가 달라는 대로 기름을 공급해 주었다. 그러니 당신네도 누나와 매형ㅇㅇㅇ ㅇㅇㅇㅇ ㅇㅇㅇ 외상값을 갚아줘야 할 것이 아닌가? 지체 ㅇㅇ ㅇㅇㅇㅇㅇ ㅇㅇㅇㅇ ㅇㅇㅇㅇ, ㅇㅇㅇ 갚아 달라. 그러면 즉시 근저당권 등기 ㅇㅇㅇㅇㅇ ㅇㅇㅇ ㅇㅇㅇ ㅇㅇㅇㅇ. 하였다. 위 회사는 그동안 이형철의 외상대금 미납에도 불구하고, 이형철과의 거래가 종료된 2015. 9. 30.까지 이형철에게 외상값 변제를 독촉하거나 재산을 가압류하는 등의 조치를 한 적 없이 외상거래를 해 왔던 것이 사실이다.

> 유류대금채권은 3년의 소멸시효가 적용되므로, 일응 소멸시효의 완성여부가 문제되는데, 별도의 소멸시효중단사유가 있는지 검토가 필요하다.

【의뢰인 희망사항】

조병갑은 근저당권설정등기가 자신의 의사와 무관하게 이루어진 것이어서 무효라고 주장하면서, 만일 법적으로 갚아야 할 외상대금이 있다면 이를 갚고서라도 근저당권설정등기를 말소하기를 희망한다. 현재 이송자는 자기 이름의 순재산이 5억 원가량 되는데, 위 토지 문제로 다툰 후 몇 달 전에 집을 나가 연락이 안 되고 있다.

> 명의신탁자인 원고는 직접 소유권에 기하여 물권적 청구권을 행사할 수는 없고, 처인 이송자를 대위하여 권리를 행사할 수 있는데, 이송자가 현재 유자력이라 하더라도 특정물채권을 위해서는 대위권을 행사할 수 있고, 나아가 원고의 이송자에 대한 피보전채권을 특정물채권으로 확정하여야 함을 의미한다.

6. 가. 조병갑은 2010. 5. 1. 동료 상인인 ㅇㅇㅇ ㅇㅇㅇㅇ ㅇ. 30., 이율 및 지연손해금률 각 월 2.ㅇㅇ ㅇㅇㅇㅇ ㅇㅇㅇ ㅇ을 전혀 받지 못해, 2013. 5. 10. 서울동부지방법원 2013가합12345호로 "피고는 원고에게 4억 및 이에 대하여 2010. 5. 1.부터 다 갚는 날까지 월 2.7%의 비율에 의한 금원을 지급하라."는 대여금청구의 소를 제기하였다. 그런데 ㅇㅇㅇ ㅇㅇㅇㅇ ㅇㅇㅇ ㅇㅇㅇㅇㅇ ㅇㅇㅇㅇㅇㅇ 원고에게 3억 원 및 이에 대하여 ㅇㅇㅇ ㅇㅇㅇㅇ ㅇㅇ ㅇㅇㅇㅇ ㅇㅇㅇ ㅇㅇㅇ.)%의 비율에 의한 금원을 지급한다. 2. 원고의 나머지 청구는 포기한다."는 화해권고결정이 내려져 그 결정이 확정되었다.

> 대여금에 대하여 화해권고결정이 확정되었으므로, 이후 채권액은 화해권고결정에 따른 금액으로 제한된다.

나. 한편 삼진전자주식회사는 이정진이 그 대표이사로 등기되어 있으나, 이정진은 평소 회사에 거의 출근을 하지 않고 중요한 회사 업무 처리를 대주주인 송병일에게 위임하였다. 이에 따라 송병일이 '삼진전자주식회사 대표이사

송병일'이라는 명함과 대표이사 인장을 사용하면서 대부분의 회사 업무를 처리해 왔고, 이런 사정 때문에 최상진을 비롯한 주변 사람들은 모두 송병일이 대표이사인 줄로 알고 있었다. 송병일은 2015. 3. 1. 위 회사를 대표해 최상진에게 액면금란을 백지로 한 약속어음 1장을 발행하였는데, 2015. 10. ~~~~~~~~~~~~~~~~~~~~~~~~~~ 총 10억 원 한도에서 무이자로 돈을 빌려 ~~~~~~~~~~~~~~~~~~~~~ 료하면 그 당시까지의 최종 차용액을 초 ~~~~~~~~~~~~~~~~~~~~~ 의하였다. 위 송병일과 최상진은 2015. 6. 20. 위 금전거래를 종료하기로 합의하였는데, 그때까지 최상진이 빌려준 돈은 총 1억 원이었다.

> 표현대표이사가 약속어음을 발행한 것이므로, (1) 표현대표이사의 성립여부, (2) 표현대표이사의 상대방의 보호 문제에 대한 검토가 필요하다.

> 백지보충권의 수여가 있었고, 보충권을 넘은 액면금의 기재가 있었다. 따라서, 발행인의 책임의 범위가 문제된다.

다. 최상진은 2015. 6. 25. 우범선에게 갈음하여 위 어음을 배서, 교부하였고, 그 당시 최상진은 우범선에게 액면금란을 1억 2,000만 원으로 보충해도 좋다고 말하였다. 이에 우범선은 그 말만을 믿고 액면금액란을 1억 2,000만 원으로 보충 기재한 후 2015. 11. 12. 위 회사를 찾아가 어음을 제시하며 어음금 지급을 요구하였으나, 위 회사는 어음이 무효라는 등의 이유로 지급을 거절하였다. 우범선은 아직 어음금을 받지 못하고 있다.

라. 조병갑이 우범선에게 2015. 11.경 위 대여금을 갚으라고 독촉하자 우범선은 "나 대신 삼진전자주식회사로부터 어음금을 받아서 내 빚을 까달라. 절차상 필요하다면 어음을 가져가도 좋다."라고 말하였는데, 조병갑은 어음을 받아오 ~~~~~~~~~~~~~~~~~~~~~~~~~~~~~~~~~~~~ 만 말하였다. 할까봐

> 원고의 압류 및 추심결정이 있었으므로, 어음금 청구의 당사자적격이 원고에게 것이라고 주장 이전되었다. 따라서 원고가 추심청구소송을 제기하여야 한다.

그 후 조병갑이 위 화해권고결정에 기하여 우범선의 삼진전자주식회사에 대한 어음금채권에 대하여 압류 및 추심명령을 신청하여, 그 명령이 확정되었음에도 위 회사는 어음금을 지급하지 않고 있다. 조병갑의 생각에는, 아무래도 우범선이 삼진전자주식회사를 상대로 어음금청구의 소를 제기하여야 할 것 같다고 한다.

【의뢰인 희망사항】

삼진전자주식회사를 상대로 위 어음금을 받는데 필요한 소를 제기하여 주기 바라며, 법률상 가능하다면 조병갑이 우범선에 대하여서도 빌려준 돈 중 위 화해권고결정에 반영되지 못한 부분을 받을 수 있는 판결을 원한다.

기록 10면

부동산임대차계약서

부동산의 표시 : **서울특별시 강남구 역삼로 59 두꺼비빌딩 1층 210㎡**

제1조 위 부동산을 임대차함에 있어 임대인과 임차인은 쌍방 합의하에 아래 각 조항과 같은 조건으로 계약한다.

보증금	일억 (100,000,000)원	월세금액	이백만 (2,000,000)원 (매월 9일 선불)
계약금	일금 원정을 계약당일 임대인에게 지불하고		
중도금	일금 원정을 년 월 일 지불하고		
잔 금	일금 1억 원정을 2013년 1월 9일 소개인 입회하에 지불키로 함. **위 금액을 전액 수령함. 2013. 1. 9. 최병철**		

제2조 부동산은 **2013년 1월 9일** 인도하기로 한다.
제3조 임대기간은 **2013년 1월 9일**부터 **2016년 1월 8일**까지(3년)로 한다.
제4조 임차인은 임대인의 승인 없이는 토지의 형상을 변경할 수 없다.

※ 특약사항 : 1. 임차인이 차임을 지체할 시에는 월 3%의 지체상금을 지불한다.
              2. 임대차가 종료한 후 임차인이 임대차 목적물을 즉시 임대인에게 반환하지 않을 경우 임차인은 위약금으로 임대인에게 3억 원을 지급하기로 한다.

위 계약조건을 틀림없이 지키기 위하여 본 계약서를 2부 작성하여 각자 1부씩 보관한다.

임대차계약의 체결일과 임대차기간의 개시일이 다르므로, 갱신시 기산점을 정확히 확정하여야 한다.

2013년 1월 4일

임대인	주소	서울 강남구 역삼2길 339	연락처	010 - 9917 - 2016
	성명	최 병 철 (인)	주민등록번호	590822-1878334
임차인	주소	서울 마포구 성산로 57	연락처	010 - 3216 -1223
	성명	조 병 갑 (인)	주민등록번호	661204-1625337

임대차계약 갱신 요구서

발신인: 조병갑
　　　　서울 강남구 역삼로 59 추풍령갈비

수신인: 최병철
　　　　서울 강남구 역삼 2길 339

1. 귀하의 댁내 행운을 빕니다.
2. 다름이 아니오라. 본인과 귀하가 2013년 1월 4일에 체결한 추풍령갈비 건물 임대차계약 기간이 오는 2016년 1월 8일로 만료되기에, 본인은 상가건물임대차보호법 규정에 따라 임대차기간 만료 1개월 전에 갱신을 요구합니다.
3. 본인이 알기로는 위 법률상 임대차계약 기간 갱신은 5년까지 허용되므로, 본 통지서를 발송하는 날부터 5년이 되는 2020년 12월 1일까지 기간이 연장되어야 합니다.
4. 본인이 연체하고 있는 금년도 8월분 임료와 10월분 임료는 약정대로 지체이자까지 계산해서 곧 지불하도록 하겠습니다. 본인이 임료를 두 번이나 지체하였음에도 귀하께서 9월분과 11월분 임료를 수령하면서 연체된 임료에 충당하지 않고 이의 없이 수령하여 주셔서 대단히 고맙습니다. 앞으로는 임료를 연체하는 일이 없도록 명심하겠습니다.

　　　　　　　　　　　　2015년 12월 1일

　　　　　　　발신인　　조병갑
　　　　　　　　　　　서울 강남구 역삼로 59 추풍령갈비

서울강남우체국
2015. 12. 01.
15 - 7895

이 우편물은 2015년 12월 01일 등기 제7895호에 의하여 내용증명 우편물로 발송하였음을 증명함.
　　　　　　　　　서울강남우체국장

갱신요구에 대한 답신

발신인: 최병철
서울 강남구 역삼 2길 339

수신인: 조병갑
서울 강남구 역삼로 59 추풍령갈비

> 피고 최병철의 (1) 이 사건 임대차가 상가건물임대차보호법이 적용되지 않고 (2) 갱신요구의 요건을 구비하지 못하였다는 항변에 해당한다.

1. 귀하의 임대차계약 갱신요구서는 지난 12월 3일에 받아 보았습니다.
2. 귀하의 말씀대로 귀하는 2015년도 8월분 임료 200만 원, 10월분 임료 200만 원을 지금까지 연체하고 있습니다. 본인은 귀하의 사정이 어렵다고 해서 계약기간이 끝날 때까지 서로 얼굴 붉히지 않으려고 모른 체 해왔습니다.
3. 그러나 귀하가 말씀하시는 상가건물임대차보호법은 사업자등록을 하여 대항력을 취득한 임차인에게나 적용되는 것이지 귀하처럼 사업자등록을 하지 않은 임차인에게는 적용되지 않는 것으로 압니다. 그러니 귀하는 당연히 갱신을 요구할 권리가 없습니다.
4. 백보를 양보하여 귀하 같은 경우의 임차인에게도 위 법률이 적용된다고 할지라도, 귀하는 2기분의 임료를 연체하고 있으므로 위 법률에 의하여 임대인인 본인은 귀하의 갱신요구를 거절할 권리가 있는바, 본인은 갱신요구를 거절합니다.
5. 그러니 귀하는 무슨 일이 있어도 임대차계약 기간 만료일인 2016년 1월 8일에 반드시 위 식당 건물을 본인에게 반환하셔야 합니다. 만약 이를 어길 경우 3억 원의 위약금을 물어야 한다는 사실을 유념하시기 바랍니다.

2015. 12. 5.

발신인 최병철
서울 강남구 역삼2길 339

서울강남우체국
2015. 12. 05.
15 - 8013

이 우편물은 2015년 12월 05일 등기 제8013호에 의하여 내용증명 우편물로 발송하였음을 증명함.
서울강남우체국장

기록 14면

임대차계약 해지 통고서

발신인: 최병철
　　　　서울 강남구 역삼 2길 339
수신인: 조병갑
　　　　서울 강남구 역삼로 59 추풍령갈비

1. 귀하가 그동안 연체하였던 임료 400만 원과 지체이자 36만 원, 12월분 임료 200만 원을 2015. 12. 9.에 변제공탁하였다는 통지서를 어제 법원에서 받았습니다.
2. 그러나 연체된 임료를 받고 안 받고는 임대인의 자유가 아닙니까? 임대인이야 그런 일에 대비해서 보증금을 받아 두었으니 필요하면 나중에 거기에서 공제하면 되는 겁니다. 그래서 본인은 귀하가 지난 12월 7일부터 돈을 들고 와서 수차례 사정을 해도 이를 수령하지 않았던 것입니다. 그리고 귀하가 임료를 두 번이나 연체한 상태에서 이미 본인이 귀하의 갱신요구를 거절하였으므로 이미 다 끝난 일인데, 왜 이제 와서 돈을 받으라 말라 귀찮게 하고 공탁을 하시는지 도무지 이해하지 못하겠습니다. 본인은 공탁금을 찾을 생각이 없습니다.
3. 만약 본인의 앞선 거절통지가 효력이 없다면, 본인은 귀하의 2분기 임료 연체를 이유로 민법 제640조에 의하여 본 임대차계약을 해지합니다. 이런 경우 임대인이 계약을 해지할 수 있다는 대법원 판례가 있다는 것을 첨언해 둡니다.
4. 다만, 귀하의 사정을 감안하여 본 임대차계약 해지의 효력이 발생하더라도 본래의 임대차기간 만료일인 201○. ○. ○○.까지는 ○○○○○ 부당이득반환 청구를 하지 않은 것이니, 약정대로 반드시 위 식당 건물을 본인에게 반환해 주시기 바랍니다. 만약 귀하가 이를 어길 경우 3억 원의 위약금을 당연히 물어야 합니다. 귀하가 본인의 말을 듣지 않을 경우 본인은 부득이 법으로 문제를 해결할 수밖에 없음을 알려드립니다.

> 임대차계약의 해지항변이고, 상가건물임대차보호법의 개정으로 인하여 2기 차임연체로는 해지를 할 수 없다.

2015. 12. 12.

발신인　최병철

서울강남우체국
2015. 12. 12.
15 - 8127

이 우편물은 2015년 12월 12일 등기 제8127호에 의하여 내용증명 우편물로 발송하였음을 증명함.
서울강남우체국장

등기사항전부증명서(말소사항 포함) - 토지

[토지] 서울특별시 마포구 성산동 750 고유번호 2139-4034-298873

【표 제 부】 (토지의 표시)

표시번호	접 수	소재지번	지 목	면 적	등기원인 및 기타사항
1 (전2)	1994년6월5일	서울특별시 마포구 성산동 750	잡종지	240㎡	부동산등기법시행규칙부칙 제3조 제1항의 규정에 의하여 2001년 7월14일 전산이기

【갑 구】 (소유권에 관한 사항)

순위번호	등기목적	접 수	등기원인	권리자 및 기타사항
1 (전2)	소유권이전	1994년 8월 25일 제3751호	1994년 8월 10일 매매	소유자 공* 470219-1922897 서울특별시 마포구 동교동 357 부동산등기법시행규칙부칙 제3조 제1항의 규정에 의하여 2001년 7월 14일 전산이기
2	소유권이전	1997년 6월 30일 제35472호	1997년 6월 25일 매매	소유자 서영수 690524-1845336 서울특별시 서대문구 북아현동 249
3	소유권이전	2005년 4월 25일 제50179호	2005년 4월 5일 매매	소유자 소호진 640207-1542643 서울특별시 서대문구 창천동 150-2
4	소유권이전	2010년 1월 15일 제2019호	2010년 1월 10일 매매	소유자 조병갑 661204-1625337 서울특별시 마포구 성산동 253

등기기간이 10년이 도과되었음을 의미한다. —— 이 하 여 백 ——

수수료 금 1,000원 영수함   관할등기소 서울서부지방법원 등기과 / 발행등기소 법원행정처 등기정보중앙관리소

이 증명서는 등기기록의 내용과 틀림없음을 증명합니다.

서기 2016년 1월 03일

법원행정처 등기정보중앙관리소 전산운영책임관

* 실선으로 그어진 부분은 말소사항을 표시함.   * 등기기록에 기록된 사항이 없는 갑구 또는 을구는 생략함.

문서 하단의 바코드를 스캐너로 확인하거나 **인터넷등기소**(http://iros.go.kr)의 발급확인 메뉴에서 발급확인번호를 입력하여 위·변조 여부를 확인할 수 있습니다. 발급확인번호를 통한 확인은 발행일부터 3개월까지 5회에 한하여 가능합니다.

발행번호11360011004936072010961250SLBO114951WOG295021311127   1/1 발행일 2016/01/03

대 법 원

기록 16면

통 고 서

수신인: 조병갑 (661204-1625337)

　　　　서울 마포구 성산로 57

발신인: 공상국 (470219-1922897)

　　　　서울 마포구 동교3길 338

1. 본인은 현재 귀하의 명의로 되어 있는 서울시 마포구 성산동 750 잡종지 240㎡의 실제 소유주입니다.

2. 사실은, 귀하에게 위 토지를 매도한 소호진의 전 소유 명의자인 서영수가 1996. 12. 10. 본인에게서 위 토지를 임차하여 사용하다가, 마치 이를 자신이 매수한 양 등기서류를 위조하여 1997. 6. 30. 그 명의로 소유권이전등기를 마친 후 이를 2005. 4. 5. 소호진에게 매도하고, 같은 달 25. 소호진에게 소유권이전등기를 마쳐 주었고 같은 달 27. 이를 인도해 주었던 것입니다.

3. 본인은 이미 서영수와 소호진을 등기서류 위조에 관한 범죄로 형사고소한 결과, 서영수가 형사처벌을 받았습니다. 그러니 서영수, 소호진 및 귀하의 등기는 모두 원인 무효입니다.

4. 따라서 위 토지에 대한 귀하 명의의 소유권이전등기를 말소하고 그 지상의 창고도 조속한 시일 내에 철거해 주시기 바랍니다.

> 등기이전일과 점유의 개시일이 다르므로 등기부취득시효의 완성일에 대한 추가적인 검토가 필요하다.

2015년 12월 2일

발신인　공상국 (인)

서울마포우체국
2015. 12. 2.
15 - 26234

이 우편물은 2015년 12월 2일 등기 제26234호에 의하여 내용증명 우편물로 발송하였음을 증명함.
　　　　　　서울마포우체국장 (인)

통고서에 대한 답변

수신인: 공상국 (470219-1922897)

　　　　서울 마포구 동교3길 338

발신인: 조병갑 (661204-1625337)

　　　　서울 마포구 성산로 57

　　　　　　　　　　　● 소호진과 원고의 선의, 무과실 주장에 해당한다.

1. 귀하의 통고서를 받고 깜짝 놀라서 소호진에게 경위를 알아보았습니다.
2. 귀하와 서영수 사이에 어떤 일이 있었는지 세세히는 모르지만, 소호진은 시세에 따른 매매대금을 정상적으로 지급하고 서울 마포구 성산동 750 잡종지 240㎡를 서영수로부터 매수하여 2005. 4. 27. 이를 인도받아 그 이래 이를 자기 땅으로 알고 점유·사용하였고, 당시 부동산 소개업자의 말을 믿고 나름대로 조사까지 하여 서영수가 진짜 주인인 것으로 믿었으므로 아무런 잘못이 없고, 그래서 수사기관에서도 무혐의처분을 받은 것으로 압니다. 본인 또한 소호진의 등기를 믿고 상당한 조사를 거쳐 소호진으로부터 정상적으로 위 토지를 매수하여 현재까지 정당한 내 땅으로 알고 점유해 왔습니다.
3. 그런즉 소호진과 본인이 위 토지를 매수해서 등기를 하고 점유를 이전받은 데에 아무런 잘못이 없으므로, 귀하는 서영수에게 손해배상을 받을지언정 본인에게 이의를 제기할 수 없습니다. 더욱이 창고 건물은 본인이 매수하여 사용하고는 있지만, 본인 앞으로 등기도 되어 있지 않은 상태여서 본인에게 소유권이 없으므로 본인은 그 철거의무자가 될 수도 없습니다.
4. 따라서 본인은 위 토지에 대한 소유권이전등기의 말소와 창고의 철거 요구에 응할 수 없으므로 적의 조처하시기 바랍니다. 본인도 법적 대응을 할 것입니다.

● 등기 및 점유의 승계 주장에 해당한다.　　2015년 12월 5일　　● 판례와 배치되는 주장으로 함정이다.

　　　　　　　　　　　　　발신인　조병갑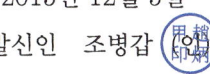

이 우편물은 2015년 12월 5일 등기 제26457호에 의하여 내용증명 우편물로 발송하였음을 증명함.

　　　　　　　　서울마포우체국장

기록 19면

부동산 매매계약서

매도인 甲과 매수인 乙은 다음과 같이 합의하여 계약을 체결하고, 이를 증하기 위해 甲과 乙이 서명·날인한 후 각각 계약서 1통씩 보관하기로 한다.

제1조 甲은 그 소유의 아래 2필지 부동산을 乙에게 매도하고, 乙은 이를 매수한다.

소재지	서울 강동구 고덕동 517				
토 지	지 목	전	면 적	1,250㎡(	평)

소재지	서울 강동구 고덕동 518				
토 지	지 목	전	면 적	6,200㎡(	평)

제2조 ① 매매대금은 총 8억 원 (517 토지는 2억 원, 518 토지는 6억 원)으로 하고, 다음과 같이 지급하기로 한다.

계 약 금	금 1억 원은 계약체결 시에 지급하고
중 도 금	금 원은 년 월 일에 지급하며
잔 금	금 7억 원은 2015년 4월 17일에 지급하기로 함.

② 제1항의 계약금은 잔금수령 시에 매매대금의 일부에 충당하기로 한다.

제3조 甲은 乙로부터 매매대금의 잔금을 수령함과 동시에 乙에게 소유권이전등기에 필요한 모든 서류를 교부하고 이전등기에 협력하여야 하며, 또한 위 부동산을 인도하여야 한다.

제4조 甲은 위 부동산에 설정된 저당권, 지상권, 임차권 등 소유권의 행사를 제한하는 사유가 있거나, 조세·공과금 기타 부담금의 미납금 등이 있을 때에는 잔금 수수일까지 그 권리의 하자 및 부담 등을 제거하여 완전한 소유권을 乙에게 이전하여야 한다.

제5조 乙이 甲에게 잔금을 지불할 때까지는 甲은 계약금의 배액을 상환하고, 乙은 계약금을 포기하고 이 계약을 해제할 수 있다.

> 해약금에 관한 규정으로, 위약금에 관한 명시적 특약은 없는 상태이다. 따라서 법정해제권에 기한 손해배상청구권을 행사하는 경우에는 해제권자가 손해배상액을 증명하여야 한다.

2015년 4월 14일

甲: 김요선(630924-2655432) ㊞
　　서울 강동구 고덕2길 530

乙: 조병갑(661204-1625337) ㊞
　　서울 마포구 성산로 57

통 지 서

수신인: 김요선 (630924-2655432)
　　　　서울 강동구 고덕2길 530

발신인: 조병갑 (661204-1625337)
　　　　서울 마포구 성산로 57

1. 본인은 귀하 소유였던 서울 강동구 고덕동 517 전 1,250㎡를 2015. 4. 14. 매수하여 같은 해 4. 17. 소유권이전등기를 마치고 같은 날 위 토지를 인도받은 사람입니다. 본인이 운영하는 음식점에 채소류를 조달하기 위한 농경지로 사용하기 위해 본인이 위 토지를 매수한 사정은 귀하도 잘 알고 계실 것입니다. ········· 매수인이 영업용으로 매수하였음을 의미한다.

2. 그런데 2015. 10. 6. 배추를 심기 위하여 작업을 하다가 위 토지의 지표에서 약 70cm 깊이에 두께 5cm의 콘크리트가 깔려 있는 것을 발견하였습니다. 그래서 본인은 위 토지를 현재 사용하지 못하고 있습니다.

3. 위 토지를 농경지로 이용하기 위해서는 위 콘크리트 제거가 필요한데, 직접 제거를 해주시든지 그 제거 비용 2,200만 원을 지급해 주시기 바랍니다.

2015년 10월 7일

발신인　조병갑 (인)

서울마포우체국
2015. 10. 07.
15 - 14250

이 우편물은 2015년 10월 07일 등기 제14250호에 의하여 내용증명 우편물로 발송하였음을 증명함.
서울마포우체국장

통지에 대한 답변

수신인: 조병갑 (661204-1625337)
　　　　서울 마포구 성산로 57

발신인: 김요선 (630924-2655432)
　　　　서울 강동구 고덕2길 530

> 아래와 같이 상사매매에 해당하고, 하자담보책임을 요구하는 원고의 통지서가 인도일로부터 6개월 이내에 매도인에게 도달하였다.

1. 귀하의 2015. 10. 7.자 통지서는 2015. 10. 9. 수령하여 잘 읽어 보았습니다. 본의 아니게 귀하에게 폐를 끼친 것에 대하여 심심한 사과의 말씀을 드립니다.

2. 그런데 본인도 고덕동 517 토지의 지하에 콘크리트가 깔려 있었던 것은 전혀 몰랐던 사실입니다. 본인은 그 토지를 제가 운영하는 조경업체의 묘목 식재지로 사용하기 위해 경매로 취득한 것인데, 자금 사정으로 한 번도 사용을 하지 못한 채 급하게 귀하에게 매도한 것입니다. 따라서 본인에게는 어떠한 잘못도 없음을 알려 드립니다.

> 매도인도 영업용 물건을 매도한 것이고, 따라서 당해 매매계약은 상사매매에 해당하여 상법 제67조 내지 제71조가 적용된다.

3. 그리고 위 토지를 인도한 날로부터 벌써 [   ] 아무 말씀이 없다가 이제와서 뒤늦게 그런 말씀을 하시니 법에도 안 맞는 것 같고, 본인으로서는 콘크리트 제거비용에 대한 책임이 있는지 매우 의문스럽습니다. 도의적으로는 몰라도 본인에게 법적 책임을 물을 수 없는 것이 아닌가 생각합니다. 본인은 현재 금전 사정도 여의치 않아 귀하의 사정을 봐드리기가 어렵습니다.

　　　　　　　　　　　　2015년 10월 11일

　　　　　　　　　　　　발신인　김요선 (인)

서울강동우체국
2015. 10. 11
15 - 13321

이 우편물은 2015년 10월 11일 등기 제13321호에 의하여 내용증명 우편물로 발송하였음을 증명함
서울강동우체국장 (인)

기록 24면

통 지 서

수신인: 김요선 (630924-2655432)
　　　　서울 강동구 고덕2길 530
발신인: 조병갑 (661204-1625337)
　　　　서울 마포구 성산로 57

1. 본인은 귀하 소유였던 서울 강동구 고덕동 518 전 6,200㎡를 본인이 운영하는 음식점에 채소류를 조달하기 위한 농경지로 쓰려고 매수하여 2015. 4. 17. 소유권 이전등기를 마치고 같은 날 위 토지를 인도받았습니다.
2. 본인이 함께 매수한 위 같은 동 517 토지에서 콘크리트가 깔려있는 것을 발견하고 나서 귀하에게 조치를 요구한 후 악취가 나므로 2015. 11. 9. 그 옆 토지인 위 518 토지를 파헤쳐보니 지하 1미터 깊이에 폐유와 폐비닐 등 약 10톤가량의 쓰레기가 묻혀 있음을 발견하였습니다.
3. 위 토지를 농경지로 이용하기 위해서는 위 쓰레기 제거가 필요한데, 환경업체에 알아보니 쓰레기 제거에 1억 1,500만원 비용이 소요된다고 합니다. 위 쓰레기만 제거하면 농경지로 사용하는 데에는 아무 지장이 없을 것이라고 합니다.
4. 귀하에게 악의나 과실이 없다는 것은 인정하지만, 문제가 있는 땅을 팔고도 매매대금을 다 받아간 채 아무런 조치를 할 수 없다는 데에는 동의할 수 없습니다. 그러니 위 콘크리트와 쓰레기를 직접 제거해 주시든지 아니면 그 제거비용 2,200만 원과 1억 1,500만 원을 즉시 지급해 주시기 바랍니다.

2015년 11월 11일 …… 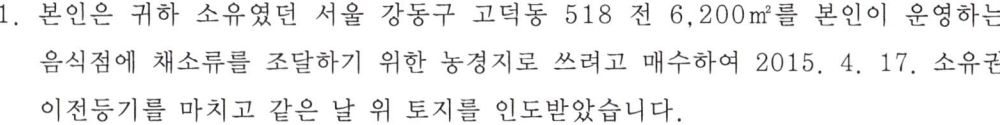 518토지와 관련하여 인도일로부터 6개월이 지나서 손해배상청구를 하였으므로 이미 실권되었다.

발신인　조병갑 (인)

서울마포우체국
2015. 11. 11.
15 - 14552

이 우편물은 2015년 11월 11일 등기 제14552호에 의하여 내용증명 우편물로 발송하였음을 증명함.
서울마포우체국장 (서울마포우체국장인)

기록 25면

등기사항전부증명서(말소사항 포함) - 토지

[토지] 서울특별시 마포구 성산동 320   고유번호 1107-1995-501230

【표제부】 (토지의 표시)

표시번호	접수	소재지번	지목	면적	등기원인 및 기타사항
1 (전2)	1997년 4월 15일	서울특별시 마포구 성산동 320	대	450㎡	부동산등기법시행규칙부칙 제3조 제1항의 규정에 의하여 2001년 7월 14일 전산이기

【갑구】 (소유권에 관한 사항)

순위번호	등기목적	접수	등기원인	권리자 및 기타사항
1 (전2)	소유권이전	1990년 3월 19일 제4427호	1997년 2월 10일 매매	소유자 이동필 571120-1678934 서울특별시 노원구 공릉동 32
2 (전3)	소유권이전	1994년 3월 20일 제5998호	1994년 3월 10일 매매	소유자 조한근 590912-1922352 서울특별시 마포구 성산동 19-3
				부동산등기법시행규칙부칙 제3조 제1항의 규정에 의하여 2001년 7월 14일 전산이기
3	~~가압류~~	~~2009년 12월 10일 제77282호~~	~~2099년 12월 7일 서울서부지방법원의 가압류결정 (2009카합62821)~~	~~청구금액 금 200,000,000원 채권자 박필성 650721-1259412 서울특별시 서대문구 연희3동 692~~
4	~~강제경매개시결정(3번가압류의 본압류로의 이행)~~	~~2010년 3월 8일 제35882호~~	~~2010년 3월 5일 서울서부지방법원의 강제경매개시결정 (2010타경4987)~~	~~채권자 박필성 650721-1259412 서울특별시 서대문구 연희2동 692~~
5	소유권이전	2010년 6월 20일 제45079호	2010년 6월 10일 강제경매로 인한 매각	소유자 조병갑 661204-1625337 서울특별시 마포구 성산동253
6	3번 가압류등기, 4번 강제경매개시결정등기 말소	2010년 6월 20일 제45079호	2010년 6월 10일 강제경매로 인한 매각	상담카드의 기재와 등기부등본을 통하여 원고가 2010. 6. 10. 매각대금을 납입하였고, 따라서 이날 소유권을 취득하였다.

―― 이 하 여 백 ――

* 실선으로 그어진 부분은 말소사항을 표시함.   * 등기기록에 기록된 사항이 없는 갑구 또는 을구는 생략함.

문서 하단의 바코드를 스캐너로 확인하거나 **인터넷등기소**(http://iros.go.kr)의 발급확인 메뉴에서 발급확인번호를 입력하여 위·변조 여부를 확인할 수 있습니다. 발급확인번호를 통한 확인은 발행일부터 3개월까지 5회에 한하여 가능합니다.

발행번호11360011004936072010961250SLBO114951WOG295021311345   1/2 발행일 2016/01/03

대법원

기록 26면

[토지] 서울특별시 마포구 성산동 320   고유번호 1107-1995-501230

【을 구】		(소유권 이외의 권리에 관한 사항)		
순위번호	등기목적	접 수	등기원인	권리자 및 기타사항
~~1~~	근저당권설정	~~1993년 12월 5일 제49301호~~	~~1993년 12월 1일 설정계약~~	채권최고액 금 390,000,000원 채무자 이동필 571120-1678934 ~~서울특별시 노원구 공릉동 32~~ ~~주식회사 한미은행~~ ~~3012321~~ ~~서 영등포구 여의도동 28~~
			1993. 12. 5. 토지에 근저당권이 설정되어 있고, 건물의 보존등기시점보다 이전이다. 따라서 법정 지상권 성립에 장애가 있는지 검토가 필요하다.		
2	1번 근저당권 설정등기말소	2010년 6월 20일 제45079호	2010년 6월 10일 강제경매로 인한 매각	

—— 이 하 여 백 ——

수수료 금 1,000원 영수함   관할등기소 서울서부지방법원 등기과 / 발행등기소 법원행정처 등기정보중앙관리소

이 증명서는 등기기록의 내용과 틀림없음을 증명합니다.
서기 2016년 1월 03일
법원행정처 등기정보중앙관리소 전산운영책임관

* 실선으로 그어진 부분은 말소사항을 표시함.   * 등기기록에 기록된 사항이 없는 갑구 또는 을구는 생략함.

문서 하단의 바코드를 스캐너로 확인하거나 **인터넷등기소(http://iros.go.kr)의 발급확인 메뉴에서 발급확인번호를 입력하여 위·변조 여부를 확인할 수 있습니다.** 발급확인번호를 통한 확인은 발행일부터 3개월까지 5회에 한하여 가능합니다.

발행번호11360011004936072010961250SLBO114951WOG295021311345   2/2 발행일 2016/01/03

통 지 서

수 신: 조한근 (590912-1922352)
　　　　서울 마포구 성산로 52

안녕하신지요.
1. 이웃에 살면서 몇 차례 찾아뵙고 말씀드리고자 하였으나 번번이 뵙지 못하였기에 부득이 서신으로 말씀드리게 된 점을 양해하여 주시기 바랍니다.
2. 아시다시피 저는 과거 귀하의 소유였으나 현재 본인이 소유하고 있는 성산동 320번지 토지를 2010년 경매절차에 따라 매입하였는데, 최근에 본인이 건축을 하기 위해 토지 경계측량을 하다 보니 귀하의 성산동 326번지 지상 주택(성산로 52)에 딸린 옥외 화장실(12㎡)이 본인의 320번지 토지 상에 건축되어 있는 사실을 발견하게 되었습니다. ······● 화장실의 지번과 관련하여 등기부의 기재와 현황이 다르다. 철거청구의 경우 현황도 청구취지에 기재하여야 한다.
3. 오랫동안 잘 살펴보지 못한 본인의 신축하여야 하는 상황이라서, 위 화장실 대지 부분 12㎡를 확보하여 설계를 하지 않는다면 신축할 건물의 구조가 매우 옹색하게 나오게 되어 부득이 화장실 건물의 철거를 간청하게 되었습니다. 하오니 부디 양해하여 주시기 바랍니다.
4. 측량기사를 통해 확인한 바에 의하면, 12㎡인 위 화장실 건물 자체가 제 소유인 320번지 토지에 들어서 있는데, 면적은 얼마 안 되지만 오랫동안 사용해 온 기간을 감안할 때 액면대로 사용료를 계산하면 적지 않은 금액이 될 것입니다.
5. 하지만 귀하께서 올해 말까지 화장실을 철거해 주신다면 사용료 부분은 제가 양해하고 청구하지 않겠습니다. 저의 건물신축 계획에 차질이 없도록 순리대로 문제를 해결해 주시기를 바랍니다. 귀하와 댁내 행운을 기원합니다.

　　　　　　　　　　　　2015년 4월 8일

　　　　　　　　　　　발신인　조병갑 (661204-1625337)

　　　　　　　　　　　서울 마포구 성산로 57

이 우편물은 2015년 4월 8일 등기 제11375호에 의하여 내용증명 우편물로 발송하였음을 증명함.
　　　　　　　　　　서울마포우체국장

답 변 서

수 신 인: 조병갑
　　　　 서울 마포구 성산로 57

1. 귀하의 2015. 4. 8.자 통지서는 2015. 4. 9.에 받아보았으나, 도저히 수긍할 수 없어 이제야 답신을 드림을 유감으로 생각합니다.
2. 귀하가 일전에 서신으로 우리 집 옥외 화장실이 귀하의 땅을 침범했다고 주장하면서 철거를 요구한데 대하여 본인은 매우 당혹스럽게 생각하고 있습니다. 그런데 8월 31일날 법원으로부터 가처분 결정이라는 것을 받고 보니, 본인으로서도 더 이상은 방관할 수가 없어 본인이 알아 본 바를 토대로 제 입장을 전해드리는 바 입니다.
3. 먼저, 본인으로서는 1995년 5월 말경 성산동 326 지상에 저희 집 주택 신축공사를 착공할 당시 전문 측량업체를 통해 토지 경계측량을 하였고, 측량기사가 빨간 경계말뚝을 꽂아 놓은 경계선 안쪽에 터를 잡아 주택과 옥외의 화장실을 건축한 것이므로, 본인에게 잘못이 있다는 귀하의 주장을 인정할 수 없고, 본인이 책임질 부분은 추호도 없다고 생각합니다. 만의 하나 잘못이 있다 하더라도, 옥외 화장실 건물의 대지 부분에 관해서는 취득시효가 완성되었고, 그렇지 않더라도 민법상 또는 관습상 법정지상권이 발생하였음을 확인하였습니다. 이와 같은 전문적인 사항에 관해서는 본인이 변호사와 충분히 상의해서 얻은 결론이니, 의심이 되면 귀하도 잘 알아보시길 바랍니다.
4. 더구나 본인은 옥외 화장실 건축 당시 경계 침범 사실을 알지도 못했고, 2006. 1. 1. 이후로는 옥외 화장실을 폐쇄하고 더 이상 사용하지 않고 있습니다. 그러니 앞으로는 저에게 더 이상 무리한 요구를 하지 말기를 바랍니다.

> 피고 조한근의
> (1) 선의, 무과실,
> (2) 취득시효,
> (3) 관습법상 법정지상권,
> (4) 선의의 점유자의 과실수취권,
> (5) 실질사용이 없다는 각 항변에 해당한다.

서울마포우체국
2015. 9. 4.
15 - 15678

이 우편물은 2015년 9월 4일 등기 제15678호에 의하여 내용증명 우편물로 발송하였음을 증명함.
서울마포우체국장

기록 32면

석유류 제품 공급계약서

매도인   동방석유주식회사

        서울 마포구 공덕2길 233, 1320호(공덕동, 동방빌딩)

        대표이사 서동국

매수인   이 형 철(660719-1829278)

        서울 송파구 올림픽로 25

보증인   이 송 자(620822-2829267)

        서울 마포구 성산로 57

● 상인의 물건의 판매대금채권에 해당하고, 계속적 공급계약에 해당한다.

1. 매도인은 매수인에게 아래와 같은 조건으로 매수인의 주유소에서 판매하는 각종 석유류 제품을 공급하기로 한다.

공급품목	주유소 판매용 각종 석유류 제품
거래기간	2011. 10. 1. – 2015. 9. 30.
외상공급 한도액	5억 원(원금)
대금 변제기	매 공급일로부터 1개월 후, 지체손해금률 월 1%
대금 지급방법	매도인이 지정하는 예금계좌로 송금

2. 보증인은 매수인의 외상 채무를 보증하며, 또한 서울 송파구 방이동 215 잡종지 3,600㎡에 관하여 채권최고액 7억 원의 근저당권설정등기를 하여 준다.

3. 본계약에 정하지 아니 한 사항은 관련 법규와 상관례에 따른다.

2011년 10월 1일

매 도 인   동방석유주식회사 (인)
                  대표이사 서동국

매 수 인   이 형 철 (인)

보 증 인   이 송 자 (인)

기록 34면

[토지] 서울특별시 송파구 방이동 215　　　　　고유번호 3103-1997-341247

【을　구】	(소유권 이외의 권리에 관한 사항)			
순위번호	등기목적	접　수	등기원인	권리자 및 기타사항
1	근저당권설정	2011년 10월 2일 제1630호	2011년 10월 1일 설정계약	채권최고금액 금 700,000,000원 채무자 이송자 620822-2829267 　서울특별시 마포구 성산로 57 근저당권자 동방석유주식회사 　130364-2043551 　서울특별시 마포구 공덕2길 233, 　1320호(공덕동, 동방빌딩)

―― 이 하 여 백 ――

수수료 금 1,000원 영수함　　관할등기소 서울동부지방법원 송파등기소 / 발행등기소 법원행정처 등기정보중앙관리소

명의수탁자의 처분행위에 해당하고, 원칙적으로 유효하다.

이 증명서는 등기기록의 내용과 틀림없음을 증명합니다.

서기 2016년 1월 03일

법원행정처 등기정보중앙관리소 전산운영책임관

* 실선으로 그어진 부분은 말소사항을 표시함.　　*등기기록에 기록된 사항이 없는 갑구 또는 을구는 생략함.

문서 하단의 바코드를 스캐너로 확인하거나 **인터넷등기소(http://iros.go.kr)의 발급확인 메뉴에서 발급확인번호를 입력하여 위·변조 여부를 확인할 수 있습니다.** 발급확인번호를 통한 확인은 발행일부터 3개월까지 5회에 한하여 가능합니다.

발행번호11360011004936072010961250SLBO114951WOG295021311122　2/2　발행일 2016/01/03

대 법 원

보증계약 해지 통고서

발신인: 이송자
　　　　서울 마포구 성산로 57
수신인: 1. 이형철
　　　　　서울 송파구 올림픽로 25
　　　　2. 동방석유주식회사
　　　　　대표이사 서동국
　　　　　서울 마포구 공덕2길 233, 1320호 (공덕동, 동방빌딩)

1. 본인이 지난 2월 1일 서신으로 보증인 교체를 정식으로 요구하였음에도, 이형철은 보증인 교체에 대해 일언반구도 없이 누나인 본인을 계속 피하기만 하면서 주유소 영업은 종업원들에게 맡겨놓고 도박에만 탐닉하고 있으니 걱정입니다.

2. 그런데 귀사의 형태도 도저히 이해할 수가 없습니다. 이형철이 도박으로 돈을 탕진하고 귀사에 대한 외상대금을 계속 연체하여 그 돈이 늘어만 가는데도 독촉 한 번 없이 계속 외상공급을 확대하는 이유가 무엇인지요? 본인이 근저당해 준 땅만 믿고 그러는 것입니까? 본인이 2월 1일자 서신에서 분명히 이 점을 지적하고 경고를 하였음에도 보란 듯이 바로 며칠 후 3억 6,000만 원어치나 외상공급을 하였다는데 이건 도대체 어떻게 된 것입니까? 또 지난 3월에 공급받은 1억 2,600만 원의 기름 값은 현재 1억 원이나 연체하고 있다니 참으로 우려할 만한 일입니다.

3. 본인은 이형철의 누나라는 정리에 부득이 보증을 서고 근저당을 했고, 3개월 후면 보증인이 교체되고 근저당도 풀릴 것으로 믿고 있었는데, 이제 귀하들이 본인의 처지를 전혀 고려해 주지 않으므로 더 이상 본인은 귀하들을 신뢰할 수가 없습니다. 그러므로 오늘 부로 보증을 해지하오니 귀사는 즉시 위 근저당을 풀어주십시오. 근저당 문제 때문에 저희 부부는 이혼의 위기에 처했으니 너무 본인에게 서운하다 하지 말기 바랍니다.

　　　　　　　　　　2012년　4월　20일

　　　　　　　　　발신인　이송자
　　　　　　　　　서울 마포구 성산로 57

보증계약의 해지통지이고, 상담카드에 위 해지통지의 도달일이 기재되어 있다.

서울마포우체국
2012. 4. 20
12-3012

이 우편물은 2012년 4월 20일 등기 제3012호에 의하여 내용증명 우편물로 발송하였음을 증명함
　　　　　　　　　서울마포우체국장

기록 37면

〈약속어음 앞면〉

배서의 연속이 인정된다.

약 속 어 음

최상진 귀하 자가 46357289

서울 01
921673

금 120,000,000원 정

위의 금액을 귀하 또는 귀하의 지시인에게 이 약속어음과 상환으로 지급하겠습니다.

지급기일 2015년 10월 31일   발 행 일 2015년 3월 1일
지 급 지 서울   발 행 지 서울
지급장소 삼진전자주식회사 본점   발 행 인 삼진전자주식회사
         또는 기업은행 서울 공항동지점   대표이사 송병일

[삼진전자주식회사 대표이사 인]

발행지, 발행일, 수취인 등이 누락된 상태에서 지급제시하는 경우 지급거절로 선의의 피해를 입을 수도 있으니 누락됨이 없도록 주의하시기 바랍니다.

점선 아래의 앞뒷면은 전산처리 부분이오니 글씨를 쓰거나 더럽히지 마시오.

53793532 ▌ 23 ▮▮▮▮▮▮▮▮▮▮▮▮▮   05

〈약속어음 뒷면〉

앞면에 적힌금액을 (우 범 선) 또는 그 지시인에게 지급하여 주십시오.
지급거절증서 작성의무를 면제함.

2015. 6. 25.

배서의 연속이 인정된다.   최 상 진 [최상진 인]

기록 39면

압류할 채권의 표시

1억 2,000만 원 및 이에 대한 2015. 10. 31.부터 다 갚는 날까지 어음법 및 소송촉진 등에 관한 특례법에 따른 자연손해금(단, 채무자가 제3채무자에 대하여 가지는 아래 약속어음에 기한 채권)

액 면 금: 1억 2,000만 원
지 급 일: 2015. 10. 31. ············· ● 만기부터의 법정이자를 의미하는데, 지급제시기간 내 지급제시가 없으면 위 법정이자를 청구할 수는 없다.
발 행 일: 2015. 3. 1.
지 급 지: 서울
지급 장소: 발행인의 본점 또는 기업은행 서울공항동지점
발 행 지: 서울. 끝.

등본입니다.

2016. 1. 4.

서울동부지방법원

법원주사 김 병 호 (인)

기록 41면

내 용 증 명

수신인: 1. 우범선 (서울 광진구 성수2길 554)
        2. 조병갑 (서울 마포구 성산로 57)
발신인: 삼진전자주식회사 (서울 강서구 공항로 123)

우범선 씨는 2015. 11. 12. 당사를 방문하여, 본사가 발행하고 최상진이 배서한 금 1억 2,000만 원의 약속어음 1매를 지급제시한 바 있습니다. 위 약속어음은 당사가 발행한 약속어음임은 틀림없으나, 다음과 같은 이유에서 지급을 할 수 없습니다.

첫째, 위 약속어음상 당사의 대표이사로 기재된 송병일은 당사의 주주일 뿐 대표이사가 아닙니다. 비록 송병일이 당사의 주식 20%를 가진 대주주이기는 하나, 당사의 주주총회나 이사회는 송병일에게 대표권을 부여한 사실이 없습니다.

둘째, 당사는 최상진 씨에게 어음금액란을 보충할 권한을 1억 원 한도 내에서만 부여하였는데, 우범선 씨는 보충권의 범위에 대하여 당사에 한 번도 물어보지도 않은 채 보충권의 범위를 초과한 1억 2,000만 원으로 보충하였습니다. 이는 어음소지인의 중대한 과실이라고 할 것입니다.

셋째, 우범선 씨는 또 위 약속어음의 지급제시기간을 도과한 후 위 어음을 지급제시하여 어음의 효력이 소멸하였으므로 당사는 지급책임이 없습니다. 그래서 당사는 추심명령에 즉시항고를 하지 않았습니다.

피고 삼진전자의
(1) 송병일이 대표이사가 아니고,
(2) 보충권의 남용으로 인하여 어음상 책임이 없으며,
(3) 지급제시기간을 도과하여 아예 어음상 책임이 없다는 취지의 각 항변에 해당한다.

                        . 12. 3.

                    진전자주식회사
                    울 강서구 공항로 123
                대표이사 이정진 (인)

서울공항우체국
2015. 12. 3.
15 - 12975

이 우편물은 2015년 12월 3일 등기 제12975호에 의하여 내용증명 우편물로 발송하였음을 증명함
서울공항우체국장

민사법
기록형

2016년도 **제5회**
변호사 시험
답안

소 장

원　　고　　조병갑 ·························· 주의사항에서 주민등록번호 생략가능하다고 하였으므로, 당사자 주민등록번호는 생략하였다.
　　　　　　서울 마포구 성산로 57
　　　　　　원고 소송대리인 변호사 설영수
　　　　　　서울 서초구 서초대로 320, 1305호(서초구, 부림빌딩)
　　　　　　전화 02-553-1233, 팩스 02-553-1234, 전자우편 sys@hanmail.net

피　　고　　1. 최병철
　　　　　　　　서울 강남구 역삼2길 339

　　　　　　2. 공상국
　　　　　　　　서울 마포구 동교동 357

　　　　　　3. 김요선
　　　　　　　　서울 강동구 고덕2길 530

　　　　　　4. 조한근
　　　　　　　　서울 마포구 성산로 52

　　　　　　5. 동방석유 주식회사
　　　　　　　　서울 마포구 공덕 2길 233, 1320호 (공덕동, 동방빌딩)
　　　　　　　　대표이사 서동국

　　　　　　6. 삼진전자 주식회사
　　　　　　　　서울 강서구 공항로 123
　　　　　　　　대표이사 이정진

임차권존재 확인 등 청구의 소

청 구 취 지

1. 원고와 피고 최병철 사이의 2015. 12. 3.자 임대차계약 갱신에 기한 서울 강남구 역삼로 59 두꺼비 빌딩 1층 210㎡에 관하여 보증금 100,000,000원, 차임 매월 2,000,000원, 임대차기간 2016. 1. 9.부터 2년간으로 된 임차권이 원고에게 있음을 확인한다.

2. 원고와 피고 공상국 사이에서 서울 마포구 성산동 750 잡종지 240㎡가 원고의 소유임을 확인한다.

3. 피고 김요선은 원고에게 22,000,000원 및 이에 대한 2015. 10. 10.부터 이 사건 소장부본 송달일까지는 연 6%의, 그 다음날부터 다 갚는 날까지는 연 15%의 각 비율에 의한 금원을 지급하라.

    > 건물철거청구 및 토지인도청구에 있어서, 현황과 등기부의 기재가 다른 경우에는 현황에 따라 표시하고 등기기록상의 표시는 괄호 안에 병기하는 것이 관례이다.

4. 피고 조한근은 원고에게,

    가. 서울 마포구 성산동 320 대 450㎡ 지상 시멘트블럭조 슬래브지붕 단층 건물 12㎡(등기부상 서울 마포구 성산동 326 지상)를 철거하고 위 부분 대지를 인도하고,

    나. 2010. 6. 10.부터 위 가항 기재 대지의 인도완료일까지 월 700,000원의 비율에 의한 금원을 지급하라.

5. 피고 동방석유주식회사는 소외 이송자에게 서울 송파구 방이동 215 잡종지 3,600㎡에 관하여 서울동부지방법원 송파등기소 2011. 10. 2. 접수 제1630호로 마친 근저당권설정등기의 말소등기절차를 이행하라.

    > 대위에 기한 말소청구의 경우, 본래 등기명의자였던 소외 이송자에게 말소등기절차를 이행할 것을 청구하여야 하고, 대위소송의 경우 집행을 위하여 청구취지에 채무자인 소외인의 주민등록번호와 주소를 병기하여야 하나, 주의사항에서 주민등록번호를 생략할 수 있다고 하였으므로, 주민등록번호와 주소는 생략하였다.

6. 피고 삼진전자주식회사는 원고에게 100,000,000원 및 이에 대한 2015. 11. 13.부터 이 사건 소장부본 송달일까지는 연 6%의, 그 다음날부터 다 갚는 날까지는 연 15%의 각 비율에 의한 금원을 지급하라.

7. 소송비용은 피고들이 부담한다.

8. 위 제3항, 제4항, 제6항은 가집행 할 수 있다.

    > 인도청구, 철거청구, 금원청구는 원칙적으로 가집행이 가능하다.

라는 판결을 구합니다.

청 구 원 인

1. 피고 최병철에 대한 청구

가. 원고와 피고 최병철 사이의 임대차계약의 체결 및 갱신

원고는 2013. 1. 4. 피고 최병철로부터 서울 강남구 역삼로 59 지상 두꺼비빌딩 1층 210㎡를 임대차보증금 100,000,000원, 월차임 2,000,000원, 임대차기간 2013. 1. 9.부터 3년간으로 정하여 임차하고(이하 '이 사건 임대차계약' 이라 합니다), 위 임대차개시일에 임대차목적물을 인도받았습니다.

원고는 이 사건 임대차계약의 만료일 1개월 이전인 2015. 12. 1. 피고 최병철에게 이 사건 임대차계약의 갱신요구를 통지하였고, 위 통지는 2015. 12. 3. 피고 최병철에게 도달하였습니다. 이 사건 임대차계약의 환산보증금은 300,000,000원이므로, 상가건물임대차보호법의 적용대상이 되고(보증금 100,000,000원 + 2,000,000원 X 100), 따라서 이 사건 임대차계약은 상가건물임대차보호법 제10조 제1항에 따라 2016. 1. 9.자로 적법하게 갱신되었고, 동법 제10조 제3항에 따라 동일한 조건으로 갱신되었으나, 동법 제10조 제2항에 따라 전체 임대차기간이 5년을 초과하지는 못하므로, 임대차기간은 2년으로 제한됩니다.

> 2018.10.16. 이전의 세입자는 5년, 2018.10.16. 이후 체결되거나 갱신되는 임대차는 10년의 계약갱신요구권 행사가능

나. 확인의 이익

피고 최병철은 이 사건 임대차계약이 적법하게 갱신되었음에도 불구하고, 이 사건 임대차계약의 기간만료로 인한 소멸 또는 해지로 인한 소멸을 주장하고 있는데, 이는 원고의 현재의 임차권에 대한 현존하는 위험이 발생한 것이고, 원고의 피고 최병철에 대한 임차권의 존재를 확인하는 것이 분쟁을 근본적으로 해결하는 가장 유효·적절한 수단이며, 이와 다른 방법은 생각할 수 없으므로, 원고는 이 사건 임대차계약의 2015. 12. 3.자 임대차계약 갱신에 기한 임차권의 확인을 구할 이익이 있습니다.

이에 원고는 위 임차권의 존재확인을 청구하기에 이르렀습니다.

다. 피고 최병철의 예상항변 및 이에 대한 반박

피고 최병철은 ① 원고가 이 사건 임대차계약의 체결 이후 사업자등록을 하지 않았으므로, 이 사건 임대차 계약 및 갱신에 대해서는 상가건물임대차보호법이 적용될 수 없고, ② 상가건물임대차보호법이 적용될 수 있다고 하더라도 2기의 차임연체를 이유로 적법하게 갱신요구를 거절하였으며, ③ 원고가 이미 2기의 차임을 연체한 이상 자신이 적법하게 이 사건 임대차계약을 해지할 수 있다고 주장할 수 있으나, 피고 최병철의 주장은 아래와 같은 이유로 근거가 없는 주장입니다.

> 대법원 2011. 7. 28. 선고 2009다40967 판결

① 상가건물임대차보호법의 적용범위와 관련하여 판례는 '상가건물임대차보호법의 목적과 같은 법 제2조 제1항 본문, 제3조 제1항에 비추어 보면, 상가건물임대차보호법이 적용되는 상가건물 임대차는 사업자등록 대상이 되는 건물로서 임대차 목적물인 건물을 영리를 목적으로 하는 영업용으로 사용하는 임대차를 가리킨다.'고 판시하여 사업자등록의 유무와 상관없이 동법이 적용된다고 하였으므로, 이에 관한 피고 최병철의 주장은 근거가 없고,

② 동법 제10조 제1항 제1호는 임차인이 3기의 차임을 연체한 경우에만 갱신거절을 할 수 있는 것으로 규정하고 있으므로, 피고 최병철은 원고의 갱신요구를 거절할 수 없으며,

③ 동법 제10조의8은 임차인의 차임연체액이 3기의 차임액에 달하는 때에 임대인은 계약을 해지할 수 있는 것으로 규정하고 있으므로, 피고 최병철의 해지주장도 역시 근거가 없습니다.

2. 피고 공상국에 대한 청구

가. 토지의 소유권 취득

(1) 원고의 토지의 매수

피고 공상국은 1994. 8. 10. 서울 마포구 성산동 750 잡종지 240㎡(이하 '성산동 750 토지'라 합니다)를 소외 성명불상자로부터 매수하여 서울서부지방법원 1994. 8. 25. 접수 3751호로 소유권이전등기를 마치며 소유권을 취득하였는데, 소외 서영수는(이하 '서영수'라고 합니다) 1996. 12. 10. 피고 공상국으로부터 위 토지를 임차하여 사용하던 중 등기서류 일체를 위조하여 같은 법원 1997. 6. 30. 접수 제35472호로 원인무효의 소유권이전등기를 마쳤습니다.

그 후 서영수는 2005. 4. 5. 소외 소호진(이하 '소호진'이라 합니다)에게 성산동 750토지를 매도하여 같은 법원 2005. 4. 25. 접수 제50179호로 소유권이전등기를 마쳐주고, 같은 달 27. 이를 인도하였으며, 소호진은 2010. 1. 10. 위 토지를 원고에게 매도하여 같은 법원 2010. 1. 15. 접수 제2019호로 소유권이전등기를 마쳐주고, 같은 날 이를 인도하였습니다. 한편 원고가 위 토지를 매수할 당시 위 토지 위에는 단층 창고의 신축공사가 진행 중이었는데, 원고는 위 창고도 같이 매수하여 인도받았고, 위 창고를 완공한 후 현재 보존등기는 하지 않았습니다.

(2) 등기부취득시효의 완성

> 대법원 1989. 12. 26. 87다카2176 전원합의체 판결

위에서 말씀드린 바와 같이 서영수의 1997. 6. 30.자 소유권이전등기는 일응 원인무효의 등기이므로, 서영수 이후의 각 소유권이전등기도 모두 원인무효의 등기이어서 말소되어야 하는 것이 원칙이나, 아래에서 말씀드리는 바와 같이 원고는 등기부취득시효를 원인으로 성산동 750토지의 소유권을 취득하였습니다.

등기부취득시효의 요건과 관련하여 판례는 '등기부취득시효에 관한 민법 제245조 제2항의 규정에 위하여 소유권을 취득하는 자는 10년간 반드시 그의 명의로 등기되어 있어야 하는 것은 아니고 앞 사람의 등기까지 아울러 그 기간동안

부동산의 소유자로 등기되어 있으면 된다고 할 것이다.'고 판시하여 등기의 승계를 인정하였습니다.

위 판결에 따르면, 이전 등기명의자인 소호진은 2005. 4. 25. 소유권이전등기를 마쳤고, 원고는 2010. 1. 15. 소유권이전등기를 마쳤으므로, 소호진과 원고의 등기된 기간은 2015. 4. 25. 10년이 되었고, 또한 소호진의 성산동 750토지의 점유가 2005. 4. 27. 시작된 이후 원고가 이를 승계하여 2015. 4. 27. 10년이 되었으며, 소호진과 원고는 모두 선의, 무과실로 등기 및 점유를 취득하였으므로, 원고는 2015. 4. 27. 등기부취득시효를 원인으로 성산동 750토지의 소유권을 취득하였습니다.

> 등기부취득시효가 완성되기 위해서는 등기와 점유 모두가 10년이 되어야 하므로, 2015. 4. 27.이 취득시효기간 만료시점으로 생각된다.

나. 확인의 이익

위와 같이 원고가 성산동 750토지의 소유권을 취득하였음에도 불구하고, 피고 공상국은 위 토지의 소유권을 주장하며, 원고 명의의 소유권이전등기의 말소 및 창고의 철거를 요구하며, 위 청구권을 보전하기 위하여 서울서부지방법원 2015카단8217 점유이전금지가처분의 결정을 받기에 이르렀습니다.

이는 원고의 위 토지의 소유권에 대한 현존하는 위험이 발생한 것이고, 원고의 피고 공상국에 대한 위 토지의 소유권을 확인하는 것이 분쟁을 근본적으로 해결하는 가장 유효·적절한 수단이므로, 원고는 소유권의 확인을 구할 이익이 있습니다.

다. 피고 공상국의 예상항변

피고 공상국은 소호진의 점유가 과실있는 점유이고, 원고가 소호진의 점유를 승계한 것이므로 원고 역시 과실이 있는 점유라고 주장할 수 있으나, 소호진은 위 토지를 매수할 당시 부동산 소개업자의 말을 믿고 나름대로 조사까지 하였고, 나아가 수사기관에서도 위조와 관련하여 혐의없음의 불기소처분을 하였으므로, 소호진에게는 과실이 없습니다. 그리고 원고도 등기부를 신뢰하여 위 토지를 매수하였으므로 과실이 없고, 따라서 이와 배치되는 피고 공상국의 주장은 근거가 없습니다.

3. 피고 김요선에 대한 청구

가. 부동산 매매계약의 체결

음식점을 운영하는 원고는 2015. 4. 14. 조경업체를 운영하는 피고 김요선으로부터 영업의 목적으로 서울 강동구 고덕동 517 전 1,250㎡와 같은 동 518 전 6,200㎡을 매수하여 같은 달 17. 서울동부지방법원 강동등기소 2015. 4. 17. 접수 제35483호로 각 소유권이전등기를 마친 후, 같은 날 위 각 토지를 인도받았습니다(이하 위 각 토지를 '517토지' 및 '518토지'라 합니다).

위와 같이 원고와 피고 김요선은 모두 상인이고, 영업의 목적으로 위 각 토지에 관하여 매매계약을 체결하였으므로, 위 매매계약에 대해서는 상사매매의 규정이 적용됩니다.

> 상법 제67조 내지 제71조

> 대법원 1993. 6. 11. 선고 93다7174 판결 : 매수인에게 즉시 목적물의 검사와 하자통지를 할 의무를 지우고 있는 상법 제69조의 규정은 상인간의 매매에 적용되는 것이며 매수인이 상인인 한 매도인이 상인인지 여부를 불문하고 위 규정이 적용되어야 하는 것은 아니다.

나. 하자담보책임에 기한 손해배상의 청구

원고는 위 각 토지를 매수한 이후인 2015. 10. 6. 517토지의 지하에 두께 5cm 상당의 콘크리트가 깔려 있는 것을 확인하고, 2015. 10. 7. 피고 김요선에게 위 콘크리트의 제거비용 22,000,000원을 요구하는 통지서를 발송하여, 위 통지는 같은 달 9. 피고 김요선에게 도달하였습니다.

또한 원고는 2015. 11. 9. 518토지의 지하에 폐유와 폐비닐 약 10톤의 쓰레기가 매립되어 있는 것을 확인하고, 2015. 11. 11. 피고 김요선에게 위 쓰레기의 제거비용 115,000,000원을 요구하는 통지서를 발송하였습니다.

위와 같이 위 각 토지에 콘크리트와 쓰레기가 매입되어 있는 것은 목적물이 통상적으로 갖추어야 할 품질 내지 상태를 갖추지 못한 하자가 있는 것이고 원고는 위 각 토지의 매수 당시 하자가 있었음을 알 수 없었습니다. 따라서 피고 김요선은 위 517토지의 콘크리트 제거비용 22,000,000원을 지급하여야 합니다. 한편, 518 토지의 쓰레기 제거비용은 원고가 목적물을 인도받은 날로부터 6개월이 지나서야 하자를 확인하였으므로, 상법 제69조 제1항의 규정에 따라 이에 대한 비용은 청구하지 않습니다.

> 대법원 1999. 1. 29. 선고 98다1584 판결 : 상법 제69조는 상거래의 신속한 처리와 매도인의 보호를 위한 규정인 점에 비추어 볼 때, 상인간의 매매에 있어서 매수인은 목적물을 수령한 때부터 지체 없이 이를 검사하여 하자 또는 수량의 부족을 발견한 경우에는 즉시 매도인에게 그 통지를 발송하여야만 그 하자로 인한 계약해제, 대금감액 또는 손해배상을 청구할 수 있고, 설령 매매의 목적물에 상인에게 통상 요구되는 객관적인 주의의무를 다하여도 즉시 발견할 수 없는 하자가 있는 경우에도 매수인은 6월 내에 그 하자를 발견하여 지체 없이 이를 통지하지 아니하면 매수인은 과실의 유무를 불문하고 매도인에게 하자담보책임을 물을 수 없다고 해석함이 상당하다.

따라서 피고 김요선은 원고에게 위 콘크리트의 제거비용 22,000,000원 및 원고의 통지서가 도달한 다음날인 2015. 10. 10.부터 이 사건 소장부본 송달일까지는 상법에 따른 연 6%의, 그 다음날부터 다 갚는 날까지는 소송촉진 등에 관한 특례법에 따른 연 15%(2015. 10. 1. 이후 청구부터는 15%, 2019. 6. 1. 이후 청구부터는 12% 개정)의 각 비율에 의한 지연손해금을 지급하여야 합니다.

> 대법원 2014. 11. 27. 선고 2012다14562 판결 : 상법 제54조의 상사법정이율이 적용되는 '상행위로 인한 채무'에는 상행위로 인하여 직접 생긴 채무뿐만 아니라 그와 동일성이 있는 채무 또는 그 변형으로 인정되는 채무도 포함된다. 그런데 이 사건 운송계약은 상인인 피고가 영업으로 하는 상행위에 해당하고, 원고는 비크조이엘리의 피고에 대한 운송계약상의 채무불이행을 원인으로 한 손해배상청구권을 대위행사하고 있으므로, <u>그 지연손해금은 민사법정이율이 아닌 상법 제54조가 정한 연 6%의 상사법정이율을 적용하여 산정하여야 할 것이다.</u>

4. 피고 조한근에 대한 청구

가. 화장실의 철거 청구, 토지의 인도청구 및 부당이득의 반환청구

원고는 2010. 6. 10. 서울 마포구 성산동 320 대 450㎡(이하 '성산동 320 토지'라 합니다)에 관한 서울서부지방법원 2010타경4987 부동산강제경매절차에서 매각대금을 완납하여 위 토지의 소유권을 취득하였고, 같은 달 6. 20. 소유권이전등기를 마쳤습니다.

한편, 피고 조한근은 위 성산동 320 토지의 인접한 토지인 같은 동 326토지(이하 '성산동 326토지'라 합니다)를 소유하고 있었는데, 1995. 5.경 위 326토지 위에 단독 주택을 신축하는 과정에서 원고 소유의 성산동 320토지를 침범하여 그 위에 시멘트 블록조 슬래브지붕 단층 화장실 12㎡ 설치하였고, 위 화장실은 현재까지 원고의 성산동 320토지의 사용을 방해하고 있습니다.

피고 조한근의 위 화장실의 설치는 원고와의 관계에서 아무런 권원이 없는 것이므로, 원고는 소유권에 기한 방해배제청구권을 행사함으로써 피고 조한근에게 위 화장실을 철거하고, 화장실의 부지로 사용되는 토지의 인도를 청구할 수 있습니다. 또한 피고 조한근은 적법한 권원없이 위 화장실을 설치하여 성산동 320토지 중 화장실의 부지부분을 점유·사용함으로써 이익을 얻고, 그로 인하여 소유권자인 원고에게 같은 액수 상당의 재산상 손해를 입히고 있으므로, 피고 조한근은 원고에게 사용이득상당의 부당이득을 반환할 의무가 있습니다.

한편, 부당이득의 액수는 위 화장실 부지의 보증금없는 차임 상당액을 기준으로 산정하여야 하는데, 최근 원고가 확인한 바에 따르면 위 화장실 부지의 보증금없는 차임은 2006년이후 월 700,000원입니다. 이에 피고 조한근은 원고에게 원고가 위 화장실 부지의 소유권을 취득한 날인 2010. 6. 10.부터 위 화장실 부지의 인도완료일까지 월 700,000원의 비율에 의한 금원을 지급하여야 합니다.

나. 예상항변 및 이에 대한 반박

피고 조한근은 ① 위 화장실을 설치할 당시 전문 측량업체를 통하여 측량을 하였으므로, 토지의 침범에 대하여 아무런 과실이 없고, ② 화장실을 설치한지 20년이 경과하여 점유취득시효가 완성되었으며, ③ 관습법상 법정지상권이 성립하여 철거의무가 없고, ④ 자신은 선의의 점유자에 해당하여 과실수취권이 있으며, ⑤ 2006. 1. 1. 이후 위 화장실을 사용하고 있지 않으므로, 실질적 이득이 없다고 주장할 수 있으나, 피고 조한근의 주장은 아래와 같은 이유로 근거가 없는 주장입니다.

① 원고가 주장하는 물권적 청구권은 피고의 과실을 요하지 않으므로, 피고 조한근이 무과실이라고 하더라도 원고는 위 화장실의 철거 및 화장실 부지의 인도를 청구할 수 있고,

대법원 1997. 3. 14. 선고 96다55860 판결

② 자기소유의 물건의 점유와 관련하여 판례는 '자기 소유의 부동산을 점유하고 있는 상태에서 다른 사람 명의로 소유권이전등기가 된 경우 자기 소유 부동산을 점유하는 것은 취득시효의 기초로서의 점유라고 할 수 없고, 그 소유권의 변동이 있는 경우에 비로소 취득시효의 기초로서의 점유가 개시되는 것이므로, 취득시효의 기산점은 소유권의 변동일 즉 소유권이전등기가 경료된 날이다.'라고 판시하였는데, 위 판결에 따르면 소유권변동일인 2010. 6. 10.부터 20년이 지나지 않아 아직 취득시효가 완성되지 못하였으며,

대법원 2013. 4. 11. 선고 2009다62059 판결

③ 관습법상 법정지상권의 인정요건과 관련하여 판례는 '강제경매의 목적이 된 토지 또는 그 지상 건물에 관하여 강제경매를 위한 압류나 그 압류에 선행한 가압류가 있기 이전에 저당권이 설정되어 있다가 그 후 강제경매로 인해 그 저당권이 소멸하는 경우에는, 그 저당권 설정 당시를 기준으로 토지와 그 지상 건물이 동일인에게 속하였는지에 따라 관습상 법정지상권의 성립 여부를 판단하여야 한다.'고 판시하였는데, 위 판결에 따르면 성산동 320토지에 관한 강제경매개시결정에 기한 압류가 있기 이전인 1993. 12. 5. 주식회사 한미은행의 근저당권이 설정되었고, 위 근저당권 설정이후인 1995. 5.경 위 화장실이 설치되었으므로, 관습법상 법정지상권이 성립될 수 없고,

대법원 2000. 3. 10. 선고 99다63350 판결

④ 선의점유자의 인정요건과 관련하여 판례는 '선의의 점유자라 함은 과실수취권을 포함하는 권원이 있다고 오신한 점유자를 말하고, 다만 그와 같은 오신을 함에는 오신할 만한 정당한 근거가 있어야 한다.'고 판시하였는데, 위 판결에 따르면 피고 조한근이 320토지의 침범사실을 몰랐다고 하더라도 자신이 위임한 측량업체의 측량결과를 신뢰한 것만으로 정당한 근거가 있다고 보기 어려우므로 선의점유자에 해당하지 않으며,

대법원 1998. 5. 8. 선고 98다2389 판결

⑤ 건물의 신축으로 인한 토지의 사용과 관련하여 판례는 '타인 소유의 토지 위에 권한 없이 건물을 소유하고 있는 자는 그 자체로써 특별한 사정이 없는 한

법률상 원인 없이 타인의 재산으로 인하여 토지의 차임에 상당하는 이익을 얻고 이로 인하여 타인에게 동액 상당의 손해를 주고 있다고 보아야 한다.'고 판시하였는데, 위 판결에 따르면 피고 조한근은 위 화장실의 사용여부와 상관없이 화장실의 소유로써 화장실 부지를 사용하고 있는 것입니다.

따라서 피고 조한근의 위 주장은 모두 근거가 없는 주장입니다.

5. 피고 동방석유주식회사에 대한 청구

원고는 아래와 같이 소외 이송자(이하 '이송자'라 합니다)에 대한 명의신탁해지에 기한 소유권이전등기청구권을 보전하기 위하여 이송자의 피고 동방석유주식회사(이하 '피고 동방석유'라 합니다)에 대한 근저당권설정등기의 말소등기청구권을 대위행사합니다.

가. 원고의 이송자에 대한 소유권이전등기청구권(피보전채권)

원고는 2011. 8. 3. 소외 이상운(이하 '이상운'이라 합니다)으로부터 서울 송파구 방이동 215 잡종지 3,600㎡(이하 '방이동 토지'라 합니다)를 매수하며 이상운의 동의를 얻어 배우자인 이송자의 명의로 서울동부지방법원 송파등기소 2011. 8. 5. 접수 제1500호로 소유권이전등기를 마쳤습니다.

원고가 이송자의 명의로 소유권이전등기를 마친 것은 이송자에게 등기명의를 신탁한 것에 해당하는데, 부동산 실권리자명의 등기에 관한 법률 제8조 제2호에 따라 강제집행의 면탈 또는 법령상 제한의 회피를 목적으로 한 것이 아니면 부부간의 명의신탁은 유효합니다. 따라서 원고는 이송자에게 명의신탁약정의 해지에 기한 소유권이전등기청구권을 행사할 수 있습니다.

한편, 원고가 명의신탁을 해지하더라도 대외적으로는 여전히 이송자가 소유자이고, 원고는 이송자를 대위해서만 물권적 청구권을 행사할 수 있으므로, 아래와 같이 이송자를 대위하여 권리를 행사하고자 합니다.

대법원 1979. 9. 25. 선고 77다1079 전원합의체 판결   대법원 1982. 11. 23. 선고 81다372 판결

나. 이송자의 피고 동방석유에 대한 근저당권설정등기의 말소등기청구(피대위채권)

(1) 보증계약의 체결 및 근저당권의 설정

이송자의 동생이자 원고의 처남인 소외 이형철(이하 '이형철'이라 합니다)은 2011. 10. 1. 피고 동방석유로부터 석유류 제품을 공급받은 내용의 제품공급계약을 체결하였는데, 거래기간은 2011. 10. 1.부터 4년간, 외상공급한도액은 400,000,000원으로 각 정하였습니다. 그리고 이송자는 위 제품공급계약상의 이형철의 채무를 보증하는 동시에 위 채무의 변제를 담보하기 위하여 피고 동방석유에게 방이동 토지에 관하여 서울동부지방법원 송파등기소 2011. 10. 2. 접수 제1630호로 채권최고액 700,000,000원의 근저당권설정등기를 마쳐주었습니다.

(2) 보증계약의 해지

대법원 1992. 7. 14. 선고 92다8668 판결

이송자와 피고 동방석유와의 보증계약은 계속적 보증계약에 해당하는데, 판례는 '기간의 정함이 없는 이른바 계속적 보증계약은 보증인의 주채무자에 대한 신뢰가 깨어지는 등 보증인으로서 보증계약을 해지할 만한 상당한 이유가 있는 경우에 특단의 사정이 있는 경우를 제외하고 보증인은 일방적으로 이를 해지할 수 있다.'고 판시하여 계속적 보증계약의 일방적 해지를 인정하고 있습니다.

위 보증계약의 체결당시 이형철은 곧 새로운 보증인으로 교체하여 주겠다고 약속하였고, 피고 동방석유의 영업이사 조홍구도 보증인의 교체에 협력하겠다고 하였음에도 불구하고, 이송자가 2012. 2. 1. 보증인의 교체를 요구하는 통지서를 발송하여 같은 달 3. 위 통지서가 도달한 이후에도 피고 동방석유는 추가 외상공급을 하였습니다.

이에 이송자는 2012. 4. 20. 이형철과 피고 동방석유에 위 보증계약의 해지를 통고하였고, 위 통고서는 같은 달 21. 도달하였는데, 위 통고서로서 보증계약은 2012. 4. 21.자로 해지되었습니다. 그리고 보증계약의 해지 당시 이형철의 채무액은 400,000,000원이었는데, 이송자는 위 400,000,000원에 대해서만 보증책임을 부담하게 됩니다.

(3) 주채무의 소멸로 인한 근저당권의 피담보채무의 소멸

> 대법원 2007. 1. 25. 선고 2006다68940 판결

피고 동방석유의 이형철에 대한 외상대금채권은 그 법적 성질이 민법 제163조 제6호의 상인이 판매한 물건의 대가에 해당하여 3년의 소멸시효가 적용되는 채권이고, 계속적 물품공급계약의 소멸시효와 관련하여 판례는 '계속적 물품공급계약에 기하여 발생한 외상대금채권은 특별한 사정이 없는 한 개별 거래로 인한 각 외상대금채권이 발생한 때로부터 개별적으로 소멸시효가 진행하는 것이지 거래종료일부터 외상대금채권 총액에 대하여 한꺼번에 소멸시효가 기산한다고 할 수 없는 것이며, 각 개별 거래시마다 서로 기왕의 미변제 외상대금에 대하여 확인하거나 확인된 대금의 일부를 변제하는 등의 행위가 없었다면, 새로이 동종 물품을 주문하고 공급받았다는 사실만으로는 기왕의 미변제 채무를 승인한 것으로 볼 수 없다.'고 판시하였으므로, 이송자가 위 보증계약을 해지할 당시인 2012. 4. 21.까지 발생한 외상대금채권은 모두 시효로 소멸하였습니다. 주채무가 시효로 소멸한 이상 부종성에 따라 이송자의 보증채무도 소멸하게 되고, 따라서 위 근저당권의 피담보채무도 소멸한 것이어서 이송자는 피담보채무의 소멸에 근거하여 피고 동방석유에 대하여 위 근저당권설정등기의 말소등기절차의 이행을 청구할 수 있습니다.

다. 보전의 필요성 및 권리미행사

원고의 피보전채권은 특정물채권이므로, 채권자대위권을 행사함에 있어 채무자의 무자력이 인정되지 않더라도 보전의 필요성이 인정되고, 현재 채무자인 이송자는 위 근저당권설정등기의 말소등기청구권을 행사하지 않고 있습니다.

따라서 원고는 이송자를 대위하여 피고 동방석유에 대하여 이송자에게 위 근저당권설정등기의 말소등기절차를 이행할 것을 청구할 수 있습니다.

라. 피고 동방석유의 예상항변 및 이에 대한 반박

피고 동방석유는 ① 근저당권의 설정등기가 존속하는 이상 피담보채권의 소멸시효가 진행되지 않고, ② 계속적 물품공급계약에 따른 대금채권의 소멸시효의 기산점이 거래종료일로부터 일괄 진행된다고 주장할 수 있으나, ① 근저당권의 설정등기만으로는 피담보채권를 행사한 것이라고 볼 수 없으므로, 피담보채권의 소멸시효의 진행에 영향이 없고, ② 위와 같이 계속적 물품공급계약에 따른 대금채권의 소멸시효의 기산점은 각각의 외상대금채권이 발생한 때부터 진행하는 것이므로, 별도의 소멸시효의 중단사유가 없는 이상 보증계약의 해지이전 발생한 외상대금채권은 이미 시효로 소멸하였고, 따라서 이와 배치되는 피고 동방석유의 주장은 근거가 없습니다.

6. 피고 삼진전자주식회사에 대한 청구

가. 어음의 발행 및 배서 양도

피고 삼진전자주식회사(이하 '피고 삼진전자'라 합니다)의 대표이사 소외 이정진(이하 '이정진'이라 합니다)은 대주주인 소외 송병일(이하 '송병일'이라 합니다)에게 회사의 주요업무를 위임하였고, 위임을 받은 송병일은 피고 삼진전자의 대표이사의 명함과 대표이사의 인장을 사용하면서 실제 대표이사의 업무를 수행해 왔습니다.

이러한 상태에서 송병일은 피고 삼진전자의 명의로 2015. 3. 1. 소외 최상진(이하 '최상진'이라 합니다)에게 금액란을 백지로, 지급기일 2015. 10. 31. 지급지 및 발행지 서울, 지급장소 삼진전자 본점으로 된 약속어음 1장을 발행해 주었고, 최상진은 2015. 6. 25. 소외 우범선(이하 '우범선'이라 합니다)에게 위 어음을 배서양도하여, 우범선이 위 어음을 현재 소지하고 있습니다. 그리고, 위 배서당시 지급거절증서작성은 면제되었습니다.

한편, 송병일은 최상진에게 피고 삼진전자의 최상진에 대한 차용금을 담보하기 위하여 위 어음을 발행하였는데, 발행당시 송병일과 최상진은 금전거래 종료시 최종차용금을 약속어음 액면금란에 기재하기로 합의하였고, 위 최종차용금은 100,000,000원이었습니다.

그리고 최상진은 우범선에게 위 어음을 배서할 당시 액면금란에 120,000,000원을 기재하여도 좋다고 허락해 주었는데, 위 허락에 따라 우범선은 액면금란을 120,000,000원으로 보충하여 지급기일이 도과된 이후인 2015. 11. 12. 피고 삼진전자의 본점에 찾아가 지급제시를 하였으나, 지급이 거절되었습니다.

따라서 피고 삼진전자는 일응 어음의 소지인인 우범선에게 일응 액면금 120,000,000원 및 이에 대한 지급제시일의 다음 날인 2015. 11. 13.부터 이 사건 소장부본 송달일까지는 어음법에 따른 연 6%의, 그 다음날부터 다 갚는 날까지는 소송촉진 등에 관한 특례법에 따른 연 15%의 각 비율에 의한 지연손해금을 지급하여야 합니다.

나. 원고의 어음금채권의 추심

원고는 2010. 5. 1. 우범선에게 400,000,000원을 변제기 2013. 4. 30. 이율 및 지연손해금률 각 월 2.7%로 정하여 대여하였는데, 변제기에 우범선이 위 대여금의 상환을 연체하자 2013. 5. 10. 서울동부지방법원 2013가합12345호로 대여금 청구소송을 제기하였고, 위 소송에서 법원은 2013. 7. 11. '피고는 원고에게 300,000,000원 및 이에 대한 2010. 5. 1.부터 다 갚는 날까지 연 30%의 비율에 의한 금원을 지급하라.'라는 내용의 화해권고결정을 하였으며, 위 화해권고결정은 그대로 확정되었습니다.

원고는 우범선에 대한 위 대여금채권의 원리금 795,000,000원을 청구채권으로 하여, 2015. 11. 18. 서울동부지방법원 2015타채9018호로 위 가항 기재 우범선의

어음금채권에 대한 채권압류 및 추심명령을 받았으며, 위 추심명령은 2015. 11. 21. 피고 삼진전자에 송달되었습니다.

> 추심금청구의 요건사실은 추심채권의 존재, 추심명령, 제3채무자에 대한 송달이므로, 채무자인 우범선에 대한 송달사실과 추심명령이 확정된 사실은 무익적 기재사항이 아니라, 오히려 감점사유가 될 수 있을 것으로 생각된다.

따라서 원고는 추심채권자로서 우범선에 갈음하여 피고 삼진전자에 대하여 위 어음금 및 이에 대한 지연손해금의 전부를 청구할 수 있습니다.

다. 피고 삼진전자의 예상항변 및 이에 대한 반박

(1) 무권대표이사의 항변

> 대법원 1992. 7. 28. 선고 91다35816 판결

피고 삼진전자는 송병일이 실질적으로 대표이사가 아니어서 그가 피고 삼진전자의 명의로 발행한 어음은 그 효력이 없다는 취지로 주장할 수 있으나, 표현대표이사의 성립요건과 관련하여 판례는 '상법 제395조는 회사가 이사의 자격이 없는 자에게 표현대표이사의 명칭을 사용하게 허용한 경우는 물론, 이사의 자격도 없는 사람이 임의로 표현대표이사의 명칭을 사용하고 있는 것을 회사가 알면서도 아무런 조치를 취하지 아니한 채 그대로 방치하여 소극적으로 묵인한 경우에도, 위 규정이 유추적용되는 것으로 해석함이 상당하다.'고 판시하였고, 또한 '회사를 대표할 권한이 없는 표현대표이사가 다른 대표이사의 명칭을 사용하여 어음행위를 한 경우, 회사가 책임을 지는 선의의 제3자의 범위에는 표현대표이사로부터 직접 어음을 취득한 상대방뿐만 아니라, 그로부터 어음을 다시 배서양도받은 제3취득자도 포함된다.'고 판시하여 현재 어음의 소지인에 대해서도 표현대표이사의 책임이 성립될 수 있다고 하였습니다.

> 대법원 2003. 9. 26. 선고 2002다65073 판결

위에서 말씀드린 바와 같이 실제 대표이사 이정진은 대주주인 송병일에게 회사의 주요업무를 위임하였고, 위임을 받은 송병일은 피고 삼진전자의 대표이사의 명함과 대표이사의 인장을 사용하면서 실제 대표이사의 업무를 수행해 왔으며, 최상진을

포함한 주변 사람들 모두가 송병일이 대표이사인 것으로 알고 있었으므로, 피고 삼진전자는 원칙적으로 어음금의 지급채무를 부담하여야 합니다.

(2) 어음의 부당보충

피고 삼진전자는 송병일의 대표행위에 대하여 표현대표이사의 책임이 성립될 수 있다고 하더라도, 송병일은 최상진에게 100,000,000원의 보충권만을 수여하였는데, 최상진으로부터 어음을 배서교부받은 우범선이 이를 초과하여 120,000,000원으로 보충하였으므로, 어음금의 지급채무가 없다고 주장할 수도 있습니다.

> 대법원 1999. 2. 9. 선고 98다37736 판결 : [1] 어음법 제10조가 규정하는 '악의로 어음을 취득한 때'라 함은 소지인이 백지어음이 부당 보충되었다는 사실과 이를 취득할 경우 어음채무자를 해하게 된다는 것을 알면서도 어음을 양수한 때를 말하고, '중대한 과실로 인하여 어음을 취득한 때'라 함은 소지인이 조금만 주의를 기울였더라면 백지어음이 부당 보충되었다는 사실을 알 수 있었음에도 불구하고 그와 같은 주의도 기울이지 아니하고 부당 보충된 어음을 양수한 때를 말한다.
> [2] 어음금액란의 기재는 대단히 중요한 사항이므로 어음금액란을 백지로 하는 어음을 발행하는 경우에 발행인은 통상적으로 그 보충권의 범위를 한정한다고 봄이 상당하다.
> [3] 부당 보충된 약속어음을 취득함에 있어 소지인에게 악의 또는 중과실이 있다고 인정한 사례.
> [4] 소지인이 악의 또는 중과실로 부당 보충된 어음을 취득한 경우에도 발행인은 자신이 유효하게 보충권을 수여한 범위 안에서는 당연히 어음상의 책임을 진다.

그러나 어음의 부당보충과 관련하여 판례는 '어음금액란의 기재는 대단히 중요한 사항이므로 어음금액란을 백지로 하는 어음을 발행하는 경우에 발행인은 통상적으로 그 보충권의 범위를 한정한다고 봄이 상당하고, 취득자가 보충권에 대하여 발행인에게 직접 조회하지 않았다면 특별한 사정이 없는 한 취득자에게 중대한 과실이 인정되어 어음금을 청구할 수 없으나, 소지인이 악의 또는 중과실로 부당 보충된 어음을 취득한 경우에도 발행인은 자신이 유효하게 보충권을 수여한 범위 안에서는 당연히 어음상의 책임을 진다.'고 판시하였는데, 위 판결에 따르면, (1) 우범선은 어음금액의 보충 당시 피고 삼진전자에 대하여 보충권의 범위에 대하여 문의를 하지 않았으므로 일응 중대한 과실이 인정되나, (2) 송병일이 100,000,000원에 대해서는 보충권을 적법하게 수여하였으므로, 피고 삼진전자는 위 100,000,000원의 범위내에서는 당연히 어음금 채무를 부담하여야 합니다.

(3) 적법한 지급제시기간의 도과

피고 삼진전자는 어음의 소지인인 우범선이 적법한 지급제시기간 내인 만기일로부터 2 거래일 이내에 지급제시를 하지 않아 어음상 권리를 상실하였다고 주장할 수도 있으나, 배서인에 대한 이득상환청구가 아닌 어음의 발행인에 대한 청구는 어음의 소멸시효기간 도과전 언제든지 청구할 수 있으므로 위 주장은 근거가 없는 주장입니다.

(4) 소결

따라서 피고 삼진전자는 추심채권자인 원고에게 적법한 보충권의 범위내인 어음금 100,000,000원 및 이에 대한 지급제시일의 다음 날인 2015. 11. 13.부터 이 사건 소장부본 송달일까지는 어음법에 따른 연 6%의, 그 다음날부터 다 갚는 날까지는 소송촉진 등에 관한 특례법에 따른 연 15%의 각 비율에 의한 지연손해금을 지급하여야 합니다.

7. 결론

위와 같은 이유로 피고들에 대하여 청구취지의 기재와 같은 판결을 선고하여 주시기 바랍니다.

증 명 방 법

첨 부 서 류

2016. 1. 7.

위 원고의 소송대리인
변호사 설영수

서울서부지방법원 귀중

민사법 / 기록형

2017년도 제6회
변호사 시험
문제

2017년도 제6회 변호사시험 문제

| 시험과목 | 민사법(기록형) |

응시자 준수사항

1. 시험 시작 전 문제지의 봉인을 손상하는 경우, 봉인을 손상하지 않더라도 문제지를 들추는 행위 등으로 문제 내용을 미리 보는 경우 그 답안은 영점으로 처리됩니다.

2. 시험 시간 중에는 휴대전화, 스마트워치 등 무선통신 기기나 전자계산기 등 전산기기를 지녀서는 안 됩니다.

3. 답안은 흑색 또는 청색 필기구(사인펜이나 연필 사용 금지) 중 한 가지 필기구만을 사용하여 답안 작성란(흰색 부분) 안에 기재하여야 합니다.

4. 답안지에 성명과 수험번호 등을 기재하지 않아 인적사항이 확인되지 않는 경우에는 영점으로 처리되는 등 불이익을 받게 됩니다. 특히 답안지를 바꾸어 다시 작성하는 경우, 성명 등의 기재를 빠뜨리지 않도록 유의하여야 합니다.

5. 답안지에는 문제 내용을 쓸 필요가 없으며, 답안 이외의 사항을 기재하거나 밑줄 기타 어떠한 표시도 하여서는 안 됩니다. 답안을 정정할 경우에는 두 줄로 긋고 다시 써야 하며, 수정액·수정테이프 등은 사용할 수 없습니다.

6. 시험 종료 시각에 임박하여 답안지를 교체했더라도 시험 시간이 끝나면 그 즉시 새로 작성한 답안지를 회수합니다.

7. 시험 시간이 지난 후에는 답안지를 일절 작성할 수 없습니다. 이를 위반하여 **시험 시간이 종료되었음에도 불구하고 계속 답안을 작성할 경우 그 답안은 영점으로 처리됩니다**.

8. 답안은 답안지의 쪽수 번호 순으로 써야 합니다. **배부된 답안지는 백지 답안이라도 모두 제출**하여야 하며, **답안지를 제출하지 아니한 경우 그 시간 시험과 나머지 시험에 응시할 수 없습니다.**

9. 지정된 시각까지 지정된 시험실에 입실하지 않거나 시험관리관의 승인 없이 시험 시간 중에 시험실에서 퇴실한 경우, 그 시간 시험과 나머지 시간의 시험에 응시할 수 없습니다.

10. 시험 시간 중에는 어떠한 경우에도 문제지를 시험실 밖으로 가지고 갈 수 없고, 그 시험 시간이 끝난 후에는 문제지를 시험장 밖으로 가지고 갈 수 있습니다.

【 문 제 】

귀하는 서울 서초구 서초대로 100, 708호(서초동, 정화빌딩)에 사무실을 둔 변호사 박재남입니다. 귀하는 2017. 1. 7. 의뢰인 김원규와의 상담을 통해 【상담내용】에 기재된 내용과 같은 사실관계를 청취하고, 【의뢰인 희망사항】 기재와 관련된 일체의 소송수행을 의뢰받으면서 그 이하에 첨부된 서류를 자료로 받았습니다. 귀하가 의뢰인을 위하여 본안의 소를 제기하는 데 필요한 소장을 아래 【작성요령】에 따라 작성하시오.

【 작 성 요 령 】

1. 소장 작성일 및 소 제기일은 2017. 1. 13.로 하시오.
2. 당사자가 여러 명인 경우 '피고 홍길동'과 같은 방식으로 특정하고, '피고 1'과 같이 기재하지 마시오(위반 시 감점).
3. 피고가 복수인 경우 청구취지와 청구원인은 가급적 피고별로 나누어 기재하시오.

[이하 작성요령은 시험목적으로 요구된 것으로 실무와 다를 수 있습니다.]

4. 공동소송의 요건은 모두 갖추어진 것으로 전제하고, 예비적·선택적 병합청구는 주관적이든 객관적이든 하지 마시오(위반 시 감점).
5. 【의뢰인 희망사항】란에 기재된 희망사항에 부합하되 현행법과 그 해석상 승소 가능한 최대한의 범위에서 청구하고, 소 각하나 청구기각 부분이 발생하지 않도록 하시오(위반 시 감점).
6. 첨부자료를 통하여 상대방이 명백히 의견을 밝히고 있어서 소송 중 방어방법으로 제출할 것으로 예상되는 주장이나 항변 중 이유 없다고 판단되는 사항은 청구원인란을 통해 미리 반박하시오(위반시 감점).
7. <의뢰인 상담일지>와 첨부자료에 기재된 사실관계는 특별한 사정이 없는 한, 모두 진실한 것으로 전제하고, 첨부된 서류도 모두 적법하게 작성된 것으로 간주하며, 언급되지 않은 사실은 없는 것으로 간주하시오.
8. 부동산을 표기할 필요가 있는 경우 목록을 만들지 말고 직접 표기하시오.
9. <증명방법>란과 <첨부서류>란 기재는 생략하고, 청구원인 서술 시 관련 증거자료를 제시할 필요는 없습니다.
10. 기록상의 날짜가 공휴일인지 여부는 고려하지 마시오.

【참고자료】

각급 법원의 설치와 관할구역에 관한 법률 (일부)

제4조(관할구역) 각급 법원의 관할구역은 다음 각 호의 구분에 따라 정한다. 다만, 지방법원 또는 그 지원의 관할구역에 시·군법원을 둔 경우「법원조직법」제34조 제1항 제1호 및 제2호의 사건에 관하여는 지방법원 또는 그 지원의 관할구역에서 해당 시·군법원의 관할구역을 제외한다.

1. 각 고등법원·지방법원과 그 지원의 관할구역: 별표 3

 (이하 제2호 내지 제7호는 생략)

[별표 3] 고등법원·지방법원과 그 지원의 관할구역 (일부)

고등법원	지방법원	지원	관할 구역
서 울	서울중앙		서울특별시 종로구·중구·강남구·서초구·관악구·동작구
	서울동부		서울특별시 성동구·광진구·강동구·송파구
	서울남부		서울특별시 영등포구·강서구·양천구·구로구·금천구
	서울북부		서울특별시 동대문구·중랑구·성북구·도봉구·강북구·노원구
	서울서부		서울특별시 서대문구·마포구·은평구·용산구
	의정부		의정부시·동두천시·양주시·연천군·포천시, 강원도 철원군. 다만, 소년보호사건은 앞의 시·군 외에 고양시·파주시·남양주시·구리시·가평군
		고 양	고양시·파주시
		남양주	남양주시·구리시·가평군

의뢰인 상담일지

변호사 박재남 법률사무소

서울 서초구 서초대로 100, 708호(서초동, 정화빌딩)
☎ 02)515-3000, 팩스 02)515-3001, 전자우편 jnpark@naver.com

접수번호	2017-05	상담일시	2017. 1. 7.
상 담 인	김원규(의뢰인)	내방경위	지인의 소개

【 상 담 내 용 】

1. 김원규, 이차만, 윤우상은 고향 선후배 관계로 어릴 적부터 아는 사이이다.

2. 김원규의 부친인 김창근은 2005년 사망하였고, 그 당시 상속재산으로 서울 영등포구 문래동 소재 토지가 있었는데, 김원규의 모친은 김원규의 인감증명을 임의로 발급받아 협의분할을 원인으로 김원규의 형인 김원호 단독 명의로 소유권이전등기를 마쳐주었고, 김원호는 그 땅을 이차만에게 팔아 넘겼다. 김원규는 2014. 6. 중순경 이차만과 자신의 모친 및 형을 통해 비로소 위와 같은 사실을 알게 되었다.

3. 김원규는 이차만이 회사설립을 위해 돈을 빌리러 다닌다는 사실을 지인을 통해 들어서 알고 있던 상황에서, 2010. 1. 5. 고향 선배인 윤우상이 김원규를 찾아와 이차만의 대리인을 자처하면서 "이차만이 거래업체 섭외를 위해 중국 출장 중인데 나한테 김원규를 찾아가 회사설립자금 1억 원을 빌려보라고 했다."고 말하기에, 윤우상이 이차만의 대리인이라고 믿고서 1억 원을 빌려주었다.

4. 이차만은 위 차용금을 사용하여 비상장 주식회사 대천을 설립하고 자신을 대표이사로 등기하였는데, 그 당시 김원규는 위 회사 주식 400주를 인수하였다. 그런데 이차만은 위 회사설립자금을 윤우상으로부터 조달한 것이지, 윤우상에게 돈을 빌려오라고 대리권을 준 적은 없다고 말하고 있다.

5. 이차만이 2010. 2. 20. 윤우상과 함께 김원규를 찾아와 "회사를 설립하여 대표이사가 되고 보니 회사의 초기 운영자금이 예상보다 많이 들어 운영자금이 부족하다."며 돈을 빌려달라고 하였고, 이에 김원규는 차용증에 집행승낙의 취지를 담아 공증까지 하고서 5,000만 원을 이자 약정 없이 빌려주었고, 이때 윤우상은 공동차용인으로서 차용증에 자신을 공동차주로 기재하였다.

6. 이차만은 2012. 2. 20. 위 2010. 1. 5.자 및 2010. 2. 20.자 차용금반환채무를 모두 담보하기 위하여 자신 소유인 서울 서초구 방배동 352 대 200㎡에 김원규 명의로 매매예약을 원인으로 한 가등기를 마쳐주었다.

7. 이차만은 2016. 3. 9. 김원규에게 상계를 하겠다는 내용의 서면을 보냈고, 그 다음날 김원규가 그 서면을 받았다.

8. 김원규는 2015. 12.경 주식회사 대천에 차용금반환채무의 이행을 요구하는 최고서를 보냈고, 위 차용금반환채권에 관하여 받아 둔 위 공정증서로 2016. 5. 12. 압류 및 전부명령을 신청하여 압류 및 전부명령을 받은 사실이 있었다. 그런데 주식회사 대천의 새로운 대표이사 윤우상은 김원규에게 주식회사 대천 및 자신의 차용금반환채무가 모두 시효로 소멸하였다고 주장하고, 또 위 압류 및 전부명령 전에 이미 다른 사람에 의한 가압류결정을 송달받았으므로 위 압류 및 전부명령이 무효라고 주장하면서 위 차용금 변제를 거부해 오고 있다.

9. 한편, 김원규가 소송을 제기할 태도를 보이자, 윤우상은 태도를 바꾸어 2016. 6.경 "이차만과 잘 상의해서 회사채무를 갚겠고, 그렇지 않으면 자기 채무에 담보라도 설정해 주겠다."는 내용의 확약서를 작성해 주었다. 또 김원규는 2016. 9.경 건어물 소매업을 시작하면서 주식회사 대천과 건어물 공급계약을 체결하고 현재까지 3,000만 원 상당의 건어물을 공급받아 왔는데, 주식회사 대천으로부터 2016. 12. 16. 그때까지 납품한 건어물 대금채권으로 상계하겠다는 통지서를 받았다.

10. 주식회사 대천의 내규상 1억 원 이상 외상거래를 할 경우에는 금융기관의 신용장이나 담보설정을 받아야 한다는 규정이 있는데도, 이차만은 대표이사로 근무하던 중 중국 회사로부터 몰래 금품을 받고서 2014. 10.경 신용장도 받지 않고 담보의 설정도 없이 주식회사 대천의 거래로서 2억 원 상당의 수산물 가공품을 납품하였는데, 그 직후 중국 회사의 담당자는 더 이상 연락이 되지 않았고, 나중에 감사 장기용이 현지에 가서 확인해 보니 그와 같은 회사는 존재하지도 않았던 사실이 확인되었다.

11. 위 사건 이후 이차만이 사임하자 주식회사 대천이 이차만의 책임을 묻지 않으려는 태도를 보이고 있어, 김원규는 2016. 12.경 주식회사 대천에게 이차만의 책임을 묻는 소를 제기하라고 요청하였는데, 주식회사 대천은 현재까지도 이에 응하지 않고 있다.

12. 김원규는 2015. 7.경 강수근에게 서울 서초구 방배동 소재 대지 및 건물을 매도하고, 계약금 2억 원은 계약 당일에 지급받았으며, 중도금 10억 원은 같은 해 8. 1. 건물을 인도해주면서 지급받았는데, 위 건물을 사용·수익하는 데에는 위 대지 전체가 필요한 상태이다.

13. 위 매매계약 체결 직전 강수근은 인근에서 개업한 공인중개사들에게 "위 대지가 지하철 2호선 역의 출입구 설치공사로 인하여 곧 수용될 것이다."라는 소문을 퍼뜨렸고, 김원규는 공인중개사로부터 그 말을 듣고 속아서 시세보다 2억 원 가량 싼 가격에 서둘러서 매매계약을 체결하였는데, 그 후 위와 같은 사유를 들어 착오에 의한 매매계약 취소를 원인으로 소를 제기하였지만 패소판결을 받은 사실이 있다.

14. 강수근은 위 건물을 인도받은 후 이를 임대하려고 노력했으나 여의치 않자 자신이 사업자등록을 하고서 직접 음식점 영업을 해 오다가, 2016. 3. 15. 박수현, 한우경을 공동임차인으로 하여 임대하고, 같은 해 4. 1. 인도하여 주었다.

15. 박수현, 한우경은 강수근 명의의 사업자등록을 그대로 둔 채 위 건물에서 음식점 영업을 해 오다가 2016. 7. 10. 사업자등록신청을 하였다.

16. 강수근은 위 임대 후 매매잔대금 중 3억 원을 감액한 5억 원과 상환으로 위 대지 및 건물의 소유권이전등기를 해달라고 요구하면서, 잔대금 중 3억 원은 지급하지 않겠다는 의사를 수차 밝혀왔고, 김원규는 아직까지 이전등기서류를 받아가라는 말을 한 적이 없다가, 2016. 5.경 "잔대금 전액을 지급하지 않으면 매매계약은 해제된 것으로 알라."는 통지까지 보냈는데도 강수근은 종전 주장만 되풀이하면서 잔대금을 지급하지 않고 있다.

【의뢰인 희망사항】

1. 서울 영등포구 문래동 299 대지의 등기부상 소유명의를 가능한 범위 내에서 회복하되, 금전청구까지 할 필요는 없고, 형인 김원호를 피고로 삼지 않는 방법으로 문제를 해결하기 바란다.

2. 이차만, 주식회사 대천, 윤우상에 대하여 법적으로 가능한 모든 금전청구를 해주기 바란다.

3. 주식회사 대천의 주주로서, 주식회사 대천이 이차만에 의하여 입은 손해를 전보받을 수 있는 소송을 제기하여 주기 바란다.

4. 서울 서초구 방배동 154 토지와 그 지상건물에 관한 매매를 취소할 수 있으면 취소하고, 아니면 해제를 원인으로 해서라도 강수근과 박수현, 한우경을 상대로 위 건물을 돌려받고, 손해를 전액 전보받을 수 있는 소송을 제기하되, 집행단계에 가서는 누구를 상대로 어떤 집행을 하는 것이 좋을지 예상할 수 없으므로 법리상 가능한 모든 청구를 해주기 바란다.

등기사항전부증명서(말소사항 포함) - 토지

[토지] 서울특별시 영등포구 문래동 299   고유번호 1523-4212-744298

【표제부】		(토지의 표시)			
표시번호	접 수	소재지번	지목	면적	등기원인 및 기타사항
1 (전2)	1994년 6월 5일	서울특별시 영등포구 문래동 299	대지	300㎡	부동산등기법시행규칙부칙 제3조 제1항의 규정에 의하여 2001년 7월 14일 전산이기

【갑구】		(소유권에 관한 사항)		
순위번호	등기목적	접 수	등기원인	권리자 및 기타사항
1 (전2)	소유권이전	1995년 4월 30일 제15230호	1995년 4월 9일 매매	소유자 김창근 420724-1251996 서울특별시 서초구 서초동 579 부동산등기법시행규칙부칙 제3조 제1항의 규정에 의하여 2001년 7월 14일 전산이기
2	소유권이전	2007년 9월 20일 제53571호	2005년 9월 7일 협의분할에 의한 상속	소유자 김원호 670529-1324217 서울특별시 서초구 서초동 579
3	소유권이전	2014년 6월 12일 제27528호	2014년 6월 9일 매매	소유자 이차만 700124-1752324 서울특별시 서초구 방배대로 29

―― 이 하 여 백 ――

수수료 금 1,000원 영수함   관할등기소 서울남부지방법원 영등포등기소 / 발행등기소 법원행정처 등기정보중앙관리소

이 증명서는 등기기록의 내용과 틀림없음을 증명합니다.

서기 2017년 1월 6일

법원행정처 등기정보중앙관리소 전산운영책임관

* 실선으로 그어진 부분은 말소사항을 표시함.   * 등기기록에 기록된 사항이 없는 갑구 또는 을구는 생략함.

문서 하단의 바코드를 스캐너로 확인하거나 인터넷등기소(http://iros.go.kr)의 발급확인 메뉴에서 발급확인번호를 입력하여 위·변조 여부를 확인할 수 있습니다. 발급확인번호를 통한 확인은 발행일부터 3개월까지 5회에 한하여 가능합니다.

발행번호11360011004936072010961250SLBO114951WOG295021311128   1/1   발행일 2017/01/06

대법원

제 적 등 본

본 적	경기 부천시 원미구 원정동 322					
호적 편제	[편제일] 1980년 07월 10일					
호적 재제	[재제일] 2000년 04월 15일 [재제사유] 멸실우려(전산화)					
전산 이기	[이기일] 2002년 11월 11일 [이기사유]호적법시행규칙 부칙 제2조 제1항					
전호주와의 관계	김규철의 자			전호적		
부	김규철	성별	남	본	입 적 또 는 신호적	
모	이숙자			金海		
호주	김창근(金暢根)		제적	출 생	서기 1942년 07월 24일	
				주민등록 번 호	420724-1251996	
출생	[출생장소] 경기 부천시 원미구 원정동 322 [신고일] 1942년 12월 08일 [신고인] 호주					
혼인	[혼인신고일] 1966년 01월 13일 [배우자] 최숙이					
호주 상속	[호주상속일] 1980년 06월 29일 [호주상속사유] 전호주 사망 [신고일] 1980년 07월 10일					
사망	[사망장소] 서울 종로구 혜화동 15 서울대학교병원 [사망일] 2005년 09월 07일 [신고일] 2005년 09월 15일 [신고인] 자 김원호					
부	최덕만	성별	여	본	전호적	경상남도 창녕군 고암면 계상리 53
모	송애자			慶州		
처	최숙이(崔淑伊)		제적	입 적 또 는 신호적		
				출 생	서기 1946년 06월 24일	
				주민등록 번 호	460624-2257390	
출생	[출생장소] 경상남도 창녕군 고암면 계상리 53 [신고일] 1946년 08월 13일 [신고인] 호주					
혼인	[혼인신고일] 1966년 01월 13일 [배우자] 김창근					
사망	[사망장소] [사망일] [신고일] [신고인]					

부	김창근	성별	남	본 金海	전호적	
모	최숙이					

자	원호(元鎬)	제적	입적 또는 신호적	
			출 생	서기 1967년 05월 29일
			주민등록번호	670529-1324217

출생	[출생장소] 서울 종로구 무악동 12 보람산부인과 [신고일] 1967년 05월 30일　　[신고인] 부 김창근
혼인	[혼인신고일] 2005년 05월 25일　　[배우자] 최수정
호주승계	[호주승계일] 2005년 09월 07일　　[호주승계사유] 전호주 사망 [신고일] 2005년 09월 30일

부	김창근	성별	남	본 金海	전호적	
모	최숙이					

자	원규(元奎)	제적	입적 또는 신호적	
			출 생	서기 1969년 05월 12일
			주민등록번호	690512-1324212

출생	[출생장소] 서울 종로구 무악동 12 보람산부인과 [신고일] 1969년 05월 22일　　[신고인] 부 김창근
혼인	[혼인신고일]　　　　[배우자]

부	최진원	성별	여	본 慶州	전호적	광주시 남구 학동 242
모	강수진					

자의처	최수정(崔秀貞)	제적	입적 또는 신호적	
			출 생	서기 1968년 11월 05일
			주민등록번호	681105-2231235

출생	[출생장소] 광주시 동구 금남로 12 기쁨산부인과 [신고일] 1968년 11월 07일　　[신고인] 호주
혼인	[혼인신고일] 2005년 05월 25일　　[배우자] 김원호

위 등본은 제적의 내용과 틀림없음을 증명합니다.

서기 2016년 12월 05일

부 천 시 장 (부천시장의인 민원용)

상속재산 협의분할 약정서

대상 부동산 표시 : 서울특별시 영등포구 문래동 299 대지 300㎡

최숙이, 김원호, 김원규는 김창근(2005. 9. 7. 사망)에게서 상속받은 위 대상 부동산에 관하여 김원호가 단독으로 그 소유권을 취득하기로 상속재산 협의분할을 한다.

2007년 9월 19일

최숙이 (460624-2257390) (인)
김원호 (670529-1324217) (인)
김원규 (690512-1324212) (인)

녹 취 록

대화자 : 최숙이(모), 김원호(장남), 김원규(차남)
대화장소 : 서울 강남 모 식당 국화룸
대화일시 : 2014년 6월 14일 저녁

(중략)

최숙이 : 원규야! 네가 어찌 그런 험한 말을 하냐?
김원규 : 형은 그렇다 치더라도, 아버지 돌아가시고 10년이 다 되도록 어머니도 아직까지 한 번도 아버지 재산이 있었다고 얘기한 적이 없잖아요? 다행히 이차만이가 형한테서 그 땅을 사는 바람에 등기부를 보고서 그 땅이 우리 아버지가 상속해 준 것이라는 것을 발견했으니 망정이지……. 내가 받을 상속재산이 있었다는 것을 내가 이차만이한테서 처음 듣는다는 게 말이나 돼요?
최숙이 : 너는 공부도 많이 시켰지 않니? 이제 너도 버젓이 결혼해 잘 살고 있고...
김원규 : 도대체 형님만 싸고도시는 이유가 뭐에요?
김원호 : 원규야, 엄마에게 그게 무슨 말버릇이냐?
최숙이 : 네 아버지가 살아 있을 때 재산이라고는 살던 집하고 영등포구 문래동에 있는 땅 100평도 안 되는 그것뿐이었는데…….
김원규 : 그런 사정을 저는 까맣게 모르고 있었으니, 참….
최숙이 : 네 아버지 돌아가시고 나서도 잊어버리고 있었는데, 한번은 재산세가 나와서 아는 법무사에게 상의하면서 영등포 땅 말고 다른 재산은 없다고 했더니 그렇다면 노후를 생각해서라도 장남 앞으로 등기해 두는 게 순리라고 하더라. 그래서 네가 외국 나가 있었을 때 내가 네 인감증명 발급받아 법무사에게 갖다 주었더니 법무사가 상속재산 협의분할인가 뭔가 작성해서 형 앞으로 등기를 한 것이다. 그때야 몇 푼 되지도 않는 거였으니까 제사 모실 장남한테 가는 게 맞다 싶었지, 누가 봐도. 그러니 네가 이해해라.
김원규 : 아니 그래도 최소한 나한테 물어는 봤어야 했던 거 아니에요? 내가 엄마 자식 맞아요?
김원호 : 원규야! 엄마한테 그게 무슨 말버릇이야?
김원규 : 형은 이 상황에서 그런 말이 나와?

(중략)

삼일 녹취 사무소

녹취사 주건명

약 정 서

대주 : 김원규
　　　서울 서초구 서초동 978

차주 : 이차만
　　　서울 서초구 방배동 768

대여금 : 금 일억 원 (₩100,000,000)

대주와 차주는 아래와 같이 대여약정을 체결하고 이를 확인하기 위하여 이 약정서 2부를 작성하여 1부씩 보관한다.

아　래

1. 대주는 차주에게 금 100,000,000원을 대여함

2. 이자는 연 4%로 하되, 원금상환시 일시불로 지급하기로 함

　　　　　　　　2010. 1. 5.

　　　　　　　　대주 : 김원규 (690512-1324212) (인: 金奎元)

　　　　　　　　차주 : 이차만
　　　　　　　　　　　서울 서초구 방배동 768
　　　　　　　　　　　대리인 윤우상 (인: 尹友祥)

등기번호	001142
등록번호	110111-017442

등기사항전부증명서(현재사항)

상 호	주식회사 대천	. .	변경
		. .	등기
본 점	서울특별시 동작구 사당로 52, 502호(사당동, 대천빌딩)	. .	변경
		. .	등기

| 공고방법 서울시내에서 발행하는 일간 매일경제신문에 게재한다. | . . | 변경 |
| | . . | 등기 |

| 1주의 금액 금 5,000원 | . . | 변경 |
| | . . | 등기 |

| 발행할 주식의 총수 20,000주 | . . | 변경 |
| | . . | 등기 |

발행주식의 총수와 그 종류 및 각각의 수	자본의 총액	변경연월일 등기연월일	
발행주식의 총수 20,000주 보통주식 20,000주 우선주식 0주	금 100,000,000 원	. .	변경
		. .	등기

목 적
1. 수산물의 가공 및 유통업
2. 제1호에 관련된 부대사업

임원에 관한 사항

이사 장이사 701104-1367319
    2010년 2월 6일 취임   2010년 2월 6일 등기

이사 윤우상 681202-1424362
    2010년 2월 6일 취임   2010년 2월 6일 등기

~~대표이사 이차만 700124-1752324 서울특별시 서초구 방배동 768~~
    2010년 2월 6일 취임   2010년 2월 6일 등기
    2015년 5월 26일 사임   2015년 5월 28일 등기

감사 장기용 670411-1298753
    2010년 2월 6일 취임   2010년 2월 6일 등기

대표이사 윤우상 681202-1424362 수원시 권선구 원천로 42
    2015년 5월 26일 취임   2015년 5월 28일 등기

(중략)

서울중앙지방법원 등기국 등기관 [서울중앙지방법원 등기국등기관의인]

4010915313667289567922482064-1234-1000   1/1   발행일 2017/01/06

不 動 産 賣 買 豫 約 書

1. 부동산의 표시

所在地	서울특별시 서초구 방배동 352		
土　地	지　목	대지	面　積	200㎡
建　物	구조·용도		面　積	

2. 계약내용

제1조 매도인과 매수인은 아래 각 차용금 채무와 그 부대채무를 담보하기 위하여 〈부동산의 표시〉 기재 부동산에 관한 매매예약을 체결한다.
　　① 2010. 1. 5. 매도인이 매수인으로부터 차용한 1억 원 채무
　　② 2010. 2. 20. 주식회사 대천이 매수인으로부터 차용한 5,000만 원 채무
제2조 매도인은 매수인에게 전조 매매예약을 원인으로 한 소유권이전등기청구권 보전을 위한 가등기에 필요한 모든 서류를 교부하고 가등기에 협력하여야 한다.

계약당사자들은 이의 없음을 확인하고, 이 계약을 증명하기 위하여 각자 날인하여 계약서 2부를 작성하여 각자 1부씩 보관하기로 한다.

2012년 2월 20일

매도인	주　소	서울 서초구 방배동 768					
	주민등록번호	700124-1752324	전화	02-523-1607	성명	이 차 만 ㊞	(萬李印次)
매수인	주　소	서울 서초구 서초동 978					
	주민등록번호	690512-1324212	전화	02-2568-2905	성명	김 원 규 ㊞	(奎金印元)

매도인과 매수인 쌍방은 아래 표시 부동산에 관하여 다음 계약내용과 같이 매매 예약을 체결한다.

등기사항전부증명서(말소사항 포함) - 토지

[토지] 서울특별시 서초구 방배동 352   고유번호 1234-3694-246873

【표 제 부】		(토지의 표시)			
표시번호	접 수	소재지번	지목	면적	등기원인 및 기타사항
1 (전2)	1997년 6월 5일	서울특별시 서초구 방배동 352	대지	200㎡	부동산등기법시행규칙부칙 제3조 제1항의 규정에 의하여 2001년 7월 14일 전산이기

【갑 구】		(소유권에 관한 사항)		
순위번호	등기목적	접 수	등기원인	권리자 및 기타사항
1 (전2)	소유권이전	1997년 9월 25일 제37357호	1997년 8월 20일 매매	소유자 유진혜 470203-2553897 서울특별시 서초구 방배동 750 부동산등기법시행규칙부칙 제3조 제1항의 규정에 의하여 2001년 7월 14일 전산이기
2	소유권이전	2007년 5월 4일 제15791호	2007년 4월 9일 매매	소유자 이차만 700124-1752324 서울특별시 서초구 방배동 768
3	소유권이전청구권가등기	2012년 2월 20일 제2998호	2012년 2월 20일 매매예약	가등기권자 김원규 690512-1324212 서울특별시 서초구 서초동 978

―― 이 하 여 백 ――

수수료 금 1,000원 영수함   관할등기소 서울중앙지방법원 등기국 / 발행등기소 법원행정처 등기정보중앙관리소

이 증명서는 등기기록의 내용과 틀림없음을 증명합니다.

서기 2017년 1월 6일

법원행정처 등기정보중앙관리소 전산운영책임관

* 실선으로 그어진 부분은 말소사항을 표시함.   * 등기기록에 기록된 사항이 없는 갑구 또는 을구는 생략함.

문서 하단의 바코드를 스캐너로 확인하거나 인터넷등기소(http://iros.go.kr)의 발급확인 메뉴에서 발급확인번호를 입력하여 위·변조 여부를 확인할 수 있습니다. 발급확인번호를 통한 확인은 발행일부터 3개월까지 5회에 한하여 가능합니다.

발행번호1136001100493607201096125OSLBO114951WOG295021311127 1/1 발행일 2017/01/06

대법원

이행 최고서

발신인: 김원규 (690512-1324212)
　　　　서울 서초구 꽃마을로 210
수신인: 이차만 (700124-1752324)
　　　　서울 서초구 방배대로 29

1. 귀하의 댁내 행운을 빕니다.

2. 고향선배인 윤우상이 본인을 찾아와 귀하의 대리인을 자처하면서 귀하가 수산물 유통을 목적으로 하는 회사를 설립하기 위하여 돈이 필요하다며 귀하에게 돈을 빌려 달라고 하기에 본인은 귀하에게 도움을 주어야겠다는 순수한 마음에서 언제까지 갚겠다는 약정도 없이 1억 원을 빌려주었고, 한 달 뒤에 다시 돈을 빌려달라고 했을 때도 회사 사정이 어렵다는 말을 듣고서 회사에게 이자약정도 하지 않고 돈을 빌려주었습니다.

3. 그렇지만 본인도 근래 자금사정에 여유가 없어져 부득이 귀하에게 2010. 1. 5. 대여해 준 1억 원의 원금과 이자 등을 2016. 1. 4.까지 모두 지급해 주실 것을 요청하니, 부디 이에 응해 주시기 바랍니다.

4. 또한, 귀하가 취득하였다는 서울 영등포구 문래동 299 토지는 본인을 포함한 상속인들이 돌아가신 아버지로부터 상속받은 것이니 원래 상속된 대로 환원해 주시기 바랍니다.

2015년 12월 27일

발신인　김원규　
　　　　서울 서초구 꽃마을로 210

서울서초우체국
2015. 12. 27.
15 - 34732

이 우편물은 2015년 12월 27일 등기 제34732호에 의하여 내용증명 우편물로 발송하였음을 증명함.
서울서초우체국장

이행최고에 대한 답신

발신인: 이차만 (700124-1752324)
　　　　　서울 서초구 방배대로 29
수신인: 김원규 (690512-1324212)
　　　　　서울 서초구 꽃마을로 210

1. 귀하의 이행 최고서는 지난 2015년 12월 28일에 잘 받아 보았습니다.
2. 본인은 그 동안 귀하가 많은 도움을 주신 점에 감사드립니다.
3. 그렇지만 본인은 2010. 1.경 윤우상에게 돈을 빌려오라고 위임한 사실이 전혀 없고, 그밖에도 지금까지 윤우상에게 어떤 대리권한도 준 적이 없습니다.
4. 그런데도 만일 본인이 그에 대하여 법적 책임을 져야 한다면, 2015. 11. 4. 본인이 교통사고를 당해서 입은 손해에 대한 배상금채권으로 상계를 하겠습니다(합의서 첨부).
5. 또한, 서울 영등포구 문래동 토지에 관해서는 귀하가 상속인들간에 해결하여야 할 것이지, 등기부를 믿고서 제 돈 다 주고 토지를 매수한 선의의 본인에게 왈가왈부할 것이 아닙니다.
6. 본인이 지인으로부터 들어보니 귀하가 주장하는 차용금채무는 차용일로부터 5년이 경과되었다면 시효로 소멸하였을 것이니 더 이상 따질 필요도 없을 것이라고 합니다. 또 문래동 토지도 이미 상속받은 날로부터 10년이 지난 일이라 이제 와서 본인에게 그 토지에 대해 소를 제기할 수는 없을 것이라고 합니다.
7. 위와 같은 문제에 다소의 이견이 있더라도 그 동안 쌓아온 우의에는 변함이 없기를 바랍니다.

　　　　　　　　　　2016. 3. 9.

　　　　　　　　발신인　이차만

서울서초우체국
2016. 03. 09.
16 - 2132

이 우편물은 2016년 03월 09일 등기 제2132호에 의하여 내용증명 우편물로 발송하였음을 증명함.
서울서초우체국장

합 의 서

甲   김원규 (690512-1324212)
     서울 서초구 꽃마을로 210
乙   이차만 (700124-1752324)
     서울 서초구 방배대로 29

甲이 2015. 11. 4. 운전하던 승용차에 乙이 탑승하였다가 甲의 과실로 乙이 입은 손해에 관하여 다음과 같이 합의한다.

1. 甲은 乙에게 치료비 등 손해배상채무 일체의 변제로서 2015. 12. 4.까지 4,000만 원을 지급한다. 甲이 위 돈을 위 지급기일까지 모두 지급하지 않으면, 그때까지의 미지급금에 대하여 위 지급기일 다음날부터 월 2.5%의 지연손해금을 가산하여 지급한다.

2. 乙은 향후 본 합의사항 외에 위 교통사고와 관련하여 甲에게 일체의 민·형사상 책임을 묻지 않는다.

2015년 11월 15일

甲   김원규 (690512-1324212)

乙   이차만 (700124-1752324)

사 직 서

발신인: 이차만
　　　　서울 서초구 방배대로 29

수신인: 주식회사 대천
　　　　서울 동작구 사당로 52, 502호(사당동, 대천빌딩)
　　　　대표이사 이차만

1. 본인은 2010. 2. 6. 주식회사 대천을 설립한 이래, 회사의 경영을 위해 불철주야, 물심양면으로 애써 왔으나, 2014년 초 서해앞바다에서 발생한 유조선 전복사고로 인하여 수산물의 생산 및 판매 등 경영상태가 악화되었습니다. 이에 어떻게든 회사를 살려보려고 중국 쪽으로 거래를 시작하려고 하였는데, 당시 관심을 표명했던 중국 산동주식회사 관계자가 5천만원 상당의 선물을 발신인에게 주면서 "중국회사들은 관습적으로 무담보 외상거래를 하고 있으므로, 담보설정을 요구할 경우 거래를 할 수 없고, 작은 회사로서는 신용장을 개설하기 어렵다"고 말하면서 거래를 간곡히 요청하였습니다. 이에 본인은 그와 같은 사정에 공감을 하여 외상거래를 하기로 결정하였습니다.

2. 본인은 회사의 내규에 1억 원 이상 외상거래를 할 경우 금융기관의 신용장이나 담보설정을 받아야 한다고 규정되어 있는 사실은 알았지만, 국내회사가 아닌 외국회사와의 거래이고, 또 경영상태가 너무 악화되어 무담보 형식이더라도 물품을 판매하는 것이 더 중요하고 시급하다는 경영상의 판단 하에 2014. 10. 5. 2억원 상당의 수산물 가공품을 담보 설정 없이 외상으로 납품한 것입니다.

3. 본인의 판단으로 말미암아 회사에 손해가 발생한 이상 책임을 지기 위하여 대표이사직을 사임하겠습니다.

4. 다만 경영상의 판단으로 손해가 발생하였다 하여 대표이사가 배상책임을 진다는 것은 부당하고, 법적으로도 면책대상이라고 사료되오니 혜량하여 주시기 바랍니다.

　　　　　　　　　　2015.　5.　21.
　　　　　　　　발신인　이　차　만　(李次萬印)

소제기 요청서

발신인: 김원규
　　　　서울 서초구 꽃마을로 210

수신인: 1. 주식회사 대천
　　　　　서울 동작구 사당로 52, 502호(사당동, 대천빌딩)
　　　　　대표이사 윤우상
　　　　2. 감사 장 기 용

1. 귀사의 건승을 기원합니다.
2. 본인은 귀사의 설립당시 귀사 주식 400주를 인수한 자로 현재까지 보유하고 있습니다.
3. 다름이 아니오라, 귀사의 대표이사였던 이차만이 2014. 10.경 사규를 위반하여 외상 거래를 하는 등 방만하게 회사를 경영하여 중국 산동주식회사로부터 사기를 당해 2억원의 손해를 귀사에게 입힌 것으로 알고 있습니다.
4. 이후 이차만은 2015. 5.경 대표이사를 사직한 것으로 알고 있지만, 이것만으로 귀사의 손해가 회복되었다고 볼 수 없습니다.
5. 2억원은 귀사에게 큰 손해이고 이로 인하여 주식 가치 하락에 따른 발신인의 손해도 500만원이나 발생하였는바, 이에 대하여 책임을 추궁할 필요가 있습니다. 따라서 즉시 소를 제기하여 주시기 바랍니다.

2016년 12월 1일

발신인　김원규　(印)
서울 서초구 꽃마을로 210

서울서초우체국
2016. 12. 01.
16 - 7895

이 우편물은 2016년 12월 01일 등기 제7895호에 의하여 내용증명 우편물로 발송하였음을 증명함.
서울서초우체국장

	우편물배달증명서		

수취인의 주거 및 성명

1. 주식회사 대천
   서울 동작구 사당로 52, 502호(사당동, 대천빌딩)
   대표이사 윤우상
2. 감사 장기용

접수국명	서초국인	접수연월일	2016년 12월 1일
접수번호	제7895호	배달연월일	2016년 12월 3일

적 요
  본인 수령
1. 주식회사 대천
   대표이사 윤우상(인)
2. 감사 장기용(인)
		2017. 1. 3.
		
		동작우체국장 (인)	

차 용 증

1. 주식회사 대천과 윤우상은 공동으로 김원규로부터 금 50,000,000원을 차용함

2. 변제기는 1년 후로 정함

                      2010. 2. 20.

대여인: 김원규 (印)

차용인: 1. 주식회사 대천 대표이사 이차만 (株式會社大川代表理事)
        2. 윤우상 (印)

영 수 증

김원규 귀하   2010. 2. 20.

금 50,000,000 원 정

위 금원을 차용금으로 정히 영수함

주식회사 대천 대표이사 이차만 (株式會社大川代表理事)

윤 우 상 (印)

이행 최고서

발신인: 김원규 (690512-1324212)
　　　　서울 서초구 꽃마을로 210

수신인: 주식회사 대천
　　　　서울 동작구 사당로 52, 502호(사당동, 대천빌딩)
　　　　대표이사 윤우상

1. 귀사의 번영을 기원합니다.
2. 귀사도 잘 알다시피, 2010. 2. 20. 귀사의 당시 대표이사이던 이차만이 본인에게 "회사의 초기 운영자금이 예상보다 많이 들어 회사운영자금이 부족하다."고 말하면서 자금 대여를 부탁하기에, 본인은 주위에서 돈을 빌려서까지 귀사에게 5,000만원을 빌려 준 사실이 있습니다.
3. 그런데 귀사는 지금껏 아무런 변제도 하지 않고 있어 부디 조속한 시일 내 갚아 주실 것을 요청합니다.
4. 만약 귀사가 이 최고서를 받고도 변제하지 않으면 본인은 부득이 법적 조치를 취할 수밖에 없음을 양지하시기 바랍니다.

　　　　　　　　　2015년 12월 20일

　　　　　발신인　김원규　
　　　　　서울 서초구 꽃마을로 210

서울서초우체국
2015. 12. 20.
15 - 3678

이 우편물은 2015년 12월 20일 등기 제3678호에 의하여 내용증명 우편물로 발송하였음을 증명함.
서울서초우체국장

서 울 중 앙 지 방 법 원
결 정

사 건　2016타채3398 채권압류 및 전부명령
채 권 자　김원규 (690512-1324212)
　　　　　서울 서초구 꽃마을로 210
채 무 자　주식회사 대천
　　　　　서울 동작구 사당로 52, 502호(사당동, 대천빌딩)
　　　　　대표이사 윤우상
제3채무자　김은우 (720424-1035817)
　　　　　서울 광진구 구의3로 357, 101호(광진빌라)

주 문

채무자의 제3채무자에 대한 별지 기재 채권을 압류한다.
제3채무자는 채무자에게 위 채권의 지급을 하여서는 아니 된다.
채무자는 위 채권의 처분과 영수를 하여서는 아니 된다.
위 압류된 채권은 지급에 갈음하여 채권자에게 전부한다.

청구금액

금 5,000만 원(공증인가 밝은합동법률사무소 증서 2010년 제248호에 의한 대여금) 및 이에 대한 지연손해금

이 유

채권자가 위 청구금액을 변제받기 위하여 공증인가 밝은합동법률사무소 증서 2010년 제248호 공정증서의 집행력 있는 정본에 터 잡아 한 이 사건 신청은 이유 있으므로 주문과 같이 결정한다.

정본입니다.
2016. 5. 17.
법원주사 안동천

2016. 5. 17.

사법보좌관　이 영 경

압류할 채권의 표시

금 6,000만 원정

채무자가 2015. 11. 29. 제3채무자에게 공급한 수산물 판매대금

송달및확정증명원

사　　　건　　서울중앙지방법원 2016타채3398 채권압류 및 전부명령
채　권　자　　김원규
채　무　자　　주식회사 대천
제 3 채무자　　김은우
증명신청인　　김원규

위 사건에 관하여 아래와 같이 송달 및 확정되었음을 증명합니다.

채무자 주식회사 대천　　2016. 5. 22. 채권압류및전부명령정본 송달
제3채무자 김은우　　　　2016. 5. 22. 채권압류및전부명령정본 송달
2016. 5. 30. 확정. 끝.

2016. 12. 1.

서울중앙지방법원

법원주사 김동효　[서울중앙지방법원 법원주사 인]

통 지 서

발신인: 주식회사 대천
　　　　서울 동작구 사당로 52, 502호(사당동, 대천빌딩)
수신인: 김원규 (690512-1324212)
　　　　서울 서초구 꽃마을로 210

1. 귀하의 댁내 두루 평안하기를 기원합니다.
2. 귀하가 작년 12. 20.자 본사에 보낸 이행최고서는 같은 달 21일 잘 받아 보았습니다.
3. 본사가 전문가에게 확인해보니 본사의 김은우에 대한 대금채권에 관하여는 이미 본사의 다른 채권자가 가압류를 하였으므로 귀하의 압류 및 전부명령은 효력이 없고, 귀하의 청구채권은 이미 시효로 소멸되었을 것이라고 합니다.
4. 만약 본사가 차용금채무를 반환할 의무가 있다고 하더라도, 본사는 2016. 9. 10.부터 건어물을 공급함으로써 현재 귀하에게 3,000만원의 물품대금채권을 가지고 있으므로, 이 채권으로 2010. 2. 20. 차용한 5,000만원 채무와 상계를 합니다.

〈첨부〉 채권가압류결정문, 공급계약서

2016년 12월 15일

발신인　주식회사 대천
　　　　서울 동작구 사당로 52, 502호(사당동, 대천빌딩)
　　　　대표이사 윤우상

서울동작우체국
2016. 12. 15.
16 - 1256

이 우편물은 2016년 12월 15일 등기 제1256호에 의하여 내용증명 우편물로 발송하였음을 증명함.
서울동작우체국장

서 울 중 앙 지 방 법 원
결 정

사　　　건	2016카단28782 채권가압류	
채　권　자	김범무 (671026-1643567)	
	서울 관악구 신림대로56번길 7	
채　무　자	주식회사 대천	
	서울 동작구 사당로 52, 502호(사당동, 대천빌딩)	
	대표이사 윤우상	
제 3 채무자	김은우 (720424-1035817)	
	서울 광진구 구의3로 357, 101호(광진빌라)	

주　문

채무자의 제3채무자에 대한 별지 기재 채권을 가압류한다.
제3채무자는 채무자에게 위 채권의 지급을 하여서는 아니 된다.
채무자는 다음 청구금액을 공탁하고 집행정지 또는 그 취소를 신청할 수 있다.

청구채권의 내용　　2015. 5. 4.자 대여금
청구금액　　　　　　금 6,000만 원

이　유

이 사건 채권가압류신청은 이유 있으므로 담보로 지급보증위탁계약을 맺은 문서를 제출받고 주문과 같이 결정한다.

2016. 5. 12.

정본입니다.
2016. 5. 12.
법원주사 김상훈

판사 임영호

가압류할 채권의 표시

금 6,000만 원정

채무자가 2015. 11. 29. 제3채무자에게 공급한 수산물 판매대금

송 달 증 명 원

사 건   서울중앙지방법원 2016카단28782 채권가압류
채 권 자   김범무
채 무 자   주식회사 대천
제3채무자   김은우
증명신청인   주식회사 대천

위 사건에 관하여 아래와 같이 송달되었음을 증명합니다.

채무자 주식회사 대천   2016. 5. 14. 채권가압류결정정본 송달
제3채무자 김은우   2016. 5. 14. 채권가압류결정정본 송달. 끝.

2016. 12. 7.

서울중앙지방법원
법원주사 김동효   [서울중앙지방법원 법원주사 인]

공급계약서

매도인 甲과 매수인 乙은 다음과 같이 합의하여 공급계약을 체결하고, 이를 증명하기 위해 甲과 乙이 서명·날인한 후 계약서 2통을 작성하여 각 1통씩을 보관하기로 한다.

제1조 甲은 2016년 9월 10일부터 6개월간 乙에게 건어물을 공급하기로 한다.
제2조 乙은 납품대금이 5,000만 원에 달할 때마다 그 날을 변제기일로 하여 그때까지의 대금을 정산 지급하기로 한다.
제3조 乙이 위 제2조에 따른 대금을 지급하지 아니할 경우에는 대금이 5,000만 원에 도달한 다음날부터 그 대금에 대하여 연 10%의 연체이자를 지급하기로 한다.
제4조 乙이 3개월 이상 위 제2조에 따른 대금을 지급하지 아니할 경우 甲은 乙에 대하여 상당한 담보의 제공을 요구하거나, 전체 납품대금의 일시 지급을 요구할 수 있다.
제5조 甲이 납품한 물품에 대하여 乙은 수령한 날로부터 3일 이내에 하자 유무와 반품 여부를 결정하여 통보하여야 하고, 3일이 지난 후에는 이의를 제기할 수 없다.
제6조 乙이 이 계약을 해제하고자 할 경우에는 그때까지의 납품대금 전액을 일시에 상환하여야 한다.
제7조 이 계약에서 정한 사항 외에는 상법과 상거래상의 관습에 따른다.

2016년 9월 10일

甲: 주식회사 대천
대표이사 윤우상 (株式會社大川 代表理事)

乙: 김원규(690512-1324212) (奎金印元)
서울 서초구 꽃마을로 210

확 약 서

김원규 귀하

1. 주식회사 대천과 윤우상은 2010. 2. 20. 귀하로부터 공동으로 5천만원을 차용한 사실이 있습니다.
2. 윤우상은 주식회사 대천의 대표이사로서 이차만과 협의하여 회사가 책임질 부담 부분의 채무를 변제하겠습니다.
3. 또한, 윤우상도 공동명의로 돈을 차용한 이상, 만일 2016년 6월 말까지 해결되지 않는 경우에는 본인 명의로 차용한 데 따른 책임으로서 담보라도 제공할 것을 약속합니다.

2016. 6. 5.

확약인

1. 주식회사 대천
   대표이사 윤우상 (株式會社大川代表理事)

2. 윤 우 상 (681202-1424362) (祥尹印友)
   수원시 권선구 원천로 42

등기사항전부증명서(말소사항 포함) - 토지

[토지] 서울특별시 서초구 방배동 154 　　　　　　　　고유번호 1234-3704-198532

【표 제 부】		(토지의 표시)			
표시번호	접 수	소재지번	지 목	면 적	등기원인 및 기타사항
1 (전2)	1997년 6월 5일	서울특별시 서초구 방배동 154	대지	150㎡	부동산등기법시행규칙부칙 제3조 제1항의 규정에 의하여 2001년 7월 14일 전산이기

【갑 구】		(소유권에 관한 사항)		
순위번호	등기목적	접 수	등기원인	권리자 및 기타사항
1 (전2)	소유권이전	1998년 1월 15일 제873호	1997년 12월 9일 매매	소유자 박재관 430919-1053415 　서울특별시 서초구 방배동 29 부동산등기법시행규칙부칙 제3조 제1항의 규정에 의하여 2001년 7월 14일 전산이기
2	소유권이전	2008년 11월 24일 제54398호	2008년 11월 1일 매매	소유자 김원규 690512-1324212 　서울특별시 서초구 서초동 978

—— 이 하 여 백 ——

수수료 금 1,000원 영수함　　관할등기소 서울중앙지방법원 등기국 / 발행등기소 법원행정처 등기정보중앙관리소

이 증명서는 등기기록의 내용과 틀림없음을 증명합니다.

서기 2017년 1월 6일

법원행정처 등기정보중앙관리소 전산운영책임관

* 실선으로 그어진 부분은 말소사항을 표시함.　　* 등기기록에 기록된 사항이 없는 갑구 또는 을구는 생략함.

문서 하단의 바코드를 스캐너로 확인하거나 **인터넷등기소**(http://iros.go.kr)의 **발급확인** 메뉴에서 **발급확인번호**를 입력하여 **위·변조 여부**를 확인할 수 있습니다. 발급확인번호를 통한 확인은 발행일부터 3개월까지 5회에 한하여 가능합니다.

발행번호11360011004936072010961250SLBO114951WOG295021311129　　1/1　　발행일 2017/01/06

등기사항전부증명서(말소사항 포함) - 건물

[건물] 서울특별시 서초구 방배동 154 고유번호 1234-3704-399765

【표제부】		(건물의 표시)		
표시번호	접 수	소재지번	건물내역	등기원인 및 기타사항
1	1995년 7월 29일	서울특별시 서초구 방배동 154	철근콘크리트조 슬라브 지붕 단층 근린생활시설 100㎡	도면편철장 제7책 91면
2		서울특별시 서초구 방배동 154 [도로명 주소] 서울특별시 서초구 사당로27번길 3	철근콘크리트조 슬라브 지붕 단층 근린생활시설 100㎡	도면편철장 제7책 91면 2014년 7월 16일 등기

【갑구】		(소유권에 관한 사항)		
순위번호	등기목적	접 수	등기원인	권리자 및 기타사항
1	소유권보존	2010년 6월 19일 제39757호		소유자 김원규 690512-1324212 서울특별시 서초구 서초동 978

─── 이 하 여 백 ───

수수료 금 1,000원 영수함 관할등기소 서울중앙지방법원 등기국 / 발행등기소 법원행정처 등기정보중앙관리소

이 증명서는 등기기록의 내용과 틀림없음을 증명합니다.

서기 2017년 1월 6일

법원행정처 등기정보중앙관리소 전산운영책임관

* 실선으로 그어진 부분은 말소사항을 표시함.   * 등기기록에 기록된 사항이 없는 갑구 또는 을구는 생략함.

문서 하단의 바코드를 스캐너로 확인하거나 **인터넷등기소(http://iros.go.kr)**의 발급확인 메뉴에서 **발급확인번호를 입력하여 위·변조 여부를 확인할 수 있습니다.** 발급확인번호를 통한 확인은 발행일부터 3개월까지 5회에 한하여 가능합니다.

발행번호11360011004936072010961250SLBO114951WOG295021311130   1/1   발행일 2017/01/06

대 법 원

부동산 매매계약서

매도인 甲과 매수인 乙은 다음과 같이 합의하여 계약을 체결하고, 이를 증명하기 위해 甲과 乙이 서명·날인한 후 계약서 2부를 작성하여 각 1부씩을 보관하기로 한다.

제1조 甲은 甲 소유의 아래 부동산을 乙에게 매도하고, 乙은 이를 매수한다.

소 재 지	서울 서초구 방배동 154			
토 지	지 목	대지	면 적	150㎡(평)

소 재 지	서울 서초구 방배동 154			
건 물	철근콘크리트조	슬라브지붕	근린생활시설	단층 100㎡(평)

제2조 ① 매매대금은 총 20억 원으로 하고, 다음과 같이 지급하기로 한다.

계 약 금	금 2억 원은 계약체결 시에 지급함 2억 원을 정히 영수함 (인)
중 도 금	금 10억 원은 2015. 8. 1. 지급함
잔 금	금 8억 원은 아래 특약에 의함

② 제1항의 계약금은 잔금수령 시에 매매대금의 일부에 충당하기로 한다.

제3조 甲은 乙로부터 매매대금의 잔금 전액을 수령함과 동시에 乙에게 소유권이전 등기에 필요한 모든 서류를 교부하고 이전등기에 협력하여야 한다.

제4조 甲은 위 부동산에 설정된 저당권, 지상권, 임차권 등 소유권의 행사를 제한하는 사유가 있거나, 조세·공과금 기타 부담금의 미납금 등이 있을 때에는 잔금 수수일까지 그 권리의 하자 및 부담 등을 제거하여 완전한 소유권을 乙에게 이전하여야 한다.

제5조 乙이 甲에게 중도금을 지불할 때까지는 甲은 계약금의 배액을 상환하고, 乙은 계약금을 포기하고 이 계약을 해제할 수 있다.

중도금 10억 원을 정히 영수함 2015. 8. 1. (인)

특약사항
1. 甲은 중도금 10억원을 지급받으면서 乙에게 건물을 인도함
2. 乙은 건물을 인도받은 날로부터 1개월 이내에 잔대금을 지급함

2015년 7월 1일

매 도 인	주소	서울 서초구 꽃마을로 210			
	주민등록번호	690512-1324212	성명	김원규	(인)
매 수 인	주소	서울 송파구 올림픽로35길 105			
	주민등록번호	650721-1292425	성명	강수근	(인)
중 개 인	주소	서울 서초구 사당로25번길 9	상호	행운부동산	(인)
	신고번호	제23228호	성명	강은호	

부동산임대차계약서

부동산의 표시: 서울특별시 서초구 방배동 154 지상 근린생활시설 단층 100㎡

제1조 위 부동산을 임대차함에 있어 임대인과 임차인은 쌍방 합의하에 아래 각 조항과 같은 조건으로 계약한다.

보증금	오억 (500,000,000)원	월세금액	칠백만 (7,000,000)원 (매월 1일 선불)
계약금	일금 50,000,000 원정을 계약당일 임대인에게 지불함 위 금액을 전액 수령함. 2016. 3. 15. 강 수 근 (인)		
중도금	~~일금 원정을 년 월 일 지불하고~~		
잔 금	일금 450,000,000 원정을 2016년 4월 1일 소개인 임회하에 지불키로 함 위 금액을 전액 수령함. 2016. 4. 1. 강 수 근 (인)		

제2조 부동산은 2016년 4월 1일 인도하기로 한다.
제3조 임대기간은 2016년 4월 1일부터 2018년 3월 31일까지(2년)로 한다.
제4조 임차인은 임대인의 승인 없이는 건물의 형상을 변경할 수 없다.
※ 특약사항: 1. 임차인이 차임을 지체할 시에는 월 3%의 지체상금을 지불한다.
       2. 임대차가 종료한 후 임차인이 임대차 목적물을 즉시 임대인에게 반환하지 않을 경우에는 사용기간 동안 차임의 배액을 지급하기로 한다.

위 계약조건을 증명하기 위하여 본 계약서를 2부 작성하여 각자 1부씩 보관한다.

2016년 3월 15일

임대인 강 수 근 (650721-1292425) (인)
서울 송파구 올림픽로35길 105

임차인 1. 박 수 현 (520410-2143651)
서울 마포구 공덕대로 16
     2. 한 우 경 (580421-2237382) (인)
서울 마포구 염창로 453

매매잔대금 감액 요청서

발신인: 강수근 (650721-1292425)
　　　　서울 송파구 올림픽로35길 105

수신인: 김원규 (690512-1324212)
　　　　서울 서초구 꽃마을로 210

1. 귀하의 댁내 두루 평안하기를 기원합니다.
2. 귀하도 알다시피 이 사건 계약 체결 무렵 방배동 154 토지 인근에 지하철 2호선의 출입구가 새로 개통될 예정이었고, 본인은 이를 신뢰하여 비싼 가격으로 귀하로부터 서울 서초구 방배동 154 대지 및 그 지상건물을 20억 원에 매수한 사실이 있습니다.
3. 그 후 본인은 귀하에게 2015. 7. 1. 매매계약금 2억 원을 지급하였고, 2015. 8. 1. 중도금 10억 원을 지급하면서 귀하로부터 위 건물을 인도받았습니다.
4. 그런데 지금껏 지하철역 출입구도 설치되지 않았고, 확인한 바에 의하면 출입구 설치계획이 무산되었다고 합니다.
5. 이로써 재산가치가 최소 20% 이상 감소될 것임은 물론, 당장 본인은 부득이하게 헐값에 임대를 하게 되었고, 앞으로도 임대에 애를 먹을 것이 뻔하니 매매대금 중 최소 3억 원은 감액되는 것이 마땅하고, 따라서 본인으로서는 잔대금 중 3억 원은 절대로 지급할 수 없으니 나머지 5억 원을 지급받는 조건으로 이전등기 서류 일체를 준비해서 연락주시기 바랍니다.

2016년 4월 10일

발신인　강수근
서울 송파구 올림픽로35길 105

서울송파우체국
2016. 4. 10.
16 - 1589

이 우편물은 2016년 4월 10일 등기 제1589호에 의하여 내용증명 우편물로 발송하였음을 증명함.
서울송파우체국장

매매계약 해제 통지서

수신인: 강수근 (650721-1292425)
　　　　서울 송파구 올림픽로35길 105

1. 귀하의 댁내 두루 평안하기를 기원합니다.
2. 귀하가 2016. 4. 10. 본인에게 보낸 매매잔대금 감액 요청서는 2016. 4. 12. 잘 수령하였습니다.
3. 귀하가 인근에 지하철 출입구가 개통된다는 말에 속아서 본건 부동산을 비싸게 샀다고 주장하면서 매매잔대금을 지급하지 않고 그 감액을 요청하고 있으니 대단히 유감입니다.
4. 오히려 종전에 소송을 통해 밝힌 바와 같이, 귀하는 매매계약 전부터 인근의 공인중개사 등 주변 사람들에게 본인 소유의 토지가 지하철 출입구 공사 때문에 강제수용될 것이라는 소문을 악의적으로 퍼뜨렸고, 그 소문에 속아서 본인은 시세보다 훨씬 싼 가격에 매도하였으니, 책임을 물어도 사기를 당한 내가 물어야 할 것입니다.
5. 그런 뜻에서 본인은 마지막으로 귀하에게 매매잔대금 8억 원을 2016. 6. 30.까지 지급해 주실 것을 통보합니다. 만약 그 일자까지 지급하지 않을 시는 별도의 통지 없이 매매계약이 해제되는 것으로 하겠습니다.

　　　　　　　　　　2016년 5월 30일

　　　　　　　　발신인　김원규　
　　　　　　　　서울 서초구 꽃마을로 210

우편물배달증명서

수취인의 주거 및 성명
강수근
서울 송파구 올림픽로35길 105

접수국명	서초국인	접수연월일	2016년 05월 30일
접수번호	제1450호	배달연월일	2016년 05월 31일

적 요
  본인 수령
  강수근 (印)

2017. 01. 03.

송파우체국장 (印)

임료 시세 확인서

부동산 표시

서울 서초구 방배동 154 대지 150㎡ 및

위 지상 철근콘크리트조 슬라브지붕 단층 근린생활시설 100㎡

위 대지 및 건물을 전부 사용하는 경우

아래와 같이 월세가 형성되어 있음을 확인합니다.

1. 임대차보증금이 5억 원인 경우 월세 700만 원
2. 임대차보증금이 없는 경우 월세 1,000만 원

참고: 1. 위 평가는 2015년 8월을 기준으로 이루어진 것임

　　　2. 현재까지도 시세의 변동은 없는 것으로 판단됨

　　　3. 위 평가는 인터넷 관련 사이트에서 거래된 내역을 토대로 이루어진 것으로서, 공적인 판단과는 무관함

2017. 1. 10.

공인중개사　권혁천　(印)

통 지 서

발신인: 김원규
　　　　서울 서초구 꽃마을로 210

수신인: 1. 박수현
　　　　서울 마포구 공덕대로 16
　　　2. 한우경
　　　　서울 마포구 염창로 453

1. 귀하들의 댁내 행운을 빕니다.
2. 귀하들이 함께 음식점 영업을 하고 있는 서울 서초구 방배동 154 건물은 잘 아시다시피 본인이 강수근에게 매도했던 건물입니다.
3. 그런데 강수근이 아직까지도 잔대금을 지급하지 않는 바람에 본인은 부득이 강수근에 대한 매매계약을 해제하였습니다.
4. 그러하오니, 귀하들께서도 이 점을 양해하시고 즉시 건물을 본인에게 인도하여 주실 것을 통보드립니다.
5. 만일 인도하지 않을 경우에는 불법점유가 되어 법적인 책임이 따르게 된다는 점을 양지하시기 바랍니다.

2016. 7. 5.

　　　　발신인　김원규 (인)
　　　　서울 서초구 꽃마을로 210

서울서초우체국
2016. 07. 05.
16 - 6295

이 우편물은 2016년 07월 05일 등기 제6295호에 의하여 내용증명 우편물로 발송하였음을 증명함.
서울서초우체국장 (인)

답 변 서

수신인: 김원규
서울 서초구 꽃마을로 210

1. 귀하가 보낸 7월 5일자 통지서는 본인들이 7월 6일에 잘 받아보았습니다.
2. 본인들은 강수근과 정상적인 임대차계약을 체결하고 식당영업을 하고 있습니다.
3. 그런데 귀하가 갑자기 건물을 넘겨달라고 하니 어찌할 바를 모르겠고, 임대인 강수근에게 물어보니 "줄 돈은 다 줬으니까 문제될 것 없고, 종전에 김원규가 소송을 걸어왔지만 내가 승소도 했으니, 서둘러서 사업자등록만 하면 걱정할 필요 없이 영업을 계속할 수 있다"고 말하였습니다.
4. 본인들이 강수근으로부터 받은 판결서 사본을 들고 전문가에게 물어보니 매매계약을 해제했다고 해서 다시 소송할 수는 없다고 들었고, 근처의 중개사 사무실에 가서 물어보더라도 본인들은 공동명의로 사업자등록까지 마친 임차인이이어서 법의 보호를 받을 수 있으므로 매매계약이 해제되더라도 건물소유주에게 건물을 넘겨줄 필요가 없다고 합니다.
5. 또한 비록 건물소유주라 하더라도 그로부터 보증금을 받기 전에는 건물을 넘겨주지 않아도 되고, 넘겨주더라도 임대인에게 넘겨주어야 할 것이라고 들었습니다.
6. 귀하와 강수근 사이에서 발생한 문제의 내막을 잘 알지는 못하지만, 본인들은 귀하가 강수근에게 건물을 팔고 인도해준 사실을 분명히 확인하고서 전 재산이나 다름없는 5억 원을 보증금으로 지불하고 식당영업을 시작했는데, 우리와는 아무 상관도 없는 문제로 대책도 없이 건물을 넘겨달라고 하는 것은 심히 부당한 일이라고 생각됩니다.
7. 귀하와 강수근 사이의 문제가 원만히 해결되어 우리에게 피해가 없기를 바랍니다.

<첨부> 판결서 사본, 확정증명원 사본, 사업자등록증

2016. 7. 16.

발신인 1. 박 수 현 (炫朴印秀)
서울 마포구 공덕대로 16

2. 한 우 경 (韓又京)
서울 마포구 염창로 453

서울마포우체국
2016. 07. 16.
16 - 7819

이 우편물은 2016년 07월 16일 등기 제7819호에 의하여 내용증명 우편물로 발송하였음을 증명함.
서울마포우체국장

서 울 동 부 지 방 법 원

제 12 민 사 부

판 결

사　　건	2015가합9825 건물인도
원　　고	김원규 (690512-1324212)
	서울 서초구 꽃마을로 210
피　　고	강수근 (650721-1292425)
	서울 송파구 올림픽로35길 105
	소송대리인 변호사 황용헌
변론종결	2016. 3. 10.
판결선고	2016. 3. 31.

주 문

1. 원고의 청구를 기각한다.
2. 소송비용은 원고가 부담한다.

청 구 취 지

피고는 원고에게 서울 서초구 방배동 154 지상 철근콘크리트조 슬라브지붕 단층 근린생활시설 100㎡를 인도하라.

이 유

원고는 이 사건 청구원인으로, 원고와 피고가 2015. 7. 1. 청구취지 기재 건물과 그 대지를 대금 20억 원에 매매하는 계약을 체결하였으나, 계약 당시 피고가 중개인 강은호를 통해 그 부동산이 지하철 2호선 역의 출입구 설치공사로 인하여 곧 수용될 것이라는 소문을 인근 공인중개사들과 원고에게 퍼뜨려 이에 속은 원고가 시세보다 2억 원 가량 싸게 급히 위 매매계약을 체결하게 된 것이므로, 착오로 인하여 체결된 위 매매계약은 취소되어야 한다고 주장한다.

일반적으로 의사표시는 법률행위의 내용의 중요 부분에 착오가 있는 때에는 취소할 수 있고, 의사표시의 동기에 착오가 있는 경우에는 당사자 사이에 그 동기를 의사표시의 내용으로 삼았을 때에 한하여 의사표시의 내용의 착오가 되어 취소할 수 있다. 그런데, 갑 제1호증(매매계약서)의 기재와 증인 강은호의 증언에 의하면, 위 매매계약이 체결된 사실을 인정할 수 있을 뿐이고, 나아가 위 증거들만으로는 위 매매계약 당시 원고가 주장하는 사정이 표시되어 계약 내용의 중요부분이 되었다고 인정하기에 부족하고 달리 이를 인정할 증거가 없다.

그렇다면, 원고의 청구는 이유 없으므로 이를 기각하기로 하여 주문과 같이 판결한다.

재판장   판사   이무중 _____

          판사   최정후 _____

          판사   송민서 _____

정본입니다.
2016. 4. 7.
법원주사 구동우 (인)

확 정 증 명 원

사　　건　　서울동부지방법원 2015가합9825 건물인도
원　　고　　김 원 규
피　　고　　강 수 근

증명신청인　　피고 강수근

위 사건의 판결이 2016. 4. 28.자로 확정되었음을 증명합니다. 끝.

2016.　7.　14.

서울동부지방법원

법원주사 봉현섭　[인: 서울동부지방법원 법원주사]

사 업 자 등 록 증

(등록번호 서초 16-186315)

① 명칭(상호) : 현경

② 공동대표자 : 1. 박수현(520410-2143651)
　　　　　　　 2. 한우경(580421-2237382)

③ 개업 연월일 : 2016년 7월 11일

④ 사업장 소재지 : 서울특별시 서초구 방배동 154

⑤ 본점 소재지 : 상동

⑥ 사업의 종류 :　업태　요식업　　종목　일반음식점

⑦ 교부사유 : 신규

⑧ 주류판매 신고번호 : 2016-42127442

2016년 7월 11일

서 울 서 초 세 무 서 장　(서초세무서장의직인)

기록이면표지

확 인 : 법무부 법조인력과장

기출 | 연 문제

빈칸에 들어갈 알맞은 말은

민사법

기록형

2017년도 **제6회**
변호사 시험

문제해결 TIP

【 문 제 】

귀하는 서울 서초구 서초대로 100, 708호(서초동, 정화빌딩)에 사무실을 둔 변호사 박재남입니다. 귀하는 2017. 1. 7. 의뢰인 김원규와의 상담을 통해 【상담내용】에 기재된 내용과 같은 사실관계를 청취하고, 【의뢰인 희망사항】 기재와 관련된 일체의 소송수행을 의뢰받으면서 그 이하에 첨부된 서류를 자료로 받았습니다. 귀하가 의뢰인을 위하여 본안의 소를 제기하는 데 필요한 소장을 아래 【작성요령】에 따라 작성하시오.

【 작 성 요 령 】

> 소장의 작성일자는 소멸시효 및 제척기간의 기준일로써 메모작성시 반드시 기재하여야 한다.

1. 소장 작성일 및 소 제기일은 2017. 1. 13.로 하시오.
2. 당사자가 여러 명인 경우 '피고 홍길동'과 같은 방식으로 특정하고, '피고 1'과 같이 기재하지 마시오(위반 시 감점).
3. 피고가 복수인 경우 청구취지와 청구원인은 가급적 피고별로 나누어 기재하시오.

[이하 작성요령은 시험목적으로 요구된 것으로 실무와 다를 수 있습니다.]

4. 공동소송의 요건은 모두 갖추어진 것으로 전제하고, 예비적·선택적 병합청구는 주관적이든 객관적이든 하지 마시오(위반 시 감점).
5. 【의뢰인 희망사항】란에 기재된 희망사항에 부합하되 현행법과 그 해석상 승소 가능한 최대한의 범위에서 청구하고, 소 각하나 청구기각 부분이 발생하지 않도록 하시오(위반 시 감점).
6. 첨부자료를 통하여 상대방이 명백히 의견을 밝히고 있어서 소송 중 방어방법으로 제출할 것으로 예상되는 주장이나 항변 중 이유 없다고 판단되는 사항은 청구원인란을 통해 미리 반박하시오(위반 시 감점).
7. 〈의뢰인 상담일지〉와 첨부자료에 기재된 사실관계는 특별한 사정이 없는 한, 모두 진실한 것으로 전제하고, 첨부된 서류도 모두 적법하게 작성된 것으로 간주하며, 언급되지 않은 사실은 없는 것으로 간주하시오.
8. 부동산을 표기할 필요가 있는 경우 목록을 만들지 말고 직접 표기하시오.
9. 〈증명방법〉란과 〈첨부서류〉란 기재는 생략하고, 청구원인 서술 시 관련 증거자료를 제시할 필요는 없습니다.
10. 기록상의 날짜가 공휴일인지 여부는 고려하지 마시오.

기록 3면

의뢰인 상담일지

변호사 박재남 법률사무소

서울 서초구 서초대로 100, 708호(서초동, 정화빌딩)
☎ 02)515-3000, 팩스 02)515-3001, 전자우편 jnpark@naver.com

접수번호	2017-05	상담일시	2017. 1. 7.
상 담 인	김원규(의뢰인)	내방경위	지인의 소개

【 상 담 내 용 】

> 협의분할 약정서가 위조되었고, 제척기간의 기산점인 처분행위를 안 날을 의미한다.

1. 김원규, 이차만, 윤우상은 고향 선후배 관계로 어릴 적부터 아는 사이이다.

2. 김원규의 부친인 김창근은 2005년 사망하였고, 그 당시 상속재산으로 서울 영등포구 문래동 소재 토지가 있었는데, 김원규의 모친은 김원규의 인감증명을 임의로 발급받아 협의분할을 원인으로 김원규의 형인 김원호 단독 명의로 소유권이전등기를 마쳐주었고, 김원호는 그 땅을 이차만에게 팔아 넘겼다. 김원규는 2014. 6. 중순경 이차만과 자신의 모친 및 형을 통해 비로소 위와 같은 사실을 알게 되었다.

> 대여행위가 상행위인지 문제되고, 소비대차계약이 대리로 체결되었으므로 대리권의 존부에 대한 확인이 필요하다.

3. 김원규는 이차만이 회사설립을 위해 돈을 빌리러 다닌다는 사실을 지인을 통해 들어서 알고 있던 상황에서, 2010. 1. 5. 고향 선배인 윤우상이 김원규를 찾아와 이차만의 대리인을 자처하면서 "이차만이 거래업체 섭외를 위해 중국 출장 중인데 나한테 김원규를 찾아가 회사설립자금 1억 원을 빌려보라고 했다."고 말하기에, 윤우상이 이차만의 대리인이라고 믿고서 1억 원을 빌려주었다.

> 주주대표소송의 요건을 검토하여야 한다.

4. 이차만은 위 차용금을 사용하여 비상장 주식회사 대천을 설립하고 자신을 대표이사로 등기하였는데, 그 당시 김원규는 위 회사 주식 400주를 인수하였다. 그런데 이차만은 위 회사설립자금을 윤우상으로부터 조달한 것이지, 윤우상에게 돈을 빌려오라고 대리권을 준 적은 없다고 말하고 있다.

> 무권대리행위임을 의미한다.

5. 이차만이 201[>당해 소비대차는 회사의 운영자금의 조달목적이므로 상행위에 해당하고, 공동차주의 형식으로 차용하였으므로, 상법 제57조의 검토가 필요하다.<]아와 "회사를 설립하여 대표이사가 되고 보니 회사의 초기 운영자금이 예상보다 많이 들어 운영자금이 부족하다."며 돈을 빌려달라고 하였고, 이에 김원규는 차용증에 집행승낙의 취지를 담아 공증까지 하고서 5,000만 원을 이자 약정 없이 빌려주었고, 이때 윤우상은 공동차용인으로서 차용증에 자신을 공동차주로 기재하였다.

6. 이차만은 2012. 2. 20. 위 2010. 1. 5.자 및 2010. 2. 20.자 차용금반환채무를 모두 담보하기 위하여 자신 소유인 서울 서초구 방배동 352 대 200㎡에 김원규 명의로 매매예약을 원인으로 한 가등기를 마쳐주었다. [>담보가등기에 해당하고, 채무의 승인에 해당한다.<]

7. 이차만은 2016. 3. 9. 김원규에게 상계를 하겠다는 내용의 서면을 보냈고, 그 다음날 김원규가 그 서면을 받았다. [>상계의 의사표시의 도달일<]

8. 김원규는 2015. 12.경 주식회사 대천에 차용고서를 보냈고, 위 차용금반환채권에 관하여 받아 둔 위 공정증서로 2016. 5. 12. 압류 및 전부명령을 신청하여 압류 및 전부명령을 받은 사실이 있었다. 그런데 주식회사 대천의 새로운 대표이사 윤우상은 김원규에게 주식회사 대천 및 자신의 차용금반환채무가 모두 시효로 소멸하였다고 주장하고, 또 위 압류 및 전부명령 전에 이미 다른 사람에 의한 가압류결정을 송달받았으므로 위 압류 및 전부명령이 무효라고 주장하면서 위 차용금 변제를 거부해 오고 있다. [>소멸시효 항변 및 압류의 경합으로 인한 전부명령의 무효 항변에 해당하는데, 이후 기록을 통하여 가압류와 전부명령의 각 도달일자 및 금액을 확인하여야 한다.<]

9. 한편, 김원규가 소송을 제기할 태도를 보이자, 윤우상은 태도를 바꾸어 2016. 6.경 "이차만과 잘 상의해서 회사채무를 갚겠고, 그렇지 않으면 자기 채무에 담보라도 설정해 주겠다."는 내용의 확약서를 작성해 주었다. 또 김원규는 2016. 9.경 건어물 소매업을 시작하면서 주식회사 대천과 건어물 공급계약을 체결하고 현재까지 3,000만 원 상당의 건어물을 공급받아 왔는데, 주식회사 대천으로부터 2016. 12. 16. 그때까지 납품한 건어물 대금채권으로 상계하겠다는 통지서를 받았다. [>채무의 승인에 해당한다.<]

10. 주식회사 대천의 내규상 1억 원 이상 외상거래를 할 경우에는 금융기관의 신용장이나 담보설정을 받아야 한다는 규정이 있는데도, 이차만은 대표이사로 근무하던 중 중국 회사로부터 몰래 금품을 받고서 2014. 10.경 신용장도 받지 않고 담보의 설정도 없이 주식회사 대천의 거래로서 2억 원 상당의 수산물 가공품을 납품하였는데, 그 직후 중국 회사의 담당자는 더 이상 연락이 되지 않았고, 나중에 감사 장기용이 현지에 가서 확인해 보니 그와 같은 회사는 존재하지도 않았던 사실이 확인되었다.

· 주주대표소송의 요건
· 이사의 임무해태행위에 해당하고, 손해배상책임이 발생할 수 있다.

11. 위 사건 이후 이차만이 사임하자 주식회사 대천이 이차만의 책임을 묻지 않으려는 태도를 보이고 있어, 김원규는 2016. 12.경 주식회사 대천에게 이차만의 책임을 묻는 소를 제기하라고 요청하였는데, 주시회사 대천은 현재까지도 이에 응하지 않고 있다.

· 선인도약정에 해당하고, 해제시 원상회복으로써 사용이익의 반환문제가 발생한다.

12. 김원규는 2015. 7.경 강수근에게 서울 서초구 방배동 소재 대지 및 건물을 매도하고, 계약금 2억 원은 계약 당일에 지급받았으며, 중도금 10억 원은 같은 해 8. 1. 건물을 인도해주면서 지급받았는데, 위 건물을 사용·수익하는 데에는 위 대지 전체가 필요한 상태이다.

· 기판력이 문제되고, 전소의 소송물은 소유권에 기한 인도청구권이다.

13. 위 매매계약 체결 직전 강수근은 인근에서 개업한 공인중개사들에게 "위 대지가 지하철 2호선 역의 출입구 설치공사로 인하여 곧 수용될 것이다."라는 소문을 퍼뜨렸고, 김원규는 공인중개사로부터 그 말을 듣고 속아서 시세보다 2억 원 가량 싼 가격에 서둘러서 매매계약을 체결하였는데, 그 후 위와 같은 사유를 들어 착오에 의한 매매계약 취소를 원인으로 소를 제기하였지만 패소판결을 받은 사실이 있다.

· 강수근은 2016. 3. 31.까지 목적물을 사용하였고, 이후 임차인들이 목적물을 사용하고 있다.

14. 강수근은 위 건물을 인도받은 후 이를 임대하려고 노력했으나 여의치 않자 자신이 사업자등록을 하고서 직접 음식점 영업을 해 오다가, 2016. 3. 15. 박수현, 한우경을 공동임차인으로 하여 임대하고, 같은 해 4. 1. 인도하여 주었다.

· 상가건물임대차보호법상 대항력이 발생하였고, 해제로부터 보호받는 제3자인지 문제된다.

15. 박수현, 한우경은 강수근 명의의 사업자등록을 그대로 둔 채 위 건물에서 음식점 영업을 해 오다가 2016. 7. 10. 사업자등록신청을 하였다.

16. 강수근은 위 임대 후 매매잔대금 중 3억 원을 감액한 5억 원과 상환으로 위 대지 및 건물의 소유권이전등기를 해달라고 요구하면서, 잔대금 중 3억 원은 지급하지 않겠다는 의사를 수차 밝혀왔고, 김원규는 아직까지 이전등기서류를 받아가라는 말을 한 적이 없다가, 2016. 5.경 "잔대금 전액을 지급하지 않으면 매매계약은 해제된 것으로 알라."는 통지까지 보냈는데도 강수근은 종전 주장만 되풀이하면서 잔대금을 지급하지 않고 있다.

> 매수인의 이행거절에 해당하고, 이행거절의 경우 상대방은 해제시 자신의 의무의 이행을 제공할 필요가 없다.

【의뢰인 희망사항】

1. 서울 영등포구 문래동 299 대지의 등기부상 소유명의를 가능한 범위 내에서 회복하되, 금전청구까지 할 필요는 없고, 형인 김원호를 피고로 삼지 않는 방법으로 문제를 해결하기 바란다.

> 말소등기청구가 아닌 진정명의회복을 원인으로 한 소유권이전등기청구를 할 것을 지시하였다.

2. 이차만, 주식회사 대천, 윤우상에 대하여 법적으로 가능한 모든 금전청구를 해주기 바란다.

> 주주대표소송을 제기할 것을 지시하였다.

3. 주식회사 대천의 주주로서, 주식회사 대천이 이차만에 의하여 입은 손해를 전보받을 수 있는 소송을 제기하여 주기 바란다.

4. 서울 서초구 방배동 154 토지와 그 지상건물에 관한 매매를 취소할 수 있으면 취소하고, 아니면 해제를 원인으로 해서라도 강수근과 박수현, 한우경을 상대로 위 건물을 돌려받고, 손해를 전액 전보받을 수 있는 소송을 제기하되, 집행단계에 가서는 누구를 상대로 어떤 집행을 하는 것이 좋을지 예상할 수 없으므로 법리상 가능한 모든 청구를 해주기 바란다.

> 목적물의 인도청구 및 사용이익의 반환청구와 관련하여, 일부기각의 가능성이 있는 답안도 가능하다는 취지로 생각된다.

등기사항전부증명서(말소사항 포함) - 토지

[토지] 서울특별시 영등포구 문래동 299   고유번호 1523-4212-744298

【표 제 부】		(토지의 표시)			
표시번호	접수	소재지번	지목	면적	등기원인 및 기타사항
1 (전2)	1994년 6월 5일	서울특별시 영등포구 문래동 299	대지	300㎡	부동산등기법시행규칙부칙 제3조 제1항의 규정에 의하여 2001년 7월 14일 전산이기

【갑 구】		(소유권에 관한 사항)		
순위번호	등기목적	접수	등기원인	권리자 및 기타사항
1 (전2)	소유권이전	1995년 4월 30일 제15230호	1995년 4월 9일 매매	소유자 김창근 420724-1251996 서울특별시 서초구 서초동 579
		상속재산의 침해행위에 해당하고, 10년의 제척기간의 기산점이 된다.		부동산등기법시행규칙부칙 제3조 제1항의 규정에 의하여 2001년 7월 14일 전산이기
2	소유권이전	2007년 9월 20일 제53571호	2005년 9월 7일 협의분할에 의한 상속	소유자 김원호 670529-1324217 서울특별시 서초구 서초동 579
3	소유권이전	2014년 6월 12일 제27528호	2014년 6월 9일 매매	소유자 이차만 700124-1752324 서울특별시 서초구 방배대로 29

- 이 하 여 백 -

수수료 금 1,000원 영수함 관할등기소 서울남부지방법원 영등포등기소 / 발행등기소 법원행정처 등기정보중앙관리소

이 증명서는 등기기록의 내용과 틀림없음을 증명합니다.

서기 2017년 1월 6일

법원행정처 등기정보중앙관리소 전산운영책임관

*실선으로 그어진 부분은 말소사항을 표시함.   *등기기록에 기록된 사항이 없는 갑구 또는 을구는 생략함.

문서 하단의 바코드를 스캐너로 확인하거나, **인터넷등기소**(http://iros.go.kr)의 **발급확인** 메뉴에서 **발급확인번호**를 입력하여 위·변조 여부를 확인할 수 있습니다. 발급확인번호를 통한 확인은 발행일로부터 3개월까지 5회에 한하여 가능합니다.

발행번호11360011004936072010961250SLBO1I4951WOG295021311128   1/1   발행일 2017/01/06

대 법 원

제 적 등 본

본적	경기 부천시 원미구 원정동 322						
호적 편제	[편제일] 1980년 07월 10일						
호적 재제	[재제일] 2000년 04월 15일 [재제사유] 멸실우려(전산화)						
전산 이기	[이기일] 2002년 11월 11일 [이기사유] 호적법시행규칙 부칙 제2조 제1항						
전호주와의 관계		김규철의 자			전호적		
부	김규철	성별	남	본	입 적 또 는 신호적		
모	이숙자			金海			
호주	김창근(金暢根) 제적				출생	서기 1942년 07월 24일	
					주민등록 번 호	420724-1251996	
출생	[출생장소] 경기 부천시 원미구 원정동 322 [신고일] 1942년 12월 08일 [신고인] 호주						
혼인	[혼인신고일] 1966년 01월 13일 [배우자] 최숙이						
호주 상속	[호주상속일] 1980년 06월 29일 [호주상속사유] 전호주 사망 [신고일] 1980년 07월 10일						
사망	[사망장소] 서울 종로구 혜화동 15 서울대학교병원 [사망일] 2005년 09월 07일 [신고일] 2005년 09월 15일 [신고인] 자 김원호						
부	최덕만	성별	여	본	전호적	경상남도 창녕군 고암면 계상리 53	
모	송애자			慶州			
처	최숙이(崔淑伊) 제적		피상속인의 사망일자로 상속개시일이 된다.		입 적 또 는 신호적		
					출생	서기 1946년 06월 24일	
					주민등록 번 호	460624-2257390	
출생	[출생장소] 경상남도 창녕군 고암면 계상리 53 [신고일] 1946년 08월 13일 [신고인] 호주						
혼인	[혼인신고일] 1966년 01월 13일 [배우자] 김창근						
사망	[사망장소] [사망일] [신고일] [신고일]						

| 기록 11면 |

녹 취 록

대 화 자 : 최숙이(모), 김원호(장남), 김원규(차남)
대화장소 : 서울 강남 모 식당 국화룸
대화일시 : 2014년 6월 14일 저녁

(중략)

최숙이 : 원규야! 네가 어찌 그런 험한 말을 하냐?

김원규 : 형은 그렇다 치더라도, 아버지 돌아가시고 10년이 다 되도록 어머니도 아직까지 한 번도 아버지 재산이 있었다고 얘기한 적이 없잖아요? 다행히 이차만이가 형한테서 그 땅을 사는 바람에 등기부를 보고서 그 땅이 우리 아버지가 상속해준 것이라는 것을 발견했으니 망정이지…. 내가 받을 상속재산이 있었다는 것을 내가 이차만이한테서 처음 듣는다는 게 말이나 돼요?

최숙이 : 너는 공부도 많이 시켰지 않니? 이제 너도 버젓이 결혼해 잘 살고 있고…

김원규 : 도대체 형님만 싸고도시는 이유가 뭐예요?

김원호 : 원규야, 엄마에게 그게 무슨 말버릇이냐?

최숙이 : 네 아버지가 살아 있을 때 재산이라고는 살던 집하고 영등포구 문래동에 있는 땅 100평도 안 되는 그것뿐이었는데….

김원규 : 그런 사정을 저는 까맣게 모르고 있었으니, 참….

최숙이 : 네 아버지 돌아가시고 나서도 잊어버리고 있었는데, 한번은 재산세가 나와서 아는 법무사에게 상의하면서 영등포 땅 말고 다른 재산은 없다고 했더니 그렇다면 노후를 생각해서라도 장남 앞으로 등기해 두는 게 순리라고 하더라. 그래서 네가 외국 나가 있었을 때 내가 네 인감증명 발급받아 법무사에게 갖다 주었더니 법무사가 상속재산 협의분할인가 뭔가 작성해서 형 앞으로 등기를 한 것이다. 그때야 몇 푼 되지도 않는 거였으니까 제사 모실 장남한테 가는 게 맞다 싶었지, 누가 봐도. 그러니 네가 이해해라.

김원규 : 아니 그래도 최소한 나한테 물어는 봤어야 했던 거 아니에요? 내가 엄마 자식 맞아요?

> 모가 원고의 동의없이 상속재산 협의분할 약정서를 작성하였음을 인정하고 있다.

김원호 : 원규야! 엄마한테 그게 무슨 말버릇이야?

김원규 : 형은 이 상황에서 그런 말이 나와?

(중략)

삼일 녹취 사무소

녹취사 주건명

약 정 서

대주 : 김원규
　　　 서울 서초구 서초동 978

차주 : 이차만
　　　 서울 서초구 방배동 768

대여금 : 금 일억 원 (₩100,000,000)

대주와 차주는 아래와 같이 대여약정을 체결하고 이를 확인하기 위하여 이 약정서 2부를 작성하여 1부씩 보관한다.

아 래

1. 대주는 차주에게 금 100,000,000원을 대여함

2. 이자는 연 4%로 하되, 원금상환시 일시불로 지급하기로 함

> 법정이율보다 낮은 약정이자이고, 변제기의 정함이 없다.

2010. 1. 5.

대주 : 김원규 (690512-1324212) (인)

차주 : 이차만
　　　 서울 서초구 방배동 768
　　　 대리인 윤우상 (인)

기록 13면

등기번호	001142
등록번호	110111-017442

등기사항전부증명서(현재사항)

상 호	주식회사 대천	. .	변경
		. .	등기
본 점	서울특별시 동작구 사당로 52, 502호(사당동, 대천빌딩)	. .	변경
		. .	등기

| 공고방법 | 서울시내에서 발행하는 일간 매일경제신문에 게재한다. | . . | 변경 |
| | | . . | 등기 |

1주의 금액 금 5,000원	발행주식의 총수가 기재되어 있다. 또한 대표이사가 변경되었고, 대표이사의 주소 및 주민등록번호가 기재되어 있다.	. .	변경
		. .	등기
발행할 주식의 총수 20,000주		. .	변경
		. .	등기

발행주식의 총수와 그 종류 및 각각의 수	자본의 총액	변경 연 월 일 등 기 연 월 일
발행주식의 총수 20,000주 　보통주식　20,000주 　우선주식　　　0주	금 100,000,000원	. . 　변경 . . 　등기

목 적

1. 수산물의 가공 및 유통업
2. 제1호에 관련된 부대사업

임원에 관한 사항

이사 장이사 701104-1367319
　　2010년 2월 6일 취임　　　　　　　　2010년 2월 6일 등기

이사 윤우상 681202-1424362
　　2010년 2월 6일 취임　　　　　　　　2010년 2월 6일 등기

~~대표이사 이차만 700124-1752324 서울특별시 서초구 방배동 768~~
　　2010년 2월 6일 취임　　　　　　　　2010년 2월 6일 등기
　　2015년 5월 26일 사임　　　　　　　　2015년 5월 28일 등기

감사 장기용 670411-1298753
　　2010년 2월 6일 취임　　　　　　　　2010년 2월 6일 등기

대표이사 윤우상 681202-1424362 수원시 권선구 원천로 42
　　2015년 5월 26일 취임　　　　　　　　2015년 5월 28일 등기

(중략)

발행주식의 총수가 기재되어 있다. 또한 대표이사가 변경되었고, 대표이사의 주소 및 주민등록번호가 기재되어 있다.

○○지방법원 등기국 등기관

[서울중앙지방법원 등기국등기관의인]

4010915313667289567922482064-1234-1000　　1/1　　　　발행일 2017/01/06

不 動 産 賣 買 豫 約 書

매도인과 매수인 쌍방은 아래 표시 부동산에 관하여 다음 계약내용과 같이 매매예약을 체결한다.

1. 부동산의 표시

所 在 地	서울특별시 서초구 방배동 352				
土 地	지 목	대지	面 積	200m²	
建 物	구조 · 용도		面 積		

2. 계약내용 ― 2개의 대여금 모두가 피담보채권으로 기재되어 있고, 위 각 채권에 대한 채무의 승인 또는 무권대리의 추인의 문제가 발생한다.

제1조 매도인과 매수인은 아래 각 차용금 채무와 그 부대채무를 담보하기 위하여 〈부동산의 표시〉 기재 부동산에 관한 매매예약을 체결한다.

　① 2010. 1. 5. 매도인이 매수인으로부터 차용한 1억 원 채무
　② 2010. 2. 20. 주식회사 대천이 매수인으로부터 차용한 5,000만 원 채무

제2조 매도인은 매수인에게 전조 매매예약을 원인으로 한 소유권이전등기청구권 보전을 위한 가등기에 필요한 모든 서류를 교부하고 가등기에 협력하여야 한다.

계약당사자들은 이의 없음을 확인하고, 이 계약을 증명하기 위하여 각자 날인하여 계약서 2부를 작성하여 각자 1부씩 보관하기로 한다.

2012년 2월 20일

매도인	주 소	서울 서초구 방배동 768					
	주민등록번호	700124-1752324	전화	02-523-1607	성명	이 차 만 ㊞	萬李印次
매수인	주 소	서울 서초구 서초동 978					
	주민등록번호	690512-1324212	전화	02-2568-2905	성명	김 원 규 ㊞	奎金印元

등기사항전부증명서(말소사항 포함) - 토지

[토지] 서울특별시 서초구 방배동 352   고유번호 1234-3694-246873

【표 제 부】		(토지의 표시)			
표시번호	접수	소재지번	지목	면적	등기원인 및 기타사항
1 (전2)	1997년 6월 5일	서울특별시 서초구 방배동 352	대지	200㎡	부동산등기법시행규칙부칙 제3조 제1항의 규정에 의하여 2001년 7월 14일 전산이기

【갑 구】		(소유권에 관한 사항)		
순위번호	등기목적	접수	등기원인	권리자 및 기타사항
1 (전2)	소유권이전	1997년 9월 25일 제37357호	1997년 8월 20일 매매	소유자 유진혜 470203-2553897 서울특별시 서초구 방배동 750
				부동산등기법시행규칙부칙 제3조 제1항의 규정에 의하여 2001년 7월 14일 전산이기
2	소유권이전	2007년 5월 4일 제15791호	2007년 4월 9일 매매	소유자 이차만 700124-1752324 서울특별시 서초구 방배동 768
3	**소유권이전청구권가등기**	**2012년 2월 20일** 제2998호	**2012년 2월 20일 매매예약**	**가등기권자 김원규 690512-1324212** 서울특별시 서초구 서초동 978

- 이 하 여 백 -

수수료 금 1,000원 영수함   관할등기소 서울중앙지방법원 등기국 / 발행등기소 법원행정처 등기정보중앙관리소

이 증명서는 등기기록의 내용과 틀림없음을 증명합니다.

서기 2017년 1월 6일

법원행정처 등기정보중앙관리소 전산운영책임관

*실선으로 그어진 부분은 말소사항을 표시함.   *등기기록에 기록된 사항이 없는 갑구 또는 을구는 생략함.

문서 하단의 바코드를 스캐너로 확인하거나, **인터넷등기소**(http://iros.go.kr)의 발급확인 메뉴에서 **발급확인번호**를 입력하여 위·변조 여부를 확인할 수 있습니다. 발급확인번호를 통한 확인은 발행일로부터 3개월까지 5회에 한하여 가능합니다.

기록 17면

이행 최고서

발신인: 김원규 (690512-1324212)

　　　　서울 서초구 꽃마을로 210

수신인: 이차만 (700124-1752324)

　　　　서울 서초구 방배대로 29

1. 귀하의 댁내 행운을 빕니다.

2. 고향선배인 윤우상이 본인을 찾아와 귀하의 대리인을 자처하면서 귀하가 수산물 유통을 목적으로 하는 회사를 설립하기 위하여 돈이 필요하다며 귀하에게 돈을 빌려 달라고 하기에 본인은 귀하에게 도움을 주어야겠다는 순수한 마음에서 언제까지 갚겠다는 약정도 없이 1억 원을 빌려주었고, 한 달 뒤에 다시 돈을 빌려달라고 했을 때도 회사 사정이 어렵다는 말을 듣고서 회사에게 이자약정도 하지 않고 돈을 빌려주었습니다.

3. 그렇지만 본인도 근래 자금사정에 여유가 없어져 부득이 귀하에게 2010. 1. 5. 대여해 준 1억 원의 원금과 이자 등을 2016. 1. 4.까지 모두 지급해 주실 것을 요청하니, 부디 이에 응해 주시기 바랍니다. ······ 변제의 최고에 해당하고, 2016. 1. 4. 변제기가 도래하게 된다.

4. 또한, 귀하가 취득하였다는 서울 영등포구 문래동 299 토지는 본인을 포함한 상속인들이 돌아가신 아버지로부터 상속받은 것이니 원래 상속된 대로 환원해주시기 바랍니다.

2015년 12월 27일

발신인 김원규

서울 서초구 꽃마을로 210

서울서초우체국
2015. 12. 27.
15-34732

이 우편물은 2015년 12월 27일 등기 제34732호에 의하여 내용증명 우편물로 발송하였음을 증명함.
　　　　　　　　서울서초우체국장

이행최고에 대한 답신

발신인: 이차만 (700124-1752324)

　　　　서울 서초구 방배대로 29

수신인: 김원규 (690512-1324212)

　　　　서울 서초구 꽃마을로 210

> 상계항변. 상계항변은 본질적으로 예비적 항변이므로 다른 항변을 검토한 뒤 최종적으로 검토하여야 한다.

● 무권대리항변

1. 귀하의 이행 최고서는 지난 2015년 12월 28일에 잘 받아 보았습니다.

2. 본인은 그 동안 귀하가 많은 도움을 주신 점에 감사드립니다.

3. 그렇지만 본인은 2010. 1.경 윤우상에게 돈을 빌려오라고 위임한 사실이 전혀 없고, 그밖에도 지금까지 윤우상에게 어떤 대리권한도 준 적이 없습니다.

4. 그런데도 만일 본인이 그에 대하여 법적 책임을 져야 한다면, 2015. 11. 4. 본인이 교통사고를 당해서 입은 손해에 대한 배상금채권으로 상계를 하겠습니다(합의서 첨부).

5. 또한, 서울 영등포구 문래동 토지에 관해서는 귀하가 상속인들간에 해결하여야 할 것이지, 등기부를 믿고서 제 돈 다 주고 토지를 매수한 선의의 본인에게 왈가왈부할 것이 아닙니다. ● 부동산의 선의취득항변　　● 소멸시효 항변

6. 본인이 지인으로부터 들어보니 귀하가 주장하는 차용금채무는 차용일로부터 5년이 경과되었다면 시효로 소멸하였을 것이니 더 이상 따질 필요도 없을 것이라고 합니다. 또 문래동 토지도 이미 상속받은 날로부터 10년이 지난 일이라 이제 와서 본인에게 그 토지에 대해 소를 제기할 수는 없을 것이라고 합니다.

7. 위와 같은 문제에 다소의 이견이 있더라도 그 동안 쌓아온 우의에는 변함이 없기를 바랍니다. ● 제척기간 도과 항변

　　　　　　　　　2016. 3. 9.

　　　　　　발신인　이차만

이 우편물은 2016년 03월 09일 등기 제2132호에 의하여 내용증명 우편물로 발송하였음을 증명함.
　　　　　　　　　　서울서초우체국장

합 의 서

甲   김원규 (690512-1324212)
     서울 서초구 꽃마을로 210

乙   이차만 (700124-1752324)
     서울 서초구 방배대로 29

甲이 2015. 11. 4. 운전하던 승용차에 乙이 탑승하였다가 甲의 과실로 乙이 입은 손해에 관하여 다음과 같이 합의한다.

1. 甲은 乙에게 치료비 등 손해배상채무 일체의 변제로서 2015. 12. 4.까지 4,000만 원을 지급한다. 甲이 위 돈을 위 지급기일까지 모두 지급하지 않으면, 그때까지의 미지급금에 대하여 위 지급기일 다음날부터 월 2.5%의 지연손해금을 가산하여 지급한다.

2. 乙은 향후 본 합의사항 외에 위 교통사고와 관련하여 甲에게 일체의 민·형사상 책임을 묻지 않는다.

2015년 11월 15일

甲 김원규 (690512-1324212)

乙 이차만 (700124-1752324)

사 직 서

발신인: 이차만
　　　　서울 서초구 방배대로 29

수신인: 주식회사 대천
　　　　서울 동작구 사당로 52, 502호(사당동, 대천빌딩)
　　　　대표이사 이차만

1. 본인은 2010. 2. 6. 주식회사 대천을 설립한 이래, 회사의 경영을 위해 불철주야, 물심양면으로 애써 왔으나, 2014년 초 서해앞바다에서 발생한 유조선 전복사고로 인하여 수산물의 생산 및 판매 등 경영상태가 악화되었습니다. 이에 어떻게든 회사를 살려보려고 중국 쪽으로 거래를 시작하려고 하였는데, 당시 관심을 표명했던 중국 산동주식회사 관계자가 5천만 원 상당의 선물을 발신인에게 주면서 "중국회사들은 관습적으로 무담보 외상거래를 하고 있으므로, 담보설정을 요구할 경우 거래를 할 수 없고, 작은 회사로서는 신용장을 개설하기 어렵다"고 거래를 간곡히 요청하였습니다. 이에 본인은 그와 같은 사정에 공감을 하여 외상거래를 하기로 결정하였습니다.

2. 본인은 회사의 내규에 1억 원 이상 외상거래를 할 경우 금융기관의 신용장이나 담보설정을 받아야 한다고 규정되어 있는 사실은 알았지만, 국내회사가 아닌 외국회사와의 거래이고, 또 경영상태가 너무 악화되어 무담보 형식이더라도 물품을 판매하는 것이 더 중요하고 시급하다는 경영상의 판단 하에 2014. 10. 5. 2억 원 상당의 수산물 가공품을 담보 설정 없이 외상으로 납품한 것입니다.

3. 본인의 판단으로 말미암아 회사에 손해가 발생한 이상 책임을 지기 위하여 대표이사직을 사임하겠습니다.

4. 다만 경영상의 판단으로 손해가 발생하였다 하여 대표이사가 배상책임을 진다는 것은 부당하고, 법적으로도 면책대상이라고 사료되오니 혜량하여 주시기 바랍니다.

　외상거래가 경영상 판단에 따른
　것이라는 주장

2015. 5. 21.
발신인 이 차 만

소제기 요청서

발신인: 김원규

　　　　서울 서초구 꽃마을로 210

수인인: 1. 주식회사 대천

　　　　　서울 동작구 사당로 52, 502호(사당동, 대천빌딩)

　　　　　대표이사 윤우상

　　　　2. 감사 장기용

> 전체 2만주 중 400주를 보유하고 있고, 회사에 소제기를 요청한 후 1개월이 도과하여, 주주대표소송의 요건이 구비되었다.

1. 귀사의 건승을 기원합니다.
2. 본인은 귀사의 설립당시 귀사 주식 400주를 인수한 자로 현재까지 보유하고 있습니다.
3. 다름이 아니오라, 귀사의 대표이사였던 이차만이 2014. 10.경 사규를 위반하여 외상거래를 하는 등 방만하게 회사를 경영하여 중국 산동주식회사로부터 사기를 당해 2억 원의 손해를 귀사에게 입힌 것으로 알고 있습니다.
4. 이후 이차만은 2015. 5.경 대표이사를 사직한 것으로 알고 있지만, 이것만으로 귀사의 손해가 회복되었다고 볼 수 없습니다.
5. 2억 원은 귀사에게 큰 손해이고 이로 인하여 주식 가치 하락에 따른 발신인의 손해도 500만 원이나 발생하였는바, 이에 대하여 책임을 추궁할 필요가 있습니다. 따라서 즉시 소를 제기하여 주시기 바랍니다.

　　　　　　　　　　2016년 12월 1일

　　　　　　　　발신인　김원규　

　　　　　　　　서울 서초구 꽃마을로 210

서울서초우체국
2016. 12. 01.
16-7895

이 우편물은 2016년 12월 01일 등기 제7895호에 의하여 내용증명 우편물로 발송하였음을 증명함.
　　　　　　　　　　서울서초우체국장

기록 23면

차 용 증

1. 주식회사 대천과 윤우상은 공동으로 김원규로부터 금 50,000,000원을 차용함
2. 변제기는 1년 후로 정함

> 무이자약정에 해당한다. 상사채권이기는 하나 상인이 영업상 대여한 경우는 아니므로 상법 제55조 제1항은 적용할 수 없다.

2010. 2. 20.

대여인: 김원규

차용인: 1. 주식회사 대천 대표이사 이차만

2. 윤우상 (祥尹印友)

영 수 증

김원규 귀하　　　　　　　　　　2010. 2. 20

금 50,000,000 원 정

위 금원을 차용금으로 정히 영수함

주식회사 대천 대표이사 이차만

윤우상 (祥尹印友)

서울중앙지방법원
결 정

사 건　　2016타채3398 채권압류 및 전부명령
채 권 자　　김원규 (690512-1324212)
　　　　　　서울 서초구 꽃마을로 210
채 무 자　　주식회사 대천
　　　　　　서울 동작구 사당로 52, 502호(사당동, 대천빌딩)
　　　　　　대표이사 윤우상
제3채무자　　김은우 (720424-1035817)
　　　　　　서울 광진구 구의3로 357, 101호(광진빌라)

주 문

채무자의 제3채무자에 대한 별지 기재 채권을 압류한다.
제3채무자는 채무자에게 위 채권의 지급을 하여서는 아니 된다.
채무자는 위 채권의 처분과 영수를 하여서는 아니 된다.
위 압류된 채권은 지급에 갈음하여 채권자에게 전부한다.

청구금액

금 5,000만 원(공증인가 밝은합동법률사무소 증서 2010년 제248호에 의한 대여금) 및 이에 대한 지연손해금

이 유

　　채권자가 위 청구금액을 변제받기 위하여 공증인가 밝은합동법률사무소 증서 2010년 제248호 공정증서의 집행력 있는 정본에 터 잡아 한 이 사건 신청은 이유 있으므로 주문과 같이 결정한다.

　　　　　　　　　　　　　　　　　　　　　정본입니다.
　　　　　　　　　　　　　　　　　　　　　2016. 5. 17.
　　　　　　　　　　2016. 5. 17.　　　　　법원주사 안동천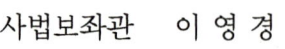

　　　　　　　　　　사법보좌관　이 영 경

기록 26면

압류할 채권의 표시

금 6,000만 원정

채무자가 2015. 11. 29. 제3채무자에게 공급한 수산물 판매대금

송 달 및 확 정 증 명 원

사　　　건　　서울중앙지방법원 2016타채3398 채권압류 및 전부명령
채　권　자　　김원규
채　무　자　　주식회사 대천
제 3 채 무 자　　김은우
증명신청인　　김원규

위 사건에 관하여 아래와 같이 송달 및 확정되었음을 증명합니다.

채무자 주식회사 대천　　2016. 5. 22. 채권압류및전부명령정본 송달
제3채무자 김은우　　　　2016. 5. 22. 채권압류및전부명령정본 송달
2016. 5. 30. 확정. 끝.

> 전부명령은 확정되어야 그 효력이 발생하고, 그 효력은 제3채무자 결정문 송달시로 소급하므로, 압류의 경합으로 인한 전부명령의 효력의 확정문제에서 반드시 검토하여야 한다.

2016. 12. 1.

서울중앙지방법원

법원주사 김동효　[서울중앙지방법원 법원주사 인]

통 지 서

발신인: 주식회사 대천

　　　　　서울 동작구 사당로 52, 502호(사당동, 대천빌딩)

수신인: 김원규 (690512-1324212)

　　　　　서울 서초구 꽃마을로 210

1. 귀하의 댁내 두루 평안하기를 기원합니다.

2. 귀하가 작년 12. 20.자 본사에 보낸 이행최고서는 같은 달 21일 잘 받아 보았습니다. ······● 전부명령 무효의 항변

3. 본사가 전문가에게 확인해보니 본사의 김은우에 대한 대금채권에 관하여는 이미 본사의 다른 채권자가 가압류를 하였으므로 귀하의 압류 및 전부명령은 효력이 없고, 귀하의 청구채권은 이미 시효로 소멸되었을 것이라고 합니다.

4. 만약 본사가 차용금채무를 반환할 의무가 있다고 하더라도, 본사는 2016. 9. 10.부터 건어물을 공급함으로써 현재 귀하에게 3,000만 원의 물품대금채권을 가지고 있으므로, 이 채권으로 2010. 2. 20. 차용한 5,000만 원 채무와 상계를 합니다.

〈첨부〉 채권가압류결정문, 공급계약서　　······● 상계항변

2016년 12월 15일

　　　　　발신인　　주식회사 대천　[株式會社大川代表理事]

　　　　　　　　　　서울 동작구 사당로 52, 502호(사당동, 대천빌딩)

　　　　　　　　　　대표이사 윤우상

[서울동작우체국 2016. 12. 15. 16-1256]

이 우편물은 2016년 12월 15일 등기 제1256호에 의하여 내용증명 우편물로 발송하였음을 증명함.
　　　　　　　　　　　서울동작우체국장 [서울동작우체국장인]

서 울 중 앙 지 방 법 원
결 정

사 건   2016카단28782 채권가압류
채 권 자   김범무 (671026-1643567)
         서울 관악구 신림대로56번길 7
채 무 자   주식회사 대천
         서울 동작구 사당로 52, 502호(사당동, 대천빌딩)
         대표이사 윤우상
제3채무자 김은우 (720424-1035817)
         서울 광진구 구의3로 357, 101호(광진빌라)

주 문

채무자의 제3채무자에 대한 별지 기재 채권을 가압류한다.
제3채무자는 채무자에게 위 채권의 지급을 하여서는 아니 된다.
채무자는 다음 청구금액을 공탁하고 집행정지 또는 그 취소를 신청할 수 있다.

청구채권의 내용 2015. 5. 4.자 대여금
청구금액   금 6,000만 원

이 유

이 사건 채권가압류신청은 이유 있으므로 담보로 지급보증위탁계약을 맺은 문서를 제출받고 주문과 같이 결정한다.

                                          정본입니다.
             2016. 5. 12.   2016. 5. 12.
                                          법원주사 김상훈

                  판사 임영호

기록 29면

가압류할 채권의 표시

금 6,000만 원정

채무자가 2015. 11. 29. 제3채무자에게 공급한 수산물 판매대금

....

송 달 증 명 원

사　　　건	서울중앙지방법원 2016카단28782 채권가압류
채 권 자	김범무
채 무 자	주식회사 대천
제 3 채 무 자	김은우
증명신청인	주식회사 대천

위 사건에 관하여 아래와 같이 송달되었음을 증명합니다.

채무자 주식회사 대천　　2016. 5. 14. 채권가압류결정정본 송달
제3채무자 김은우　　　　2016. 5. 14. 채권가압류결정정본 송달. 끝.

> 피압류채권 전액에 대하여 가압류의 효력이 먼저 발생하였으므로, 압류의 경합에 해당하고, 따라서 전부명령은 무효가 된다. 단, 압류는 그 효력이 유지됨을 유의하여야 한다.

2016. 12. 7.

서울중앙지방법원
법원주사 김동효　[서울중앙지방법원 법원주사 인]

공 급 계 약 서

매도인 甲과 매수인 乙은 다음과 같이 합의하여 공급계약을 체결하고, 이를 증명하기 위해 甲과 乙이 서명·날인한 후 계약서 2통을 작성하여 각 1통씩을 보관하기로 한다.

● 상호계산의 합의에 해당한다.

제1조 : 甲은 2016년 9월 10일부터 6개월간 乙에게 건어물을 공급하기로 한다.

제2조 : 乙은 납품대금이 5,000만 원에 달할 때마다 그 날을 변제기일로 하여 그때까지의 대금을 정산 지급하기로 한다.

제3조 : 乙이 위 제2조에 따른 대금을 지급하지 아니할 경우에는 대금이 5,000만 원에 도달한 다음날부터 그 대금에 대하여 연 10%의 연체이자를 지급하기로 한다.

제4조 : 乙이 3개월 이상 위 제2조에 따른 대금을 지급하지 아니할 경우 甲은 乙에 대하여 상당한 담보의 제공을 요구하거나, 전체 납품대금의 일시 지급을 요구할 수 있다.

제5조 : 甲이 납품한 물품에 대하여 乙은 수령한 날로부터 3일 이내에 하자 유무와 반품 여부를 결정하여 통보하여야 하고, 3일이 지난 후에는 이의를 제기할 수 없다.

제6조 : 乙이 이 계약을 해제하고자 할 경우에는 그때까지의 납품대금 전액을 일시에 상환하여야 한다.

제7조 : 이 계약에서 정한 사항 외에는 상법과 상거래상의 관습에 따른다.

2016년 9월 10일

甲: 주식회사 대천 (株式會社大川代表理事)
  대표이사 윤우상

乙: 김원규(690512-1324212) (奎金印元)
  서울 서초구 꽃마을로 210

확 약 서

김원규 귀하

> 주식회사 대천과 윤우상의 채무승인에 해당한다. 시효완성 이후의 채무승인은 시효이익의 포기로 추정한다.

1. 주식회사 대천과 윤우상은 2010. 2. 20. 귀하로부터 공동으로 5천만 원을 차용한 사실이 있습니다.

2. 윤우상은 주식회사 대천의 대표이사로서 이차만과 협의하여 회사가 책임질 부담부분의 채무를 변제하겠습니다.

3. 또한, 윤우상도 공동명의로 돈을 차용한 이상, 만일 2016년 6월 말까지 해결되지 않는 경우에는 본인 명의로 차용한 데 따른 책임으로서 담보라도 제공할 것을 약속합니다.

2016. 6. 5.

확약인

1. 주식회사 대천
   대표이사 윤우상

2. 윤우상 (681202-1424362)
   수원시 권선구 원천로 42

등기사항전부증명서(말소사항 포함) - 토지

[토지] 서울특별시 서초구 방배동 154 고유번호 1234-3704-198532

【표 제 부】		(토지의 표시)			
표시번호	접수	소재지번	지목	면적	등기원인 및 기타사항
1 (전2)	1997년 6월 5일	서울특별시 서초구 방배동 154	대지	150㎡	부동산등기법시행규칙부칙 제3조 제1항의 규정에 의하여 2001년 7월 14일 전산이기

【갑 구】			(소유권에 관한 사항)		
순위번호	등기목적	접수	등기원인	권리자 및 기타사항	
1 (전2)	소유권이전	1998년 1월 15일 제873호	1997년 12월 9일 매매	소유자 박재관 430919-1053415 서울특별시 서초구 방배동 29	
				부동산등기법시행규칙부칙 제3조 제1항의 규정에 의하여 2001년 7월 14일 전산이기	
2	소유권이전	2008년 11월 24일 제54398호	2008년 11월 1일 매매	소유자 김원규 690512-1324212 서울특별시 서초구 서초동 978	

- 이 하 여 백 -

수수료 금 1,000원 영수함   관할등기소 서울중앙지방법원 등기국 / 발행등기소 법원행정처 등기정보중앙관리소

이 증명서는 등기기록의 내용과 틀림없음을 증명합니다.

매매에 기하여 선인도는 되었으나, 등기명의는 이전되지 않았다.

서기 2017년 1월 6일

법원행정처 등기정보중앙관리소 전산운영책임관

*실선으로 그어진 부분은 말소사항을 표시함.   *등기기록에 기록된 사항이 없는 갑구 또는 을구는 생략함.

문서 하단의 바코드를 스캐너로 확인하거나, **인터넷등기소**(http://iros.go.kr)**의 발급확인 메뉴에서 발급확인번호를 입력하여 위·변조 여부를 확인할 수 있습니다. 발급확인번호를 통한 확인은 발행일로부터 3개월까지 5회에 한하여 가능합니다.**

발행번호11360011004936072010961250SLBO114951WOG295021311129   1/1   발행일 2017/01/06

부동산 매매계약서

매도인 甲과 매수인 乙은 다음과 같이 합의하여 계약을 체결하고, 이를 증명하기 위해 甲과 乙이 서명·날인한 후 계약서 2부를 작성하여 각 1부씩을 보관하기로 한다.

제1조 甲은 甲 소유의 아래 부동산을 乙에게 매도하고, 乙은 이를 매수한다.

소 재 지	서울 서초구 방배동 154				
토 지	지 목	대 지	면 적	150m² (평)	

소 재 지	서울 서초구 방배동 154				
건 물	철근콘크리트조	슬라브지붕	근린생활시설	단층 100m² (평)	

제2조 ① 매매대금은 총 20억 원으로 하고, 다음과 같이 지급하기로 한다.

계 약 금	금 2억 원은 계약체결 시에 지급함	2억 원 정히 영수함 奎金印元
중 도 금	금 10억 원은 2015. 8. 1. 지급함	
잔 금	금 8억 원은 아래 특약에 의함	

② 제1항의 계약금은 잔금수령 시에 매매대금의 일부에 충당하기로 한다.

제3조 甲은 乙로부터 매매대금의 잔금 전액을 수령함과 동시에 乙에게 소유권이전등기에 필요한 모든 서류를 교부하고 이전등기에 협력하여야 한다.

제4조 甲은 위 부동산에 설정된 저당권, 지상권, 임차권 등 소유권의 행사를 제한하는 사유가 있거나, 조세·공과금 기타 부담금의 미납금 등이 있을 때에는 잔금 수수일까지 그 권리의 하자 및 부담 등을 제거하여 완전한 소유권을 乙에게 이전하여야 한다.

제5조 乙이 甲에게 중도금을 지불할 때까지는 甲은 계약금의 배액을 상환하고, 乙은 계약금을 포기하고 이 계약을 해제할 수 있다.

중도금 10억 원을 정히 영수함 2015. 8. 1. 奎金印元

특약사항
1. 甲은 중도금 10억 원을 지급받으면서 乙에게 건물을 인도함
2. 乙은 건물을 인도받은 날로부터 1개월 이내에 잔대금을 지급함

> 선인도약정이 있고, 잔금지급기일도 불확정기일로 정하였다.

2015년 7월 1일

매도인	주소	서울 서초구 꽃마을로 210			奎金印元
	주민등록번호	690512-1324212	성명	김원규	
매수인	주소	서울 송파구 올림픽로35길 105			根姜印秀
	주민등록번호	650721-1292425	성명	강수근	
중개인	주소	서울 서초구 사당로25번길 9	상호	행운부동산	
	신고번호	제23228호	성명	강은호	

기록 35면

부동산임대차계약서

부동산의 표시: 서울특별시 서초구 방배동 154 지상 근린생활시설 단층 100㎡

제1조 위 부동산을 임대차함에 있어 임대인과 임차인은 쌍방 합의하에 아래 각 조항과 같은 조건으로 계약한다.

보증금	오억 (500,000,000)원	월세금액	칠백만 (7,000,000)원 (매월 1일 선불)
계약금	일금 50,000,000 원정을 계약당일 임대인에게 지불함 위 금액을 정액 수령함. 2016. 3. 15. 강수근 (印)		
중도금	일금 원정을 년 월 일 지불하고		
잔금	일금 450,000,000 원정을 2016년 4월 1일 소개인 입회하에 지불키로함 위 금액을 정액 수령함. 2016. 4. 1. 강수근 (印)		

제2조 부동산은 2016년 4월 1일 인도하기로 한다.

제3조 임대기간은 2016년 4월 1일부터 2018년 3월 31일까지(2년)로 한다.

제4조 임차인은 임대인의 승인 없이는 건물의 형상을 변경할 수 없다.

※ 특약사항: 1. 임차인이 차임을 지체할 시에는 월 3%의 지체상금을 지불한다.
2. 임대차가 종료한 후 임차인이 임대차 목적물을 즉시 임대인에게 반환하지 않을 경우에는 사용기간 동안 차임의 배액을 지급하기로 한다.

위 계약조건을 증명하기 위하여 본 계약서를 2부 작성하여 각자 1부씩 보관한다.

2016. 4. 1. 임대차가 개시되었으므로,
위 매매계약에 따른 잔금의 지급기일은
2016. 5. 1.이 된다.

2016년 3월 15일

임대인 강 수 근 (650721-1292425) (印)
서울 송파구 올림픽로35길 105

임차인 1. 박 수 현 (520410-2143651) (印)
서울 마포구 공덕대로 16
2. 한 우 경 (580421-2237382) (印)
서울 마포구 염창로 453

매매잔대금 감액 요청서

발신인: 강수근 (650721-1292425)

　　　　서울 송파구 올림픽로35길 105

수신인: 김원규 (690512-1324212)

　　　　서울 서초구 꽃마을로 210

1. 귀하의 댁내 두루 평안하기를 기원합니다.
2. 귀하도 알다시피 이 사건 계약 체결 무렵 방배동 154 토지 인근에 지하철 2호선의 출입구가 새로 개통될 예정이었고, 본인은 이를 신뢰하여 비싼 가격으로 귀하로부터 서울 서초구 방배동 154 대지 및 그 지상건물을 20억 원에 매수한 사실이 있습니다.
3. 그 후 본인은 귀하에게 2015. 7. 1. 매매계약금 2억 원을 지급하였고, 2015. 8. 1. 중도금 10억 원을 지급하면서 귀하로부터 위 건물을 인도받았습니다.
4. 그런데 지금껏 지하철역 출입구도 설치되지 않았고, 확인한 바에 의하면 출입구 설치계획이 무산되었다고 합니다.
5. 이로써 재산가치가 최소 20% 이상 감소될 것임은 물론, 당장 본인은 부득이하게 헐값에 임대를 하게 되었고, 앞으로도 임대에 애를 먹을 것이 뻔하니 매매대금 중 최소 3억 원은 감액되는 것이 마땅하고, 따라서 본인으로서는 잔대금 중 3억 원은 절대로 지급할 수 없으니 나머지 5억 원을 지급받는 조건으로 이전등기서류 일체를 준비해서 연락주시기 바랍니다.

　　　　　　　　　　2016년 4월 10일

> 잔금지급기일 전 명시적인 이행거절에 해당하고, 상대방은 이행의 제공없이 매매계약을 해제할 수 있게 된다.

　　　　발신인　강수근

　　　　서울 송파구 올림픽로35길 105

서울송파우체국
2016. 4. 10.
16-1589

이 우편물은 2016년 4월 10일 등기 제1589호에 의하여 내용증명 우편물로 발송하였음을 증명함.

　　　　　　서울송파우체국장

매매계약 해제 통지서

수신인: 강수근 (650721-1292425)
　　　　 서울 송파구 올림픽로35길 105

1. 귀하의 댁내 두루 평안하기를 기원합니다.
2. 귀하가 2016. 4. 10. 본인에게 보낸 매매잔대금 감액 요청서는 2016. 4. 12. 잘 수령하였습니다.
3. 귀하가 인근에 지하철 출입구가 개통된다는 말에 속아서 본건 부동산을 비싸게 샀다고 주장하면서 매매잔대금을 지급하지 않고 그 감액을 요청하고 있으니 대단히 유감입니다.
4. 오히려 종전에 소송을 통해 밝힌 바와 같이, 귀하는 매매계약 전부터 인근의 공인중개사 등 주변 사람들에게 본인 소유의 토지가 지하철 출입구 공사 때문에 강제수용될 것이라는 소문을 악의적으로 퍼뜨렸고, 그 소문에 속아서 본인은 시세보다 훨씬 싼 가격에 매도하였으니, 책임을 물어도 사기를 당한 내가 물어야 할 것입니다.
5. 그런 뜻에서 본인은 마지막으로 귀하에게 매매잔대금 8억 원을 2016. 6. 30.까지 지급해 주실 것을 통보합니다. 만약 그 일자까지 지급하지 않을 시는 별도의 통지 없이 매매계약이 해제되는 것으로 하겠습니다.

> 정지조건부 해제의 의사표시로 원칙적으로 유효하고, 해제의 효력은 최고기간이 만료하는 때 발생한다.

2016년 5월 30일

발신인　김원규　

서울 서초구 꽃마을로 210

이 우편물은 2016년 5월 30일 등기 제1450호에 의하여 내용증명 우편물로 발송하였음을 증명함.
서울서초우체국장

우편물배달증명서

수취인의 주거 및 성명
강수근
서울 송파구 올림픽로35길 105

접수국명	서초국인	접수연월일	2016년 05월 30일
접수번호	제1450호	배달연월일	2016년 05월 31일

적 요
　본인 수령
　강수근 (根姜印秀)

2017. 01. 03.

송파우체국장 (서울송파우체국장인)

임료 시세 확인서

부동산 표시

서울 서초구 방배동 154 대지 150㎡ 및

위 지상 철근콘크리트조 슬라브지붕 단층 근린생활시설 100㎡

위 대지 및 건물을 전부 사용하는 경우

아래와 같이 월세가 형성되어 있음을 확인합니다.

1. 임대차보증금이 5억 원인 경우 월세 700만 원 ········
2. 임대차보증금이 없는 경우 월세 1,000만 원 ········

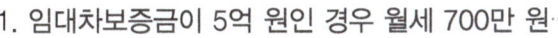

부당이득반환의 산정기준이 되고, 매매계약해제로 인한 사용이익의 반환청구 시 임대차보증금이 없는 경우의 월차임이 산정기준이 됨을 유의하여야 한다.

참고: 1. 위 평가는 2015년 8월을 기준으로 이루어진 것임

2. 현재까지도 시세의 변동은 없는 것으로 판단됨

3. 위 평가는 인터넷 관련 사이트에서 거래된 내역을 토대로 이루어진 것으로서, 공적인 판단과는 무관함

2017. 1. 10.

공인중개사 권혁천

통 지 서

발신인: 김원규

　　　　서울 서초구 꽃마을로 210

수신인: 1. 박수현

　　　　　서울 마포구 공덕대로 16

　　　　2. 한우경

　　　　　서울 마포구 염창로 453

1. 귀하들의 댁내 행운을 빕니다.
2. 귀하들이 함께 음식점 영업을 하고 있는 서울 서초구 방배동 154 건물은 잘 아시다시피 본인이 강수근에게 매도했던 건물입니다.
3. 그런데 강수근이 아직까지도 잔대금을 지급하지 않는 바람에 본인은 부득이 강수근에 대한 매매계약을 해제하였습니다.
4. 그러하오니, 귀하들께서도 이 점을 양해하시고 즉시 건물을 본인에게 인도하여 주실 것을 통보드립니다.
5. 만일 인도하지 않을 경우에는 불법점유가 되어 법적인 책임이 따르게 된다는 점을 양지하시기 바랍니다.

　　　　　　　　　　　　　　　　　▸ 임차인에 대한 인도청구

　　　　　　　　　　2016. 7. 5.

　　　　　　발신인　김원규　

　　　　　　　서울 서초구 꽃마을로 210

서울서초우체국
2016. 07. 05.
16-6295

이 우편물은 2016년 07월 05일 등기 제6295호에 의하여 내용증명 우편물로 발송하였음을 증명함.
　　　　　　　　　서울서초우체국장

[기록 41면]

답 변 서

수신인: 김원규
서울 서초구 꽃마을로 210

통지서의 도달일자

> 기판력항변에 해당한다. 전소와 후소는 소유권에 기한 인도청구권으로 소송물은 동일하나 전소 변론종결일 이후 매매계약의 해제라는 사정변경이 발생하였다. 만약 해제권이 변론종결 전 발생하였다면, 기판력에 의하여 해제권이 차단됨을 유의하여야 한다.

1. 귀하가 보낸 7월 5일자 통지서는 본인들이 7월 6일에 잘 받아보았습니다.
2. 본인들은 강수근과 정상적인 임대차계약을 체결하고 식당영업을 하고 있습니다.
3. 그런데 귀하가 갑자기 건물을 넘겨달라고 하니 어찌할 바를 모르겠고, 임대인 강수근에게 물어보니 "줄 돈은 다 줬으니까 문제될 것 없고, 종전에 김원규가 소송을 걸어왔지만 내가 승소도 했으니, 서둘러서 사업자등록만 하면 걱정할 필요 없이 영업을 계속 할 수 있다"고 말하였습니다.
4. 본인들은 강수근으로부터 받은 판결서 사본을 들고 전문가에게 물어보니 매매계약을 해제했다고 해서 다시 소송할 수는 없다고 들었고, 근처의 중개사 사무실에 가서 물어보더라도 본인들은 공동명의로 사업자등록까지 마친 임차인이어서 법의 보호를 받을 수 있으므로 매매계약이 해제되더라도 건물소유주에게 건물을 넘겨줄 필요가 없다고 합니다.
5. 또한 비록 건물소유주라 하더라도 그로부터 보증금을 받기 전에는 건물을 넘겨주지 않아도 되고, 넘겨주더라도 임대인에게 넘겨주어야 할 것이라고 들었습니다.
6. 귀하와 강수근 사이에서 발생한 문제의 내막을 잘 알지는 못하지만, 본인들은 귀하가 강수근에게 건물을 팔고 인도해준 사실을 분명히 확인하고서 전 재산이나 다름없는 5억 원을 보증금으로 지불하고 식당영업을 시작했는데, 우리와는 아무 상관도 없는 문제로 대책도 없이 건물을 넘겨달라고 하는 것은 심히 부당한 일이라고 생각됩니다.
7. 귀하와 강수근 사이의 문제가 원만히 해결되어 우리에게 피해가 없기를 바랍니다.

〈첨부〉 판결서 사본, 확정증명원 사본, 사업자등록증

상가건물임대차보호법상 대항력을 구비하였으므로, 해제로부터 보호받는 제3자임을 주장하고 있다.

보증금반환에 대한 동시이행항변

2016. 7. 16.

발신인 1. 박 수 현 (鉉朴印秀)
서울 마포구 공덕대로 16

2. 한 우 경 (韓又京)
서울 마포구 염창로 453

[서울마포우체국 2016. 07. 16. 16-7819]

이 우편물은 2016년 07월 16일 등기 제7819호에 의하여 내용증명 우편물로 발송하였음을 증명함.
서울마포우체국장

서울동부지방법원

제 12 민사부

판 결

사 건	2015가합9825 건물인도
원 고	김원규 (690512-1324212)
	서울 서초구 꽃마을로 210
피 고	강수근 (650721-1292425)
	서울 송파구 올림픽로35길 105
	소송대리인 변호사 황용헌
변론종결	2016. 3. 10.
판결선고	2016. 3. 31.

● 기판력의 표준시

주 문

1. 원고의 청구를 기각한다.
2. 소송비용은 원고가 부담한다.

청 구 취 지

피고는 원고에게 서울 서초구 방배동 154 지상 철근콘크리트조 슬라브지붕 단층 근린생활시설 100㎡를 인도하라.

이 유

사 업 자 등 록 증

(등록번호 서초 16-186315)

① 명칭(상호) : 현경

② 공동대표자 : 1. 박수현(520410-2143651)
             2. 한우경(580421-2237382)

> 원고의 해제의 의사표시이후 대항력을 구비하였고, 대항력 구비 당시 임차인들은 매매계약이 해제되었음을 알고 있었다.

③ 개업 연월일 : 2016년 7월 11일

④ 사업장 소재지 : 서울특별시 서초구 방배동 154

⑤ 본점 소재지 : 상동

⑥ 사업의 종류 : [업태] 요식업 [종목] 일반음식점

⑦ 교부사유 : 신규

⑧ 주류판매 신고번호 : 2016-42127442

2016년 7월 11일

서 울 서 초 세 무 서 장

민사법
기록형

2017년도 제6회
변호사 시험
답안

소 장

원   고   김원규(690512-1324212)
          서울 서초구 꽃마을로 210
          소송대리인 변호사 박재남
          서울 서초구 서초대로 100, 708호 (서초동, 정화빌딩)
          전화 02-515-3000, 팩스 02-515-3001, 이메일 jnpark@naver.com

> 등기·등록의 의사표시를 명하는 청구에 대해서는 당사자의 주민등록번호를 기재하여야 하고, 통상의 금원청구 등에 있어서는 당사자의 주민등록번호를 기재할 필요가 없다고 해설하고 있으나, 사안과 같은 병합청구의 경우 주민등록번호를 전부 기재하였다.

피   고   1. 이차만(700124-1752324)
              서울 서초구 방배대로 29

          2. 주식회사 대천
              서울 동작구 사당로 52, 502호(사당동, 대천빌딩)
              대표이사 윤우상

          3. 윤우상(681202-1424362)
              수원시 권선구 원천로 42

          4. 강수근(650721-1292425)
              서울 송파구 올림픽로 35길 105

          5. 박수현(520410-2143651)
              서울 마포구 공덕대로 16

          6. 한우경(580421-2237382)
              서울 마포구 염창로 453

대여금 등 청구의 소

청 구 취 지

1. 피고 이차만은 원고에게 서울 영등포구 문래동 299 대 300㎡ 중 2/7지분에 관하여 진정명의회복을 원인으로 한 소유권이전등기절차를 이행하라.

2. 피고 이차만은 원고에게 83,000,000원 및 이에 대한 2016. 1. 5.부터 이 사건 소장부본 송달일까지는 연 5%의, 그 다음날부터 다 갚는 날까지는 연 15%의 각 비율에 의한 금원을 지급하라.

3. 피고 이차만은 피고 주식회사 대천에게 200,000,000원 및 이에 대한 2014. 10. 5.부터 이 사건 소장부본 송달일까지는 연 5%의, 그 다음날부터 다 갚는 날까지는 연 15%의 각 비율에 의한 금원을 지급하라.

4. 피고 주식회사 대천, 피고 윤우상은 연대하여 원고에게 50,000,000원 및 이에 대한 2011. 2. 21.부터 이 사건 소장부본 송달일까지는 연 6%의, 그 다음날부터 다 갚는 날까지는 연 15%의 각 비율에 의한 금원을 지급하라.

5. 피고 강수근은 원고로부터 1,200,000,000원 및 그 중 200,000,000원에 대하여는 2015. 7. 1.부터, 1,000,000,000원에 대하여는 2015. 8. 1.부터 각 다 갚는 날까지 연 5%의 비율에 의한 금원을 지급받음과 동시에, 원고에게 80,000,000원을 지급하라.

6. 피고 박수현, 한우경은 원고에게,

   가. (공동하여) 서울 서초구 방배동 154 대 150㎡ 및 위 지상 철근콘크리트조 슬라브지붕 단층 근린생활시설 100㎡를 인도하고,

   나. 공동하여 2016. 4. 1.부터 위 가항 기재 부동산의 인도완료일까지 월 10,000,000원의 비율에 의한 금원을 지급하라.

7. 소송비용은 피고들이 부담한다.

8. 제2항, 제3항, 제4항, 제5항 및 제6항은 각 가집행할 수 있다.

라는 판결을 구합니다.

청 구 원 인

1. 피고 이차만에 대한 소유권이전등기의 청구

가. 소외 김창근의 소유권취득 및 상속개시

원고의 부친인 소외 김창근은 1995. 4. 30. 서울 영등포구 문래동 299 대 300㎡(이하 '문래동 토지' 라 합니다)에 관하여 서울남부지방법원 영등포등기소 같은 날 접수 제15230호로 소유권이전등기를 마친 후 소유권을 취득하였고, 김창근이 2005. 9. 7. 사망함에 따라 상속이 개시되었습니다. 사망당시 상속인으로는 소외 처 최숙이, 자 김원호, 자 원고가 있었으므로, 원고는 문래동 토지의 2/7의 지분을 상속을 원인으로 취득하게 되었습니다.

> 원고가 소유권자인 사실은 피상속인이 소유권자인 사실, 상속이 개시된 사실, 원고가 상속받은 사실이 된다.

나. 무효의 협의분할 및 피고 이차만 명의의 소유권이전등기의 경료

위와 같이 원고가 문래동 토지의 2/7의 지분을 취득하였음에도 불구하고, 원고의 모 최숙이는 원고의 동의없이 원고의 인감증명서를 발급받은 후 원고의 인감도장을 사용하여 문래동 토지 전부를 김원호가 상속한다는 내용의 최숙이, 원고, 김원호 명의의 상속재산 협의분할 약정서를 위조하여, 위 약정서에 기하여 2007. 9. 20. 김원호 단독명의의 소유권이전등기를 마쳤습니다. 원고는 위 약정서를 작성하거나 약정서의 작성에 관하여 모 최숙이에게 대리권을 수여한 적이 없으므로, 위 약정서는 원고의 상속분의 범위내에서는 무효이고, 따라서 김원호 명의의 소유권이전등기도 2/7의 지분의 범위내에서는 실체적 권리관계없이 마쳐진 원인무효의 등기입니다.

한편, 피고 이차만은 2014. 6. 12. 문래동 토지에 관하여 2014. 6. 9. 매매를 원인으로 소유권이전등기를 마쳤는데, 위에서 말씀드린 바와 같이 김원호 명의의 이전등기가 2/7 지분의 범위내에서는 원인무효이므로, 이에 기하여 마쳐진 피고 이차만 명의의 이전등기도 위 지분의 범위내에서는 무효입니다.

따라서 원고는 피고 이차만에게 문래동 토지의 2/7의 지분에 관하여 말소등기청구에 갈음한 진정명의회복을 원인으로 한 소유권이전등기절차의 이행을 청구할 수 있습니다.

> 피고에 예상주장에 대한 반박의 기재방법으로는 통상 (1) 피고의 주장의 요지를 일괄 기재하고, 이에 대한 반박내용을 별개의 목차로 기재하는 방법, (2) 쟁점별로 나누어 기재하는 방법 등이 있는데, 자신의 선호에 따라 기재방법을 선택하면 되고, 아래에서는 위 2가지의 기재방법을 모두 소개한다.

다. 피고 이차만의 예상주장 및 이에 대한 반박

피고 이차만은 ① 등기부를 신뢰한 매수인이므로 자신의 등기가 유효하고, ② 만약 등기가 무효라고 하더라도 상속개시일로부터 10년이 도과하여 원고의 상속회복청구권은 이미 제척기간을 도과하였다고 주장할 수 있으나, 피고 이차만의 주장은 아래와 같은 이유로 근거가 없습니다.

> 대법원 1981. 1. 27. 선고 79다854 전원합의체 판결. 진정상속인이 참칭상속인으로부터 상속재산을 양수한 제3자를 상대로 등기말소청구를 하는 경우에도 상속회복청구권의 단기의 제척기간이 적용된다.

현행법상 등기에는 공신력이 없고, 부동산에 대해서는 선의취득이 인정되지 않으므로, 피고 이차만의 위 주장은 근거가 없습니다. 또한 민법 제999조 제2항은 '상속회복청구권은 그 침해를 안 날부터 3년, 상속권의 침해행위가 있은 날부터 10년을 경과하면 소멸된다.'고 규정하고 있는데, 원고가 문래동 토지의 처분사실을 안 것은 2016. 6. 중순경이어서 소 제기일 현재 3년이 도과하지 않았고, 또한 문래동 토지가 처분된 날은 2007. 9. 20.이므로 소 제기일 현재 침해행위가 있은 날로부터 10년이 도과하지 않았습니다. 따라서 피고 이차만의 위 주장은 근거가 없습니다.

2. 피고 이차만에 대한 대여금 청구

가. 소비대차계약의 체결

원고는 2010. 1. 5. 피고 이차만의 대리인인 피고 윤우상에게 1억 원을 이자율 연 4%(원금상환시 일괄지급), 변제기는 정하지 아니하고 대여하였고, 같은 날 대여금을 지급하였습니다.

또한 원고는 2015. 12. 27. 피고 이차만에게 원금 1억 원 및 이에 대한 약정이자를 2016. 1. 4.까지 지급할 것을 최고하였는데, 민법 제603조 제2항에 따라 반환시기의 약정이 없는 때에는 대주는 상당한 기간을 정하여 반환을 최고하여야 하고, 최고기간이 도과하면 차주는 지체책임을 부담하게 됩니다.

따라서 피고 이차만은 일응 대여금 원금 1억원 및 이에 대한 대여일인 2010. 1. 5.부터 최고기간만료일인 2016. 1. 4.까지는 약정이율인 연 4%의, 그 다음날부터 다 갚는 날까지는 민법에 따른 연 5%의 각 비율에 의한 이자 또는 지연손해금을 지급하여야 합니다.

> 대법원 2009. 12. 24. 선고 2009다85342 판결. 민법 제397조 제1항은 본문에서 금전채무불이행의 손해배상액을 법정이율에 의할 것을 규정하고 그 단서에서 "그러나 법령의 제한에 위반하지 아니한 약정이율이 있으면 그 이율에 의한다"고 정한다. 이 단서규정은 약정이율이 법정이율 이상인 경우에만 적용되고, 약정이율이 법정이율보다 낮은 경우에는 그 본문으로 돌아가 법정이율에 의하여 지연손해금을 정할 것이다. 우선 금전채무에 관하여 아예 이자약정이 없어서 이자청구를 전혀 할 수 없는 경우에도 채무자의 이행지체로 인한 지연손해금은 법정이율에 의하여 청구할 수 있으므로, 이자를 조금이라도 청구할 수 있었던 경우에는 더욱이나 법정이율에 의한 지연손해금을 청구할 수 있다고 하여야 한다.

나. 피고 이차만의 예상주장 및 이에 대한 반박

(1) 피고 이차만의 주장의 요지

피고 이차만은 ① 피고 윤우상에게 소비대차계약의 체결에 관한 대리권을 수여한 적이 없으므로 위 소비대차는 무권대리행위로 무효이고, ② 소비대차계약이 유효하다 하더라도 원고의 대여금채권은 이미 시효로 소멸하였으며, ③ 원고의 대여금채권이 현재까지 잔존하고 있다면 자신의 원고에 대한 4천만 원 상당의 손해배상금채권을 자동채권으로 대등액의 범위에서 상계하겠다고 주장할 수 있으나, 피고 이차만의 주장은 상계항변 외에는 근거가 없습니다.

(2) 무권대리 항변

무권대리 주장과 관련하여, 피고 이차만은 피고 윤우상의 무권대리행위를 알고도 상당기간 동안 아무런 이의를 제기하지 않았고, 나아가 피고 이차만은 위 대여금 채무의 상환을 담보하기 위하여 2012. 2. 20. 자신의 소유인 서울 서초구 방배동 352 대 200㎡에 관하여 매매예약을 원인으로 한 담보가등기를 설정해 주었습니다. 위와 같이 채무의 상환을 위한 담보의 제공행위는 무권대리행위를 알고 이를 추인한 것이므로 이에 관한 피고 이차만의 주장은 근거가 없습니다.

대법원 2012. 7. 26. 선고 2011다43594 판결

(3) 소멸시효 항변

소멸시효 주장과 관련하여, 피고 이차만은 원고의 대여금 채권이 상사채권에 해당하여 5년의 소멸시효가 적용된다는 점을 전제로 시효완성을 주장하고 있으나, 사안과 같이 타인의 영업을 위한 준비행위가 상행위에 해당하는지 여부에 대하여 판례는 '영업을 준비하는 행위가 보조적 상행위로서 상법의 적용을 받기 위해서는 행위를 하는 자 스스로 상인자격을 취득하는 것을 당연한 전제로 하므로, 어떠한 자가 자기 명의로 상행위를 함으로써 상인자격을 취득하고자 준비행위를 하는 것이 아니라 다른 상인의 영업을 위한 준비행위를 하는 것에 불과하다면, 그 행위는 행위를 한 자의 보조적 상행위가 될 수 없다. 여기에 회사가 상법에 의해 상인으로 의제된다고 하더라도 회사의 기관인 대표이사 개인은 상인이 아니어서 비록 대표이사 개인이 회사 자금으로 사용하기 위해서 차용한다고 하더라도 상행위에 해당하지 아니하여 차용금채무를 상사채무로 볼 수 없는 법리를 더하여 보면, 회사 설립을 위하여 개인이 한 행위는 그것이 설립중 회사의 행위로 인정되어 장래 설립될 회사에 효력이 미쳐 회사의 보조적 상행위가 될 수 있는지는 별론으로 하고, 장래 설립될 회사가 상인이라는 이유만으로 당연히 개인의 상행위가 되어 상법 규정이 적용된다고 볼 수는 없다.'고 판시하여 상행위가 아니라고 판단하였습니다. 따라서 원고의 대여금채권은 민사채권이어서 10년의 소멸시효가 적용됩니다.

나아가 원고의 대여금채권이 상사채권이라고 하더라도 피고 이차만은 위 대여금 채무의 상환을 담보하기 위하여 시효기간 진행중인 2012. 2. 20. 자신의 소유인 서울 서초구 방배동 352 대 200㎡에 관하여 매매예약을 원인으로 한 담보가등기를 설정해 주었는데,

이는 채무의 승인이고, 위 승인일로부터 5년이 도과하지 않은 상태에서 이 사건 소가 제기되었기 때문에 피고 이차만의 위 주장은 모두 근거가 없습니다.

(4) 상계항변

> 상담내용 7에 도달일자 기재

피고 이차만은 2016. 3. 9. 피고 이차만이 원고에 대하여 보유하고 있는 4천만 원의 손해배상금채권을 자동채권으로 하여 상계한다는 의사표시를 하여, 위 의사표시는 2016. 3. 10. 원고에게 도달하였습니다.

상계적상일은 자동채권과 수동채권 중 변제기가 늦게 도달한 일자가 되는데, 사안에서 자동채권의 변제기는 2015. 12. 4.이고, 수동채권의 변제기는 2016. 1. 4. 이므로 상계적상일은 2016. 1. 4.이 됩니다.

상계적상일을 기준으로 자동채권과 수동채권의 액수를 보면, 자동채권의 액수는 41,000,000원(= 40,000,000원 + 40,000,000원 X 월 2.5% X 1개월)이고, 수동채권은 원금 100,000,000원 및 이자 24,000,000원(= 100,000,000원 X 연 4% X 6년)이 됩니다.

위와 같이 수동채권이 둘 이상인 경우 상계로 소멸하는 수동채권은 법정변제충당의 순서에 의하므로 민법 제479조 및 제499조에 따라 총비용, 총이자, 총원본의 순서로 소멸하게 되는데, 자동채권 41,000,000원은 먼저 수동채권의 이자 24,000,000원의 변제에 충당되고, 나머지 17,000,000원이 수동채권의 원금에 충당되어 위 수동채권은 상계적상일에 소급하여 위 자동채권과 대등액의 범위에서 순차로 소멸하여, 상계적상일 기준 원금 83,000,000원 및 이에 대한 상계적상일 다음날인 2016. 1. 5.부터 다 갚는 날까지의 지연손해금만이 남게 됩니다.

다. 소결

따라서 피고 이차만은 원고에게 잔존원금 83,000,000원 및 이에 대한 상계적상일 다음날인 2016. 1. 5.부터 이 사건 소장부본 송달일까지는 민법에 따른 연 5%의, 그 다음날부터 다 갚는 날까지는 소송촉진 등에 관한 특례법에 따른 연 15%(2015. 10. 1. 이후 청구부터는 15%, 2019. 6. 1. 이후 청구부터는 12% 개정)의 각 비율에 의한 지연손해금을 지급할 의무가 있습니다.

3. 피고 이차만에 대한 주주대표소송

가. 이사의 임무해태로 인한 회사의 손해의 발생

피고 이차만은 대표이사로 근무중이던 2014. 10. 5. 중국 산동주식회사에게 무담보 외상거래를 하여 피고 주식회사 대천에게 합계 2억 원을 손해를 입혔는데, 당시 피고 주식회사 대천의 내규에는 1억 원 이상의 외상거래시 금융기관의 신용장이나 담보설정을 받아야 한다고 규정하고 있었습니다. 따라서 피고 이차만은 이사의 임무해태로 인하여 회사에 손해를 입힌 것입니다.

나. 주주대표소송의 제기

원고는 2016. 12. 1. 피고 주식회사 대천의 전체 발행주식 20,000주 중 100분의 1 이상에 해당하는 400주를 가진 주주로서 피고 주식회사 대천에게 피고 이차만에 대한 손해배상청구소송을 제기해 줄 것을 요청하였고, 위 요청은 2016. 12. 3. 피고 주식회사 대천에 도달되었습니다.

위 요청에도 불구하고 피고 주식회사 대천은 요청일로부터 30일이 지난 이 사건 소제기일 현재까지 피고 이차만에 대한 소송을 제기하지 않고 있기에, 원고는 상법 제403조 제3항에 따른 주주대표소송을 제기하고자 합니다.

> 서울고등법원 2010. 2. 5. 선고 2009나13172 판결 중 청구취지 부분에 따르면, 원칙적으로 위법행위일을 기준으로 지연손해금을 청구할 수 있는 것으로 생각된다.

따라서 피고 이차만은 피고 주식회사 대천에게 손해배상금 2억 원 및 이에 대한 위법행위일인 2014. 10. 5.부터 이 사건 소장부본 송달일까지는 민법에 따른 연 5%의, 그 다음 날부터 다 갚는 날까지는 소송촉진 등에 관한 특례법에 따른 연 15%의 각 비율에 의한 지연손해금을 지급할 의무가 있습니다.

> 대법원 2004. 3. 26. 선고 2003다34045 판결. 상법 제54조의 상사법정이율은 상행위로 인한 채무나 이와 동일성을 가진 채무에 관하여 적용되는 것이고, 상행위가 아닌 불법행위로 인한 손해배상채무에는 적용되지 아니한다.

다. 피고 이차만의 예상주장 및 이에 대한 반박

대법원 2007. 7. 26. 선고 2006다33685 판결

피고 이차만은 위 외상거래가 경영상의 판단에 따른 것이어서 자신의 책임이 없다고 주장할 수 있으나, 이와 관련하여 판례는 '상법 제399조는 이사가 법령에 위반한 행위를 한 경우에 회사에 대하여 손해배상책임을 지도록 규정하고 있는데, 이사가 임무를 수행함에 있어서 위와 같이 법령에 위반한 행위를 한 때에는 그 행위 자체가 회사에 대하여 채무불이행에 해당되므로 이로 인하여 회사에 손해가 발생한 이상, 특별한 사정이 없는 한 손해배상책임을 면할 수 없다. 한편, 이사가 임무를 수행함에 있어서 선량한 관리자의 주의의무를 위반하여 임무위반으로 인한 손해배상책임이 문제되는 경우에도, 통상의 합리적인 금융기관의 임원이 그 당시의 상황에서 적합한 절차에 따라 회사의 최대이익을 위하여 신의성실에 따라 직무를 수행하였고 그 의사결정과정 및 내용이 현저하게 불합리하지 않다면, 그 임원의 행위는 경영판단의 허용되는 재량범위 내에 있다고 할 것이나, 위와 같이 이사가 법령에 위반한 행위에 대하여는 원칙적으로 경영판단의 원칙이 적용되지 않는다고 할 것이다.'라고 판시하였습니다.

위 판결에 따르면 피고 이차만은 회사의 내규를 위반하여, 5천만 원의 선물까지 받은 상태에서 무담보 외상거래를 한 것이므로 선량한 관리자의 주의의무를 위반한 것입니다.

4. 피고 주식회사 대천 및 피고 윤우상에 대한 대여금청구

가. 소비대차계약의 체결

원고는 2010. 2. 20. 회사의 운영자금 명목으로 피고 주식회사 대천과 피고 윤우상에게 5천만 원을, 무이자로 변제기 대여일로부터 1년 후(2011. 2. 20.)로 정하여 대여하고, 같은 날 대여금을 지급하였습니다. 그리고 변제기가 도과한 현재까지 위 차주들은 대여금의 원금과 지연손해금을 전혀 상환하지 않고 있습니다.

한편, 상법 제57조에 따르면 수인이 그 1인 또는 전원에게 상행위가 되는 행위로 인하여 채무를 부담한 때에는 연대하여 변제할 책임이 있습니다. 사안에서 피고 주식회사 대천은

상인이고, 위 차용행위는 상행위이므로 피고 주식회사 대천과 피고 윤우상은 연대하여 대여금을 상환하여야 합니다.

> 상법 제55조 제1항은 상인이 그 영업에 관하여 금전을 대여한 경우에는 법정이자를 청구할 수 있다고 규정하고 있는데, 위 규정은 명시적인 약정이 없음에도 불구하고 상인이 상행위로 대여한 경우에 관한 것이므로, 사안에는 적용할 수 없을 것으로 생각된다.

따라서 피고 주식회사 대천, 피고 윤우상은 연대하여 원금 5천만 원 및 이에 대한 변제기 다음 날인 2011. 2. 21.부터 이 사건 소장부본 송달일까지는 상법에 따른 연 6%의, 그 다음날부터 다 갚는 날까지는 소송촉진 등에 관한 특례법에 따른 연 15%의 각 비율에 의한 지연손해금을 지급할 의무가 있습니다.

나. 피고들의 예상주장 및 이에 대한 반박

(1) 소멸시효 항변

피고들은, 위 대여금 채권의 변제기로부터 5년이 도과하였고, 원고의 압류 및 전부명령은 무효이어서 시효중단의 효력이 없으므로, 원고의 위 대여금채권이 시효로 소멸하였다고 주장할 수 있으나, 피고들의 주장은 아래와 같은 이유로 근거가 없습니다.

원고는 소멸시효기간 만료전인 2015. 12. 20. 대여금의 상환을 최고하였고, 위 최고는 2015. 12. 21. 피고 주식회사 대천에 도달하였습니다. 그리고 원고는 위 도달일로부터 6개월 이내인 2016. 5. 12. 위 대여금 및 이에 대한 지연손해금 채권을 청구채권으로 하여 피고 주식회사 대천의 소외 김은우에 대한 6천만 원 상당의 물품대금채권에 대하여 압류 및 전부명령을 신청하여 위 압류 및 전부명령 결정문이 2016. 5. 22. 김은우에게 송달된 뒤, 2016. 5. 30. 그대로 확정되었습니다.

한편, 위 압류 및 전부명령의 확정전 소외 김범무가 위 피압류채권에 대한 가압류를 신청하여 위 가압류결정문이 2016. 5. 14. 김은우에게 송달되어 그 효력이 발생하였으므로, 원고의 전부명령은 민사집행법 제229조 제5항에 따라 무효이기는 하나, 무효가 되는 부분은 전부명령에 한하는 것이고, 압류의 효력은 그대로 유지되는 것이므로 원고의 대여금채권은 위 압류로 인하여 시효가 중단되었습니다.

나아가, 피고 주식회사 대천과 피고 윤우상은 2016. 6. 5. 확약서를 통하여 시효완성이 후 채무를 승인하였는데, 이는 시효이익의 포기에 해당하므로 원고의 대여금채권은 시효가 중단되었고, 따라서 이에 관한 피고들의 주장은 모두 근거가 없습니다.

> 대법원 1992. 5. 22. 선고 92다4796 판결. 갑의 을에 대한 대여금채무의 시효기간이 도과하였으나, 갑이 을의 갑에 대한 채권을 병에게 양도한다는 내용의 채권양도서에 입회인으로 서명날인까지 하였다면 갑은 소멸시효완성 후에 을에 대한 채무를 승인한 것이고, 시효완성 후 채무를 승인한 채무자는 시효완성의 사실을 알고 그 이익을 포기한 것이라 추정할 수 있다.

(2) 피고 주식회사 대천의 상계항변

또한 피고 주식회사 대천은 2016. 12. 15. 자신의 원고에 대한 3천만 원의 물품대금채권을 자동채권으로 하여 상계를 한다고 주장할 수 있습니다.

그러나 피고 주식회사 대천이 주장하는 위 자동채권은 원고와 피고 주식회사 대천사이의 2016. 9. 10.자 공급계약에 기한 것인데, 위 공급계약은 상법 제72조에 따른 상호계산의 약정이 있는 계약이고, 따라서 상호계산기간이 경과하지 않으면 이에 편입된 채권은 별도로 상계를 할 수 없습니다. 위 공급계약 제1조는 2016. 9. 10.부터 6개월간으로 상호계산기간을 정하였고, 이 사건 소제기일 현재 위 상호계산기간이 종료되지 않았으므로, 피고 주식회사 대천은 상계권을 행사할 수 없습니다.

5. 피고 강수근에 대한 부동산매매계약 해제에 기한 원상회복의 청구

가. 부동산매매계약의 체결

> 매매계약의 요건사실에는 원칙적으로 매도인이 소유권자인 사실은 포함되지 않으나, 해제로 인한 원상회복을 청구하는 경우에는, 원상회복의 법적 성질을 소유권에 기한 물권적 청구권으로 보는 판례에 따르면, 매도인이 소유권자인 사실이 기재되어야 할 것으로 생각된다(채점기준표와 연수원의 기재례도 동일).

원고는 2015. 7. 1. 피고 강수근에게 자기의 소유인 서울 서초구 방배동 154 대 150㎡ 및 위 지상 철근콘크리트조 슬라브 지붕 단층 근린생활시설 100㎡ (이하 대지와 건물을 총칭하여 '방배동 부동산'이라 합니다)을 20억 원에 매도하고, 계약금 2억 원을 계약일에, 중도금 10억 원을 2015. 8. 1.에, 잔금 8억 원을 매수인이 제3자에게 방배동 부동산을 임대한 날로부터 1개월이내에 각 지급하되, 중도금 지급일에 방배동 부동산을 인도하는 것으로 정하였습니다(이하 '이 사건 매매계약'이라 합니다). 이 사건 매매계약에 정한 바에 따라 원고는 피고 강수근으로부터 계약일 및 중도금지급일에 각 계약금과 중도금을 지급받고, 중도금을 지급받음과 동시에 방배동 부동산을 피고 강수근에게 인도하였습니다.

그리고 피고 강수근은 2016. 3. 15. 피고 박수현, 한우경에게 방배동 부동산을 임대차 보증금 5억 원, 월차임 700만 원, 임대차기간 2016. 4. 1.부터 2년간으로 정하여 임대하고, 2016. 4. 1. 방배동 부동산을 위 임차인들에게 인도해 주었습니다.

나. 피고 강수근의 이행거절 및 이에 기한 해제

피고 강수근은 잔금 지급기일인 2016. 5. 1.이 도래하기 전인 2016. 4. 10. 방배동 부동산의 가치가 하락할 것이 예상되므로 잔금 8억 원 중 5억 원만을 지급할 것이라고 주장하면서 매매잔대금의 감액을 요청하였고, 위 요청은 2016. 4. 12. 원고에게 도달하였습니다.

이에 원고는 2016. 5. 30. 피고 강수근에게 매매잔금 8억 원을 2016. 6. 30.까지 지급하지 않으면 매매계약이 해제된 것으로 간주한다는 취지의 정지조건부 해제 통지서를 발송하였고, 위 통지서는 2016. 5. 31. 피고 강수근에게 도달하였으며, 위 최고기간 내 피고 강수근은 잔금 8억 원을 지급하지 않았습니다.

대법원 2011. 2. 10. 선고 2010다77385 판결

위와 같은 매매잔대금의 감액의 요청과 관련하여 판례는 '채무불이행에 의한 계약해제에서 미리 이행하지 아니할 의사를 표시한 경우로서 이른바 "이행거절"로 인한 계약해제의 경우에는 상대방의 최고 및 동시이행관계에 있는 자기 채무의 이행제공을 요하지 아니하여 이행지체시의 계약해제와 비교할 때 계약해제의 요건이 완화되어 있는바, 명시적으로 이행거절의사를 표명하는 경우 외에 계약 당시나 계약 후의 여러 사정을 종합하여 묵시적 이행거절의사를 인정하기 위하여는 그 거절의사가 정황상 분명하게 인정되어야 한다.'고 판시하였고, 정지조건부 해제의 의사표시와 관련하여 판례는 소정의 기간 내에 이행이 없으면 계약은 당연히 해제된 것으로 한다는 뜻을 포함하고 있는 이행청구는 이행청구와 동시에 그 기간 내에 이행이 없는 것을 정지조건으로 하여 미리 해제의 의사를 표시한 것으로 볼 수 있다.'고 판시하여 그 효력을 인정하고 있습니다.

대법원 1992. 12. 22. 선고 92다28549 판결

위 각 판결에 따라 사안을 보면, 피고 강수근은 정당한 근거없이 매매대금의 감액을 요청하면서, 감액없이는 잔금을 지급하지 않을 것임을 명시적으로 표시하였으므로 이는 명시적인 이행거절에 해당하고, 원고의 최고는 정지조건부 해제의 의사표시이므로 원고의 해제는 그 요건을 구비하여 적법한 해제입니다.

그렇다면 이 사건 매매계약은 최고기간이 만료한 2016. 6. 30. 적법하게 해제되었습니다.

다. 원상회복청구로써 사용이익의 반환청구

위와 같이 이 사건 매매계약은 적법하게 해제되었으므로, 피고 강수근은 원고에게 방배동 부동산의 사용으로 인한 사용이익 전부를 반환하여야 하고, 한편 원고는 피고 강수근으로부터 지급받은 계약금과 중도금 및 위 각 금원에 대한 민법에 따른 법정이자를 피고 강수근에게 반환하여야 하며, 원고와 피고 강수근의 각 원상회복의무는 민법 제549조에 따라 동시이행의 관계에 있습니다.

통상의 경우 부동산의 점유·사용으로 인한 이득액은 그 부동산의 보증금없는 차임상당액인데, 원고가 확인한 바에 따르면 방배동 부동산의 점유 개시일인 2015. 8. 1.부터 현재까지의 보증금없는 차임은 월 1천만 원입니다. 이에 피고 강수근은 방배동 부동산의 점유를 시작한 2015. 8. 1.부터 자신이 피고 박수현, 한우경에게 방배동 부동산을 임대하여 점유를 종료한 2016. 3. 31.까지의 차임 합계 8천만 원(1천만 원 X 8개월)을 반환하여야 합니다.

> 2016년도 제1차 법전협 모의고사 채점기준표에 따르면, '1. 피고 이산은 원고로부터 80,000,000원 및 그 중 30,000,000원에 대하여는 2014. 5. 8.부터, 50,000,000원에 대하여는 2014. 6. 10.부터 각 다 갚는 날까지 연 6%의 비율에 의한 금원을 지급받음과 동시에 원고에게, 가. 별지 목록 기재 건물에 관하여 수원지방법원 평택지원 2014. 6. 10. 접수 제10513호로 마친 소유권이전등기의 말소등기절차를 이행하고, 나. 26,000,000원을 지급하라.'고 기재되어 있는데, 사안에서는 원고의 매매대금반환의무와 피고의 사용이익 반환의무를 동시이행으로 기재하여야 할 것으로 생각된다.

따라서 피고 강수근은 원고로부터 계약금과 중도금의 합계금 12억 원 및 그 중 계약금 2억 원에 대하여는 계약금을 지급받은 2015. 7. 1.부터, 그 중 중도금 10억 원에 대하여는 중도금을 지급받은 2015. 8. 1.부터 각 다 갚는 날까지 민법에 따른 연5%의 비율에 의한 법정이자를 지급받음과 동시에 원고에게 위 사용이익 상당의 부당이득금 8천만 원을 반환하여야 합니다.

> 2016년도 제1차 법전협 모의고사 채점기준표에 따르면 매매목적물을 점유하고 있지 않은 매수인에 대해서는 부동산의 인도청구를 구할 실익이 없다고 보아 인도청구를 하지 않았고, 원고가 소유권에 기한 물권적 청구권을 주장하는 경우 간접점유자에 대해서는 인도청구를 할 수 없고, 직접점유자에 대해서만 인도청구를 할 수 있으므로, 현재 점유자인 임차인 피고 박수현, 한우경에 대해서만 인도청구를 하여야 할 것으로 생각된다.

6. 피고 박수현, 한우경에 대한 부동산의 인도청구 및 부당이득의 반환청구

가. 임대차계약의 체결 및 원상회복의 청구

위에서 말씀드린 바와 같이 피고 강수근은 2016. 3. 15. 피고 박수현, 한우경에게 방배동 부동산을 임대차보증금 5억 원, 월차임 700만 원, 임대차기간 2016. 4. 1.부터 2년간으로 정하여 임대하고, 2016. 4. 1. 방배동 부동산을 위 임차인에게 인도해 주었으나, 이 사건 매매계약이 적법하게 해제되었으므로, 피고 박수현, 한우경의 점유는 원고에 대하여 그 권원이 없는 것입니다.

> 공동점유물의 인도의무도 불가분채무이기는 하나, 연수원 기재례에 따르면 공동의 인도의무에 대해서는 별도로 '공동하여' 라는 기재를 추가하지는 않는 것으로 보인다. 이에 인도청구에 대해서는 공동하여 부분을 기재하지 않았다.

따라서 피고 박수현, 한우경은 원고에게 (공동하여) 방배동 부동산을 인도하여야 하고, 공동하여 위 피고들이 방배동 부동산의 점유·사용을 시작한 2016. 4. 1.부터 방배동 부동산의 인도완료일까지 월 1천만 원의 비율에 의한 부당이득금을 반환하여야 합니다. 그리고 피고들의 점유는 인도집행이 완료될 때까지 계속될 것이 예상되므로 장래의 부당이득의 반환을 청구할 필요도 인정됩니다.

> 대법원 2001. 12. 11. 선고 2000다13948 판결. 여러 사람이 공동으로 법률상 원인 없이 타인의 재산을 사용한 경우의 부당이득 반환채무는 특별한 사정이 없는 한 불가분적 이득의 반환으로서 불가분채무이고, 불가분채무는 각 채무자가 채무 전부를 이행할 의무가 있으며, 1인의 채무이행으로 다른 채무자도 그 의무를 면하게 된다.

나. 피고 박수경, 한우경의 예상주장 및 이에 대한 반박

(1) 기판력 항변

피고들은, 원고가 피고 강수근을 상대로 서울동부지방법원 2015가합9825 건물인도청구소송을 제기하였지만 패소하여 그 소송이 확정되었으므로, 이 사건 소송이 위 소송의 기판력에 저촉된다는 취지로 주장할 수 있으나, 위 판결의 변론종결일은 2016. 3. 10.이고 원고의 이 사건 소는 변론종결이후 발생한 새로운 사유인 2016. 4. 10.자 이행거절과 2016. 6. 30.자 해제를 원인으로 한 것이므로 소송물이 동일하더라도 전소의 기판력에 저촉되지 않습니다.

> 대법원 2014. 1. 23. 선고 2013다64793 판결. 일반적으로 판결이 확정되면 법원이나 당사자는 확정판결에 반하는 판단이나 주장을 할 수 없는 것이나, 이러한 확정판결의 효력은 그 표준시인 사실심 변론종결시를 기준으로 하여 발생하는 것이므로, 그 이후에 새로운 사유가 발생한 경우까지 전소의 확정판결의 기판력이 미치는 것은 아니다.

(2) 해제의 제3자 항변

피고들은 방배동 부동산 중 건물에 관하여 2016. 7. 11. 사업자등록을 마쳤으므로, 상가건물임대차보호법에 따른 대항력을 구비한 제3자에 해당하여 원고의 해제권에 대항할 수 있다는 취지로 주장할 수도 있습니다.

> 대법원 1996. 11. 15. 선고 94다35343 판결

그러나 민법 제548조 제1항 단서의 제3자의 범위와 관련하여 판례는 '계약 당사자의 일방이 계약을 해제하였을 때에는 계약은 소급하여 소멸하여 해약 당사자는 각 원상회복의 의무를 지게 되나, 이 경우 계약해제로 인한 원상회복등기 등이 이루어지기 이전에 계약의 해제를 주장하는 자와 양립되지 아니하는 법률관계를 가지게 되었고 계약해제 사실을 몰랐던 제3자에 대하여는 계약해제를 주장할 수 없는 바, 이러한 법리는 실권약관부 매매계약이 실권약관에 의하여 소급적으로 실효된 경우에도 같다.'고 판시하여 해제의 의사표시후 원상회복 전 악의의 제3자에 대해서는 해제로써 대항할 수 있다고 판단하였습니다.

위 판결에 따라 사안을 보면, 원고는 2016. 7. 5. 이 사건 매매계약의 해제사실을 피고들에게 통지하였고, 피고들은 이를 알게 된 이후인 2016. 7. 11. 사업자등록을 마침으로써 대항력을 구비하였으므로, 민법 제549조 제1항 단서의 보호받는 제3자에 해당하지 않습니다.

> 대법원 2008. 4. 10. 선고 2007다38908 판결. 주택임대차보호법이 적용되는 임대차로서는 반드시 임차인과 주택의 소유자인 임대인 사이에 임대차계약이 체결된 경우에 한정된다고 할 수는 없고, 주택의 소유자는 아니지만 주택에 관하여 적법하게 임대차계약을 체결할 수 있는 권한을 가진 임대인과 사이에 임대차계약이 체결된 경우도 포함되고, 매매계약의 이행으로 매매목적물을 인도받은 매수인은 그 물건을 사용·수익할 수 있는 지위에서 그 물건을 타인에게 적법하게 임대할 수 있으며, 이러한 지위에 있는 매수인으로부터 매매계약이 해제되기 전에 매매목적물인 주택을 임차받아 주택의 인도와 주민등록을 마침으로써 주택임대차보호법 제3조 제1항에 의한 대항요건을 갖춘 임차인은 민법 제548조 제1항 단서의 규정에 따라 계약해제로 인하여 권리를 침해받지 않는 제3자에 해당하므로 임대인의 임대권원의 바탕이 되는 계약의 해제에도 불구하고 자신의 임차권을 새로운 소유자에게 대항할 수 있다.

(3) 보증금반환과 동시이행항변

또한 피고들은 피고 강수근과의 임대차계약에 따른 보증금을 반환 받기 전까지는 방배동 부동산을 인도할 수 없다고 주장할 수도 있으나, ① 원고와 피고들은 직접적인 계약의 당사자가 아니어서 임대차계약에 따른 동시이행관계가 인정될 수 없고, ② 피고들이 민법 제549조 제1항 단서의 보호받는 제3자에 해당하지 않아 원고는 피고 강수근의 임대차계약상 임대인의 의무를 승계하지도 않으며, ③ 피고들이 지급한 임대차보증금은 임대목적물에 관한 것이 아니어서 이를 피담보채권으로 유치권을 행사할 수도 없습니다. 따라서 이에 관한 피고들의 주장은 모두 근거가 없습니다.

> 대법원 1976. 5. 11. 선고 75다1305 판결

7. 결론

위와 같은 이유로 피고들에 대하여 청구취지의 기재와 같은 판결을 선고하여 주시기 바랍니다.

증 명 방 법

첨 부 서 류

2017. 1. 13.

위 원고의 소송대리인
변호사 박재남

서울중앙지방법원 귀중

민사법
기록형

2018년도 **제7회**
변호사 시험
문제

2018년도 제7회 변호사시험 문제

| 시험과목 | 민사법(기록형) |

응시자 준수사항

1. 시험 시작 전 문제지의 봉인을 손상하는 경우, 봉인을 손상하지 않더라도 문제지를 들추는 행위 등으로 문제 내용을 미리 보는 경우 그 답안은 영점으로 처리됩니다.

2. 시험시간 중에는 휴대전화, 스마트워치 등 무선통신 기기나 전자계산기 등 전산기기를 지녀서는 안 됩니다.

3. 답안은 흑색 또는 청색 필기구(사인펜이나 연필 사용 금지) 중 한 가지 필기구만을 사용하여 답안 작성란(흰색 부분) 안에 기재하여야 합니다.

4. 답안지에 성명과 수험번호 등을 기재하지 않아 인적사항이 확인되지 않는 경우에는 영점으로 처리되는 등 불이익을 받게 됩니다. 특히 답안지를 바꾸어 다시 작성하는 경우, 성명 등의 기재를 빠뜨리지 않도록 유의하여야 합니다.

5. 답안지에는 문제 내용을 쓸 필요가 없으며, 답안 이외의 사항을 기재하거나 밑줄 기타 어떠한 표시도 하여서는 안 됩니다. 답안을 정정할 경우에는 두 줄로 긋고 다시 써야 하며, 수정액·수정테이프 등은 사용할 수 없습니다.

6. 시험 종료 시각에 임박하여 답안지를 교체했더라도 시험 시간이 끝나면 그 즉시 새로 작성한 답안지를 회수합니다.

7. 시험 시간이 지난 후에는 답안지를 일절 작성할 수 없습니다. 이를 위반하여 **시험 시간이 종료되었음에도 불구하고 계속 답안을 작성할 경우 그 답안은 영점으로 처리됩니다.**

8. 답안은 답안지의 쪽수 번호 순으로 써야 합니다. **배부된 답안지는 백지 답안이라도 모두 제출**하여야 하며, **답안지를 제출하지 아니한 경우 그 시간 시험과 나머지 시험에 응시할 수 없습니다.**

9. 지정된 시각까지 지정된 시험실에 입실하지 않거나 시험관리관의 승인 없이 시험 시간 중에 시험실에서 퇴실한 경우, 그 시간 시험과 나머지 시간의 시험에 응시할 수 없습니다.

10. 시험 시간 중에는 어떠한 경우에도 문제지를 시험실 밖으로 가지고 갈 수 없고, 그 시험 시간이 끝난 후에는 문제지를 시험장 밖으로 가지고 갈 수 있습니다.

【 문 제 】

귀하는 변호사 이영호로서, 의뢰인 강주원과의 상담을 통해 아래 【상담내용】과 같은 사실관계를 청취하고, 【의뢰인 희망사항】 기재사항에 관한 본안소송의 대리권을 수여받고, 첨부된 서류를 자료로 받았습니다.

의뢰인을 위한 본안의 소를 제기하기 위한 소장을 작성하시오.

【 작 성 요 령 】

1. 소장 작성일 및 소 제기일은 2018. 1. 12.로 하시오.
2. 일방 당사자가 여러 명인 경우 성명으로 특정하시오(예, '피고 홍길동').
3. 청구취지와 청구원인은 가급적 피고별로 나누어 기재하시오.

   [이하 작성요령은 실무의 기준과 다를 수 있음]
4. 1건의 공동소송으로 제기하되, 공동소송의 요건은 갖추어진 것으로 전제하고, 전속관할이 있는 청구가 있으면 반드시 그 관할법원에 소를 제기하고, (주관적이든 객관적이든) 예비적·선택적 병합청구는 하지 마시오.
5. 【의뢰인 희망사항】란에 기재된 희망사항에 부합하되 현행법과 그 해석상 승소 가능한 최대한의 범위에서 청구하고, 소 각하나 청구기각 부분이 발생하지 않도록 하시오.
6. 상대방에게 항변사유가 있고 그 요건이 갖추어진 것으로 판단되면 이를 청구범위에 반영하고, 【사건관계인의 주장】으로 정리된 사항에 관하여 이유 있다고 판단되면 청구범위에 반영하고, 이유 없다고 판단되면 해당 청구원인 부분에서 배척의 이유를 기재하시오.
7. [의뢰인 상담일지]와 첨부자료에 기재된 사실관계는 모두 진실한 것으로 보고(작성자의 의견에 해당하는 사항은 제외), 기재되지 않은 사실은 없는 것으로 전제하며, 첨부된 서류는 모두 진정하게 성립된 것으로 간주하시오.
8. <증명방법>란과 <첨부서류>란 기재는 생략하고, 부동산의 표기는 아래 [목록(부동산의 표시)]을 소장말미에 첨부함을 전제로 하여 작성하되, 소장에 [목록(부동산의 표시)]을 기재하지 마시오.
9. 관련 증거자료를 제시하여 기술할 필요는 없습니다.
10. 기록상의 날짜가 공휴일인지 여부, 문서의 서식이 실제와 부합하는지 여부는 고려하지 마시오.

목 록 (부동산의 표시)

1. 화성시 동탄면 석우리 37 대 250㎡
2. 제1항 대지상 철근콘크리트조 슬래브지붕 2층 근린생활시설 1층 120㎡, 2층 120㎡ (동탄로 16)
3. 제1항 대지상 경량철골조 샌드위치패널지붕 단층 화장실 겸 창고 15㎡
4. 서울 송파구 방이동 284 잡종지 200㎡
5. 김포시 풍무동 324 대 3,000㎡
6. 제5항 대지상 철근콘크리트조 슬래브지붕 단층 영업소 300㎡ (풍무로 18). 끝.

【참고자료】
각급 법원의 설치와 관할구역에 관한 법률(일부)

제4조(관할구역) 각급 법원의 관할구역은 다음 각 호의 구분에 따라 정한다. 다만, 지방법원 또는 그 지원의 관할구역에 시·군법원을 둔 경우 「법원조직법」 제34조 제1항 제1호 및 제2호의 사건에 관하여는 지방법원 또는 그 지원의 관할구역에서 해당 시·군법원의 관할구역을 제외한다.
1. 각 고등법원·지방법원과 그 지원의 관할구역: 별표 3

　(이하 제2호 내지 제7호는 생략)

[별표 3] 고등법원·지방법원과 그 지원의 관할구역(일부)

고등법원	지방법원	지원	관할구역
서울	서울중앙		서울특별시 종로구·중구·강남구·서초구·관악구·동작구
	서울동부		서울특별시 성동구·광진구·강동구·송파구
	서울남부		서울특별시 영등포구·강서구·양천구·구로구·금천구
	서울북부		서울특별시 동대문구·중랑구·성북구·도봉구·강북구·노원구
	서울서부		서울특별시 서대문구·마포구·은평구·용산구
	수원		수원시·오산시·용인시·화성시. 다만, 소년보호사건은 앞의 시 외에 성남시·하남시·평택시·이천시·안산시·광명시·시흥시·안성시·광주시·안양시·과천시·의왕시·군포시·여주시·양평군
		성남	성남시·하남시·광주시
		여주	이천시·여주시·양평군
		평택	평택시·안성시
		안산	안산시·광명시·시흥시
		안양	안양시·과천시·의왕시·군포시

의뢰인 상담일지

변호사 이영호 법률사무소

서울 서초구 서초대로 200, 607호(서초동, 법조빌딩)
☎ 02)515-3000, 팩스 02)515-3001, 전자우편 hoon1004@naver.com

접수번호	2018-03	상담일시	2018. 1. 6.
의 뢰 인	강 주 원 010-7244-2088	내방경위	지인의 소개

【 상 담 내 용 】

1. 권창균은 화성시 동탄면 소재 대지(별지 목록 제1항-'동탄면 대지'라 함)를 매수하여 그 지상에 건물을 신축하기로 계획하고, 김정우로부터 동탄면 대지를 매수하면서 계약금 및 중도금으로 3억 원을 지급함과 동시에 동탄면 대지를 인도받았고, 잔대금 3억 원은 건물이 완공된 후 2개월 내에 지급하되, 그와 동시에 김정우는 권창균이 지정하는 사람에게 직접 동탄면 대지의 소유권이전등기를 해 주기로 약정하였다. 그 후 권창균은 위 매매를 원인으로 하는 소유권이전등기청구권을 보전하기 위하여 동탄면 대지에 처분금지가처분 결정을 받았다.

2. 그 후 권창균은 윤태건에게 건물신축공사를 도급하기로 계약하고, 그에 따라 윤태건은 2017. 4. 15.경 동탄면 대지상 건물(별지 목록 제2항-'동탄면 건물'이라 함)을 완공하였다.

3. 강주원은 권창균에 대하여 8억 원 가량의 채권을 가지고 있었는데, 2017. 2. 9. 권창균과의 사이에서 그 채권의 변제에 갈음하여 동탄면 대지 및 동탄면 건물의 소유권을 이전받기로 대물변제약정을 하였다.

4. 윤태건은 권창균의 승낙 없이 이청준에게 동탄면 건물 중 1층을 임대하였는데, 건축법상 동탄면 대지에는 현재의 동탄면 건물 면적 이상으로 건축하는 것이 불가능한데도, 이청준은 2017. 5. 초경 누구의 동의도 받지 않은 채 건축허가도 없이 동탄면 건물로부터 5m 가량 떨어진 곳에 화장실 겸 창고건물(별지 목록 제3항-'동탄면 별채건물'이라 함)을 건축하였다.

5. 이청준은 2017. 4. 30. 동탄면 건물 1층에서 사업자등록 신청을 마치고 그 날부터 휴대전화기 대리점을 운영하다가 2017. 12. 중순경 윤태건과 같은 달 29.자로 위 임대차계약을 종료하기로 합의하였는데, 임대차보증금을 돌려받지 못하자 2017. 12. 29. 영업용 비품을 그대로 두고 출입문을 잠근 채 현재까지 동탄면 건물에 나타나지 않고 있다.

6. 김정우는 강주원에게 2015. 4. 10. 3,000만 원을 대여하면서 담보로 약속어음을 발행받았고, 2016. 4. 10. 1억 원을 대여하면서 강주원의 처(妻) 박경주 소유인 부동산에 저당권을 설정받았으며, 2016. 10. 10. 1억 원을 담보 없이 대여하였다. 그 후 김정우는 2017. 3. 23. 강주원에게 위 세 차례의 대여금을 모두 갚으라는 통지를 하였고, 위 통지가 그 다음날 강주원에게 도달하였다.

7. 천우식은 김정우에 대한 손해배상청구 사건의 판결에 기하여, 김정우의 강주원에 대한 2015. 4. 10.자 대여금채권에 대하여 채권압류 및 전부명령을 받았고, 강주원은 그 정본을 송달받고서 2016. 4. 9. 천우식에게 3,360만 원을 지급하였다.

8. 강주원은 2017. 4. 9. 김정우의 은행계좌로 변제할 채무를 특정하지 않은 채 1억 1,000만 원을 송금하였고, 그 무렵 김정우도 변제충당할 채무를 특정하지 않았으며, 그때부터 일주일가량 지난 후에 김정우로부터 위 담보로 교부했던 약속어음을 돌려받았다.

9. 주식회사 이글골프('회사'라 함)는 김포시 풍무동 소재 대지 및 영업소 건물(별지 목록 제5, 6항-'풍무동 각 부동산'이라 함)에서 골프연습장 영업을 하고 있었다. 회사의 대표이사 나도연은 태양광에너지 사업이 더 장래수익성이 크다는 판단하에, 그 사업추진과 관련하여 자산매각 등에 관한 주주총회결의를 얻기 위하여 적법한 소집절차를 거쳐 임시주주총회를 개최하였다.

10. 위 주주총회에서 풍무동 각 부동산을 매각하기로 하는 제1호 안건과 신임이사를 선임하자는 제2호 안건에 관하여 나도연은 모두 찬성하였지만 강주원은 모두 반대하였고, 주주총회 의장은 모든 의안이 가결되었다고 선언하였다. 위 주주총회의 결의에 따라 회사는 최금례에게 풍무동 각 부동산을 매각하고 소유권이전등기까지 마쳐 주었다.

【사건관계인의 주장】

1. 권창균은 대물변제약정 당시 동탄면 대지 및 건물의 시가 합계가 물품대금 채권액을 초과하였으므로, 민법 제607조에 위반되어 약정이 무효라고 주장한다.

2. 김정우는 동탄면 대지에 처분금지가처분 등기가 되어 있어서 소유권이전등기를 해 줄 수 없다고 주장한다.

3. 김정우는 권창균이 잔대금 미지급 상태에서 동탄면 대지를 점유·사용하고 있으므로, 그에 따른 부당이득 및 잔대금에 대한 법정이자를 지급받기 전에는 누구에게든지 소유권을 넘겨줄 수 없다고 주장한다.

4. 윤태건은 동탄면 건물의 선의점유자로서 과실취득권이 있다고 주장한다.

5. 이청준은 자신이 상가건물 임대차보호법상 대항력을 갖춘 임차권자이므로 임대차보증금을 반환받기 전에는 건물을 인도해 줄 수 없다고 주장한다.

6. 김정우는 소장이나 판결정본의 송달을 받은 적이 없어서 그에 기한 전부명령도 무효라고 주장한다.

【의뢰인 희망사항】

1. 동탄면 대지 및 건물에 관하여 완전한 소유권의 취득 및 행사에 필요한 모든 권리를 실현하되, 권창균과 윤태건 사이의 금전관계 분쟁도 가능한 범위에서 해결한 상태로 판결을 받을 수 있도록 소를 제기하여 주기 바란다.

2. 동탄면 건물 1층 부분에 관하여는 이청준이 추후 윤태건에게 이를 인도할 경우에도 인도집행에 차질이 없도록 해 주기 바란다.

3. 김정우와의 관계에서 차용금반환채무로 인한 분쟁을 해결하는 데 적절하고 필요한 소 제기를 희망한다.

4. 이 사건 회사 주주로서, 최금례에게 이전된 풍무동 각 부동산의 소유권을 이 사건 회사 앞으로 회복시키기 위하여 현재 상황에서 필요한 소 제기를 희망한다.

부동산 매매계약서

 매도인 甲과 매수인 乙은 다음과 같이 합의하여 계약을 체결하고, 이를 증명하기 위해 甲과 乙이 계약서 2부를 작성하여 날인한 후 각 1부씩을 보관하기로 한다.

제1조 甲은 甲 소유의 화성시 동탄면 석우리 37 대 250㎡를 乙에게 매도하고, 乙은 이를 매수한다.

제2조 매매대금은 총 6억 원으로 하고, 다음과 같이 지급하기로 한다.

계약금 및 중도금	금 3억 원은 계약 당일 지급함 3억 원 정히 영수함 2016. 7. 5. 김정우 (金貞宇 印)
잔 금	금 3억 원은 乙이 건축공사를 완료한 후 2개월 내에 지급함

제3조 甲은 위 부동산에 설정된 저당권, 지상권, 임차권, 지장물 등 소유권의 행사를 제한하는 사유가 있거나, 조세·공과금 기타 부담금 등의 미납금이 있을 때에는 잔금 수수일까지 그 권리의 하자 및 부담 등을 제거하여 완전한 소유권을 乙에게 이전하여야 한다.

특약사항

1. 甲은 계약금 및 중도금 3억 원을 지급받음과 동시에 乙에게 위 부동산을 인도한다.

2. 甲은 잔금 3억 원을 지급받음과 동시에 乙이 지정하는 자에게 직접 소유권이전등기를 하는 데 필요한 모든 서류를 교부하고 이전등기에 협력하기로 한다.

2016년 7월 5일

매 도 인	주 소	서울 강서구 공항대로 37			
	주민등록번호	691207-1752423	성명	김정우	(金貞宇 印)
매 수 인	주 소	서울 서대문구 연희로 18, 가동 108호(연희동, 연희빌라)			
	주민등록번호	670723-1424512	성명	권창균	(權昌均 印)
중 개 인	주 소	화성시 동탄면 동탄로 20	상호	화성부동산	
	신고번호	화성 제23228호	성명	손다정	(孫茶晶 印)

등기사항전부증명서(말소사항 포함) - 토지

[토지] 경기도 화성시 동탄면 석우리 37　　　　　　고유번호 1532-4121-633187

【표 제 부】　(토지의 표시)

표시번호	접 수	소재지번	지목	면적	등기원인 및 기타사항
1 (전2)	1994년6월5일	경기도 화성시 동탄면 석우리 37	대	250㎡	부동산등기법시행규칙부칙 제3조 제1항의 규정에 의하여 2001년 8월 18일 전산이기

【갑　　구】　(소유권에 관한 사항)

순위번호	등기목적	접 수	등기원인	권리자 및 기타사항
1 (전2)	소유권이전	1995년4월30일 제15230호	1995년4월9일 매매	소유자 김정우 691207-1752423　서울특별시 강서구 공항동 277-2 부동산등기법시행규칙부칙 제3조 제1항의 규정에 의하여 2001년 8월 18일 전산이기
2	가처분	2016년7월9일 제2743호	2016년7월8일 수원지방법원의 가처분결정(2016카합35243)	피보전권리 소유권이전등기청구권 채권자　권창균 670723-1424512　서울특별시 서대문구 연희로 18, 가동 108호(연희동, 연희빌라) 금지사항　매매, 증여, 양도, 저당권, 전세권, 임차권의 설정 등 일체의 처분행위의 금지

――― 이　하　여　백 ―――

수수료 금 1,000원 영수함 관할등기소 수원지방법원 화성등기소 / 발행등기소 법원행정처 등기정보중앙관리소

이 증명서는 등기기록의 내용과 틀림없음을 증명합니다.

서기 2018년 1월 5일

법원행정처 등기정보중앙관리소 전산운영책임관

* 실선으로 그어진 부분은 말소사항을 표시함.　　* 등기기록에 기록된 사항이 없는 갑구 또는 을구는 생략함.

문서 하단의 바코드를 스캐너로 확인하거나 인터넷등기소(http://iros.go.kr)의 발급확인 메뉴에서 발급확인번호를 입력하여 위·변조 여부를 확인할 수 있습니다. 발급확인번호를 통한 확인은 발행일부터 3개월까지 5회에 한하여 가능합니다.

발행번호11360011004936072010961250SLBO114951WOG295051215149　　1/1　　발행일 2018/01/05

대 법 원

공사도급 계약서

공사목적물	● 위치: 화성시 동탄면 석우리 37 ● 건축할 건물: 철근콘크리트조 슬래브지붕 2층 근린생활시설 　　　　　1층 120㎡, 2층 120㎡ - 합계 240㎡.
공사기간	● 2016. 7. 10. ~ 2017. 4. 15. (설계 및 허가기간 포함)
공사대금	● 총 공사금: 3억 원 (300,000,000원) ● 지급방법: ① 甲은 계약금으로 공사대금 중 5천만 원을 본 계약과 동시에 지급한다. 　　　　　② 잔금은 완공일에 지급한다.
기　　타	● 甲이 지급하는 공사대금 외의 건축비용은 乙이 조달하되, 건축허가 및 소유권보존등기는 甲의 명의로 한다.

2016. 7. 10.

甲(도급인): 권창균　(인: 權昌均)
서울 서대문구 연희로 18, 가동 108호(연희동, 연희빌라)

乙(수급인): 윤태건(상호: 태건건업)　(인: 尹泰建)
서울 영등포구 당산대로 15, 107동 1302호(당산동, 선유도아파트)
전화: 010-5651-0404

영 수 증

금 5천만 원정 (50,000,000원)

위 돈을 화성시 동탄면 석우리 37 지상 건물신축공사 계약금으로 수령합니다.

2016. 7. 10.
윤태건(태건건업)

이 행 요 청 서

발신인: 강주원 (720421-1248214)
　　　　서울 마포구 염창로 51

수신인: 김정우 (691207-1752423)
　　　　서울 강서구 공항대로 37

1. 귀하의 댁내 행운을 빕니다.
2. 알고 계신 바와 같이, 본인은 2015년 5월경부터 권창균에게 컴퓨터 등 IT 관련 물품을 납품하였는데 미지급 물품대금액이 약 8억 원에 이르게 되어 부득이하게 별첨 대물변제 약정서 내용과 같이 권창균으로부터 위 채권의 변제에 갈음하여 귀하가 권창균에게 매도한 화성시 동탄면 석우리 37 대지 250㎡의 소유권을 귀하로부터 직접 이전받기로 권창균과 약정하였습니다.
3. 권창균에게 전해들은 바로는 귀하와 권창균 사이에서도 권창균이 지정하는 사람 앞으로 위 토지의 소유권이전등기를 해주기로 약정이 되어 있다고 하니, 귀하는 위 토지에 관하여 본인 앞으로 직접 소유권이전등기를 할 수 있는 서류를 준비해서 연락 주시면 감사하겠습니다.

첨부: 대물변제 약정서

　　　　　　　　　　　2017년 12월 5일

　　　　　　　　발신인　강주원　
　　　　　　　　서울 마포구 염창로 51

이 우편물은 2017년 12월 5일 등기 제4732호에 의하여 내용증명 우편물로 발송하였음을 증명함.
서울마포우체국장

대물변제 약정서

제1조 甲은 乙에 대한 아래 물품대금 및 지연손해금 채무 전액의 변제에 갈음하여 아래 <부동산의 표시>에 기재된 대지 및 건물의 소유권을 乙에게 이전하기로 약정한다.
  - 甲과 乙 사이의 2015. 5. 1.자 물품공급계약에 따라 甲이 乙로부터 컴퓨터 등 IT 관련 물품을 납품받음으로 인하여 발생한 물품대금채무(현재 정산액 783,000,000원)

<부동산의 표시>

소 재 지	화성시 동탄면 석우리 37		
토 지	대지	면 적	250㎡(평)
건 물	철근콘크리트조 슬래브지붕 근린생활시설	면 적	1층, 2층 각 120㎡

제2조 대지의 소유권이전등기는 乙이 현재의 등기명의자인 김정우로부터 직접 넘겨받기로 하고, 甲은 그 절차에 협력하여야 한다.
제3조 甲은 현재 신축 중인 위 건물을 완공하여 소유권보존등기를 마친 다음 乙에게 소유권이전등기와 인도가 이루어질 수 있도록 협력한다.
제4조 이 계약의 이행이 지연됨으로 인하여 발생하는 손해에 관하여 쌍방은 별도의 금전청구를 하지 않기로 한다.

계약당사자들은 이의 없음을 확인하고, 이 계약을 증명하기 위하여 계약서 2부를 작성하여 날인한 후, 각자 1부씩 보관하기로 한다.

2017년 2월 9일

甲	주 소	서울 서대문구 연희로 18, 가동 108호(연희동, 연희빌라)					
	주민등록번호	670723-1424512	전화	02-2532-1706	성명	권 창 균	(인)
乙	주 소	서울 마포구 염창로 51					
	주민등록번호	720421-1248214	전화	02-2658-0529	성명	강 주 원	(인)

이행요청에 대한 답신

발신인: 김정우 (691207-1752423)
　　　　 서울 강서구 공항대로 37
수신인: 강주원 (720421-1248214)
　　　　 서울 마포구 염창로 51

1. 귀하의 이행요청서는 2017년 12월 6일 잘 받았으나, 귀하가 작년 10월에 본인한테서 추가로 돈을 빌릴 당시 권창균에게서 받을 돈이 8억이나 되니까 그 돈을 받으면 빌린 돈을 전부 갚겠다고 했던 말을 상기하면, 권창균한테서 대물로 내 땅을 받기로 했으니 직접 이전등기 해달라는 요구는 차마 할 수 없는 것이니, 그런 말은 더 이상 하지 않기를 바랍니다.
2. 그렇지 않더라도 권창균이 나도 모르게 위 토지에 처분금지가처분을 받아서 등기까지 해 놓았고, 그 재판서에 보면 내가 제3자에게 소유권이전을 해 주면 안된다고 되어 있어서, 본인으로서는 귀하는 물론 권창균에게도 소유권이전을 해 줄 수 없는 상황인 것입니다.
3. 그리고 권창균은 3억 원이나 되는 잔금을 지급하지도 않은 채 위 토지를 인도받아 건물까지 신축하여 점유, 사용하고 있는데, 당초 약속을 어기고 현재까지도 잔금을 지급하지 않고 있으니, 위와 같이 건물부지로 토지를 사용해 온 데 따른 부당이득금과 토지잔대금에 대한 법정이자를 전액 지급받기 전에는 누구에게도 소유권을 이전해 줄 생각이 없습니다.
4. 본인의 입장을 잘 이해해 주시리라 기대하며, 귀하와 권창균 사이의 문제는 두 분 사이에서 원만히 해결하시기 바랍니다.

2017. 12. 7.

발신인 김정우

서울강서우체국
2017. 12. 07.
17 - 4253

이 우편물은 2017년 12월 7일 등기 제4253호에 의하여 내용증명 우편물로 발송하였음을 증명함.
서울강서우체국장

통지서

발신인: 권창균 (670723-1424512)

　　　　서울 서대문구 연희로 18, 가동 108호 (연희동, 연희빌라)

수신인: 강주원 (720421-1248214)

　　　　서울 마포구 염창로 51

1. 귀댁에 항상 행운이 함께 하길 기원합니다.
2. 귀하가 올해 2월에 체결한 대물변제 약정과 관련하여 김정우에게 직접 동탄면 대지의 소유권을 이전해 달라는 요청을 하였다고 들었습니다.
3. 그런데 본인이 곰곰이 따져보니, 위 토지 및 신축건물의 시세가 적어도 9억 원 이상 (토지 매매가격: 6억 원, 건물 도급계약액: 3억 원)이고, 동탄면 일대가 개발되고 있는 추세라서 시가상승이 충분히 예상되는데도, 본인의 물품대금 채무액을 훨씬 초과하는 부동산으로 대물변제를 하겠다고 약정한 것은 아무래도 잘못된 일입니다.
4. 다행히 제가 주변에 알아보니 이런 경우 민법 제607조에 위반되어 무효라고 들었고, 본인이 약정 당시 건물인도가 다소 늦어질 것을 염두에 두고 지체책임을 면제받기로 약정한 건 사실이지만, 그렇더라도 민법 제607조에 위반되는지는 계약 당시 가격을 기준으로 판단해야 한다고 들었습니다.
5. 따라서 본인으로서는 귀하와의 당초 약정 그대로 이행할 수는 없을 것이니, 이 점 부디 양해해 주시기 바랍니다.

2017. 12. 8.

발신인 권창균 (印)

이 우편물은 2017년 12월 8일 등기 제5759호에 의하여 내용증명 우편물로 발송하였음을 증명함.
서울서대문우체국장

합 의 서

甲과 乙은 화성시 동탄면 석우리 37 지상 건물신축공사에 관한 2016. 7. 10.자 공사도급계약과 관련하여 아래와 같이 합의한다.

1. 甲은 乙의 요청에 따라 乙에게 위 공사의 중도금으로 금일 5천만 원을 추가 지급한다.
2. 乙은 위 건물을 2017. 4. 15.까지 완공하기로 하고, 甲은 乙이 공사를 완공하여 이를 인도함과 동시에 乙에게 잔대금 2억 원을 지급하기로 한다.
3. 만약 공사완공 후에도 甲이 위 2억 원을 지급하지 못하는 경우, 乙은 위 금액을 지급받을 때까지 위 건물 중 2층 부분에 한하여 무상으로 점유, 사용할 수 있고, 그 대신 乙은 甲에게 완공 후라도 공사잔대금에 대한 지연손해금을 청구하지 않기로 한다.

2017. 3. 20.

甲: 권창균

　　서울 서대문구 연희로 18, 가동 108호(연희동, 연희빌라)

乙: 윤태건(상호: 태건건업)

　　서울 영등포구 당산대로 15, 107동 1302호(당산동, 선유도아파트)

　　전화: 010-5651-0404

영 수 증

권 창 균 귀하

　　금 오천만 (50,000,000)원을 공사중도금으로 정히 영수함

2017. 3. 20.

영수인 　윤태건

부동산임대차계약서

부동산의 표시: 화성시 동탄면 석우리 37 지상 근린생활시설 1층 120㎡

제1조 위 부동산을 임대차함에 있어 임대인과 임차인은 쌍방 합의하에 아래 각 조항과 같은 조건으로 계약한다.

보증금	일억 (100,000,000) 원	월세금액	일백만 (1,000,000) 원 (매월 말일 선불)
계약금	일금 10,000,000 원정을 계약 당일 임대인에게 지불함 위 금액을 전액 수령함. 2017. 4. 25. 윤태건		建尹 印泰
중도금	일금 원정을 년 월 일 지불하고		
잔 금	일금 90,000,000 원정을 2017년 4월 30일 소개인 입회하에 지불키로 함 위 금액 및 첫달 월세 100만 원을 전액 수령함. 2017. 4. 30. 윤태건		建尹 印泰

제2조 부동산은 2017년 4월 30일 잔금 수령과 동시에 인도하기로 한다.
제3조 임대기간은 2017년 4월 30일부터 2018년 4월 29일까지(1년)로 한다.

위 계약조건을 증명하기 위하여 본 계약서를 2부 작성하여 각자 1부씩 보관한다.

2017년 4월 25일

임대인 윤 태 건 (750413-1752424) (建尹 印泰)
       서울 영등포구 당산대로 15, 107동 1302호
       (당산동, 선유도아파트)
임차인 이 청 준 (740214-1724512) (俊李 印靑)
       서울 서초구 방배로 42

사 실 확 인 서

권 창 균 귀하

1. 본인은 동탄면 석우리 37 신축건물에 공사대금채권으로 유치권을 행사하면서, 귀하와의 합의하에 2017. 4. 15.부터 2017. 10. 14.까지 6개월 동안 위 건물 2층에서 전입신고 없이 가족들과 거주하다가 현재는 이사를 하였지만, 본인이 집기류를 둔 채 잠금장치를 해 두고 매일같이 왕래하면서 여전히 유치권을 행사하고 있다는 점을 상기해 드립니다.

2. 본인은 1층 부분을 이청준에게 임대해 주고 월세를 받기로 약정한 사실이 있기는 하나, 본인은 유치권자로서 적법한 사용권한이 있기 때문에 세를 내 주고 월세를 받을 권한이 있고, 그렇지 않더라도 그런 권한이 있다고 믿고서 임대를 한 이상 월세를 귀하에게 돌려주어야 한다는 주장은 근거가 없다고 생각합니다. 더구나 귀하가 아직까지 공사대금도 지급하지 못하고 있다는 점을 분명히 상기하시기 바랍니다.

3. 이청준은 2017. 4. 30.부터 2017. 12. 29.까지 휴대폰 대리점 영업을 하다가 본인과 임대차계약을 종료하기로 합의하고 영업은 종료하였지만, 영업용 비품은 그대로 두고 출입문을 잠근 채 연락이 되지 않는 상태인데, 얼마 전에 본인을 찾아와 자신이 상가건물 임대차보호법상의 대항요건을 갖추었기 때문에 보증금을 돌려받기 전에는 누가 요구하더라도 건물을 인도해 줄 수 없다고 험한 말을 하고 돌아갔는데, 본인으로서는 자금사정에 여유가 없어서 귀하로부터 공사대금을 지급받기 전에는 이청준한테서 건물을 인도받기도 어려운 사정입니다.

4. 귀하는 아직 모르실 것으로 예상됩니다만, 이청준은 본인은 물론 토지주, 건축주 등 누구의 동의도 없이 석우리 37 대지 한 구석에 본건물에서 5미터 가량 떨어진 곳에 경량철골조 샌드위치패널로 15㎡ 가량 되는 옥외 화장실 겸 창고를 지어 놓고 그 부분 대지를 무단으로 점유·사용하고 있는데, 이청준이 연락이 되지 않아서 이 부분을 어찌해야 할지 저로서도 고민 중입니다.

2017. 12. 31.

확인자 윤 태 건

답 변 서

발신인: 권창균
　　　　서울 서대문구 연희로 18, 가동 108호 (연희동, 연희빌라)
수신인: 윤태건
　　　　서울 영등포구 당산대로 15, 107동 1302호 (당산동, 선유도아파트)

1. 귀하가 보낸 사실확인서를 금일 잘 받아 보았습니다.
2. 귀하도 잘 기억하시겠지만 본인은 공사대금에 대한 지연이자에 갈음해서 동탄면 신축건물의 2층 부분만을 귀하에게 사용하도록 허락한 것이지, 1층 부분은 사용을 허가한 사실이 없는데도 불구하고, 귀하가 무단으로 이청준에게 임대하는 바람에 지금으로서는 본인이 공사대금을 지급하더라도 건물을 인도받을 기약이 없는 상태가 되어 난감합니다.
3. 본인은 귀하가 무단임대로 받은 월세만큼을 본인에 대한 공사대금에 어떤 형식으로든 충당하여야 한다고 생각하고 있습니다.
4. 이청준이 지어 놓은 별채 건물도 귀하가 책임지고 철거해 주셔야 할 것으로 생각하고, 그 별채 건물의 대지부분을 무단으로 점유·사용하는 데 따른 금전적인 이익도 어떤 형식으로든, 누구를 상대로 해서든지 정산되어야 한다고 생각하고 있습니다.

2018년 1월 3일

발신인　권 창 균　

이 우편물은 2018년 1월 3일 등기 제126호에 의하여 내용증명 우편물로 발송하였음을 증명함.
서울마포우체국장

사 업 자 등 록 증

317-12-17520

① 명칭(상호): 대박이동통신

② 대표자: 이청준 (740214-1724512)

③ 개업 연월일: 2017년 4월 30일

④ 사업장 소재지: 화성시 동탄면 석우리 37 제1층

⑤ 사업의 종류: 업태 유통업   종목 휴대전화 및 부속기기

⑥ 교부사유: 신규

2017년 5월 1일

수 원 세 무 서 장

임료 시세 확인서

부동산 표시

화성시 동탄면 석우리 37 대 250㎡

위 지상 철근콘크리트조 슬래브지붕 2층 근린생활시설

1층 120㎡, 2층 120㎡

1. 위 건물 1층 및 2층을 각각 사용하는 경우 보증금이 없는 상태라면 각 층 차임은 월 200만 원 정도임
2. 보증금이 없는 경우 대지 차임은 ㎡당 월 10만 원 정도임(나대지 기준)

참고: 1. 위 평가는 2017년 4월을 기준으로 이루어진 것임
     2. 현재까지도 시세변동은 없는 것으로 판단됨
     3. 위 평가는 인터넷 관련 사이트에서 거래된 내역을 토대로 이루어진 것으로서, 공적인 판단과는 무관함
     4. 통상은 1층보다 2층이 저렴하지만, 위 건물 2층은 주거용 시설이 갖추어진 상태라서 1층과 동일시세로 평가하였음

2018. 1. 5.

공인중개사 송민섭 (인)

차 용 증

아래 차용인은 아래 대여인으로부터 금 3,000만 원을 차용하면서 아래 사항을 약정함

1. 상환일자: 차용일로부터 1년 후(2016. 4. 9.)
2. 이자는 월 1%로 하되, 원금상환일에 일괄 지급하기로 함
3. 차용인은 위 차용금의 담보로 대여인에게 액면 금 4,000만 원인 약속어음을 금일 발행하기로 함

2015. 4. 10.

대여인: 김 정 우   (인)

차용인: 강 주 원

서울남부지방법원
결 정

사 건	2016타채2137 채권압류 및 전부명령	
채 권 자	천우식	
	서울 송파구 올림픽로 35길 104, 10동 309호 (신천동, 장미아파트)	
채 무 자	김정우	
	서울 강서구 공항대로 37	
제3채무자	강주원	
	서울 마포구 염창로 51	

주 문

채무자의 제3채무자에 대한 별지 기재 채권을 압류한다.
제3채무자는 채무자에게 위 채권의 지급을 하여서는 아니 된다.
채무자는 위 채권의 처분과 영수를 하여서는 아니 된다.
위 압류된 채권은 지급에 갈음하여 채권자에게 전부한다.

청구금액

금 50,000,000원(서울남부지방법원 2015가단33298호 판결에 의한 손해배상금)

이 유

채권자가 위 청구금액을 변제받기 위하여 서울남부지방법원 2015가단33298호 판결의 집행력 있는 정본에 터 잡아 한 이 사건 신청은 이유 있으므로 주문과 같이 결정한다.

2016. 2. 20.

사법보좌관 강 한

정본입니다.
2016. 2. 20.
법원주사 이제하

(서울남부지방법원 주사의인)

별지

압류할 채권의 표시

금 3,000만 원 및 이에 대한 2015. 4. 10.부터 완제일까지 월 1%의 비율로 계산한 이자 및 지연손해금 채권(채무자의 제3채무자에 대한 2015. 4. 10.자 대여금).
끝.

통 지 서

발신인: 강주원
　　　　서울 마포구 염창로 51
수신인: 김정우
　　　　서울 강서구 공항대로 37

　그간 안녕하셨는지요?

　다름 아니오라, 본인은 2월 24일경에 법원으로부터 2016타채2137 채권압류 및 전부명령이라는 문건을 배달받았는데, 아는 법무사한테 가지고 가서 그 내용을 물은즉, 본인이 귀하로부터 2015. 4. 10. 차용한 돈을 천우식이라는 사람한테 갚아야 한다는 것이었습니다.

　그 후로 천우식이라는 사람이 어떻게 알고 본인을 찾아와 '법원에서까지 나에게 갚으라는 결정을 내렸으니 나에게 빨리 갚으라.'고 독촉한 일이 있었고, 바로 어제는 천우식씨가 자기에게 돈을 갚지 않으면 제 거래은행 예금계좌에 가압류를 치겠다는 내용증명 우편까지 보내왔습니다.

　귀하도 알다시피, 위 돈을 빌릴 당시 기한을 1년 후로 약정하였지만 담보로 액수가 넉넉한 약속어음까지 발행해 주었기에 변제기한은 서로가 신경 쓸 일이 없다고 생각했는데, 천우식 씨로부터 거듭 독촉을 받고 나서 제가 어찌해야 할 것인지 몰라 귀하에게 통보드리는 것이니, 상황을 알아보시고 적절한 답변을 주시기 바랍니다.

　　　　　　　　　　　　　　2016년 3월 15일
　　　　　　　　　　　　　　발신인　강주원

서울마포우체국
2016. 03. 15.
16 - 1256

이 우편물은 2016년 3월 15일 등기 제1256호에 의하여 내용증명 우편물로 발송하였음을 증명함.
서울마포우체국장

송달 및 확정증명원

사　　　건　　2016타채2137 채권압류 및 전부명령
채　권　자　　천우식
채　무　자　　김정우
제3채무자　　강주원
증명신청인　　강주원

위 사건에 관하여 아래와 같이 송달 및 확정되었음을 증명합니다.

채　무　자　김정우　　2016. 2. 23. 채권압류 및 전부명령정본 송달
제3채무자　강주원　　2016. 2. 24. 채권압류 및 전부명령정본 송달
2016. 3. 3. 확정. 끝.

2016. 4. 8.

서울남부지방법원

법원주사 이하린　[서울남부지방법원 주사의인]

영 수 증

강주원 귀하   2016. 4. 9.

금 33,600,000 원 정

위 금원을 전부금으로 정히 영수함

2016타채2137 전부명령 - 완제함

천우식 (印)

차 용 증

김 정 우 귀하

아래 차용인은 대여인 김정우로부터 금 1억 원을 아래와 같은 조건으로 차용함

1. 상환일자는 차용일로부터 1년 후로 함(2017. 4. 9.)
2. 이자는 월 1%로 하되, 원금상환일에 일괄 지급하기로 함
3. 차용인은 담보로 본인의 처 소유인 서울 송파구 방이동 284 잡종지 200㎡에 저당권을 설정해 주기로 함

2016. 4. 10.

차용인: 강 주 원 (인)

등기사항전부증명서(말소사항 포함) - 토지

[토지] 서울특별시 송파구 방이동 284   고유번호 1772-2131-315167

【표제부】 (토지의 표시)

표시번호	접 수	소재지번	지목	면적	등기원인 및 기타사항
1 (전2)	1992년1월2일	서울특별시 송파구 방이동 284	잡종지	200㎡	부동산등기법시행규칙부칙 제3조 제1항의 규정에 의하여 2001년 8월 18일 전산이기

【갑구】 (소유권에 관한 사항)

순위번호	등기목적	접 수	등기원인	권리자 및 기타사항
1 (전2)	소유권이전	1992년1월20일 제14210호	1992년1월10일 매매	소유자 박경주 740812-2254324 서울특별시 마포구 염리동 327
				부동산등기법시행규칙부칙 제3조 제1항의 규정에 의하여 2001년 8월 18일 전산이기

— 이 하 여 백 —

[토지] 서울특별시 송파구 방이동 284　　　　　　고유번호 1772-2131-315167

【을　　구】	(소유권 이외의 권리에 관한 사항)			
순위번호	등기목적	접　수	등기원인	권리자 및 기타사항
1	저당권설정	2016년4월10일 제42812호	2016년4월10일 설정계약	채권액 금 100,000,000원 변제기 2017년 4월 9일 이자 월 1% 채무자 강주원 720421-1248214 　서울특별시 마포구 염창로 51 저당권자 김정우 691207-1752423 　서울특별시 강서구 공항대로 37

―― 이 하 여 백 ――

수수료 금 1,000원 영수함 관할등기소 서울동부지방법원 등기국 / 발행등기소 법원행정처 등기정보중앙관리소

이 증명서는 등기기록의 내용과 틀림없음을 증명합니다.

서기 2018년 1월 5일

법원행정처 등기정보중앙관리소 전산운영책임관

문서 하단의 바코드를 스캐너로 확인하거나 인터넷등기소(http://iros.go.kr)의 발급확인 메뉴에서 발급확인번호를 입력하여 위·변조 여부를 확인할 수 있습니다. 발급확인번호를 통한 확인은 발행일부터 3개월까지 5회에 한하여 가능합니다.

* 실선으로 그어진 부분은 말소사항을 표시함. *등기부에 기록된 사항이 없는 갑구 또는 을구는 생략함.
발행번호1136001100493607201096125OSLBO114951WOG295012331359　　　2/2　　　발행일 2018/01/05

대 법 원

차 용 증

아래 차용인은 아래 대여인으로부터 금 1억 원을 차용하면서 아래 사항을 약정함

1. 상환일자:

2. 이자는 월 1%로 하되, 원금상환일에 일괄 지급하기로 함

2016. 10. 10.

대여인: 김 정 우

차용인: 강 주 원

이행 최고서

발신인: 김정우
         서울 강서구 공항대로 37

수신인: 강주원
         서울 마포구 염창로 51

1. 본인은 귀하가 "사업자금으로 은행에서 대출받은 10억 원에 관하여 연차로 분할상환을 요구받고 있는데 잘못하면 신용불량자가 될 수도 있다."라는 절박한 사정을 호소하기에, 세 차례에 걸쳐 2억 3천만 원을 빌려준 사실이 있습니다.

2. 특히 2016년 10월 10일 귀하는 "권창균 씨한테 받을 돈이 8억 원이나 되므로 그 돈을 받으면 빌린 돈을 모두 갚을 것"이라고 말했고, 본인은 그 말을 믿고서 귀하에게 담보도 없이 추가로 돈을 빌려준 사실을 귀하도 잘 기억할 것입니다.

3. 그런데 최근 본인은 귀하가 권창균으로부터 돈을 받는 대신 권창균이 지은 건물과 본인이 권창균에게 매도한 대지를 넘겨받기로 약정하였다는 사실을 알게 되었는데, 귀하가 돈 대신 부동산을 넘겨받기로 약정하고서, 본인에게 그와 같은 일을 사전에 상의하기는커녕 약정 후에도 통보조차 하지 않았다는 것은 매우 유감입니다.

4. 본인은 더 이상 귀하를 신용하기 어렵게 되었으므로 세 차례 빌려준 돈을 이번 달 말까지 반드시 갚을 것을 최고하오니, 차질 없기를 바랍니다.

2017년 3월 23일
발신인   김정우

서울강서우체국
2017. 03. 23.
17 - 1678

이 우편물은 2017년 3월 23일 등기 제1678호에 의하여 내용증명 우편물로 발송하였음을 증명함.
서울강서우체국장

무통장 입금확인증

입 금 자   강주원

수 금 자   김정우

　　　　　17233-53-10992 (신한은행 공항동지점)

입 금 액   110,000,000원

입금일시   2017.04.09. 15:23

주식회사 신한은행 공덕지점장

이행 최고서

발신인: 김정우
        서울 강서구 공항대로 37
수신인: 강주원
        서울 마포구 염창로 51

1. 귀하는 4월 9일날 1억 1천만 원을 송금한 이래 아직까지도 나머지 돈은 갚지 않고 있습니다.
2. 더구나 본인 소유 토지를 권창균한테서 대물로 받기로 계약하는 과정에서 본인한테서 직접 이전등기를 넘겨받기로 약속했다는 이유를 들어 본인에게 직접 소유권이전등기를 해 달라고 거듭 요구하는데, 이는 생각할수록 참으로 염치없는 언사라고 생각됩니다.
3. 본인은 천우식이 전부명령을 신청할 때 근거로 삼은 손해배상판결은 물론 그 소장조차도 법원으로부터 받아본 사실이 없고, 본인이 법원에 가서 물어본 결과, 자세한 경위는 알 수 없으나 본인이 종전에 거주하던 수원 영통구 원천동으로 소장과 판결정본이 송달된 것으로 되어 있다는데, 아는 변호사에게 물어보니 그럴 경우 전부명령도 효력이 없는 것이라고 합니다. 그런즉 귀하가 천우식에게 대신 갚았다는 것은 효력이 없는 것이라서 인정할 수가 없습니다.
4. 본인은 올해 초에 1억 1천만 원을 송금받고 나서 귀하에게 담보로 받은 약속어음까지 돌려주었는데, 귀하가 천우식에게 대신 갚았다고 말할 줄 알았으면 2016년 4월 10일 1억 원을 더 빌려주지도, 어음을 돌려주지도 않았을 것입니다.
5. 귀하는 천우식에게 갚기 전에 본인에게 사실확인차 통보를 하였다고 하지만, 본인은 그 통지를 받은 기억이 없고, 더구나 귀하가 발행한 약속어음을 담보로 가지고 있는 이상 전부명령에 대해서는 신경쓸 이유도 없었던 것입니다.
6. 돈은 빌려준 순서에 따라 갚는 것이 순리이고 상식이기 때문에, 4월 9일 송금받은 돈은 먼저 2015년도에 빌려준 3천만 원에 충당하고 나서, 그 나머지는 2016년 4월에 빌려준 돈에 충당되는 것으로 계산해야 할 것이고, 그렇게 계산하면 2015년도에 빌린 돈은 다 갚아진 것이지만, 현재 남은 채권이 1억 5천만 원이 넘는다고 보면 될 것입니다.
7. 귀하가 남은 채무를 변제하지 않는다면 본인은 부득이 저당권으로 경매를 신청할 수밖에 없으니 불미스런 일이 없도록 속히 변제하여 주시기 바랍니다.

                2017년 12월 20일
                발신인 김 정 우

등기번호	001142	
등록번호	110111-017442	

등기사항전부증명서(현재사항)

상 호	주식회사 이글골프	. .	변경
		. .	등기
본 점	경기도 수원시 영통구 원천로 27, 704호 (원천동, 원천빌딩)	. .	변경
		. .	등기

공고방법 서울시내에서 발행하는 일간 매일경제신문에 게재한다.	. .	변경
	. .	등기

1주의 금액 금 10,000원	. .	변경
	. .	등기

발행할 주식의 총수 1,000,000주	. .	변경
	. .	등기

발행주식의 총수와 그 종류 및 각각의 수	자본의 총액	변경 연 월 일 등 기 연 월 일
발행주식의 총수 100,000주 보통주식 100,000주 우선주식 0주	금 1,000,000,000 원	. . 변경
		. . 등기

목 적
1. 골프연습장 운영사업 2. 제1호에 관련된 부대사업

임원에 관한 사항
이사 황용헌 740720 - 1724091 2015년 2월 6일 취임   2015년 2월 6일 등기
이사 양영민 830110 - 1392113 2015년 2월 6일 취임   2015년 2월 6일 등기
대표이사 나도연 720614 - 1675018 서울특별시 서초구 방배로 20 2015년 2월 6일 취임   2015년 2월 6일 등기
감사 임재영 660810 - 1245278 2015년 2월 6일 취임   2015년 2월 6일 등기

수수료 금 1,000원 영수함.   관할등기소 수원지방법원 화성등기소 / 발행등기소 서울중앙지방법원 등기국

(중략)

서울중앙지방법원 등기국 등기관

4010915313667289567922482064-1234-4032   1/1   발행일 2017/11/20

주 주 명 부

기준일: 2017. 10. 4. 현재

순번	주 주	주 소	주식의 종류와 수	주식 취득일
1	나도연 (720614 - 1675018)	서울 서초구 방배로 20	보통주식 3만 주	2015. 2. 6.
2	황용현 (740720 - 1724091)	서울 영등포구 당산대로 356	보통주식 3만 주	2015. 2. 6.
3	전제균 (870120 - 1890112)	성남시 분당구 서현로 130	보통주식 2만 주	2015. 2. 6.
4	박모란 (660810 - 2245678)	서울 마포구 아현로 22	보통주식 1만 주	2015. 2. 6.
5	강주원 (720421 - 1248214)	서울 마포구 염창로 51	보통주식 1만 주	2015. 2. 6.

※ 당사의 주주명부상 주주는 회사설립 이래 변동사항이 없고,

　당사의 모든 발행주식은 의결권 있는 주식이며,

　당사는 현재까지 주권을 발행하지 않은 상태입니다.

주주명부 원본과 상위 없음을 확인함

2017. 12. 20.

대표이사 나도연　(株式會社 이글골프 代表理事印)

임시주주총회 의사록

O 일시, 장소

2017. 11. 20. 본사 회의실

O 참석 주주

1. 나도연 (3만 주)

2. 강주원 (1만 주)

O 안건

▶ 제1호 안건: 부동산 매각의 건

당사 소유의 김포시 풍무동 324(풍무로 18) 대 3,000㎡ 및 위 지상 철근콘크리트조 슬래브지붕 단층 영업소 300㎡를 최금례에게 매매대금 55억 원에 2017년 연말까지 매각한다는 내용

▶ 제2호 안건: 신임이사 선임의 건

이사 황용현이 교통사고를 당하여 이사 사임을 원하고 태양광에너지 사업에 진출하기 위하여 그 방면 전문가를 영입할 필요가 있어, 홍정의를 황용현의 후임이사로 선임한다는 내용

O 의사 진행 경과

1. 의장 나도연은 임시주주총회의 개회를 선언한 후 주주들이 의안을 심의하였다.

2. 안건들에 대하여 나도연은 찬성하였으나, 강주원은 '비록 태양광에너지 사업이 유망한 사업이기는 하나, 풍무동 각 부동산이 회사의 유일한 영업용 자산이고 현재 흑자를 내고 있는 골프연습장 사업을 포기하면서까지 매각하는 것은 잘못이다'는 이유로 반대하였다.

3. 최종적으로 표결한 결과, 모든 안건에 대하여 나도연(3만 주)은 찬성하였고, 강주원(1만 주)은 반대하였다.

4. 황윤수, 한채아, 황용현의 대리인이라고 말하는 이종진 등이 총회에 참석하려고 하였으나 의장은 이들의 참석을 모두 불허하였다.

5. 의장은 제1호, 제2호 안건이 가결되었음을 선언한 후 임시주주총회를 종결하였다.

O 의결 사항   제1호 및 제2호 안건 모두 가결함

의장 겸 대표이사   나도연

이사 양영민

원본과 상위 없음을 확인함

2017. 12. 20.

대표이사 나도연

통 고 서

수신   주식회사 이글골프
        수원시 영통구 원천로 27, 704호(원천동, 원천빌딩)
        대표이사 나도연

1. 존경하는 대표이사님, 회사의 발전과 주주의 이익을 위하여 열심히 일하시는 분께 이런 통고서를 보내드리게 된 점을 안타깝게 생각합니다.
2. 저는 법을 잘 모르지만 지난번 임시총회는 다음의 이유로 무효라고 생각합니다.
    첫째, 주식 합계 40%를 가진 주주만 출석하고, 주식 30%를 가진 주주만 찬성하였는데 가결로 처리된다는 것은 법적으로 잘못된 것입니다.
    둘째, 주주 전제균의 주식은 실제로는 황윤수의 주식이고 황윤수는 임시총회에 참여하려고 하였으나 의결권이 없다는 이유로 의안표결에 참여하지 못한 사실이 있습니다. 실제 주식 소유주가 황윤수라는 사실은 대표이사님도 알고 있는 사실인데 황윤수에게 의결권을 인정해 주지 않은 점은 잘못입니다.
    셋째, 박모란은 2017. 2. 13. 한채아에게 주식을 양도하고 그 사실을 회사에 통지까지 하였는데 대표이사님이 한채아에게 의결권이 없다고 판단한 점은 잘못입니다. 그날 한채아는 분명히 임시총회에 참석하여 의결권을 행사하려고 했는데 회사에서 이를 인정하여 주지 않은 것은 잘못입니다.
    넷째, 황용현 말로는 자신이 총회 전에 회사 직원에게 전화하여 대리인을 보내겠다고 하였다는데 대표이사님은 총회 당일 황용현의 대리인으로 온 이종진의 참석을 막았습니다. 이 점은 법에 어긋나는 행위입니다.
3. 대표이사님께서 향후에 회사의 부동산을 최금례 명의로 소유권이전등기까지 할 경우 저는 회사의 장래를 위하여 부득이 회사 재산을 원상복구하기 위하여 말소등기청구 등 모든 법적 조치를 취할 수밖에 없으니, 미리 양해를 구하겠습니다.

                        2017. 12. 23.

                    발신인   강 주 원   (姜柱源印)

                    서울 마포구 염창로 51

이 우편물은 2017년 12월 23일 등기 제5895호에 의하여 내용증명 우편물로 발송하였음을 증명함.
서울마포우체국장

주주님께 드림

수신 강 주 원
　　　서울 마포구 염창로 51

1. 주주님께서 보내주신 2017. 12. 23.자 통고서를 잘 받아 보았습니다.
2. 저는 회사의 대표이사로서 지금까지 회사의 발전과 주주의 이익을 위하여 최선을 다하고 있으며, 또한 회사 운영 과정에서도 법과 상식에 어긋나는 행위를 하여 본 적이 없습니다.
3. 지난번 임시주주총회는 2017. 9. 5. 이사회에서 결정한 사항을 의결하기 위하여 법률과 정관을 준수하여 개최된 것입니다.
4. 지난번 주주님께서 임시주주총회의 결의가 무효라는 주장을 하신 바 있어 아래와 같이 해명을 드리고자 합니다.

    첫째, 주주 황용현이 총회 직전에 교통사고를 당하여 회사에 전화로 대리인을 참석하게 하겠다는 의사를 전달한 사실이 있음은 저도 인정합니다. 그런데 총회 당일 황용현의 대리인이라고 주장하는 이종진은 위임관계를 증명할 서류를 제시하지 않았습니다. 위임장을 제시하지 않는 대리인을 총회에 참여하게 할 수는 없는 것입니다.

    둘째, 주주 전제균 명의의 주식은 실제 소유주가 황윤수라는 점을 저도 잘 알고 있습니다. 그렇지만 주주명부상으로는 황윤수가 등재되어 있지 않았기 때문에 임시총회 당시 황윤수에게 의결권을 인정할 수가 없었습니다.

    셋째, 주주 박모란이 2017. 2. 13. 한채아에게 주식을 양도하고 그 사실을 회사에 통지한 사실은 있습니다. 그런데 한채아가 주주명부상 명의개서를 요구한 적이 없었습니다. 지난번 임시총회 직전에 저는 한채아에게 이런 사정을 충분히 설명하고서 한채아의 의결권 행사를 불허한 것입니다.

5. 저는 회사의 대표이사로서 지난번 임시총회의 결의에 따라 2017. 12. 22. 풍무동 토지 및 건물을 최금례에게 55억 원에 매도하기로 매매계약을 체결하였고, 그 계약에 따라 소유권이전등기를 마쳐 주었습니다.

6. 저도 회사의 유일한 영업용 자산을 매각한 점은 아쉽지만 당사 소유 부동산의 현재 시가가 50억 원 가량인 점을 고려하면 회사를 위해서도 이익이 되는 지극히 정상적인 업무처리였다고 생각합니다.

7. 저는 향후에도 법과 상식을 지키면서 태양광에너지 사업의 성공적인 진행을 위하여 최선의 노력을 다하겠습니다.

2017. 12. 29.

주식회사 이글골프

수원시 영통구 원천로 27, 704호(원천동, 원천빌딩)

대표이사 나도연 (株式會社 이글골프 代表理事印)

(수원영통우체국 2017. 12. 29. 17 - 7455)

이 우편물은 2017년 12월 29일 등기 제7455호에 의하여 내용증명 우편물로 발송하였음을 증명함.
수원영통우체국장 (수원영통우체국장인)

등기사항전부증명서(말소사항 포함) - 토지

[토지] 경기도 김포시 풍무동 324　　　　　　　　　　고유번호 1320-2918-577076

【표제부】　(토지의 표시)

표시번호	접 수	소재지번	지목	면적	등기원인 및 기타사항
1 (전3)	1997년8월4일	경기도 김포시 풍무동 324	대	3,000㎡	부동산등기법시행규칙부칙 제3조 제1항의 규정에 의하여 2001년 9월 21일 전산이기

【갑　　구】　(소유권에 관한 사항)

순위번호	등기목적	접 수	등기원인	권리자 및 기타사항
1 (전2)	소유권이전	1998년4월30일 제1530호	1998년4월19일 매매	소유자 김영철 731105-1064912 경기도 김포시 고촌읍 신곡리 77 부동산등기법시행규칙부칙 제3조 제1항의 규정에 의하여 2001년 9월 21일 전산이기
2	소유권이전	2015년3월10일 제348호	2015년2월10일 매매	소유자 주식회사 이글골프 110111-017442 경기도 수원시 영통구 원천로 27, 704호(원천동, 원천빌딩) 거래가액 금 4,500,000,000원
3	소유권이전	2017년12월28일 제1267호	2017년12월22일 매매	소유자 최금례 750417-2412423 서울특별시 서초구 서래로 17 거래가액 금 5,000,000,000원

―― 이　하　여　백 ――

수수료 금 1,000원 영수함

　　　　　관할등기소 인천지방법원 부천지원 김포등기소 / 발행등기소 법원행정처 등기정보중앙관리소

이 증명서는 등기기록의 내용과 틀림없음을 증명합니다.

서기 2018년 1월 5일

법원행정처 등기정보중앙관리소 전산운영책임관　

* 실선으로 그어진 부분은 말소사항을 표시함.　　* 등기기록에 기록된 사항이 없는 갑구 또는 을구는 생략함.

문서 하단의 바코드를 스캐너로 확인하거나 **인터넷등기소**(http://iros.go.kr)의 발급확인 메뉴에서 **발급확인번호**를 입력하여 위·변조 여부를 확인할 수 있습니다. 발급확인번호를 통한 확인은 발행일부터 3개월까지 5회에 한하여 가능합니다.

발행번호12470011004936072010961250SLBO114951WOG295051215037　　1/1　　발행일 2018/01/05

등기사항전부증명서(말소사항 포함) - 건물

[건물] 경기도 김포시 풍무동 324　　　　　　　　　　고유번호 1320-2916-353853

【표제부】　　(건물의 표시)

표시번호	접수	소재지번	건물내역	등기원인 및 기타사항
1	2012년8월21일	경기도 김포시 풍무동 324 [도로명 주소] 경기도 김포시 풍무로 18	철근콘크리트조 슬래브지붕 단층 영업소 300㎡	

【갑구】　　(소유권에 관한 사항)

순위번호	등기목적	접수	등기원인	권리자 및 기타사항
1	소유권보존	2012년8월21일 제1056호		소유자 김영철 731105-1064912 경기도 김포시 고촌읍 신곡리 77
2	소유권이전	2015년3월10일 제349호	2015년2월10일 매매	소유자 주식회사 이글골프 110111-017442 경기도 수원시 영통구 원천로 27, 704호(원천동, 원천빌딩) 거래가액 금 400,000,000원
3	소유권이전	2017년12월28일 제1268호	2017년12월22일 매매	소유자 최금례 750417-2412423 서울특별시 서초구 서래로 17 거래가액 금 500,000,000원

── 이　하　여　백 ──

수수료 금 1,000원 영수함

관할등기소 인천지방법원 부천지원 김포등기소 / 발행등기소 법원행정처 등기정보중앙관리소

이 증명서는 등기기록의 내용과 틀림없음을 증명합니다.

서기 2018년 1월 5일

법원행정처 등기정보중앙관리소 전산운영책임관

* 실선으로 그어진 부분은 말소사항을 표시함.　　* 등기기록에 기록된 사항이 없는 갑구 또는 을구는 생략함.

문서 하단의 바코드를 스캐너로 확인하거나 인터넷등기소(http://iros.go.kr)의 발급확인 메뉴에서 발급확인번호를 입력하여 위·변조 여부를 확인할 수 있습니다. 발급확인번호를 통한 확인은 발행일부터 3개월까지 5회에 한하여 가능합니다.

발행번호12470011004936072010961250SLBO114951WOG295051215038　　1/1　　발행일 2018/01/05

확 인 : 법무부 법조인력과장

민사법
기록형

lawyers

2018년도 **제7회**
변호사 시험

문제해결 TIP

【 문 제 】

귀하는 변호사 이영호로서, 의뢰인 강주원과의 상담을 통해 아래 【상담내용】과 같은 사실관계를 청취하고, 【의뢰인 희망사항】 기재사항에 관한 본안소송의 대리권을 수여받고, 첨부된 서류를 자료로 받았습니다.

의뢰인을 위한 본안의 소를 제기하기 위한 소장을 작성하시오.

【 작 성 요 령 】

작성기준일자로 소멸시효 및 제척기간의 기준시점이 된다.

1. 소장 작성일 및 소 제기일은 2018. 1. 12.로 하시오.
2. 일방 당사자가 여러 명인 경우 성명으로 특정하시오(예, '피고 홍길동')
3. 청구취지와 청구원인은 가급적 피고별로 나누어 기재하시오.

   [이하 작성요령은 실무의 기준과 다를 수 있음]

4. 1건의 공동소송으로 제기하되, 공동소송의 요건은 갖추어진 것으로 전제하고, 전속관할이 있는 청구가 있으면 반드시 그 관할법원에 소를 제기하고, (주관적이든 객관적이든) 예비적·선택적 병합청구는 하지 마시오.
5. 【의뢰인 희망사항】 란에 기재된 희망사항에 부합하되 현행법과 그 해석상 승소 가능한 최대한의 범위에서 청구하고, 소각하나 청구기각 부분이 발생하지 않도록 하시오.
6. 상대방에게 항변사유가 있고 그 요건이 갖추어진 것으로 판단되면 이를 청구범위에 반영하고, 【사건관계인의 주장】 으로 정리된 사항에 관하여 이유 있다고 판단되면 청구범위에 반영하고, 이유 없다고 판단되면 해당 청구원인 부분에서 배척의 이유를 기재하시오.
7. [의뢰인 상담일지]와 첨부자료에 기재된 사실관계는 모두 진실한 것으로 보고(작성자의 의견에 해당하는 사항은 제외), 기재되지 않은 사실은 없는 것으로 전제하며, 첨부된 서류를 모두 진정하게 성립된 것으로 간주하시오.
8. 〈증명방법〉란과 〈첨부서류〉란 기재는 생략하고, 부동산의 표기는 아래 [목록(부동산의 표시)]을 소장말미에 첨부함을 전제로 하여 작성하되, 소장에 [목록(부동산의 표시)]을 기재하지 마시오. *별지 목록을 원용할 것을 지시하였다.*
9. 관련 증거자료를 제시하여 기술할 필요는 없습니다.
10. 기록상의 날짜가 공휴일인지 여부, 문서의 서식이 실제와 부합하는지 여부는 고려하지 마시오.

의뢰인 상담일지

변호사 이영호 법률사무소

서울 서초구 서초대로 200, 607호(서초동, 법조빌딩)
☎ 02)515-3000, 팩스 02)515-3001, 전자우편 hoon1004@naver.com

접수번호	2018-03	상담일시	2018. 1. 6.
상 담 인	강 주 원 010-7244-2088	내방경위	지인의 소개

【 상담내용 】

1. 권창균은 화성시 동탄면 소재 대지(별지 목록 제1항- '동탄면 대지'라 함)를 매수하여 그 지상에 건물을 신축하기로 계획하고, 김정우로부터 동탄면 대지를 매수하면서 계약금 및 중도금으로 3억 원을 지급함과 동시에 동탄면 대지를 인도받았고, 잔대금 3억 원은 건물이 완공된 후 2개월 내에 지급하되, 그와 동시에 김정우는 권창균이 지정하는 사람에게 직접 동탄면 대지의 소유권이전등기를 해 주기로 약정하였다. 그 후 권창균은 위 매매를 원인으로 하는 소유권이전등기청구권을 보전하기 위하여 동탄면 대지에 처분금지가처분 결정을 받았다.

   (주석: 잔금이 미지급되었으므로, 잔금의 지급과 동시이행으로 소유권이전등기를 청구하여야 한다.)

2. 그 후 권창균은 윤태건에게 건물신축공사를 도급하기로 계약하고, 그에 따라 윤태건은 2017. 4. 15.경 동탄면 대지상 건물(별지 목록 제2항- '동탄면 건물'이라 함)을 완공하였다.

   (주석: 가처분이 집행되어 있으므로, 가처분에 저촉되지 않도록 청구취지를 구성하여야 한다.)

3. 강주원은 권창균에 대하여 8억 원 가량의 채권을 가지고 있었는데, 2017. 2. 9. 권창균과 사이에서 그 채권의 변제에 갈음하여 동탄면 대지 및 동탄면 건물의 소유권을 이전받기로 대물변제약정을 하였다.

   (주석: 대물변제에 기한 소유권이전등기청구권이 출제되었음을 의미한다.)

4. 윤태건은 권창균의 승낙 없이 이청준에게 동탄면 건물 중 1층을 임대하였는데, 건축법상 동탄면 대지에는 현재의 동탄면 건물 면적 이상으로 건축하는 것이 불가능한데도, 이청준은 2017. 5. 초경 누구의 동의도 받지 않은 채 건축허가도 없이 동탄면 건물로부터 5m 가량 떨어진 곳에 화장실 겸 창고건물(별지 목록 제3항- '동탄면 별채건물'이라 함)을 건축하였다.

   (주석: 권원이 없으므로 철거의 대상이 된다.)

5. 이청준은 2017. 4. 30. 동탄면 건물 1층에서 사업자등록 신청을 마치고 그날부터 휴대전화기 대리점을 운영하다가 2017. 12. 중순경 윤태건과 같은 달 29.자로 위 임대차계약을 종료하기로 합의하였는데, 임대차보증금을 돌려받지 못하자 2017. 12. 29. 영업용 비품을 그대로 두고 출입문을 잠근 채 현재까지 동탄면 건물에 나타나지 않고 있다.

> 상가건물임대차보호법상 대항력이 문제된다.
> 현재 점유를 하고 있으나, 사용하지는 않으므로 부당이득은 발생하지 않는다.

6. 김정우는 강주원에게 2015. 4. 10. 3,000만 원을 대여하면서 담보로 약속어음을 발행받았고, 2016. 4. 10. 1억 원을 대여하면서 강주원의 처(妻) 박경주 소유인 부동산에 저당권을 설정받았으며, 2016. 10. 10. 1억 원을 담보 없이 대여하였다. 그 후 김정우는 2017. 3. 23. 강주원에게 위 세 차례의 대여금을 모두 갚으라는 통지를 하였고, 위 통지는 그 무렵 강주원에게 도달하였다.

> 전부명령의 효력이 문제되고, 전부명령이 무효인 경우 변제의 효력이 문제된다.

7. 천우식은 김정우에 대한 손해배상청구 사건의 판결에 기하여, 김정우의 강주원에 대한 2015. 4. 10.자 대여금채권에 대하여 채권압류 및 전부명령을 받았고, 강주원은 그 정본을 송달받고서 2016. 4. 9. 천우식에게 3,360만 원을 지급하였다.

8. 강주원은 2017. 4. 9. 김정우의 은행계좌로 변제할 채무를 특정하지 않은 채 1억 1,000만 원을 송금하였고, 그 무렵 김정우도 변제충당할 채무를 특정하지 않았으며, 그때부터 일주일가량 지난 후에 김정우로부터 위 담보로 교부했던 약속어음을 돌려받았다.

> 변제충당이 출제되었고, 법정변제충당의 법리에 따라 충당계산을 하여야 한다.

9. 주식회사 이글골프('회사'라 함)는 김포시 풍무동 소재 대지 및 영업소 건물(별지 목록 제5, 6항-'풍무동 각 부동산'이라 함)에서 골프연습장 영업을 하고 있었다. 회사의 대표이사 나도연은 태양광에너지 사업이 더 장래수익성이 크다는 판단하에, 그 사업추진과 관련하여 자산매각 등에 관한 주주총회결의를 얻기 위하여 적법한 소집절차를 거쳐 임시주주총회를 개최하였다.

10. 위 주주총회에서 풍무동 각 부동산을 매각하기로 하는 제1호 안건과 신임이사를 선임하자는 제2호 안건에 관하여 나도연은 모두 찬성하였지만 강주원은 모두 반대하였고, 주주총회 의장은 모든 의안이 가결되었다고 선언하였다. 위 주주총회의 결의에 따라 회사는 최금례에게 풍무동 각 부동산을 매각하고 소유권이전등기까지 마쳐 주었다.

> 절차의 위법 등을 검토하여 주총결의취소사유인지, 무효사유인지를 검토하여야 한다.

【 사건관계인의 주장 】

› 가처분에 저촉되지 않도록 청구취지를 구성하여야 하고, 가처분채권자에게 이전등기가 될 수 있도록 하여야 한다.

› 민법 제607조는 소비대차 또는 준소비대차에만 적용되므로, 사안은 민법 제607조의 적용대상이 아니다.

1. 권창균은 대물변제약정 당시 동탄면 대지 및 건물의 시가 합계가 물품대금채권액을 초과하였으므로, 민법 제607조에 위반되어 약정이 무효라고 주장한다.

2. 김정우는 동탄면 대지에 처분금지가처분 등기가 되어 있어서 소유권이전등기를 해 줄 수 없다고 주장한다.

3. 김정우는 ›선인도약정 및 동시이행항변의 효력의 검토가 필요하다. 선인도약정의 경우 부당이득 반환의무를 부담하지 않고, 동시이행항변이 있는 경우 법정이자를 부담하지 않는다.‹ 고 있으므로, 그에 따른 부당이득 및 잔대금에 대한 법정이자를 지급받기 전에는 누구에게든지 소유권을 넘겨줄 수 없다고 주장한다.

› 점유할 권원 및 오신에 정당한 이유가 있는지 검토가 필요하다.

4. 윤태건은 동탄면 건물의 선의점유자로서 과실취득권이 있다고 주장한다.

5. 이청준은 자신이 상가건물 임대차보호법상 대항력을 갖춘 임차권자이므로 임대차보증금을 반환받기 전에는 건물을 인도해 줄 수 없다고 주장한다.

› 적법한 임대권한을 가진 자와 임대차계약을 체결하였는지 검토가 필요하다.

6. 김정우는 소장이나 판결정본의 송달을 받은 적이 없어서 그에 기한 전부명령도 무효라고 주장한다.

› 적법하게 확정된 전부명령은 집행채권의 효력에 영향을 받지 않는다.

【 의뢰인 희망사항 】

› 공사대금잔금과 부당이득반환채권 부분을 정리하여 공사대금잔금에서 공제할 것을 지시하였다.

› 간접점유자에 대해서도 계약에 기한 인도청구를 할 것을 지시하였다.

1. 동탄면 대지 및 건물에 관하여 완전한 소유권의 취득 및 행사에 필요한 모든 권리를 실현하되, 권창균과 윤태건 사이의 금전관계 분쟁도 가능한 범위에서 해결한 상태로 판결을 받을 수 있도록 소를 제기하여 주기 바란다.

2. 동탄면 건물 1층 부분에 관하여는 이청준이 추후 윤태건에게 이를 인도할 경우에도 인도집행에 차질이 없도록 해 주시기 바란다.

› 근저당권설정등기의 말소청구가 가능하다면 이를 청구하고, 불가능한 경우 확인청구를 하여야 한다.

3. 김정우와 관계에서 차용금반환채무로 인한 분쟁을 해결하는 데 적절하고 필요한 소 제기를 희망한다.

4. 이 사건 회사 주주로서, 최금례에게 이전된 풍무동 각 부동산의 소유권을 이 사건 회사 앞으로 회복시키기 위하여 현재 상황에서 필요한 소 제기를 희망한다.

› 주주의 지위에서 주총결의로 인한 효과를 제거하기 위한 이행청구는 불가능함을 유의하여야 한다. 대법원 1998. 3. 24. 선고 95다6885 판결. 대표이사의 업무집행권 등은 대표이사의 개인적인 재산상의 권리가 아니며, 주주권도 어떤 특정된 구체적인 청구권을 내용으로 하는 것이 아니므로, 특별한 사정이 없는 한 대표이사의 업무집행권 등이나 주주의 주주권에 기하여 회사가 제3자에 대하여 가지는 특정물에 대한 물권적 청구권 등의 재산상의 청구권을 직접 또는 대위 행사할 수 없다.

부동산 매매계약서

매도인 甲과 매수인 乙은 다음과 같이 합의하여 계약을 체결하고, 이를 증명하기 위해 甲과 乙이 계약서 2부를 작성하여 날인한 후 각 1부씩 보관하기로 한다.

제1조 甲은 甲 소유의 화성시 동탄면 석우리 37 대 250㎡를 乙에게 매도하고, 乙은 이를 매수한다.

제2조 매매대금은 총 6억 원으로 하고, 다음과 같이 지급하기로 한다.

계약금 및 중도금	금 3억 원은 계약 당일 지급함 3억 원 정히 영수함 2016. 7. 5. 김정우 (인)
잔 금	금 3억 원은 乙이 건축공사를 완료한 후 2개월 내에 지급함

제3조 甲은 위 부동산 설정된 저당권, 지상권, 임차권, 지장물 등 소유권의 행사를 제한하는 사유가 있거나, 조세·공과금 기타 부담금 등의 미납금이 있을 때에는 잔금 수수일까지 그 권리의 하자 및 부담 등을 제거하여 완전한 소유권을 乙에게 이전하여야 한다.

특약사항 ······● 부동산 선인도약정에 해당한다.

1. **甲은 계약금 및 중도금 3억 원을 지급받음과 동시에 乙에게 위 부동산을 인도한다.**
2. **甲은 잔금 3억 원을 지급받음과 동시에 乙이 지정하는 자에게 직접 소유권 이전등기를 하는 데 필요한 모든 서류를 교부하고 이전등기에 협력하기로 한다.** ······● 제3자를 위한 계약으로 보아 직접 이전등기청구를 하는 경우 가처분의 효력에 반하게 된다.

2016년 7월 5일

매도인	주 소	서울 강서구 공항대로 37			
	주민등록번호	691207-1752423	성명	김정우	(인)
매수인	주 소	서울 서대문구 연희로 18, 가동 108호(연희동, 연희빌라)			
	주민등록번호	670723-1424512	성명	권창균	(인)
중개인	주 소	화성시 동탄면 동탄로 20	상호	화성부동산	
	신고번호	화성 제23228호	성명	손다정	(인)

등기사항전부증명서(말소사항 포함) - 토지

[토지] 경기도 화성시 동탄면 석우리 37　　　　　　고유번호 1532-4121-633187

【표　제　부】		(토지의 표시)			
표시번호	접수	소재지번	지목	면적	등기원인 및 기타사항
1 (전2)	1994년6월5일	경기도 화성시 동탄면 석우리 37	대	250㎡	부동산등기법시행규칙부칙 제3조 제1항의 규정에 의하여 2001년 8월 18일 전산이기

【갑　　구】			(소유권에 관한 사항)		
순위번호	등기목적	접수	등기원인	권리자 및 기타사항	
1 (전2)	소유권이전	1995년4월30일 제15230호	1995년4월9일 매매	소유자 김정우 691207-1752423 　서울특별시 강서구 공항동 277-2	
				부동산등기법시행규칙부칙 제3조 제1항의 규정에 의하여 2001년 8월18일 전산이기	
2	가처분	2016년7월9일 제2743호	2016년7월8일 수원지방법원의 가처분결정(2016 카합35243)	피보전권리 소유권이전등기청구권 채권자 권창균 670723-1424512 　서울특별시 서대문구 연희로 18, 가동 108호(연희동, 연희빌라) 금지사항　매매, 증여, 양도, 저당권, 전세권, 임차권의 설정 등 일체의 처분행위의 금지	

　　　　　　　　　　　　　　－ 이 하 여 백 －　　권창균외의 자에게 이전등기를 하게 되면 가처분의 효력에 반한다.

수수료 금 1,000원 영수함 관할등기소 수원지방법원 화성등기소 / 발행등기소 법원행정처 등기정보중앙관리소

이 증명서는 등기기록의 내용과 틀림없음을 증명합니다.

서기 2018년 1월 5일

법원행정처 등기정보중앙관리소 전산운영책임관

*실선으로 그어진 부분은 말소사항을 표시함.　　*등기기록에 기록된 사항이 없는 갑구 또는 을구는 생략함.

문서하단의 바코드를 스캐너로 확인하거나 **인터넷등기소**(http://iros.go.kr)의 발급확인 메뉴에서 발급확인번호를 입력하여 위·변조 여부를 확인할 수 있습니다. 발급확인번호를 통한 확인은 발행일부터 3개월까지 5회 한하여 가능합니다.

발행번호11360011004936072010961250SLBO114951WOG295051215149　　1/1　　발행일 2018/01/05

공사도급 계약서

공사목적물	● 위치: 화성시 동탄면 석우리 37 ● 건축할 건물: 철근콘크리트조 슬래브지붕 2층 근린생활시설 　　　　　　1층 120㎡, 2층 120㎡ - 합계 240㎡
공 사 기 간	● 2016. 7. 10. ~ 2017. 4. 15. (설계 및 허가기간 포함)
공 사 대 금	● 총 공사금: 3억 원 (300,000,000원) ● 지급방법: ① 甲은 계약금으로 공사대금 중 5천만 원을 　　　　　　 본 계약과 동시에 지급한다. 　　　　　② 잔금은 완공일에 지급한다.
기　　타	● 甲이 지급하는 공사대금 외의 건축비용은 乙이 조달하되, 건축허가 및 소유권보존등기는 甲의 명의로 한다.

2016. 7. 10

> 신축건물의 소유권귀속에 관한 합의로, 도급인이 소유권을 취득하게 된다. 대법원 1992. 8. 18. 선고 91다25505 판결

甲(도급인): 권창균　(印: 均權印昌)
서울 서대문구 연희로 18, 가동 108호(연희동, 연희빌라)

乙(수급인): 윤태건(상호: 태건건업)　(印: 建尹印泰)
서울 영등포구 당산대로 15, 107동 1302호(당산동, 선유도아파트)
전화: 010-5651-0404

영 수 증

금 5천만 원정 (50,000,000원)

위 돈을 화성시 동탄면 석우리 37 지상 건물신축공사 계약금으로 수령합니다.

2016. 7. 10
윤태건(태건건업)

이행요청서

발신인: 강주원 (720421-1248214)
　　　　서울 마포구 염창로 51

수신인: 김정우 (691207-1752423)
　　　　서울 강서구 공항대로 37

1. 귀하의 댁내 행운을 빕니다.

2. 알고 계신 바와 같이, 본인은 2015년 5월경부터 권창균에게 컴퓨터 등 IT 관련물품을 납품하였는데 미지급 물품대금액이 약 8억 원에 이르게 되어 부득이하게 별첨 대물변제 약정서 내용과 같이 권창균으로부터 위 채권의 변제에 갈음하여 귀하가 권창균에게 매도한 화성시 동탄면 석우리 37 대지 250㎡의 소유권을 귀하로부터 직접 이전받기로 권창균과 약정하였습니다.

3. 권창균에게 전해들은 바로는 귀하와 권창균 사이에서도 권창균이 지정하는 사람 앞으로 위 토지의 소유권이전등기를 해주기로 약정이 되어 있다고 하니, 귀하는 위 토지에 관하여 본인 앞으로 직접 소유권이전등기를 할 수 있는 서류를 준비해서 연락 주시면 감사하겠습니다.

　　　　　　　　　　　　　　가처분에 반하므로 함정에 해당한다.

첨부: 대물변제 약정서

　　　　　　　　　　　2017년 12월 5일

　　　　　　　발신인 강주원
　　　　　　　서울 마포구 염창로 51

이 우편물은 2017년 12월 5일 등기 제 4732호에 의하여 내용증명 우편물로 발송하였음을 증명함.
서울마포우체국장

대물변제 약정서

제1조 甲은 乙에 대한 아래 물품대금 및 지연손해금 채무 전액의 변제에 갈음하여 아래 〈부동산의 표시〉에 기재된 대지 및 건물의 소유권을 乙에게 이전하기로 약정한다.
 - 甲과 乙 사이의 2015. 5. 1.자 물품공급계약에 따라 甲이 乙로부터 컴퓨터 등 IT 관련 물품을 납품받음으로 인하여 발생한 물품대금채무(현재 정산액 783,000,000원)

> 대물변제의 목적물로 토지 및 건물이 모두 포함되어 있다.

〈부동산의 표시〉

소 재 지	화성시 동탄면 석우리 37		
토 지	대 지	면 적	250㎡ (평)
건 물	철근콘크리트조 슬래브지붕 근린생활시설	면 적	1층, 2층 각 120㎡

제2조 대지의 소유권이전등기는 乙이 현재의 등기명의자인 김정우로부터 직접 넘겨 받기로 하고, 甲은 그 절차에 협력하여야 한다.
제3조 甲은 현재 신축 중인 위 건물을 완공하여 소유권보존등기를 마친 다음 乙에게 소유권이전등기와 인도가 이루어질 수 있도록 협력한다.
제4조 이 계약의 이행이 지연됨으로 인하여 발생하는 손해에 관하여 쌍방은 별도의 금전청구를 하지 않기로 한다.

계약당사자들은 이의 없음을 확인하고, 이 계약을 증명하기 위하여 계약서 2부를 작성하여 날인한 후, 각자 1부씩 보관하기로 한다.

> 미등기건물도 소유권이전등기청구를 할 수 있고, 위 판결에 기하여 대위에 기한 보존등기를 신청할 수 있다.

2017년 2월 9일

甲	주 소	서울 서대문구 연희로 18, 가동 108호(연희동, 연희빌라)				
	주민등록번호	670723-1424512	전화	02-2532-1706	성명	권 창 균 (印)
乙	주 소	서울 마포구 염창로 51				
	주민등록번호	720421-1248214	전화	02-2658-0529	성명	강 주 원 (印)

기록 12면

이행요청에 대한 답신

발신인: 김정우 (691207-1752423)
　　　　서울 강서구 공항대로 37
수신인: 강주원 (720421-1248214)
　　　　서울 마포구 염창로 51

1. 귀하의 이행요청서는 2017년 12월 6일 잘 받았으나, 귀하가 작년 10월에 본인한테서 추가로 돈을 빌릴 당시 권창균에게서 받을 돈이 8억이나 되니까 그 돈을 받으면 빌린 돈을 전부 갚겠다고 했던 말을 상기하면, 권창균한테서 대물로 내 땅을 받기로 했으니 직접 이전등기 해달라는 요구는 차마 할 수 없는 것이니, 그런 말을 더 이상 하지 않기를 바랍니다.

2. 그렇지 않더라도 권창균이 나도 모르게 위 토지에 처분금지가처분을 받아서 등기까지 해 놓았고, 그 재판서에 보면 내가 제3자에게 소유권이전을 해 주면 안된다고 되어 있어서, 본인으로서는 귀하는 물론 권창균에게도 소유권이전을 해 줄 수 없는 상황인 것입니다. ……● 가처분항변

3. 그리고 권창균은 3억 원이나 되는 잔금을 지급하지도 않은 채 위 토지를 인도받아 건물까지 신축하여 점유, 사용하고 있는데, 당초 약속을 어기고 현재까지도 잔금을 지급하지 않고 있으니, 위와 같이 건물부지로 토지를 사용해 온 데 따른 부당이득금과 토지잔대금에 대한 법정이자를 전액 지급받기 전에는 누구에게도 소유권을 이전해 줄 생각이 없습니다.

4. 본인의 입장을 잘 이해해 주시리라 기대하며, 귀하와 권창균 사이의 문제는 두 분 사이에서 원만히 해결하시기 바랍니다. ……● 부당이득 및 법정이자 지급의 동시이행항변

2017. 12. 7.

발신인 김정우

서울강서우체국
2017. 12. 07.
17-4253

이 우편물은 2017년 12월 7일 등기 제4253호에 의하여 내용증명 우편물로 발송하였음을 증명함.
서울강서우체국장

통지서

발신인: 권창균 (670723-1424512)

　　　　서울 서대문구 연희로 18, 가동 108호 (연희동, 연희빌라)

수신인: 강주원 (720421-1248214)

　　　　서울 마포구 염창로 51

1. 귀댁에 항상 행운이 함께 하길 기원합니다.
2. 귀하가 올해 2월에 체결한 대물변제 약정과 관련하여 김정우에게 직접 동탄면 대지의 소유권을 이전해 달라는 요청을 하였다고 들었습니다.
3. 그런데 본인이 곰곰이 따져보니, 위 토지 및 신축건물의 시세가 적어도 9억 원 이상(토지 매매가격: 6억 원, 건물 도급계약액: 3억 원)이고, 동탄면 일대가 개발되고 있는 추세라서 시가상승이 충분히 예상되는데도, 본인의 물품대금 채무액을 훨씬 초과하는 부동산으로 대물변제를 하겠다고 약정한 것은 아무래도 잘못된 일입니다.
4. 다행히 제가 주변에 알아보니 이런 경우 민법 제607조에 위반되어 무효라고 들었고, 본인이 약정 당시 건물인도가 다소 늦어질 것을 염두에 두고 지체책임을 면제받기로 약정한 건 사실이지만, 그렇더라도 민법 제607조에 위반되는지는 계약 당시 가격을 기준으로 판단해야 한다고 들었습니다. ……● 민법 제607조의 항변
5. 따라서 본인으로서는 귀하와의 당초 약정 그대로 이행할 수는 없을 것이니, 이 점 부디 양해해 주시기 바랍니다.

　　　　　　　　　　　2017. 12. 8.

　　　　　　　　　　발신인 권창균　

이 우편물은 2017년 12월 8일 등기 제5759호에 의하여 내용증명 우편물로 발송하였음을 증명함.

　　　　　　　서울서대문우체국장

합 의 서

甲과 乙은 화성시 동탄면 석우리 37 지상 건물신축공사에 관한 2016. 7. 10.자 공사도급계약과 관련하여 아래와 같이 합의한다.

⦁ 공사대금 5천만 원이 추가로 지급되었다.

1. 甲은 乙의 요청에 따라 乙에게 위 공사의 중도금으로 금일 5천만 원을 추가 지급한다.
2. 乙은 위 건물을 2017. 4. 15.까지 완공하기로 하고, 甲은 乙이 공사를 완공하여 이를 인도함과 동시에 乙에게 잔대금 2억 원을 지급하기로 한다.
3. 만약 공사완공 후에도 甲이 위 2억 원을 지급하지 못하는 경우, 乙은 위 금액을 지급받을 때까지 위 건물 중 2층 부분에 한하여 무상으로 점유, 사용할 수 있고, 그 대신 乙은 甲에게 완공 후라도 공사잔대금에 대한 지연손해금을 청구하지 않기로 한다.

2017. 3. 20.

⦁ 건물 2층 부분에 대한 무상사용을 허가하였으므로, 이 부분에 대한 부당이득청구는 할 수 없다.

甲 : 권창균

　　　서울 서대문구 연희로 18, 가동 108호 (연희동, 연희빌라)

乙 : 윤태건(상호: 태건건업) (建尹印泰)

　　　서울 영등포구 당산대로 15, 107동 1302호 (당산동, 선유도아파트)

　　　전화: 010-5651-0404

영 수 증

권 창 균 귀하

　　　　　　　금 오천만 (50,000,000)원을 공사중도금으로 정히 영수함

　　　　　　　　　2017.　 3.　 20.
　　　　　　　　　영수인　　　윤태건

기록 15면

부동산임대차계약서

> 수급인이 허가받지 않은 1층 부분을 임대하였고, 이는 무단임대에 해당한다.

부동산의 표시: **화성시 동탄면 석우리 37 지상 근린생활시설 1층 120㎡**

제1조 위 부동산을 임대차함에 있어 임대인과 임차인은 쌍방 합의하에 아래 각 조항과 같은 조건으로 계약한다.

보증금	일억 (100,000,000)원	월세금액	일백만(1,000,000) 원 (매달 말일 선불)
계약금	일금 10,000,000 원정을 계약 당일 임대인에게 지불함 위 금액을 전액 수령함. 2017. 4. 25. 윤태건 (印)		
중도금	일금 원정을 년 월 일 지불하고		
잔 금	일금 90,000,000 원정을 2017년 4월 30일 소개인 입회하에 지불키로 함 위 금액 및 첫달 월세 100만 원을 전액 수령함. 2017. 4. 30. 윤태건 (印)		

제2조 부동산은 2017년 4월 30일 잔금 수령과 동시에 인도하기로 한다.

제3조 임대기간은 2017년 4월 30일부터 2018년 4월 29일까지(1년)로 한다.

위 계약조건을 증명하기 위하여 본 계약서를 2부 작성하여 각자 1부씩 보관한다.

2017년 4월 25일

임대인 윤 태 건 (750413-1752424) (印)
　　　　서울 영등포구 당산대로 15, 107동 1302호
　　　　(당산동, 선유도아파트)

임차인 이 청 준 (740214-1724512) (印)
　　　　서울 서초구 방배로 42

사 실 확 인 서

권 창 균 귀하

> 유치권항변에 해당하나, 무단임대로 유치권소멸청구 사유가 발생하였다.

1. 본인은 동탄면 석우리 37 신축건물에 공사대금채권으로 유치권을 행사하면서, 귀하와의 합의하에 2017. 4. 15.부터 2017. 10. 14.까지 6개월 동안 위 건물 2층에서 전입신고 없이 가족들과 거주하다가 현재는 이사를 하였지만, 본인이 집기류를 둔 채 잠금장치를 해 두고 매일같이 왕래하면서 여전히 유치권을 행사하고 있다는 점을 상기해 드립니다.

> 선의점유자의 과실수취권 항변에 해당하나, 오신에 정당한 이유를 인정하기 어렵다.

2. 본인은 1층 부분을 이청준에게 임대해 주고 월세를 받기로 약정한 사실이 있기는 하나, 본인은 유치권자로서 적법한 사용권한이 있기 때문에 세를 내주고 월세를 받을 권한이 있고, 그렇지 않더라도 그런 권한이 있다고 믿고서 임대를 한 이상 월세를 귀하에게 돌려주어야 한다는 주장은 근거가 없다고 생각합니다. 더구나 귀하가 아직까지 공사대금도 지급하지 못하고 있다는 점을 분명히 상기하시기 바랍니다.

3. 이청준은 2017. 4. 30.부터 2017. 12. 29.까지 휴대폰 대리점 영업을 하다가 본인과 임대차계약을 종료하기로 합의하고 영업은 종료하였지만, 영업용 비품은 그대로 두고 출입문을 잠근 채 연락이 되지 않는 상태인데, 얼마 전에 본인을 찾아와 자신이 상가건물 임대차보호법상의 대항요건을 갖추었기 때문에 보증금을 돌려받기 전에는 누가 요구하더라도 건물을 인도해 줄 수 없다고 험한 말을 하고 돌아갔는데, 본인으로서는 자금사정에 여유가 없어서 귀하로부터 공사대금을 지급받기 전에는 이청준한테서 건물을 인도받기도 어려운 사정입니다.

> 1층 부분은 현재까지 이청준이 점유하고 있다. 단, 사용은 하지 않고 있으므로, 2018. 1. 1.이후의 부당이득반환청구는 불가하다.

4. 귀하는 아직 모르실 것으로 예상됩니다만, 이청준은 본인은 물론 토지주, 건축주 등 누구의 동의도 없이 석우리 37 대지 한 구석에 본건물에서 5미터 가량 떨어진 곳에 경량철골조 샌드위치패널로 15㎡ 가량 되는 옥외 화장실 겸 창고를 지어 놓고 그 부분의 대지를 무단으로 점유·사용하고 있는데, 이청준이 연락이 되지 않아서 이 부분을 어찌해야 할지 저로서도 고민 중입니다.

> 적법한 권원이 없으므로 철거의 대상이 된다.

2017. 12. 31.

확인자 윤 태 건

답 변 서

발신인: 권창균

　　　　서울 서대문구 연희로 18, 가동 108호 (연희동, 연희빌라)

수신인: 윤태건

　　　　서울 영등포구 당산대로 15, 107동 1302호 (당산동, 선유도아파트)

1. 귀하가 보낸 사실확인서를 금일 잘 받아 보았습니다.

2. 귀하도 잘 기억하시겠지만 본인은 공사대금에 대한 지연이자에 갈음해서 동탄면 신축 건물의 2층 부분만을 귀하에게 사용하도록 허락한 것이지, 1층 부분은 사용을 허가한 사실이 없는데도 불구하고, 귀하가 무단으로 이청준에게 임대하는 바람에 지금으로서는 본인이 공사대금을 지급하더라도 건물을 인도받을 기약이 없는 상태가 되어 난감합니다. ⋯⋯⋯ 윤태건이 지급받은 차임을 공사대금에서 공제하여야 할 것으로 보인다.

3. 본인은 귀하가 무단임대로 받은 월세만큼을 본인에 대한 공사대금에 어떤 형식으로든 충당하여야 한다고 생각하고 있습니다.

4. 이청준이 지어 놓은 별채 건물도 귀하가 책임지고 철거해 주셔야 할 것으로 생각하고, 그 별채 건물의 대지부분을 무단으로 점유·사용하는 데 따른 금전적인 이익도 어떤 형식으로든, 누구를 상대로 해서든지 정산되어야 한다고 생각하고 있습니다.

현재 권창균은 토지의 소유권을 취득하지 못하였으므로, 부당이득의 반환청구는 할 수 없다.

2018년 1월 3일

발신인　권 창 균

서울마포우체국
2018. 01. 03.
18-126

이 우편물은 2018년 1월 3일 등기 제126호에 의하여 내용증명 우편물로 발송하였음을 증명함.
서울마포우체국장

기록 19면

임료 시세 확인서

부동산 표시

    화성시 동탄면 석우리 37 대 250㎡

    위 지상 철근콘크리트조 슬래브지붕 2층 근린생활시설

    1층 120㎡, 2층 120㎡

> 판례에 따르면 부당이득의 공제기준은 약정월차임이 되어야 할 것으로 생각되고, 감정차임은 기준이 될 수 없을 것으로 생각된다.

1. 위 건물 1층 및 2층을 각각 사용하는 경우 보증금이 없는 상태라면 각층 차임은 월 200만 원 정도임

2. 보증금이 없는 경우 대지 차임은 ㎡당 월 10만 원 정도임(나대지 기준)

참고: 1. 위 평가는 2017년 4월을 기준으로 이루어진 것임

      2. 현재까지도 시세변동은 없는 것으로 판단됨

      3. 위 평가는 인터넷 관련 사이트에서 거래된 내역을 토대로 이루어진 것으로서, 공적인 판단과는 무관함

      4. 통상은 1층보다 2층이 저렴하지만, 위 건물 2층은 주거용 시설이 갖추어진 상태라서 1층과 동일시세로 평가하였음

                2018. 1. 5.

           공인중개사   송민섭

기록 24면

송달 및 확정증명원

사　　　건　　2016타채2137 채권압류 및 전부명령
채　권　자　　천우식
채　무　자　　김정우
제3채무자　　강주원
증명신청인　　강주원

위 사건에 관하여 아래와 같이 송달 및 확정되었음을 증명합니다.

채　무　자　　김정우　　　　2016. 2. 23. 채권압류 및 전부명령정본 송달
제3채무자　　강주원　　　　2016. 2. 24. 채권압류 및 전부명령정본 송달
2016. 3. 3. 확정. 끝.

> 전부명령이 적법하게 송달되었고, 이후 확정되었다. 따라서 전부명령은 원칙적으로 유효하다.

2016. 4. 8.

서울남부지방법원

법원주사 이하린　　[서울남부지방법원 주사의인]

영 수 증

강즉월 귀하   2016. 4. 9.

금 *33,600,000* 원 정

위 금원을 *집복금으로* 정히 영수함

2016타채2137 집복명령-완제함

전부금이 완납되었다.   천 우 식

[토지] 서울특별시 송파구 방이동 284   고유번호 1772-2131-315167

【을　　　구】		(소유권 이외의 권리에 관한 사항)		
순위번호	등기목적	접　수	등기원인	권리자 및 기타사항
1	저당권설정	2016년4월10일 제42812호	2016년4월10일 설정계약	채권액 금 100,000,000원 변제기 2017년 4월 9일 이자 월 1% 채무자 강주원 720421-1248214 　서울특별시 마포구 염창로 51 저당권자 김정우 691207-1752423 　서울특별시 강서구 공항대로 37

- 이 하 여 백 -

> 물상보증에 해당하고, 근저당권설정계약의 당사자는 원칙적으로 목적물의 소유자이다.

수수료 금 1,000원 영수함 관할등기소 서울동부지방법원 등기국 / 발행등기소 법원행정처 등기정보중앙관리소

이 증명서는 등기기록의 내용과 틀림없음을 증명합니다.

서기 2018년 1월 5일

법원행정처 등기정보중앙관리소 전산운영책임관

문서 하단의 바코드를 스캐너로 확인하거나 인터넷등기소(http://iros.go.kr)의 발급확인 메뉴에서 발급확인번호를 입력하여 위·변조 여부를 확인할 수 있습니다. 발급확인번호를 통한 확인은 발행일부터 3개월까지 5회 한하여 가능합니다.

*실선으로 그어진 부분은 말소사항을 표시함.　*등기기록에 기록된 사항이 없는 갑구 또는 을구는 생략함.
발행번호1136001100493607210961250SLBO114951WOG295012331359　　2/2　　발행일 2018/01/05

차 용 증

아래 차용인은 아래 대여인으로부터 금 1억 원을 차용하면서

아래 사항을 약정함

  1. 상환일자: ················· 이행기의 정함이 없는 채무이고, 이후 기록을 통하여 변제기를 확인하여야 한다.

  2. 이자는 월 1%로 하되, 원금상환일에 일괄 지급하기로 함

2016. 10. 10

대여인: 김 정 우 (인)

차용인: 강 주 원 (인)

이행 최고서

발신인: 김정우

  서울 강서구 공항대로 37

수신인: 강주원

  서울 마포구 염창로 51

1. 본인은 귀하가 "사업자금으로 은행에서 대출받은 10억 원에 관하여 연차로 분할상환을 요구받고 있는데 잘못하면 신용불량자가 될 수도 있다." 라는 절박한 사정을 호소하기에, 세 차례에 걸쳐 2억 3천만 원을 빌려준 사실이 있습니다.

2. 특히 2016년 10월 10일 귀하는 "권창균 씨한테 받을 돈이 8억 원이나 되므로 그 돈을 받으면 빌린 돈을 모두 갚을 것" 이라고 말했고, 본인은 그 말을 믿고서 귀하에게 담보도 없이 추가로 돈을 빌려준 사실을 귀하도 잘 기억할 것입니다.

3. 그런데 최근 본인은 귀하가 권창균으로부터 돈을 받는 대신 권창균이 지은 건물과 본인이 권창균에게 매도한 대지를 넘겨받기로 약정하였다는 사실을 알게 되었는데, 귀하가 돈 대신 부동산을 넘겨받기로 약정하고서, 본인에게 그와 같은 일을 사전에 상의하기는커녕 약정 후에도 통보조차 하지 않았다는 것은 매우 유감입니다.

4. 본인은 더 이상 귀하를 신용하기 어렵게 되었으므로 세 차례 빌려준 돈을 이번달 말까지 반드시 갚을 것을 최고하오니, 차질 없기를 바랍니다.

이행을 최고하였고, 변제기를 2017. 3. 31.로 정하였다.

2017년 3월 23일

발신인   김정우

서울강서우체국
2017. 03. 23.
17-1678

이 우편물은 2017년 3월 23일 등기 제 1678호에 의하여 내용증명 우편물로 발송하였음을 증명함.
서울강서우체국장

이행 최고서

발신인: 김정우

　　　　서울 강서구 공항대로 37

수신인: 강주원

　　　　서울 마포구 염창로 51

1. 귀하는 4월 9일날 1억 1천만 원을 송금한 이래 아직까지도 나머지 돈은 갚지 않고 있습니다.

2. 더구나 본인 소유 토지를 권창균한테서 대물로 받기로 계약하는 과정에서 본인한테서 직접 이전등기를 넘겨받기로 약속했다는 이유를 들어 본인에게 직접 소유권이전등기를 해 달라고 거듭 요구하는데, 이는 생각할수록 참으로 염치없는 언사라고 생각됩니다.

3. 본인은 천우식이 전부명령을 신청할 때 근거로 삼은 손해배상판결은 물론 그 소장조차도 법원으로부터 받아본 사실이 없고, 본인이 법원에 가서 물어본 결과, 자세한 경위는 알 수 없으나 본인이 종전에 거주하던 수원 영통구 원천동으로 소장과 판결정본이 송달된 것으로 되어 있다는데, 아는 변호사에게 물어보니 그럴 경우 전부명령도 효력이 없는 것이라고 합니다. 그런즉 귀하가 천우식에게 대신 갚았다는 것은 효력이 없는 것이라서 인정할 수가 없습니다. *(전부명령 무효의 항변)*

4. 본인은 올해 초에 1억 1천만 원을 송금받고 나서 귀하에게 담보로 받은 약속어음까지 돌려주었는데, 귀하가 천우식에게 대신 갚았다고 말할 줄 알았으면 2016년 4월 10일 1억 원을 더 빌려주지도, 어음을 돌려주지도 않았을 것입니다.

5. 귀하는 천우식에게 갚기 전에 본인에게 사실확인차 통보를 하였다고 하지만, 본인은 그 통지를 받은 기억이 없고, 더구나 귀하가 발행한 약속어음을 담보로 가지고 있는 이상 전부명령에 대해서는 신경쓸 이유도 없었던 것입니다.

6. 돈은 빌려준 순서에 따라 갚는 것이 순리이고 상식이기 때문에, 4월 9일 송금받은 돈은 먼저 2015년도에 빌려준 3천만 원에 충당하고 나서, 그 나머지는 2016년 4월에 빌려준 돈에 충당되는 것으로 계산해야 할 것이고, 그렇게 계산하면 2015년도에 빌린 돈은 다 갚아진 것이지만, 현재 남은 채권이 1억 5천만 원이 넘는다고 보면 될 것입니다. *(채무의 액수에 대해서 다투고 있으므로 확인의 이익이 있다.)*

7. 귀하가 남은 채무를 변제하지 않는다면 본인은 부득이 저당권으로 경매를 신청 할 수밖에 없으니 불미스런 일이 없도록 속히 변제하여 주시기 바랍니다.

2017년 12월 20일

발신인　　김정우

기록 33면

등기번호	001142
등록번호	110111-017442

등기사항전부증명서(현재사항)

상 호	주식회사 이글골프	. . 변경
		. . 등기
본 점	경기도 수원시 영통구 원천로 27, 704호 (원천동, 원천빌딩)	. . 변경
		. . 등기

| 공고방법 서울시내에서 발행하는 일간 매일경제신문에 게재한다. | . . 변경 |
| | . . 등기 |

수원이 본점의 주소지로 주총결의취소청구의 경우 관할법원이 전속관할이 된다.

| 1주의 금액 금 10,000원 | . . 변경 |
| | . . 등기 |

| 발행할 주식의 총수 1,000,000주 | . . 변경 |
| | . . 등기 |

발행주식의 총수와 그 종류 및 각각의 수	자본의 총액	변 경 연 월 일 등 기 연 월 일
발행주식의 총수 100,000주 보통주식 100,000주 우선주식 0주	금 1,000,000,000 원	. . 변경
		. . 등기

목 적
1. 골프연습장 운영사업
2. 제1호에 관련된 부대사업

임원에 관한 사항
이사 황용현 740720-1724091
   2015년 2월 6일 취임   2015년 2월 6일 등기

이사 양영민 830110-1392113
   2015년 2월 6일 취임   2015년 2월 6일 등기

대표이사 나도연 720614-1675018 서울특별시 서초구 방배로 20
   2015년 2월 6일 취임   2015년 2월 6일 등기

감사 임재영 660810-1245278
   2015년 2월 6일 취임   2015년 2월 6일 등기

수수료 금 1,000원 영수함.   관할등기소 수원지방법원 화성등기소/발행등기소 서울중앙지방법원 등기국

(중략)

서울중앙지방법원 등기국 등기관 [서울중앙지방법원 등기국 등기관의인]

4010915313667289567922482064-1234-4032   1/1   발행일 2017/11/20

통 고 서

수신   주식회사 이글골프

수원시 영통구 원천로 27, 704호(원천동, 원천빌딩)

대표이사 나도연

1. 존경하는 대표이사님,

   통고서를 보내드리게 된 점을 안타깝게 생각합니다.

2. 저는 법을 잘 모르지만 지난번 임시총회는 다음의 이유로 무효라고 생각합니다.

   첫째, 주식 합계 40%를 가진 주주만 출석하고, 주식 30%를 가진 주주만 찬성하였는데 가결로 처리된다는 것은 법적으로 잘못된 것입니다.

   둘째, 주주 전제균의 주식은 실제로는 황윤수의 주식이고 황윤수는 임시총회에 참여하려고 하였으나 의결권이 없다는 이유로 의안표결에 참여하지 못한 사실이 있습니다. 실제 주식 소유주가 황윤수라는 사실은 대표이사님도 알고 있는 사실인데 황윤수에게 의결권을 인정해 주지 않은 점은 잘못입니다.

   셋째, 박모란은 2017. 2. 13. 한채아에게 주식을 양도하고 그 사실을 회사에 통지까지 하였는데 대표이사님이 한채아에게 의결권이 없다고 판단한 점은 잘못입니다. 그날 한채아는 분명히 임시총회에 참석하여 의결권을 행사하려고 했는데 회사에서 이를 인정하여 주지 않은 것은 잘못입니다.

   넷째, 황용현 말로는 자신이 총회 전에 회사 직원에게 전화하여 대리인을 보내겠다고 하였[...] 막았[...]

3. 대표이사님, 저는 회사의 [...] 모든 법적 [...]

> 실질주주의 의결권의 문제로 명의개서를 하지 않은 한 의결권을 행사할 수 없다. 대법원 2017. 3. 23. 선고 2015다248342 전원합의체 판결. 주식발행의 경우에도 주주명부에 주주로 기재가 마쳐진 이상 회사에 대한 관계에서는 주주명부상 주주만이 주주권을 행사할 수 있다고 보아야 한다.

> 명의개서가 되지 않은 한 주주는 회사에 대항할 수 없다. 대법원 2003. 10. 24. 선고 2003다29661 판결. 상법 제335조 제3항 소정의 주권발행 전에 한 주식의 양도는 회사성립 후 6월이 경과한 때에는 회사에 대하여 효력이 있는 것으로서, 이 경우 주식의 양도는 지명채권의 양도에 관한 일반원칙에 따라 당사자의 의사표시만으로 효력이 발생하는 것이고, 상법 제337조 제1항에 규정된 주주명부상의 명의개서는 주식의 양수인이 회사에 대한 관계에서 주주의 권리를 행사하기 위한 대항요건에 지나지 아니한다.

> 대리인을 통하여 의결권을 행사할 수 있으나, 대리권을 증명하는 서면은 제출되어야 한다. 대법원 2009. 4. 23. 선고 2005다22701 판결. 상법 제368조 제3항이 규정하는 '대리권을 증명하는 서면'이라 함은 위임장을 일컫는 것으로서 회사가 위임장과 함께 인감증명서, 참석장 등을 제출하도록 요구하는 것은 대리인의 자격을 보다 확실하게 확인하기 위하여 요구하는 것일 뿐, 이러한 서류 등을 지참하지 아니하였다 하더라도 주주 또는 대리인이 다른 방법으로 위임장의 진정성 내지 위임의 사실을 증명할 수 있다면 회사는 그 대리권을 부정할 수 없다. 한편, 회사가 주주 본인에 대하여 주주총회 참석장을 지참할 것을 요구하는 것 역시 주주 본인임을 보다 확실하게 확인하기 위한 방편에 불과하므로, 다른 방법으로 주주 본인임을 확인할 수 있는 경우에는 회사는 주주 본인의 의결권 행사를 거부할 수 없다.

2017. 12. 23.

17-5895

의하여 내용증명 우편물로 발송하였음을 증명함.

서울마포우체국장

[서울마포우체국장인]

청 구 취 지

1. 피고 권창균은 원고에게 별지 제1목록 및 제2목록 기재 부동산에 관하여 2017. 2. 9. 대물변제를 원인으로 한 각 소유권이전등기절차를 이행하고, 위 각 부동산을 인도하라.

2. 피고 김정우는 피고 권창균으로부터 300,000,000원을 지급받음과 동시에 피고 권창균에게 별지 제1목록 기재 부동산에 관하여 2016. 7. 5. 매매를 원인으로 한 소유권이전등기절차를 이행하라.

   > 피고 권창균이 별지 제1목록 대지를 선인도받았다고 기재되어 있어, 별도로 인도청구는 하지 않는 것으로 청구취지를 구성하였다.

3. (원고와 피고 김정우 사이에서)

   가. 원고의 피고 김정우에 대한 2015. 4. 10. 금전소비대차계약에 기한 채무는 존재하지 아니함을 확인한다.

   나. 원고의 피고 김정우에 대한 2016. 4. 10. 금전소비대차계약에 기한 채무는 100,000,000원(및 이에 대한 이자)을 초과하여서는 존재하지 아니함을 확인한다.

   다. 원고의 피고 김정우에 대한 2016. 10. 10. 금전소비대차계약에 기한 채무는 8,000,000원(및 이에 대한 이자)을 초과하여서는 존재하지 아니함을 확인한다.

4. 피고 윤태건은 피고 권창균으로부터 192,000,000원을 지급받음과 동시에 피고 권창균에게 별지 제2목록 기재 부동산을 인도하라.

   > 특별한 지시사항이 없어, 별지 제1목록 대지의 소유권자인 피고 김정우에게 건물철거 및 대지인도의무를 부담하는 것으로 청구취지를 구성하였고, 화장실 부분의 대지의 인도청구에 대해서는 특별한 지시사항이 없어 청구하지 않아도 무방할 것으로 생각된다.

5. 피고 이청준은,

   가. 피고 권창균에게 별지 제2목록 기재 부동산 중 1층 부분을 인도하고,

   나. 피고 김정우에게 별지 제3목록 기재 부동산을 철거하고, 별지 제1목록 기재 부동산 중 위 부분 대지 (15㎡)를 인도하라.

6. 피고 주식회사 이글골프의 2017. 11. 20. 임시주주총회에서 소외 최금례에게 별지 제5목록 및 제6목록 기재 부동산을 매각하기로 한 결의를 취소한다.

7. 소송비용은 피고들이 부담한다.

8. 위 제1항 중 인도부분, 제4항, 제5항은 가집행할 수 있다.

라는 판결을 구합니다.

청 구 원 인

1. 피고 권창균에 대한 청구

가. 대물변제약정의 체결

원고는 피고 권창균에 대하여 2015. 5. 1. 물품공급계약으로 인한 783,000,000원 상당의 물품대금채권을 보유하고 있었는데, 피고 권창균은 2017. 2. 9. 원고에게 위 채무의 변제에 갈음하여 별지 제1목록 및 제2목록 기재 부동산의 소유권을 이전해 주고, 소유권이전등기와 동시에 인도해 주기로 합의하였습니다.

따라서 피고 권창균은 원고에게 별지 제1목록 및 제2목록 기재 부동산에 관하여 2017. 2. 9. 대물변제를 원인으로 한 각 소유권이전등기절차를 이행하고, 위 각 부동산을 인도할 의무가 있습니다.

대법원 1992. 2. 28. 선고 91다25574 판결

나. 피고 권창균의 예상주장 및 이에 대한 반박

한편 피고 권창균은 위 대물변제약정이 민법 제607조를 위반하여 무효라고 주장할 수 있으나, 민법 제607조의 적용범위와 관련하여 판례는 '채무자가 채권자 앞으로 차용물 아닌 다른 재산권을 이전한 경우에 있어 그 권리의 이전이 채무의 이행을 담보하기 위한 것이 아니고 그 채무에 갈음하여 상대방에게 완전히 그 권리를 이전하는 경우 즉 대물변제의 경우에는 가사 그 시가가 그 채무의 원리금을 초과한다고 하더라도 민법 제607조, 제608조가 적용되지 아니한다.'고 판시하였고 또한 판례는 '민법 제607조, 제608조는 소비대차계약 또는 준소비대차계약에 의하여 차주가 반환할 차용물에 관하여 대물반환의 예약이 있는 경우에 모두 적용되는 것이다.'라고 판시하였습니다.

대법원 1992. 10. 9. 선고 92다13790 판결

사안에서 원고와 피고 권창균 사이의 약정은 대물변제예약이 아닌 대물변제약정이고, 또한 그 원인된 채무가 소비대차채무가 아닌 물품대금채무이므로 민법 제607조가 적용될 수 없습니다. 따라서 이와 배치되는 피고 권창균의 주장은 근거가 없습니다.

2. 피고 김정우에 대한 청구

가. 피고 김정우에 대한 소유권이전등기청구

(1) 채권자대위에 기한 소유권이전등기청구

위 1항에서 말씀드린 바와 같이 원고는 피고 권창균에 대하여 별지 제1목록 기재 부동산에 관하여 대물변제를 원인으로 한 소유권이전등기청구권을 보유하고 있고(피보전채권), 아래에서 말씀드리는 바와 같이 피고 권창균은 피고 김정우에 대하여 매매계약에 기한 소유권이전등기청구권을 보유하고 있으며(피대위채권), 피고 권창균은 이를 행사하지 않고 있고, 특정물채권을 보전하기 위한 대위권행사의 경우 채무자의 무자력을 요구하지 않습니다(보전의 필요성). 이에 원고는 피고 권창균의 소유권이전등기청구권을 대위행사합니다. 이후 특정물채권의 대위행사에 있어서 보전의 필요성에 대한 기재는 생략합니다.

> 제3자를 위한 계약의 법리로 보아 소유권이전등기청구권을 직접 행사한 하급심판례를 확인할 수 있으나, 이를 인정한 대법원판례를 확인할 수 없고, 중간생략등기청구권의 요건, 소유권이전등기청구권의 채권양도의 제한에 관한 대법원판례의 취지 등을 고려할 때 원고의 직접 청구가 어려울 것으로 생각되며, 원고의 직접 청구시 가처분을 극복하기 어려운 점 등을 고려하여 대위청구로 청구원인을 구성하였다.

(2) 매매계약에 기한 소유권이전등기청구권

피고 권창균은 2016. 7. 5. 피고 김정우로부터 별지 제1목록 기재 부동산을 6억 원에 매수하면서, 계약금 및 중도금 3억 원은 위 계약일에 지급하면서 위 부동산을 인도받고, 잔금 3억 원은 피고 권창균이 위 부동산 지상에 건물을 신축한 날로부터 2개월 이내에 소유권이전등기에 필요한 서류를 교부받음과 동시에 지급하기로 정하였습니다. 그리고 위 매매계약에 따라 피고 권창균은 계약금과 중도금을 약정한 지급기일에 지급하고 위 부동산을 인도받아, 2017. 4. 15.경 건물을 신축하였습니다.

위 매매계약에서 정한 잔금지급기일이 이미 도과하였으므로, 피고 김정우는 아직 지급받지 못한 잔금 3억 원을 지급받음과 동시에 피고 권창균에게 위 부동산에 관하여 2016. 7. 5. 매매를 원인으로 한 소유권이전등기절차를 이행할 의무가 있습니다.

(3) 피고 김정우의 예상주장 및 이에 대한 반박

피고 김정우는 ① 원고의 소유권이전등기청구가 가처분의 효력에 반하고, ② 피고 권창균이 잔금을 지급하지 않은 상태에서 토지를 인도받아 사용하였으므로, 토지사용에 대한 부당이득 및 잔대금에 대한 법정이자를 지급하여야 한다고 주장할 수 있습니다.

대법원 1998. 2. 13. 선고 97다47897 판결

그러나, 가처분의 효력과 관련하여 판례는 '부동산의 전득자가 양수인 겸 전매인(채무자)에 대한 소유권이전등기청구권을 보전하기 위하여 양수인을 대위하여 양도인(제3채무자)을 상대로 처분금지가처분결정을 받아 그 등기를 마친 경우 그 가처분은 전득자가 자신의 양수인에 대한 소유권이전등기청구권을 보전하기 위하여 양도인이 양수인 이외의 자에게 그 소유권의 이전 등 처분행위를 못하게 하는 데에 그 목적이 있는 것으로서 그 피보전권리는 양수인의 양도인에 대한 소유권이전등기청구권이고, 전득자의 양수인에 대한 소유권이전등기청구권까지 포함하는 것은 아니다. 甲으로부터 乙, 丙을 거쳐 부동산을 전득한 丁이 그의 丙에 대한 소유권이전등기청구권을 보전하기 위하여 乙 및 丙을 순차 대위하여 甲을 상대로 처분금지가처분을 한 경우, 그 처분금지가처분은 丁의 丙에 대한 소유권이전등기청구권을 보전하기 위하여 丙 및 乙을 순차 대위하여 甲이 乙 이외의 자에게 그 소유권의 이전 등 처분행위를 못하게 하는 데 그 목적이 있는 것으로서, 그 피보전권리는 실질적 가처분채권자인 乙의 甲에 대한 소유권이전등기청구권이고 丙의 乙에 대한 소유권이전등기청구권이나 丁의 丙에 대한 소유권이전등기청구권까지 포함하는 것은 아니므로, 위 처분금지가처분 이후에 가처분채무자인 甲으로부터 丙 앞으로 경료된 소유권이전등기는 비록 그 등기가 가처분채권자인 丁에 대하여 소유권이전등기의무를 부담하고 있는 자에게로의 처분이라 하여도 위 처분금지가처분의 효력에 위배되어 가처분채권자인 丁에게 대항할 수 없고, 따라서 丁의 말소신청에 따라 처분금지가처분의 본안에 관한 확정판결에 기하여 丙 명의의 소유권이전등기를 말소한 것은 적법하다.'고 판시하였습니다.

사안에서 가처분의 채권자의 피보전권리는 피고 권창균의 소유권이전등기청구권이고, 원고는 현재 피고 김정우가 피고 권창균에게 이전등기를 해 줄 것을 청구하고 있으므로, 원고의 청구는 가처분의 효력에 반하지 않습니다. 따라서 이와 배치되는 피고 김정우의 주장은 근거가 없습니다.

또한 부동산 매수인의 법적 지위와 관련하여 판례는 '토지의 매수인이 아직 소유권이전등기를 마치지 않았더라도 매매계약의 이행으로 토지를 인도받은 때에는 매매계약의 효력으로서 이를 점유·사용할 권리가 있으므로, 매도인이 매수인에 대하여 그 점유·사용을 법률상 원인이 없는 이익이라고 하여 부당이득반환청구를 할 수는 없다. 이러한 법리는 대물변제 약정 등에 의하여 매매와 같이 부동산의 소유권을 이전받게 되는 사람이 이미 부동산을 점유·사용하고 있는 경우에도 마찬가지로 적용된다.'고 판시하였고(대법원 2016. 7. 7. 선고 2014다2662 판결), 매매대금에 대한 법정이자와 관련하여 판례는 '매수인의 대금지급의무와 매도인의 소유권이전등기의무가 동시이행관계에 있는 등으로 매수인이 대금지급을 거절할 정당한 사유가 있는 경우에는 매매목적물을 미리 인도받았다 하더라도 위 민법 규정에 의한 이자를 지급할 의무는 없다고 보아야 한다.'고 판시하였습니다(대법원 2013. 6. 27. 선고 2011다98129 판결).

사안에서 피고 권창균은 매매계약에서 정한 선인도합의에 따라 부동산을 인도받아 사용하였고, 현재 이전등기가 경료되지 않은 상태입니다. 따라서 부당이득 및 잔금의 법정이자에 관한 피고 김정우의 주장은 모두 근거가 없습니다.

나. 피고 김정우에 대한 채무부존재확인청구

(1) 소비대차계약의 체결

① 피고 김정우는 2015. 4. 10. 원고에게 3천만 원을 이자율 월 1%(원금상환일에 일괄지급), 변제기 2016. 4. 9.로 정하여 대여하였고(이하 '1차 대여금'이라 합니다),

② 또한 2016. 4. 10. 원고에게 1억 원을 이자율 월 1%(원금상환일에 일괄지급), 변제기 2017. 4. 9.로 정하여 대여하였으며(이하 '2차 대여금'이라 합니다),

③ 또한 2016. 10. 10. 원고에게 1억 원을 이자율 월 1%(원금상환일에 일괄지급)로 변제기를 정하지 아니하고 대여하였으나(이하 '3차 대여금'이라 합니다), 이후 피고 김정우가 2017. 3. 23.자 내용증명우편을 통하여 2017. 3. 31.로 변제기를 정하여 이행을 최고하였으므로, 2017. 3. 31. 변제기가 도래하였습니다.

[그리고 원고의 처 박경주는 위 2차 대여금의 지급을 담보하기 위하여 별지 제4목록 기재 부동산 관하여 피고 김정우를 저당권자로 한 저당권을 설정해 주었습니다.]

(2) 전부금의 지급

한편 소외 천우식은 2016. 2. 20. 자신의 피고 김정우에 대한 서울남부지방법원 2015가단33298호 집행력있는 판결에 기초하여 서울남부지방법원 2016타채2137호로 위 1차 대여금의 원금, 이자, 지연손해금에 대하여 압류 및 전부명령을 받았고, 위 압류 및 전부명령은 2016. 2. 23. 피고 김정우에게, 2016. 2. 24. 원고에게 각 송달되어 2016. 3. 3. 확정되었습니다.

소외 천우식은 위 전부명령에 기하여 원고에게 전부금의 청구를 하였고, 이에 원고는 2016. 4. 9. 그때까지 발생한 원금, 이자, 지연손해금 합계 33,600,000원을 천우식에게 지급하며, 전부금을 모두 변제하였습니다. 따라서 1차 대여금채무는 변제로 모두 소멸하였습니다.

(3) 변제의 충당

또한 원고는 2차 및 3차 대여금의 변제를 위하여 2017. 4. 9. 피고 김정우에게 1억 1천만 원을 무통장입금의 방식으로 송금하면서 특별히 충당의 지정을 하지 않았습니다. 따라서 원고가 송금한 위 1억 1천만 원은 민법 제479조 및 제477조의 규정에 따른 법정변제충당의 법리에 따라 아래와 같이 충당되어야 합니다.

원고가 1억 1천만 원을 지급한 2017. 4. 9.을 기준으로 2차 및 3차 대여금의 원금과 이자를 보면, 2차 대여금은 원금 1억 원 및 이에 대한 이자 12,000,000원(= 1억 원 X 월 1% X 12개월)이 되고, 3차 대여금은 원금 1억 원 및 이에 대한 이자 6,000,000원(= 1억 원 X 월 1% X 6개월)이 됩니다.

민법 제479조에 따라 1억 1천만 원을 이자에 충당하면 92,000,000원(= 1억 1천만 원 - 12,000,000원 - 6,000,000원)이 남게 되고, 위 잔존금을 민법 제477조 제3호에 따라 충당하면 변제기가 먼저 도래한 3차 대여금의 원금에 먼저 충당되어 3차 대여금 8,000,000원 및 2차 대여금 1억 원 전액이 잔존하게 됩니다.

한편, 위 2차 및 3차 대여금의 이자율은 모두 동일하고, 변제자 외 다른 사람이 제공한 담보가 있을 때에도 변제자가 채무자인 경우에 변제이익은 동일하므로, 변제기가 먼저 도래한 3차 대여금의 채무에 먼저 충당되어야 합니다.

> 대법원 2014. 4. 30. 선고 2013다8250 판결. 변제자가 주채무자인 경우 보증인이 있는 채무와 보증인이 없는 채무 사이에 전자가 후자에 비하여 변제이익이 더 많다고 볼 근거는 전혀 없으므로 양자는 변제이익의 점에서 차이가 없다고 보아야 한다. 마찬가지로 변제자가 채무자인 경우 물상보증인이 제공한 물적 담보가 있는 채무와 그러한 담보가 없는 채무 사이에도 변제이익의 점에서 차이가 없다.

(4) 소결

따라서 2017. 4. 9. 기준 1차 대여금은 변제로 모두 소멸하였고, 2차 대여금은 원금 1억 원이 잔존하고 있으며, 3차 대여금은 변제충당으로 8,000,000원이 잔존하고 있습니다.

그런데 현재 피고 김정우는 위 각 대여금 전부가 잔존하고 있다고 주장하며 저당권 실행을 통지하였는데, 이는 원고의 현재의 권리관계에 대한 현존하는 위험이 발생한 것이고, 원고가 피고 김정우를 상대로 채무의 부존재의 확인을 구하는 것만이 분쟁을 근본적으로 해결하는 가장 유효·적절한 수단이므로, 원고는 피고 김정우에 대하여 청구취지의 기재와 같은 채무의 부존재의 확인을 구합니다.

> 원고는 저당목적물의 소유자도 아니고, 저당권설정계약의 당사자도 아니므로 저당권설정등기말소청구는 어려울 것으로 생각된다.

(5) 피고 김정우의 예상주장 및 이에 대한 반박

피고 김정우는 소외 천우식의 자신에 대한 서울남부지방법원 2015가단33298호 손해배상청구사건의 소장 및 판결문을 송달받은 적이 없어, 이에 기한 전부명령도 무효라고 주장할 수 있습니다.

> 대법원 2005. 4. 15. 선고 2004다70024 판결

그러나 전부명령의 효력과 관련하여 판례는 '채무자 또는 그 대리인의 유효한 작성촉탁과 집행인낙의 의사표시에 터잡아 작성된 공정증서를 집행권원으로 하는 금전채권에 대한 강제집행절차에서, 비록 그 공정증서에 표시된 청구권의 기초가 되는 법률행위에 무효사유가

있다고 하더라도 그 강제집행절차가 청구이의의 소 등을 통하여 적법하게 취소·정지되지 아니한 채 계속 진행되어 채권압류 및 전부명령이 적법하게 확정되었다면, 그 강제집행절차가 반사회적 법률행위의 수단으로 이용되었다는 등의 특별한 사정이 없는 한, 단지 이러한 법률행위의 무효사유를 내세워 확정된 전부명령에 따라 전부채권자에게 피전부채권이 이전되는 효력 자체를 부정할 수는 없다.'고 판시하였습니다.

위 판결에 따르면 적법하게 확정된 전부명령에 대해서 집행권원의 하자를 이유로 다툴 수 없으므로, 전부명령의 효력을 부인하는 피고 김정우의 주장은 근거가 없습니다.

3. 피고 윤태건에 대한 청구

가. 채권자대위에 기한 청구

위 1항에서 말씀드린 바와 같이 원고는 피고 권창균에 대하여 별지 제2목록 기재 부동산에 관하여 대물변제를 원인으로 한 소유권이전등기청구권 및 인도청구권을 보유하고 있고(피보전채권), 아래에서 말씀드리는 바와 같이 피고 권창균은 피고 윤태건에 대하여 도급계약 또는 소유권에 기한 인도청구권을 보유하고 있으므로 이를 대위행사합니다(피대위채권).

나. 피고 권창균과 피고 윤태건 사이의 도급계약의 체결 및 사용의 승낙

피고 권창균은 2016. 7. 10. 피고 윤태건에게 별지 제2목록 기재 부동산의 신축공사를 도급해주면서, 공사대금 3억 원, 공사기간 2016. 7. 10.부터 2017. 4. 15.까지로 정하였고, 특약으로 피고 권창균이 지급하는 공사대금외 건축비용은 피고 윤태건이 조달하되, 신축건물의 건축허가 및 소유권보존등기는 피고 권창균의 명의로 하는 것으로 정하였습니다.

위 도급계약 및 2017. 3. 20.자 합의에 따라 피고 권창균은 2016. 7. 10. 피고 윤태건에게 공사대금으로 5천만 원을 지급하였고, 2017. 3. 20. 공사대금으로 5천만 원을 추가지급하였으며, 공사잔금 2억 원을 신축부동산을 인도받음과 동시에 지급하되, 이를 지급하지 못할 경우 신축부동산 중 2층 부분을 피고 윤태건이 무상사용하는 것으로 정하였습니다.

다. 건물의 인도청구 및 부당이득금의 공제

이후 피고 윤태건은 2017. 4. 15.경 수급받은 공사를 완료하였고 민법 제665조에 따라 완성된 도급의 목적물의 인도와 보수의 지급은 동시이행관계에 있으므로, 일응 피고 권창균으로부터 공사잔금 2억 원을 지급받음과 동시에 피고 권창균에게 별지 제2목록 기재 부동산을 인도하여야 합니다. 피고 윤태건이 별지 제2목록 기재 부동산 중 1층 부분을 현실적으로 점유하고 있지 않다하더라도 계약상 권리에 기해서는 간접점유자에 대해서도 인도청구를 할 수 있으므로, 피고 윤태건은 1층 부분의 인도의무도 부담하여야 합니다.

> 대법원 1983. 5. 10. 선고 81다187 판결. 불법점유를 이유로 한 건물명도청구를 하려면 현실적으로 불법점유하고 있는 사람을 상대로 하여야 할 것이나 그렇지 않는 경우에는 간접점유자를 상대로 명도를 청구할 수 있다.

그리고 피고 권창균과 피고 윤태건은 도급계약시 건축허가명의 및 소유권보존등기명의를 피고 권창균의 명의로 하기로 정하였으므로, 피고 권창균이 별지 제2목록 기재 부동산을 원시취득하였습니다.

> 피고 윤태건의 부당이득의 범위와 관련하여 임대차보증금없는 경우의 감정차임인 월 200만 원인지 아니면 약정차임인 월 100만 원인지 다툼의 여지가 있으나, 91다23639 판결의 취지에 따라 약정차임을 기준으로 산정하였다.

한편, 피고 윤태건은 피고 권창균으로부터 사용승낙을 받지 않은 별지 제2목록 기재 부동산 중 1층부분을 피고 이청준에게 2017. 4. 30.부터 2017. 12. 29.까지 무단임대함으로써 차임 800만 원을 법률상 원인없이 취득하였고, 이로 인하여 피고 권창균에게 동액상당의 손해를 입혔습니다.

> 대법원 1991. 9. 24. 선고 91다23639 판결

무단임대로 인한 부당이득의 반환범위와 관련하여 판례는 '부동산의 1/7 지분 소유권자가 타공유자의 동의없이 그 부동산을 타에 임대하여 임대차보증금을 수령하였다면, 이로 인한 수익 중 자신의 지분을 초과하는 부분에 대하여는 법률상 원인없이 취득한 부당이득이 되어 이를 반환할 의무가 있고, 또한 위 무단임대행위는 다른 공유지분권자의 사용, 수익을 침해한 불법행위가 성립되어 그 손해를 배상할 의무가 있다. 위의 경우 반환 또는 배상해야 할 범위는 위 부동산의 임대차로 인한 차임 상당액이라 할 것으로서 타공유자는 그 임대보증금 자체에 대한 지분비율 상당액의 반환 또는 배상을 구할 수는 없다.'고 판시하였습니다.

위 판결에 따르면 피고 윤태건이 피고 이청준으로부터 지급받은 차임상당액은 피고 권창균이 상환하여야 할 공사대금 2억 원에서 공제되어야 합니다. 따라서 피고 윤태건은 피고 권창균으로부터 공사잔금 192,000,000원을 지급받음과 동시에 피고 권창균에게 별지 제2목록 기재 부동산을 인도하여야 합니다.

라. 피고 윤태건의 예상주장 및 이에 대한 반박

한편 피고 윤태건은 ① 별지 목록 제2항 기재 부동산에 관하여 유치권을 행사하고 있고, ② 유치권자로서 적법한 사용권한이 있어 별지 목록 제2항 기재 부동산 중 1층을 임의로 임대할 수 있으며, 나아가 이로 인한 차임을 취득할 권한이 있다고 주장할 수 있습니다.

그러나 유치권자의 임대행위와 관련하여 판례는 '민법 제324조에 의하면, 유치권자는 선량한 관리자의 주의로 유치물을 점유하여야 하고, 소유자의 승낙 없이 유치물을 보존에 필요한 범위를 넘어 사용하거나 대여 또는 담보제공을 할 수 없으며, 소유자는 유치권자가 위 의무를 위반한 때에는 유치권의 소멸을 청구할 수 있다고 할 것인바, 공사대금채권에 기하여 유치권을 행사하는 자가 스스로 유치물인 주택에 거주하며 사용하는 것은 특별한 사정이 없는 한 유치물인 주택의 보존에 도움이 되는 행위로서 유치물의 보존에 필요한 사용에 해당한다고 할 것이다. 그리고 유치권자가 유치물의 보존에 필요한 사용을 한 경우에도 특별한 사정이 없는 한 차임에 상당한 이득을 소유자에게 반환할 의무가 있다.'고 판시하였습니다. *(대법원 2009. 9. 24. 선고 2009다40684 판결)*

사안에서 피고 윤태건은 소유권자인 피고 권창균의 허락없이 무단으로 이를 제3자에게 임대하였으므로 이는 유치권의 소멸사유에 해당하고, 따라서 피고 윤태건의 유치권은 이미 소멸하였습니다. 만약 유치권이 소멸하지 않았다면 원고는 이 사건 소장부본 송달로써 유치권소멸청구를 대위행사합니다.

또한 선의점유자의 과실수취권과 관련하여 판례는 '여기서 선의의 점유자라 함은 과실수취권을 포함하는 권원이 있다고 오신한 점유자를 말하고, 다만 그와 같은 오신을 함에는 오신할 만한 정당한 근거가 있어야 한다.'고 판시하였습니다. *(대법원 2000. 3. 10. 선고 99다63350 판결)*

사안에서 피고 윤태건은 유치목적물을 임대할 권한이 없음에도 불구하고 이를 임대하였고, 자신의 무단임대로 인한 차임의 취득이 적법하다고 오신할만한 정당한 근거를 인정할 수 없습니다. 따라서 이에 관한 피고 윤태건의 주장은 근거가 없습니다.

4. 피고 이청준에 대한 청구

가. 건물의 인도청구

(1) 채권자대위에 기한 청구

위 1항에서 말씀드린 바와 같이 원고는 피고 권창균에 대하여 별지 제2목록 기재 부동산에 관하여 대물변제를 원인으로 한 소유권이전등기청구권 및 인도청구권을 보유하고 있고(피보전채권), 아래에서 말씀드리는 바와 같이 피고 권창균은 피고 이청준에 대하여 별지 제2목록 기재 부동산 중 1층 부분의 소유권에 기한 인도청구권을 보유하고 있으므로 이를 대위행사합니다(피대위채권).

(2) 무단임대에 따른 인도청구

피고 이청준은 2017. 4. 25.자 피고 윤태건과의 임대차계약에 기하여 2017. 4. 30.부터 2017. 12. 29.까지 별지 제2목록 기재 부동산 중 1층부분을 점유·사용하였고, 현재는 영업용 비품을 두고 출입문을 잠근 상태로 점유를 계속해서 유지하고 있습니다. 위 임대차계약은 피고 권창균에게 대항할 수 없는 것이므로 피고 권창균은 별지 제2목록 기재 부동산의 소유자로서 피고 이청준에게 위 부동산의 1층 부분의 인도를 청구할 수 있습니다.

대법원 2014. 2. 27. 선고 2012다93794 판결

(3) 피고 이청준의 예상주장 및 이에 대한 반박

한편 피고 이청준은 자신이 상가건물임대차보호법상 대항력을 구비한 임차인이라고 주장할 수 있으나, 임대차의 대항력과 관련하여 판례는 '주택임대차보호법이 적용되는 임대차가 임차인과 주택의 소유자인 임대인 사이에 임대차계약이 체결된 경우로 한정되는 것은

아니나, 적어도 그 주택에 관하여 적법하게 임대차계약을 체결할 수 있는 권한을 가진 임대인이 임대차계약을 체결할 것이 요구된다.'고 판시하였습니다.

사안에서, 피고 이청준에게 목적물을 임대한 피고 윤태건은 소유자로부터 별지 제2목록 기재 부동산 중 2층 부분의 사용은 허락받았으나, 1층 부분의 사용은 허락받지 않았으므로, 피고 이청준의 임대차는 임대권한없는 자와 체결한 것이어서 대항력을 가질 수 없습니다. 따라서 이에 관한 피고 이청준의 주장은 근거가 없습니다.

나. 건물의 철거청구 및 대지의 인도청구

(1) 채권자대위에 기한 청구

채권자는 채무자의 채권자대위권을 대위행사할 수 있습니다. 그리고 별지 제1목록 기재 부동산에 관하여, 원고는 피고 권창균에 대하여 소유권이전등기청구권을, 피고 권창균은 피고 김정우에 대하여 소유권이전등기청구권을, 피고 김정우는 아래와 같이 피고 이청준에 대한 별지 제1목록 기재 부동산 지상 별지 제3목록 기재 부동산의 철거청구권 및 위 부분 대지인도청구권을 보유하고 있으므로, 원고는 위 각 권리를 순차대위하여 행사합니다.

> 피고 김정우는 피고 이청준에 대하여 부당이득반환청구권도 행사할 수 있으나, 원고의 피보전채권이 특정물채권이어서 부당이득반환청구권은 대위행사할 수 없을 것으로 생각된다.

(2) 건물의 철거청구 및 대지의 인도청구

피고 김정우는 별지 제1목록 기재 부동산의 소유자이고, 피고 이청준은 법률상 원인없이 별지 제1목록 기재 부동산의 지상에 별지 제3목록 기재 부동산을 신축하여 소유하고 있으므로, 피고 이청준은 피고 김정우에게 별지 제3목록 기재 부동산을 철거하고, 위 부분 대지를 인도할 의무가 있습니다.

5. 피고 주식회사 이글골프에 대한 청구

가. 임시주주총회결의

원고는 피고 주식회사 이글골프(이하 '피고 회사'라 합니다)의 발행주식 중 1만주를 보유한 주주입니다.

피고 회사는 2017. 10. 20. 임시주주총회를 통하여 피고 회사 소유 별지 제5목록 및 제6목록 기재 부동산을 소외 최금례에게 55억 원에 매도하는 내용의 결의를 하였습니다. 위 총회에는 발행주식총수 10만주 중 3만주를 보유한 소외 나도연과 1만주를 보유한 원고가 주주로 출석하여, 원고의 반대에도 불구하고 나도연이 찬성하고 그대로 가결되었습니다.

나. 주주총회결의의 하자

대법원 1998. 3. 24. 선고 95다6885 판결

위와 같은 유일한 영업용 자산의 매각과 관련하여 판례는 '상법 제374조 제1호 소정의 주주총회의 특별결의를 요하는 영업의 전부 또는 중요한 일부의 양도라 함은 일정한 영업목적을 위하여 조직되고 유기적 일체로서 기능하는 재산의 전부 또는 중요한 일부를 양도하는 것을 의미하고, 회사의 영업 그 자체가 아닌 영업용 재산의 처분이라고 하더라도 그로 인하여 회사의 영업의 전부 또는 중요한 일부를 양도하거나 폐지하는 것과 같은 결과를 가져오는 경우에는 그 처분행위를 함에 있어서 그와 같은 특별결의를 요한다.'고 판시하였습니다.

사안에서 별지 제5목록 및 제6목록 기재 부동산은 피고 회사의 유일한 영업용 자산으로 이를 매각하는 데에는 주주총회의 특별결의가 필요하고, 특별결의를 위해서는 상법 제434조에 따른 출석한 주주의 의결권의 3분의 2 이상의 수와 발행주식총수 3분의 1 이상의 수의 찬성이 있어야 하는데, 피고 회사의 주주총회결의는 발행주식총수 3분의 1 이상의 찬성을 얻지 못하였으므로 결의방법에 위법이 있는 것입니다. 따라서 위 주주총회결의는 상법 제376조에 따라 취소되어야 합니다.

6. 결론

위와 같은 이유로 피고들에 대하여 청구취지의 기재와 같은 판결을 선고하여 주시기 바랍니다.

증 명 방 법

첨 부 서 류

2018. 1. 12.

위 원고의 소송대리인
변호사 이영호

수원지방법원 귀중

> 주총결의취소의 소는 회사의 본점소재지 지방법원의 전속관할이다 (상법 제376조 제2항, 제186조).

민사법
기록형

2019년도 **제8회**
변호사 시험

문제

2019년도 제8회 변호사시험 문제

시험과목	민사법(기록형)

응시자 준수사항

1. 시험 시작 전 문제지의 봉인을 손상하는 경우, 봉인을 손상하지 않더라도 문제지를 들추는 행위 등으로 문제 내용을 미리 보는 경우 그 답안은 영점으로 처리됩니다.

2. 시험시간 중에는 휴대전화, 스마트워치 등 무선통신 기기나 전자계산기 등 전산기기를 지녀서는 안 됩니다.

3. 답안은 흑색 또는 청색 필기구(사인펜이나 연필 사용 금지) 중 한 가지 필기구만을 사용하여 답안 작성란(흰색 부분) 안에 기재하여야 합니다.

4. 답안지에 성명과 수험번호 등을 기재하지 않아 인적사항이 확인되지 않는 경우에는 영점으로 처리되는 등 불이익을 받게 됩니다. 특히 답안지를 바꾸어 다시 작성하는 경우, 성명 등의 기재를 빠뜨리지 않도록 유의하여야 합니다.

5. 답안지에는 문제 내용을 쓸 필요가 없으며, 답안 이외의 사항을 기재하거나 밑줄 기타 어떠한 표시도 하여서는 안 됩니다. 답안을 정정할 경우에는 두 줄로 긋고 다시 써야 하며, 수정액·수정테이프 등은 사용할 수 없습니다.

6. 시험 종료 시각에 임박하여 답안지를 교체했더라도 시험 시간이 끝나면 그 즉시 새로 작성한 답안지를 회수합니다.

7. 시험 시간이 지난 후에는 답안지를 일절 작성할 수 없습니다. 이를 위반하여 **시험 시간이 종료되었음에도 불구하고 계속 답안을 작성할 경우 그 답안은 영점으로 처리됩니다.**

8. 답안은 답안지의 쪽수 번호 순으로 써야 합니다. **배부된 답안지는 백지 답안이라도 모두 제출**하여야 하며, **답안지를 제출하지 아니한 경우 그 시간 시험과 나머지 시험에 응시할 수 없습니다.**

9. 지정된 시각까지 지정된 시험실에 입실하지 않거나 시험관리관의 승인 없이 시험 시간 중에 시험실에서 퇴실한 경우, 그 시간 시험과 나머지 시간의 시험에 응시할 수 없습니다.

10. 시험 시간 중에는 어떠한 경우에도 문제지를 시험실 밖으로 가지고 갈 수 없고, 그 시험 시간이 끝난 후에는 문제지를 시험장 밖으로 가지고 갈 수 있습니다.

【 문 제 】

 귀하는 변호사 강주원으로서, 의뢰인 김갑동과의 상담을 통해 아래 【상담내용】과 같은 사실관계를 청취하고, 【의뢰인 희망사항】 기재사항에 관한 본안소송의 대리권을 수여받고, 첨부된 서류를 자료로 받았습니다.
 의뢰인을 위한 본안의 소를 제기하기 위한 소장을 작성하시오.

【 작 성 요 령 】

1. 소장 작성일 및 소 제기일은 2019. 1. 11.로 하시오.
2. 일방 당사자가 여러 명인 경우 성명으로 특정하시오(예, '피고 홍길동').
3. 청구취지와 청구원인은 가급적 피고별로 나누어 기재하시오.

   [이하 작성요령은 실무의 기준과 다를 수 있음]

4. 1건의 공동소송으로 제기하되, 공동소송의 요건은 갖추어진 것으로 전제하고, 전속관할이 있는 청구가 있으면 반드시 그 관할법원에 소를 제기하며, (주관적이든 객관적이든) 예비적·선택적 병합청구는 하지 마시오.
5. 【의뢰인 희망사항】란에 기재된 희망사항에 부합하되 현행법과 그 해석상 승소 가능한 최대한의 범위에서 청구하고, 소 각하나 청구기각 부분이 발생하지 않도록 하시오. **금전지급 청구를 할 경우에는 소장 부본 송달일까지의 법정이자 또는 지연손해금은 청구하지 마시오.**
6. 상대방에게 항변사유가 있고 그 요건이 갖추어진 것으로 판단되면 이를 청구범위에 반영하고, 【사건관계인의 주장】으로 정리된 사항에 관하여 이유 있다고 판단되면 청구범위에 반영하며, 이유 없다고 판단되면 해당 청구원인 부분에서 배척의 이유를 기재하시오.
7. **[의뢰인 상담일지]와 첨부자료에 기재된 사실관계는 모두 사실에 부합한 것으로 보고(작성자의 의견에 해당하는 사항은 제외)**, 기재되지 않은 사실은 없는 것으로 전제하며, 첨부된 서류는 모두 진정하게 성립된 것으로 간주하시오.
8. <증명방법>란과 <첨부서류>란 기재는 생략하고, 부동산의 표기는 아래 [목록(부동산의 표시)]을 소장 말미에 첨부함을 전제로 하여 작성하되, 소장에 [목록(부동산의 표시)]을 기재하지 마시오.
9. 관련 증거자료를 제시하여 기술할 필요는 없습니다.
10. 기록상의 날짜가 공휴일인지 여부, 문서의 서식이 실제와 부합하는지 여부는 고려하지 마시오.

목 록 (부동산의 표시)

1. 서울 종로구 사직동 12 대 330㎡

2. 위 지상 시멘트벽돌조 슬래브지붕 단층 주택 70㎡

3. 서울 종로구 부암동 72 잡종지 110㎡

4. (1동의 건물의 표시)

   서울 성북구 돈암동 15 한신아파트 제101동

   (대지권의 목적인 토지의 표시)

   서울 성북구 돈암동 15 대 11,174㎡

   (전유부분의 건물의 표시)

   제1층 제102호 철근콘크리트조 114.34㎡

   (대지권의 표시)

   소유권 대지권 11,174분의 30.481. 끝.

【참고자료】
각급 법원의 설치와 관할구역에 관한 법률(일부)

제4조(관할구역) 각급 법원의 관할구역은 다음 각 호의 구분에 따라 정한다. 다만 지방법원 또는 그 지원의 관할구역에 시·군법원을 둔 경우 「법원조직법」 제34조 제1항 제1호 및 제2호의 사건에 관하여는 지방법원 또는 그 지원의 관할구역에서 해당 시·군법원의 관할구역을 제외한다.

1. 각 고등법원·지방법원과 그 지원의 관할구역: 별표 3

　(이하 제2호 내지 제7호는 생략)

[별표 3] 고등법원·지방법원과 그 지원의 관할구역(일부)

고등법원	지방법원	지원	관 할 구 역
서울	서울중앙		서울특별시 종로구·중구·강남구·서초구·관악구·동작구
	서울동부		서울특별시 성동구·광진구·강동구·송파구
	서울남부		서울특별시 영등포구·강서구·양천구·구로구·금천구
	서울북부		서울특별시 동대문구·중랑구·성북구·도봉구·강북구·노원구
	서울서부		서울특별시 서대문구·마포구·은평구·용산구

의뢰인 상담일지

변호사 강주원 법률사무소

서울 서초구 서초대로 200, 607호(서초동, 법조빌딩)
☎ 02)515-3000, 팩스 02)515-3001, 전자우편 jwonkang@naver.com

접수번호	2019-03	상담일시	2019. 1. 6.
의뢰인	김갑동 010-7244-2088	내방경위	지인의 소개

【 상 담 내 용 】

1. 김갑동은 건축업자로서 사직동 소재 토지에 빌라를 신축 및 분양하기를 희망하는 자이다. 김갑동은 이을수로부터 사직동 소재 토지를 매수하였는데, 이을수가 사망하고 말았다.

2. 김갑동은 경제적 사정이 어려운 이종사촌 동생인 이중양에게 1억 원을 무이자로 빌려주었다. 김갑동은 이중양이 돈을 갚지 않자 이중양의 정철수에 대한 채권에 대하여 전부명령을 받았다. 그런데 정철수는 전부금을 지급하지 아니한 채 유일한 재산인 부암동 토지를 동생인 정선수에게 넘겨주려 하고 있고, 현재는 정선수의 처제인 윤미영이 가등기를 가지고 있다.

3. 김갑동은 임차희에게 돈암동 한신아파트를 임대하여 주었다. 그런데 임차희가 차임을 계속 지급하지 아니하여 김갑동은 위 임대차계약을 해지하였다. 임차희는 현재까지 돈암동 한신아파트에서 살고 있다.

【사건관계인의 주장】

1. 망 이을수의 배우자 박영희, 딸 이정숙은, 이을수가 사망 전에 매매계약을 해제하였다고 주장한다.

2. 사직동 소재 토지의 근저당권자인 최권자는 근저당채권이 모두 변제되지 않았다고 주장한다.

3. 정철수는 김갑동의 전부명령이 무효라고 주장한다. 윤미영은 위 전부명령

이 무효인 이상 김갑동은 자신에게 아무런 권리도 없다고 주장한다.

4. 임차희는 일부 미지급 월차임의 시효가 완성되었다고 주장한다.

【의뢰인 희망사항】

1. 사직동 토지에 빌라를 신축함에 있어서 아무런 장애가 없는 상태로 만들어 달라. 다만 상속인들을 상대로 금전 청구는 하고 싶지 않다.

2. 이중양, 정철수 중 누구로부터든지 대여금채권을 지급받고 싶다. 또한 김갑동에게 돈을 지급하여야 할 의무가 있는 채무자의 책임재산을 확보해 달라. 정선수는 완전 빈털터리라고 하니 정선수를 상대로 소송은 하지 말아달라.

3. 임차희로부터 돈암동 아파트를 인도받고 싶다. 만약 김갑동이 임차희에게 보증금을 반환하여야 한다면, 미지급 차임은 모두 공제한 다음에 반환하고 싶다.

부동산 매매계약서

매도인과 매수인 쌍방은 아래와 같이 부동산 매매계약을 체결한다.

1. 부동산의 표시
    서울특별시 종로구 사직동 12 대 330㎡
2. 계약내용

제1조 매수인은 매도인에게 매매대금을 아래와 같이 지불하기로 한다.
    매매대금: 9억 2천만 원(920,000,000원)
    계 약 금: 1억 원(100,000,000원) *2016. 12. 1. 영수함. 이을수*
    중 도 금: 4억 원(400,000,000원) 2017. 2. 1. 지급하기로 함.
    잔   금: 4억 2천만 원(420,000,000원) 2017. 4. 1. 지급하기로 함.

제2조 매도인은 매수인으로부터 잔금을 지급받음과 동시에 매수인에게 소유권이전등기에 필요한 모든 서류를 교부하고 이전등기에 협력하며, 위 부동산을 인도한다.

제3조 매도인은 위 부동산에 설정된 저당권, 지상권, 임차권 등 소유권의 행사를 제한하는 사유가 있거나, 조세·공과금 기타 부담금의 미납금 등이 있을 때에는 잔금 수수일까지 그 권리의 하자 및 부담 등을 제거하여 완전한 소유권을 매수인에게 이전하여야 한다.

제4조 매수인이 매도인에게 중도금을 지불할 때까지는 매도인은 계약금의 배액을 상환하고, 매수인은 계약금을 포기하고 이 계약을 해제할 수 있다.

특 약 사 항

1. 잔금은 매수인이 잔금지급일에 최권자에게 4억 2천만 원을 송금하는 방법으로 지급한다.
2. 매도인은 잔금을 지급받음과 동시에 위 부동산에 설정된 근저당권설정등기를 말소해주고, 위 부동산 지상에 있는 단층건물(시멘트벽돌조 슬래브지붕) 70㎡를 철거한다.

이 계약을 증명하기 위하여 계약 당사자가 이의 없음을 확인하고 각자 날인한다.

2016년 12월 1일

매도인: 이 을 수(530302-1041724)
    서울 종로구 사직로 30(사직동)

매수인: 김 갑 동(570930-1534112)
    서울 서초구 서초대로 10(서초동)

중개인: 공인중개사 김 중 개(등록번호 가3624-03-1534)
    서울 종로구 사직로6길 14 거북상가 102호

등기사항전부증명서(말소사항 포함)-토지

[토지] 서울특별시 종로구 사직동 12　　　　　　　　고유번호 3103-1985-341248

【표제부】	(토지의 표시)				
표시번호	접　수	소재지번	지목	면적	등기원인 및 기타사항
1 (전2)	1997년6월15일	서울특별시 종로구 사직동 12	대	330㎡	부동산등기법시행규칙 부칙 제3조 제1항의 규정에 의하여 1997년12월14일 전산이기

【갑　구】	(소유권에 관한 사항)			
순위번호	등기목적	접　　수	등기원인	권리자 및 기타사항
1 (전5)	소유권이전	1990년4월16일 제1453호	1990년3월15일 매매	소유자 이을수 530302-1041724 　　　서울특별시 종로구 사직동 12 부동산등기법시행규칙 부칙 제3조 제1항의 규정에 의하여 1997년12월14일 전산이기
1-1	1번등기명의인 표시변경	2012년4월3일 제1926호	2012년4월2일 도로명주소	이을수의 주소 서울특별시 종로구 사직로 30(사직동)

【을　구】	(소유권 이외의 권리에 관한 사항)			
순위번호	등기목적	접　　수	등기원인	권리자 및 기타사항
1	근저당권설정	2012년4월3일 제1927호	2012년4월2일 설정계약	채권최고액 금 500,000,000원 채무자 이을수 530302-1041724 　　　서울특별시 종로구 사직로 30(사직동) 근저당권자 최권자 740827-1276924 　　　서울특별시 성동구 독서당로 23, 가동 110호(옥수동, 한남빌라)

---- 이　하　여　백 ----

수수료 1,000원 영수함　관할등기소 서울중앙지방법원 중부등기소/ 발행등기소 법원행정처 등기정보중앙관리소

이 증명서는 등기기록의 내용과 틀림없음을 증명합니다.

서기 2018년 12월 01일

법원행정처 등기정보중앙관리소 전산운영책임관　

*실선으로 그어진 부분은 말소사항을 표시함. *등기기록에 기록된 사항이 없는 갑구 또는 을구는 생략함.
*증명서는 컬러 또는 흑백으로 출력 가능함.

문서 하단의 바코드를 스캐너로 확인하거나 **인터넷등기소**(http://iros.go.kr)의 **발급확인** 메뉴에서 **발급확인번호**를 입력하여 **위·변조 여부**를 확인할 수 있습니다. 발급확인번호를 통한 확인은 발행일부터 3개월까지 5회에 한하여 가능합니다.

발행번호 12389234789452836718934082939023344　1/1　발급확인번호 BAIK-VPTF-3295　　발행일 2018/12/01

등기사항전부증명서(말소사항 포함)-건물

[건물] 서울특별시 종로구 사직동 12   고유번호 1153-1960-131337

【 표 제 부 】		(건물의 표시)		
표시번호	접 수	소 재 지 번	건 물 내 역	등기원인 및 기타사항
1	1960년10월1일	서울특별시 종로구 사직동 12	시멘트벽돌조 슬래브 지붕 단층 주택 70㎡	부동산등기법 제177조의6 제1항의 규정에 의하여 2000년03월22일 전산이기
2		서울특별시 종로구 사직동 12 [도로명 주소] 서울특별시 종로구 사직로 30(사직동)	시멘트벽돌조 슬래브 지붕 단층 주택 70㎡	도로명주소 2012년07월05일 등기

【 갑 구 】		(소유권에 관한 사항)		
순위번호	등 기 목 적	접 수	등 기 원 인	권리자 및 기타사항
1	소유권보존	1960년10월1일 제3579호		소유자 김주인 241225-1214567 서울특별시 종로구 사직동 12
2	소유권이전	1990년4월16일 제1453호	1990년3월15일 매매	소유자 이을수 530302-1041724 서울특별시 종로구 사직동 12
				부동산등기법 제177조의6 제1항의 규정에 의하여 2000년03월22일 전산이기

---- 이 하 여 백 ----

수수료 1,000원 영수함   관할등기소 서울중앙지방법원 중부등기소/ 발행등기소 법원행정처 등기정보중앙관리소

이 증명서는 등기기록의 내용과 틀림없음을 증명합니다.

서기 2018년 12월 01일

법원행정처 등기정보중앙관리소 전산운영책임관

*실선으로 그어진 부분은 말소사항을 표시함. *등기기록에 기록된 사항이 없는 갑구 또는 을구는 생략함.
*증명서는 컬러 또는 흑백으로 출력 가능함.

문서 하단의 바코드를 스캐너로 확인하거나 **인터넷등기소**(http://iros.go.kr)의 **발급확인** 메뉴에서 **발급확인번호**를 입력하여 **위·변조 여부**를 확인할 수 있습니다. **발급확인번호**를 통한 확인은 발행일부터 3개월까지 5회에 한하여 가능합니다.

발행번호 12389234789102367836718934082939023433 1/1 발급확인번호 AAIK-VPTF-0002 발행일 2018/12/01

| 가 족 |

가족관계증명서 [폐쇄]

등록기준지	서울특별시 종로구 사직로 30(사직동)				
구분	성 명	출생연월일	주민등록번호	성별	본
본인	이을수(李乙秀) 사망	1953년 03월 02일	530302-1041724	남	全州

가 족 사 항					
구분	성 명	출생연월일	주민등록번호	성별	본
부	이덕만(李德萬) 사망	1917년 09월 25일	170925-1064912	남	全州
모	김명자(金明子) 사망	1921년 05월 14일	210514-2212820	여	安東
배우자	박영희(朴英喜)	1958년 03월 19일	580319-2404312	여	密陽
자녀	이정숙(李貞淑)	1982년 11월 23일	821123-2403152	여	全州

위 가족관계증명서는 가족관계등록부의 기록사항과 틀림없음을 증명합니다.

서기 2018년 12월 01일

서울특별시 종로구청장

기본증명서 [폐쇄]

등록기준지	서울특별시 종로구 사직로 30(사직동)		
구분	상 세 내 용		
작성	[가족관계등록부 작성일] 2008년 01월 01일 [작성사유] 가족관계의 등록 등에 관한 법률 부칙 제3조 제1항		
폐쇄	[폐쇄일] 2017년 07월 10일 [폐쇄사유] 사망		

구분	성 명	출생연월일	주민등록번호	성별	본
본인	이을수(李乙秀) 사망	1953년 03월 02일	530302-1041724	남	全州

일반등록사항

구분	상 세 내 용
출생	[출생장소] 서울특별시 종로구 사직로 97(사직동) [신고일] 1953년 03월 02일 [신고인] 부
사망	[사망일시] 2017년 06월 30일 [사망장소] 서울특별시 서초구 반포대로 222 가톨릭대학교 서울성모병원 [신고일] 2017년 07월 10일 [신고인] 자녀 이정숙 [처리관서] 서울특별시 종로구

위 기본증명서는 가족관계등록부의 기록사항과 틀림없음을 증명합니다.

서기 2018년 12월 01일

서울특별시 종로구청장

무통장 입금증

거래일자: 2017. 4. 1.   거래시각 16:01   취급자: 이행원
거래은행명: 국민은행 사직동 지점   ☎ 02)921-3578

계좌번호	02881353346716	입금내역	금액
받으시는 분	최권자	현금	₩420,000,000
보내시는 분	김갑동		
적 요			
송금 수수료	₩0	합계	₩420,000,000

* 고객께서 의뢰하신 대로 위와 같이 입금되었으며, 계좌번호와 금액을 확인하시기 바랍니다.
* 타행계좌로 입금하시는 분은 반드시 뒷면의 약관을 확인하여 주십시오.

EEND: 20-26-1140   국민은행 제정

내용증명

수 신 인   김갑동
          서울특별시 서초구 서초대로 10(서초동)
발 신 인   박영희, 이정숙
          서울특별시 종로구 사직로 30(사직동)

　40년 가까이 행복한 결혼생활을 해 왔는데 남편이 갑자기 사망하였고, 저는 현재 그로 인한 정신적 충격으로 일상생활을 할 수 없는 지경에 이르렀습니다. 남편 생각이 자꾸 떠오르고 밤이 무서워 지금은 동생 집에서 주로 지내고 있습니다.
　제가 남편이 한 일을 잘 알고 있지는 않지만, 집에 남아 있던 여러 서류들을 가지고 지인에게 물어보니 제가 소유권을 이전해 줄 필요가 없다고 하네요. 아래에서 간단히 말씀드립니다.
　김갑동 씨는 남편으로부터 종로구 사직동 땅을 샀다고 하면서 상속인들인 저희들에게 사직동 땅에 대한 등기를 넘겨 달라고 하고 계십니다.
　그러나 남편이 사직동 땅에 대해 이전등기 서류를 김갑동 씨에게 드리려고 했는데 김갑동 씨가 받아가지 않았고, 그 때문에 남편이 사직동 땅에 대한 매매계약을 해제한 사실은 김갑동 씨도 잘 알고 있을 것입니다.
　저희가 김갑동 씨에게 뭘 해 드려야 할 것 같지는 않습니다.
　이 문제가 원만하게 해결될 수 있도록 도와주시기 바랍니다.

첨부: 해제 통고서, 우편물배달증명서, 사실 확인서

2018년 5월 20일
박영희, 이정숙

서울종로우체국
2018. 5. 20.
18 - 5924

본 우편물은 2018-05-20
제5924호에 의하여
내용증명우편물로 발송하였음을 증명함
서울종로우체국장
대한민국KOREA

해제 통고서

수 신 인   김갑동
          서울특별시 서초구 서초대로 10(서초동)
발 신 인   이을수
          서울특별시 종로구 사직로 30(사직동)

귀하는 본인으로부터 서울 종로구 사직동 토지를 매수하셨습니다. 귀하가 매매계약대로 계약금과 중도금을 모두 지급하고, 최권자에게 토지 잔금 4억 2천만 원을 보내 주셨기 때문에 위 매매계약은 원만하게 이행될 수 있었습니다.

저는 계약대로 귀하에게 사직동 토지에 대한 소유권을 이전하여 드리기 위하여 2017. 5. 3. 위 사직동 토지에 대한 소유권이전등기에 필요한 서류를 김중개 공인중개사 사무실에 맡겨 두었고, 언제든지 이를 가져가시라고 연락드렸습니다.

귀하가 그 서류를 받아가서 등기 절차를 밟았었더라면 귀하 명의로 소유권이전등기를 할 수 있었고, 저 역시 귀하가 하시는 사업 계획에 전혀 지장을 드리지 않고 사직동 토지 위에 있던 건물을 철거해 드릴 수 있었을 것입니다.

그런데 귀하가 계약서에 쓰인 그대로 되지 않았다고 이 거래를 힘들게 하고 계십니다. 저는 이 상태에 따른 스트레스를 견디기 어렵습니다.

귀하가 저와의 거래가 원만하게 이루어지는 데 협조해 주시지 않고 있기 때문에 저는 귀하와의 매매계약을 해제해서 귀하와의 관계를 끝내고자 합니다.

일이 이렇게 되어서 유감스럽게 생각합니다.

2017년 5월 24일

서울종로우체국
2017. 5. 24.
17 - 3824

본 우편물은 2017-05-24
제3824호에 의하여
내용증명우편물로 발송하였음을 증명함
서울종로우체국장   대한민국KOREA

보내는 사람
　　서울종로우체국
　　　접수국: 서울종로우체국

　　　　　　　　　　　받는 사람　　(배달증명서 재중)
　　　　　　　　　　　서울특별시 종로구 사직로 30(사직동)
　　　　　　　　　　　　이　　을　　수　　귀하

우 편 물 배 달 증 명 서

수취인의 주거 및 성명

　　서울 서초구 서초대로 10(서초동)

　　　　　　　　　　김　　갑　　동　　　귀하

접수국명	서울종로우체국	접수년월일	2017년 05월 24일
등기번호	제3824호	배달년월일	2017년 05월 25일
적　요	수취인과의 관계 　　　　본인　수령 　　김　갑　동		서울종로우체국 2017. 6. 25. 17 - 4924 우 체 국

사실 확인서

김갑동과 이을수 사이에 서울 종로구 사직동 12 대 330㎡에 관한 2016. 12. 1.자 매매계약을 중개한 공인중개사 김중개는 아래의 내용이 사실임을 확인합니다.

1. 이을수는 2017. 5. 3. 오전 11시경 김중개 공인중개사 사무소를 방문하였습니다.
2. 이을수는 당시 서울 종로구 사직동 12 대 330㎡의 소유권이전등기절차에 필요한 인감증명서, 위임장, 등기필증 등의 서류를 가지고 왔습니다.
3. 이을수는 김중개 공인중개사 사무소에서 김갑동에게 전화를 걸어 2016. 12. 1.자 매매계약에 기한 의무를 이행하는 데 필요한 서류를 중개사 사무소에 맡겨 놓았으니, 위 토지에 관한 소유권을 이전해 갈 것을 요청하였습니다.
4. 그 후 김갑동이 김중개 공인중개사 사무소를 방문하지 아니하여 김중개는 김갑동에게 전화로 이를 문의하였는데, 김갑동은 현 상태에서는 위 토지의 소유권을 이전받는 것은 무의미하다고 답변하였고, 그 이후로 김중개 공인중개사 사무소를 방문하거나, 연락하지 아니하였습니다.
5. 위 사실은 틀림없는 사실이고, 필요한 경우 법정에 출석하여 증언하도록 하겠습니다.

2018. 5. 14.

공인중개사 김중개(470723-1402957) (인)

서울 종로구 사직로6길 14 거북상가 102호

내용증명

수 신 인   최권자
           서울특별시 성동구 독서당로 23, 가동 110호(옥수동, 한남빌라)
발 신 인   김갑동
           서울특별시 서초구 서초대로 10(서초동)

본인은 이을수로부터 사직동 토지를 매수한 사람입니다.

본인은 이을수의 요청으로 2017. 4. 1. 귀하에게 4억 2천만 원을 송금하였는데, 이는 이을수의 귀하에 대한 채무를 변제하기 위한 것입니다.

위 변제에 의하여 사직동 토지에 설정된 귀하 명의의 근저당권은 그 채무가 모두 소멸하였을 것이니, 이을수에게 근저당권을 말소하여 주시기 바랍니다.

2017년 5월 2일

김갑동

본 우편물은 2017-05-02
제9824호에 의하여
내용증명우편물로 발송하였음을 증명함
서울서초우체국장   ◯대한민국KOREA

말소 등기 요청에 대한 답변

수신인 김갑동
        서울특별시 서초구 서초대로 10(서초동)
발신인 최권자
        서울특별시 성동구 독서당로 23, 가동 110호(옥수동, 한남빌라)

　　귀하가 2017. 4. 1. 보내 주신 4억 2천만 원은 잘 받았습니다. 그러나 위 돈은 이을수가 저에게 갚아야 할 다른 채무의 변제에 먼저 충당되어야 합니다.
　　저는 2012. 4. 2. 이을수에게 4억 2천만 원을 변제기 2016. 4. 1. 이율 연 6%로 정하여 대여하고, 위 대여금채권을 담보하기 위하여 이을수 소유의 사직동 땅에 근저당권을 설정하였습니다. 이을수는 위 근저당채무에 대하여는 2017. 4. 1.까지의 이자 및 지연손해금을 모두 지급하였습니다.
　　또한 저는 2013. 4. 2. 이을수에게 3억 원을 변제기 2016. 4. 1. 이율 연 5%로 정하여 담보 없이 대여하였습니다. 이을수는 위 차용금채무에 대하여 2016. 4. 1.까지의 이자만을 지급하였습니다. 이을수는 사직동 땅을 팔아 제 돈을 전부 해결해 준다고 하였고 저는 이를 믿고 기다리고 있던 중이었습니다.
　　귀하가 2017. 4. 1. 저에게 송금한 4억 2천만 원은 2013. 4. 2.자 대여금채권의 지연손해금, 원금의 순서로 충당되어야 합니다. 그리고 4억 2천만 원에서 2013. 4. 2.자 대여금채권의 원리금 변제에 충당된 금액을 공제한 나머지 돈이 사직동 땅에 설정된 근저당채권의 원리금 변제에 충당되어야 하는바, 결국 근저당채권의 피담보채권은 여전히 남아 있습니다.
　　귀하는 2017. 4. 1. 어떤 채권에 변제되어야 하는지에 관하여 저와 아무런 상의 없이, 두 채무 중 어떤 채무를 갚는지 특정하지 않고 이을수의 채무 변제 명목으로 4억 2천만 원을 송금해 주었을 뿐인바, 위 4억 2천만 원은 2013. 4. 2.자 대여금채권에 변제되었습니다.
　　그 이유는 2013. 4. 2.자 대여금채권은 무담보 채권인 반면, 2012. 4. 2.자 대여금채권은 담보가 확보된 채권으로 변제 이익이 많기 때문입니다.
　　아직 사직동 토지에 설정된 근저당권의 피담보채권이 남았으니, 저는 근저당권을 말소해 줄 수 없습니다.
　　이을수가 사망하여 일이 어렵게 된 것 같은데, 제 입장을 고려하셔서 저에게 더 이상 이유 없이 근저당권을 말소하여 달라는 요구는 하지 말아 주셨으면 합니다. 이을수의 상속인들은 귀하가 근저당채권을 모두 변제한 것으로 오해하고 있기에, 제가 상속인들에게 아직 근저당채권이 상당 금액 남아 있다고 고지하였습니다.

저의 근저당권자로서의 권리를 존중하여 주시면 감사하겠습니다. 귀하가 하시는 일이 원만하게 해결될 수 있기를 바랍니다.

감사합니다.

2017. 7. 30.

첨부:
1. 차용증(2012. 4. 2.자)
2. 차용증(2013. 4. 2.자)

서울성동우체국
2017. 7. 30.
17 - 10024

본 우편물은 2017-07-30
제10024호에 의하여
내용증명우편물로 발송하였음을 증명함

서울성동우체국장 대한민국KOREA

차 용 증

대여자: 최권자
  서울 성동구 독서당로 23, 가동 110호(옥수동, 한남빌라)
차용인: 이을수
  서울 종로구 사직로 30(사직동)

금 액: 일금 4억 2천만 원
이 자: 연 6%
변제기: 2016. 4. 1.

차용인은 대여자로부터 위와 같이 차용하기로 하고 위 돈을 지급받았으므로 변제기에 확실히 변제하겠음을 각서 합니다.

2012. 4. 2.

차용인 이을수 (인)

차 용 증

대여자: 최권자
       서울 성동구 독서당로 23, 가동 110호(옥수동, 한남빌라)
차용인: 이을수
       서울 종로구 사직로 30(사직동)

금 액: 일금 3억 원
이 자: 연 5%
변제기: 2016. 4. 1.

차용인은 대여자로부터 위와 같이 차용하기로 하고 위 돈을 지급받았으므로 변제기에 확실히 변제하겠음을 각서 합니다.

                2013. 4. 2.

           차용인 이을수 (인)

차 용 증

대여자: 김갑동
　　　　서울 서초구 서초대로 10(서초동)
차용인: 이중양
　　　　서울 종로구 사직로 50(사직동)

금　액: 일금 1억 원
이　자: 없음
변제기: 2015. 7. 31.

차용인은 대여자로부터 위와 같이 차용하기로 하고 위 돈을 지급받았으므로 변제기에 확실히 변제하겠음을 각서 합니다.

　　　　　　　　　2014. 8. 1.

　　　　　　차용인　이중양

차 용 증

대여자: 이중양
      서울 종로구 사직로 50(사직동)
차용인: 정철수
      서울 영등포구 당산대로 13, 203동 704호(당산동, 삼성아파트)

금   액: 일금 1억 원
이   자: 연 5%
변제기: 2016. 9. 30.

차용인은 대여자로부터 위와 같이 차용하기로 하고 위 돈을 지급받았으므로 변제기에 확실히 변제하겠음을 각서 합니다.

                2015. 10. 1.

            차용인   정철수 (인)

서울중앙지방법원
지급명령

사　　건　　2016차50172 대여금

채 권 자　　김갑동(570930-1534112)

　　　　　　서울 서초구 서초대로 10(서초동)

채 무 자　　이중양(691027-1034178)

　　　　　　서울 종로구 사직로 50(사직동)

신청취지와 원인: 별지와 같다.

채무자는 채권자에게 별지 신청취지 기재의 금액을 지급하라.

채무자는 이 명령이 송달된 날부터 2주일 이내에 이의신청을 할 수 있다.

2016. 7. 5.

사법보좌관 이영길

2016. 7. 10. 송달, 2016. 7. 25. 확정　　[서울중앙지방법원 법원주사 인]

※ 1. 채무자가 위 기간 이내에 이의신청서를 제출하지 않으면 이 지급명령은 확정판결과 같은 효력을 가집니다.
2. 채무자가 이의신청을 하는 경우에는 이의신청서와 별도로 지급명령의 신청원인에 대한 구체적인 진술을 적은 답변서를 함께 제출하거나, 늦어도 지급명령을 송달받은 날부터 30일 이내에 답변서를 제출하여야 합니다.

지급명령신청서

채 권 자   김갑동(570930-1534112)
               서울 서초구 서초대로 10(서초동), 연락처 H. 010-7244-2088
채 무 자   이중양(691027-1034178)
               서울 종로구 사직로 50(사직동), 연락처 H. 010-7698-6849

신 청 취 지

채무자는 채권자에게 아래 청구금액을 지급하라는 명령을 구합니다.
1. <u>금 1억 원</u>

신 청 원 인

1. 채권자는 2014. 8. 1. 채무자에게 금 1억 원을 무이자로 변제기는 2015. 7. 31.로 정하여 대여하였습니다(첨부 1 차용증).
2. 채권자는 대여금의 변제를 요구하였으나 채무자는 그 지급을 차일피일 미루면서 현재까지 위 대여금을 변제하지 않고 있습니다.
3. 이에 채권자는 채무자에게 신청취지 기재 금원의 지급을 구하고자 이 사건 신청에 이르렀습니다.

첨 부 서 류

1. 차용증 1부

2016. 6. 28.

위 채권자 김갑동 (인)

서울중앙지방법원 귀중

이 행 촉 구 서

보내는 사람　　　김갑동
　　　　　　　　서울 서초구 서초대로 10(서초동)
받는 사람　　　　이중양
　　　　　　　　서울 종로구 사직로 50(사직동)

　동생 보시게.

　내가 자네의 어려운 형편을 감안하여 2014. 8. 1. 1억 원을 무이자로 빌려주었던 것 기억하고 있지. 자네가 정철수에게 가지고 있는 1억 원의 채권을 양도해 준 이후에 자네가 통사정하여 양도계약을 합의해제까지 해 주었네.

　자네도 알고 있겠지만, 나의 경제적 사정도 좋지 않다네. 그래서 어쩔 수 없이 최근 자네를 상대로 지급명령을 신청하였고 확정되었지. 하지만 돌아가신 어머니를 생각하면, 자네를 상대로 강제집행까지는 하고 싶지 않구먼.

　미안하네만, 1억 원을 2016년 말까지는 지급해 주길 바라네.

　다만 2014. 8. 1.자 1억 원 채권의 변제기인 2015. 7. 31. 다음날부터 발생하는 지연손해금은 내가 받지 않겠으니, 꼭 부탁하네.

2016. 8. 3.

동생에게 형이 보냄

본 우편물은 2016-08-03
제6679호에 의하여
내용증명우편물로 발송하였음을 증명함
서울서초우체국장
　　　　　　　　　●대한민국KOREA

서 울 중 앙 지 방 법 원
결   정

사　　　건	2017타채1234 채권압류 및 전부명령
채 권 자	김갑동(570930-1534112)
	서울 서초구 서초대로 10(서초동)
채 무 자	이중양(691027-1034178)
	서울 종로구 사직로 50(사직동)
제３채무자	정철수(780715-1350614)
	서울 영등포구 당산대로 13, 203동 704호(당산동, 삼성아파트)

주   문

채무자의 제3채무자에 대한 별지 기재 채권을 압류한다.
제3채무자는 채무자에게 위 채권의 지급을 하여서는 아니 된다.
채무자는 위 채권의 처분과 영수를 하여서는 아니 된다.
위 압류된 채권은 지급에 갈음하여 채권자에게 전부한다.

청 구 금 액

금 1억 원(지급명령 서울중앙지방법원 2016차50172호에 의한 대여금)

이   유

채권자가 위 청구금액을 변제받기 위하여 서울중앙지방법원 2016차50172호 지급명령에 터 잡아 한 이 사건 신청은 이유 있으므로 주문과 같이 결정한다.

2017. 4. 20.

사법보좌관　이 영 경 (인)

정본입니다.
2017. 4. 20.
법원주사　안동천

압류할 채권의 표시

금 1억 원정

채무자가 제3채무자에 대하여 가지고 있는 2015. 10. 1.자 대여금 원금. 끝.

송 달 및 확 정 증 명

사   건   서울중앙지방법원 2017타채1234 채권압류 및 전부명령
채 권 자   김갑동
채 무 자   이중양
제 3 채무자   정철수
증명신청인   김갑동

위 사건에 관하여 아래와 같이 송달 및 확정되었음을 증명합니다.

채무자 이중양   2017. 4. 30. 채권압류및전부명령정본 송달
제3채무자 정철수   2017. 4. 30. 채권압류및전부명령정본 송달
2017. 5. 15. 확정. 끝.

2017. 5. 25.

서울중앙지방법원

법원주사 김동효 [서울중앙지방법원 법원주사 인]

전부명령에 대한 반박문

수신: 김갑동
　　　서울 서초구 서초대로 10(서초동)
발신: 정철수
　　　서울 영등포구 당산대로 13, 203동 704호(당산동, 삼성아파트)

1. 반박 이유

본인이 2015. 10.경 이중양으로부터 1억 원을 차용하여 채무를 부담하고 있는 것은 사실입니다. 본인은 2017. 4. 30. 서울중앙지방법원 2017타채1234호 채권압류 및 전부명령(이하 '이 사건 전부명령'이라고 약칭한다.)을 송달받았습니다. 그러나 아래의 사실관계에 비추어 위 전부명령은 무효입니다.

2. 정철수에 대한 채권자는 양수영이라고 할 것임

　가. 이중양의 담보 목적 채권양도

　　이중양은 2016. 2.경 자신의 귀하에 대한 채무의 담보 목적으로 이중양의 본인에 대한 채권을 귀하에게 양도하였습니다.

　　이중양은 귀하에 대한 채무의 변제에 갈음하여 채권을 양도한 것이 아니고, 단지 담보를 위하여 양도하였기 때문에 여전히 이중양은 처분권을 상실하지 아니하였다 할 것입니다.

　나. 이중양의 양수영에 대한 채권양도

　　이중양은 위와 같이 본인에 대한 채권의 처분권한을 보유하고 있는 상태에서 2016. 3.경 위 채권을 양수영에게 양도하고, 채권양도에 필요한 모든 법적 절차를 완료하였습니다.

　　결국 본인에 대한 채권자는 양수영이라 할 것입니다.

　다. 김갑동과 이중양의 양도 합의해제

　　한편 귀하와 이중양은 2016. 4.경에 2016. 2.경의 채권양도 계약을 합의해제하였습니다.

　　그렇다면 이중양의 양수영에 대한 채권양도 당시 이중양이 무권리자라고 하더라도, 이중양은 위 합의해제를 통하여 처분권한을 회복하게 되므로, 양수영에 대한 채권양도는 소급적으로 또는 합의해제일부터는 유효하다 할 것입니다.

3. 이 사건 전부명령은 무효임

　가. 민사집행법의 규정

민사집행법 제231조에는 "전부명령이 확정된 경우에는 전부명령이 제3채무자에게 송달된 때에 채무자가 채무를 변제한 것으로 본다. 다만 이전된 채권이 존재하지 아니한 때에는 그러하지 아니하다." 라고 규정되어 있습니다.

나. 피전부채권의 부존재

앞에서 본 바와 같이, 이중양은 본인에 대한 채권을 이미 양수영에게 양도하였고, 위 양도는 담보 목적을 위한 것이 아닌 기존 채권의 변제에 갈음한 최종적인 것이므로, 본인에 대한 채권자는 양수영이라 할 것이고, 이중양의 본인에 대한 채권은 더 이상 존재하지 아니한다 할 것입니다.

그런데 이 사건 전부명령의 피전부채권은 이중양의 본인에 대한 대여금채권인바, 존재하지 아니하는 채권을 피전부채권으로 한 전부명령은 비록 제3채무자인 본인에게 송달되어 확정되었다고 하더라도, 원천적으로 무효입니다.

4. 결 론

귀하의 이 사건 전부명령은 무효입니다. 귀하께서는 더 이상 무익한 절차를 진행하지 마시고 자중하시기 바랍니다. 이중양과의 문제는 그와 해결하십시오. 앞으로 위 전부명령과 관련하여 문제를 삼을 경우, 법적인 조치를 취할 것임을 명심하십시오.

2018. 5. 23.

정철수

첨부서류

1. 채권양도 통지서(양수인 김갑동) 1부
2. 채권양도 통지서(양수인 양수영) 1부
3. 채권양도 합의해제 계약서 1부

본 우편물은 2018-05-23
제13381호에 의하여
내용증명우편물로 발송하였음을 증명함
서울영등포우체국장
⊙대한민국KOREA

채권양도 통지서

수신인   정철수
         서울 영등포구 당산대로 13, 203동 704호(당산동, 삼성아파트)
발신인   이중양
         서울 종로구 사직로 50(사직동)

1. 귀하의 안녕을 기원합니다.
2. 본인은 오늘 귀하에 대하여 가지는 2015. 10. 1.자 대여금채권(금 1억 원, 이자: 연 5%, 변제기: 2016. 9. 30.)을 김갑동{570930-1534112, 주소: 서울 서초구 서초대로 10(서초동)}에게 본인의 김갑동에 대한 2014. 8. 1.자 무이자 1억 원의 채무 담보를 위하여 양도하였습니다. 이에 귀하에게 이와 같은 채권양도를 통지하는 바입니다.
3. 그러니 귀하께서는 위 채권의 변제기가 도래하면 즉시 위 대여금을 김갑동에게 지급하여 주시기를 바랍니다.

2016. 2. 16.

통지인   이중양

서울종로우체국
2016. 2. 16.
16 - 3456

본 우편물은 2016-02-16
제3456호에 의하여
내용증명우편물로 발송하였음을 증명함
서울종로우체국장
◯대한민국KOREA

보내는 사람
　　서울영등포우체국
　　접수국: 서울영등포우체국

　　　　　　　　　　　받는 사람　　(배달증명서 재중)
　　　　　　　　　　　서울 영등포구 당산대로 13, 203동
　　　　　　　　　　　704호(당산동, 삼성아파트)
　　　　　　　　　　　정　　철　　수　　귀하

우 편 물 배 달 증 명 서

수취인의 주거 및 성명

　　서울 영등포구 당산대로 13, 203동 704호(당산동, 삼성아파트)

　　　　　　　　　　정　　철　　수　　귀하

접수국명	서울종로우체국	접수년월일	2016년 02월 16일
등기번호	제3456호	배달년월일	2016년 02월 18일
적　　요	수취인과의 관계 　　　　본인　수령 정　　철　　수		서울영등포우체국 2018. 5. 20. 18 - 6578 우 체 국

채권양도 통지서

수신인   정철수
         서울 영등포구 당산대로 13, 203동 704호(당산동, 삼성아파트)
발신인   이중양
         서울 종로구 사직로 50(사직동)

1. 귀하의 안녕을 기원합니다.
2. 본인은 오늘 귀하에 대하여 가지는 2015. 10. 1.자 대여금채권(금 1억 원, 이자: 연 5%, 변제기: 2016. 9. 30.)을 양수영(670730-2134567, 주소: 서울 송파구 송파로 7)에게 양도하였습니다. 이에 귀하에게 이와 같은 채권양도를 통지하는 바입니다.
3. 그러니 귀하께서는 위 채권의 변제기가 도래하면 즉시 위 대여금을 양수영에게 지급하여 주시기를 바랍니다.

2016. 3. 16.

통지인   이중양

서울종로우체국
2016. 3. 16.
16 - 4567

본 우편물은 2016-03-16
제4567호에 의하여
내용증명우편물로 발송하였음을 증명함
서울종로우체국장
◯대한민국KOREA

보내는 사람
서울영등포우체국
접수국: 서울영등포우체국
받는 사람　　(배달증명서 재중) 서울 영등포구 당산대로 13, 203동 704호(당산동, 삼성아파트) 정　　철　　수　　귀하

우 편 물 배 달 증 명 서

수취인의 주거 및 성명

　　서울 영등포구 당산대로 13, 203동 704호(당산동, 삼성아파트)

정　　　철　　　수　　　귀하

접수국명	서울종로우체국	접수년월일	2016년 03월 16일
등기번호	제4567호	배달년월일	2016년 03월 18일
적　요	수취인과의 관계 　　　　　본인　수령 정　　철　　수		(서울영등포우체국 2018. 5. 20. 18 - 6579) 우　체　국

채권양도 합의해제 계약서

1. 김갑동(570930-1534112)

    서울 서초구 서초대로 10(서초동)

2. 이중양(691027-1034178)

    서울 종로구 사직로 50(사직동)

3. 정철수(780715-1350614)

    서울 영등포구 당산대로 13, 203동 704호(당산동, 삼성아파트)

합의 내용

이중양이 2016. 2. 16. 김갑동에게 기존 채권의 담보 목적으로 정철수에 대한 채권(이중양의 정철수에 대한 2015. 10. 1.자 1억 원의 대여금채권)을 양도하였는바, 위 채권양도 계약을 합의로 해제한다.

2016. 4. 22.

김 갑 동

이 중 양

정 철 수

부동산매매예약서

매도인과 매수인 쌍방은 아래 표시 부동산에 관하여 다음 계약 내용과 같이 매매예약을 체결한다.

1. 부동산의 표시

所在地	서울특별시 종로구 부암동 72		
土地	지목 잡종지	面積	110㎡

2. 계약 내용

제1조 매도인과 매수인은 위 〈부동산의 표시〉 기재 부동산에 관하여 대금 3억 원에 매매예약을 체결한다.

제2조 매도인은 매수인에게 전조 매매예약을 원인으로 한 소유권이전등기청구권보전을 위한 가등기에 필요한 모든 서류를 교부하고 가등기에 협력하여야 한다.

계약 당사자들은 이의 없음을 확인하고, 이 계약을 증명하기 위하여 각자 날인하여 계약서 2부를 작성하여 각자 1부씩 보관하기로 한다.

2018년 3월 14일

매도인	주소	서울 영등포구 당산대로 13, 203동 704호(당산동, 삼성아파트)				
	주민등록번호	780715-1350614	전화	02-523-1607	성명	정 철 수 (인)
매수인	주소	서울 송파구 올림픽대로 11, 101동 701호(잠실동, 쌍용아파트)				
	주민등록번호	800919-1350615	전화	02-2568-2905	성명	정 선 수 (인)

등기사항전부증명서(말소사항 포함)-토지

[토지] 서울특별시 종로구 부암동 72   고유번호 1234-1964-246873

【 표 제 부 】		(토지의 표시)			
표시번호	접 수	소 재 지 번	지 목	면 적	등기원인 및 기타사항
1 (전2)	1997년6월5일	서울특별시 종로구 부암동 72	잡종지	110㎡	부동산등기법 제177조의6 제1항의 규정에 의하여 2001년07월14일 전산이기

【 갑 구 】		(소유권에 관한 사항)		
순위번호	등 기 목 적	접 수	등 기 원 인	권리자 및 기타사항
1 (전2)	소유권이전	1997년9월25일 제3735호	1997년8월20일 매매	소유자 유진혜 470203-2553897 서울특별시 서초구 방배동 750
				부동산등기법 제177조의6 제1항의 규정에 의하여 2001년07월14일 전산이기
2	소유권이전	2008년6월1일 제1579호	2008년6월1일 매매	소유자 정철수 780715-1350614 서울특별시 영등포구 당산동 13 삼성아파트 203동 704호
3	소유권이전청구권가등기	2018년3월14일 제1034호	2018년3월14일 매매예약	가등기권자 정선수 800919-1350615 서울특별시 송파구 올림픽대로 11, 101동 701호(잠실동, 쌍용아파트)
3-1	3번소유권이전청구권이전	2018년5월14일 제1258호	2018년5월14일 매매	가등기권자 윤미영 860821-2069467 서울특별시 서대문구 연희로 20, 나동 303호(연희동, 연남빌라)

---- 이 하 여 백 ----

수수료 금 1,000원 영수함 관할등기소 서울중앙지방법원 중부등기소/ 발행등기소 법원행정처 등기정보중앙관리소

이 증명서는 등기기록의 내용과 틀림없음을 증명합니다.

서기 2018년 12월 01일

법원행정처 등기정보중앙관리소 전산운영책임관

* 실선으로 그어진 부분은 말소사항을 표시함. * 등기기록에 기록된 사항이 없는 갑구 또는 을구는 생략함.
* 증명서는 컬러 또는 흑백으로 출력 가능함.

문서 하단의 바코드를 스캐너로 확인하거나 **인터넷등기소**(http://iros.go.kr)의 발급확인 메뉴에서 **발급확인번호**를 입력하여 **위·변조 여부**를 확인할 수 있습니다. **발급확인번호를 통한 확인은 발행일부터 3개월까지 5회에 한하여 가능합니다.**

발행번호11360011004936072010961250295002131127 1/1 발급확인번호 AAKU-DHEY-0004 발행일 2018/12/01

내 용 증 명

수신: 김갑동
　　　서울 서초구 서초대로 10(서초동)
발신: 윤미영
　　　서울 서대문구 연희로 20, 나동 303호(연희동, 연남빌라)

1. 반박 이유

　본인이 정선수의 처제로서 서울 종로구 부암동 72 잡종지 110㎡에 관하여 가등기를 이전받은 것은 사실입니다.
　귀하의 서울중앙지방법원 2017타채1234호 채권압류 및 전부명령(이하 '이 사건 전부명령'이라고 약칭한다.)은 무효이므로, 귀하는 본인에게 아무런 권리가 없습니다.

2. 정철수에 대한 채권자는 양수영이라고 할 것임

　가. 이중양의 담보 목적 채권양도
　　이중양은 2016. 2.경 자신의 귀하에 대한 채무의 담보 목적으로 이중양의 정철수에 대한 채권을 양도하였습니다.
　　이중양은 귀하에 대한 채무의 변제에 갈음하여 채권을 양도한 것이 아니고, 단지 담보를 위하여 양도하였기 때문에 여전히 정철수에 대한 채권의 처분권을 상실하지 아니하였다 할 것입니다.
　나. 이중양의 양수영에 대한 채권양도
　　이중양은 위와 같이 정철수에 대한 채권의 처분권한을 보유하고 있는 상태에서 2016. 3.경 위 채권을 양수영에게 양도하고, 채권양도에 필요한 모든 법적 절차를 완료하였습니다. 결국 정철수에 대한 채권자는 양수영이라 할 것입니다.
　다. 김갑동과 이중양의 양도 합의해제
　　한편 귀하와 이중양은 2016. 4.경에 2016. 2.경의 채권양도 계약을 합의해제하였습니다.
　　그렇다면 이중양의 양수영에 대한 채권양도 당시 이중양이 무권리자라고 하더라도, 이중양은 위 합의해제를 통하여 처분권한을 회복하게 되므로, 양수영에 대한 채권양도는 소급적으로 또는 합의해제일부터는 유효하다 할 것입니다.

3. 이 사건 전부명령은 무효임

가. 민사집행법의 규정

　　민사집행법 제231조에는 "전부명령이 확정된 경우에는 전부명령이 제3채무자에게 송달된 때에 채무자가 채무를 변제한 것으로 본다. 다만 이전된 채권이 존재하지 아니한 때에는 그러하지 아니하다." 라고 규정되어 있습니다.

나. 피전부채권의 부존재

　　앞에서 본 바와 같이, 이중양은 정철수에 대한 채권을 이미 양수영에게 양도하였고, 위 양도는 담보 목적을 위한 것이 아닌 기존 채권의 변제에 갈음한 최종적인 것이므로, 정철수에 대한 채권자는 양수영이라 할 것이고, 이중양의 정철수에 대한 채권은 더 이상 존재하지 아니한다 할 것입니다.

　　그런데 이 사건 전부명령의 피전부채권은 이중양의 정철수에 대한 대여금채권인바, 존재하지 아니하는 채권을 피전부채권으로 한 전부명령은 비록 제3채무자인 정철수에게 송달되어 확정되었다고 하더라도, 원천적으로 무효입니다.

4. 결 론

　　귀하가 받은 이 사건 전부명령은 무효입니다. 귀하께서는 더 이상 무익한 절차를 진행하지 말고 자중하시기 바랍니다. 이중양과의 문제는 그와 해결하십시오. 앞으로 위 전부명령과 관련하여 문제를 삼을 경우, 법적인 조치를 취할 것임을 명심하십시오.

2018. 6. 23.

발신인 윤미영

```
본 우편물은 2018-06-23
제3927호에 의하여
내용증명우편물로 발송하였음을 증명함
서울서대문우체국장
                        ●대한민국KOREA
```

부동산임대차계약서

부동산의 표시:

(1동의 건물의 표시)
서울특별시 성북구 돈암동 15 한신아파트 제101동
(대지권의 목적인 토지의 표시)
서울특별시 성북구 돈암동 15 대 11,174㎡
(전유부분의 건물의 표시)
제1층 제102호 철근콘크리트조 114.34㎡
(대지권의 표시)
소유권 대지권 11,174분의 30.481

위 부동산을 임대차함에 있어 임대인과 임차인은 쌍방 합의하에 아래 각 조항과 같은 조건으로 계약한다.

제1조

보증금	3억(300,000,000) 원	월세금액	일백만(1,000,000) 원(매월 말일 지급)
	금 3억 원정 중 계약금 3천만 원은 계약당일, 나머지 2억 7천만 원은 인도일에 임대인에게 각 지불함 위 금액을 전액 수령함. 2014. 9. 1. 김갑동 (東金印甲)		

제2조 부동산은 2014년 9월 1일 인도하기로 한다.
제3조 임대기간은 2014년 9월 1일부터 2018년 8월 31일까지(4년)로 한다.
제4조 임차인은 임대인의 승인 없이는 건물의 형상을 변경할 수 없다.

위 계약조건을 증명하기 위하여 본 계약서를 2부 작성하여 각자 1부씩 보관한다.

2014년 8월 1일

임대인 김갑동(570930-1534112) (東金印甲)
        서울 서초구 서초대로 10(서초동)

임차인 임차희(881227-2749160) (姬任印次)
        서울 마포구 공덕대로 15, 202동 701호

계약해지 통지서

수신: 임차희
　　　서울 성북구 돈암로 15, 101동 102호(돈암동, 한신아파트)
발신: 김갑동
　　　서울 서초구 서초대로 10(서초동)

　본인은 2014. 9. 1. 귀하에게 서울 성북구 돈암동 한신아파트 101동 102호를 보증금 3억 원, 월차임 100만 원, 기간을 4년으로 정하여 임대하여 주었습니다.

　그러나 귀하는 2014년 12월분과 2015년 4월분 월차임을 지급하지 아니하였고, 2018년 5월부터 현재까지 월차임을 계속하여 지급하지 않고 있습니다.

　따라서 본인은 귀하의 차임 연체를 이유로 위 임대차계약을 본 계약해지 통지서를 통하여 해지합니다.

　　　　　　　　　　　　　2018년 7월 23일

　　　　　　　　　　본 우편물은 2018-07-23
　　　　　　　　　　제13719호에 의하여
　　　　　　　　　　내용증명우편물로 발송하였음을 증명함

　　　　　　　　　　서울서초우체국장　　　　●대한민국KOREA

계약해지에 대한 답변서

　　수신: 김갑동
　　　　　서울 서초구 서초대로 10(서초동)
　　발신: 임차희
　　　　　서울 성북구 돈암로 15, 101동 102호(돈암동, 한신아파트)

　임차희입니다.
　김갑동 씨가 보낸 통지서는 2018년 7월 31일 잘 받았습니다. 경제적 사정이 몹시 어려워 제때에 임차료를 지급하지 못하여 진심으로 죄송합니다.
　다만 제가 다른 집을 구하기 위해서는 시간이 필요합니다. 그리고 그 집을 구하기 위한 보증금은 김갑동 씨가 저에게 주어야만 하는 상황입니다.
　제가 집을 구하여 이사하게 되는 날이 정해지면 김갑동 씨에게 연락을 하겠습니다.
　김갑동 씨께서는 제가 이사하는 날 보증금을 저에게 주십시오.
　그리고 제가 차임을 지급하지 못한 것은 맞지만, 제가 지급하지 못한 2014년 12월분과 2015년 4월분은 벌써 오래전 일입니다. 지금까지 따로 청구하지 않으셨는데, 갑자기 이렇게 문제를 삼으시니 당황스럽습니다.
　비록 제가 주었어야 할 돈이지만, 시간이 많이 지나면 자동적으로 채무가 소멸한다고 법에 규정되어 있다고 들었습니다. 2018년 5월부터 지급하지 못한 임료를 빼고 주시는 것은 어쩔 수 없지만, 2014년 12월분, 2015년 4월분은 빼지 말고 주시기를 부탁드립니다.
　가정에 평안한 일만 있기를 기도합니다.

　　　　　　　　　　　2018. 8. 10.

본 우편물은 2018-08-10
제12719호에 의하여
내용증명우편물로 발송하였음을 증명함

서울성북우체국장

　　　　　　　　　　🇰🇷 대한민국KOREA

임 료 시 세 확 인 서

목적물	서울 성북구 돈암동 15 한신아파트 101동 102호
월차임 시세	임대차보증금이 2억 5천만 원에서 3억 원 사이인 경우: **월세 100만 원**
기준일	2017. 5.경

참고

1. 위 평가는 2017년 5월을 기준으로 이루어진 것임
2. 현재까지도 시세의 변동은 없는 것으로 판단됨

2018. 12. 15.

공인중개사 이필상 (인)

(등록번호 가3735-02-3960)

서울특별시 성북구 돈암동 13 한신상가 104호

확 인 : 법무부 법조인력과장

민사법
기록형

2019년도 제8회 변호사 시험

문제해결 TIP

기록 1면

【 문 제 】

귀하는 변호사 강주원으로서, 의뢰인 김갑동과의 상담을 통해 아래 【상담내용】과 같은 사실관계를 청취하고, 【의뢰인 희망사항】 기재사항에 관한 본안소송의 대리권을 수여받고, 첨부된 서류를 자료로 받았습니다.

의뢰인을 위한 본안의 소를 제기하기 위한 소장을 작성하시오.

【 작 성 요 령 】

작성기준일자로 소멸시효 및 제척기간의 기준시점이 된다.

1. 소장 작성일 및 소 제기일은 2019. 1. 11.로 하시오.

2. 일방 당사자가 여러 명인 경우 성명으로 특정하시오(예. '피고 홍길동').

3. 청구취지와 청구원인은 가급적 피고별로 나누어 기재하시오.

[이하 작성요령은 실무의 기준과 다를 수 있음]

4. 1건의 공동소송으로 제기하되, 공동소송의 요건은 갖추어진 것으로 전제하고, 전속관할이 있는 청구가 있으면 반드시 그 관할법원에 소를 제기하며, (주관적이든 객관적이든) 예비적·선택적 병합청구는 하지 마시오.

5. 【의뢰인 희망사항】란에 기재된 희망사항에 부합하되 현행법과 그 해석상 승소 가능한 최대한의 범위에서 청구하고, 소 각하나 청구기각 부분이 발생하지 않도록 하시오. **금전지급 청구를 할 경우에는 소장 부본 송달일까지의 법정이자 또는 지연손해금은 청구하지 마시오.**

   금전지급청구시 소장부본 송달일 다음날부터의 지연손해금만을 청구할 것을 지시하였다. 추측건대, 전부금청구의 경우 이자의 기산일과 관련하여 매우 복잡한 문제가 발생할 수 있으므로, 이 부분에 대한 논쟁을 미리 배제하려고 한 의도로 생각된다.

6. 상대방에게 항변사유가 있고 그 ~~~ 청구범위에 반영하고, 【사건관계인의 주장】 ~~~ 판단되면 청구범위에 반영하며, 이유 없다고 ~~~ 의 이유를 기재하시오.

7. [의뢰인 상담일지]와 첨부자료에 기재된 사실관계는 모두 사실에 부합한 것으로 보고 **(작성자의 의견에 해당하는 사항은 제외)**, 기재되지 않은 사실은 없는 것으로 전제하며, 첨부된 서류는 모두 진정하게 성립된 것으로 간주하시오.

8. 〈증명방법〉란과 〈첨부서류〉란 기재는 생략하고, 부동산의 표기는 아래 [목록(부동산의 표시)]을 소장 말미에 첨부함을 전제로 하여 작성하되, **소장에 [목록(부동산의 표시)]을 기재하지 마시오.**

   부동산의 경우 첨부 목록을 원용할 것을 지시하였다.

9. 관련 증거자료를 제시하여 기술 할 필요는 없다.

10. 기록상의 날짜가 공휴일인지 여부, 문서의 서식이 실제와 부합하는지 여부는 고려하지 마시오.

의뢰인 상담일지

변호사 강주원 법률사무소

서울 서초구 서초대로 200, 607호(서초동, 법조빌딩)
☎ 02)515-3000, 팩스 02)515-3001

접수번호	2019-03
의 뢰 인	김갑동 010-7244-2088

많은 힌트를 주지 않도록 사실관계를 다소 불분명하게 기재하였는데, 일응 매매예약 및 이에 따른 가등기가 사해행위로 이루어졌고, 전득행위로 가등기의 이전이 이루어졌음을 짐작할 수 있다. 이후 기록을 통하여 사해행위 및 전득행위의 내용을 명확하게 확정하여야 한다.

【 상 담 내 용 】

원고가 상인으로 특정되어 있으나, 사안에서는 특별히 문제되지 않는다.

1. 김갑동은 건축업자로서 사직동 소재 토지에 빌라를 신축 및 분양하기를 희망하는 자이다. 김갑동은 이을수로부터 사직동 소재 토지를 매수하였는데, 이을수가 사망하고 말았다.

   전부명령으로 인한 전부금이 출제되었음을 의미한다.

2. 김갑동은 경제적 사정이 어려운 이종사촌 동생인 이중양에게 1억 원을 무이자로 빌려주었다. 김갑동은 이중양이 돈을 갚지 않자 이중양의 정철수에 대한 채권에 대하여 전부명령을 받았다. 그런데 정철수는 전부금을 지급하지 아니한 채 유일한 재산인 부암동 토지를 동생인 정선수에게 넘겨주려하고 있고, 현재는 정선수의 처제인 윤미영이 가등기를 가지고 있다.

3. 김갑동은 임차희에게 돈암동 한신아파트를 임대하여 주었다. 그런데 임차희가 차임을 계속 지급하지 아니하여 김갑동은 위 임대차계약을 해지하였다. 임차희는 현재까지 돈암동 한신아파트에서 살고 있다.

   임대차계약이 차임연체로 해지되었음을 의미한다. 해지의 적법성과 차임연체액수를 확인하여야 한다.

【사건관계인의 주장】

매도인의 매매계약 해제항변

1. 망 이을수의 배우자 박영희, 딸 이정숙은, 이을수가 사망 전에 매매계약을 해제하였다고 주장한다.

2. 사직동 소재 토지의 근저당권자인 최권자는 근저당채권이 모두 변제되지 않았다고 주장한다.

   근저당권의 피담보채무가 잔존한다는 항변

3. 정철수는 김갑동의 전부명령이 무효라고 주장한다. 윤미영은 위 전부명령

기록 5면

> 정철수에 대한 전부명령이 무효이므로 전부금 청구가 이유없다는 항변. 전부금이 없으므로 사해행위 취소소송에서 피보전채권이 존재하지 않는다는 항변

이 무효인 이상 김갑동은 자신에게 아무런 권리도 없다고 주장한다.

4. 임차희는 일부 미지급 월차임의 시효가 완성되었다고 주장한다.

> 연체차임의 소멸시효 항변

【의뢰인 희망사항】

1. 사직동 토지에 빌라를 신축함에 있어서 아무런 장애가 없는 상태로 만들어 달라. 다만 상속인들을 상대로 금전 청구는 하고 싶지 않다.

2. 이중양, 정철수 중 누구로부터든지 대여금채권을 지급받고 싶다. 또한 김갑동에게 돈을 지급하여야 할 의무가 있는 채무자의 책임재산을 확보해 달라. 정선수는 완전 빈털터리라고 하니 정선수를 상대로 소송은 하지 말아 달라.

3. 임차희로부터 돈암동 아파트를 인도받고 싶다. 만약 김갑동이 임차희에게 보증금을 반환하여야 한다면, 미지급 차임은 모두 공제한 다음에 반환하고 싶다.

> 연체차임 및 부당이득을 모두 공제한 보증금을 반환할 것을 지시하였다.

> 전부금 또는 양수금을 청구할 것을 지시. 기록을 통하여 각 채권양도의 효력에 대한 판단을 하여야 한다.

> 사해행위취소소송을 제기할 것을 지시하였고(매매예약에 별도의 무효원인이 있다면 물론 대위청구도 가능하나, 무자력에 대한 언급이 없으므로 사해행위취소를 위주로 검토하여야 한다), 수익자를 피고에서 제외할 것을 지시하였다(가등기 및 이전의 부기등기가 이루어졌을 가능성이 매우 높다).

> 일단 토지의 이전등기 및 인도청구는 누락하지 않아야 하고, 사안에 따라 지상물의 철거청구도 병합될 수 있음을 유의하여야 한다.

부동산 매매계약서

매도인과 매수인 쌍방은 아래와 같이 부동산 매매계약을 체결한다.

1. 부동산의 표시
    서울특별시 종로구 사직동 12 대 330㎡   — 매도인의 완전한 소유권이전 의무에 관한 규정
2. 계약내용
제1조 매수인은 매도인에게 매매대금을 아래와 같이 지불하기로 한다.
    매매대금: 9억 2천만 원(920,000,000원)
    계 약 금: 1억 원(100,000,000원) 2016. 12. 1. **영수함. 이을수** (이을수)
    중 도 금: 4억 원(400,000,000원) 2017. 2. 1. 지급하기로 함.
    잔   금: 4억 2천만 원(420,000,000원) 2017. 4. 1. 지급하기로 함.
제2조 매도인은 매수인으로부터 잔금을 지급받음과 동시에 매수인에게 소유권이전등기에 필요한 모든 서류를 교부하고 이전등기에 협력하며, 위 부동산을 인도한다.
제3조 매도인은 위 부동산에 설정된 저당권, 지상권, 임차권 등 소유권의 행사를 제한하는 사유가 있거나, 조세·공과금 기타 부담금의 미납금 등이 있을 때에는 잔금 수수일까지 그 권리의 하자 및 부담 등을 제거하여 완전한 소유권을 매수인에게 이전하여야 한다.
제4조 매수인이 매도인에게 중도금을 지불할 때까지는 매도인은 계약금의 배액을 상환하고, 매수인은 계약금을 포기하고 이 계약을 해제할 수 있다.

                  ······● 잔금의 지급방법   **특 약 사 항**

 1. 잔금은 매수인이 잔금지급일에 최권자에게 4억 2천만 원을 송금하는 방법으로 지급한다.
 2. 매도인은 잔금을 지급받음과 동시에 위 부동산에 설정된 근저당권설정등기를 말소해주고, 위 부동산 지상에 있는 단층건물(시멘트벽돌조 슬래브지붕) 70㎡를 철거한다.

이 계약을 증명하기 위하여 계약 당사자가   근저당권의 말소의무, 건물의 철거의무에 한다.
                                          관한 특약을 하였고, 위 각 의무는 잔금지
                                          급과 동시이행의 관계에 있다.
                    2016년 12월 1일

매도인: 이 을 수(530302-1041724)
        서울 종로구 사직로 30(사직동)

매수인: 김 갑 동(570930-1534112)
        서울 서초구 서초대로 10(서초동) ·······● 원고의 인적사항

중개인: 공인중개사 김 중 개(등록번호 가3624-03-1534)
        서울 종로구 사직로6길 14 거북상가 102호

기록 7면

등기사항전부증명서(말소사항 포함)-토지

[토지] 서울특별시 종로구 사직동 12   고유번호 3103-1985-341248

【표제부】		(토지의 표시)			
표시번호	접 수	소재지번	지목	면적	등기원인 및 기타사항
1 (전2)	1997년 6월 15일	서울특별시 종로구 사직동 12	대	330㎡	부동산등기법시행규칙 부칙 제3조 제1항의 규정에 의하여 1997년12월 14일 전산이기

【갑구】		(소유권에 관한 사항)		
순위번호	등기목적	접 수	등기원인	권리자 및 기타사항
1 (전5)	소유권이전	1990년 4월 16일 제1453호	1990년 3월 15일 매매	소유자 이을수 530302-1041724 서울특별시 종로구 사직동 12
				부동산등기법시행규칙 부칙 제3조 제1항의 규정에 의하여 1997년12월14일 전산이기
1-1	1번등기명의인 표시변경	2012년4월3일 제1926호		...시 종로구 사직...

(매매목적물에 최권자의 근저당권이 잔존하고 있으므로, 위 근저당권의 말소방법에 대한 검토가 필요하다.)

【을구】		(소유권 이외의 권리에 관한 사항)		
순위번호	등기목적	접 수	등기원인	권리자 및 기타사항
1	근저당권설정	2012년 4월 3일 제1927호	2012년 4월 2일 설정계약	채권최고액 금 500,000,000원 채무자 이을수 530302-1041724 서울특별시 종로구 사직로 30(사직동) 근저당권자 최권자 740827-1276924 서울특별시 성동구 독서당로 23, 가동 110호(옥수동, 한남빌라)

(관할등기소가 서울중앙지방법원 중부등기소이므로 청구취지 기재시 누락하지 않도록 유의하여야 한다.)

---- 이 하 여 백 ----

수수료 1,000원 영수함   관할등기소 **서울중앙지방법원 중부등기소**/ 발행등기소 법원행정처 등기정보중앙관리소

이 증명서는 등기기록의 내용과 틀림없음을 증명합니다.

서기 2018년 12월 01일

법원행정처 등기정보중앙관리소 전산운영책임관   [등기정보중앙관리소전산운영책임관 인]

*실선으로 그어진 부분은 말소사항을 표시함. *등기기록에 기록된 사항이 없는 갑구 또는 을구는 생략함.
*증명서는 컬러 또는 흑백으로 출력 가능함.

문서하단의 바코드를 스캐너로 확인하거나 **인터넷등기소**(http://iros.go.kr)의 발급확인 메뉴에서 발급확인번호를 입력하여 위·변조 여부를 확인할 수 있습니다. 발급확인번호를 통한 확인은 발행일부터 3개월까지 5회 한하여 가능합니다.

발행번호 12389234789452836718934082939023442   1/1   발급확인번호 BAIK-VPTF-3295   발행일 2018/12/01

대 법 원

등기사항전부증명서(말소사항 포함)-건물

[건물] 서울특별시 종로구 사직동 12   고유번호 1153-1960-131337

【 표 제 부 】 (건물의 표시)

표시번호	접 수	소재지번	건물내역	등기원인 및 기타사항
~~1~~	~~1960년 10월 1일~~	~~서울특별시 종로구 사직동 12~~	~~시멘트벽돌조 슬래브 지붕 단층 주택 70㎡~~	부동산등기법 제177조의6 제1항의 규정에 의하여 2000년 03월 22일 전산이기
2		서울특별시 종로구 사직동 12 [도로명 주소] 서울특별시 종로구 사직로 30(사직동)	시멘트벽돌조 슬래브 지붕 단층 주택 70㎡	도로명주소 2012년 07월 05일 등기

철거대상인 건물이고, 매매계약의 이행으로써 철거청구를 하는 것이지 소유권에 기한 물권적 청구권을 행사하는 것은 아니다.

【 갑 구 】 (소유권에 관한 사항)

순위번호	등기목적	접 수	등기원인	권리자 및 기타사항
1	소유권보존	1960년 10월 1일 제3579호		소유자 김주인 241225-1214567 서울특별시 종로구 사직동 12
2	소유권이전	1990년 4월 16일 제1453호	1990년 3월 15일 매매	소유자 이을수 520302-1041724 서울특별시 종로구 사직동 12 부동산등기법 제177조의6 제1항의 규정에 의하여 2000년03월22일 전산이기

---- 이 하 여 백 ----

수수료 1,000원 영수함 관할등기소 서울중앙지방법원 중부등기소/ 발행등기소 법원행정처 등기정보중앙관리소

이 증명서는 등기기록의 내용과 틀림없음을 증명합니다.

서기 2018년 12월 01일

법원행정처 등기정보중앙관리소 전산운영책임관   [등기정보중앙관리소 전산운영책임관 인]

*실선으로 그어진 부분은 말소사항을 표시함. *등기기록에 기록된 사항이 없는 갑구 또는 을구는 생략함.
*증명서는 컬러 또는 흑백으로 출력 가능함.

문서하단의 바코드를 스캐너로 확인하거나 **인터넷등기소**(http://iros.go.kr)의 발급확인 메뉴에서 **발급확인번호**를 입력하여 **위·변조 여부**를 확인할 수 있습니다. 발급확인번호를 통한 확인은 발행일부터 3개월까지 5회 한하여 가능합니다.

발행번호 12389234789102367836718934082939023430 1/1 발급확인번호 AAIK-VPTF-0002 발행일 2018/12/01

대 법 원

가족관계증명서 [폐쇄]

등록기준지	서울특별시 종로구 사직로 30(사직동)

구분	성 명	출생연월일	주민등록번호	성별	본
본인	이을수(李乙秀) 사망	1953년 03월 02일	530302-1041724	남	全州

가족사항

구분	성 명	출생연월일	주민등록번호	성별	본
부	이덕만(李悳萬) 사망	1917년 09월 25일	170925-1064912	남	全州
모	김명자(金明子) 사망	1921년 05월 14일	210514-2212820	여	安東
배우자	박영희(朴英喜)	1958년 03월 19일	580319-2404312	여	密陽
자녀	이정숙(李貞淑)	1982년 11월 23일	821123-2403152	여	全州

위 가족관계증명서는 가족관계등록부의 기록사항과 틀림없음을 증명합니다.

서기 2018년 12월 01일

서울특별시 종로구청장

> 망 이을수의 상속인으로 박영희, 이정숙이 있고, 각 상속지분은 3/5, 2/5가 된다.

기본증명서 [폐쇄]

등록기준지	서울특별시 종로구 사직로 30(사직동)

구분	상 세 내 용
작성	[가족관계등록부 작성일] 2008년 01월 01일 [작성사유] 가족관계의 등록 등에 관한 법률 부칙 제3조 제1항
폐쇄	[폐쇄일] 2017년 07월 10일 [폐쇄사유] 사망

구분	성 명	출생연월일	주민등록번호	성별	본
본인	이을수(李乙秀) 사망	1953년 03월 02일	530302-1041724	남	全州

일반등록사항

구분	상 세 내 용
출생	[출생장소] 서울특별시 종로구 사직로 97(사직동) [신고일] 1953년 03월 02일 [신고인] 부
사망	[사망일시] 2017년 06월 30일 ····· 망 이을수의 사망일자 [사망장소] 서울특별시 서초구 반포대로 222 가톨릭대학교 서울성모병원 [신고일] 2017년 07월 10일 [신고인] 자녀 이정숙 [처리관서] 서울특별시 종로구

위 기본증명서는 가족관계등록부의 기록사항과 틀림없음을 증명합니다.

서기 2018년 12월 01일

서울특별시 종로구청장

무통장 입금증

거래일자: 2017. 4. 1.　거래시각 16:01　　　취급자: 이행원
거래은행명: 국민은행 사직동 지점　　　　　☎ 02)921-3578

계좌번호	02881353346716	입금내역	금액
받으시는 분	최권자	현금	₩420,000,000
보내시는 분	김갑동	2017. 4. 1. 최권자에게 잔금 4억 2천만원이 지급되었다.	
적　요			
송금 수수료	₩0	합계	₩420,000,000

* 고객께서 의뢰하신 대로 위와 같이 입금되었으며, 계좌번호와 금액을 확인하시기 바랍니다.
* 타행계좌로 입금하시는 분은 반드시 뒷면의 약관을 확인하여 주십시오.

EEND: 20-26-1140　　　　　　　　　　　　　　　　　　국민은행 제정

기록 12면

내용증명

수 신 인   김갑동
　　　　　서울특별시 서초구 서초대로 10(서초동)
발 신 인   박영희, 이정숙
　　　　　서울특별시 종로구 사직로 30(사직동)

　40년 가까이 행복한 결혼생활을 해 왔는데 남편이 갑자기 사망하였고, 저는 현재 그로 인한 정신적 충격으로 일상생활을 할 수 없는 지경에 이르렀습니다. 남편 생각이 자꾸 떠오르고 밤이 무서워 지금은 동생 집에서 주로 지내고 있습니다.

　제가 남편이 한 일을 잘 알고 있지는 않지만, 집에 남아 있던 여러 서류들을 가지고 지인에게 물어보니 제가 소유권을 이전해 줄 필요가 없다고 하네요. 아래에서 간단히 말씀드립니다.

　김갑동 씨는 남편으로부터 종로구 사직동 땅을 샀다고 하면서 상속인들인 저희들에게 사직동 땅에 대한 등기를 넘겨 달라고 하고 계십니다.

　그러나 남편이 사직동 땅에 대해 이전등기 서류를 김갑동 씨에게 드리려고 했는데 김갑동 씨가 받아가지 않았고, 그 때문에 남편이 사직동 땅에 대한 매매계약을 해제한 사실은 김갑동 씨도 잘 알고 있을 것입니다. ……● 매매계약 해제항변

　저희가 김갑동 씨에게 뭘 해 드려야 할 것 같지는 않습니다.

　이 문제가 원만하게 해결될 수 있도록 도와주시기 바랍니다.

첨부: 해제 통고서, 우편물배달증명서, 사실 확인서

　　　　　　　　　　　　2018년 5월 20일

　　　　　　　　　　　　박영희, 이정숙

[서울종로우체국 / 2018. 5. 20. / 18-5924]

본 우편물은 2018-05-20
제5924호에 의하여
내용증명우편물로 발송하였음을 증명함

서울종로우체국장　　　대한민국KOREA

기록 13면

해제 통고서

수 신 인   김갑동
            서울특별시 서초구 서초대로 10(서초동)

발 신 인   이을수
            서울특별시 종로구 사직로 30(사직동)

> 이전등기에 필요한 서류를 매수인에게 교부되었으나, 나머지 의무를 이행하지 않았으므로 적법한 이행의 제공이 없고, 따라서 매도인은 해제권을 행사할 수 없다.

　귀하는 본인으로부터 서울 종로구 사직동 토지를 매수하였습니다. 귀하가 매매계약대로 계약금과 중도금을 모두 지급하고, 최권자에게 토지 잔금 4억 2천만 원을 보내 주셨기 때문에 위 매매계약은 원만하게 이행될 수 있었습니다.

　저는 계약대로 귀하에게 사직동 토지에 대한 소유권을 이전하여 드리기 위하여 2017. 5. 3. 위 사직동 토지에 대한 소유권이전등기에 필요한 서류를 김중개 공인중개사 사무실에 맡겨 두었고, 언제든지 이를 가져가시라고 연락드렸습니다.

　귀하가 그 서류를 받아가서 등기 절차를 밟았었더라면 귀하 명의로 소유권이전등기를 할 수 있었고, 저 역시 귀하가 하시는 사업 계획에 전혀 지장을 드리지 않고 사직동 토지 위에 있던 건물을 철거해 드릴 수 있었을 것입니다.

　그런데 귀하가 계약서에 쓰인 그대로 되지 않았다고 이 거래를 힘들게 하고 계십니다. 저는 이 상태에 따른 스트레스를 견디기 어렵습니다.

　귀하가 저와의 거래가 원만하게 이루어지는 데 협조해 주시지 않고 있기 때문에 저는 귀하와의 매매계약을 해제해서 귀하와의 관계를 끝내고자 합니다.

　일이 이렇게 되어서 유감스럽게 생각합니다.

2017년 5월 24일

(서울종로우체국 소인 2017. 5. 24. 17-3824)

본 우편물은 2017-05-24
제3824호에 의하여
내용증명우편물로 발송하였음을 증명함
서울종로우체국장
대한민국KOREA

기록 14면

보내는 사람

  서울종로우체국

    접수국: 서울종로우체국

                              받는 사람 (배달증명서 재중)

                              서울특별시 종로구 사직로 30(사직동)

                                  이 을 수 귀하

우편물배달증명서

수취인의 주거 및 성명

  서울 서초구 서초대로 10(서초동)

                              김 갑 동 귀하

접수국명	서울종로우체국	접수년월일	2017년 05월 24일
등기번호	제3824호	배달년월일	2017년 05월 25일

적 요	수취인과의 관계
	
	       본인 수령
	
	   김 갑 동
			서울종로우체국
			2017. 6. 25.
			17-4924
			우 체 국

내용증명

수 신 인   최권자
　　　　　서울특별시 성동구 독서당로 23, 가동 110호(옥수동, 한남빌라)

발 신 인   김갑동
　　　　　서울특별시 서초구 서초대로 10(서초동)

　본인은 이을수로부터 사직동 토지를 매수한 사람입니다.

　본인은 이을수의 요청으로 2017. 4. 1. 귀하에게 4억 2천만 원을 송금하였는데, 이는 이을수의 귀하에 대한 채무를 변제하기 위한 것입니다.

　위 변제에 의하여 사직동 토지에 설정된 귀하 명의의 근저당권은 그 채무가 모두 소멸하였을 것이니, 이을수에게 근저당권을 말소하여 주시기 바랍니다.

　　　　　　　　　　　　2017년 5월 2일

　　　　　　　　　　　　　　김갑동

(서울서초우체국 2017. 5. 2. 17-9824)

본 우편물은 2017-05-02
제9824호에 의하여
내용증명우편물로 발송하였음을 증명함
서울서초우체국장   대한민국KOREA

기록 17면

말소 등기 요청에 대한 답변

수 신 인   김갑동
          서울특별시 서초구 서초대로 10(서초동)

발 신 인   최권자
          서울 ~~2012. 4. 2.자 대여금의 2017. 4. 1.까지의 이자 및 지연손해금은 모두 변제되었다.~~ 110호(옥수동, 한남빌라)

귀하가 2017. 4. 1. 보내 주신 4억 2천만 원은 잘 받았습니다. 그러나 위 돈은 이을수가 저에게 갚아야 할 다른 채무의 변제에 먼저 충당되어야 합니다.

저는 2012. 4. 2. 이을수에게 4억 2천만 원을 변제기 2016. 4. 1. 이율 연 6%로 정하여 대여하고, 위 대여금채권을 담보하기 위하여 이을수 소유의 사직동 땅에 근저당권을 설정하였습니다. 이을수는 위 근저당채무에 대하여는 2017. 4. 1.까지의 이자 및 지연손해금을 모두 지급하였습니다.

또한 저는 2013. 4. 2. 이을수에게 3억 원을 변제기 2016. 4. 1. 이율 연 5%로 정하여 담보 없이 대여하였습니다. 이을수는 위 차용금채무에 대하여 2016. 4. 1.까지의 이자만을 지급하였습니다. 이을수는 사직동 땅을 팔아 제 돈을 전부 해결해 준다고 하였고 저는 이를 믿고 기다리고 있던 중이었습니다. ── 2013. 4. 2.자 별개의 대여금의 잔존 주장

귀하가 2017. 4. 1. 저에게 송금한 4억 2천만 원은 2013. 4. 2.자 대여금채권의 지연손해금, 원금의 순서로 충당되어야 합니다. 그리고 4억 2천만 원에서 2013. 4. 2.자 대여금채권의 원리금 변제에 충당된 금액을 공제한 나머지 돈이 사직동 땅에 설정된 근저당채권의 원리금은 여전히 남아 있습니다.

최권자의 변제충당항변. 2013. 4. 2.자 채무는 근저당권의 피담보채무에 해당하지 않고, 법정변제충당의 순서에도 위배되므로 위 항변은 타당하지 않다.

귀하는 2017. 4. 1. 어떤 채권에 변제되어야 하는지에 관하여 저와 아무런 상의 없이, 두 채무 중 어떤 채무를 갚는지 특정하지 않고 이을수의 채무 변제 명목으로 4억 2천만 원을 송금해 주었을 뿐인바, 위 4억 2천만 원은 2013. 4. 2.자 대여금채권에 변제되었습니다.

그 이유는 2013. 4. 2.자 대여금채권은 무담보 채권인 반면, 2012. 4. 2.자 대여금채권은 담보가 확보된 채권으로 변제이익이 많기 때문입니다.

아직 사직동 토지에 설정된 근저당권의 피담보채권이 남았으니, 저는 근저당권을 말소해 줄 수 없습니다. ── 2013. 4. 2.자 대여금에 대해서는 담보가 없음을 확인해 주고 있다.

이을수가 사망하여 일이 어렵게 된 것 같은데, 제 입장을 고려하셔서 저에게

서울중앙지방법원
지급명령

사　　건　　2016차50172 대여금

채 권 자　　김갑동(570930-1534112)

　　　　　　서울 서초구 서초대로 10(서초동)

채 무 자　　이중양(691027-1034178)

　　　　　　서울 종로구 사직로 50(사직동)

신청취지와 원인: 별지와 같다.

채무자는 채권자에게 별지 신청취지 기재의 금액을 지급하라.

채무자는 이 명령이 송달된 날부터 2주일 이내에 이의신청을 할 수 있다.

　　　　　　　　　　2016. 7. 5.

　　　　　　　　　　사법보좌관 이영길

2016. 7. 10. 송달, 2016. 7. 25. 확정

※ 1. 채무자가 위 기간 이내에 이의신청서를 제출하지 않으면 이 지급명령은 확정판결과 같은 효력을 가집니다.

2. 채무자가 이의신청을 하는 경우에는 이의신청서와 별도로 지급명령의 신청원인에 대한 구체적인 진술을 적은 답변서를 함께 제출하거나, 늦어도 지급명령을 송달받은 날부터 30일 이내에 답변서를 제출하여야 합니다.

> 지급명령이 그대로 확정되었으므로, 이에 기한 강제집행이 가능하다.

서울중앙지방법원
결 정

사　　건　　2017타채1234 채권압류 및 전부명령

채 권 자　　김갑동(570930-1534112)
　　　　　　서울 서초구 서초대로 10(서초동)

채 무 자　　이중양(691027-1034178)
　　　　　　서울 종로구 사직로 50(사직동)

제3채무자　　정철수(780715-1350614)
　　　　　　서울 영등포구 당산대로 13, 203동 704호(당산동, 삼성아파트)

주 문

채무자의 제3채무자에 대한 별지 기재 채권을 압류한다.
제3채무자는 채무자에게 위 채권의 지급을 하여서는 아니 된다.
채무자는 위 채권의 처분과 영수를 하여서는 아니 된다.
위 압류된 채권은 지급에 갈음하여 채권자에게 전부한다.

청 구 금 액

금 1억 원(지급명령 서울중앙지방법원 2016차50172호에 의한 대여금) ····· 전부명령의 청구채권

이 유

채권자가 위 청구금액을 변제받기 위하여 서울중앙지방법원 2016차50172호 지급명령에 터 잡아 한 이 사건 신청은 이유 있으므로 주문과 같이 결정한다.

　　　　　　　　2017. 4. 20.
　　　　　　사법보좌관 이 영 경　　　　정본입니다.
　　　　　　　　　　　　　　　　　　　　2017. 4. 20.
　　　　　　　　　　　　　　　　　　　　법원주사 안동천

압류할 채권의 표시

금 1억 원정

채무자가 제3채무자에 대하여 가지고 있는 2015. 10. 1.자 대여금 원금. 끝.

> 피전부채권, 원금 전액이 전부되었고, 전부명령의 효력에 따라 부대채권도 같이 이전된다.

기록 28면

송 달 및 확 정 증 명

사　　　건　　서울중앙지방법원 2017타채1234 채권압류 및 전부명령
채　권　자　　김갑동
채　무　자　　이중양
제3채무자　　정철수
증명신청인　　김갑동

위 사건에 관하여 아래와 같이 송달 및 확정되었음을 증명합니다.

채무자　　이중양　　　2017. 4. 30. 채권압류및전부명령정본 송달
제3채무자　정철수　　2017. 4. 30. 채권압류및전부명령정본 송달
2017. 5. 15. 확정. 끝.

2017. 5. 25.

서울중앙지방법원

법원주사 김동효　[서울중앙지방법원 법원주사 인]

전부명령이 2017. 4. 30. 제3채무자에게 송달되었고, 2017. 5. 15. 그대로 확정되었으므로, 2017. 4. 30. 그 효력이 발생한다.

전부명령에 대한 반박문

수신: 김갑동
　　　서울 서초구 서초대로 10(서초동)
발신: 정철수
　　　서울 영등포구 당산대로 13, 203동 704호(당산동, 삼성아파트)

1. 반박 이유

본인이 2015. 10.경 이중양으로부터 1억 원을 차용하여 채무를 부담하고 있는 것은 사실입니다. 본인은 2017. 4. 30. 서울중앙지방법원 2017타채1234호 채권압류 및 전부명령(이하 '이 사건 전부명령'이라고 약칭한다.)을 송달받았습니다. 그러나 아래의 사실관계에 비추어 위 전부명령은 무효입니다.

> 채권양도가 처분행위가 아니라는 항변

2. 정철수에 대한 채권자는 양수영이라고 할 것임

가. 이중양의 담보 목적 채권양도

이중양은 2016. 2.경 자신의 귀하에 대한 채무의 담보 목적으로 이중양의 본인에 대한 채권을 귀하에게 양도하였습니다.

이중양은 귀하에 대한 채무의 변제에 갈음하여 채권을 양도한 것이 아니고, 단지 담보를 위하여 양도하였기 때문에 여전히 이중양은 처분권을 상실하지 아니하였다 할 것입니다.

나. 이중양의 양수영에 대한 채권양도

이중양은 위와 같이 본인에 대한 채권의 처분권한을 보유하고 있는 상태에서 2016. 3.경 위 채권을 양수영에게 양도하고, 채권양도에 필요한 모든 법적 절차를 완료하였습니다.

결국 본인에 대한 채권자는 양수영이라 할 것입니다.

다. 김갑동과 이중양의 양도 합의해제

한편 귀하와 이중양은 2016. 4.경에 2016. 2.경의 채권양도 계약을 합의해제하였습니다.

그렇다면 이중양의 양수영에 대한 채권양도 당시 이중양이 무권리자라고 하더라도, 이중양은 위 합의해제를 통하여 처분권한을 회복하게 되므로, 양수영에 대한 채권양도는 소급적으로 또는 합의해제일부터는 유효하다 할 것입니다.

3. 이 사건 전부명령은 무효임

> 채권의 이중양도 중 2차 양도가 소급해서 유효하다는 항변

가. 민사집행법의 규정

민사집행법 제231조에는 "전부명령이 확정된 경우에는 전부명령이 제3채무자에게 송달된 때에 채무자가 채무를 변제한 것으로 본다. 다만 이전된 채권이 존재하지 아니한 때에는 그러하지 아니하다."라고 규정되어 있습니다.

나. 피전부채권의 부존재

앞에서 본 바와 같이, 이중양은 본인에 대한 채권을 이미 양수영에게 양도하였고, 위 양도는 담보 목적을 위한 것이 아닌 기존 채권의 변제에 갈음한 최종적인 것이므로, 본인에 대한 채권자는 양수영이라 할 것이고, 이중양의 본인에 대한 채권은 더 이상 존재하지 아니한다 할 것입니다.

그런데 이 사건 전부명령의 피전부채권은 이중양의 본인에 대한 대여금채권인바, 존재하지 아니하는 채권을 피전부채권으로 한 전부명령은 비록 제3채무자인 본인에게 송달되어 확정되었다고 하더라도, 원천적으로 무효입니다.

> 2차 채권양도가 유효이므로, 전부명령의 대상이 없어 무효라는 항변

4. 결론

귀하의 이 사건 전부명령은 무효입니다. 귀하께서는 더 이상 무익한 절차를 진행하지 말고 자중하시기 바랍니다. 이중양과의 문제는 그와 해결하십시오. 앞으로 위 전부명령과 관련하여 문제를 삼을 경우, 법적인 조치를 취할 것임을 명심하십시오.

2018. 5. 23.
정철수

첨부서류

1. 채권양도 통지서(양수인 김갑동) 1부
2. 채권양도 통지서(양수인 양수영) 1부
3. 채권양도 합의해제 계약서 1부

서울영등포우체국
2018. 5. 23.
18-13381

본 우편물은 2018-05-23
제13381호에 의하여
내용증명우편물로 발송하였음을 증명함

서울영등포우체국장
대한민국KOREA

채권양도 통지서

수신인   정철수

　　　　서울 영등포구 당산대로 13, 203동 704호(당산동, 삼성아파트)

발신인   이중양

　　　　서울 종로구 사직로 50(사직동)

> 담보목적의 채권양도이나 채권양도통지가 이루어진 이상 처분행위에 해당한다.

1. 귀하의 안녕을 기원합니다.

2. 본인은 오늘 귀하에 대하여 가지는 2015. 10. 1.자 대여금채권(금 1억 원, 이자: 연 5%, 변제기: 2016. 9. 30.)을 김갑동{570930-1534112, 주소: 서울 서초구 서초대로 10(서초동)}에게 본인의 김갑동에 대한 2014. 8. 1.자 무이자 1억 원의 채무담보를 위하여 양도하였습니다. 이에 귀하에게 이와 같은 채권양도를 통지하는 바입니다.

3. 그러니 귀하께서는 위 채권의 변제기가 도래하면 즉시 위 대여금을 김갑동에게 지급하여 주시기를 바랍니다.

2016. 2. 16.

통지인   이중양

서울종로우체국
2016. 2. 16.
16-3456

본 우편물은 2016-02-16
제3456호에 의하여
내용증명우편물로 발송하였음을 증명함

서울종로우체국장

대한민국KOREA

| 기록 32면 |

보내는 사람

　서울영등포우체국

　　접수국: 서울영등포우체국

　　　　　　　　　　　　　　　받는 사람 （배달증명서 재중）

　　　　　　　　　　　　　　　서울 영등포구 당산대로 13, 203동

　　　　　　　　　　　　　　　704호(당산동, 삼성아파트)

　　　　　　　　　　　　　　　정　철　수　귀하

우 편 물 배 달 증 명 서

2016. 2. 18. 1차 양도의 대항력이 발생하였으므로, 이 날 이후의 2차 채권양도는 무권리자의 처분행위에 해당한다.

수취인의 주거 및 성명

　서울 영등포구 당산대로 13, 203동 704호(당산동, 삼성아파트)

　　　　　　　　　　정　철　수　귀하

접수국명	서울종로우체국	접수년월일	2016년 02월 16일
등기번호	제3456호	배달년월일	2016년 02월 18일
적　요	수취인과의 관계 　　　본인 수령 　　정　철　수		서울영등포우체국 2018. 5. 20. 18-6578 우 체 국

채권양도 통지서

수신인   정철수

　　　　서울 영등포구 당산대로 13, 203동 704호(당산동, 삼성아파트)

발신인   이중양

　　　　서울 종로구 사직로 50(사직동)

1. 귀하의 안녕을 기원합니다.

2. 본인은 오늘 귀하에 대하여 가지는 2015. 10. 1.자 대여금채권(금 1억 원, 이자: 연 5%, 변제기: 2016. 9. 30.)을 양수영(670730-2134567, 주소 서울 송파구 송파로 7)에게 양도하였습니다. 이에 귀하에게 이와 같은 채권양도를 통지하는 바입니다.

3. 그러니 귀하께서는 위 채권의 변제기가 도래하면 즉시 위 대여금을 양수영에게 지급하여 주시기를 바랍니다.

> 2차 채권양도가 있었던 날이 2016. 3. 16.이므로 2차 채권양도는 무권리자의 처분행위에 해당한다.

2016. 3. 16.

통지인   이중양

서울종로우체국
2016. 3. 16.
16-4567

본 우편물은 2016-03-16
제4567호에 의하여
내용증명우편물로 발송하였음을 증명함
서울종로우체국장
　　　　　　　　　　대한민국KOREA

| 기록 34면 |

보내는 사람

　서울영등포우체국

　　접수국: 서울영등포우체국

　　　　　　　　　　　　　받는 사람 （배달증명서 재중）

　　　　　　　　　　　　　서울 영등포구 당산대로 13, 203동

　　　　　　　　　　　　　704호(당산동, 삼성아파트)

　　　　　　　　　　　　　정　철　수　귀하

우편물배달증명서

수취인의 주거 및 성명

　서울 영등포구 당산대로 13, 203동 704호(당산동, 삼성아파트)

　　　　　　　　　　　　정　철　수　귀하

접수국명	서울종로 우체국	접수년월일	2016년 03월 16일
등기번호	제4567호	배달년월일	2016년 03월 18일
적　요	수취인과의 관계 　　　본인 수령 　정　철　수		서울영등포우체국 2018. 5. 20. 18-6579 우 체 국

채권양도 합의해제 계약서

1. 김갑동(570930-1534112)

    서울 서초구 서초대로 10(서초동)

2. 이중양(691027-1034178)

    서울 종로구 사직로 50(사직동)

3. 정철수(780715-1350614)

    서울 영등포구 당산대로 13, 203동 704호(당산동, 삼성아파트)

합의 내용

이중양이 2016. 2. 16. 김갑동에게 기존 채권의 담보 목적으로 정철수에 대한 채권(이중양의 정철수에 대한 2015. 10. 1.자 1억 원의 대여금채권)을 양도하였는바, 위 채권양도 계약을 합의로 해제한다.

2016. 4. 22.

김 갑 동 (인)

이 중 양

정 철 수

부동산매매예약서

매도인과 매수인 쌍방은 아래 표시 부동산에 관하여 다음 계약 내용과 같이 매매예약을 체결한다.

1. 부동산의 표시

所在地	서울특별시 종로구 부암동 72			
土 地	지 목	잡종지	面 積	110㎡

2. 계약 내용

제1조 매도인과 매수인은 위 〈부동산의 표시〉 기재 부동산에 관하여 대금 3억 원에 매매예약을 체결한다.

제2조 매도인은 매수인에게 전조 매매예약을 원인으로 한 소유권이전등기청구권 보전을 위한 가등기에 필요한 모든 서류를 교부하고 가등기에 협력하여야 한다.

사해행위로써 매매예약이 이루어졌다.

계약 당사자들은 이의 없음을 확인하고, 이 계약을 증명하기 위하여 각자 날인하여 계약서 2부를 작성하여 각자 1부씩 보관하기로 한다.

2018년 3월 14일

매도인	주 소	서울 영등포구 당산대로 13, 203동 704호(당산동, 삼성아파트)					
	주민등록번호	780715-1350614	전화	02-523-1607	성명	정 철 수	(인)
매수인	주 소	서울 송파구 올림픽대로 11, 101동 701호(잠실동, 쌍용아파트)					
	주민등록번호	800919-1350615	전화	02-2568-2905	성명	정 선 수	(인)

기록 37면

등기사항전부증명서(말소사항 포함)-토지

[토지] 서울특별시 종로구 부암동 72 　　　　　　　고유번호 1234-1964-246873

【 표　제　부 】	(토지의 표시)				
표시번호	접　수	소재지번	지목	면적	등기원인 및 기타사항
1 (전2)	1997년 6월 5일	서울특별시 종로구 부암동 72	잡종지	110㎡	부동산등기법 제177조의6 제1항의 규정에 의하여 2001년 07월 14일 전산이기

【 갑　구 】	(소유권에 관한 사항)			
순위번호	등기목적	접　수	등기원인	권리자 및 기타사항
1 (전2)	소유권이전	1997년 9월 25일 제3735호	1997년 8월 20일 매매	소유자 유진혜 470203-2553897 서울특별시 서초구 방배동 750
				부동산등기법 제177조의6 제1항의 규정에 의하여 2001년 07월 14일 전산이기
2	소유권이전	2008년 6월 1일 제1579호	2008년 6월 1일 매매	소유자 정철수 780715-1350614 서울특별시 영등포구 당산동 13 삼성아파트 203동 704호
3	소유권이전청구권가등기	2018년 3월 14일 제1034호	2018년 3월 14일 매매예약	가등기권자 정선수 800919-1350615 서울특별시 송파구 올림픽대로 11, 101동 701호(잠실동, 쌍용아파트)
3-1	3번소유권이전청구권이전	2018년 5월 14일 제1258호	2018년 5월 14일 매매	가등기권자 윤미영 860821-2069467 서울특별시 서대문구 연희로 20, 나동 303호(연희동, 연남빌라)

수수료 1,000원 영수함

사해행위로 매매예약 및 가등기가 이루어지고, 전득행위로써 매매 및 가등기이전의 부기등기가 이루어졌다. 전득행위인 매매는 사해행위취소의 대상이 될 수 없고, 또한 이전의 부기등기는 말소의 대상이 될 수 없으므로, 전득자인 윤미영을 상대로 매매예약의 취소 및 주등기인 가등기의 말소를 청구하여야 한다.

서기 2018년 12월 01일

법원행정처 등기정보중앙관리소 전산운영책임관

*실선으로 그어진 부분은 말소사항을 표시함. *등기기록에 기록된 사항이 없는 갑구 또는 을구는 생략함.
*증명서는 컬러 또는 흑백으로 출력 가능함.

문서하단의 바코드를 스캐너로 확인하거나 인터넷등기소(http://iros.go.kr)의 발급확인 메뉴에서 발급확인번호를 입력하여 위·변조 여부를 확인할 수 있습니다. 발급확인번호를 통한 확인은 발행일부터 3개월까지 5회 한하여 가능합니다.

발행번호 11360011004936072010961250295021311127 1/1 발급확인번호 AAKU-DHEY-0004 발행일 2018/12/01

대 법 원

> 기록 38면

내용증명

수신: 김갑동
　　　서울 서초구 서초대로 10(서초동)

발신: 윤미영
　　　서울 서대문구 연희로 20, 나동 303호(연희동, 연남빌라)

> 정철수의 항변과 동일하므로 정철수의 항변에 대한 반박을 그대로 원용하면 된다.

1. 반박이유

본인이 정선수의 처제로서 서울 종로구 부암동 72 잡종지 110㎡에 관하여 가등기를 이전받은 것은 사실입니다.

귀하의 서울중앙지방법원 2017타채1234호 채권압류 및 전부명령(이하 '이 사건 전부명령'이라고 약칭한다.)은 무효이므로, 귀하는 본인에게 아무런 권리가 없습니다.

2. 정철수에 대한 채권자는 양수영이라고 할 것임

가. 이중양의 담보 목적 채권양도

이중양은 2016. 2.경 자신의 귀하에 대한 채무의 담보 목적으로 이중양의 정철수에 대한 채권을 양도하였습니다.

이중양은 귀하에 대한 채무의 변제에 갈음하여 채권을 양도한 것이 아니고, 단지 담보를 위하여 양도하였기 때문에 여전히 정철수에 대한 채권의 처분권을 상실하지 아니하였다 할 것입니다.

나. 이중양의 양수영에 대한 채권양도

이중양은 위와 같이 정철수에 대한 채권의 처분권한을 보유하고 있는 상태에서 2016. 3.경 위 채권을 양수영에게 양도하고, 채권양도에 필요한 모든 법적 절차를 완료하였습니다. 결국 정철수에 대한 채권자는 양수영이라 할 것입니다.

다. 김갑동과 이중양의 양도 합의해제

한편 귀하와 이중양은 2016. 4.경에 2016. 2.경의 채권양도 계약을 합의해제하였습니다.

그렇다면 이중양의 양수영에 대한 채권양도 당시 이중양이 무권리자라고 하더라도, 이중양은 위 합의해제를 통하여 처분권한을 회복하게 되므로, 양수영에 대한 채권양도는 소급적으로 또는 합의해제일부터는 유효하다 할 것입니다.

3. 이 사건 전부명령은 무효임

부동산임대차계약서

부동산의 표시:
(1동의 건물의 표시)
서울특별시 성북구 돈암동 15 한신아파트 제101동
(대지권의 목적인 토지의 표시)
서울특별시 성북구 돈암동 15 대 11,174㎡
(전유부분의 건물의 표시)
제1층 제102호 철근콘크리트조 114.34㎡
(대지권의 표시)
소유권 대지권 11,174분의 30.481

위 부동산을 임대차함에 있어 임대인과 임차인은 쌍방 합의하에 아래 각 조항과 같은 조건으로 계약한다.

제1조

보증금	3억(300,000,000) 원	월세금액	일백만(1,000,000) 원(매월 말일 지급)
	금 3억 원정 중 계약금 3천만 원은 계약당일, 나머지 2억 7천만 원은 인도일에 임대인에게 각 지불함. 위 금액을 전액 수령함. 2014. 9. 1. 김갑동 (東金印甲)		

제2조 부동산은 2014년 9월 1일 인도하기로 한다.
제3조 임대기간은 2014년 9월 1일부터 2018년 8월 31일까지(4년)로 한다.
제4조 임차인은 임대인의 승인 없이는 건물의 형상을 변경할 수 없다.

위 계약조건을 증명하기 위하여 본 계약서를 2부 작성하여 각자 1부씩 보관한다.

2014년 8월 1일

임대인 김갑동(570930-1534112) (東金印甲)
　　　　서울 서초구 서초대로 10(서초동)

임차인 임차희(881227-2749160)
　　　　서울 마포구 공덕대로 15, 202동 701호

기록 41면

계약해지 통지서

수신: 임차희
　　　서울 성북구 돈암로 15, 101동 102호(돈암동, 한신아파트)
발신: 김갑동
　　　서울 서초구 서초대로 10(서초동)

> 2기 이상의 차임이 연체되었으므로, 해지요건을 구비하였다.

　본인은 2014. 9. 1. 귀하에게 서울 성북구 돈암동 한신아파트 101동 102호를 보증금 3억 원, 월차임 100만 원, 기간을 4년으로 정하여 임대하여 주었습니다.

　그러나 귀하는 2014년 12월분과 2015년 4월분 월차임을 지급하지 아니하였고, 2018년 5월부터 현재까지 월차임을 계속하여 지급하지 않고 있습니다.

　따라서 본인은 귀하의 차임 연체를 이유로 위 임대차계약을 본 계약해지 통지서를 통하여 해지합니다.

2018년 7월 23일

서울서초우체국
2018. 7. 23.
18-13719

본 우편물은 2018-07-23
제13719호에 의하여
내용증명우편물로 발송하였음을 증명함

서울서초우체국장
　　　대한민국KOREA

계약해지에 대한 답변서

수신: 김갑동

　　　서울 서초구 서초대로 10(서초동)

발신: 임차희

　　　서울 성북구 돈암로 15, 101동 102호(돈암동, 한신아파트)

임차희입니다.

김갑동 씨가 보낸 통지서는 2018년 7월 31일 잘 받았습니다. [해지통지서의 도달일자. 요건사실이므로 유의하여야 한다.] 경제적 사정이 몹시 어려워 제때에 임차료를 지급하지 못하여 진심으로 죄송합니다.

다만 제가 다른 집을 구하기 위해서는 시간이 필요합니다. 그리고 그 집을 구하기 위한 보증금은 김갑동 씨가 저에게 주어야만 하는 상황입니다.

제가 집을 구하여 이사하게 되는 날이 정해지면 김갑동 씨에게 연락을 하겠습니다.

김갑동 씨께서는 제가 이사하는 날 보증금을 저에게 주십시오.

그리고 제가 차임을 지급하지 못한 것은 맞지만, 제가 지급하지 못한 2014년 12월분과 2015년 4월분은 벌써 오래전 일입니다. 지금까지 따로 청구하지 않으셨는데, 갑자기 이렇게 문제를 삼으시니 당황스럽습니다.

비록 제가 주었어야 할 돈이지만, 시간이 많이 지나면 자동적으로 채무가 소멸한다고 법에 규정되어 있다고 들었습니다. 2018년 5월부터 지급하지 못한 임료를 빼고 주시는 것은 어쩔 수 없지만, 2014년 12월분, 2015년 4월분은 빼지 말고 주시기를 부탁드립니다. [소멸시효가 완성된 차임을 공제할 수 없다는 항변. / 소멸시효가 완성된 차임의 경우 상계는 허용되지 않으나, 임대차목적물 반환시 공제는 가능하다.]

가정에 평안한 일만 있기를 기도합니다.

서울성북우체국
2018. 8. 10.
18-12719

본 우편물은 2018-08-10
제12719호에 의하여
내용증명우편물로 발송하였음을 증명함

서울성북우체국장

대한민국KOREA

임 료 시 세 확 인 서

목적물	서울 성북구 돈암동 15 한신아파트 101동 102호
월차임 시세	임대차보증금이 2억 5천만 원에서 3억 원 사이인 경우: **월세 100만 원**
기준일	2017. 5.경

약정차임이 감정차임에 비하여 비합리적으로 적은 경우 감정차임이 부당이득의 산정기준이 되나, 사안에서는 약정차임과 감정차임이 동일하다.

참고

1. 위 평가는 2017년 5월을 기준으로 이루어진 것임
2. 현재까지도 시세의 변동은 없는 것으로 판단됨

2018. 12. 15

공인중개사 이필상

(등록번호 가3735-02-3960)

서울특별시 성북구 돈암동 13 한신상가 104호

민사법
기록형

lawyers

2019년도 **제8회**
변호사 시험
답안

소 장

원　　고　　김갑동(570930-1534112)
　　　　　　서울 서초구 서초대로 10(서초동)

　　　　　　원고 소송대리인 변호사 강주원
　　　　　　서울 서초구 서초대로 200,607호(서초동, 법조빌딩)
　　　　　　전화 02) 515-3000, 팩스 02) 515-3001, 이메일 jwonkang@naver.com

피　　고　　1. 박영희(580319-2404312)

　　　　　　2. 이정숙(821123-2403152)
　　　　　　　　피고 1, 2의 주소 서울 종로구 사직로 30(사직동)

　　　　　　3. 최권자(740827-1276924)
　　　　　　　　서울 성동구 독서당로 23, 가동 110호(옥수동, 한남빌라)

　　　　　　4. 정철수(780715-1350614)
　　　　　　　　서울 영등포구 당산대로 13, 203동 704호(당산동, 삼성아파트)

　　　　　　5. 윤미영(860821-2069467)
　　　　　　　　서울 서대문구 연희로 20, 나동 303호(연희동, 연남빌라)

　　　　　　6. 임차희(881227-2749160)
　　　　　　　　서울 성북구 돈암로 15, 101동 102호(돈암동, 한신아파트)

소유권이전등기 등 청구의 소

청 구 취 지

1. 원고에게,

    가. 별지 목록 제1항 기재 부동산 중, 피고 박영희는 3/5지분에 관하여, 피고 이정숙은 2/5지분에 관하여 각 2016. 12. 1. 매매를 원인으로 한 소유권이전등기절차를 이행하고,

    > 철거의무는 공유지분의 철거의무이고, 인도의무는 공동의 의무인데, 위 각 의무는 모두A 불가분채무이나, 모두 통상의 공동소송에 해당함을 유의하여야 한다. 그리고 공동의 인도의무에 대해서는 별도로 '공동하여'라는 기재를 추가하는지 여부는 연수원 기재례에서 명확하게 확인되지는 않는다.

    나. 피고 박영희, 이정숙은 공동하여 별지 목록 제1항 기재 부동산을 인도하고,

    다. 별지 목록 제2항 기재 부동산 중, 피고 박영희는 3/5지분에 해당하는 부분을, 피고 이정숙은 2/5지분에 해당하는 부분을 철거하라.

2. 피고 최권자는 피고 박영희에게 별지 목록 제1항 기재 부동산 중 3/5지분에 관하여, 피고 이정숙에게 같은 부동산 중 2/5 지분에 관하여 서울중앙지방법원 중부등기소 2012. 4. 3. 접수 제1927호로 마친 근저당권설정등기에 대하여 2017. 4. 1. 변제를 원인으로 한 각 말소등기절차를 이행하라.

    > 근저당권이 후발적 실효사유에 의하여 장래에 향하여 실효(예컨대, 변제에 의한 저당권의 소멸, 소멸청구에 의한 전세권 또는 지상권의 소멸, 근저당권설정계약의 해지)됨을 원인으로 말소등기를 청구하는 경우에는 그 사유를 말소등기의 원인으로 기재하는 것이 원칙이다.

3. 피고 정철수는 원고에게 100,000,000원 및 이에 대한 이 사건 소장부본 송달일 다음날부터 다 갚는 날까지 연 15%의 비율에 의한 금원을 지급하라.

    > 지시사항에 소장부본송달일까지의 이자 및 지연손해금을 청구하지 말 것을 지시하였다.

4. (원고와 피고 윤미영 사이에서)

    가. 피고 정철수와 소외 정선수 사이에 별지 목록 제3항 기재 부동산에 관하여 2018. 3. 14. 체결된 매매예약을 취소한다.

    > 매매계약이 아닌 매매예약의 취소임을 유의하여야 한다.

> 원물반환이므로 채무자인 피고 정철수에게 말소등기절차를 이행할 것을 청구하여야 한다. / 그리고 대위소송이 아니므로 원고에게 말소등기절차를 이행할 것을 청구하는 형식은 틀린 것으로 생각된다.

나. 피고 윤미영은 피고 정철수에게 별지 목록 제3항 기재 부동산에 관하여 서울중앙지방법원 중부등기소 2018. 3. 14. 접수 제1034호로 마친 소유권이전청구권가등기의 말소등기절차를 이행하라.

5. 피고 임차희는 원고로부터 298,000,000원에서 2018. 5. 1.부터 별지 목록 제4항 기재 부동산의 인도완료일까지 월 1,000,000원의 비율에 의한 금액을 공제한 나머지 금원을 지급받음과 동시에 원고에게 위 부동산을 인도하라.

6. 소송비용은 피고들이 부담한다.

7. 위 제1의 나항 및 다항, 제3항, 제5항은 가집행할 수 있다.

라는 판결을 구합니다.

청 구 원 인

1. 피고 박영희, 이정숙에 대한 청구

가. 피고 박영희, 이정숙에 대한 소유권이전등기 청구

원고는 2016. 12. 1. 소외 이을수로부터 별지 목록 제1항 기재 부동산(이하 '사직동 대지'라 합니다)을 9억 2천만 원에 매수하면서, 계약금 1억 원은 2016. 12. 1., 중도금 4억 원은 2017. 2. 1., 잔금 4억 2천만 원은 2017. 4. 1. 각 지급하기로 정하였고, 위 잔금지급일에 4억 2천만 원을 최권자에게 지급하되 잔금지급과 동시에 사직동 대지에 설정된 근저당권설정등기를 말소받고, 위 대지 지상의 별지 목록 제2항 기재 부동산(이하 '사직동 주택'이라 합니다)을 철거하기로 정하였습니다.

위 매매계약에 따라 원고는 약정한 지급일에 계약금 및 중도금을 소외 이을수에게 지급하였고, 잔금도 이을수가 지정한 최권자에게 모두 지급하였습니다.

한편, 소외 이을수가 2017. 6. 30. 사망함으로써 상속인인 피고 박영희, 이정숙이 각 자신의 상속지분의 한도내에서 이을수의 권리·의무를 상속하였습니다.

따라서 사직동 대지 중 피고 박영희는 자신의 상속지분인 3/5지분에 관하여, 피고 이정숙은 자신의 상속지분인 2/5지분에 관하여 원고에게 각 2016. 12. 1.매매를 원인으로 한 소유권이전등기절차를 이행할 의무가 있습니다.

나. 피고 박영희, 이정숙에 대한 철거청구 및 인도청구

위에서 말씀드린 바와 같이 피고 박영희, 이정숙은 이을수의 권리·의무를 상속하였으므로, 사직동 대지에 관한 매매계약에 정한 바에 따라 원고에게 사직동 주택을 각 자신의 지분의 범위내에서 철거하고, 사직동 대지를 공동하여 인도할 의무가 있습니다.

다. 피고 박영희, 이정숙의 예상항변 및 이에 대한 반박

한편, 피고 박영희, 이정숙은 위 매매계약이 이을수의 2017. 5. 24.자 해제통고서에 따라 적법하게 해제되었으므로, 원고에게 위 매매계약에 따른 의무를 부담하지 않는다고 주장할 수 있습니다.

그러나 위 매매계약 특약사항 2에는 매도인이 사직동 대지에 관한 근저당권설정등기를 말소하고 사직동 건물을 철거해 주어야 하나, 이을수는 위 의무를 전혀 이행하지 않았습니다.

> 대법원 1991. 9. 10 선고 91다6368 판결

또한 매도인의 의무와 관련하여 판례는 '부동산의 매매계약이 체결된 경우에는 매도인의 소유권이전등기의무, 인도의무와 매수인의 잔대금 지급의무는 동시이행의 관계에 있는 것이 원칙이고, 이 경우 매도인은 특별한 사정이 없는 한 제한이나 부담이 없는 소유권이전등기의무를 지는 것이므로 매매목적 부동산에 지상권이 설정되어 있고 가압류등기가 되어 있는 경우에는 비록 매매가액에 비하여 소액인 금원의 변제로써 언제든지 말소할 수 있는 것이라 할지라도 매도인은 이와 같은 등기를 말소하여 완전한 소유권이전등기를 해 주어야 한다.'고 판시하였습니다.

사안에서 이을수는 근저당권설정등기의 말소의무와 사직동 건물의 철거의무를 이행하지 않았으므로, 이을수의 해제통지는 위법하여 효력이 없고, 따라서 위 매매계약이 해제되었다는 취지의 피고 박영희, 이정숙의 주장은 근거가 없습니다.

2. 피고 최권자에 대한 근저당권설정등기 말소청구

가. 대위에 기한 말소청구

위에서 말씀드린 바와 같이 원고는 피고 박영희, 이정숙에 대하여 각 사직동 토지에 관한 소유권이전등기청구권을 보유하고 있고(피보전채권), 아래에서 말씀드리는 바와 같이 피고 박영희, 이정숙은 피고 최권자에 대하여 각 근저당권설정등기 말소등기청구권을 보유하고 있으므로, 원고는 위 근저당권설정등기 말소등기청구권을 대위행사합니다. 그리고 피고 박영희, 이정숙이 현재까지 위 말소등기청구권을 행사하지 않고 있고, 피보전채권이 특정물채권인 경우 대위채무자의 무자력은 요구되지 않으므로 보전의 필요성도 인정됩니다.

나. 근저당권설정등기말소청구

소외 이을수는 2012. 4. 2. 피고 최권자로부터 4억 2천만 원을 이자율 연 6%, 변제기 2016. 4. 1.로 정하여 차용하면서, 위 대여금(또는 문맥에 따라 '차용금'이라 합니다)의 상환을 담보하기 위하여 피고 최권자에게 사직동 대지에 관하여 서울중앙지방법원 중부등기소 2012. 4. 3. 접수 제1927호로 채권최고액 5억 원, 채무자 이을수로 된 근저당권설정등기를 마쳐주었습니다(이하 '이 사건 근저당권 또는 근저당권설정등기'라 합니다).

그리고 위에서 말씀드린 바와 같이 소외 이을수가 2017. 6. 30. 사망함으로써 상속인인 피고 박영희, 이정숙이 각 자신의 상속지분의 한도내에서 이을수의 권리, 의무를 상속함으로써 사직동 대지의 소유권을 취득하였습니다.

소외 이을수는 이 사건 근저당권의 피담보채무에 기한 2017. 4. 1.까지의 이자 및 지연손해금을 모두 지급하였고, 원고는 2017. 4. 1. 피고 최권자에게 위 피담보채무의 원금 4억 2천만 원을 계좌이체의 방법으로 송금함으로써 원금도 모두 변제하였습니다. 위와 같이 이 사건 근저당권의 피담보채무가 모두 소멸하였으므로, 담보물권의 부종성에 따라 이 사건 근저당권설정등기는 말소되어야 합니다.

이에 원고는 피고 박영희 및 이정숙을 대위하여 피고 최권자에게 이 사건 근저당권설정등기의 말소등기절차의 이행을 청구할 수 있습니다.

다. 피고 최권자의 예상항변 및 이에 대한 반박

한편 피고 최권자는 2013. 4. 2. 소외 이을수에게 3억 원을 이자율 연 5%, 변제기 2016. 4. 1.로 대여하였는데, 이을수가 위 2013. 4. 2.자 대여금의 2016. 4. 2.부터 2017. 4. 1.까지의 지연손해금을 아직 변제하지 않았으므로, 원고가 지급한 4억 2천만 원은 ① 위 2013. 4. 2.자 대여금의 지연손해금에 우선 충당되고, ② 나머지 금액이 자신에게 변제이익이 더 큰 2013. 4. 2.자 대여금의 원금에 충당되어야 한다고 주장할 수 있으나, 피고 최권자의 주장은 아래와 같은 이유로 근거가 없습니다.

> 대법원 1990. 6. 26 선고 89다카26915 판결

① 특정채무를 위한 근저당권의 성립과 관련하여 판례는 '근저당권설정계약서에는 소외인의 피고에 대한 현재 또는 장래 일체의 채무를 담보하기 위하여 원고 소유의 부동산을 근저당하는 것으로 부동문자로 기재되어 있으나 근저당권설정계약 체결의 경위, 그 후의 채권자의 태도, 피담보채권액, 원고와 소외인의 관계 등에 비추어 이 사건 근저당권은 소외인의 특정외화채무만을 담보하기 위한 것이다.' 라고 판시하여 특정채무를 위한 근저당권을 인정하고 있는데, 이 사건 근저당권은 소외 이을수의 2012. 4. 2.자 대여금채무만을 담보하기 위한 것으로 피고 최권자가 주장하는 2013. 4. 2.자 대여금채무는 피담보채무의 범위에 속하지 않고,

> 대법원 2013. 2. 15 선고 2012다81913 판결

② 또한 2013. 4. 2.자 대여금채무가 이 사건 근저당권의 피담보채무의 범위에 속한다 하더라도 변제충당의 기준과 관련하여 판례는 '채무자가 동일한 채권자에 대하여 같은 종류를 목적으로 한 수개의 채무를 부담한 경우에 변제를 제공하면서 당사자가 변제에 충당할 채무를 지정하지 아니한 때에는 민법 제477조의 규정에 따라 법정변제충당되고, 특히 민법 제477조 제4호에 의하면 법정변제충당의 순위가 동일한 경우에는 각 채무액에

안분비례하여 각 채무의 변제에 충당된다. 따라서 <u>위 안분비례에 의한 법정변제충당과는 달리, 그 법정변제충당에 의하여 부여되는 법률효과 이상으로 자신에게 유리한 변제충당의 지정 또는 변제충당의 합의가 있다거나 당해 채무가 법정변제충당에서 우선순위에 있으므로 당해 채무에 전액 변제충당되었다고 주장하는 자는 그 사실을 주장·증명할 책임을 부담하고</u>, 이 경우 위 사실을 주장하는 자가 그 증명을 다하지 못하였다면 당연히 각 채무액에 안분비례하여 법정충당이 행하여지는 것이다.'고 판시하여 변제수령자가 충당에 있어서 우선순위에 있음을 증명하여야 한다고 보았는데, 2012. 4. 2.자 대여금채무와 2013. 4. 2.자 대여금채무의 변제기는 2016. 4. 1.로 동일하나 2012. 4. 2.자 대여금채무의 이자율이 높아 변제이익이 더 큽니다.

따라서 2013. 4. 2.자 대여금채무의 지연손해금 및 원금에 먼저 충당되어야 한다는 취지의 피고 최권자의 주장은 모두 근거가 없습니다.

3. 피고 정철수에 대한 전부금청구

가. 전부금청구

원고는 2014. 8. 1. 소외 이중양에게 1억 원을 이자없이 변제기 2015. 7. 31.로 정하여 대여하였으나, 소외 이중양이 위 대여금을 변제하지 않자, 원고는 2016. 6. 28. 이중양을 채무자로 하여 서울중앙지방법원 2016차50172호로 지급명령을 신청하였고, 법원이 2016. 7. 5. 1억 원 지급명령을 하였으며, 위 지급명령은 2016. 7. 25. 그대로 확정되었습니다.

한편, 소외 이중양은 2015. 10. 1. 피고 정철수에게 1억 원을 이자율 연 5%, 변제기 2016. 9. 30.로 정하여 대여하였습니다.

이후 원고는 위 지급명령에 기하여 서울중앙지방법원 2017타채1234호로 소외 이중양의 피고 정철수에 대한 2015. 10. 1.자 대여금 1억 원에 대하여 채권압류 및 전부명령을 신청하였고, 이에 따라 법원이 2017. 4. 20. 채권압류 및 전부명령을 하였으며, 위 전부명령은 2017. 4. 30. 채무자 및 제3채무자에게 송달된 후 2017. 5. 15. 그대로 확정되었습니다.

전부명령에 의하여 피전부채권은 그 동일성을 유지한 채로 전부채권자에게 이전하고, 전부명령으로 인한 이전의 효과는 피전부채권의 종된 권리, 즉 전부된 후의 이자 및 지연손해금, 보증채무, 물적 담보(저당권 등)에도 미칩니다.

따라서 피고 정철수는 전부금 1억원 및 이에 대한 이 사건 소장부본송달일 다음날부터 다 갚는 날까지 소송촉진 등에 관한 특례법에 따른 연 15%(2015. 10. 1. 이후 청구부터는 15%, 2019. 6. 1. 이후 청구부터는 12% 개정)의 비율에 의한 지연손해금을 지급하여야 합니다.

나. 피고 정철수의 예상항변 및 이에 대한 반박

피고 정철수는 ① 이중양이 2016. 2. 16. 자신에 대한 2015. 10. 1.자 대여금채권을 김갑동에게 양도하였으나 이는 채권담보의 목적에 불과하여 이중양은 여전히 위 대여금채권의 처분권한을 보유하고 있고, ② 또한 이중양은 2016. 3. 16. 위 대여금채권을 양수영에게 양도하였는데, 위 김갑동에 대한 채권양도가 합의해제되었으므로, 양수영에 대한 채권양도가 소급적으로 유효하게 되고, 따라서 피전부채권이 존재하지 않는다고 주장할 수 있습니다.

> 대법원 2011. 3. 24 선고 2010다100711 판결

그러나, ① 채권양도의 법적 성질과 관련하여 판례는 '지명채권(이하 단지 '채권'이라고만 한다)의 양도'라 함은 채권의 귀속주체가 법률행위에 의하여 변경되는 것, 즉 법률행위에 의한 이전을 의미한다. <u>여기서 '법률행위'란 유언 외에는 통상 채권이 양도인에게서 양수인으로 이전하는 것 자체를 내용으로 하는 그들 사이의 합의(이하 '채권양도계약'이라고 한다)를 가리키고, 이는 이른바 준물권행위 또는 처분행위로서의 성질을 가진다.</u> 그와 달리 채권양도의 의무를 발생시키는 것을 내용으로 하는 계약(이하 '양도의무계약'이라고 한다)은 채권행위 또는 의무부담행위의 일종으로서, 이는 구체적으로는 채권의 매매나 증여, 채권을 대물변제로 제공하기로 하는 약정, 담보를 위하여 채권을 양도하기로 하는 합의(즉 채권양도담보계약), 채권의 추심을 위임하는 계약, 신탁 등 다양한 형태를 가질 수 있다.'고 판시하여 채권양도의 의무를 발생시키는 것을 내용으로 하는 계약의 성질과 관련없이 채권양도 자체는 처분행위임을 명확히 하였고,

대법원 2016. 7. 14 선고 2015다46119 판결

또한 ② 무권리자의 채권양도와 관련하여 판례는 '<u>양도인이 지명채권을 제1양수인에게 1차로 양도한 다음 제1양수인이 그에 따라 확정일자 있는 증서에 의한 대항요건을 적법하게 갖추었다면 이로써 채권이 제1양수인에게 이전하고 양도인은 채권에 대한 처분권한을 상실하므로, 그 후 양도인이 동일한 채권을 제2양수인에게 양도하였더라도 제2양수인은 채권을 취득할 수 없다.</u> 이 경우 양도인이 다른 채무를 담보하기 위하여 제1차 양도계약을 하였더라도 대외적으로 채권이 제1양수인에게 이전되어 제1양수인이 채권을 취득하게 되므로 그 후에 이루어진 제2차 양도계약에 따라 제2양수인이 채권을 취득하지 못하게 됨은 마찬가지이다. 또한 제2차 양도계약 후 양도인과 제1양수인이 제1차 양도계약을 합의해지한 다음 제1양수인이 그 사실을 채무자에게 통지함으로써 채권이 다시 양도인에게 귀속하게 되었더라도 특별한 사정이 없는 한 양도인이 처분권한 없이 한 제2차 양도계약이 채권양도로서 유효하게 될 수는 없으므로, 그로 인하여 제2양수인이 당연히 채권을 취득하게 된다고 볼 수는 없다.'고 판시하였습니다.

위 판결에 따라 사안을 보면, 이중양은 2016. 2. 16. 정철수에 대한 2015. 10. 1.자 대여금 채권을 김갑동에게 양도하고, 위 양도에 따른 통지가 확정일자있는 증서로 2016. 2. 18. 정철수에게 도달하였습니다. 따라서 이중양은 정철수에 대한 대여금채권에 관한 처분권한을 상실하였습니다. 그렇다면 이중양이 2016. 3. 16. 정철수에 대한 2015. 10. 1.자 대여금 채권을 양수영에게 양도한 것은 무권리자의 처분행위에 해당하여 무효이고, 이후 김갑동에 대한 채권양도가 합의해제되더라도 여전히 무효입니다.

따라서 피고 정철수의 위 주장은 근거가 없습니다.

4. 피고 윤미영에 대한 사해행위취소청구

가. 사해행위취소부분

위에서 말씀드린 바와 같이 원고는 피고 정철수에 대하여 전부금채권을 보유하고 있고, 위 전부금채권은 2015. 10. 1. 발생하였습니다(피보전채권).

그리고 피고 정철수는 현재 다른 재산이 전혀 없음에도 불구하고 2018. 3. 14. 자신의 유일한 재산인 별지 목록 제3항 기재 부동산(이하 '부암동 잡종지'라 합니다)에 관하여 소외 정선수와 매매예약을 체결하고, 위 매매예약에 따른 소유권이전청구권을 위한 가등기를 서울중앙지방법원 중부등기소 2018. 3. 14. 접수 제1034호로 마쳐주었습니다. 위와 같이 채무자가 자신의 유일한 재산에 대하여 처분행위를 하는 것은 명백히 사해행위에 해당합니다(무자력 및 사해행위).

위 매매예약 및 이에 따른 가등기가 사해행위에 해당하는 이상 피고 정철수는 일반채권자들의 공동담보를 감소시키는 행위임을 알면서 처분행위를 한 것이고, 피고 정철수의 사해의사가 인정되는 이상 전득자인 윤미영의 악의도 추정됩니다(사해의사 및 전득자의 악의).

> 원고가 사해행위에 해당한다는 것을 입증하면 채무자의 사해의사는 바로 인정되고, 나아가 수익자, 전득자의 악의도 추정됨. 따라서 수익자, 전득자가 선의를 입증하여야 함.

그렇다면, 피고 정철수와 소외 정선수 사이에 부암동 잡종지에 관하여 2018. 3. 14. 체결된 매매예약은 사해행위로써 취소되어야 합니다.

나. 원상회복청구부분

> 대법원 2003. 7. 11. 선고 2003다19435 판결

가등기가 사해행위로 이루어진 경우의 원상회복의 방법과 관련하여 판례는 '소유권이전등기청구권보전을 위한 가등기가 사해행위로서 이루어진 경우 그 매매예약을 취소하고 원상회복으로서 가등기를 말소하면 족한 것이고, 가등기 후에 저당권이 말소되었다거나 그 피담보채무가 일부 변제된 점 또는 그 가등기가 사실상 담보가등기라는 점 등은 그와 같은 원상회복의 방법에 아무런 영향을 주지 않는다.'고 판시하여 가등기에 기한 본등기가 이루어지지 않은 이상 원물반환의 방법에 따라야 한다고 하였습니다.

> 대법원 1995. 5. 26. 선고 95다7550 판결

또한 근저당권 또는 가등기의 이전의 부기등기가 경료된 경우, 근저당권 또는 가등기의 말소방법과 관련하여 판례는 '근저당권의 양도에 의한 부기등기는 기존의 근저당권설정등기에 의한 권리의 승계를 등기부상 명시하는 것뿐으로, 그 등기에 의하여 새로운 권리가 생기는 것이 아닌 만큼 근저당권설정등기의 말소등기청구는 양수인만을 상대로 하면 족하고,

양도인은 그 말소등기청구에 있어서 피고적격이 없다. 근저당권 이전의 부기등기는 기존의 주등기인 근저당권설정등기에 종속되어 주등기와 일체를 이루는 것이어서 피담보채무가 소멸된 경우 또는 근저당권설정등기가 당초 원인무효인 경우 주등기인 근저당권설정등기의 말소만 구하면 되고 그 부기등기는 별도로 말소를 구하지 않더라도 주등기의 말소에 따라 직권으로 말소된다.'고 판시하여 양수인만을 상대로 근저당권설정등기 또는 가등기의 말소만을 청구하면 된다고 판시하였습니다.

> 원물반환이므로 채무자인 피고 정철수에게 말소등기절차를 이행할 것을 청구하여야 한다.

따라서 전득자인 피고 윤미영은 채무자인 피고 정철수에게 원물반환의 방법으로 부암동 잡종지에 관하여 서울중앙지방법원 중부등기소 2018. 3. 14. 접수 제1034호로 마친 소유권이전청구권가등기의 말소등기절차를 이행하여야 합니다.

다. 피고 윤미영의 예상항변 및 이에 대한 반박

피고 윤미영 또한 ① 이중양이 2016. 2. 16. 정철수에 대한 2015. 10. 1.자 대여금채권을 김갑동에게 양도하였으나 이는 채권담보의 목적에 불과하여 이중양은 여전히 위 대여금채권의 처분권한을 보유하고 있고, ② 또한 이중양은 2016. 3. 16. 위 대여금채권을 양수영에게 양도하였는데, 위 김갑동에 대한 채권양도가 합의해제되었으므로, 양수영에 대한 채권양도가 소급적으로 유효하게 되고, 따라서 피전부채권이 존재하지 않는다고 주장할 수 있으나, 위에서 말씀드린 바와 같이 피전부채권이 존재하고, 전부명령이 유효하므로, 사해행위 취소소송의 피보전채권의 요건도 모두 구비되었습니다.

5. 피고 임차희에 대한 부동산인도청구

가. 임대차계약의 체결 및 해지 등

원고는 2014. 8. 1. 피고 임차희에게 별지 목록 제4항 기재 부동산(이하 '이 사건 아파트'라 합니다)을 임대차보증금 3억 원, 월차임 100만 원, 임대차기간 2014. 9. 1.부터 2018. 8. 31.까지로 정하여 임대하면서, 위 계약일에 임대차보증금 중 3천만 원을,

임대차개시일에 이 사건 아파트를 피고 임차희에게 인도하면서 나머지 임대차보증금 2억 7천만 원을 지급받았습니다.

> 임대차계약체결일과 임대차개시일이 다른 점을 유의하여야 하고, 임대차보증금의 지급사실과 임대차목적물의 인도사실도 누락하지 않도록 유의하여야 한다.

위 임대차계약체결이후 피고 임차희는 2014. 12.월분, 2015. 4.월분 차임을 연체하였고, 나아가 2018. 5.월분부터의 차임을 계속하여 지급하지 않았습니다. 이에 원고는 2018. 7. 23. 2기 이상의 차임연체를 이유로 임대차계약의 해지를 통지하였으며, 위 해지통지는 2018. 7. 31. 피고 임차희에게 도달하였습니다.

위와 같이 원고와 피고 임차희사이의 임대차계약은 적법하게 해지되었으므로, 피고 임차희는 임대차의 목적물인 이 사건 아파트를 원고에게 인도하여야 합니다.

나. 임대차보증금의 반환의무 및 연체차임의 공제

피고 임차희가 주장한 내용과 같이 원고의 임대차보증금반환의무와 피고 임차희의 이 사건 아파트의 인도의무는 동시이행관계에 있습니다.

그리고 원고가 반환할 보증금에서는 피고 임차희가 연체한 차임 또는 차임상당의 부당이득액이 모두 공제되어야 하는데, 위에서 말씀드린 바와 같이 피고 임차희는 2014. 12.월분, 2015. 4.월분 차임을 연체하였고, 나아가 2018. 5.월분부터의 월차임을 계속하여 지급하지 않았습니다. 그리고 임대차계약이 해지된 이후인 이 사건 소를 제기한 현재까지도 이 사건 아파트를 인도하지 않고 있으며, 이러한 사정은 피고 임차희가 실제 이 사건 아파트를 인도할 때까지 계속될 것이 명백하므로, 원고에게는 장래이행청구의 필요성이 인정됩니다.

따라서 원고가 반환할 임대차보증금은 과거 2기분의 차임을 공제한 298,000,000원에서 피고 임차희가 다시 그 차임을 연체하기 시작한 2018. 5. 1.부터 이 사건 아파트의 인도완료일까지 약정차임인 월 100만 원의 비율에 의한 금액을 공제한 나머지 금원이 됩니다.

> 대법원 2001. 6. 1 선고 99다60535 판결. 건물의 소유를 목적으로 한 대지임대차에 있어서 약정임료가 실제 임료와 현격한 차이가 있는 경우, 임대차계약이 종료된 이후 반환할 부당이득금의 액수는 다시 산정된 부당이득 당시의 실제 임료 상당액이다. / 사안에서는 약정차임과 감정차임의 차이가 없다.

다. 피고 임차희의 예상항변 및 이에 대한 반박

한편 피고 임차희는 2014. 12.월분, 2015. 4.월분 차임은 이미 시효로 소멸하였으므로, 위 차임을 임대차보증금에서 공제할 수 없다고 주장할 수 있습니다.

대법원 2016. 11. 25 선고 2016다211309 판결

그러나, 시효로 소멸한 차임의 공제와 관련하여 판례는 '민법 제495조는 "소멸시효가 완성된 채권이 그 완성 전에 상계할 수 있었던 것이면 그 채권자는 상계할 수 있다."라고 규정하고 있다. 이는 당사자 쌍방의 채권이 상계적상에 있었던 경우에 당사자들은 채권·채무관계가 이미 정산되어 소멸하였다고 생각하는 것이 일반적이라는 점을 고려하여 당사자들의 신뢰를 보호하기 위한 것이다. 다만 이는 '자동채권의 소멸시효 완성 전에 양 채권이 상계적상에 이르렀을 것'을 요건으로 하는데, 임대인의 임대차보증금 반환채무는 임대차계약이 종료된 때에 비로소 이행기에 도달하므로, 임대차 존속 중 차임채권의 소멸시효가 완성된 경우에는 소멸시효완성 전에 임대인이 임대차보증금 반환채무에 관한 기한의 이익을 실제로 포기하였다는 등의 특별한 사정이 없는 한 양 채권이 상계할 수 있는 상태에 있었다고 할 수 없다. 그러므로 그 이후에 임대인이 이미 소멸시효가 완성된 차임채권을 자동채권으로 삼아 임대차보증금 반환채무와 상계하는 것은 민법 제495조에 의하더라도 인정될 수 없지만, 임대차 존속 중 차임이 연체되고 있음에도 임대차보증금에서 연체차임을 충당하지 않고 있었던 임대인의 신뢰와 차임연체 상태에서 임대차관계를 지속해 온 임차인의 묵시적 의사를 감안하면 연체차임은 민법 제495조의 유추적용에 의하여 임대차보증금에서 공제할 수는 있다.'고 판시하여 그 공제를 인정하고 있습니다.

따라서 피고 임차희의 위 주장은 근거가 없습니다.

6. 결론

위와 같은 이유로 피고들에 대하여 청구취지의 기재와 같은 판결을 선고하여 주시기 바랍니다.

증 명 방 법

첨 부 서 류

2019. 1. 11.

원고 소송대리인
변호사 강주원

서울중앙지방법원 귀중

별지

부동산 목록

1. 서울 종로구 사직동 12 대 330㎡
2. 위 지상 시멘트벽돌조 슬래브지붕 단층 주택 70㎡
3. 서울 종로구 부암동 72 잡종지 110㎡
4. (1동의 건물의 표시)
   서울 성북구 돈암동 15 한신아파트 제101동
   (대지권의 목적인 토지의 표시)
   서울 성북구 돈암동 15 대 11,174㎡
   (전유부분의 건물의 표시)
   제1층 제102호 철큰콘크리트조 114.34㎡
   (대지권의 표시)
   소유권대지권 11,174분의 30,481. 끝.

민사법 / 기록형

2020년도 **제9회** 변호사 시험

문제

2020년도 제9회 변호사시험 문제

| 시험과목 | 민사법(기록형) |

응시자 준수사항

1. 시험 시작 전 문제지의 봉인을 손상하는 경우, 봉인을 손상하지 않더라도 문제지를 들추는 행위 등으로 문제 내용을 미리 보는 경우 그 답안은 영점으로 처리됩니다.

2. 시험시간 중에는 휴대전화, 스마트워치, 무선이어폰 등 무선통신기기나 전자계산기 등 전산기기를 지녀서는 안 됩니다.

3. 답안은 흑색 또는 청색 필기구(사인펜이나 연필 사용 금지) 중 한 가지 필기구만을 사용하여 답안 작성란(흰색 부분) 안에 기재하여야 합니다.

4. 답안지에 성명과 수험번호 등을 기재하지 않아 인적사항이 확인되지 않는 경우에는 영점으로 처리되는 등 불이익을 받게 됩니다. 특히 답안지를 바꾸어 다시 작성하는 경우, 성명 등의 기재를 빠뜨리지 않도록 유의하여야 합니다.

5. 답안지에는 문제 내용을 쓸 필요가 없으며, 답안 이외의 사항을 기재하거나 밑줄 기타 어떠한 표시도 하여서는 안 됩니다. 답안을 정정할 경우에는 두 줄로 긋고 다시 써야 하며, 수정액·수정테이프 등은 사용할 수 없습니다.

6. 시험 종료 시각에 임박하여 답안지를 교체했더라도 시험시간이 끝나면 그 즉시 새로 작성한 답안지를 회수합니다.

7. 시험시간이 지난 후에는 답안지를 일절 작성할 수 없습니다. 이를 위반하여 **시험시간이 종료되었음에도 불구하고 계속 답안을 작성할 경우 그 답안은 영점으로 처리됩니다**.

8. 답안은 답안지의 쪽수 번호 순으로 써야 합니다. **배부된 답안지는 백지 답안이라도 모두 제출**하여야 하며, **답안지를 제출하지 아니한 경우 그 시간 시험과 나머지 시험에 응시할 수 없습니다**.

9. 지정된 시각까지 지정된 시험실에 입실하지 않거나 시험관리관의 승인 없이 시험시간 중에 시험실에서 퇴실한 경우, 그 시간 시험과 나머지 시간의 시험에 응시할 수 없습니다.

10. 시험시간 중에는 어떠한 경우에도 문제지를 시험실 밖으로 가지고 갈 수 없고, 그 시험시간이 끝난 후에는 문제지를 시험장 밖으로 가지고 갈 수 있습니다.

【 문 제 】

귀하는 변호사 신경자로서, 의뢰인 강기원과의 상담을 통해 아래 【상담내용】과 같은 사실관계를 청취하고, 【의뢰인 희망사항】 기재사항에 관한 본안소송의 대리권을 수여받고, 첨부된 서류를 자료로 받았다.

의뢰인을 위한 본안의 소를 제기하기 위한 소장을 작성하시오.

【 작 성 요 령 】

1. 소장 작성일 및 소 제기일은 2020. 1. 10.로 하시오.
2. 일방 당사자가 여러 명인 경우 성명으로 특정하시오(예, '피고 홍길동').
3. 청구취지와 청구원인은 가급적 피고별로 나누어 기재하시오.

   [이하 작성요령은 실무의 기준과 다를 수 있음]

4. 공통의 관할권이 있는 법원에 1건의 공동소송으로 제기하되, 나머지 공동소송의 요건은 갖추어진 것으로 전제하고, (주관적이든 객관적이든) 예비적·선택적 병합청구는 하지 마시오.
5. 【의뢰인 희망사항】란에 기재된 희망사항에 부합하도록 소장을 작성하되 현행법과 그 해석상 승소 가능한 최대한의 범위에서 청구하고, 소 각하나 청구기각 부분이 발생하지 않도록 하시오.
6. 제시된 사실관계만으로 상대방에게 항변사유가 있고 그 요건이 갖추어진 것으로 판단되면 이를 청구범위에 반영하고, 【사건관계인의 주장】으로 정리된 사항 중 원고의 주장에 관하여는 해당 법리에 대한 판단을 거쳐서 청구를 하고, 피고의 주장에 관하여는 이유 있다고 판단되면 청구범위에 반영하되, 이유 없다고 판단되면 해당 청구원인 부분에서 배척의 이유를 간략히 기재하시오.
7. [의뢰인 상담일지]와 첨부자료에 기재된 사실관계는 모두 사실에 부합한 것으로 보고(작성자의 의견에 해당하는 사항은 제외), 기재되지 않은 사실은 없는 것으로 전제하며, 첨부서류는 모두 진정하게 성립된 것으로 간주하시오.
8. <증명방법>란과 <첨부서류>란 기재는 생략하고, 부동산의 표기는 아래 [별지 목록]을 소장 말미에 첨부함을 전제로 하여 작성하되, 소장에 해당 [별지 목록]을 기재하지 마시오.
9. 관련 증거자료를 제시하여 기술할 필요는 없습니다.
10. 기록상의 날짜가 공휴일인지, 문서의 서식이 실제와 부합하는지는 고려하지 마시오.

별지 목록

1. 성남시 중원구 상대원동 158 대 290㎡
2. [1동 건물의 표시]

    성남시 분당구 서현동 324 미림타워 A동 철근콘크리트조 슬래브지붕 6층 건물

    [대지권의 목적인 토지의 표시]

    성남시 분당구 서현동 324 대 597㎡

    [전유부분의 건물의 표시]

    제1층 제109호 철근콘크리트조 84.85㎡

    [대지권의 표시]

    소유권대지권 597분의 12.5

3. 하남시 덕풍동 128 잡종지 257㎡
4. 수원시 영통구 광교동 119 지상 샌드위치패널조 샌드위치패널지붕 단층 창고 290㎡ 끝.

【참고자료(1)】
각급 법원의 설치와 관할구역에 관한 법률(일부)

제4조(관할구역) 각급 법원의 관할구역은 다음 각 호의 구분에 따라 정한다. 다만 지방법원 또는 그 지원의 관할구역에 시·군법원을 둔 경우 「법원조직법」 제34조 제1항 제1호 및 제2호의 사건에 관하여는 지방법원 또는 그 지원의 관할구역에서 해당 시·군법원의 관할구역을 제외한다.

1. 각 고등법원·지방법원과 그 지원의 관할구역: 별표 3

    (이하 제2호 내지 제7호는 생략)

[별표 3] 고등법원·지방법원과 그 지원의 관할구역(일부)

지방법원	지원	관할구역
서울중앙		서울특별시 종로구·중구·강남구·서초구·관악구·동작구
서울동부		서울특별시 성동구·광진구·강동구·송파구
서울남부		서울특별시 영등포구·강서구·양천구·구로구·금천구
서울북부		서울특별시 동대문구·중랑구·성북구·도봉구·강북구·노원구
서울서부		서울특별시 서대문구·마포구·은평구·용산구
의정부		의정부시·동두천시·양주시·연천군·포천시, 강원도 철원군. 다만, 소년보호사건은 앞의 시·군 외에 고양시·파주시·남양주시·구리시·가평군
	고양	고양시·파주시
	남양주	남양주시·구리시·가평군
수원		수원시·오산시·용인시·화성시. 다만, 소년보호사건은 앞의 시 외에 성남시·하남시·평택시·이천시·안산시·광명시·시흥시·안성시·광주시·안양시·과천시·의왕시·군포시·여주시·양평군
	성남	성남시·하남시·광주시
	여주	이천시·여주시·양평군
	평택	평택시·안성시
	안산	안산시·광명시·시흥시
	안양	안양시·과천시·의왕시·군포시

【참고자료(2)】
소송촉진 등에 관한 특례법 제3조제1항 본문의 법정이율에 관한 규정

「소송촉진 등에 관한 특례법」 제3조제1항 본문에서 "대통령령으로 정하는 이율"이란 연 100분의 12를 말한다.

[부   칙]

제1조(시행일) 이 영은 2019년 6월 1일부터 시행한다.

제2조(경과조치)
① 이 영 시행 당시 법원에 계속 중인 사건으로서 제1심의 변론이 종결된 사건에 대한 법정이율은 이 영의 개정규정에도 불구하고 종전의 규정에 따른다.
② 이 영 시행 당시 법원에 계속 중인 사건으로서 제1심의 변론이 종결되지 아니한 사건에 대한 법정이율은 2019년 5월 31일까지 발생한 분에 대해서는 종전의 규정에 따르고, 2019년 6월 1일 이후 발생하는 분에 대해서는 이 영의 개정규정에 따른다.

의뢰인 상담일지

변호사 신경자 법률사무소

서울 서초구 서초대로 120, 405호 (서초동, 뉴로이어빌딩)
☎ 02)3482-4400, 팩스 02)3482-4401, 전자우편 ShinKyoungJa@gmail.com

접수번호	2020-04	상담일시	2020. 1. 3.
의 뢰 인	강기원 / 010-4572-7260	내방경위	지인의 소개

【 상 담 내 용 】

1. 상대원동 토지 관련
   가. 강기원은 2019. 4. 1. 조현옥으로부터 건물신축을 위해 상대원동 토지(별지 목록 제1항)를 매수하고, 미지급 잔대금에 대해서는 이자를 지급하기로 약정한 상태에서 계약금 및 중도금만을 지급하고서 이를 인도받고, 소유권이전등기를 마쳤다.
   나. 강기원은 2019. 8. 1. 잔대금채무의 담보를 위해 시가 11억 원인 위 토지에 관하여 조현옥 앞으로 소유권이전등기를 마쳐주었는데, 조현옥은 2019. 11. 10. 강기원이 약정이자를 전혀 지급하지 않았다는 이유로 자신이 적법하게 소유권을 취득하였다고 통보하고서, 위 토지를 최민우에게 매도하고 소유권이전등기를 마쳐주었다.

2. 서현동 상가 관련
   가. 조현옥은 2013. 1. 5. 이영희에게 '골프용품 판매점 개업을 위해 돈이 필요하다.'고 말하고서 2억 원을 빌려 서현동 상가(별지 목록 제2항)에서 골프용품 판매점을 개업하였는데, 그 후 이영희의 요청에 따라 위 차용금채무의 담보로 위 상가에 이영희 앞으로 근저당권을 설정해주었다.
   나. 이영희는 위 대여금채권을 정대호에게 양도하면서 정대호 앞으로 근저당권이전의 부기등기를 마쳐주었고, 조현옥은 2019. 7. 4. 정대호에게 위 차용금 변제로 1억 원을 지급하였다.
   다. 한편 조현옥은 2017. 3. 1. 최민우에게 위 상가를 임대하였고, 최민우는 같은 날 위 상가를 인도받아 사업자등록을 마치고 골프용품 판매점을 운영하였으며, 그 후 강기원은 조현옥으로부터 위 상가를 매수하여 소유권이전등기를 마쳤다.

라. 그 후 최민우는 2019. 7.분 및 8.분의 차임을 지급하지 않은 상태에서 2019. 9. 1. 강기원의 동의 없이 위 상가를 이종문에게 전대하고 같은 날 이를 인도하여 주었는데, 같은 달 말일에서야 강기원에게 전대사실을 알리면서 앞으로는 이종문이 월세를 지급할 것이라고 말하였다.

마. 강기원은 위와 같은 사실을 알고서도 최민우나 이종문에게 이의를 제기하지 않았고, 이종문의 요청에 따라 위 상가의 수도시설을 수리하여 주기도 했다.

바. 강기원은 전대차가 이루어진 이후 이종문으로부터 2019. 9.분 차임을 제때 지급받았으나 2019. 10.분 차임은 최민우와 이종문 어느 누구로부터도 지급받지 못하자 이종문에게 그 지급을 독촉하기도 했다. 이종문은 2019. 11.분부터 현재까지의 차임을 계속 지급하고 있다.

3. 하남시 토지 관련

가. 강기원은 남현수로부터 하남시 토지(별지 목록 제3항)를 매수하여 대금을 전액 지급하고 소유권이전등기를 마쳤으나, 인도받지는 않았다.

나. 강기원과 남현수는 위 매매계약 체결 전인 2017. 12.경 하남시청을 방문하여 관광호텔건축허가가 가능한지를 문의하였는데, 담당공무원은 당해 토지 지번을 착각하여 허가가 불가능함에도 가능하다고 알려주었다.

다. 하남시는 2018. 4. 28. 위 토지에서 관광호텔건축이 불가능하다고 하면서 관광호텔건축 불허가처분을 하였다. 이에 강기원은 그 불허가처분의 취소를 구하는 행정소송 및 공무원의 과실을 이유로 한 손해배상소송을 제기하였지만, 2019. 11. 말경 모두 패소 확정판결을 받았다.

라. 남현수는 관광호텔건축허가를 받기 위해 도움을 주었지만, 강기원으로서는 관광호텔사업을 할 수 없다면 위 토지를 소유할 필요가 없다.

4. 남현진에 대한 대여금 관련

가. 음식점을 운영하는 남현진은 강기원으로부터 5천만 원을 빌려서 가족과 함께 거주하는 주택의 임대차보증금 인상분으로 사용하였는데, 그 당시 남편인 김상훈은 그 차용사실을 알지 못하였다.

나. 남현진은 친오빠인 남현수와 강기원이 있는 자리에서 남현수에게 부탁하

여 위 차용금채무에 관한 채무인수합의서를 작성한 일이 있다.
다. 강기원은 2019. 5. 7.과 같은 해 8. 1. 남현진과 김상훈을 만난 자리에서 위 대여금의 반환을 촉구하였음에도 변제받지 못하자, 같은 해 10. 20. 남현진에게 이행을 최고하는 서신을 보내 그 서신이 다음날 남현진에게 도달하였다.

5. 추심명령 관련
가. 강기원은 김현철이 발행한 약속어음에 관한 집행력 있는 공정증서에 기하여 김현철이 김상훈에 대하여 가지는 대여원리금 채권에 대한 압류 및 추심명령을 받았다.
나. 강기원은 2019. 12. 24. 김현철로부터 위 약속어음금 일부를 변제받았다.
다. 김상훈은 강기원이 신청한 채권압류 및 추심명령을 송달받기 전에 법원으로부터 ㈜신안은행이 같은 대여금 채권에 관하여 신청한 채권압류 및 추심명령을 받은 사실이 있다.

6. 광교동 창고 관련
가. 강기원은 이우근에 대한 1억 원 및 이에 대한 이자 내지 지연손해금 채권의 담보를 위해 이우근 소유의 광교동 창고(별지 목록 제4항)(대지 제외)에 관하여 근저당권설정등기를 마쳤다. 그런데 이우근이 충분한 변제자력이 있음에도 이를 변제하지 아니하자, 강기원은 근저당권실행을 위한 경매신청을 하여 경매개시결정을 받았다.
나. 한편 최민우는 위 창고의 임차인인 박형국으로부터 이를 전차하였는데, 전대차가 종료되었음에도 임대차보증금 5천만 원을 반환받지 못하였다고 주장하면서 집행법원에 유치권신고서를 제출했다.
다. 위 경매절차에서 집행관은 광교동 창고에 대한 현황조사 과정에서 최민우가 광교동 창고 외부에 "유치권 행사중"이라고 쓰인 현수막을 걸어두고, 창고건물에 잠금장치를 한 채 사설경비업체를 통해 점유, 관리하고 있는 사실을 확인하고서, 입찰물건명세서에 유치권성립 가능성이 있다는 취지를 기재하였다.
라. 박형국은 골프용품 수입업자이고, 최민우는 골프용품 판매업자로서 위 창고를 골프용품 보관에 사용하여 왔으며, 경매절차의 감정평가서상 위 창고의 평가가액은 1억 5천만 원으로 되어 있다.

【사건관계인의 주장】

1. 상대원동 토지에 관하여, 조현옥은 강기원에 대한 통지로써 자신이 적법하게 소유권을 취득했던 것이므로, 강기원이 잔대금을 전액 지급하더라도 소유권등기를 말소해줄 수 없다고 주장함
2. 서현동 상가에 관하여,
   가. 정대호는 ① 근저당권설정등기 이후에는 피담보채무의 시효가 중단되어 진행되지 않고, ② 채무자가 아닌 강기원은 차용금채무의 시효소멸을 원용할 수 없으며, ③ 조현옥이 채무를 일부 변제하였으므로 소멸시효를 주장할 수 없다고 주장하고,
   나. 강기원은 선행 저당권등기가 있는 상태에서 최민우가 위 상가를 임차한 것이므로 대항요건을 갖추더라도 자신에게 대항할 수 없다고 주장함
3. 남현진에 대한 대여금에 관하여,
   가. 김상훈, 남현수는 남현진의 차용에 따른 채무가 시효로 소멸하였다고 주장하고,
   나. 남현수는 자신이 이행최고를 직접 받은 사실이 없으므로 지연손해금을 지급할 의무가 없다고 주장함
4. 추심명령에 관하여, 김상훈은 ① 약속어음금 채권이 일부 변제되었으므로 자신이 중복하여 지급할 수 없고, ② 채권압류 및 추심명령이 경합하므로 추심금을 지급할 수 없거나 추심권자의 집행채권액에 안분하여 변제해야 한다고 주장함

【의뢰인 강기원의 희망사항】

1. 상대원동 토지에 관하여, 강기원의 소유권이전등기 이후에 이루어진 조현옥과 최민우 명의의 등기를 모두 말소할 수 있는 판결을 받고 싶다.
2. 서현동 상가에 관하여, 근저당권설정등기와 부기등기를 모두 말소하고, 이종문으로부터 직접 인도받을 수 있는 판결과 추후 이종문이 최민우에게 인도할 경우 최민우로부터도 인도받을 수 있는 판결을 받고 싶다.
3. 하남시 토지에 관하여, 관광호텔 사업이 불가능하게 된 이상 그에 관한 매매계약을 실효시키고, 강기원이 지급한 매매대금과 이에 대한 이자 내지

지연손해금을 반환받을 수 있는 판결을 받고 싶다.
4. 남현진에게 빌려준 돈에 관하여, 남현진은 변제자력이 없으므로 김상훈과 남현수를 상대로 돌려받을 수 있는 판결을 받고 싶다.
5. 추심명령에 관하여, 김현철이 김상훈에 대하여 가지는 대여금채권 전부에 대해 추심이 가능한 판결을 받고 싶다.
6. 광교동 창고에 관하여, 최민우의 유치권신고로 경매절차에서 매각가액이 낮아지거나 매각이 이루어지지 않아 근저당권자로서 불이익이 발생하는 것을 방지하는 데 필요한 판결을 받고 싶다.

부동산 매매계약서

매도인과 매수인 쌍방은 아래와 같이 부동산 매매계약을 체결한다.

1. 부동산의 표시
   성남시 중원구 상대원동 158 대 290㎡
2. 계약내용

제1조 매수인은 매도인에게 매매대금을 아래와 같이 지불하기로 한다.
　　　매매대금: 11억 원(1,100,000,000원)
　　　계 약 금: 1억 원(100,000,000원) 계약당일 지급 *2019. 4. 1. 영수함. 조현옥*
　　　중 도 금: 4억 원(400,000,000원) 2019. 5. 1. 지급 *2019. 5. 1. 영수함. 조현옥*
　　　잔　　금: 6억 원(600,000,000원)
제2조 매도인은 매수인으로부터 중도금을 지급받음과 동시에 매수인에게 소유권이전등기에 필요한 모든 서류를 교부하며, 위 부동산을 인도한다.
제3조 매도인은 위 부동산에 설정된 제3자 명의의 저당권, 지상권, 임차권 등 소유권의 행사를 제한하는 사유가 있거나, 조세·공과금 기타 부담금의 미납금 등이 있을 때에는 중도금 수수일까지 그 권리의 하자 및 부담 등을 제거한 상태로 소유권이전등기 및 인도를 하여야 한다.
제4조 매수인이 매도인에게 중도금을 지불할 때까지는 매도인은 계약금의 배액을 상환하고, 매수인은 계약금을 포기하고 이 계약을 해제할 수 있다.

특 약 사 항

　잔대금 6억 원에 관하여서는 이를 차용금으로 하고, 매수인은 매매목적물에 대한 소유권이전등기를 받은 날부터 잔대금 완제일까지 위 차용금에 대하여 월 3%의 이자를 매월 말일에 지급하기로 한다.

　이 계약을 증명하기 위하여 계약 당사자가 이의 없음을 확인하고 각자 날인하다.

2019년 4월 1일

매도인: 조 현 옥(741212-2752313)
　　　　고양시 일산동구 장항2로 23, 3-902 (장항동, 호수마을)

매수인: 강 기 원(720429-1248319)
　　　　서울 서초구 양재대로 158, 102-1105 (양재동, 대우빌라트)

중개인: 행운부동산(서울 서초구 양재대로 160, 대우이안상가 102호)
　　　　공인중개사 김 재 홍 (등록번호 가3624-03-1534)

등기사항전부증명서(말소사항 포함)-토지

[토지] 성남시 중원구 상대원동 158 대 290㎡ 　　　고유번호 1258-45826-569358

【표제부】 (토지의 표시)

표시번호	접 수	소재지번	지목	면적	등기원인 및 기타사항
1 (전2)	1998년12월9일	성남시 중구 상대원동 158	대	290㎡	부동산등기법 제177조의6 제1항의 규정에 의하여 2001년07월14일 전산이기

【갑구】 (소유권에 관한 사항)

순위번호	등기목적	접 수	등기원인	권리자 및 기타사항
1 (전5)	소유권이전	2000년5월12일 제6958호	2000년3월18일 매매	소유자 조현옥 741212-2752313 고양시 일산동구 장항2로 23, 3-902
				부동산등기법 제177조의6 제1항의 규정에 의하여 2001년07월14일 전산이기
2	소유권이전	2019년5월1일 제9683호	2019년4월1일 매매	소유자 강기원 720429-1248319 서울 서초구 양재대로 158, 102-1105
3	소유권이전	2019년8월1일 제3218호	2019년8월1일 매매	소유자 조현옥 741212-2752313 고양시 일산동구 장항2로 23, 3-902
4	소유권이전	2019년11월15일 제7918호	2019년11월15일 매매	소유자 최민우 780712-1924392 서울 강남구 강남대로 128, A-1305

---- 이　하　여　백 ----

수수료 1,000원 영수함　관할등기소 수원지방법원 성남지원 / 발행등기소 법원행정처 등기정보중앙관리소

이 증명서는 등기기록의 내용과 틀림없음을 증명합니다.

서기 2019년 12월 11일

법원행정처 등기정보중앙관리소 전산운영책임관

*실선으로 그어진 부분은 말소사항을 표시함. *등기기록에 기록된 사항이 없는 갑구 또는 을구는 생략함.
*증명서는 컬러 또는 흑백으로 출력 가능함.

문서 하단의 바코드를 스캐너로 확인하거나 인터넷등기소(http://iros.go.kr)의 발급확인 메뉴에서 발급확인번호를 입력하여 위·변조 여부를 확인할 수 있습니다. 발급확인번호를 통한 확인은 발행일부터 3개월까지 5회에 한하여 가능합니다.

발행번호　1215454596394364515155331513　　1/1　발급확인번호 TIEN-DGEL-8569　　발행일 2019/12/11

약 정 서

갑: 조현옥
    고양시 일산동구 장항2로 23, 3-902 (장항동, 호수마을)
을: 강기원
    서울 서초구 양재대로 158, 102-1105 (양재동, 대우빌라트)

갑과 을은 성남시 중원구 상대원동 158 대 290㎡의 매매잔대금에 관하여 아래와 같이 약정한다.

1. 을은 매매계약 체결 당시 갑에게 잔대금 6억 원을 차용금으로 하고 이에 대하여 소유권이전등기를 받은 날부터 월 3%의 이자를 지급하기로 하였음에도 이를 지급하지 않고 있는바, 기 연체이자를 조속히 변제하기로 한다.

2. 매매잔대금의 원리금채무를 담보하기 위하여 을은 상대원동 158 대지에 관하여 갑 명의로 소유권이전등기를 마쳐준다.

3. 만일 을이 3회 이상 이자를 연체하거나 갑으로부터 잔대금 변제최고를 받은 날로부터 1개월 내에 이를 변제하지 않으면, 갑은 을에게 상대원동 158 대지의 소유권취득을 통보할 수 있고, 이로써 갑은 확정적으로 그 소유권을 취득한다.

2019. 8. 1.

갑: 조현옥 (741212-2752313)

을: 강기원 (720429-1248319)

입회인: 최민우 (780712-1924392)

통 지 서

수신인: 강기원
　　　　서울 서초구 양재대로 158, 102-1105 (양재동, 대우빌라트)

　　본인은 수일 전 조현옥 씨로부터 귀하가 본인을 상대로 소송을 하려고 한다는 소식을 듣고서 이에 관한 본인의 입장을 분명히 전달하고자 합니다.

1. 본인은 본인과 마찬가지로 골프용품 사업을 하는 조현옥 씨와 친분이 있었고, 조현옥 씨가 귀하에게 성남시 중원구 상대원동 158 토지를 매도할 당시부터 본인과 상의를 하였기에 그 내역을 잘 알고 있습니다.
2. 그러던 차에 조현옥 씨로부터 귀하가 골프샵 건물을 신축하기 위해 상대원동 대지를 매입하고서 공사자재만 적치해 놓은 상태로 착공도 못하고 매매잔대금을 제대로 지급하지 않고 있다는 말을 듣고서, 조현옥 씨한테 그렇다면 매매계약을 해제하든지 담보목적으로라도 등기를 도로 가져오는 것이 좋을 것이라고 조언을 해 준 일이 있습니다.
3. 그런 경위에서 2019. 8. 1. 약정 당시에도 입회를 한 것인데, 이미 조현옥 씨 앞으로 소유권등기가 되어 있는 상태에서 귀하가 약정을 지키지 않은 이상 조현옥 씨는 약정대로 소유권취득을 통보하면 최종적으로 소유권을 취득하는 것이 당연하고, 귀하가 조현옥 씨에 대하여 매매대금을 돌려받든지 정산금을 받든지 하는 문제는 채권적인 문제로서 소유권 문제와는 별개이므로 귀하가 언제든지 소송을 통해 해결하면 될 것입니다.
4. 본인은 조현옥 씨가 적법하게 소유권을 취득한 후에 11억 원의 시가를 그대로 주고 매수하여 소유권등기를 마친 사람으로서, 매수 과정에서 조현옥 씨에게 적극적으로 매도를 권유한 일도 없으므로 본인으로서는 소유권을 취득하지 못할 어떠한 귀책사유도 없는 것입니다.
5. 사정이 이와 같은즉, 귀하께서는 불필요한 소송으로 서로에게 불편과 부담을 주는 일이 없기를 바랄 뿐입니다.

2019. 12. 5.

발신인: 최민우(780712-1924392) (최민우 인)
　　　　서울 강남구 강남대로 128, A-1305 (역삼동, 오션빌)

서울강남우체국
2019. 12. 5.
19 - 13224

본 우편물은 2019-12-05
제13224호에 의하여
내용증명우편물로 발송하였음을 증명함

서울강남우체국장
　　　　　　　　　대한민국KOREA

차 용 증

대여인: 이영희 (790217-2928328)
　　　　서울 송파구 백제고분로 12, A-305 (석촌동, 석촌빌라)
차용인: 조현옥 (741212-2752313)
　　　　고양시 일산동구 장항2로 23, 3-902 (장항동, 호수마을)

금　액: 일금 2억 원
이　자: 연 15%
변제기: 2014. 1. 5.

차용인은 대여인으로부터 위와 같이 금전을 차용하기로 하고 위 돈을 지급받았으므로, 변제기에 확실히 변제할 것을 각서합니다.

　　　　　　　　　　　2013. 1. 5.

　　　　　　　　　차용인　조현옥　(인)
　　　　　　　　　대여인　이영희　(인)

부동산 매매계약서

매도인과 매수인 쌍방은 아래와 같이 부동산 매매계약을 체결한다.

1. 부동산의 표시
    성남시 분당구 서현동 324 미림타워 A동 109호 84.85㎡
2. 계약내용

제1조 매수인은 매도인에게 매매대금을 아래와 같이 지불하기로 한다.
    매매대금: 10억 원(1,000,000,000원)
    계 약 금: 1억 원(100,000,000원) 계약당일 지급. 2019. 4. 1. 영수함. 조현옥 (옥조인현)
    중 도 금: 4억 원(400,000,000원) 2019. 4. 15. 지급하기로 함
    잔   금: 5억 원(500,000,000원) 2019. 5. 31. 지급하기로 함

제2조 매도인은 매수인으로부터 잔금을 지급받음과 동시에 매수인에게 소유권이전등기에 필요한 모든 서류를 교부하고 이전등기에 협력하며, 위 부동산을 인도한다.

제3조 매수인이 매도인에게 중도금을 지불할 때까지는 매도인은 계약금의 배액을 상환하고, 매수인은 계약금을 포기하고 이 계약을 해제할 수 있다.

이 계약을 증명하기 위하여 계약 당사자가 이의 없음을 확인하고 각자 날인한다.

2019. 4. 15. 중도금 4억 원 영수함. 조현옥

2019. 5. 31. 잔대금 5억 원 영수함. 조현옥

2019년 4월 1일

매도인: 조 현 옥(741212-2752313)
         고양시 일산동구 장항2로 23, 3-902 (장항동, 호수마을) (옥조인현)

매수인: 강 기 원(720429-1248319)
         서울 서초구 양재대로 158, 102-1105 (양재동, 대우빌라트)

중개인: 공인중개사   오 원 택(등록번호 가8569-09-5963)
         성남시 분당구 서현동 325 엘지에클라트상가 102호 (택오인원)

등기사항전부증명서(말소사항 포함)-집합건물

[집합건물] 성남시 분당구 서현동 324 미림타워 A동 109호   고유번호 1145-25548-155651

【 표 제 부 】 (1동 건물의 표시)

표시번호	접 수	소재지번, 건물명칭	건물내역	등기원인 및 기타사항
1	2000년7월1일	성남시 분당구 서현동 324 미림타워 A동	철근콘크리트조 슬래브 지붕 6층 건물 1층 345.2㎡ 2층 345.2㎡ 3층 345.2㎡ 4층 345.2㎡ 5층 345.2㎡ 6층 345.2㎡ 지층 298.4㎡	도면편철장 제4책 제43면

(대지권의 목적인 토지의 표시)

표시번호	소재지번	지목	면적	등기원인 및 기타사항
1	성남시 분당구 서현동 324	대	597㎡	2000년7월1일

【 표 제 부 】 (전유부분의 건물의 표시)

표시번호	접수	건물번호	건물내역	등기원인 및 기타사항
1	2000년7월1일	제1층 제109호	철근콘크리트조 84.85㎡	도면편철장 제4책 제43면

(대지권의 표시)

표시번호	대지권의 종류	대지권비율	등기원인 및 기타사항
1	소유권대지권	597분의 12.5	2000년7월1일 대지권 2000년7월1일 등기

【 갑 구 】 (소유권에 관한 사항)

순위번호	등기목적	접 수	등기원인	권리자 및 기타사항
1	소유권보존	2000년7월1일 제3233호		소유자 삼직건설 주식회사 110125-0004659 서울 종로구 계동 1583-15
2	소유권이전	2001년3월9일 제1927호	2000년11월25일 매매	소유자 김경문 560125-1854695 서울 서초구 양재3길 134, 1층
3	소유권이전	2013년1월9일 제1593호	2012년12월24일 매매	소유자 조현옥 741212-2752313 고양시 일산동구 장항2로 23, 3-902
4	소유권이전	2019년5월31일 제8569호	2019년4월1일 매매	소유자 강기원 720429-1248319 서울 서초구 양재대로 158, 102-1105

발행번호 12115121581541815218934082939015881   1/2 발급확인번호 EGET-EGEY-1578   발행일 2019/12/11

[집합건물] 성남시 분당구 서현동 324 미림타워 A동 109호   고유번호 1145-25548-155651

【을 구】	(소유권 이외의 권리에 관한 사항)			
순위번호	등 기 목 적	접 수	등 기 원 인	권리자 및 기타사항
1	근저당권설정	2014년2월5일 제1098호	2014년2월5일 설정계약	채권최고액 금 300,000,000원 채무자 조현옥 741212-2752313 　고양시 일산동구 장항2로 23, 3-902 근저당권자 이영희 790217-2928328 　서울 송파구 백제고분로 12, A-305
1-1	1번 근저당권이전	2019년3월5일 제2297호	2019년3월5일 채권양도	근저당권자 정대호 750827-1529394 　고양시 일산동구 정발산로 41, 107-503

---- 이 하 여 백 ----

수수료 1,000원 영수함 관할등기소 수원지방법원 성남지원 분당등기소 / 발행등기소 법원행정처 등기정보중앙관리소

이 증명서는 등기기록의 내용과 틀림없음을 증명합니다.

서기 2019년 12월 11일

법원행정처 등기정보중앙관리소 전산운영책임관

*실선으로 그어진 부분은 말소사항을 표시함. *등기기록에 기록된 사항이 없는 갑구 또는 을구는 생략함.
*증명서는 컬러 또는 흑백으로 출력 가능함.

문서 하단의 바코드를 스캐너로 확인하거나 **인터넷등기소(http://iros.go.kr)**의 **발급확인** 메뉴에서 **발급확인번호**를 입력하여 **위·변조 여부**를 확인할 수 있습니다. 발급확인번호를 통한 확인은 발행일부터 3개월까지 5회에 한하여 가능합니다.

발행번호 12115121581541815218934082939015882   2/2   발급확인번호 EGET-EGEY-1578   발행일 2019/12/11

말소등기 요청에 대한 답변

수신인: 강기원
　　　　서울 서초구 양재대로 158, 102-1105 (양재동, 대우빌라트)

　금년 5월경에 귀하로부터 서현동 상가의 근저당권등기를 말소해 달라는 서신을 받고서 그 동안 여러 사람을 통해 알아본 결과, 이제야 답변을 드리고자 합니다.
　1. 당초 이영희 씨가 조현옥 씨에게 돈을 빌려주고 서현동 상가에 근저당권등기를 받아놓은 것인데, 본인이 이영희 씨한테 받을 돈이 있어서 이영희 씨로부터 그 채권을 양수하고, 근저당권까지 넘겨받게 되었던 것입니다.
　2. 이영희 씨는 조현옥 씨와 친분관계가 있었기에 변제독촉을 하지 않은 것으로 알고 있고, 본인으로서는 요즘 시중 금리에 비하여 월등히 높은 연 15%의 이자약정이 되어 있는데다가 1순위 근저당권등기까지 되어 있는 이상 특별히 빚을 갚으라고 독촉할 이유도 없다는 생각에서 그 동안 변제독촉을 하지 않은 것이므로, 본인에게는 근저당권등기를 말소할 아무런 귀책사유도 없는 것입니다.
　3. 시효에 대해서도 알아보니, 근저당권등기를 마치면 시효가 중단되고, 그 등기가 살아있는 동안에는 시효가 진행되지 않는다고 하며, 채무자도 아닌 사람이 소멸시효 주장을 하는 것도 법적으로 허용되지 않는다고 들었습니다.
　4. 또한 귀하로부터 근저당권등기를 말소해달라는 서신을 받고서 조현옥 씨에게 따졌더니, 조현옥 씨가 금년 7월 4일에 미안하다고 하면서 1억 원을 본인 명의 통장으로 송금했는데, 이와 같이 채무자가 일부라도 돈을 갚으면 시효가 진행되더라도 중단되거나 더 이상 시효완성을 주장할 수 없게 되는 것이라고 들었습니다.
　5. 그러므로 남은 채무를 전액 갚기 전에는 더 이상 근저당권을 말소해 달라는 요구는 하지 말아주시기 바랍니다.

　　　　　　　　　　　　　　　2019. 10. 5.
　발신인: 정대호(750827-1529394) (호정인대 인)
　　　　고양시 일산동구 정발산로 41, 107-503 (정발산동, 청솔마을)

고양일산우체국
2019. 10. 5.
19 - 8024

본 우편물은 2019-10-05 제8024호에 의하여
내용증명우편물로 발송하였음을 증명함
고양일산우체국장
　　　　　　　　　　대한민국KOREA

부동산 임대차 계약서

부동산의 표시: 성남시 분당구 서현동 324 미림타워 A동 109호

위 부동산을 임대차함에 있어 임대인과 임차인은 쌍방 합의하에 아래 각 조항과 같은 조건으로 계약한다.

제1조

보증금	2억(200,000,000) 원	월세 금액	오백만(5,000,000) 원(매월 말일 지급)
	보증금 2억 원을 계약 당일 임대인에게 지불함 위 금액을 정액 수령함. 2017. 3. 1. 조현옥 (인)		

제2조 부동산은 계약 당일인 2017년 3월 1일 인도하기로 한다.
제3조 임대기간은 2017년 3월 1일부터 2019년 2월 28일까지(2년)로 한다.
제4조 임대차계약 종료일 1개월 전까지 임대인 또는 임차인이 계약갱신의 거절을 상대방에게 통지하지 아니하면, 임대차계약은 동일한 조건으로 2년간 자동으로 갱신된다.
제5조 임차인은 임대인의 승인 없이는 건물의 형상을 변경할 수 없다.
제6조 본 계약과 관련하여 발생하는 모든 분쟁에 관하여는 임차목적물 소재지 법원의 관할로 한다.

위 계약조건을 증명하기 위하여 본 계약서를 2부 작성하여 각자 1부씩 보관한다.

2017년 3월 1일

임대인: 조현옥(741212-2752313) (인)
고양시 일산동구 장항2로 23, 3-902 (장항동, 호수마을)

임차인: 최민우(780712-1924392) (인)
서울 강남구 강남대로 128, A-1305 (역삼동, 오션빌)

부동산 임대(전대)차 계약서

부동산의 표시: 성남시 분당구 서현동 324 미림타워 A동 109호

위 부동산을 임대차(전대차)함에 있어 임대인(전대인)과 임차인(전차인)은 쌍방 합의하에 아래 각 조항과 같은 조건으로 계약한다.

제1조

보증금	2억(200,000,000) 원	월세 금액	육백만(6,000,000) 원(매월 말일 지급)
	보증금 2억 원을 계약 당일 임대인(전대인)에게 지불함 위 금액을 전액 수령함. 2019. 9. 1. 최민우 (인)		

제2조 부동산은 계약 당일인 2019년 9월 1일 인도하기로 한다.
제3조 임대(전대)기간은 2019년 9월 1일부터 2021년 8월 31일까지(2년)로 한다.
제4조 전차인은 전대인의 승인 없이는 건물의 형상을 변경할 수 없다.

위 계약조건을 증명하기 위하여 본 계약서를 2부 작성하여 각자 1부씩 보관한다.

2019년 9월 1일

전대인: 최민우(780712-1924392) (인)
서울 강남구 강남대로 128, A-1305 (역삼동, 오션빌)

전차인: 이종문(670924-1248512) (인)
서울 용산구 이태원로 117, 104-904 (이태원동, 남산아파트)

내용증명

수 신 인   강기원
　　　　　서울 서초구 양재대로 158, 102-1105 (양재동, 대우빌라트)

발 신 인   이종문
　　　　　서울 용산구 이태원로 117, 104-904 (이태원동, 남산아파트)

1. 지난 번 상가 수도시설을 수리해 주셔서 감사합니다.
2. 그러나 귀하와 본인 사이에 불행의 씨앗이 생기는 것 같아 염려스럽습니다. 지난 번 본인의 자녀 앞에서 미지급 월세를 독촉하여 하루아침에 저를 무능한 아버지로 만들었습니다.
3. 특히 귀하는 월세를 제때 지급하지 않을 것이라면 상가를 비워달라고까지 요구하는데, 제가 2019. 9. 이후 미지급한 월세는 1회분에 불과하고 그 월세는 보증금에서 공제하면 될 것이니, 상가를 비워달라는 요청은 더 이상 하지 마시기 바랍니다.
4. 그렇지 않아도 너무 불경기라서 본인은 골프용품 사업을 접을 생각이고, 최민우 씨가 제 사업장을 넘겨받는 것으로 협의 중인데, 집기시설과 비치 상품에 관하여는 최민우 씨와 한차례 협의를 거쳤고, 조만간 최민우 씨를 다시 만나 상가건물 인도에 관하여도 협의할 예정입니다. 이 부분에 관하여는 최민우 씨로부터 어느 정도 들으셔서 아시리라 믿습니다.

　　　　　　　　　　　　　　2019년 12월 29일

　　　　　　　　　　　　　　이 종 문   (이종문인)

서울서초우체국
2019. 12. 29.
19 - 183536

본 우편물은 2019-12-29
제183536호에 의하여
내용증명우편물로 발송하였음을 증명함
서울서초우체국장
　　　　　　　　　　　ⓒ대한민국KOREA

부동산 매매계약서

매도인과 매수인 쌍방은 아래와 같이 부동산 매매계약을 체결한다.

1. 부동산의 표시
   하남시 덕풍동 128 잡종지 257㎡
2. 계약내용

제1조 매수인은 매도인에게 매매대금을 아래와 같이 지불하기로 한다.
   매매대금: 8억5천만 원(850,000,000원)
   계 약 금: 8천5백만 원(85,000,000원) 2018. 1. 12. 영수함. 남현수
   잔   금: 7억6천5백만 원(765,000,000원) 2018. 2. 15. 지급하기로 함

제2조 매도인은 매수인으로부터 잔금을 지급받음과 동시에 매수인에게 소유권이전등기에 필요한 모든 서류를 교부하고 이전등기에 협력한다.

제3조 매도인은 위 부동산에 설정된 저당권, 지상권, 임차권 등 소유권의 행사를 제한하는 사유가 있거나, 조세·공과금 기타 부담금의 미납금 등이 있을 때에는 잔금 수수일까지 그 권리의 하자 및 부담 등을 제거하여 완전한 소유권을 매수인에게 이전하여야 한다.

제4조 매수인이 매도인에게 중도금을 지불할 때까지는 매도인은 계약금의 배액을 상환하고, 매수인은 계약금을 포기하고 이 계약을 해제할 수 있다.

특 약 사 항

1. 관광호텔사업 부지로 매수하므로, 매도인은 매수인이 관광호텔건축허가를 받는 데 최대한 협조하기로 한다.
2. 당해 부지에 적치된 폐자재는 매수인이 호텔건축허가를 받은 후 1주일 이내로 매도인이 자신의 비용으로 반출하고, 기타 시설물을 완전히 철거하여 정비된 상태에서 부지를 인도하기로 한다.

이 계약을 증명하기 위하여 계약 당사자가 이의 없음을 확인하고 각자 날인하다.

2018. 2. 15. 잔대금 765,000,000원 영수함. 남현수

2018년 1월 12일

매도인:	남현수(670917-1352424) 과천시 별양로 12, 3-602 (별양동, 원문스카이빌)
매수인:	강기원(720429-1248319) 서울 서초구 양재대로 158, 102-1105 (양재동, 대우빌라트)
중개인:	공인중개사 유 현 상(등록번호 가7582-02-3545) 하남시 신장2로 125 밀림상가 104호

등기사항전부증명서(말소사항 포함)-토지

[토지] 하남시 덕풍동 128   고유번호 3103-1985-341248

【표제부】 (토지의 표시)

표시번호	접 수	소재지번	지목	면적	등기원인 및 기타사항
1 (전2)	1997년8월16일	하남시 덕풍동 128	잡종지	257㎡	부동산등기법시행규칙 부칙 제3조 제1항의 규정에 의하여 1997년12월14일 전산이기

【갑구】 (소유권에 관한 사항)

순위번호	등기목적	접 수	등기원인	권리자 및 기타사항
1 (전3)	소유권이전	1997년10월9일 제1453호	1997년9월1일 매매	소유자 남현수 670917-1352424 과천시 별양로 12, 3-602
				부동산등기법시행규칙 부칙 제3조 제1항의 규정에 의하여 1997년12월14일 전산이기
2	소유권이전	2018년2월15일 제4927호	2018년1월12일 매매	소유자 강기원 720429-1248319 서울 서초구 양재대로 158, 102-1105

---- 이 하 여 백 ----

수수료 1,000원 영수함 관할등기소 수원지방법원 성남지원 하남등기소 / 발행등기소 법원행정처 등기정보중앙관리소

이 증명서는 등기기록의 내용과 틀림없음을 증명합니다.

서기 2019년 12월 11일

법원행정처 등기정보중앙관리소 전산운영책임관

*실선으로 그어진 부분은 말소사항을 표시함. *등기기록에 기록된 사항이 없는 갑구 또는 을구는 생략함.
*증명서는 컬러 또는 흑백으로 출력 가능함.

문서 하단의 바코드를 스캐너로 확인하거나 인터넷등기소(http://iros.go.kr)의 발급확인 메뉴에서 발급확인번호를 입력하여 위·변조 여부를 확인할 수 있습니다. 발급확인번호를 통한 확인은 발행일부터 3개월까지 5회에 한하여 가능합니다.

발행번호 12389234789452836718934082939023440   1/1   발급확인번호 BAIK-VPTF-3295   발행일 2019/12/11

내용증명

수 신 인   남현수
            과천시 별양로 12, 3-602 (별양동, 원문스카이빌)
발 신 인   강기원
            서울 서초구 양재대로 158, 102-1105 (양재동, 대우빌라트)

귀 가정에 안녕과 평화가 깃들기를 기원합니다.

1. 우선 2018. 1. 12.자 매매계약 후 귀하가 관광호텔건축허가를 위하여 많은 도움을 주신 데 대하여 감사를 드립니다.
2. 본인이 귀하와 함께 하남시 토지 매매계약 전인 2017. 12.경 하남시청을 방문했을 때 담당 공무원으로부터 호텔건축허가를 받는 데 별다른 문제가 없을 것이라는 점을 확인하였지만, 불행하게도 하남시는 관광호텔건축 불허가처분을 하였고, 이에 대해 행정소송을 제기해둔 상태입니다. 1심에서는 패소하였지만, 항소심에서 새로 선임한 변호사는 담당공무원이 지번 착오로 잘못 알려 준 것이라서 승소할 가능성이 상당히 많다고 합니다.
3. 담당공무원이 지번을 착각하여 건축허가에 관하여 잘못된 정보를 주었기 때문에 그 공무원과 국가를 상대로 손해배상소송도 함께 제기해두었는데, 아무튼 위 매매계약 체결 당시 허가 절차가 순조롭게 진행될 거라 착각에 빠졌던 것은 맞는 것 같습니다.
4. 만약 행정소송에서 패소가 확정되면 본인에게는 하남시 토지가 더 이상 필요 없습니다. 현재까지 하남시 토지에는 귀하 소유의 상당량의 폐자재가 적치되어 있고, 그 토지에 출입하는 철제문 열쇠도 귀하가 가지고 있습니다. 제가 하남시 토지를 인도받지도 않았고, 호텔건축에 필요한 어떠한 행동도 취하지 않았다는 점을 확실하게 해둡니다.
5. 이런 저런 일로 상의하려고 몇 번 연락드렸으나 일부러 저를 회피하시는 것 같아 이렇게 내용증명을 보내게 되었습니다.

2019년 5월 20일

강 기 원

본 우편물은 2019-05-20
제3536호에 의하여
내용증명우편물로 발송하였음을 증명함

서울서초우체국장

내용증명

수 신 인   강기원
          서울 서초구 양재대로 158, 102-1105 (양재동, 대우빌라트)
발 신 인   남현수
          과천시 별양로 12, 3-602 (별양동, 원문스카이빌)

1. 본인은 귀하의 연락을 회피한 사실이 없습니다.
2. 본인은 귀하를 따라서 하남시청도 방문하여 허가가 가능하다고 확인까지 하고서 매매계약을 하였고, 유능한 변호사도 소개해주는 등 물심양면으로 도와드린 점은 귀하도 인정할 것입니다. 저로서는 계약에 따라 귀하가 매수한 목적을 달성하도록 최대한 협조했기 때문에 하남시 토지와 관련하여 귀하에게 더 이상 해줄 것이 없습니다.
3. 본인은 귀하가 행정소송과 손해배상소송에서 승소하길 진심으로 바랍니다. 다만 최종적으로 패소하면 하남시 토지가 필요 없게 된다는 것은 지극히 귀하의 개인적인 사정에 불과한 것입니다.
4. 따라서 행정소송에서 패소하면 매매계약을 실효시킬 듯한 뉘앙스를 풍기면서, '매매대금을 다른 곳에 쓰지 말고 잘 보관해두어라. 다른 곳에 쓰면 형사조치도 가능하다.'는 등등으로 본인에게 협박처럼 들리는 문자를 보내시는데, 위와 같은 지극히 개인적인 사정으로 적법하게 체결된 매매계약을 실효시킬 수는 없는 것입니다.

2019년 5월 30일

남 현 수 (인)

과천우체국
2019. 5. 30.
19 - 8692

본 우편물은 2019-05-30
제8692호에 의하여
내용증명우편물로 발송하였음을 증명함

과천우체국장
대한민국KOREA

차 용 증

대여자: 강 기 원 (720429-1248319)
　　　　서울 서초구 양재대로 158, 102-1105 (양재동, 대우빌라트)
차용인: 남 현 진 (710723-2352123)
　　　　성남시 중원구 상대원로 144, B-203 (상대원동, 유림빌라)

금　액: 일금 5천만 원
이　자: 연 10% (매월 말일에 지급함)

차용인은 대여자로부터 위와 같이 금전을 차용하기로 하고, 차용금을 수령하였음을 확인합니다. 성실히 원금과 이자를 변제하겠습니다.

2014. 7. 1.

차용인　남 현 진　(인)

채무인수합의서

채무자 남 현 진 (710723-2352123)
        성남시 중원구 상대원로 144, B-203 (상대원동, 유림빌라)
인수인 남 현 수 (670917-1352424)
        과천시 별양로 12, 3-602 (별양동, 원문스카이빌)
채권자 강 기 원 (720429-1248319)
        서울 서초구 양재대로 158, 102-1105 (양재동, 대우빌라트)

인수인은 채무자의 부탁에 따라 담보를 위하여 채무자로부터 다음의 채무(기 발생 이자 및 지연손해금 포함)를 인수하기로 하고, 채권자에게 직접 채무를 변제하기로 확약한다.

- 인수할 채무의 내용 -

채권자: 강 기 원 (720429-1248319)
채무자: 남 현 진 (710723-2352123)
채무액: 일금 5천만 원
이 자: 연 10% (매월 말일에 지급함)
차용일: 2014. 7. 1.

2016. 5. 1.

채무자 남 현 진 (인)

인수인 남 현 수 (인)

채권자 강 기 원 (인)

| 가 | 족 |

가족관계증명서

등록기준지	서울특별시 종로구 사직로 30 (사직동)				
구분	성 명	출생연월일	주민등록번호	성별	본
본인	김상훈(金尙勳)	1969년 05월 27일	690527-1728524	남	安東

가 족 사 항

구분	성 명	출생연월일	주민등록번호	성별	본
부	김지수(金志洙)	1941년 12월 28일	411228-1064912	남	安東
모	김민지(金敏智)	1945년 08월 05일	450805-2212820	여	全州
배우자	남현진(南賢眞)	1971년 07월 23일	710723-2352123	여	密陽

위 가족관계증명서는 가족관계등록부의 기록사항과 틀림없음을 증명합니다.

서기 2019년 12월 10일

서울특별시 종로구청장

최 고 서

수 신 인   남현진
　　　　　성남시 중원구 상대원로 144, B-203 (상대원동, 유림빌라)

1. 귀하는 2014. 7. 1. 빌린 5천만 원을 아직까지도 갚지 않고 있습니다.
2. 그 당시 대학 선배인 귀하가 본인에게 어렵게 전화를 해서, '집주인이 갑자기 전세보증금을 올려달라고 하는데, 내가 운영하는 음식점 영업이 잘 안돼서 은행대출을 받을 형편이 못된다.'고 다급하게 말을 하기에 본인은 오래 걸리지는 않을 것이라는 생각에서 5천만 원을 빌려준 것입니다.
3. 빌릴 당시 귀하가 누구의 대리인이라고 말한 것도 아니었고, 빌려준 다음날 귀하가 전화로 '빌린 돈에 2천만 원을 더해서 전세보증금을 올려주었는데, 남편한테는 얘기하지 않았다.'고 말한 사실을 기억하지만, 본인으로서는 친분관계 때문에 담보도 없이 흔쾌히 빌려주었던 것인 만큼, 귀하가 갚지 않으면 부득이 귀하의 남편에게도 법적 조치를 취할 수밖에 없을 것입니다.
4. 본인이 특별히 독촉한 일이 없었는데도 귀하는 2016. 5. 1. 오빠인 남현수 씨를 불러 채무인수약정서를 작성하여 본인에게 주었지만, 지금까지 남현수 씨 역시 채무를 갚지 않고 있습니다.
5. 귀하도 기억하겠지만, 2019. 5. 7. 결혼식장에서 하객으로 온 귀하와 남편 김상훈 씨를 만난 자리에서 본인이 '너무 늦어지고 있으니 꼭 변제해 달라.'고 말씀을 드렸고, 그래도 답이 없던 차에 2019. 8. 1. 부부동반 대학동문모임에서 귀하와 남편 김상훈 씨를 다시 만나 거듭 변제를 요구한 사실도 분명히 기억하실 것입니다.
6. 부디 더 이상 지체하지 마시고 빌린 돈을 갚아주시기 바랍니다.

　　　　　　　　　　　　　　　2019년 10월 20일

발 신 인   강기원 (인)
　　　　　서울 서초구 양재대로 158, 102-1105 (양재동, 대우빌라트)

서울서초우체국
2019. 10. 20.
19 - 9738

본 우편물은 2019-10-20 제9738호에 의하여 내용증명우편물로 발송하였음을 증명함
서울서초우체국장　　●대한민국KOREA

서울중앙지방법원
결정

사 건	2019타채14094 채권압류 및 추심명령
채 권 자	강기원(720429-1248319)
	서울 서초구 양재대로 158, 102-1105 (양재동, 대우빌라트)
채 무 자	김현철(751011-1045232)
	서울 종로구 사직로 25 (사직본동)
제3채무자	김상훈(690527-1728524)
	성남시 중원구 상대원로 144, B-203 (상대원동, 유림빌라)

주 문

채무자의 제3채무자에 대한 별지 기재 채권을 압류한다.
제3채무자는 채무자에게 위 채권의 지급을 하여서는 아니 된다.
채무자는 위 채권의 처분과 영수를 하여서는 아니 된다.
채권자는 위 압류채권을 추심할 수 있다.

청 구 금 액

금 4억 원(공증인가 강동합동법률사무소 증서 2017년 제5498호로 작성한 집행력 있는 약속어음공정증서의 약속어음금)

이 유

채권자가 위 청구금액을 변제받기 위하여 공증인가 강동합동법률사무소 증서 2017년 제5498호로 작성한 집행력 있는 약속어음공정증서 정본에 기초하여 한 이 사건 신청은 이유 있으므로 주문과 같이 결정한다.

2019. 11. 17.

사법보좌관   백 명 헌 (인)

정본입니다.
2019. 12. 10.
법원주사 김나현

별지

압류 및 추심할 채권의 표시

채무자가 제3채무자에 대하여 가지는 아래 대여금 1억 원의 반환채권 및 이에 대한 2016. 10. 8.부터 다 갚는 날까지의 이자 내지 지연손해금 채권

대여일: 2016. 10. 8.
원 금: 1억 원
이 자: 연 3%
변제기: 2017. 1. 7. 끝.

송달 및 확정증명

사　　건　　서울중앙지방법원 2019타채14094 채권압류 및 추심명령
채　권　자　　강기원
채　무　자　　김현철
제3채무자　　김상훈
증명신청인　　강기원

위 사건에 관하여 아래와 같이 송달 및 확정되었음을 증명합니다.

채무자 김현철　　2019. 11. 20. 채권압류 및 추심명령 정본 송달
제3채무자 김상훈　2019. 11. 20. 채권압류 및 추심명령 정본 송달
2019. 12. 5. 확정　끝.

2019. 12. 10.

서울중앙지방법원

법원주사 김나현　[서울중앙지방법원 법원주사 인]

차 용 증

대여자: 김현철(751011-1045232)
　　　　서울 종로구 사직로 25 (사직본동)
차용인: 김상훈(690527-1728524)
　　　　성남시 중원구 상대원로 144, B-203 (상대원동, 유림빌라)

금　액: 일금 1억 원
이　자: 연 3%
변제기: 2017. 1. 7.

차용인은 대여자로부터 위와 같이 금전을 차용하기로 하고, 이를 지급받았습니다. 따라서 성실히 이자를 변제하고, 변제기에 확실히 변제하겠습니다.

2016. 10. 8.

차용인　김상훈

통 고 서

수 신 인   강 기 원
            서울 서초구 양재대로 158, 102-1105 (양재동, 대우빌라트)

1. 본인은 2019. 11. 20. 귀하가 신청한 채권압류 및 추심명령을 받았으나, 변호사와 상담한 결과, 본인으로서는 이를 지급할 하등의 이유가 없음을 알려드립니다.

2. 즉, 본인은 김현철의 본인에 대한 대여원리금채권 전부에 대하여 ㈜신안은행이 신청인으로 된 채권압류 및 추심명령(2019타채1275)을 2019. 11. 13. 송달받아 압류가 경합된 상태이므로 본인으로서는 귀하에게 변제하고 싶어도 할 수가 없습니다. 설령 변제하더라도 귀하와 ㈜신안은행의 채권액수 비율에 따라 공평하게 안분변제하여야 할 것입니다.

3. 게다가 최근 김현철에게 확인해보니, 이미 귀하에게 약속어음공정증서상의 약속어음금을 변제하였다고 하므로, 귀하는 본인에 대하여 이중으로 청구할 수 없는 것입니다.

4. 이상의 이유로 본인으로서는 귀하의 요구에 응할 부분이 없음을 알려드립니다.

첨부문서(1): ㈜신안은행의 채권압류 및 추심명령
첨부문서(2): 영수증 사본

2019년 12월 31일

발신인 김 상 훈
성남시 중원구 상대원로 144, B-203 (상대원동, 유림빌라)

성남중원우체국
2019. 12. 31.
19 - 1855621

본 우편물은 2019-12-31
제1855621호에 의하여
내용증명우편물로 발송하였음을 증명함

성남중원우체국장
                              ◉대한민국KOREA

서 울 서 부 지 방 법 원
결　　정

사　　　건	2019타채1275 채권압류 및 추심명령	
채　권　자	주식회사 신안은행	
	서울 마포구 공덕2로 112	
	대표자 은행장 김혜리	
채　무　자	김현철(751011-1045232)	
	서울 종로구 사직로 25 (사직본동)	
제3채무자	김상훈(690527-1728524)	
	성남시 중원구 상대원로 144, B-203 (상대원동, 유림빌라)	

주　　문

채무자의 제3채무자에 대한 별지 기재 채권을 압류한다.
제3채무자는 채무자에게 위 채권의 지급을 하여서는 아니 된다.
채무자는 위 채권의 처분과 영수를 하여서는 아니 된다.
채권자는 위 압류채권을 추심할 수 있다.

청 구 금 액

금 2억 원(채권자의 채무자에 대한 서울서부지방법원 2017차85632호 지급명령에 따른 대여원리금채권)

이　　유

채권자가 위 청구금액을 변제받기 위하여 서울서부지방법원 2017차85632호 집행력 있는 지급명령 정본에 기초하여 한 이 사건 신청은 이유 있으므로 주문과 같이 결정한다.

2019. 11. 9.

사법보좌관　손 영 호 (인)

정본입니다.
2019. 12. 15.
법원주사 정의준

별지

압류 및 추심할 채권의 표시

채무자 김현철이 제3채무자 김상훈에 대하여 가지는 아래 대여원금 및 이에 대한 이자 내지 지연손해금 채권 전부

대여일: 2016. 10. 8.
원　금: 1억 원
이　자: 연 3%
변제기: 2017. 1. 7.　끝.

영 수 증

금   <u>삼억 사천만(340,000,000)</u>   원

이를 정히 영수함

　영수인은 김현철로부터 공증인가 강동합동법률사무소 증서 2017년 제5498호 약속어음금의 일부 변제로 위 금원을 지급받았음

2019. 12. 24.

영수인 강기원

김현철   귀하

등기사항전부증명서(말소사항 포함)-건물

[건물] 수원시 영통구 광교동 119 　　　　　고유번호 4528-58693-542693

【 표　제　부 】	(건물의 표시)			
표시번호	접　수	소 재 지 번	건물내역	등기원인 및 기타사항
1	2008년3월25일	수원시 영통구 광교동 119	샌드위치패널조 샌드위치패널지붕 단층 창고 290㎡	

【 갑　　구 】	(소유권에 관한 사항)			
순위번호	등 기 목 적	접　　수	등 기 원 인	권리자 및 기타사항
1	소유권보존	2008년3월25일 제5939호		소유자 배성권 481215-1593687 울산 남구 신정로2길 156
2	소유권이전	2015년7월15일 제8963호	2015년5월29일 매매	소유자 이우근 650604-1851215 안양시 동문천로 145, A-112
3	담보권실행을 위한경매개시 결정	2019년8월11일 제19533호	2019년8월10일 수원지방법원의 경매 개시결정 (2019타경7234)	채권자 강기원 720429-1248319 서울 서초구 양재대로 158, 102-1105

【 을　　구 】	(소유권 이외의 권리에 관한 사항)			
순위번호	등 기 목 적	접　　수	등 기 원 인	권리자 및 기타사항
1	근저당권설정	2016년7월5일 제3287호	2016년7월5일 설정계약	채권최고액 금 120,000,000원 채무자 이우근 650604-1851215 　안양시 동문천로 145, A-112 근저당권자 강기원 720429-1248319 　서울 서초구 양재대로 158, 102-1105

---- 이　하　여　백 ----

수수료 1,000원 영수함　관할등기소 수원지방법원 동수원등기소 / 발행등기소 법원행정처 등기정보중앙관리소

이 증명서는 등기기록의 내용과 틀림없음을 증명합니다.

서기 2019년 12월 11일

법원행정처 등기정보중앙관리소 전산운영책임관

*실선으로 그어진 부분은 말소사항을 표시함. *등기기록에 기록된 사항이 없는 갑구 또는 을구는 생략함.
*증명서는 컬러 또는 흑백으로 출력 가능함.

문서 하단의 바코드를 스캐너로 확인하거나 **인터넷등기소(http://iros.go.kr)**의 발급확인 메뉴에서 **발급확인번호**를 입력하여 **위·변조 여부**를 확인할 수 있습니다. **발급확인번호**를 통한 확인은 발행일부터 3개월까지 5회에 한하여 가능합니다.

발행번호 12386718934082455454654923478945283　　1/1　　발급확인번호 YUYT-NKOP-5645　　발행일 2019/12/11

임대차계약서

임대인과 임차인은 아래와 같이 임대차계약을 체결한다.

제1조(임대차 물건의 표시)
  수원시 영통구 광교동 119 지상 샌드위치패널조 샌드위치패널지붕 단층 창고 290㎡ 전부

제2조(용도제한)
  ① 임차인은 임차물건을 ___창고___ 로 사용하기 위하여 임차하며 기타의 목적으로 사용할 수 없다.
  ② 사용목적에 관한 인허가는 임차인의 책임으로 한다.

제3조(임대차 기간, 차임, 임대보증금)
  ① 임대차기간은 _2016. 4. 10._ 시작하여 _3_ 년으로 하고 _2019. 4. 9._ 종료한다.
  ② 월 차임은 _1,000,000(일백만)_ 원으로 정하여 매월 말일에 아래 제3항 계좌로 지급한다.
  ③ 임대보증금은 _50,000,000(오천만)_ 원으로 정하여 인도일인 _2016. 4. 10._ 임대인의 계좌(신안은행 589-04-589895 예금주 이우근)로 지급한다.

20 16 년 4 월 5 일

임대인 이우근 (650604-1851215) (인)
  안양시 동문천로 145, A-112

임차인 박형국 (711012-1698536) (인)
  서울 성북구 종암2동 1258-13

임(전)대차계약서

임(전)대인과 임(전)차인은 아래와 같이 임(전)대차계약을 체결한다.

제1조(목적물의 표시)
    수원시 영통구 광교동 119 지상 샌드위치패널조 샌드위치패널지붕 단층 창고 290㎡ 전부

제2조(용도제한)
  ① 임(전)차인은 임(전)차물건을 ___창고___ 로 사용하기 위하여 임(전)차하며 기타의 목적으로 사용할 수 없다.
  ② 사용목적에 관한 인허가는 임(전)차인의 책임으로 한다.

제3조{임(전)대차 기간, 차임, 임(전)대보증금}
  ① 임(전)대차기간은 _2018. 4. 5._ 시작하여 _1_ 년으로 하고 _2019. 4. 4._ 종료한다.
  ② 월 차임은 _1,100,000(일백일십만)_ 원으로 정하여 매월 말일에 지급한다.
  ③ 임(전)대보증금은 _50,000,000(오천만)_ 원으로 정하여 인도일인 _2018. 4. 5._ 임(전)대인 박형국에게 지급한다.

20 18 년 4 월 5 일

전대인 박형국 (711012-1698536) (박형국인)
    서울 성북구 종암2동 1258-13

전차인 허민우 (780712-1924392) (최우민인)
    서울 강남구 강남대로 128, A-1305 (역삼동, 오션빌)

전대에 동의함
이우근 (이우근인)

영 수 증

금   오천만(50,000,000)   원   사본인

이를 정히 영수함

　영수인은 최민옥으로부터 수원시 영통구 광교동 119 지상 창고의 전대차보증금으로 오천만 원을 수령하였음

　　　　　　　2018. 4. 5.

　　　　　　　영수인 박형국 (박형국인)

최민옥 귀하

내 용 증 명

수신인　　강 기 원
　　　　　서울 서초구 양재대로 158, 102-1105 (양재동, 대우빌라트)
발신인　　최 민 우
　　　　　서울 강남구 강남대로 128, A-1305 (역삼동, 오션빌)

지난 2019. 12. 5.자 통고서에 누락한 사항이 있어서 아래와 같이 다시 내용증명을 보냅니다.

1. 본인은 광교동 창고에 관한 전대차가 종료되었음에도 아직 임차보증금을 돌려받지 못하고 있습니다. 그런데 본 창고에 대해 경매가 진행된다는 소식을 듣고 놀라서 2019. 10.경 수원지방법원에 박형국에 대한 임차보증금반환채권(5,000만 원)을 피담보채권으로 하여 민법상, 상법상 유치권을 신고하였습니다.
2. 본인은 유치권을 행사하고 있다는 점을 분명히 하기 위하여 광교동 창고에 잠금장치를 하고 '유치권 행사중'이라는 플래카드를 걸어 놓고 사설경비업체를 통해 24시간 점유, 관리하고 있는데, 2019. 11. 말경 수원지방법원 집행관이 현황조사를 하는 과정에서도 본인이 입회하여 경위를 설명하였고, 그 결과 2019타경7234호 경매사건의 입찰물건현황조사서, 입찰물건명세서 등 관련 경매서류에도 저의 유치권이 적법하게 기재되어 있는 것을 확인하였습니다.
3. 본인은 광교동 창고를 적법하게 임차하고서도 그곳에는 사업자등록을 하지 않은 상태라서 경매가 되면 임대차보증금을 우선변제 받을 수도 없는 이상, 유치권을 통해서라도 구제를 받으려고 하는 것인데, 귀하로부터 법적조치 운운하는 전화와 내용증명까지 받고 보니 적반하장이라는 생각이 듭니다.
4. 한편, 서현동 상가 관련하여서는, 이종문으로부터 다시 서현동 상가를 인도받아 제가 골프용품 판매점을 운영할 예정이고, 조만간 이종문을 만나 협의하기로 했습니다. 아울러 밀린 월세도 다 해결할테니 그리 아시기 바라고, 더 이상 이종문에게 서현동 상가 문제로 스트레스 주는 언행은 삼가시기 바랍니다.

2019년 12월 10일

발신인 최 민 우 (인)
서울 강남구 강남대로 128, A-1305 (역삼동, 오션빌)

서울강남우체국
2019. 12. 10.
19 - 193724

본 우편물은 2019-12-10
제193724호에 의하여
내용증명우편물로 발송하였음을 증명함
서울강남우체국장
　　　　　　　　　　대한민국KOREA

확 인 : 법무부 법조인력과장

민사법
기록형

2020년도 **제9회**
변호사 시험

문제해결 TIP

기록 1면

【 문 제 】

귀하는 변호사 신경자로서, 의뢰인 강기원과의 상담을 통해 아래 【상담내용】과 같은 사실관계를 청취하고, 【의뢰인 희망사항】 기재사항에 관한 본안소송의 대리권을 수여받고, 첨부된 서류를 자료로 받았다.

의뢰인을 위한 본안의 소를 제기하기 위한 소장을 작성하시오.

• 작성기준일자로 소멸시효 및 제척기간의 기준시점이 된다.

【 작 성 요 령 】

1. 소장 작성일 및 소 제기일은 2020. 1. 10.로 하시오.
2. 일방 당사자가 여러 명인 경우 성명으로 특정하시오(예, '피고 홍길동').
3. 청구취지와 청구원인은 가급적 피고별로 나누어 기재하시오.

[이하 작성요령은 실무의 기준과 다를 수 있음]

4. 공통의 관할권이 있는 법원에 1건의 공동소송으로 제기하되, 나머지 공동소송의 요건은 갖추어진 것으로 전제하고, (주관적이든 객관적이든) 예비적 · 선택적 병합청구는 하지 마시오.
5. 【의뢰인 희망사항】란에 기재된 희망사항에 부합하도록 소장을 작성하되 현행법과 그 해석상 승소 가능한 최대한의 범위에서 청구하고, 소 각하나 청구기각 부분이 발생하지 않도록 하시오.
6. 제시된 사실관계만으로 상대방에게 항변사유가 있고 그 요건이 갖추어진 것으로 판단되면 이를 청구범위에 반영하고, 【사건관계인의 주장】으로 정리된 사항 중 원고의 주장에 관하여는 해당 법리에 대한 판단을 거쳐서 청구를 하고, 피고의 주장에 관하여는 이유 있다고 판단되면 청구범위에 반영하되, 이유 없다고 판단되면 해당 청구원인 부분에서 배척의 이유를 간략히 기재하시오.
   • 피고들의 명시적 주장이 없어도 항변으로 고려하라는 의미. 특히 동시이행항변의 경우 '명시적인 주장이 없으면 고려하지 말 것'이라는 특별한 지시사항이 없다면 항변으로 반영하는 것이 원칙이다.
7. [의뢰인 상담일지]와 첨부자료에 기재된 사실관계는 모두 사실에 부합한 것으로 보고(작성자의 의견에 해당하는 사항은 제외), 기재되지 않은 사실은 없는 것으로 전제하며, 첨부서류는 모두 진정하게 성립된 것으로 간주하시오.
8. 〈증명방법〉란과 〈첨부서류〉란 기재는 생략하고, 부동산의 표기는 아래 [별지 목록]을 소장 말미에 첨부함을 전제로 하여 작성하되, 소장에 해당 [별지 목록]을 기재하지 마시오.
9. 관련 증거자료를 제시하여 기술할 필요는 없습니다.
10. 기록상의 날짜가 공휴일인지
    • 별지목록이 주어졌고, 소장에 별지목록을 원용하여 부동산을 표시하여야 한다.

의뢰인 상담일지

변호사 신경자 법률사무소

서울 서초구 서초대로 120, 405호 (서초동, 뉴로이어빌딩)
☎ 02)3482-4400, 팩스 02)3482-4401, 전자우편 ShinKyoungJa@gmail.com

접수번호	2020-04	상담일시	2020. 1. 3.
의 뢰 인	강기원 / 010-4572-7260	내방경위	지인의 소개

【상 담 내 용】

1. 상대원동 토지 관련

   가. 강기원은 2019. 4. 1. 조현옥으로부터 건물신축을 위해 상대원동 토지(별지 목록 제1항)를 매수하고, 미지급 잔대금에 대해서는 이자를 지급하기로 약정한 상태에서 계약금 및 중도금만을 지급하고서 이를 인도받고, 소유권이전등기를 마쳤다. *(매매계약에 따른 소유권이전등기가 선이행되었다.)*

   나. 강기원은 2019. 8. 1. 잔대금채무의 담보를 위해 시가 11억 원인 위 토지에 관하여 조현옥 앞으로 소유권이전등기를 마쳐주었는데, 조현옥은 2019. 11. 10. 강기원이 약정이자를 전혀 지급하지 않았다는 이유로 자신이 적법하게 소유권을 취득하였다고 통보하고서, 위 토지를 최민우에게 매도하고 소유권이전등기를 마쳐주었다. *(약한 의미의 양도담보인지 가등기담보등에 관한 법률이 적용되는 양도담보인지 불분명하므로, 이후 기록을 통하여 그 유형을 확정하여야 한다.)*

2. 서현동 상가 관련

   가. 조현옥은 2013. 1. 5. 이영희에게 '골프용품 판매점 개업을 위해 돈이 필요하다'고 말하고서 2억 원을 빌려 서현동 상가(별지 목록 제2항)에서 골프용품 판매점을 개업하였는데, 그 후 이영희의 요청에 따라 위 차용금채무의 담보로 위 상가에 이영희 앞으로 근저당권을 설정해주었다. *(개업준비행위로써 상행위에 해당한다.)*

   나. 이영희는 위 대여금채권을 정대호에게 양도하면서 정대호 앞으로 근저당권이전의 부기등기를 마쳐주었고, 조현옥은 2019. 7. 4. 정대호에게 위 차용금 변제로 1억 원을 지급하였다. *(최민우의 상인성. 상가건물임대차보호법상 대항력을 구비하였다.)*

   다. 한편 조현옥은 2017. 3. 1. 최민우에게 위 상가를 임대하였고, 최민우는 같은 날 위 상가를 인도받아 사업자등록을 마치고 골프용품 판매점을 운영하였으며,

그 후 강기원은 조현옥으로부터 위 상가를 매수하여 소유권이전등기를 마쳤다.

라. 그 후 최민우는 2019. 7.분 및 8.분의 차임을 지급하지 않은 상태에서 2019. 9. 1. 강기원의 동의 없이 위 상가를 이종문에게 전대하고 같은 날 이를 인도하여 주었는데, 같은 달 말일에서야 강기원에게 전대사실을 알리면서 앞으로는 이종문이 월세를 지급할 것이라고 말하였다. ······· ● 2기연체 상태이고, 현재 전대차에 대한 임대인의 동의가 없다.

마. 강기원은 위와 같은 사실을 알고서도 최민우나 이종문에게 이의를 제기하지 않았고, 이종문의 요청에 따라 위 상가의 수도시설을 수리하여 주기도 했다. ·······

바. 강기원은 전대차가 이루어진 이후 이종문으로부터 2019. 9.분 차임을 제때 지급받았으나 2019. 10.분 차임은 최민우와 이종문 어느 누구로부터도 지급받지 못하자 이종문에게 그 지급을 독촉하기도 했다. 이종문은 2019. 11.분부터 현재까지의 차임을 지급하고 있다.
  2019. 7월, 8월, 10월 분 합계 3기의 차임이 연체되었고, 해지 사유가 된다. 따라서 원고는 임대차계약을 해지할 수 있다.
  전대차에 대한 추인으로 볼 수 있다. 따라서 적법한 전대차가 된다.

매매계약에 따른 소유권이전등기는 경료되었으나, 미인도 상태이다. 따라서 사용이익의 반환은 별도로 문제되지 않는다.

별지 목록 제3항)를 매수하여 대금을 전액 지급하고 소유권이전등기를 마쳤으나, 인도받지는 않았다.

나. 강기원과 남현수는 위 ~~~~~~ 텔건축허가가 가능한 ~~~~~ 가가 불가능함에도 기~~~~
  착오 취소, 하자담보책임에 기한 해제 모두 가능하나, 건축허가 불허가처분시 하자를 알았다고 볼 가능성이 높아 제척기간이 도과된 것으로 생각된다. 따라서 착오 취소로 청구원인을 구성하는 것이 적절할 것으로 생각된다.

다. 하남시는 2018. 4. 28. 위 토지에서 관광호텔건축이 불가능하다고 하면서 관광호텔 건축 불허가처분을 하였다. 이에 강기원은 그 불허가처분의 취소를 구하는 행정소송 및 공무원의 과실을 이유로 한 손해배상소송을 제기하였지만, 2019. 11. 말경 모두 패소 확정판결을 받았다.

라. 남현수는 관광호텔건축허가를 받기 위해 도움을 주었지만, 강기원으로서는 관광호텔 사업을 할 수 없다면 위 토지를 소유할 필요가 없다. ······● 착오 취소 또는 하자담보책임 검토필요.

4. 남현진에 대한 대여금 관련
  남현진은 상인이나, 주택임대차보증금을 마련하기 위한 것이어서 상행위로 인한 채무로 보기는 어렵다.

가. 음식점을 운영하는 남현진은 강기원으로부터 5천만 원을 빌려서 가족과 함께 거주하는 주택의 임대차보증금 인상분으로 사용하였는데, 그 당시 남편인 김상훈은 그 차용사실을 알지 못하였다.

나. 남현진은 친오빠인 남현수와 강기원이 있는 자리에서 남현수에게 부탁하여 위 차용금

채무에 관한 채무인수합의서를 작성한 일이 있다.

> 채무인수합의서의 작성은 시효중단사유인 채무의 승인에 해당하고, 채무인수의 법정 성질은 특별한 사정이 없는 한 병존적 채무인수로 추정한다.

다. 강기원은 2019. 5. 7.과 같은 해 8. 1. 남현진과 김상훈을 만난 자리에서 위 대여금의 반환을 촉구하였음에도 변제받지 못하자, 같은 해 10. 20. 남현진에게 이행을 최고하는 서신을 보내 그 서신이 다음날 남현진에게 도달하였다.

> 3회의 최고가 있었으나, 소제기 전 6개월 이전 최고만이 효력이 있고, 최고는 연대채무에서 절대적 효력이 있다.

5. 추심명령 관련

가. 강기원은 김현철의 배태한 아시음에 관한 집행력 있는 공정증서에 기하여 김현철이 김상훈에 대하여 가지는 네덜란드금 채권에 대한 압류 및 추심명령을 받았다.

> 집행채권의 일부 소멸 항변.

나. 강기원은 2019. 12. 24. 김현철로부터 위 약속어음금 일부를 변제받았다.

다. 김상훈은 강기원이 신청한 채권압류 및 추심명령을 송달받기 전에 법원으로부터 ㈜신안은행이 같은 대여금 채권에 관하여 신청한 채권압류 및 추심명령을 받은 사실이 있다.

> 압류의 경합으로 인한 추심명령의 무효 항변.

6. 광교동 창고 관련

가. 강기원은 이우근에 대한 1억 원 및 이에 대한 이자 내지 지연손해금 채권의 담보를 위해 이우근 소유의 광교동 창고(별지 목록 제4항)(대지 제외)에 관하여 근저당권설정등기를 마쳤다. 그런데 이우근이 충분한 변제자력이 있음에도 이를 변제하지 아니하자, 강기원은 근저당권실행을 위한 경매신청을 하여 경매개시결정을 받았다.

나. 한편 최민우는 위 창고의 임차인인 박형국으로부터 이를 전차하였는데, 전대차가 종료되었음에도 임대차보증금 5천만 원을 반환받지 못하였다고 주장하면서 집행법원에 유치권신고서를 제출했다.

> 임대차보증금은 견련성이 없다.

다. 위 경매절차에서 집행관은 광교동 창고에 대한 현황조사 과정에서 최민우가 광교동 창고 외부에 "유치권 행사중"이라고 쓰인 현수막을 걸어두고, 창고건물에 잠금장치를 한 채 사설경비업체를 통해 점유, 관리하고 있는 사실을 확인하고서, 입찰물건명세서에 유치권성립 가능성이 있다는 취지를 기재하였다.

> 유치권의 점유의 배타성은 인정된다.

라. 박형국은 골프용품 수입업자이고, 최민우는 골프용품 판매업자로서 위 창고를 골프용품 보관에 사용하여 왔으며, 경매절차의 감정평가서상 위 창고의 평가가액은 1억 5천만 원으로 되어 있다.

> 박형국, 최민우는 모두 상인이므로, 일응 상사유치권이 성립될 수 있다.

【사건관계인의 주장】

가등기담보등에 관한 법률에 따른 청산절차의 준수여부가 문제된다.

1. 상대원동 토지에 관하여, 조현옥은 강기원에 대한 통지로써 자신이 적법하게 소유권을 취득했던 것이므로, 강기원이 잔대금을 전액 지급하더라도 소유권등기를 말소해줄 수 없다고 주장 *시효중단 항변.*   *시효이익의 포기에 절대효가 인정된다는 항변.*

2. 서현동 상가에 관하여,   *원고가 시효이익을 원용할 수 있는 자에 해당하지 않는다는 항변*

   가. 정대호는 ① 근저당권설정등기 이후에는 피담보채무의 시효가 중단되어 진행되지 않고, ② 채무자가 아닌 강기원은 차용금채무의 시효소멸을 원용할 수 없으며, ③ 조현옥이 채무를 일부 변제하였으므로 소멸시효를 주장할 수 없다고 주장하고,

   나. 강기원은 선행 저당권등기가 있는 상태에서 최민우가 위 상가를 임차한 것이므로 대항요건을 갖추더라도 자신에게 대항할 수 없다고 주장함   *연대채무에서 이행청구의 절대효가 없다는 주장.*

3. 남현진에 대한 대여금에 관하여,   *소멸시효 항변.*

   가. 김상훈, 남현수는 남현진의 차용에 따른 채무가 시효로 소멸하였다고 주장하고,

   나. 남현수는 자신이 이행최고를 직접 받은 사실이 없으므로 지연손해금을 지급할 의무가 없다고 주장함   *집행채권의 소멸항변.*

4. 추심명령에 관하여, 김상훈은 ① 약속어음금 채권이 일부 변제되었으므로 자신이 중복하여 지급할 수 없고, ② 채권압류 및 추심명령이 경합하므로 추심금을 지급할 수 없거나 추심권자의 집행채권액에 안분하여 변제해야 한다고 주장함   *압류의 경합으로 인한 추심명령의 무효 항변.*

원고는 근저당권의 실행을 통하여 소유권을 취득한 것이 아니므로, 임대차는 여전히 대항력이 있다. 따라서 원고의 주장을 배척하고 청구원인을 구성하면 충분하고, 별도로 이에 대한 언급을 할 필요는 없다.

1. 상대원동 토지에 관하여, 강기원의 소유권이전등기 이후에 이루어진 조현옥과 최민우 명의의 등기를 모두 말소할 수 있는 판결을 받고 싶다.

2. 서현동 상가에 관하여, 근저당권설정등기와 부기등기를 모두 말소하고, 이종문으로부터 직접 인도받을 수 있는 판결과 추후 이종문이 최민우에게 인도할 경우 최민우로부터도 인도받을 수 있는 판결을 받고 싶다.

3. 하남시 토지에 관하여, 관광호텔 사업이 불가능하게 된 이상 그에 관한 매매계약을 실효시키고, 강기원이 지급한 매매대금과 이에 대한 이자 내지 지연손해금을

전득자인 최민우의 등기도 말소하여야 하므로, 가등기담보등에 관한 법률에 따른 양도담보의 효력 및 악의의 제3자 명의의 등기의 검토가 필요하다.

간접점유자에 대한 인도청구를 지시하였으므로, 약정에 따른 인도청구로 청구원인을 구성하여야 한다.

기록 9면

반환받을 수 있는 판결을 받고 싶다.
4. 남현진에게 빌려준 돈에 관하여, 남현진은 변제자력이 없으므로 김상훈과 남현수를 상대로 돌려받을 수 있는 판결을 받고 싶다.
5. 추심명령에 관하여, 김현철이 김상훈에 대하여 가지는 대여금채권 전부에 대해 추심이 가능한 판결을 받고 싶다.
6. 광교동 창고에 관하여, 최민우의 유치권신고로 경매절차에서 매각가액이 낮아지거나 매각이 이루어지지 않아 근저당권자로서 불이익이 발생하는 것을 방지하는 데 필요한 판결을 받고 싶다. ……• 근저당권자로서 유치권부존재확인청구를 할 것을 지시하였다.

해제의 경우 법정이자의 반환은 큰 문제가 없으나, 취소로 인한 부당이득반환청구의 경우 법정이자를 청구할 수 있는 근거가 필요하다.

남현진을 피고에서 제외할 것을 지시하였고, 김상훈 및 남현수에 대한 연대 또는 부진정연대채무의 성립이 가능한지 검토가 필요하다.

부동산 매매계약서

매도인과 매수인 쌍방은 아래와 같이 부동산 매매계약을 체결한다.

1. 부동산의 표시 　성남시 중원구 상대원동 158 대 290㎡ 2. 계약내용 제1조 매수인은 매도인에게 매매대금을 아래와 같이 지불하기로 한다. 　　　매매대금: 11억 원(1,100,000,000원) 　　　계 약 금: 1억 원(100,000,000원) 계약당일 지급 2019. 4. 1. 영수함. 조현옥 (옥조인현) 　　　중 도 금: 4억 원(400,000,000원) 2019. 5. 1. 지급 2019. 5. 1. 영수함. 조현옥 (옥조인현) 　　　잔　　금: 6억 원(600,000,000원) ······ 선이행약정. 제2조 매도인은 매수인으로부터 중도금을 지급받음과 동시에 매수인에게 소유권이전등기에 필요한 모든 서류를 교부하며, 위 부동산을 인도한다. 제3조 매도인은 위 부동산에 설정된 제3자 명의의 저당권, 지상권, 임차권 등 소유권의 행사를 제한하는 사유가 있거나, 조세·공과금 기타 부담금의 미납금 등이 있을 때에는 중도금 수수일까지 그 권리의 하자 및 부담 등을 제거한 상태로 소유권이전등기 및 인도를 하여야 한다. 제4조 매수인이 매도인에게 중도금을 지불할 때까지는 매도인은 계약금의 배액을 상환하고, 매수인은 계약금을 포기하고 이 계약을 해제할 수 있다. 　　　　　　　　　　　　　　　특 약 사 항 　　　　준소비대차약정의 특약. 　잔대금 6억 원에 관하여서는 이를 차용금으로 하고, 매수인은 매매목적물에 대한 소유권이전등기를 받은 날부터 잔대금 완제일까지 위 차용금에 대하여 월 3%의 이자를 매월 말일에 지급하기로 한다. 　이 계약을 증명하기 위하여 계약 당사자가 이의 없음을 확인하고 각자 날인하다. 　　　　　　　　　　　　　　　2019년 4월 1일
매도인: 조 현 옥(741212-2752313)　　　　　　　　　　　　　　(옥조인현) 　　　　고양시 일산동구 장항2로 23, 3-902 (장항동, 호수마을)
매수인: 강 기 원(720429-1248319)　　　　　　　　　　　　　　(원강인기) 　　　　서울 서초구 양재대로 158, 102-1105 (양재동, 대우빌라트)
중개인: 행운부동산(서울 서초구 양재대로 160, 대우이안상가 102호)　(홍김인재) 　　　　공인중개사 김재홍 (등록번호 가3624-03-1534)

기록 11면

등기사항전부증명서(말소사항 포함)-토지

[토지] 성남시 중원구 상대원동 158 대 290㎡   고유번호 1258-45826-569358

【 표 제 부 】 (토지의 표시)

표시번호	접 수	소 재 지 번	지 목	면 적	등기원인 및 기타사항
1 (전2)	1998년12월9일	성남시 중구 상대원동 158	대	290㎡	부동산등기법 제177조의6 제1항의 규정에 의하여 2001년07월14일 전산이기

【 갑 구 】 (소유권에 관한 사항)

순위번호	등 기 목 적	접 수	등 기 원 인	권리자 및 기타사항
1 (전5)	소유권이전	2000년5월12일 제6958호	2000년3월18일 매매	소유자 조현옥 741212-2752313 고양시 일산동구 장항2로 23, 3-902 부동산등기법 제177조의6 제1항의 규정에 의하여 2001년07월14일 전산이기
2	소유권이전	2019년5월1일 제9683호	2019년4월1일 매매	소유자 강기원 720429-1248319 서울 서초구 양재대로 158, 102-1105
3	소유권이전	2019년8월1일 제3218호	2019년8월1일 매매	소유자 조현옥 741212-2752313 고양시 일산동구 장항2로 23, 3-902
4	소유권이전	2019년11월15일 제7918호	2019년11월15일 매매	소유자 최민우 780712-1924392 서울 강남구 강남대로 128, A-1305

가등기담보등에 관한 법률에 따른 양도담보.

---- 이 하 여 백 ----

수수료 1,000원 영수함   관할등기소 수원지방법원 성남지원 / 발행등기소 법원행정처 등기정보중앙관리소

이 증명서는 등기기록의 내용과 틀림없음을 증명합니다.

서기 2019년 12월 11일

법원행정처 등기정보중앙관리소 전산운영책임관 [등기정보중앙관리소전산운영책임관]

*실선으로 그어진 부분은 말소사항을 표시함. *등기기록에 기록된 사항이 없는 갑구 또는 을구는 생략함.
*증명서는 컬러 또는 흑백으로 출력 가능함.

문서 하단의 바코드를 스캐너로 확인하거나 **인터넷등기소**(http://iros.go.kr)의 **발급확인** 메뉴에서 **발급확인번호**를 입력하여 **위·변조 여부를 확인**할 수 있습니다. 발급확인번호를 통한 확인은 발행일부터 3개월까지 5회에 한하여 가능합니다.

발행번호 12154545963943645151553315135   1/1   발급확인번호 TIEN-DGEL-8569   발행일 2019/12/11

약 정 서

갑: 조현옥

　고양시 일산동구 장항2로 23, 3-902 (장항동, 호수마을)

을: 강기원

　서울 서초구 양재대로 158, 102-1105 (양재동, 대우빌라트)

갑과 을은 성남시 중원구 상대원동 158 대 290㎡의 매매잔대금에 관하여 아래와 같이 약정한다.

1. 을은 매매계약 체결 당시 갑에게 잔대금 6억 원을 차용금으로 하고 이에 대하여 소유권이전등기를 받은 날부터 월 3%의 이자를 지급하기로 하였음에도 이를 지급하지 않고 있는바, 기 연체이자를 조속히 변제하기로 한다.

   ┄• 대물변제의 예약.

2. 매매잔대금의 원리금채무를 담보하기 위하여 을은 상대원동 158 대지에 관하여 갑 명의로 소유권이전등기를 마쳐준다.

   ┄• 청산절차를 배제한 특약으로 가등기담보등에 관한 법률 제4조를 위반하여 무효이다.

3. 만일 을이 3회 이상 이자를 연체하거나 갑으로부터 잔대금 변제최고를 받은 날로부터 1개월 내에 이를 변제하지 않으면, 갑은 을에게 상대원동 158 대지의 소유권취득을 통보할 수 있고, 이로써 갑은 확정적으로 그 소유권을 취득한다.

2019. 8. 1

갑: 조현옥(741212-2752313) (옥조인현)

을: 강기원(720429-1248319)

입회인: 최민우(780712-1924392) (우최인민)

통 지 서

수신인: 강기원

      서울 서초구 양재대로 158, 102-1105 (양재동, 대우빌라트)

> 최민우, 조현옥 모두 상인이고, 최민우는 양도담보의 경위에 대하여 잘 알고 있다.

본인은 수일 전 조현옥 씨로부터 귀하가 본인을 상대로 소송을 하려고 한다는 소식을 듣고서 이에 관한 본인의 입장을 분명히 전달하고자 합니다.

1. 본인은 본인과 마찬가지로 골프용품 사업을 하는 조현옥 씨와 친분이 있었고, 조현옥 씨가 귀하에게 성남시 중원구 상대원동 158 토지를 매도할 당시부터 본인과 상의를 하였기에 그 내역을 잘 알고 있습니다.

> 청산금을 지급하지 않아 조현옥이 소유권을 취득하지 못하였다는 점을 알고 있었다.

2. 그러던 차에 조현옥 씨로부터 귀하가 골프샵 건물을 신축하기 위해 상대원동 대지를 매입하고서 공사자재만 적치해 놓은 상태로 착공도 못하고 매매잔대금을 제대로 지급하지 않고 있다는 말을 듣고서, 조현옥 씨한테 그렇다면 매매계약을 해제하든지 담보목적으로라도 등기를 도로 가져오는 것이 좋을 것이라고 조언을 해 준 일이 있습니다.

3. 그런 경위에서 2019. 8. 1. 약정 당시에도 입회를 한 것인데, 이미 조현옥 씨 앞으로 소유권등기가 되어 있는 상태에서 귀하가 약정을 지키지 않은 이상 조현옥 씨는 약정대로 소유권취득을 통보하면 최종적으로 소유권을 취득하는 것이 당연하고, 귀하가 조현옥 씨에 대하여 매매대금을 돌려받든지 정산금을 받든지 하는 문제는 채권적인 문제로서 소유권 문제와는 별개이므로 귀하가 언제든지 소송을 통해 해결하면 될 것입니다.

4. 본인은 조현옥 씨가 적법하게 소유권을 취득한 후에 11억 원의 시가를 그대로 주고 매수하여 소유권등기를 마친 사람으로서, 매수 과정에서 조현옥 씨에게 적극적으로 매도를 권유한 일도 없으므로 본인으로서는 소유권을 취득하지 못할 어떠한 귀책사유도 없는 것입니다.

5. 사정이 이와 같은즉, 귀하께서는 불필요한 소송으로 서로에게 불편과 부담을 주는 일이 없기를 바랄 뿐입니다.

> 소유권취득 주장으로 근거가 없고, 피고 명의의 소유권이전등기의 무효는 원고가 청구원인에서 주장, 증명하여야 할 사안이다.

발신인: 최민우(780712-1924392) (우최인민)

      서울 강남구 강남대로 128, A-1305 (역삼동, 오션빌)

본 우편물은 2019-12-05
제13224호에 의하여
내용증명우편물로 발송하였음을 증명함

서울강남우체국장   ● 대한민국KOREA

차 용 증 … 개업준비를 위한 차용금으로 상사채무에 해당한다.

대여인: 이영희 (790217-2928328)

　　　서울 송파구 백제고분로 12, A-305 (석촌동, 석촌빌라)

차용인: 조현옥 (741212-2752313)

　　　고양시 일산동구 장항2로 23, 3-902 (장항동, 호수마을)

금　액: 일금 2억 원

이　자: 연 15% ……┐

변제기: 2014. 1. 5. ┘ … 지분적 이자채권이 없다.

　차용인은 대여인으로부터 위와 같이 금전을 차용하기로 하고 위 돈을 지급 받았으므로, 변제기에 확실히 변제할 것을 각서합니다.

　　　　　　　　　　　　2013. 1. 5.

　　　　　　　　　　차용인 조현옥 (인)

　　　　　　　　　　대여인 이영희 (인)

부동산 매매계약서

매도인과 매수인 쌍방은 아래와 같이 부동산 매매계약을 체결한다.

1. 부동산의 표시
성남시 분당구 서현동 324 미림타워 A동 109호 84.85㎡

2. 계약내용
제1조 매수인은 매도인에게 매매대금을 아래와 같이 지불하기로 한다.

매매대금: 10억 원(1,000,000,000원)

계 약 금: 1억 원(100,000,000원) 계약당일 지급. 2019. 4. 1. 영수함. 조현옥 (옥조인현)

중 도 금: 4억 원(400,000,000원) 2019. 4. 15. 지급하기로 함

잔 금: 5억 원(500,000,000원) 2019. 5. 31. 지급하기로 함

제2조 매도인은 매수인으로부터 잔금을 지급받음과 동시에 매수인에게 소유권이전등기에 필요한 모든 서류를 교부하고 이전등기에 협력하며, 위 부동산을 인도한다.

제3조 매수인이 매도인에게 중도금을 지불할 때까지는 매도인은 계약금의 배액을 상환하고, 매수인은 계약금을 포기하고 이 계약을 해제할 수 있다.

매매대금 전액이 지급되었다.

이 계약을 증명하기 위하여 계약 당사자가 이의 없음을 확인하고 각자 날인하다.

2019. 4. 15. 중도금 4억 원 영수함. 조현옥

2019. 5. 31. 잔대금 5억 원 영수함. 조현옥

2019년 4월 1일

매도인: 조 현 옥(741212-2752313) (옥조인현)
　　　　고양시 일산동구 장항2로 23, 3-902 (장항동, 호수마을)

매수인: 강 기 원(720429-1248319) (원강인기)
　　　　서울 서초구 양재대로 158, 102-1105 (양재동, 대우빌라트)

중개인: 공인중개사　오 원 택(등록번호 가8569-09-5963) (택오인원)
　　　　성남시 분당구 서현동 325 엘지에클라트상가 102호

등기사항전부증명서(말소사항 포함)-집합건물

[집합건물] 성남시 분당구 서현동 324 미림타워 A동 109호   고유번호 1145-25548-155651

【표 제 부】 (1동 건물의 표시)

표시번호	접 수	소재지번, 건물명칭	건물내역	등기원인 및 기타사항
1	2000년7월1일	성남시 분당구 서현동 324 미림타워 A동	철근콘크리트조 슬래브지붕 6층 건물 1층 345.2㎡ 2층 345.2㎡ 3층 345.2㎡ 4층 345.2㎡ 5층 345.2㎡ 6층 345.2㎡ 지층 298.4㎡	도면편철장 제4책 제43면

(대지권의 목적인 토지의 표시)

표시번호	소재지번	지목	면적	등기원인 및 기타사항
1	성남시 분당구 서현동 324	대	597㎡	2000년7월1일

【표 제 부】 (전유부분의 건물의 표시)

표시번호	접수	건물번호	건물내역	등기원인 및 기타사항
1	2000년7월1일	제1층 제109호	철근콘크리트조 84.85㎡	도면편철장 제4책 제43면

(대지권의 표시)

표시번호	대지권의 종류	대지권비율	등기원인 및 기타사항
1	소유권대지권		2019. 5. 31. 원고 명의의 소유권이전등기가 경료되었고, 근저당권이전의 부기등기가 경료된 후 소유권을 취득하였다.

【갑 구】 (소유권에 관한 사항)

순위번호	등 기 목 적	접 수	등 기 원 인	권리자 및 기타사항
1	소유권보존	2000년7월1일 제3233호		소유자 삼직건설 주식회사 110125-0004659 서울 종로구 계동 1583-15
2	소유권이전	2001년3월9일 제1927호	2000년11월25일 매매	소유자 김경문 560125-1854695 서울 서초구 양재3길 134, 1층
3	소유권이전	2013년1월9일 제1593호	2012년12월24일 매매	소유자 조현옥 741212-2752313 고양시 일산동구 장항2로 23, 3-902
4	소유권이전	2019년5월31일 제8569호	2019년4월1일 매매	소유자 강기원 720429-1248319 서울 서초구 양재대로 158, 102-1105

발행번호 12115121581541815218934082939015888   1/2   발급확인번호 EGET-EGEY-1578   발행일 2019/12/11

[집합건물] 성남시 분당구 서현동 324 미림타워 A동 109호　　고유번호 1145-25548-155651

【을　구】	(소유권 이외의 권리에 관한 사항)			
순위번호	등 기 목 적	접　　수	등 기 원 인	권리자 및 기타사항
1	근저당권설정	2014년2월5일 제1098호	2014년2월5일 설정계약	채권최고액 금 300,000,000원 채무자 조현옥 741212-2752313 　고양시 일산동구 장항2로 23, 3-902 근저당권자 이영희 790217-2928328 　서울 송파구 백제고분로 12, A-305
1-1	1번 근저당권이전	2019년3월5일 제2297호	2019년3월5일 채권양도	근저당권자 정대호 750827-1529394 　고양시 일산동구 정발산로 41, 107-503

근저당권의 설정은 채무의 승인이다.

---- 이　하　여　백 ----

수수료 1,000원 영수함　관할등기소 수원지방법원 성남지원 분당등기소 / 발행등기소 법원행정처 등기정보중앙관리소

이 증명서는 등기기록의 내용과 틀림없음을 증명합니다.

서기 2019년 12월 11일

법원행정처 등기정보중앙관리소 전산운영책임관

*실선으로 그어진 부분은 말소사항을 표시함. *등기기록에 기록된 사항이 없는 갑구 또는 을구는 생략함.
*증명서는 컬러 또는 흑백으로 출력 가능함.

문서 하단의 바코드를 스캐너로 확인하거나 **인터넷등기소(http://iros.go.kr)의 발급확인 메뉴에서 발급확인번호를 입력**하여 **위·변조 여부를 확인**할 수 있습니다. 발급확인번호를 통한 확인은 발행일부터 3개월까지 5회에 한하여 가능합니다.

발행번호　12115121581541815218934082939015881588　　2/2　　발급확인번호 EGET-EGEY-1578　　발행일 2019/12/11

말소등기 요청에 대한 답변

수신인: 강기원

　　　　서울 서초구 양재대로 158, 102-1105 (양재동, 대우빌라트)

　금년 5월경에 귀하로부터 서현동 상가의 근저당권등기를 말소해 달라는 서신을 받고서 그 동안 여러 사람을 통해 알아본 결과, 이제야 답변을 드리고자 합니다.

　1. 당초 이영희 씨가 조현옥 씨에게 돈을 빌려주고 서현동 상가에 근저당권등기를 받아놓은 것인데, 본인이 이영희 씨한테 받을 돈이 있어서 넘겨받게 되었던 것입니다. 이전에 특별한 시효중단사유가 없었으나, 2014. 2. 5. 근저당권설정등기를 경료함으로써 이 시점에 채무의 승인으로 시효가 중단되었다.

　2. 이영희 씨는 조현옥 씨와 친분관계가 있었기에 변제독촉을 하지 않은 것으로 알고 있고, 본인으로서는 요즘 시중 금리에 비하여 월등히 높은 연 15%의 이자약정이 되어 있는데다가 1순위 근저당권등기까지 되어 있는 이상 특별히 빚을 갚으라고 독촉할 이유도 없다는 생각에서 그 동안 변제독촉을 하지 않은 것이므로, 본인에게는 근저당권등기를 말소할 아무런 귀책사유도 없는 것입니다.

　3. 시효에 대해서도 알아보니, 근저당권등기를 마치면 시효가 중단되고, 그 등기가 살아있는 동안에는 시효가 진행되지 않는다고 하며, 채무자도 아닌 사람이 소멸시효 주장을 하는 것도 법적으로 허용되지 않는다고 들었습니다. 원고가 시효이익을 받을 자가 아니라는 항변.

　4. 또한 귀하로부터 근저당권등기를 말소해달라는 서신을 받고서 조현옥 씨에게 따졌더니, 조현옥 씨가 금년 7월 4일에 미안하다고 하면서 1억 원을 본인 명의 통장으로 송금했는데, 이와 같이 채무자가 일부라도 돈을 갚으면 시효가 진행되더라도 중단되거나 더 이상 시효완성을 주장할 수 없게 되는 것이라고 들었습니다. 시효이익의 포기가 절대효를 가진다는 항변.

　5. 그러므로 남은 채무를 전액 갚기 전에는 더 이상 근저당권을 말소해 달라는 요구는 하지 말아 주시기 바랍니다.

　　　　　　　　　　　　　　　　2019. 10. 5.

　발신인: 정대호(750827-1529394) (호정인대)

　　　　고양시 일산동구 정발산로 41, 107-503 (정발산동, 청솔마을)

고양일산우체국
2019. 10. 5.
19-8024

본 우편물은 2019-10-05
제8024호에 의하여
내용증명우편물로 발송하였음을 증명함
고양일산우체국장　　●대한민국KOREA

부동산 임대차 계약서

부동산의 표시: 성남시 분당구 서현동 324 미림타워 A동 109호

위 부동산을 임대차함에 있어 임대인과 임차인은 쌍방 합의하에 아래 각 조항과 같은 조건으로 계약한다.

제1조

보증금	2억(200,000,000) 원	월세 금액	오백만(5,000,000) 원(매월 말일 지급)
	보증금 2억 원을 계약 당일 임대인에게 지불함 위 금액을 전액 수령함. 2017. 3. 1. 조현옥 (옥조인현)		

제2조 부동산은 계약 당일인 2017년 3월 1일 인도하기로 한다.

제3조 임대기간은 2017년 3월 1일부터 2019년 2월 28일까지(2년)로 한다. ······ 자동갱신약정.

제4조 임대차계약 종료일 1개월 전까지 임대인 또는 임차인이 계약갱신의 거절을 상대방에게 통지하지 아니하면, 임대차계약은 동일한 조건으로 2년간 자동으로 갱신된다.

제5조 임차인은 임대인의 승인 없이는 건물의 형상을 변경할 수 없다.

제6조 본 계약과 관련하여 발생하는 모든 분쟁에 관하여는 임차목적물 소재지 법원의 관할로 한다.

위 계약조건을 증명하기 위하여 본 계약서를 2부 작성하여 각자 1부씩 보관한다.

······ 전속적 합의관할.

2017년 3월 1일

임대인: 조현옥(741212-2752313) (옥조인현)
고양시 일산동구 장항2로 23, 3-902 (장항동, 호수마을)

임차인: 최민우(780712-1924392) (우최인민)
서울 강남구 강남대로 128, A-1305 (역삼동, 오션빌)

부동산 임대(전대)차 계약서

부동산의 표시: 성남시 분당구 서현동 324 미림타워 A동 109호

위 부동산을 임대차(전대차)함에 있어 임대인(전대인)과 임차인(전차인)은 쌍방 합의하에 아래 각 조항과 같은 조건으로 계약한다.

제1조

보증금	2억(200,000,000) 원	월세 금액	육백만(6,000,000) 원(매월 말일 지급)
	보증금 2억 원을 계약 당일 임대인(전대인)에게 지불함. 위 금액을 전액 수령함. 2019. 9. 1. 최민우 (우최인민)		

제2조 부동산은 계약 당일인 2019년 9월 1일 인도하기로 한다.
제3조 임대(전대)기간은 2019년 9월 1일부터 2021년 8월 31일까지(2년)로 한다.
제4조 전차인은 전대인의 승인 없이는 건물의 형상을 변경할 수 없다.

·········● 임대차갱신후 전대차약정.

위 계약조건을 증명하기 위하여 본 계약서를 2부 작성하여 각자 1부씩 보관한다.

2019년 9월 1일

전대인: 최민우(780712-1924392) (우최인민)
서울 강남구 강남대로 128, A-1305 (역삼동, 오션빌)

전차인: 이종문(670924-1248512) (문이인종)
서울 용산구 이태원로 117, 104-904 (이태원동, 남산아파트)

내용증명

수 신 인   강기원
　　　　　서울 서초구 양재대로 158, 102-1105 (양재동, 대우빌라트)
발 신 인   이종문
　　　　　서울 용산구 이태원로 117, 104-904 (이태원동, 남산아파트)

　　　　　　　　　　　　　　　　연체차임이 보증금에서 당연히 공제된다는 주장.

1. 지난 번 상가 수도시설을 수리해 주셔서 감사합니다.
2. 그러나 귀하와 본인 사이에 불행의 씨앗이 생기는 것 같아 염려스럽습니다. 지난 번 본인의 자녀 앞에서 미지급 월세를 독촉하여 하루아침에 저를 무능한 아버지로 만들었습니다.
3. 특히 귀하는 월세를 제때 지급하지 않을 것이라면 상가를 비워달라고까지 요구하는데, 제가 2019. 9. 이후 미지급한 월세는 1회분에 불과하고 그 월세는 보증금에서 공제하면 될 것이니, 상가를 비워달라는 요청은 더 이상 하지 마시기 바랍니다.
4. 그렇지 않아도 너무 불경기라서 본인은 골프용품 사업을 접을 생각이고, 최민우 씨가 제 사업장을 넘겨받는 것으로 협의 중인데, 집기시설과 비치 상품에 관하여는 최민우 씨와 한차례 협의를 거쳤고, 조만간 최민우 씨를 다시 만나 상가건물 인도에 관하여도 협의할 예정입니다. 이 부분에 관하여는 최민우 씨로부터 어느 정도 들으셔서 아시리라 믿습니다.

　　　　　　　　　　이종문도 상인.

　　　　　　　　　2019년 12월 29일

　　　　　　　　　　이 종 문

본 우편물은 2019-12-29
제183536호에 의하여
내용증명우편물로 발송하였음을 증명함

서울서초우체국장

부동산 매매계약서

매도인과 매수인 쌍방은 아래와 같이 부동산 매매계약을 체결한다.

1. 부동산의 표시
하남시 덕풍동 128 잡종지 257㎡

2. 계약내용

제1조 매수인은 매도인에게 매매대금을 아래와 같이 지불하기로 한다.

매매대금: 8억5천만 원(850,000,000원)

계 약 금: 8천5백만 원(85,000,000원) 2018. 1. 12. 영수함. 남현수

잔   금: 7억6천5백만 원(765,000,000원) 2018. 2. 15. 지급하기로 함

제2조 매도인은 매수인으로부터 잔금을 지급받음과 동시에 매수인에게 소유권이전등기에 필요한 모든 서류를 교부하고 이전등기에 협력한다.

제3조 매도인은 위 부동산에 설정된 저당권, 지상권, 임차권 등 소유권의 행사를 제한하는 사유가 있거나, 조세·공과금 기타 부담금의 미납금 등이 있을 때에는 잔금 수수일까지 그 권리의 하자 및 부담 등을 제거하여 완전한 소유권을 매수인에게 이전하여야 한다.

제4조 매수인이 매도인에게 중도금을 지불할 때까지는 매도인은 계약금의 배액을 상환하고, 매수인은 계약금을 포기하고 이 계약을 해제할 수 있다.

동기가 표시되었고, 나아가 의사표시의 내용이 되었다. 물론 특정물의 하자가 될 수도 있다.

특 약 사 항

1. 관광호텔사업 부지로 매수하므로, 매도인은 매수인이 관광호텔건축허가를 받는 데 최대한 협조하기로 한다.

2. 당해 부지에 적치된 폐자재는 매수인이 호텔건축허가를 받은 후 1주일 이내로 매도인이 자신의 비용으로 반출하고, 기타 시설물을 완전히 철거하여 정비된 상태에서 부지를 인도하기로 한다.

인도로 인한 사용이익은 없음.

이 계약을 증명하기 위하여 계약 당사자가 이의 없음을 확인하고 각자 날인하다.

2018. 2. 15. 잔대금 765,000,000원 영수함. 남현수

2018년 1월 12일

| 매도인: 남현수(670917-1352424) |
| 과천시 별양로 12, 3-602 (별양동, 원문스카이빌) |

| 매수인: 강기원(720429-1248319) |
| 서울 서초구 양재대로 158, 102-1105 (양재동, 대우빌라트) |

| 중개인: 공인중개사 유 현 상(등록번호 가7582-02-3545) |
| 하남시 신장2로 125 밀림상가 104호 |

등기사항전부증명서(말소사항 포함)-토지

[토지] 하남시 덕풍동 128　　　　　　　　　고유번호 3103-1985-341248

【표 제 부】	(토지의 표시)				
표시번호	접 수	소 재 지 번	지 목	면 적	등기원인 및 기타사항
1 (전2)	1997년8월16일	하남시 덕풍동 128	잡종지	257㎡	부동산등기법시행규칙 부칙 제3조 제1항의 규정에 의하여 1997년12월14일 전산이기

【갑　　구】	(소유권에 관한 사항)			
순위번호	등 기 목 적	접 수	등 기 원 인	권리자 및 기타사항
1 (전3)	소유권이전	1997년10월9일 제1453호	1997년9월1일 매매	소유자 남현수 670917-1352424 과천시 별양로 12, 3-602 부동산등기법시행규칙 부칙 제3조 제1항의 규정에 의하여 1997년12월 14일 전사이기
2	소유권이전	2018년2월15일 제4927호	2018년1월12일 매매	소유자 강기원 720429-1248319 서울 서초구 양재대로 158, 102-1105

이전등기를 마쳤으므로, 부당이득반환시 등기를 말소하여야 한다.

---- 이　하　여　백 ----

수수료 1,000원 영수함 관할등기소 수원지방법원 성남지원 하남등기소 / 발행등기소 법원행정처 등기정보중앙관리소

이 증명서는 등기기록의 내용과 틀림없음을 증명합니다.

서기 2019년 12월 11일

법원행정처 등기정보중앙관리소 전산운영책임관

*실선으로 그어진 부분은 말소사항을 표시함. *등기기록에 기록된 사항이 없는 갑구 또는 을구는 생략함.
*증명서는 컬러 또는 흑백으로 출력 가능함.

문서 하단의 바코드를 스캐너로 확인하거나 **인터넷등기소**(http://iros.go.kr)의 **발급확인** 메뉴에서 **발급확인번호**를 입력하여 **위·변조 여부**를 확인할 수 있습니다. 발급확인번호를 통한 확인은 발행일부터 3개월까지 5회에 한하여 가능합니다.

발행번호 12389234789452836718934068293902344　1/1　발급확인번호 BAIK-VPTF-3295　발행일 2019/12/11

내용증명

수 신 인 　　남현수
　　　　　　 과천시 별양로 12, 3-602 (별양동, 원문스카이빌)
발 신 인 　　강기원
　　　　　　 서울 서초구 양재대로 158, 102-1105 (양재동, 대우빌라트)

귀 가정에 안녕과 평화가 깃들기를 기원합니다.

※ 2019. 5. 20. 당시 행정소송에서 1심 패소상태이고, 이후 2019. 11월 하순경 패소확정되었다.

1. 우선 2018. 1. 12.자 매매계약 후 귀하가 관광호텔건축허가를 위하여 많은 도움을 주신 데 대하여 감사를 드립니다.

2. 본인이 귀하와 함께 하남시 토지 매매계약 전인 2017. 12.경 하남시청을 방문했을 때 담당 공무원으로부터 호텔건축허가를 받는 데 별다른 문제가 없을 것이라는 점을 확인하였지만, 불행하게도 하남시는 관광호텔건축 불허가처분을 하였고, 이에 대해 행정소송을 제기해둔 상태입니다. 1심에서는 패소하였지만, 항소심에서 새로 선임한 변호사는 담당공무원이 지번 착오로 잘못 알려 준 것이라서 승소할 가능성이 상당히 많다고 합니다.

3. 담당공무원이 지번을 착각하여 건축허가에 관하여 잘못된 정보를 주었기 때문에 그 공무원과 국가를 상대로 손해배상소송도 함께 제기해두었는데, 아무튼 위 매매계약 체결 당시 허가 절차가 순조롭게 진행될 거라 착각에 빠졌던 것은 맞는 것 같습니다.

4. 만약 행정소송에서 패소가 확정되면 본인에게는 하남시 토지가 더 이상 필요 없습니다. 현재까지 하남시 토지에는 귀하 소유의 상당량의 폐자재가 적치되어 있고, 그 토지에 출입하는 철제문 열쇠도 귀하가 가지고 있습니다. 제가 하남시 토지를 인도받지도 않았고, 호텔건축에 필요한 어떠한 행동도 취하지 않았다는 점을 확실하게 해둡니다.

5. 이런 저런 일로 상의하려고 몇 번 연락드렸으나 일부러 저를 회피하시는 것 같아 이렇게 내용증명을 보내게 되었습니다.

2019년 5월 20일

강 기 원 (강원인기)

서울서초우체국
2019. 5. 20.
19-3536

본 우편물은 2019-05-20
제3536호에 의하여
내용증명우편물로 발송하였음을 증명함
서울서초우체국장
대한민국KOREA

내용증명

수 신 인   강기원
            서울 서초구 양재대로 158, 102-1105 (양재동, 대우빌라트)
발 신 인   남현수
            과천시 별양로 12, 3-602 (별양동, 원문스카이빌)

1. 본인은 귀하의 연락을 회피한 사실이 없습니다.
2. 본인은 귀하를 따라서 하남시청도 방문하여 허가가 가능하다고 확인까지 하고서 매매계약을 하였고, 유능한 변호사도 소개해주는 등 물심양면으로 도와드린 점은 귀하도 인정할 것입니다. 저로서는 계약에 따라 귀하가 매수한 목적을 달성하도록 최대한 협조했기 때문에 하남시 토지와 관련하여 귀하에게 더 이상 해줄 것이 없습니다.
3. 본인은 귀하가 행정소송과 손해배상소송에서 승소하길 진심으로 바랍니다. 다만 최종적으로 패소하면 하남시 토지가 필요 없게 된다는 것은 지극히 귀하의 개인적인 사정에 불과한 것입니다.
4. 따라서 행정소송에서 패소하면 매매계약을 실효시킬 듯한 뉘앙스를 풍기면서, '매매대금을 다른 곳에 쓰지 말고 잘 보관해두어라. 다른 곳에 쓰면 형사조치도 가능하다.' 는 등등으로 본인에게 협박처럼 들리는 문자를 보내시는데, 위와 같은 지극히 개인적인 사정으로 적법하게 체결된 매매계약을 실효시킬 수는 없는 것입니다.

2019년 5월 30일

남 현 수 (수남인현)

▷ 원고의 착오 취소 또는 해제에 대한 예비적 주장으로, 원고가 청구원인에서 주장, 증명할 사항이어서 항변으로 기재할 필요는 없다.

과천우체국
2019. 5. 30.
19-8692

본 우편물은 2019-05-30
제8692호에 의하여
내용증명우편물로 발송하였음을 증명함
과천우체국장   대한민국KOREA

차 용 증

영업과 관련이 없는 민사채무로 생각된다.

대여자: 강 기 원 (720429-1248319)

　　　　서울 서초구 양재대로 158, 102-1105 (양재동, 대우빌라트)

차용인: 남 현 진 (710723-2352123)

　　　　성남시 중원구 상대원로 144, B-203 (상대원동, 유림빌라)

금 액: 일금 5천만 원

이 자: 연 10% (매월 말일에 지급함)

지분적 이자가 있고, 변제기의 정함이 없으므로 이행청구의 의사표시 도달 이전에 발생한 이자의 소멸시효가 문제될 수 있다.

　차용인은 대여자로부터 위와 같이 금전을 차용하기로 하고, 차용금을 수령하였음을 확인합니다. 성실히 원금과 이자를 변제하겠습니다.

2014. 7. 1.

차용인 남 현 진 (인)

기록 27면

채무인수합의서

채무자 남 현 진 (710723-2352123)

　　　　성남시 중원구 상대원로 144, B-203 (상대원동, 유림빌라)

인수인 남 현 수 (670917-1352424)

　　　　과천시 별양로 12, 3-602 (별양동, 원문스카이빌)

채권자 강 기 원 (720429-1248319)

　　　　서울 서초구 양재대로 158, 102-1105 (양재동, 대우빌라트)

인수인은 채무자의 부탁에 따라 담보를 위하여 채무자로부터 다음의 채무(기 발생 이자 및 지연손해금 포함)를 인수하기로 하고, 채권자에게 직접 채무를 변제하기로 확약한다.

　　　・부탁에 따른 채무인수이고, 주관적 공동관계가 인정되어 연대채무를 부담한다.

– 인수할 채무의 내용 –

채권자: 강 기 원 (720429-1248319)

채무자: 남 현 진 (710723-2352123)

채무액: 일금 5천만 원

이　자: 연 10% (매월 말일에 지급함)

차용일: 2014. 7. 1.

　　　　　　　　　　　・채무인수는 시효중단사유인 채무의 승인이므로 이날 기준 원금, 이자의 소멸시효가 중단된다.

2016. 5. 1.

채무자　남 현 진　(남현진인)

인수인　남 현 수　(남현수인)

채권자　강 기 원　(강기원인)

| 가 | 족 |

가족관계증명서

등록기준지	서울특별시 종로구 사직로 30 (사직동)				
구분	성 명	출생연월일	주민등록번호	성별	본
본인	김상훈(金尙勳)	1969년 05월 27일	690527-1728524	남	安東

배우자로서 일상가사연대채무를 부담한다.

가 족 사 항

구분	성 명	출생연월일	주민등록번호	성별	본
부	김지수(金志洙)	1941년 12월 28일	411228-1064912	남	安東
모	김민지(金敏智)	1945년 08월 05일	450805-2212820	여	全州

| 배우자 | 남현진(南賢眞) | 1971년 07월 23일 | 710723-2352123 | 여 | 密陽 |

위 가족관계증명서는 가족관계등록부의 기록사항과 틀림없음을 증명합니다.

서기 2019년 12월 10일

서울특별시 종로구청장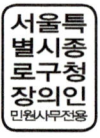

최 고 서

수 신 인   남현진
　　　　　성남시 중원구 상대원로 144, B-203 (상대원동, 유림빌라)

1. 귀하는 2014. 7. 1. 빌린 5천만 원을 아직까지도 갚지 않고 있습니다.
2. 그 당시 대학 선배인 귀하가 본인에게 어렵게 전화를 해서, '집주인이 갑자기 전세보증금을 올려달라고 하는데, 내가 운영하는 음식점 영업이 잘 안돼서 은행대출을 받을 형편이 못된다.'고 다급하게 말을 하기에 본인은 오래 걸리지는 않을 것이라는 생각에서 5천만 원을 빌려준 것입니다. ……• 주거공간확보를 위한 차용이고, 일상가사의 범위에 포함된다.
3. 빌릴 당시 귀하가 누구의 대리인이라고 말한 것도 아니었고, 빌려준 다음날 귀하가 전화로 '빌린 돈에 2천만 원을 더해서 전세보증금을 올려주었는데, 남편한테는 얘기하지 않았다.'고 말한 사실을 기억하지만, 본인으로서는 친분관계 때문에 담보도 없이 흔쾌히 빌려주었던 것인 만큼, 귀하가 갚지 않으면 부득이 귀하의 남편에게도 법적 조치를 취할 수밖에 없을 것입니다.
4. 본인이 특별히 독촉한 일이 없었는데도 귀하는 2016. 5. 1. 오빠인 남현수 씨를 불러 채무인수 약정서를 작성하여 본인에게 주었지만, 지금까지 남현수 씨 역시 채무를 갚지 않고 있습니다.
5. 귀하도 기억하겠지만, 2019. 5. 7. 결혼식장에서 하객으로 온 귀하와 남편 김상훈 씨를 만난 자리에서 본인이 '너무 늦어지고 있으니 꼭 변제해 달라.'고 말씀을 드렸고, 그래도 답이 없던 차에 2019. 8. 1. 부부동반 대학동문모임에서 귀하와 남편 김상훈 씨를 다시 만나 거듭 변제를 요구한 사실도 분명히 기억하실 것입니다.
6. 부디 더 이상 지체하지 마시고 빌린 돈을 갚아주시기 바랍니다.
　……• 2019. 5. 7., 8. 1., 10. 20. 3회의 최고가 있었으나, 소제기일인 2020. 1. 10.로부터 6개월 이내인 2019. 8. 1.자 최고가 효력이 있다.

2019년 10월 20일

발 신 인   강기원
　　　　　서울 서초구 양재대로 158, 102-1105 (양재동, 대우빌라트)

서울서초우체국
2019. 10. 20.
19-9738

본 우편물은 2019-10-20
제9738호에 의하여
내용증명우편물로 발송하였음을 증명함
서울서초우체국장

별지

압류 및 추심할 채권의 표시

채무자가 제3채무자에 대하여 가지는 아래 대여금 1억 원의 반환채권 및 이에 대한 2016. 10. 8.부터 다 갚는 날까지의 이자 내지 지연손해금 채권

대여일: 2016. 10. 8.
원 금: 1억 원
이 자: 연 3%
변제기: 2017. 1. 7. 끝.

원금, 이자, 지연손해금 모두 추심되었으므로, 추심명령 송달이전의 이자, 지연손해금도 추심할 수 있다.

송달 및 확정증명

사　　　건　　서울중앙지방법원 2019타채14094 채권압류 및 추심명령
채　권　자　　강기원
채　무　자　　김현철
제3채무자　　김상훈
증명신청인　　강기원

위 사건에 관하여 아래와 같이 송달 및 확정되었음을 증명합니다.

채무자 김현철　　　　2019. 11. 20. 채권압류 및 추심명령 정본 송달
제3채무자 김상훈　　　2019. 11. 20. 채권압류 및 추심명령 정본 송달
2019. 12. 5. 확정 끝.　　　　● 추심의 효력발생일. 확정일은 무익적 기재사항이다.

2019. 12. 10.

서울중앙지방법원

법원주사 김나현

차 용 증

대여자: 김현철(751011-1045232)

　　　　서울 종로구 사직로 25 (사직본동)

차용인: 김상훈(690527-1728524)

　　　　성남시 중원구 상대원로 144, B-203 (상대원동, 유림빌라)

금　액: 일금 1억 원
이　자: 연 3%
변제기: 2017. 1. 7.

> 약정이율이 연 3%로 법정이율보다 낮아 변제기이후 지연손해금에 대해서는 법정이율이 적용된다.

차용인은 대여자로부터 위와 같이 금전을 차용하기로 하고, 이를 지급받았습니다. 따라서 성실히 이자를 변제하고, 변제기에 확실히 변제하겠습니다.

2016. 10. 8.

차용인 김상훈 (김상훈 인)

통 고 서

수 신 인　　강 기 원
　　　　　　서울 서초구 양재대로 158, 102-1105 (양재동, 대우빌라트)

…… 압류의 경합 항변.

1. 본인은 2019. 11. 20. 귀하가 신청한 채권압류 및 추심명령을 받았으나, 변호사와 상담한 결과, 본인으로서는 이를 지급할 하등의 이유가 없음을 알려드립니다.

2. 즉, 본인은 김현철의 본인에 대한 대여원리금채권 전부에 대하여 ㈜신안은행이 신청인으로 된 채권압류 및 추심명령(2019타채1275)을 2019. 11. 13. 송달받아 압류가 경합된 상태이므로 본인으로서는 귀하에게 변제하고 싶어도 할 수가 없습니다. 설령 변제하더라도 귀하와 ㈜신안은행의 채권액수 비율에 따라 공평하게 안분변제하여야 할 것입니다.

3. 게다가 최근 김현철에게 확인해보니, 이미 귀하에게 약속어음공정증서상의 약속어음금을 변제하였다고 하므로, 귀하는 본인에 대하여 이중으로 청구할 수 없는 것입니다. *…… 변제로 인한 집행채권의 소멸 항변.*

4. 이상의 이유로 본인으로서는 귀하의 요구에 응할 부분이 없음을 알려드립니다.

첨부문서(1): ㈜신안은행의 채권압류 및 추심명령
첨부문서(2): 영수증 사본

2019년 12월 31일

발신인 김 상 훈 (인)
성남시 중원구 상대원로 144, B-203 (상대원동, 유림빌라)

성남중원우체국
2019. 12. 31.
19-1855621

본 우편물은 2019-12-31
제1855621호에 의하여
내용증명우편물로 발송하였음을 증명함
성남중원우체국장

등기사항전부증명서(말소사항 포함)-건물

[건물] 수원시 영통구 광교동 119 고유번호 4528-58693-542693

【표 제 부】	(건물의 표시)			
표시번호	접 수	소 재 지 번	건 물 내 역	등기원인 및 기타사항
1	2008년3월25일	수원시 영통구 광교동 119	샌드위치패널조 샌드위치패널지붕 단층 창고 290㎡	

【갑 구】	(소유권에 관한 사항)			
순위번호	등 기 목 적	접 수	등 기 원 인	권리자 및 기타사항
1	소유권보존	2008년3월25일 제5939호		소유자 배성권 481215-1593687 울산 남구 신정로2길 156
2	소유권이전	2015년7월15일 제8963호	2015년5월29일 매매	소유자 이우근 650604-1851215 안양시 동문천로 145, A-112
3	담보권실행을 위한 경매개시결정	2019년8월11일 제19533호	2019년8월10일 수원지방법원의 경매개시결정 (2019타경7234)	채권자 강기원 720429-1248319 서울 서초구 양재대로 158, 102-1105

【을 구】	(소유권 이외의 권리에 관한 사항)			
순위번호	등 기 목 적	접 수	등 기 원 인	권리자 및 기타사항
1	근저당권설정	2016년7월5일 제3287호	2016년7월5일 설정계약	채권최고액 금 120,000,000원 채무자 이우근 650604-1851215 안양시 동문천로 145, A-112 근저당권자 강기원 720429-1248319 서울 서초구 양재대로 158, 102-1105

원고는 근저당권자이고, 임의경매를 신청한 상태임.

---- 이 하 여 백 ----

수수료 1,000원 영수함 관할등기소 수원지방법원 동수원등기소 / 발행등기소 법원행정처 등기정보중앙관리소

이 증명서는 등기기록의 내용과 틀림없음을 증명합니다.

서기 2019년 12월 11일

법원행정처 등기정보중앙관리소 전산운영책임관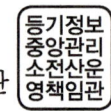

*실선으로 그어진 부분은 말소사항을 표시함. *등기기록에 기록된 사항이 없는 갑구 또는 을구는 생략함.
*증명서는 컬러 또는 흑백으로 출력 가능함.

문서 하단의 바코드를 스캐너로 확인하거나 인터넷등기소(http://iros.go.kr)의 발급확인 메뉴에서 발급확인번호를 입력하여 위·변조 여부를 확인할 수 있습니다. 발급확인번호를 통한 확인은 발행일부터 3개월까지 5회에 한하여 가능합니다.

발행번호 12386718934082455454654923478945283 1/1 발급확인번호 YUYT-NKOP-5645 발행일 2019/12/11

기록 42면

내 용 증 명

수신인   강 기 원
         서울 서초구 양재대로 158, 102-1105 (양재동, 대우빌라트)

발신인   최 민 우
         서울 강남구 강남대로 128, A-1305 (역삼동, 오션빌)

※ 민사 및 상사유치권을 주장하고 있으나, 민사유치권은 견련성이 인정되지 않고, 상사유치권은 채무자 소유 물건이 아니어서 각 유치권의 요건을 구비하지 못하였다.

지난 2019. 12. 5.자 통고서에 누락한 사항이 있어서 아래와 같이 다시 내용증명을 보냅니다.

1. 본인은 광교동 창고에 관한 전대차가 종료되었음에도 아직 임차보증금을 돌려받지 못하고 있습니다. 그런데 본 창고에 대해 경매가 진행된다는 소식을 듣고 놀라서 2019. 10.경 수원지방법원에 박형국에 대한 임차보증금반환채권(5,000만 원)을 피담보채권으로 하여 민법상, 상법상 유치권을 신고하였습니다.

2. 본인은 유치권을 행사하고 있다는 점을 분명히 하기 위하여 광교동 창고에 잠금장치를 하고 '유치권 행사중'이라는 플래카드를 걸어 놓고 사설경비업체를 통해 24시간 점유, 관리하고 있는데, 2019. 11. 말경 수원지방법원 집행관이 현황조사를 하는 과정에서도 본인이 입회하여 경위를 설명하였고, 그 결과 2019타경7234호 경매사건의 입찰물건현황조사서, 입찰물건명세서 등 관련 경매 서류에도 저의 유치권이 적법하게 기재되어 있는 것을 확인하였습니다.

3. 본인은 광교동 창고를 적법하게 임차하고서도 그곳에는 사업자등록을 하지 않은 상태라서 경매가 되면 임대차보증금을 우선변제 받을 수도 없는 이상, 유치권을 통해서라도 구제를 받으려고 하는 것인데, 귀하로부터 법적조치 운운하는 전화와 내용증명까지 받고 보니 적반하장이라는 생각이 듭니다.

4. 한편, 서현동 상가 관련하여서는, 이종문으로부터 다시 서현동 상가를 인도받아 제가 골프용품 판매점을 운영할 예정이고, 조만간 이종문을 만나 협의하기로 했습니다. 아울러 밀린 월세도 다 해결할테니 그리 아시기 바라고, 더 이상 이종문에게 서현동 상가 문제로 스트레스 주는 언행은 삼가시기 바랍니다. …… ※ 차임을 지급하겠다는 주장으로, 실제 차임을 지급하지 않는 한 원고는 해지권을 행사할 수 있다.

2019년 12월 10일

발신인 최 민 우 (우최인민)

서울강남구 강남대로 128, A-1305 (역삼동, 오션빌)

(서울강남우체국 2019. 12. 10. 19-193724)

본 우편물은 2019-12-10 제193724호에 의하여 내용증명우편물로 발송하였음을 증명함
서울강남우체국장 ◎ 대한민국KOREA

민사법
기록형

2020년도 제9회
변호사 시험
답안

소 장

원　　고　　강기원(720429-1248319)
　　　　　　서울 서초구 양재대로 158, 102-1105 (양재동, 대우빌라트)

　　　　　　소송대리인 변호사 신경자
　　　　　　서울 서초구 서초대로 120, 405호(서초동, 뉴로이어빌딩)
　　　　　　전화 02)3482-4400, 팩스 02)3482-4401, 전자우편 ShinKyongJa@gmail.com

피　　고　　1. 조현옥(741212-2752313)
　　　　　　　 고양시 일산동구 장항2로 23, 3-902

　　　　　　2. 최민우(780712-1942392)
　　　　　　　 서울 강남구 강남대로 128, A-1305 (역삼동, 오션빌)

　　　　　　3. 정대호(750827-1529394)
　　　　　　　 고양시 일산동구 정발산로 41, 107-503

　　　　　　4. 이종문(670924-1248512)
　　　　　　　 서울 용산구 이태원로 117, 104-904 (이태원동 남산아파트)

　　　　　　5. 남현수(670917-2352123)
　　　　　　　 과천시 별양로 12, 3-602 (별양동, 원문스카이빌)

　　　　　　6. 김상훈(690527-1728524)
　　　　　　　 성남시 중원구 상대원로 144-B203 (상대원동, 유림빌라)

소유권이전등기말소 등 청구의 소

청 구 취 지

1. 원고에게, 별지목록 제1항 기재 부동산에 관하여,

   가. 피고 조현옥은 원고로부터 600,000,000원 및 이에 대한 2019. 5. 1.부터 다 갚는 날까지 연 24%의 비율로 계산한 돈을 지급받은 다음, 수원지방법원 성남지원 2019. 8. 1. 접수 제3218호로 마친 소유권이전등기의,

   > 피담보채무의 변제가 선이행이므로, '지급받은 다음'이라고 기재하여야 한다.

   나. 피고 최민우는 같은 지원 2019. 11. 15. 접수 제7918호로 마친 소유권이전등기의,

   각 말소등기절차를 이행하라.

2. 피고 정대호는 원고에게 별지목록 제2항 기재 부동산에 관하여 수원지방법원 성남지원 분당등기소 2014. 2. 5. 접수 제1098호로 마친 근저당권설정등기에 대하여 2019. 2. 5. 소멸시효완성을 원인으로 한 말소등기절차를 이행하라.

   > 후발적 실효사유를 원인으로 근저당권설정등기의 말소를 청구하는 경우, 말소원인을 기재하여야 한다.

3. 피고 최민우는 원고로부터 185,000,000원에서 이 사건 소장부본 송달일부터 별지목록 제2항 기재 부동산의 인도완료일까지 월 5,000,000원의 비율로 계산한 금액을 공제한 나머지 돈을 지급받음과 동시에 원고에게 위 부동산을 인도하라.

   > 문제에서 피고들이 명시적인 동시이행항변권을 행사하지 않았으나, 작성요령에 '사실관계만으로 항변사유가 있으면 이를 반영할 것'을 지시하였고, 종전 법전협 모의고사에서도 동시이행항변을 기재하지 않을 경우에는 '명시적인 항변이 없으면 이를 고려하지 말 것'이라는 명확한 지시를 하였으므로, 동시이행관계가 인정되는 사안에서는 동시이행관계로 청구취지를 구성하였다.

4. 피고 이종문은 피고 최민우가 원고로부터 위 제3항 기재 돈을 지급받음과 동시에 원고에게 별지목록 제2항 기재 부동산을 인도하라.

5. 피고 남현수는 원고로부터 별지목록 제3항 기재 부동산에 관하여 수원지방법원 성남지원 하남등기소 2018. 2. 15. 접수 제4927호로 마친 소유권이전등기의 말소등기절차를 이행받음과 동시에 원고에게 850,000,000원 및 이에 대한 2020. 1. 10.부터 다 갚는 날까지 연 5%의 비율로 계산한 돈을 지급하라.

   > 하자담보책임에 기한 해제가 아닌 착오를 원인으로 한 법률행위의 취소로 청구원인을 구성하였고, 그 이유는 후술한다.

6. 피고 남현수, 김상훈은 연대하여 원고에게 50,000,000원 및 이에 대한 2016. 8. 1.부터 이 사건 소장부본 송달일까지는 연 10%의, 그 다음날부터 다 갚는 날까지는 연 12%의 각 비율로 계산한 돈을 지급하라.

7. 피고 김상훈은 원고에게 100,000,000원 및 이에 대한 2016. 10. 8.부터 2017. 1. 7.까지는 연 3%의, 그 다음날부터 이 사건 소장부본 송달일까지는 연 5%의, 그 다음날부터 다 갚는 날까지는 연 12%의 각 비율로 계산한 돈을 지급하라.

8. (원고와 피고 최민우 사이에서) 별지목록 제4항 기재 부동산에 관하여 피고 최민우의 유치권이 존재하지 아니함을 확인한다.

   > 공동소송에서 확인소송(또는 형성소송 등)의 기판력이 미치는 범위를 표시하기 위한 것으로서 기재하지 않아도 무방하다.
   > [참고판례] 서울고등법원 2014. 7. 2. 2014나12050, 별지 목록 기재 각 부동산에 관하여 피고의 유치권이 존재하지 아니함을 확인한다. 그리고 유치권 자체가 부인되는 사안이므로 피담보채무의 액수에 대해서는 기재할 수 없다.

9. 제3항 내지 제7항은 가집행할 수 있다.

라는 판결을 구합니다.

청 구 원 인

1. 피고 조현옥 및 피고 최민호에 대한 소유권이전등기말소청구

가. 양도담보약정 및 이에 따른 소유권이전등기의 경료

원고는 2019. 4. 1. 피고 조현옥으로 별지목록 제1항 기재 부동산을 11억 원에 매수하면서, 미지급잔금 6억 원을 차용금으로 전환하고 원고가 위 부동산의 소유권이전등기를 경료받은 2019. 5. 1.부터 잔금의 지급완료일까지 월 3%의 비율에 의한 이자를 매월 말일에 지급하기로 준소비대차약정을 하였으며, 위 약정에 따른 대여금의 상환을 담보하기 위하여 원고는 2019. 8. 1. 피고 조현옥에게 별지목록 제1항 기재 부동산에 관하여 수원지방법원 성남지원 2019. 8. 1. 접수 제3218호로 소유권이전등기를 마쳐주었습니다. 그리고 피고 최민우는 위 부동산에 관하여 매매를 원인으로 같은 지원 2019. 11. 15. 접수 제7918호로 소유권이전등기를 마쳤습니다.

> 소비대차계약의 체결사실, 담보계약의 체결사실, 담보등기를 마친 사실이 원고 청구의 요건사실이 되고, 이자제한법의 적용대상인 점, 담보약정이 가담법의 적용대상인 점, 청산금이 지급되지 않은 점 등은 모두 원고가 주장, 증명하여야 할 청구원인사실로 생각된다.

위 준소비대차약정에서 월 3%의 이자를 지급하기로 한 약정은 이자제한법 제2조 제1항의 최고이자율에 관한 규정을 위반한 것이므로, 이자제한법 제2조 제3항에 따라 위 규정의 범위 내인 연 24%의 범위내에서만 이자약정이 유효합니다. 따라서 원고는 연 24%의 비율로 계산한 이자만을 지급할 의무가 있습니다.

> 사안의 일자에 따른 이자제한법 적용 이율은 다음과 같다. 2014.7.15. 이전은 연 30%, 2014.7.15부터는 연 25%, 2018.2.8.부터는 연 24%, 2021.7.6. 이후는 연 20%

그리고 원고는 준소비대차에 기한 채무의 상환을 담보하기 위하여 위 부동산에 소유권이전등기를 마쳐 주었고, 대물변제 예약당시인 2019. 8. 1. 기준 담보목적물의 가액은 11억 원이며, 피담보채권은 2019. 5. 1.부터 2019. 8. 1.까지의 원리금 합계금 6억 3천 6백만 원이므로 원고와 피고 조현옥 사이의 담보계약 및 소유권이전등기에 대해서는 가등기담보등에 관한 법률(이하 '가담법')이 적용됩니다(가담법 제1조).

담보권자인 피고 조현옥이 담보목적물의 소유권을 취득하기 위해서는 변제기 후 청산금의 평가액을 채무자등에게 통지하고, 2개월의 청산기간이 도과되어야 하며, 청산금을 현실적으로 채무자에게 지급하여야 합니다(가담법 제3조, 제4조). 사안에서 피고 조현옥은 원고에게 담보목적물의 가액에서 피담보채권을 공제한 청산금을 지급하지 않았으므로, 가담법 제4조 제2항에 따라 위 부동산의 소유권을 취득할 수 없습니다.

> 가등기에 기한 본등기가 아니므로 아래의 판례를 기재할 필요는 없을 것으로 생각된다. 대판 1994. 1. 25. 92다20132, 가등기담보등에관한법률 제3조, 제4조의 각 규정에 비추어 볼 때 위 각 규정을 위반하여 담보가등기에 기한 본등기가 이루어진 경우에는 그 본등기는 무효라고 할 것이고, 설령 그와 같은 본등기가 가등기권리자와 채무자 사이에 이루어진 특약에 의하여 이루어졌다고 할지라도 만일 그 특약이 채무자에게 불리한 것으로서 무효라고 한다면 그 본등기는 여전히 무효일 뿐, 이른바 약한 의미의 양도담보로서 담보의 목적 내에서는 유효하다고 할 것이 아니다.

그리고, 원고는 가담법 제11조에 따라 청산금채권을 변제받을 때까지 그 채무액(반환할 때까지의 이자와 손해금을 포함한다)을 채권자에게 지급하고 그 채권담보의 목적으로 마친 소유권이전등기의 말소를 청구할 수 있고, 담보목적물의 제3취득자에 대해서도 그 말소를 청구할 수 있습니다.

따라서 피고 조현옥은 원고로부터 채무액인 600,000,000원 및 이에 대한 2019. 5. 1.부터 다 갚는 날까지 연 24%의 비율로 계산한 돈을 지급받은 다음, 원고에게 별지목록 제1항 기재 부동산에 관하여 수원지방법원 성남지원 2019. 8. 1. 접수 제3218호로 마친 소유권이전등기의 말소등기절차를 이행하여야 하고, 피고 최민우는 위 부동산에 관하여 같은 지원 2019. 11. 15. 접수 제7918호로 마친 소유권이전등기의 말소등기절차를 이행하여야 합니다.

나. 피고들의 예상주장 및 이에 대한 반박

피고 조현옥은 원고와 피고 조현옥 사이의 2019. 8. 1.자 대물변제예약에 관한 약정서 제3조에 따라 별지목록 제1항 기재 부동산의 소유권을 취득하였다고 주장할 수 있으나, 위 약정은 가담법 제4조 제4항에 따른 채무자에게 불리한 특약으로서 그 효력이 인정되지 않습니다. 따라서 이에 관한 피고 조현옥의 주장은 근거가 없습니다.

또한 피고 최민우는 담보목적물의 제3취득자로서 위 부동산의 소유권을 취득하였다고 주장할 수 있으나, 가담법 제11조는 악의의 제3자가 소유권이전등기를 마친 경우에도 그에게 대항할 수 있다고 규정하고 있고, 피고 최민우는 위 부동산에 관하여 소유권이전등기를 마칠 당시 피고 조현옥이 청산금을 지급하지 않은 사실을 알고 있었으므로 악의의 제3자에 해당합니다. 따라서 이에 관한 피고 최민우의 주장은 근거가 없습니다.

2. 피고 정대호에 대한 근저당권설정등기말소 청구

가. 소비대차계약의 체결 및 이에 따른 근저당권설정등기의 경료

피고 조현옥은 골프용품 판매점 개업준비자금명목으로 2013. 1. 5. 소외 이영희로부터 2억 원을 이자 연 15%, 변제기 2014. 1. 5.로 정하여 차용하였고, 위 차용금의 상환을 담보하기 위하여 이영희에게 별지목록 제2항 기재 부동산에 관하여 수원지방법원 성남지원 분당등기소 2014. 2. 5. 접수 제1098호로 근저당권설정등기를 마쳐주었습니다.

그리고, 소외 이영희는 피고 조현옥에 대한 위 대여금채권을 피고 정대호에게 양도하면서, 위 근저당권을 피고 정대호에게 이전하고 같은 등기소 2019. 3. 5. 접수 제2297호로 근저당권이전의 부기등기를 마쳐주었습니다.

한편, 원고는 2019. 4. 1. 피고 조현옥으로부터 위 부동산을 10억 원에 매수하면서 약정한 매매대금 10억 원을 모두 지급하며 같은 등기소 2019. 5. 31. 접수 제8569호로 소유권이전등기를 마치고 적법하게 소유권을 취득하였습니다.

대판 1995. 5. 26. 95다7550

피고 조현옥의 차용금채무는 아래와 같이 시효로 소멸하였으므로, 피고 정대호 명의의 근저당권설정등기는 원인무효의 등기이고, 근저당권이전의 부기등기가 경료된 경우와 관련하여 판례는 '근저당권의 양도에 의한 부기등기는 기존의 근저당권설정등기에 의한 권리의 승계를 등기부상 명시하는 것뿐으로, 그 등기에 의하여 새로운 권리가 생기는 것이 아닌 만큼 근저당권설정등기의 말소등기청구는 양수인만을 상대로 하면 족하고, 양도인은 그 말소등기청구에 있어서 피고적격이 없다. 근저당권 이전의 부기등기는 기존의 주등기인 근저당권설정등기에 종속되어 주등기와 일체를 이루는 것이어서 피담보채무가 소멸된 경우 또는 근저당권설정등기가 당초 원인무효인 경우 주등기인 근저당권설정등기의 말소만 구하면 되고 그 부기등기는 별도로 말소를 구하지 않더라도 주등기의 말소에 따라 직권으로 말소된다.'고 판시하였습니다.

따라서 피고 정대호는 원고에게 위 부동산에 관하여 수원지방법원 성남지원 분당등기소 2014. 2. 5. 접수 제1098호로 마친 근저당권설정등기에 대하여 2019. 2. 5. 소멸시효완성을 원인으로 한 말소등기절차를 이행하여야 합니다.

나. 피담보채무의 시효소멸

대판 2012. 4. 13. 2011다104246

개업준비로 인한 자금대여와 관련하여 판례는 '甲이 학원 설립과정에서 영업준비자금으로 乙에게서 돈을 차용한 후 학원을 설립하여 운영한 사안에서, 제반 사정에 비추어 <u>甲이 운영한 학원업은 점포 기타 유사한 설비에 의하여 상인적 방법으로 영업을 하는 경우에 해당하여 甲은 상법 제5조 제1항에서 정한 '의제상인'에 해당하는데, 甲의 차용행위는 학원영업을 위한 준비행위에 해당하고 상대방인 乙도 이러한 사정을 알고 있었으므로 차용행위를 한 때 甲은 상인자격을 취득함과 아울러 차용행위는 영업을 위한 행위로서 보조적 상행위가 되어 상법 제64조에서 정한 상사소멸시효가 적용된다.</u>'고 판시하였는데, 피고 조현옥의 차용금채무는 골프용품 판매점 개업을 위한 채무이고, 위 차용당시 이영희에게 자금의 용도를 말하였으므로, 위 차용금채무는 상사채무로서 5년의 소멸시효기간이 적용됩니다.

위 차용금채무의 변제기는 2014. 1. 5.이므로 원칙적으로 2014. 1. 6.부터 그 소멸시효가 진행되나, 피고 조현옥이 2014. 2. 5. 채무담보를 위한 근저당권설정등기를 마쳐주었으므로, 같은 날 채무승인으로 소멸시효가 중단되어, 2014. 2. 6.부터 새로운 소멸시효가 진행됩니다. 그리고 별다른 소멸시효중단 조치없이 소멸시효기간 만료일인 2019. 2. 5.이 도과하였으므로, 위 차용금채무는 2019. 2. 5. 시효로 소멸하였습니다. 따라서 피고 정대호의 근저당권은 피담보채무가 존재하지 않아 무효의 등기입니다.

다. 피고의 예상주장 및 이에 대한 반박

피고 정대호는 (1) 근저당권설정등기가 경료되면 그 등기가 존속하는 한 소멸시효가 중단되고, (2) 원고는 피담보채무의 채무자가 아니어서 시효소멸을 원용할 수 없으며, (3) 이미 피고 조현옥이 2019. 7. 4. 채무액 중 일부인 1억 원을 변제하였기에 이는 시효이익의 포기에 해당한다고 주장할 수 있습니다.

대판 2010. 3. 11. 2009다100098

그러나, (1) 근저당권설정등기가 경료되었다고 하더라도 그 자체로 권리행사가 계속되고 있는 것으로 볼 수 없어 시효중단의 효력이 인정되지 않고, <u>(2) 소멸시효의 원용자와 관련하여 판례는 '소외인이 2009. 7. 15. 소멸시효의 이익을 포기하고 채무를 변제할 것을 약정한 사실을 인정한 다음, 위 소멸시효 이익의 포기는 저당부동산을 취득한 제3자에 해당하는 원고에게는 그 효력이</u>

미치지 아니한다는 이유로 피고의 소멸시효 이익 포기 항변을 배척한 것은 정당하고, 거기에 시효이익 포기에 관한 법리를 오해하여 심리를 다하지 아니하는 등의 위법이 있다고 할 수 없다. 이 부분 상고이유의 주장 역시 받아들일 수 없다.'고 판시하여 저당목적물의 제3취득자도 소멸시효의 이익을 직접 받는 자에 해당하여 피담보채무의 시효소멸을 원용할 수 있고, 또한 시효이익의 포기는 상대효만을 가진다고 판단하였습니다. 따라서 이에 관한 피고 정대호의 주장은 근거가 없습니다.

> 물론 채무자의 시효이익 포기후 이해관계를 맺은 자는 시효이익 포기의 효력을 다투지 못하지만, 사안에서는 포기 전 이해관계를 맺은 자에 해당한다. 대판 2015. 6. 11. 2015다200227.

3. 피고 최민우 및 피고 이종문에 대한 인도청구

가. 임대차계약의 체결, 임대목적물의 양도 및 전대차계약의 체결

피고 조현옥은 2017. 3. 1. 피고 최민우에게 별지목록 제2항 기재 부동산을 임대차보증금 2억 원, 월차임 500만 원, 임대기간 2017. 3. 1.부터 2019. 2. 28.로 정하여 임대하면서, 특약으로 임대차계약 종료일 1개월전까지 갱신거절의 통지를 하지 않으면 동일한 조건으로 임대차계약이 2년간 자동으로 갱신되는 것으로 정하였는데, 위 특약에 따라 임대차기간 2019. 3. 1.부터 2021. 2. 28.로 임대차계약이 갱신되었습니다. 그리고 피고 최민우는 위 임대차계약 체결일에 위 부동산을 인도받았습니다.

위 부동산은 상가건물임대차보호법 제2조 제1항에 따른 사업자등록의 대상이 되는 상가건물이고, 피고 최민우는 동법 제3조 제1항에 따른 인도와 사업자등록을 마쳤으므로 대항력을 구비하였습니다.

그리고 원고는 2019. 4. 1. 피고 조현옥으로부터 위 부동산을 10억 원에 매수하면서 약정한 매매대금 10억 원을 모두 지급하며 수원지방법원 성남지원 분당등기소 2019. 5. 31. 접수 제8569호로 소유권이전등기를 마치고 소유권을 취득하였는데, 위 이전등기당시 대항력 있는 상가임대차가 존재하였으므로, 원고는 임대차계약에 따른 임대인의 지위를 승계하게 됩니다.

이후, 피고 최민우는 2019. 9. 1. 피고 이종문에게 위 부동산을 보증금 2억원, 월차임 600만 원, 임대차기간 2019. 9. 1.부터 2021. 8. 31.까지로 정하여 전대하며, 피고 이종문에게 위 부동산을 인도해 주었는데, 위 전대 당시 원고가 전대에 대한 동의를 하지 않았으나, 특별히 이의제기 없이 수도시설을 수리해 주고, 전차인으로부터 2019. 9월분 차임을 지급받았으므로 이는 전대차에 대한 묵시적 동의에 해당하고, 따라서 적법한 전대차에 해당합니다.

임차인인 피고 최민우는 2019. 7월, 8월, 10월 차임을 각 연체하였으므로, 이 사건 소제기일 현재 3기의 차임이 연체되었습니다. 이에 원고는 이 사건 소장부본의 송달로써 상가건물임대차보호법 제10조의8에 따라 피고 최민우와의 임대차계약을 해지합니다. 그리고 임대차계약이 종료되면, 합의해지가 아닌 한 전대차계약도 그 효력을 상실하게 됩니다. 따라서 피고 최민우 및 피고 이종문은 일응 위 부동산을 원고에게 인도하여야 합니다.

나. 보증금반환의 동시이행 및 부당이득의 공제

위와 같이 임대차계약이 적법하게 해지되었으므로, 원고는 피고 최민우에게 임대차보증금 2억 원을 반환하여야 하고, 위 임대차보증금반환의무와 임대목적물의 인도의무는 동시이행관계에 있으며, 임대차보증금은 임대차관계가 종료되어 목적물을 반환하는 때까지 그 임대차관계에서 발생하는 임차인의 모든 채무를 담보하는 것으로서, 임대인의 임대차보증금 반환의무는 임대차관계가 종료되는 경우에 그 임대차보증금 중에서 목적물을 반환받을 때까지 생긴 연체차임 등 임차인의 모든 채무를 공제한 나머지 금액에 관하여서만 비로소 이행기에 도달하게 됩니다. 따라서 임대차계약상 연체차임 1,500만 원 및 해지의 의사표시 송달이후의 부당이득금이 임대차보증금에서 공제되어야 합니다.

대판 2002. 12. 10. 2002다52657

한편, 임대차계약이 종료된 이후 임차인이 반환하여야 할 부당이득금의 액수는 임료 상당액이고, 위 임료 상당액이라 함은 부당이득 당시의 실제 임료를 말하는 것이므로, 부당이득액은 약정차임인 월 500만 원이 되어야 합니다.

대판 2002. 11. 13. 2002다46003

그리고 임대인이 전차인에 대하여 임대목적물을 자신에게 반환할 것을 청구한 경우, 적법한 전차인이라도 임대인에 대하여 직접 의무를 부담할 뿐 권리를 행사할 수 있는 것은 아니므로 전대차보증금의 반환과 동시이행의 항변을 주장할 수는 없지만, 임차인의 임대차보증금반환청구권에 기한 동시이행항변권을 원용하여 임차인이 보증금의 반환을 받을 때까지 부동산을 점유할 수는 있습니다.

대판 1988. 4. 25. 87다카2509

다. 각 피고들의 인도의무

대판 1991. 4. 23. 90다19695

위와 같이 피고 최민우와 피고 이종문은 연체차임 및 부당이득을 공제한 임대차보증금의 반환에 대하여 동시이행항변권을 행사할 수 있습니다. 그리고 인도청구는 실제 불법점유를 하고 있는 자를 상대로 하여야 하나, 인도약정에 기한 이행청구는 간접점유자에 대해서도 가능하므로, 원고는 임차인인 피고 최민우에 대해서도 그 인도를 청구할 수 있습니다.

따라서 피고 최민우는 원고로부터 잔존 임대차보증금 185,000,000원에서 이 사건 소장부본 송달일부터 별지목록 제2항 기재 부동산의 인도완료일까지 약정차임인 월 5,000,000원의 비율로 계산한 부당이득금을 공제한 나머지 돈을 지급받음과 동시에 원고에게 위 부동산을 인도하여야 하고, 피고 이종문은 피고 최민우가 원고로부터 위 돈을 지급받음과 동시에 원고에게 위 부동산을 인도하여야 합니다.

라. 피고 이종문의 예상주장 및 이에 대한 반박

피고 이종문은 (1) 자신이 연체한 차임은 1기에 불과하므로, 원고가 임대차계약을 해지할 수 없고, (2) 위 연체한 차임도 임대차보증금에서 공제하면 되므로 원고가 임대차계약을 해지할 수 없다는 취지로 주장할 수 있습니다.

> 대판 2013. 2. 28. 2011다49608

그러나, (1) 임대차계약상 이미 2기의 차임이 연체되어 있고, 임대차계약의 효력은 전대차의 성립에 아무런 영향을 받지 않으므로 원고는 3기 차임의 연체를 이유로 임대차계약을 해지할 수 있고, (2) 차임의 공제와 관련하여 판례는 '임대차보증금이 임대인에게 교부되어 있더라도 임대인은 임대차관계가 계속되고 있는 동안에는 임대차보증금에서 연체차임을 충당할 것인지를 자유로이 선택할 수 있으므로, 임대차계약 종료 전에는 연체차임이 공제 등 별도의 의사표시 없이 임대차보증금에서 당연히 공제되는 것은 아니다.'라고 판시하여 임대인이 차임의 연체를 주장할 수 있다고 판단하였습니다. 따라서 이와 배치되는 피고 이종문의 주장은 근거가 없습니다.

4. 피고 남현수에 대한 매매대금의 반환청구

가. 부동산매매계약의 체결 및 착오에 기한 취소

> (1) 사안의 경우 착오취소와 하자담보책임에 기한 해제가 모두 가능하다는 점은 의문이 없다. (2) 하자담보책임에 기한 해제의 경우 제척기간의 기산점이 되는 '하자를 안 날'이 문제가 되는데, 행정소송의 패소확정시를 기산점으로 볼 여지도 있으나, 유사한 사안에서 하급심 판례(서울중앙지방법원 2015가단523973 판결)는 최초의 행정처분시 하자를 알았다고 판단한 점, (3) 착오 취소의 경우 지시사항인 법정이자의 청구가 문제되는데, 동시이행관계가 인정되는 대판 1993. 5. 14. 92다45025 및 대판 2018. 9. 13. 2015다78703은 법정이자의 지급을 인정하지 않았으나, 이는 처분권주의의 원칙에 따른 것으로 생각되고, 지엽적인 판례이지만 대판 2016. 12. 27. 2014다225793 및 서울고등법원 2019. 9. 18. 2018나2071251 등이 민법 제749조 제2항에 기한 법정이자를 인정하였기에 착오 취소에 기한 법정이자를 청구하는 것으로 청구원인을 구성하였다. 물론 정답이 하자담보책임에 기한 해제일 가능성도 배제할 수 없고, 개인적인 생각으로 출제의도는 해제였을 가능성이 높아 보인다.

원고는 피고 남현수로부터 2018. 1. 12. 별지목록 제3항 기재 부동산을 8억 5천만 원에 매수하면서 계약일에 계약금 8천 5백만 원을, 2018. 2. 15. 잔금지급일에 잔금 7억 6천 5백만 원을 각 지급하기로 정하였고, 위 매매계약에 정한 바에 따라 매매대금전액을 지급하면서 위 부동산에 관하여 수원지방법원 성남지원 하남등기소 2018. 2. 15. 접수 제4927호로 소유권이전등기를 마쳤으나, 위 부동산을 인도받지는 않았습니다.

원고와 피고 남현수는 위 매매계약체결시 특약으로 '관광호텔사업 부지로 매수하므로, 매도인은 매수인이 관광호텔건축허가를 받는 데 최대한 협조하기로 한다.'라고 정하면서 관광호텔부지로 매수한다는 동기를 표시하며, 의사표시의 내용으로 정하였습니다. 그러나, 원고와 피고 남현수는 위 매매계약을 체결하기 전인 2017. 12.경 같이 하남시청을 방문하여 위 부동산에 호텔건축허가가 가능하다는 회신을 듣고 이를 신뢰하여 매매계약을 체결하였는데, 실제 위 부동산은 건축허가를 받을 수 없는 토지이며, 이에 기한 행정소송에서도 원고가 모두 패소하여, 2019. 11. 말경 그대로 확정되었습니다.

> 대판 1997. 4. 11. 96다31109

착오취소와 관련하여 판례는 '매수인이 토지에 대한 전용허가를 받기 위하여는 구 중소기업창업지원법에 의한 사업계획의 승인을 받는 등의 복잡한 절차를 거쳐야 한다는 사실을 모르고 곧바로 벽돌공장을 지을 수 있는 것으로 잘못 알고 있었다고 하여도, 그러한 착오는 동기의 착오에 지나지 않으므로 당사자 사이에 그 동기를 의사표시의 내용으로 삼았을 때 한하여 의사표시의 내용의 착오가 되어 취소할 수 있다.'고 판시하였는데, 위 판결에 따르면, 매도인과 매수인 모두 건축허가가 불가능하다는 점에 대하여 착오에 빠졌고, 호텔부지로 사용한다는 동기가 표시되어 의사표시의 내용이 되었으며, 원고에게는 특별한 중과실이 인정되지 않습니다.

따라서 원고는 이 사건 소장부본의 송달로써 위 매매계약을 취소합니다.

나. 부당이득반환의무의 동시이행관계 및 법정이자의 지급의무

쌍무계약이 무효로 되어 각 당사자가 서로 취득한 것을 반환하여야 할 경우, 어느 일방의 당사자에게만 먼저 그 반환의무의 이행이 강제된다면 공평과 신의칙에 위배되는 결과가 되므로 각 당사자의 반환의무는 동시이행의 관계에 있고,

> 대판 1996. 6. 14. 95다54693

<u>또한 쌍무계약이 취소된 경우 선의의 매수인에게 민법 제201조가 적용되어 과실취득권이 인정되는 이상 선의의 매도인에게도 민법 제587조의 유추적용에 의하여 대금의 운용이익 내지 법정이자의 반환의무가 인정되지 않으나,</u>

> 대판 1993. 5. 14. 92다45025

> 대판 2016. 12. 27. 2014다225793

소제기 후 법정이자와 관련하여 판례는 '피고가 임대주택법 관련 법령에서 정한 기준을 위반하여 그 기준에서 정한 금액을 초과하는 액수로 분양전환계약을 체결한 뒤 법률상 원인이 없는 분양대금을 수령하였어도, 그 초과한 정도가 임대주택법의 입법 목적을 본질적으로 침해하지는 않는 것으로 보이는 이 사건에서 피고가 그 수령 당시 초과 부분을 법률상 원인 없이 보유하게 되었다는 점을 인식하였다고 볼 수 없으므로, 피고는 민법 제749조 제2항에 따라 이 사건 소가 제기된 2012. 7. 4.부터 악의의 수익자로서 지연손해금을 지급할 의무가 있다고 판단하였다.'고 판시하여 민법 제749조 제2항에 따른 수익자의 악의 의제를 인정하였으며,

> 대판 2003. 4. 8. 2002다64957

상행위에 해당하는지 여부와 관련하여 판례는 '주식회사인 부동산 매수인이 의료법인인 매도인과의 부동산매매계약의 이행으로서 그 매매대금을 매도인에게 지급하였으나, 위 매매계약이 무효로 되었음을 이유로 민법의 규정에 따라 매도인에게 이미 지급하였던 매매대금 상당액의 반환을 구하는 부당이득반환청구의 경우, 거기에 상거래 관계와 같은 정도로 신속하게 해결할 필요성이 있다고 볼 만한 합리적인 근거도 없으므로 위 부당이득반환청구권에는 상법 제64조가 적용되지 아니하고, 그 소멸시효기간은 민법 제162조 제1항에 따라 10년이다.'고 판시하여 상행위성을 인정하지 않았습니다.

따라서 피고 남현수는 원고로부터 별지목록 제3항 기재 부동산에 관하여 수원지방법원 성남지원 하남등기소 2018. 2. 15. 접수 제4927호로 마친 소유권이전등기의 말소등기절차를 이행받음과 동시에 원고에게 부당이득금 850,000,000원 및 이에 대한 이 사건 소가 제기된 2020. 1. 10.부터 다 갚는 날까지 연 5%의 비율로 계산한 법정이자를 지급하여야 합니다.

5. 피고 남현수 및 피고 김상훈에 대한 대여금 청구

가. 소비대차계약의 체결, 병존적 채무인수 및 일상가사대리

원고는 2014. 7. 1. 소외 남현진에게 5천 만을 변제기의 정함이 없이 이자 연 10% (매월 말일 지급)로 정하여 대여하였는데, 남현진은 음식점을 운영하는 상인이기는 하나, 상행위와 관련없는 주택임대차보증금의 마련 명목으로 대여하였으므로, 위 대여금은 민사채권에 해당합니다.

> 대판 2002. 9. 24. 2002다36228

그리고, 피고 남현수는 2016. 5. 1. 원고의 동의를 얻어 채무자인 남현진의 부탁으로 채무를 인수하였는데, 이와 관련하여 판례는 '채무인수가 면책적인가 중첩적인가 하는 것은 채무인수계약에

나타난 당사자 의사의 해석에 관한 문제이고, 채무인수에 있어서 면책적 인수인지, 중첩적 인수인지가 분명하지 아니한 때에는 이를 중첩적으로 인수한 것으로 볼 것이다.'고 판시하였고, 또한 판례는 '<u>병존적 채무인수에서 인수인이 채무자의 부탁 없이 채권자와의 계약으로 채무를 인수하는 것은 매우 드문 일이므로 채무자와 인수인은 통상 주관적 공동관계가 있는 연대채무관계에 있고, 인수인이 채무자의 부탁을 받지 아니하여 주관적 공동관계가 없는 경우에는 부진정연대관계에 있는 것으로 보아야 한다.</u>'고 판시하였습니다. 　　대판 2014. 8. 26. 2013다49404

따라서 피고 남현수는 병존적 채무인수인으로서 연대책임을 부담하여야 합니다.

대판 1997. 11. 28. 97다31229

또한 남현진은 증액된 임대차보증금을 마련하기 위하여 차용을 하였는데, 이와 관련하여 민법 제832조는 '부부의 일방이 일상의 가사에 관하여 제삼자와 법률행위를 한 때에는 다른 일방은 이로 인한 채무에 대하여 연대책임이 있다.'고 규정하고 있고, 일상가사의 범위와 관련하여 판례는 '부인이 교회에의 건축 헌금, 가게의 인수대금, 장남의 교회 및 주택임대차보증금의 보조금, 거액의 대출금에 대한 이자 지급 등의 명목으로 금원을 차용한 행위는 일상 가사에 속한다고 볼 수는 없으며, <u>주택 및 아파트 구입비용 명목으로 차용한 경우 그와 같은 비용의 지출이 부부공동체를 유지하기 위하여 필수적인 주거 공간을 마련하기 위한 것이라면 일상의 가사에 속한다고 볼 여지가 있을 수 있으나</u> 그 주택 및 아파트의 매매대금이 거액에 이르는 대규모의 **아파트라면 그 구입 또한 일상의 가사에 속하는 것이라고 보기는 어렵다.'고 판시하였습니다.

따라서 남현진의 배우자인 피고 김상훈도 일상가사채무에 따른 연대책임을 부담하여야 합니다.

그렇다면 피고 남현수, 피고 김상훈은 연대하여 원고에게 일응 5천만 원 및 이에 대한 대여일인 2014. 7. 1.부터 다 갚는 날까지의 이자 및 지연손해금을 지급하여야 합니다.

나. 피고들의 예상주장 및 이에 대한 반박

(1) 피고들은 남현진의 대여금채무가 시효로 소멸하였고, (2) 피고 남현수는 자신이 이행최고를 받은 적이 없다는 취지로 주장할 수 있습니다.

그러나 민법 제419조는 '어느 연대채무자에 대한 이행청구는 다른 연채채무자에게도 효력이 있다.'고 규정하여 절대효를 인정하고 있어, 피고 남현수의 위 주장은 근거가 없습니다.

소멸시효와 관련하여, 위 대여금 원금은 일반민사채무에 해당하여 10년의 소멸시효기간이 적용되나, 이자채무는 민법 제163조 제1호에 따른 1년이내의 기간으로 정한 금전의 지급을 목적으로 한 채권에 해당하여 3년의 소멸시효기간이 적용됩니다.

소제기일인 2020. 1. 10. 현재 원금채무의 소멸시효는 완성되지 않은 것이 명백합니다.

그러나, 이자채무는 2016. 5. 1. 채무인수약정을 통하여 이전부분의 시효가 중단되었으나, 그 이후의 별다른 시효중단조치없이 2019. 5. 7., 2019. 8. 1., 2019. 10. 20. 3차례에 거쳐 최고만을 하였는데, 최고를 여러 번 거듭하다가 재판상 청구 등을 한 경우에 있어서의 시효중단의 효력은 항상 최초의 최고시에 발생하는 것이 아니라 재판상 청구 등을 한 시점을 기준으로 하여 이로부터 소급하여 6월 이내에 한 최고시에 발생하므로, 2019. 8. 1.자 최고만이 효력이 있습니다.

> 대판 1988. 11. 8. 88다3253

따라서 2019. 8. 1.로부터 역산하여 3년 이내인 2016. 8. 1.이후의 이자는 시효로 소멸하지 않았으나, 그 이전 부분은 시효로 소멸하였으므로, 원고는 피고들의 주장과 같이 원금 및 이에 대한 2016. 8. 1.이후 부분의 이자 및 지연손해금만을 청구합니다.

다. 소결

따라서 피고 남현수, 김상훈은 연대하여 원고에게 대여금 원금 50,000,000원 및 이에 대한 2016. 8. 1.부터 이 사건 소장부본 송달일까지는 약정이율인 연 10%의, 그 다음날부터 다 갚는 날까지는 소송촉진등에 관한 특례법에 따른 연 12%의 각 비율로 계산한 이자 내지 지연손해금을 지급하여야 합니다.

> 추심금청구의 요건사실은 추심채권, 추심명령, 추심명령의 제3채무자에 대한 송달사실이 된다.

6. 피고 김상훈에 대한 추심금 청구

가. 추심명령의 집행 및 송달

원고는 공증인가 강동합동법률사무소 증서 2017년 제5498호로 작성한 집행력있는 약속어음 공정증서의 약속어음금 4억 원을 집행채권으로, 2019. 11. 17. 채무자 소외 김현철의 제3채무자 피고 김상훈에 대한 1억원의 대여금 원금, 이자 및 지연손해금채권에 대하여 서울중앙지방법원 2019타채14094호로 채권압류 및 추심명령을 받았고, 이에 따른 압류 및 추심명령이 2019. 11. 20. 피고 김상훈에게 송달되었습니다.

추심권의 범위는 추심명령에서 특별히 한정하지 아니한 이상 피압류채권의 전액에 미치고, 압류신청당시 압류의 대상이 아니었던 압류의 효력 발생 전에 이미 발생한 이자 및 지연손해금을 제외한 압류의 효력 발생 다음날부터의 종된 권리인 이자 및 지연손해금에도 그 효력이 미치는데, 원고는 피압류채권의 이자 및 지연손해금에 대해서도 추심명령을 받았으므로, 이자 및 지연손해금 전부에 대하여 추심권을 행사할 수 있습니다.

> 대판 2015. 5. 28. 2013다1587. 채권압류명령은 제3채무자에게 송달된 때에 그 효력이 발생하고(민사집행법 제227조 제3항), 이러한 채권압류의 효력은 종된 권리에도 미치므로 압류의 효력이 발생한 뒤에 생기는 이자나 지연손해금에도 당연히 미치지만, 그 효력 발생 전에 이미 생긴 이자나 지연손해금에는 미치지 아니한다.

따라서 피고 김상훈은 원고에게 대여금 원금 100,000,000원 및 이에 대한 대여일인 2016. 10. 8.부터 변제기인 2017. 1. 7.까지는 약정이율인 연 3%의 이자를, 그 다음날부터 이 사건 소장부본 송달일까지는 민법에 따른 연 5%의, 그 다음날부터 다 갚는 날까지는 소송촉진등에 관한 특례법에 따른 연 12%의 각 비율로 계산한 지연손해금을 지급하여야 합니다.

나. 피고 김상훈의 예상주장 및 이에 대한 반박

피고 김상훈은 (1) 원고의 압류 및 추심명령 송달받기 전 주식회사 신안은행의 압류 및 추심명령이 송달되어 압류가 경합하므로 원고의 추심명령은 효력이 없고, (2) 2019. 12. 24. 김현철이 집행채권의 일부를 변제하였기 때문에 그 한도내에서는 추심권이 소멸하였다고 주장할 수 있습니다.

> 대판 2001. 3. 27. 2000다43819

그러나, 추심명령이 경합된 경우와 관련하여 판례는 '같은 채권에 관하여 추심명령이 여러 번 발부되더라도 그 사이에는 순위의 우열이 없고, 추심명령을 받아 채권을 추심하는 채권자는 자기 채권의 만족을 위하여서 뿐만 아니라 압류가 경합되거나 배당요구가 있는 경우에는 집행법원의 수권에 따라 일종의 추심기관으로서 압류나 배당에 참가한 모든 채권자를 위하여 제3채무자로부터 추심을 하는 것이므로 그 추심권능은 압류된 채권 전액에 미치며, 제3채무자로서도 정당한 추심권자에게 변제하면 그 효력은 위 모든 채권자에게 미치므로 압류된 채권을 경합된 압류채권자 및 또 다른 추심권자의 집행채권액에 안분하여 변제하여야 하는 것도 아니다.'라고 판시하였고, 또한 집행채권의 소멸과 관련하여 판례는 '집행채권의 부존재나 소멸은 집행채무자가 청구이의의 소에서 주장할 사유이지 추심의 소에서 제3채무자가 이를 항변으로 주장하여 집행채무의 변제를 거절할 수 있는 것이 아니다.'고 판시하였습니다. 따라서 이와 배치되는 피고 김상훈의 주장은 근거가 없습니다.

> 대판 1994. 11. 11. 94다34012

7. 피고 최민우에 대한 유치권부존재확인청구

가. 유치권부존재확인청구의 확인의 이익

원고는 별지목록 제4항 기재 부동산에 관하여 수원지방법원 동수원등기소 2016. 7. 5. 접수 제3287호로 근저당권설정등기를 마친 근저당권자이고, 피고 최민우는 위 부동산에 관한 전대차계약에 기한 전대차보증금을 피담보채권으로 하여 수원지방법원 2019타경7234호 임의경매사건에 유치권 신고를 하며 현재 위 부동산을 점유하고 있습니다.

> 요건사실은 원고가 근저당권자인 사실, 피고가 유치권신고를 한 사실이 된다. 그리고 유치권의 성립요건에 대해서는 피고가 주장, 증명하여야 한다.

> 대판 2004. 9. 23. 2004다32848

근저당권자의 유치권부존재확인청구와 관련하여 판례는 '담보권 실행을 위한 경매절차에서 근저당권자가 유치권자로 권리신고를 한 자에 대하여 유치권부존재확인의 소를 구할 법률상의 이익이 있다.'고 판시하였는데, 위 판결에 따르면 피고 최민우의 유치권신고로 인하여 경매 가격이 하락하거나 경매가 진행되기 어려운 상황이 인정되므로 원고는 근저당권로서 현재의 법률관계에 대한 현존하는 불이익을 제거할 가장 적절한 수단으로 유치권부존재확인을 구할 이익이 인정됩니다.

나. 피고 최민우의 예상주장 및 이에 대한 반박

> 대판 1976. 5. 11. 75다1305

피고 최민우는 전대차보증금에 기한 민법상 또는 상법상 유치권을 주장할 것으로 예상되는데, (1) 임차보증금 반환청구권이나 임대인이 건물시설을 아니하기 때문에 임차인에게 건물을 임차목적대로 사용 못한 것을 이유로 하는 손해배상청구권은 모두 그 물건에 관하여 생긴 채권이 아니어서 견련성이 인정되지 않아, 민사유치권이 성립될 수 없고, (2) 상법 제58조에 따르면 상인 간의 상행위로 인한 채권이 변제기에 있는 때에는 채권자는 변제를 받을 때까지 그 채무자에 대한 상행위로 인하여 자기가 점유하고 있는 채무자 소유의 물건 또는 유가증권을 유치할 수 있지만, 피고가 점유하는 부동산은 채무자인 박형국의 소유가 아니어서 상사유치권 역시 성립될 수 없습니다. 따라서 이에 관한 피고 최민우의 주장은 모두 근거가 없습니다.

8. 결론

위와 같은 이유로 피고들에 대하여 청구취지의 기재와 같은 판결을 선고하여 주시기 바랍니다.

증 명 방 법

첨 부 서 류

2020. 1. 10.

원고 소송대리인
변호사 신경자

수원지방법원 성남지원 귀중

별지

부동산 목록

〈생략〉

민사법

기록형

2021년도 제10회
변호사 시험

문제

2021년도 제10회 변호사시험 문제

| 시험과목 | 민사법(기록형) |

응시자 준수사항

1. 시험 시작 전 문제지의 봉인을 손상하는 경우, 봉인을 손상하지 않더라도 문제지를 들추는 행위 등으로 문제 내용을 미리 보는 경우 그 답안은 영점으로 처리됩니다.

2. 시험시간 중에는 휴대전화, 스마트워치, 무선이어폰 등 무선통신기기나 전자계산기 등 전산기기를 지녀서는 안 됩니다.

3. 답안은 흑색 또는 청색 필기구(사인펜이나 연필 사용 금지) 중 한 가지 필기구만을 사용하여 답안 작성란(흰색 부분) 안에 기재하여야 합니다.

4. 답안지에 성명과 수험번호 등을 기재하지 않아 인적사항이 확인되지 않는 경우에는 영점으로 처리되는 등 불이익을 받게 됩니다. 특히 답안지를 바꾸어 다시 작성하는 경우, 성명 등의 기재를 빠뜨리지 않도록 유의하여야 합니다.

5. 답안지에는 문제 내용을 쓸 필요가 없으며, 답안 이외의 사항을 기재하거나 밑줄 기타 어떠한 표시도 하여서는 안 됩니다. 답안을 정정할 경우에는 두 줄로 긋고 다시 써야 하며, 수정액·수정테이프 등은 사용할 수 없습니다.

6. 시험 종료 시각에 임박하여 답안지를 교체했더라도 시험시간이 끝나면 그 즉시 새로 작성한 답안지를 회수합니다.

7. 시험시간이 지난 후에는 답안지를 일절 작성할 수 없습니다. 이를 위반하여 **시험시간이 종료되었음에도 불구하고 계속 답안을 작성할 경우 그 답안은 영점으로 처리됩니다**.

8. 답안은 답안지의 쪽수 번호 순으로 써야 합니다. **배부된 답안지는 백지 답안이라도 모두 제출**하여야 하며, **답안지를 제출하지 아니한 경우 그 시간 시험과 나머지 시험에 응시할 수 없습니다**.

9. 지정된 시각까지 지정된 시험실에 입실하지 않거나 시험관리관의 승인 없이 시험시간 중에 시험실에서 퇴실한 경우, 그 시간 시험과 나머지 시간의 시험에 응시할 수 없습니다.

10. 시험시간 중에는 어떠한 경우에도 문제지를 시험실 밖으로 가지고 갈 수 없고, 그 시험시간이 끝난 후에는 문제지를 시험장 밖으로 가지고 갈 수 있습니다.

【 문 제 】

귀하는 변호사 노형탁으로서, 의뢰인 김인수와의 상담을 통해 다음 【상담내용】과 같은 사실관계를 청취하고, 【의뢰인의 희망사항】 기재사항에 관한 본안소송의 대리권을 수여받고, 첨부된 서류를 자료로 받았다.
의뢰인을 위한 본안의 소를 제기하기 위한 소장을 작성하시오.

【 작 성 요 령 】

1. 소장 작성일 및 소 제기일은 2021. 1. 8.로 하시오.
2. 일방 당사자가 여러 명인 경우 성명으로 특정하시오(예, '피고 홍길동').
3. 청구취지와 청구원인은 가급적 피고별로 나누어 기재하시오.
   [이하 작성요령은 실무의 기준과 다를 수 있음]
4. 관할권이 있는 법원 중 한 곳에 1건의 공동소송으로 제기하되, 나머지 공동소송의 요건은 갖추어진 것으로 전제하고, 주관적이든 객관적이든 예비적·선택적 병합청구는 하지 마시오.
5. 【의뢰인의 희망사항】란에 기재된 희망사항에 부합하도록 소장을 작성하되 현행법과 그 해석상 승소 가능한 최대한의 범위에서 청구하고, 소 각하나 청구기각 부분이 발생하지 않도록 하시오.
6. 첨부자료를 통하여 상대방이 명백히 의견을 밝히고 있어서 소송 중 방어방법으로 제출할 것으로 예상되는 법률상 주장이나 항변 중 이유 있다고 생각되는 부분은 청구에 미리 반영하고, 이유 없다고 판단되는 사항은 청구원인란을 통해 미리 반박하시오(기재하지 않을 경우 감점될 수 있음).
7. [의뢰인 상담일지]와 첨부자료에 기재된 사실관계는 모두 사실에 부합한 것으로 보고(작성자의 의견에 해당하는 사항은 제외), 기재되지 않은 사실은 없는 것으로 전제하며, 첨부서류는 모두 진정하게 성립된 것으로 간주하시오.
8. <증명방법>란과 <첨부서류>란 기재는 생략하고, 부동산의 표기는 아래 [부동산목록]을 소장 말미에 첨부함을 전제로 하여 작성하되, 소장에 해당 [부동산목록]을 기재하지 마시오.
9. 관련 증거자료를 제시하여 기술할 필요는 없습니다.
10. 기록상의 날짜가 공휴일인지, 문서의 서식이 실제와 부합하는지는 고려하지 마시오.

부동산 목록

1. 서울 성동구 성수동 22 지상 철근콘크리트조 슬래브지붕 2층 근린생활시설 1층 453㎡, 2층 453㎡
2. 안산시 단원구 선부동 45 잡종지 1,320㎡
3. 평택시 서정동 296-2 대 455㎡. 끝.

【참고자료】

각급 법원의 설치와 관할구역에 관한 법률(일부)

제4조(관할구역) 각급 법원의 관할구역은 다음 각 호의 구분에 따라 정한다. 다만 지방법원 또는 그 지원의 관할구역에 시·군법원을 둔 경우「법원조직법」제34조 제1항 제1호 및 제2호의 사건에 관하여는 지방법원 또는 그 지원의 관할구역에서 해당 시·군법원의 관할구역을 제외한다.

1. 각 고등법원·지방법원과 그 지원의 관할구역: 별표 3

　(이하 제2호 내지 제7호는 생략)

[별표 3] 고등법원·지방법원과 그 지원의 관할구역(일부)

고등법원	지방법원	지원	관할구역
서울	서울중앙		서울특별시 종로구·중구·강남구·서초구·관악구·동작구
	서울동부		서울특별시 성동구·광진구·강동구·송파구
	서울남부		서울특별시 영등포구·강서구·양천구·구로구·금천구
	서울북부		서울특별시 동대문구·중랑구·성북구·도봉구·강북구·노원구
	서울서부		서울특별시 서대문구·마포구·은평구·용산구
	의정부		의정부시·동두천시·양주시·연천군·포천시, 강원도 철원군. 다만, 소년보호사건은 앞의 시·군 외에 고양시·파주시·남양주시·구리시·가평군
		고양	고양시·파주시
		남양주	남양주시·구리시·가평군
수원	수원		수원시·오산시·용인시·화성시. 다만, 소년보호사건은 앞의 시 외에 성남시·하남시·평택시·이천시·안산시·광명시·시흥시·안성시·광주시·안양시·과천시·의왕시·군포시·여주시·양평군
		성남	성남시·하남시·광주시
		여주	이천시·여주시·양평군
		평택	평택시·안성시
		안산	안산시·광명시·시흥시
		안양	안양시·과천시·의왕시·군포시

의뢰인 상담일지

변호사 노형탁 법률사무소

서울 서초구 서초대로 120, 405호 (서초동, 뉴로이어스빌딩)
전화 02)3481-1400, 팩스 02)3481-1401, 전자우편 rohhtlaw@gmail.com

접수번호	2021-02	상담일시	2021. 1. 4.
의 뢰 인	김인수 / 010-2575-9470	내방경위	지인의 소개

【 상 담 내 용 】

1. 전부받은 임차보증금 관련
 가. 의뢰인은 이상주에게 돈을 빌려 주었는데 이상주가 이를 갚지 않아서 이상주가 임차해 있던 성수동 건물 임차보증금을 전부받았다.
 나. 이상주는 위 성수동 건물에서 침구류 도·소매업을 하고 있었는데, 위 건물에 불이 나서 폐업하고 건물을 임대인에게 반환한 것으로 안다.

2. 안산시 토지 관련
 가. 의뢰인은 이상주와 어머니는 같고, 아버지는 다른 형제 사이이다. 어머니 망 오혜선은 이상주의 아버지 망 이대복과 혼인하고 이상주를 낳은 다음 이혼하였다. 그 후 오혜선은 의뢰인의 아버지 망 김재박과 사실혼 관계를 유지하면서 의뢰인을 낳았다. 김재박은 당시 망 박미리와 혼인한 상태였는데, 박미리와 사이에서 의뢰인을 출생한 것처럼 출생신고를 하였다. 하지만 실제로 의뢰인을 양육한 것은 오혜선이다.
 나. 박계호는 의뢰인의 중·고등학교 동창인 친구이다. 어느 날 박계호와 이야기를 나누다가 이상주에게 돈을 빌려 주고 못 받고 있다고 했더니, 박계호가 하는 말이 이상주가 상속받은 토지를 자기가 매수했다는 것이었다. 이 말을 듣고 확인해 보니 의뢰인과 이상주의 생모인 오혜선이 남긴 유일한 재산인 안산시 선부동 토지를 이상주가 단독으로 상속등기하고, 박계호에게 팔았던 것이다.
 다. 이상주에게 이를 따졌더니, 이상주는 의뢰인이 오혜선의 자녀로 가족관계등록부에 등재되어 있지 않아서 단독으로 등기하고 처분한 것이라고 했다. 그래서 의뢰인은 법원에서 친자확인 판결을 받은 다음, 가족관계등록부에 아버지 김재박과 어머니 박미리의 자녀로 되어 있었던 것을 아버지 김재박과 어머니 오혜선의 자녀가 되는 것으로 바꾸었다.

3. 전자제품 대금 관련
  가. 의뢰인은 전자제품 총판 대리점을 운영하고 있는데, 박계호가 최영만과 동업으로 전자제품 대리점을 해 보겠다고 해서 두 사람에게 1억 원어치 전자제품을 공급해 주었다.
  나. 그 후 변제기가 돼서 돈을 받으러 최영만을 찾아갔더니, 최영만이 말도 안 되는 핑계를 대길래 화가 나서 최영만의 승용차를 부순 일이 있다. 그로부터 며칠 후 박계호가 찾아와서 미안하다고 하면서 최영만이 돈이 많으니 최영만한테 대금을 받으면 되지 않느냐, 자기 채무는 조금 깎아 달라고 하도 사정하길래 그간의 친분도 있고 박계호의 모친이 암으로 고생하는 것도 생각나고 해서 대금 중 일부를 깎아 주었다.

4. 평택시 토지 관련
  가. 의뢰인은 고향 선배로 평소 누나처럼 따르던 정의숙이 주식회사 케이터맘의 공장 신축 자금으로 사용한다고 하여 정의숙에게 돈을 빌려 주었다. 이후 정의숙은 위 회사 대표이사로 취임하였고, 공장도 완공된 것으로 알고 있다.
  나. 최근 알아보니 정의숙은 그 후 대표이사도 사임하고 다른 사업을 하다가 망해서 지금은 동생인 정미숙 앞으로 명의신탁한 평택시 토지 외에는 아무런 재산도 가지고 있지 않다. 이 토지에는 송화선 명의 근저당권이 설정되어 있다. 근저당권 설정 당시부터 지금까지 이 토지의 시가는 3억 원 정도이다.

【의뢰인의 희망사항】

1. 전부명령을 받은 보증금을 지급받기를 원한다. 전부금의 지연손해금도 청구할 수 있다면 소장 부본 송달 다음 날부터 구하는 것으로 해 주었으면 한다.
2. 안산시 토지 중 의뢰인의 지분을 아무런 부담이 없도록 하여 등기할 수 있는 상태로 만들어 주기를 원한다. 만약 이것이 법률상 불가능하다면 의뢰인의 지분 상당의 금전으로라도 돌려받기를 원한다.
3. 전자제품의 대금을 최대한 많이 받기를 원한다.
4. 평택시 토지에 대한 근저당권설정계약은 사해행위이므로 취소시키고, 정의숙 명의 책임재산을 아무런 부담이 없는 상태로 확보해 주기를 원한다. 다만 정의숙에 대해서는 그간의 친분도 있고 차용증에 금전소비대차 공정증서까지 받아놓았으니 정의숙을 상대로 소송을 제기하는 것은 원치 않는다.

부동산 임대차 계약서

부동산의 표시: 서울 성동구 성수동 22 지상 철근콘크리트조 슬래브지붕 2층 근린생활시설 중 1층 453m²

위 부동산을 임대차함에 있어 임대인과 임차인은 쌍방 합의하에 아래 각 조항과 같은 조건으로 계약한다.

제1조

보증금	1억 3천만(130,000,000) 원	월세	이백만(2,000,000) 원(매월 8일 후불 지급)
	보증금 1억 3천만 원을 계약 당일 임대인에게 지불함 위 금액을 정액 수령함. 2017. 11. 9. 1. 임대규 (인) 2. 윤미영 (인)		

제2조 부동산은 계약 당일인 2017년 11월 9일 인도하기로 한다.
제3조 임대기간은 2017년 11월 9일부터 2020년 11월 8일까지(3년)로 한다.
제4조 임대차계약 종료일 1개월 전까지 임대인 또는 임차인이 계약갱신의 거절을 상대방에게 통지하지 아니하면, 임대차계약은 동일한 조건으로 2년간 자동으로 갱신된다.
제5조 임차인은 임대인의 승인 없이는 건물의 형상을 변경할 수 없다.

위 계약조건을 증명하기 위하여 본 계약서를 3부 작성하여 각자 1부씩 보관한다.

2017년 11월 9일

임대인 : 1. 임대규 (580828-1752313) (인)
          고양시 일산동구 장항2로 23, 3동 701호(장항동, 호수마을)
      2. 윤미영 (620929-2346541) (인)
          고양시 일산동구 장항2로 23, 3동 701호(장항동, 호수마을)
임차인 :   이상주 (730525-1248319) (인)
          서울 서초구 양재대로 158, 102동 1105호(양재동, 송림아파트)

서 울 중 앙 지 방 법 원
결 정

사 건	2019타채20155 채권압류 및 전부명령
채 권 자	김인수 (780106-1525337)
	서울 강남구 역삼로25길 4, 11동 902호(역삼동, 무진아파트)
채 무 자	이상주 (730525-1248319)
	서울 서초구 양재대로 158, 102동 1105호(양재동, 송림아파트)
제3채무자	임대규 (580828-1752313)
	고양시 일산동구 장항2로 23, 3동 701호(장항동, 호수마을)

주 문

채무자의 제3채무자에 대한 별지 기재 채권을 압류한다.
제3채무자는 채무자에게 위 채권의 지급을 하여서는 아니 된다.
채무자는 위 채권의 처분과 영수를 하여서는 아니 된다.
위 압류된 채권은 지급에 갈음하여 채권자에게 전부한다.

청 구 금 액

금 1억 원(공증인가 호수합동법률사무소 증서 2018년 제4101호로 작성된 집행력 있는 금전소비대차 공정증서 정본에 의한 대여금)

이 유

채권자가 위 청구금액을 변제받기 위하여 공증인가 호수합동법률사무소 증서 2018년 제4101호로 작성한 집행력 있는 금전소비대차 공정증서 정본에 터 잡아 한 이 사건 신청은 이유 있으므로 주문과 같이 결정한다.

2019. 10. 8.

사법보좌관 이 영 경 (인)

정본입니다.
2019. 11. 7.
법원주사 안동천

압류할 채권의 표시

금 1억 원정

채무자가 제3채무자에 대하여 가지고 있는 서울 성동구 성수동 22 지상 철근콘크리트조 슬래브지붕 2층 근린생활시설 중 1층 453㎡에 관한 2017. 11. 9.자 임대차계약에 기한 임차보증금반환채권 중 위 금액에 달하는 부분. 끝.

송 달 및 확 정 증 명 원

사　　　　건　　서울중앙지방법원 2019타채20155 채권압류 및 전부명령
채　권　자　　김인수
채　무　자　　이상주
제3채무자　　임대규
증명신청인　　김인수

위 사건에 관하여 아래와 같이 송달 및 확정되었음을 증명하여 주시기 바랍니다.

채무자　이상주　　2019. 10. 12. 채권압류및전부명령정본 송달
제3채무자 임대규　2019. 10. 12. 채권압류및전부명령정본 송달
2019. 10. 20. 확정.

2020. 5. 25.

신청인 김인수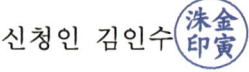

서울중앙지방법원 귀중

위 증명함.

2020. 5. 25.

서울중앙지방법원

법원주사 김동효

통지서에 대한 답변

수신인: 김인수
　　　　서울 강남구 역삼로25길 4, 11동 902호(역삼동, 무진아파트)

　귀하의 2020년 10월 25일자 통지서는 잘 받아 보았습니다.
　귀하의 통지서에서 주장한 바와 같이 본인 부부가 1/2씩 공유하는 서울 성동구 성수동 22 지상 2층 건물 중 1층 점포를 이상주 씨에게 임대하고 보증금으로 1억 3,000만 원을 받은 것은 사실입니다. 이상주 씨는 위 점포에서 침구류 도·소매업을 하였습니다. 귀하는 이상주 씨에게 받을 돈이 있어서 법원에서 전부명령을 받았으니 본인에게 그 돈을 달라고 주장하는 것 같은데, 본인은 귀하의 요구에 응할 수 없습니다.
　우선 귀하가 아실지 모르나 올해 4월에 건물에 불이 나서 건물 중 2층과 1층 일부가 불에 탔고, 화재를 진압하는 과정에서 물과 소화제를 살포하는 바람에 더 이상 건물 전부를 점포로 쓸 수 없는 상태가 되고 말았습니다. 그 무렵 이상주 씨는 점포에 남아 있던 물건을 모두 빼고 출입문 열쇠를 본인에게 넘겨주었습니다. 그런데 건물의 화재 발생지점이 이상주 씨가 임차해 쓰던 1층 전면 출입구 부근입니다. 그러므로 건물의 수리비(1층 점포부분 3,000만 원, 2층 물류창고 부분 2,000만 원) 상당의 손해는 귀하가 전부받은 보증금에서 공제되어야 합니다.
　또한 본인은 귀하의 전부명령이 확정되기 전에 박정우의 가압류결정을 송달받았는데, 이 경우 귀하의 전부명령은 압류가 경합된 상태에서 발령된 것으로서 효력이 없다는 것이 제가 아는 변호사의 의견입니다.
　그리고 귀하의 전부명령이 있기 전에 차명호가 보증금 중 일부를 이미 양도받았고 본인은 2019년 5월 19일 우편으로 양도통지를 받았습니다. 그러므로 본인이 귀하에게 줄 돈이 있다 하더라도 차명호에게 양도된 부분만큼은 공제하겠습니다.
　마지막으로 본인은 제 처와 위 건물을 1/2씩 공유하고 있으므로 본인이 반환할 보증금도 1억 3,000만 원의 1/2인 6,500만 원을 한도로 하는 것입니다.

　　　　　　　　　　2020년 12월 15일

발신인: 임대규
　　　　고양시 일산동구 장항2로 23, 3동 701호(장항동, 호수마을)

첨부서류: 화재현장조사서, 견적서, 가압류결정, 채권양도통지서 등.

본 우편물은 2020-12-15
제16231호에 의하여
내용증명우편물로 발송하였음을 증명함

고양일산우체국장

화 재 현 장 조 사 서

☐ 화재발생 개요
  ○ 일   시: 2020. 4. 6. 12:05경
  ○ 장   소: 서울 성동구 성수동 22 지상 철근콘크리트조 슬래브지붕 2층 건물
  ○ 인명 피해: 사망자 0명, 부상자 0명
  ○ 재산 피해: 합계 5,000만 원 (부동산 피해 5,000만 원)
        - 부동산 건물 1층 점포 외벽소실   3,000만 원 상당
          건물 2층 물류창고 일부 소실 2,000만 원 상당

[중략]

☐ 화재조사 개요
  ○ 화재 원인: 1층 전면 침구용품점 출입구 부근에서 발화해 2층이 연소됨
             1층 발화 원인은 불명

  〈개요〉
  ◇ 최초 목격자 김○○(남자/55세)이 인근을 지나다가 1층에서 연기가 나는 것을 목격하고 소방서에 전화했다고 진술하고 있음
  ◇ 현장에서 화재 진행방향을 확인한바, 1층에서 발화하여 2층으로 연소·확대되는 연소패턴을 발견할 수 있었음
  ◇ 현장에서 전기적인 요인 등 화재 발생 관련 특이점을 발견하지 못했음
  ◇ 화재 현장에서 방화흔 등 화재 관련 특이사항 발견치 못함

☐ 결   론
  계속 조사 중

[이하 생략]

2020. 7. 20.

성 동 소 방 서

작성자 소방경 김성현

견 적 서

<u>임 대 규</u>   귀하

서울 성동구 성수동 22 지상 철근콘크리트조 슬래브지붕 2층 건물의 수리 견적은 다음과 같습니다.

내 역		단 가	금 액(단위: 원) (VAT포함)	비 고
1층	미장		15,000,000	
	도장		15,000,000	
소계			**30,000,000**	
2층	철거 및 처리비용		10,000,000	
	전기시설		10,000,000	
소계			**20,000,000**	
합계			**50,000,000**	

2020년 8월 10일

성동 인테리어
서울 성동구 성수1로 77
대표자 윤 진 수

서 울 중 앙 지 방 법 원
결 정

사 건	2019카단30510 채권가압류	
채 권 자	박정우 (640215-1356235)	
	서울 송파구 송파대로 210, 1동 1101호(문정동, 현대아파트)	
채 무 자	이상주 (730525-1248319)	
	서울 서초구 양재대로 158, 102동 1105호(양재동, 송림아파트)	
제3채무자	임대규 (580828-1752313)	
	고양시 일산동구 장항2로 23, 3동 701호(장항동, 호수마을)	

주 문

채무자의 제3채무자에 대한 별지 목록 기재 채권을 가압류한다.
제3채무자는 채무자에게 위 채권의 지급을 하여서는 아니 된다.
채무자는 다음 청구금액을 공탁하고 가압류의 집행정지 또는 그 취소를 신청할 수 있다.

청구채권의 내용   2018. 7. 25.자 대여금
청구금액   금 5,000만 원

이 유

이 사건 가압류신청은 이유 있으므로 담보로 별지 첨부의 지급보증위탁계약을 맺은 문서를 제출받고 주문과 같이 결정한다.

(공탁보증보험증권의 첨부는 생략함)

2019. 10. 14.

판사 백명헌

가압류할 채권의 표시

금 5,000만 원정

채무자가 제3채무자에 대하여 가지고 있는 서울 성동구 성수동 22 지상 철근콘크리트조 슬래브지붕 2층 근린생활시설 중 1층 453㎡에 관한 2017. 11. 9.자 임대차계약에 기한 임차보증금반환채권 중 위 금액에 달하는 부분. 끝.

송 달 증 명 원

귀원 2019카단30510호 채권가압류 사건에 관한 2019. 10. 14.자 채권가압류결정 정본이 2019. 10. 15. 제3채무자에게 송달되었음을 증명하여 주시기 바랍니다.

2020. 12. 10.

신 청 인 임 대 규

서 울 중 앙 지 방 법 원 귀중

위 증명함.

2020. 12. 10.

서 울 중 앙 지 방 법 원

법원주사 이하린

채권양도 통지서

수신인   1. 임대규

            고양시 일산동구 장항2로 23, 3동 701호(장항동, 호수마을)

         2. 윤미영

            고양시 일산동구 장항2로 23, 3동 701호(장항동, 호수마을)

발신인   이상주

            서울 서초구 양재대로 158, 102동 1105호(양재동, 송림아파트)

1. 귀하들의 안녕을 기원합니다.
2. 본인은 오늘 귀하들에 대하여 가지는 2017년 11월 9일자 임대차계약에 기한 임차보증금반환채권 중 40,000,000원을 차명호{570930-1534112, 주소: 서울 서초구 서초대로 10, 12동 102호(서초동, 동일빌라트)}에게 양도하였습니다. 이에 귀하들에게 이와 같은 채권양도를 통지하는 바입니다.
3. 그러니 귀하들께서는 양도된 위 금원을 위 채권의 변제기가 도래하면 즉시 차명호에게 지급하여 주시기를 바랍니다.

2019년 5월 17일

통지인   이상주

채권양도양수계약서

1. 당사자
   양도인: 이상주
   양수인: 차명호

2. 양도 대상물
   이상주가 임대규, 윤미영에 대해 가지는 서울 성동구 성수동 22 지상 철근콘크리트조 슬래브지붕 2층 건물 중 1층 453㎡에 대한 2017년 11월 9일자 임대차계약에 기한 임차보증금반환채권 중 40,000,000원

3. 양도 목적
   양도인은 양수인으로부터 차용한 대여금에 대한 변제조로 위 임차보증금반환채권 중 40,000,000원을 양수인에게 양도함.

2019년 5월 17일

양도인   이상주 (730525-1248319)   (인)
         서울 서초구 양재대로 158, 102동 1105호(양재동, 송림아파트)

양수인   차명호 (570930-1534112)   (인)
         서울 서초구 서초대로 10, 12동 102호(서초동, 동일빌라트)

등기사항전부증명서(말소사항 포함)-토지

[토지] 안산시 단원구 선부동 45   고유번호 1258-1992-569358

【표제부】		(토지의 표시)			
표시번호	접 수	소재지번	지목	면적	등기원인 및 기타사항
1 (전2)	1992년12월9일	안산시 단원구 선부동 45	잡종지	1,320㎡	부동산등기법 제177조의6 제1항의 규정에 의하여 2001년07월14일 전산이기

【갑구】		(소유권에 관한 사항)		
순위번호	등기목적	접 수	등기원인	권리자 및 기타사항
1 (전5)	소유권이전	2001년5월12일 제1958호	2001년3월18일 매매	소유자 오혜선 490925-2252313 서울 서초구 반포동 15 백마빌라 1동 102호
				부동산등기법 제177조의6 제1항의 규정에 의하여 2001년07월14일 전산이기
2	소유권이전	2019년4월1일 제2683호	2019년2월27일 상속	소유자 이상주 730525-1248319 서울 서초구 양재대로 158, 102동 1105호(양재동, 송림아파트)
3	소유권이전	2019년8월1일 제5218호	2019년8월1일 매매	소유자 박계호 780716-1371416 서울 성북구 돈암로 15, 101동 201호 (돈암동, 한신아파트) 거래가액 금300,000,000원
4	가압류	2019년11월15일 제7918호	2019년11월15일 수원지방법원 안산지원의 가압류결정(2019 카단25991)	청구금액 금37,000,000원 채권자 최영만 781009-1924392 서울 강남구 강남대로 128, A동 1305호 (역삼동, 그린빌라)

---- 이 하 여 백 ----

수수료 1,000원 영수함   관할등기소 수원지방법원 안산지원 등기과 / 발행등기소 법원행정처 등기정보중앙관리소

이 증명서는 등기기록의 내용과 틀림없음을 증명합니다.

서기 2020년 12월 11일

법원행정처 등기정보중앙관리소 전산운영책임관

*실선으로 그어진 부분은 말소사항을 표시함. *등기기록에 기록된 사항이 없는 갑구 또는 을구는 생략함.
*증명서는 컬러 또는 흑백으로 출력 가능함.

문서 하단의 바코드를 스캐너로 확인하거나 **인터넷등기소**(http://iros.go.kr)의 **발급확인** 메뉴에서 **발급확인번호**를 입력하여 **위·변조 여부**를 확인할 수 있습니다. **발급확인번호**를 통한 확인은 발행일부터 3개월까지 5회에 한하여 가능합니다.

발행번호   12154545963943645155831517   1/1   발급확인번호   TIEN-CGFL-2753   발행일   2020/12/11

서울가정법원
판결

사 건	2020드단3282 친생자관계부존재확인 등
원 고	김인수 (780106-1525337)
	서울 강남구 역삼로25길 4, 11동 902호(역삼동, 무진아파트)
피 고	서울중앙지방검찰청 검사
변론종결	2020. 5. 24.
판결선고	2020. 6. 14.

주 문

1. 원고와 망 박미리(411015-2841420, 등록기준지: 창원시 마산회원구 석전북1길 33-1) 사이에 친생자관계가 존재하지 아니함을 확인한다.
2. 원고와 망 오혜선(490925-2252313, 등록기준지: 경남 함안군 법수면 윤외3길 8-3) 사이에 친생자관계가 존재함을 확인한다.
3. 소송비용은 각자 부담한다.

청구취지

주문과 같다.

이 유

1. 인정사실

가. 원고는 가족관계등록부상 망 김재박을 아버지로, 망 박미리를 어머니로 하여 그들 사이에 태어난 친생자로 등재되어 있다.

나. 그러나 사실 원고는 망 김재박과 망 오혜선 사이에서 출생한 혼외자로, 망 오혜선에 의해 양육되었다.

다. 유전자검사에서도 망 오혜선의 친생자인 이부동복 형제 이상주와 원고 사이에 동일 모계에 의한 혈연관계가 성립하는 것으로 판명되었다.

[인정근거] 갑 제1 내지 11호증(가지번호 포함)의 각 기재, 주식회사 휴먼패스에 대한 유전자감정촉탁결과, 변론 전체의 취지

2. 판단

위 인정사실에 의하면, 원고와 망 박미리 사이에 친생자관계가 존재하지 아니하고, 원고와 망 오혜선 사이에 친생자관계가 존재함이 명백하다. 그러므로 원고의 이 사건 청구는 이유 있어 이를 인용하고, 소송비용은 각자 부담하기로 하여 주문과 같이 판결한다.

판사   하정엽

| 가 | 족 |

가족관계증명서 [폐쇄]

등록기준지	경남 함안군 법수면 윤외3길 8-3				
구분	성 명	출생연월일	주민등록번호	성별	본
본인	오혜선(吳惠善) 사망	1949년 09월 25일	490925-2252313	여	大川

가 족 사 항

구분	성 명	출생연월일	주민등록번호	성별	본
부	오자룡(吳子龍) 사망	1921년 12월 18일	211218-1252319	남	大川
모	윤순례(尹順禮) 사망	1925년 11월 14일	251114-2314327	여	坡平
자녀	이상주(李尙周)	1973년 05월 25일	730525-1248319	남	全州
자녀	김인수(金寅洙)	1978년 01월 06일	780106-1525337	남	安東

위 가족관계증명서는 가족관계등록부의 기록사항과 틀림없음을 증명합니다.

서기 2020년 12월 10일

서울특별시 서초구청장

기본증명서 [폐쇄]

등록기준지	경남 함안군 법수면 윤외3길 8-3				
구분	상세내용				
작성	[가족관계등록부 작성일] 2008년 01월 01일 [작성사유] 가족관계의 등록 등에 관한 법률 부칙 제3조 제1항				
폐쇄	[폐쇄일] 2019년 3월 15일 [폐쇄사유] 사망				
구분	성 명	출생연월일	주민등록번호	성별	본
본인	오혜선(吳惠善) 사망	1949년 09월 25일	490925-2252313	여	大川

일반등록사항

구분	상세내용
출생	[출생장소] 경남 함안군 법수면 윤외리 1 [신고일] 1949년 12월 2일 [신고인] 부
사망	[사망일시] 2019년 2월 27일 [사망장소] 서울특별시 서초구 반포대로 222 카톨릭대학교 서울성모병원 [신고일] 2019년 3월 15일 [신고인] 자녀 이상주 [처리관서] 서울특별시 서초구

위 기본증명서는 가족관계등록부의 기록사항과 틀림없음을 증명합니다.

서기 2020년 12월 10일

서울특별시 서초구청장

혼인관계증명서 [폐쇄]

등록기준지	경남 함안군 법수면 윤외3길 8-3				
구분	성 명	출생연월일	주민등록번호	성별	본
본인	오혜선(吳惠善) 사망	1949년 09월 25일	490925-2252313	여	大川

혼인사항

기록할 사항이 없습니다.

구분	상 세 내 용
혼인	[혼인신고일] 1970년 5월 10일 [배우자] 이대복
이혼	[협의이혼신고일] 1974년 2월 18일 [배우자] 이대복 [배우자의 주민등록번호] 370815-1327415 [처리관서] 경남 함안군 함안읍

위 혼인관계증명서는 가족관계등록부의 기록사항과 틀림없음을 증명합니다.

서기 2020년 12월 10일

서울특별시 서초구청장 (인)

| 가 | 족 |

가족관계증명서

등록기준지	창원시 마산회원구 석전북1길 33-1				
구분	성 명	출생연월일	주민등록번호	성별	본
본인	김인수(金寅洙)	1978년 01월 06일	780106-1525337	남	安東

가 족 사 항

구분	성 명		출생연월일	주민등록번호	성별	본
부	김재박(金在博)	사망	1938년 04월 11일	380411-1321355	남	安東
모	오혜선(吳惠善)	사망	1949년 09월 25일	490925-2252313	여	大川

위 가족관계증명서는 가족관계등록부의 기록사항과 틀림없음을 증명합니다.

서기 2020년 12월 10일

서울특별시 서초구청장

| 가 | 족 |

가족관계증명서 [폐쇄]

등록기준지	창원시 마산회원구 석전북1길 33-1				
구분	성 명	출생연월일	주민등록번호	성별	본
본인	김재박(金在博) 사망	1938년 04월 11일	380411-1321355	남	安東

가 족 사 항

구분	성 명	출생연월일	주민등록번호	성별	본
부	김충진(金忠鎭) 사망	1915년 05월 01일	150501-1321519	남	安東
모	홍가선(洪佳善) 사망	1920년 03월 04일	200304-2123428	여	海州
배우자	박미리(朴美理) 사망	1941년 10월 15일	411015-2841420	여	密陽
자녀	김인수(金寅洙)	1978년 01월 06일	780106-1525337	남	安東

위 가족관계증명서는 가족관계등록부의 기록사항과 틀림없음을 증명합니다.

서기 2020년 12월 10일

서울특별시 서초구청장

통지서

수신인: 이상주
　　　　서울 서초구 양재대로 158, 102동 1105호(양재동, 송림아파트)

　형님 보시오.
　이렇게까지는 하고 싶지 않았지만, 부득이 형님이 법대로 하라고 하니 나 또한 어쩔 수 없소.
　우리 두 사람을 낳아주신 어머님이 돌아가신 후에 나는 어머님이 아무런 재산도 남기지 않고 돌아가신 줄로만 알았소. 그런데 박계호로부터 형님이 박계호에게 상속받은 안산 땅을 팔았다고 들어서 무슨 땅인가 하고 확인해 보았소. 그때 어머님이 남긴 유산을 형님이 함부로 단독 등기하고 박계호에게 팔아넘긴 일을 알게 되었던 것이오. 내가 이 문제로 지난번 만났을 때 따졌더니 그때 형님 뭐라 그랬소? 가족관계부상 아들로 되어 있지 않으니 상속도 받지 못한다고 하지 않았소? 그때 내 속으로 피눈물을 흘렸소. 내가 이 문제를 해결하려고 법원에서 친자관계확인 판결을 받아서 지난 7월에 가족관계부도 고쳤소. 이제 등기를 바로잡는 일만 남았소. 나도 어머님의 상속인이니 형님 마음대로 팔아넘긴 안산 땅에 내 지분도 등기해야겠소. 정 안되면 지금 시세로 쳐서 돈으로라도 내 몫을 받아야겠소. 형님 말대로 법대로 할 터이니 그리 아시오. 이만 줄이겠소.

　　　　　　　　　　　　　　2020년 12월 5일

발신인: 김인수 (인)
　　　　서울 강남구 역삼로25길 4, 11동 902호(역삼동, 무진아파트)

서울강남우체국
2020. 12. 5.
20 - 13224

본 우편물은 2020-12-05
제13224호에 의하여
내용증명우편물로 발송하였음을 증명함

서울강남우체국장

통지서에 대한 답변서

수 신 인 : 김인수
　　　　　서울 강남구 역삼로25길 4, 11동 902호(역삼동, 무진아파트)

네가 보낸 2020년 12월 5일자 통지서는 잘 받아 보았다.

평소 막역한 사이였던 우리들이 어쩌다 이런 문제에 휘말리게 되었는지 참으로 유감스럽게 생각한다. 하지만 아는 변호사에게 물어 보니, 네가 친생자 소송을 제기하기 전에 안산 토지가 처분되었으므로 민법 제860조 단서에 의해 민법 제1014조에 따라 상속분 상당 가액만 청구할 수 있을 뿐이라고 한다. 또 민법 제1014조에 보면 너는 재판의 확정에 의해 공동상속인이 되었으니 상속분 상당의 가액만 청구할 수 있을 뿐이라고 한다. 그리고 매각 당시보다 지금 토지 가격이 상당히 올랐는데(매각 가격은 3억 원인데 지금은 4억 원쯤 된다), 돌려 주어야 할 돈이 있다고 해도 지금 시세대로 쳐서 돌려 주어야 하는 것은 아니라고 한다. 네가 정녕 이 문제를 법대로 해결하겠다면 우리도 가만히 있지 않을 것이다. 이만 줄인다.

　　　　　　　　　　　2020년 12월 20일

발 신 인 : 1. 이상주
　　　　　　　서울 서초구 양재대로 158, 102동 1105호(양재동, 송림아파트)
　　　　　　2. 박계호
　　　　　　　서울 성북구 돈암로 15, 101동 201호(돈암동, 한신아파트)

서울서초우체국
2020. 12. 20.
20 - 19778

본 우편물은 2020-12-20
제19778호에 의하여
내용증명우편물로 발송하였음을 증명함

서울서초우체국장

통지서에 대한 답변서

수신인: 김인수

　　　　서울 강남구 역삼로25길 4, 11동 902호(역삼동, 무진아파트)

귀하가 보낸 2020년 12월 5일자 통지서는 잘 받아 보았습니다.

유감스럽게도 본인은 귀하의 요구에 응할 수 없습니다. 귀하는 제가 가압류한 안산 토지에 대하여 권리를 주장하는 것으로 보입니다만, 저는 박계호에게 받을 돈이 있어서 가압류를 했을 뿐입니다. 제가 귀하에게 가압류를 말소해야 할 하등의 이유가 없으니, 저를 상대로 소송을 해 보아야 아무런 소용이 없을 것입니다. 법적으로 하시겠다면 마음대로 하시기 바랍니다.

　　　　　　　　　　　2020년   12월   20일

발신인: 최영만

　　　　서울 강남구 강남대로 128, A동 1305호(역삼동, 그린빌라)

　　　　　　　　　　본 우편물은 2020-12-20
　　　　　　　　　　제17131호에 의하여
　　　　　　　　　　내용증명우편물로 발송하였음을 증명함

　　　　　　　　　　서울역삼우체국장

물품 공급 계약서

매도인 김인수(이하 '갑'이라 한다.)와 매수인 최영만, 박계호(이하 '을'이라 한다.)는 아래 전자제품을 매매함에 있어 다음과 같이 계약을 체결한다.

제1조(계약당사자와 매매목적물) 갑은 다음 매매목적물 1억 원 상당을 을에게 매도하고 을은 이를 매수한다.

제품명	제조사	단가	수량	합계액(VAT 포함)
텔레비전	삼성전자 주식회사	150만 원	10	1,500만 원
	LG전자 주식회사	150만 원	10	1,500만 원
대형냉장고	삼성전자 주식회사	250만 원	10	2,500만 원
	LG전자 주식회사	250만 원	10	2,500만 원
대형세탁기	삼성전자 주식회사	100만 원	10	1,000만 원
	LG전자 주식회사	100만 원	10	1,000만 원
합계				1억 원

제2조(매매목적물의 인도와 대금지급) ① 갑은 2019년 12월 1일까지 을에게 을의 영업점으로 위 매매목적물을 인도한다.
② 을은 2020년 12월 1일까지 갑에게 매매대금 전액을 지급하여야 한다.

제3조(이자약정) 을은 전조 제1항에 따라 매매목적물을 인도받은 다음 날부터 제2항에 정한 대금지급일까지 연 3%의 이자를 가산하여 지급한다.

2019년 11월 1일

매도인	주 소	서울 광진구 광장로12길 37, 1702호 (스페이스엑스)			
	성명 또는 상호	김 인 수 (인) 사업자등록번호	517-31-31955	전화번호	(02) 545-8865
매수인	주 소	서울 용산구 청파로27길 43, B-203 (가전랜드)			
	성명 또는 상호	1. 최영만 (인) 2. 박계호 (인) 사업자등록번호	517-43-23487	전화번호	(02) 356-8987

물 품 수 령 증

매도인 김인수 귀하

매수인 최영만, 박계호는 2019년 12월 1일 매도인 김인수로부터 다음 물품을 모두 정상적으로 인수하였음을 확인한다.

제품명	제조사	단가	수량	합계액(VAT 포함)
텔레비전	삼성전자 주식회사	150만 원	10	1,500만 원
	LG전자 주식회사	150만 원	10	1,500만 원
대형냉장고	삼성전자 주식회사	250만 원	10	2,500만 원
	LG전자 주식회사	250만 원	10	2,500만 원
대형세탁기	삼성전자 주식회사	100만 원	10	1,000만 원
	LG전자 주식회사	100만 원	10	1,000만 원
합계				1억 원

2019년 12월 1일

매 수 인   1. 최 영 만 (인)

2. 박 계 호 (인)

내 용 증 명

수   신 :   김인수 (780106-1525337)
             서울 강남구 역삼로25길 4, 11동 902호(역삼동, 무진아파트)
발   신 :   1. 박계호
             2. 최영만

1. 귀하가 보낸 2020년 12월 5일자 내용증명우편을 잘 받아 보았습니다.
2. 귀하는 위 내용증명우편에서 본인들이 2019년 12월 1일 공급받은 전자제품 대금의 지급을 구하였습니다. 본인들이 1/2씩 출자해서 동업으로 전자제품 판매업을 하려고 귀하로부터 전자제품 1억 원어치를 매수한 것은 사실입니다. 그러므로 본인들이 귀하에게 전자제품 대금을 전혀 갚지 않겠다는 것은 아닙니다.
3. 다만 본인들도 할 말이 있습니다. 귀하는 지난 12월 1일에 최영만 소유 제네시스 승용차를 아무런 이유 없이 부수었습니다. 그로 인한 수리비로 300만 원이 나왔으니 수리비와 귀하의 전자제품 대금을 상계하는 바입니다.
4. 또한 귀하는 박계호의 중·고등학교 동창으로서 박계호의 모친이 암으로 고생하는 것을 알고 박계호에 대한 채무를 일부 면제해 주었습니다. 그러므로 박계호뿐 아니라 최영만에 대해서도 같은 액수의 채무가 소멸하였습니다.

                        2020년 12월 15일

별첨 : 1. 진술서(선현석) 2. 수리 견적서 3. 채무면제서

        발신인   1. 박 계 호 (780716-1371416)   (박계호인)
                   서울 성북구 돈암로 15, 101동 201호(돈암동, 한신아파트)
                 2. 최 영 만 (781009-1924392)   (최영만인)
                   서울 강남구 강남대로 128, A동 1305호(역삼동, 그린빌라)

(서울성북우체국 2020. 12. 15. 20 - 14131)

본 우편물은 2020-12-15
제14131호에 의하여
내용증명우편물로 발송하였음을 증명함

서울성북우체국장

진 술 서

본인은 2020년 12월 1일 오전 11시경 최영만이 운행하는 19나7251호 제네시스 90 차량에 동승하여 "보헤미안" 카페에 갔던 일이 있습니다.

당시 최영만은 본인에게 잠시 기다리라고 하면서 카페 안으로 들어가고 본인은 차량 근처에서 담배 한 대를 피우고 있었습니다.

약 30분이 흘렀을 때쯤 최영만이 후다닥 뛰어나와 쳐다보니 김인수가 뒤를 쫓아 나오면서 최영만에게 "건방진 놈"이라며 소리지르고, 이어 소지하고 있던 몽둥이로 카페 앞에 주차된 위 제네시스 승용차의 앞 유리창과 보닛을 내리쳐 파손한 사실을 목격하여 알고 있습니다.

2020년 12월 3일

진술인 선 현 석 (인)

수리 견적서

최 영 만 귀하

◇ 차량 제원
   차종: 현대자동차 제네시스 90 (2018년산)
   차량번호: 19나7251
   소유자: 최영만

◇ 수리 내역
  1. 전방 유리창 전면 교체
    1) 재료비 70만 원
    2) 공임 30만 원
  2. 보닛 교체 및 도장
    1) 재료비 150만 원
    2) 공임 50만 원
  3. 합계: 300만 원

KS 표준수리비에 따라 산정한 수리비 견적임을 확인합니다.

2020년 12월 3일

예산 자동차 정비 (사업자 등록번호: 321-32-77345)
대표자 김 일 두 (인)
서울 성동구 성수일로 B동 101호(성수동, 성동 자동차월드 빌딩)

채 무 면 제 서

박 계 호 귀하
서울 성북구 돈암로 15, 101동 201호(돈암동, 한신아파트)

본인은 귀하가 본인에 대하여 부담하고 있는 물품대금 중 7,000만 원 및 7,000만 원에 대한 지연손해금을 오늘 날짜로 면제합니다.

2020년 12월 7일

김인수 (인)

내용증명에 대한 답변

수신인: 1. 박계호
　　　　　서울 성북구 돈암로 15, 101동 201호(돈암동, 한신아파트)
　　　　2. 최영만
　　　　　서울 강남구 강남대로 128, A동 1305호(역삼동, 그린빌라)

귀하들이 보낸 2020년 12월 15일자 내용증명은 2020년 12월 17일 받아 보았습니다. 최영만 씨 승용차를 부순 것은 제가 잠시 화가 나서 그런 것으로 미안하게 생각하고 있습니다. 박계호에게 채무를 면제해 준 것은 사실이지만 최영만 씨에 대해서까지 채무를 면제할 생각은 없었습니다. 이 점 잘못 알고 계신 것 같아서 알려 드립니다.

　　　　　　　　　2020년 12월 20일

발신인 : 김인수 (인)
　　　　서울 강남구 역삼로25길 4, 11동 902호(역삼동, 무진아파트)

(서울역삼우체국 2020. 12. 20. 20 - 17135)

본 우편물은 2020-12-20
제17135호에 의하여
내용증명우편물로 발송하였음을 증명함

서울역삼우체국장

차 용 증

대여인: 김인수 (780106-1525337)
   서울 강남구 역삼로25길 4, 11동 902호(역삼동, 무진아파트)
차용인: 정의숙 (650820-2013145)
   서울 관악구 신림로1길 13, 101호(신림동, 미림빌라)

금 액: 일금 2억 원
이 자: 월 1%(이자는 매월 말에 지급하기로 함)
변제기: 2014년 3월 31일

차용인은 대여인으로부터 위와 같이 금전을 차용하기로 하고 위 돈을 지급받았으므로, 변제기에 확실히 변제할 것을 약속합니다.

       2013년 4월 1일

     대여인 김인수 (인)
     차용인 정의숙 (인)

등기사항전부증명서 (말소사항 포함) - 토지

[토지] 평택시 서정동 296-2　　　　　　　　　　　고유번호 1102-1961-111495

【 표 제 부 】　　(토지의 표시)

표시번호	접 수	소재지번	지목	면적	등기원인 및 기타사항
1 (전2)	2007년9월8일	평택시 서정동 296-2	대	455㎡	부동산등기법 제177조의6 제1항의 규정에 의하여 2001년07월14일 전산이기

【 갑 구 】　　(소유권에 관한 사항)

순위번호	등기목적	접 수	등기원인	권리자 및 기타사항
1 (전2)	소유권이전	2007년9월8일 제4983호	2007년8월12일 매매	소유자 박을동 550725-1369225 서울시 종로구 무악동 12 무악아파트 101동 103호
2	소유권이전	2010년10월13일 제5422호	2010년9월11일 매매	소유자 정의숙 650820-2013145 평택시 서정동 15 동산아파트 103동 101호
2-1	2번등기명의인 표시변경	2012년2월3일 제2216호	2012년1월24일 전거	정의숙의 주소 서울 관악구 신림로1길 13, 101호 (신림동, 미림빌라)
3	소유권이전	2012년3월10일 제3123호	2012년2월10일 매매	소유자 정미숙 681102-2013146 서울 동작구 사당대로12길, 103동 1701호(사당동, 자이아파트)

--- 이 하 여 백 ---

* 실선으로 그어진 부분은 말소사항을 표시함.　　* 등기부에 기록된 사항이 없는 갑구 또는 을구는 생략함.
발행번호 12154545963943645151553315131513　　1/2　발급확인번호 TIEN-DGEL-8569　　발행일 2020/12/02

[토지] 평택시 서정동 296-2　　　　　　　　고유번호 1102-1961-111495

【 을　　구 】			(소유권 이외의 권리에 관한 사항)	
순위번호	등기목적	접　수	등기원인	권리자 및 기타사항
1	근저당권설정	2020년7월13일 제4977호	2020년7월13일 설정계약	채권최고액 금360,000,000원 채무자 정미숙 　서울 동작구 사당대로12길, 103동 1701호 　(사당동, 자이아파트) 근저당권자 송화선 670207-2234172 　서울 종로구 사직로13길, 104동 1404호 　(사직동, 스페이스본)

--- 이 하 여 백 ---

수수료 금 1,000원 영수함　관할등기소 수원지방법원 송탄등기소 / 발행등기소 법원행정처
등기정보중앙관리소

이 증명서는 등기기록의 내용과 틀림없음을 증명합니다.

서기 2020년 12월 2일

법원행정처 등기정보중앙관리소 전산운영책임관

*실선으로 그어진 부분은 말소사항을 표시함. *등기기록에 기록된 사항이 없는 갑구 또는 을구는 생략함.
*증명서는 컬러 또는 흑백으로 출력 가능함.

문서 하단의 바코드를 스캐너로 확인하거나 **인터넷등기소**(http://iros.go.kr)의 발급확인 메뉴에서 **발급확인번호**를 입력하여
위·변조 여부를 확인할 수 있습니다. 발급확인번호를 통한 확인은 발행일부터 3개월까지 5회에 한하여 가능합니다.

발행번호　1215454596394364515155331513　　2/2　　발급확인번호　TIEN-DGEL-8569　　발행일　2020/12/02

통지서에 대한 답변서

수신인: 김인수
　　　　서울 강남구 역삼로25길 4, 11동 902호(역삼동, 무진아파트)

귀하가 보낸 2020년 12월 10일자 통지서는 잘 받아 보았습니다.

고향 선후배로서 친분이 있던 귀하로부터 빌린 돈 2억 원은 주식회사 케이터맘의 공장 신축 자금으로 쓰고 그 덕분에 제가 케이터맘 대표이사에 취임도 하게 되어 감사한 마음을 잊지 않고 있습니다. 또 이 돈을 약속한 날짜에 갚지 못하여 미안하게 생각하고 있습니다. 하지만 평택시 서정동 296-2 토지에 설정된 근저당권을 말소하는 문제는 귀하가 잘못 알고 있는 것입니다. 평택시 토지의 명의를 제 동생 앞으로 해 둔 것은 사실이지만, 아는 변호사에게 물어 보니, 토지 소유 명의가 제가 아니라 제 동생 앞으로 되어 있으므로 제 동생의 채권자가 아니라 저의 채권자인 귀하가 근저당권등기에 대해 어떤 법적 조치를 취하는 것은 가능하지 않다고 합니다.

　　　　　　　　　　　　　2020년 12월 21일

발신인: 정의숙
　　　　서울 관악구 신림로7길 25, 102동 304호(신림동, 무지개아파트)

서울신림우체국
2020. 12. 21.
20 - 14911

본 우편물은 2020-12-21
제14911호에 의하여
내용증명우편물로 발송하였음을 증명함

서울신림우체국장

통지서에 대한 답변서

수신인: 김인수
　　　　서울 강남구 역삼로25길 4, 11동 902호(역삼동, 무진아파트)

　귀하가 보낸 2020년 12월 10일자 통지서는 잘 받아 보았습니다.
　귀하가 말씀하신 대로 제 명의로 되어 있는 평택시 서정동 296-2 토지는 제 언니인 정의숙 소유이나 명의만 제 앞으로 되어 있는 것이 사실입니다. 그러나 명의는 제 앞으로 되어 있지만, 근저당권설정 계약을 한 것은 제가 아니라 제 언니입니다. 참고로 저와 정의숙, 송화선 사이의 확약서를 첨부해 보내 드립니다. 이 확약서를 보시면 그간의 사정을 잘 아실 수 있을 것입니다. 이뿐만 아니라 귀하가 언니에게 빌려 준 돈은 케이터링 업체인 주식회사 케이터맘의 공장 설립 자금으로 사용되었고, 그 후 언니는 주식회사 케이터맘의 대표이사로 취임하였으므로, 상사소멸시효가 적용되어 이미 청구할 수 없는 것으로 압니다. 그럼 이만 줄이겠습니다.

　　　　　　　　　　　2020년　12월　21일

발신인: 정미숙
　　　　서울 동작구 사당대로12길, 103동 1701호(사당동, 자이아파트)

　　　　　　　　　　　　본 우편물은 2020-12-21
서울동작우체국　　　　제17811호에 의하여
2020. 12. 21.　　　　　내용증명우편물로 발송하였음을 증명함
20 - 17811
　　　　　　　　　　　　서울동작우체국장

확 약 서

정의숙, 정미숙, 송화선은 2020년 7월 13일 그간의 채무문제를 해결하기 위해 다음과 같이 확약함.

1. 정미숙 명의로 되어 있는 평택시 서정동 296-2 토지는 사실 정의숙이 실제 소유하고 있으나, 동생인 정미숙의 명의를 빌려 등기해 놓은 토지임을 확인함.
2. 정의숙은 2018년 4월 1일 송화선으로부터 3억 원을 이자 없이 변제기를 2019년 11월 30일로 정하여 차용하였는데, 이를 갚지 못하고 있음을 확인함.
3. 정의숙은 평택시 토지 외에 정의숙 명의로 된 아무런 재산이 없으므로 송화선에게 오늘 날짜로 평택시 토지에 대해 3억 원의 담보로 근저당권을 설정해 주기로 함. 다만 지금 등기가 정미숙 명의로 되어 있으므로 등기소에 제출하는 근저당권설정계약서는 정미숙 명의로 작성해 주기로 함.
4. 송화선은 평택시 토지가 정미숙 명의로 되어 있으나 사실은 정의숙의 토지임을 양해하고, 평택시 토지를 담보로 제공받는 데 동의함.
5. 정의숙은 2021년 3월 31일까지 3억 원을 갚지 못하면 송화선이 평택시 토지에 대해 경매를 하더라도 이의하지 아니할 것임을 확약함.

2020년 7월 13일

정의숙 (650820-2013145)
　서울 관악구 신림로7길 25, 102동 304호(신림동, 무지개아파트)

정미숙 (681102-2013146)
　서울 동작구 사당대로12길, 103동 1701호(사당동, 자이아파트)

송화선 (670207-2234172)
　서울 종로구 사직로13길, 104동 1404호(사직동, 스페이스본)

가	족

가족관계증명서

등록기준지	인천 강화군 화도면 동막로 12				
구분	성 명	출생연월일	주민등록번호	성별	본
본인	정진명(鄭辰明)	1938년 12월 21일	381221-1427512	남	海州

가 족 사 항

구분	성 명	출생연월일	주민등록번호	성별	본
자	정의숙(鄭宜淑)	1965년 08월 20일	650820-2013145	여	海州
자	정미숙(鄭美淑)	1968년 11월 02일	681102-2013146	여	海州
배우자	강수진(姜秀眞)	1945년 04월 19일	450419-2527310	여	晉州

위 가족관계증명서는 가족관계등록부의 기록사항과 틀림없음을 증명합니다.

서기 2020년 12월 10일

서울특별시 서초구청장

등기번호	001142
등록번호	110111-017442

등기사항전부증명서(현재사항)

상 호	주식회사 케이터맘	. .	변경
		. .	등기
본 점	경기도 수원시 영통구 원천로 27, 704호 (원천동, 원천빌딩)	. .	변경
		. .	등기
공고방법	서울시내에서 발행하는 일간 매일경제신문에 게재한다.	. .	변경
		. .	등기
1주의 금액	금 10,000원	. .	변경
		. .	등기
발행할 주식의 총수	1,000,000주	. .	변경
		. .	등기

발행주식의 총수와 그 종류 및 각각의 수	자본의 총액	변 경 연 월 일 등 기 연 월 일	

발행주식의 총수 100,000주
  보통주식 100,000주
  우선주식 0주
	금 1,000,000,000원	. .	변경

		. .	등기

목 적

1. 식음료 제조, 판매업
2. 제1호에 관련된 부대사업

임원에 관한 사항

이사 배성권 740720-1724091	
2013년 05월 01일 취임	2013년 05월 01일 등기
이사 양영민 830110-1392113	
2013년 05월 01일 취임	2013년 05월 01일 등기
이사 정의숙 650820-2013145	
2013년 05월 01일 취임	2013년 05월 01일 등기
대표이사 정의숙 650820-2013145 서울 관악구 신림로1길 13, 101호(신림동, 미림빌라)	
2013년 05월 01일 취임	2013년 05월 01일 등기
감사 임재영 660810-1245278	
2013년 05월 01일 취임	2013년 05월 01일 등기

수수료 금 1,000원 영수함.   관할등기소 수원지방법원 화성등기소 / 발행등기소 서울중앙지방법원 등기국

등기부 등본입니다. {다만 신청이 없는 경우에는 효력이 없는 등기사항과 지배인(대리인), 지점(분사무소)의 등기사항을 생략하였습니다.}

서기 2013년 07월 01일

서울중앙지방법원 등기국 등기관

4010915313667289567922482064-1234-4032   발행일 2013/07/01

통지서에 대한 답변서

수신인: 김인수
    서울 강남구 역삼로25길 4, 11동 902호(역삼동, 무진아파트)

귀하가 보낸 2020년 12월 10일자 통지서는 잘 받아 보았습니다.

위 통지서에서 귀하는 본인이 정미숙 명의 평택시 토지에 설정받은 근저당권에 어떤 문제가 있는 것처럼 말씀하시면서 등기를 말소해 줄 것을 요청하였습니다. 귀하가 주장하는 바와 같이 평택시 토지가 정의숙이 정미숙에게 명의신탁한 토지인 것은 맞습니다. 그러나 귀하는 등기부상 소유자인 정미숙의 채권자가 아니라 정의숙의 채권자입니다. 이뿐만 아니라 귀하가 정의숙에게 빌려 준 돈은 정의숙이 케이터링 업체인 주식회사 케이터맘의 구리시 공장 신축 자금으로 썼고, 그 후 정의숙이 위 회사의 대표이사가 되었으므로, 귀하의 정의숙에 대한 채권은 상사채권으로서 이미 소멸시효가 완성된 것입니다. 귀하가 법적인 조치를 취하는 것은 귀하 마음이지만, 어차피 해 보아야 안되는 일을 벌이는 귀하가 딱해 보여 드리는 말씀이니 자중하시기를 바랍니다.

2020년 12월 21일

발신인: 송화선
    서울 종로구 사직로13길, 104동 1404호(사직동, 스페이스본)

서울종로우체국
2020. 12. 21.
20 - 21231

본 우편물은 2020-12-21
제21231호에 의하여
내용증명우편물로 발송하였음을 증명함

서울종로우체국장

확 인 : 법무부 법조인력과장

민사법

기록형

2021년도 **제10회**
변호사 시험

문제해결 TIP

기록 1면

【 문　　제 】

귀하는 변호사 노형탁으로서, 의뢰인 김인수와의 상담을 통해 다음 【상담내용】과 같은 사실관계를 청취하고, 【의뢰인의 희망사항】 기재사항에 관한 본안소송의 대리권을 수여받고, 첨부된 서류를 자료로 받았다.

의뢰인을 위한 본안의 소를 제기하기 위한 소장을 작성하시오.

> 작성기준일자로 소멸시효 및 제척기간의 기준시점이 된다.

> 피고들의 명시적 주장이 없어도 항변으로 고려하라는 의미. 특히 동시이행항변의 경우 '명시적인 주장이 없으면 고려하지 말 것'이라는 특별한 지시사항이 없다면 항변으로 반영하는 것이 원칙이다.

【 작 성 요 령 】

1. 소장 작성일 및 소 제기일은 2021. 1. 8.로 하시오.
2. 일방 당사자가 여러 명인 경우 성명으로 특정하시오(예, '피고 홍길동').
3. 청구취지와 청구원인은 가급적 피고별로 나누어 기재하시오.

[이하 작성요령은 실무의 기준과 다를 수 있음]

4. 관할권이 있는 법원 중 한 곳에 1건의 공동소송으로 제기하되, 나머지 공동소송의 요건은 갖추어진 것으로 전제하고, 주관적이든 객관적이든 예비적·선택적 병합청구는 하지 마시오.
5. 【의뢰인의 희망사항】란에 기재된 희망사항에 부합하도록 소장을 작성하되 현행법과 그 해석상 승소 가능한 최대한의 범위에서 청구하고, 소 각하나 청구기각 부분이 발생하지 않도록 하시오.
6. 첨부자료를 통하여 상대방이 명백히 의견을 밝히고 있어서 소송 중 방어방법으로 제출할 것으로 예상되는 법률상 주장이나 항변 중 이유 있다고 생각되는 부분은 청구에 미리 반영하고, 이유 없다고 판단되는 사항은 청구원인란을 통해 미리 반박하시오(기재하지 않을 경우 감점될 수 있음).
7. [의뢰인 상담일지]와 첨부자료에 기재된 사실관계는 모두 사실에 부합한 것으로 보고(작성자의 의견에 해당하는 사항은 제외), 기재되지 않은 사실은 없는 것으로 전제하며, 첨부서류는 모두 진정하게 성립된 것으로 간주하시오.
8. 〈증명방법〉란과 〈첨부서류〉란 기재는 생략하고, 부동산의 표기는 아래 [부동산 목록]을 소장 말미에 첨부함을 전제로 하여 작성하되, 소장에 해당 [부동산 목록]을 기재하지 마시오.
9. 관련 증거자료를 제시하여 기술할 필요는 없습니다.
10. 기록상의 날짜가 공휴일인지, 문서의 서식이 실제와 부합하는지는 고려하지 마시오.

> 별지 목록이 주어졌고, 소장에 별지 목록을 원용하여 부동산을 표시하여야 한다.

기록 4면

의뢰인 상담일지

변호사 노형탁 법률사무소

서울 서초구 서초대로 120, 405호 (서초동, 뉴로이어스빌딩)
전화 02)3481-1400, 팩스 02)3481-1401, 전자우편 rohhtlaw@gmail.com

접수번호	2021-02	상담일시	2021. 1. 4.
의 뢰 인	김인수 / 010-2575-9470	내방경위	지인의 소개

【상담내용】

1. 전부받은 임차보증금 관련

   가. 의뢰인은 이상주에게 돈을 빌려 주었는데 이상주가 이를 갚지 않아서 이상주가 임차해 있던 성수동 건물 임차보증금을 전부받았다. ······ 손해배상금의 공제 범위가 문제된다.

   나. 이상주는 위 성수동 건물에서 침구류 도·소매업을 하고 있었는데, 위 건물에 불이 나서 폐업하고 건물을 임대인에게 반환한 것으로 안다. ······ 임대목적물을 반환하였으므로, 원칙적 임대차보증금반환채무에 대한 지연손해금이 발생한다.

2. 안산시 토지 관련

   가. 의뢰인은 이상주와 어머니는 같고, 아버지는 다른 형제 사이이다. 어머니 망 오혜선은 이상주의 아버지 망 이대복과 혼인하고 이상주를 낳은 다음 이혼하였다. 그 후 오혜선은 의뢰인의 아버지 망 김재박과 사실혼 관계를 유지하면서 의뢰인을 낳았다. 김재박은 당시 망 박미리와 혼인한 상태였는데, 박미리와 사이에서 의뢰인을 출생한 것처럼 출생신고를 하였다. 하지만 실제로 의뢰인을 양육한 것은 오혜선이다.

   나. 박계호는 의뢰인의 중·고등학교 동창인 친구이다. 어느 날 박계호와 이야기를 나누다가 이상주에게 돈을 빌려 주고 못 받고 있다고 했더니, 박계호가 하는 말이 이상주가 상속받은 토지를 자기가 매수했다는 것이었다. 이 말을 듣고 확인해 보니 의뢰인과 이상주의 생모인 오혜선이 남긴 유일한 재산인 안산시 선부동 토지를 이상주가 단독으로 상속등기하고, 박계호에게 팔았던 것이다.

   다. 이상주에게 이를 따졌더니, 이상주는 의뢰인이 오혜선의 자녀로 가족관계등록부에 등재되어 있지 않아서 단독으로 등기하고 처분한 것이라고 했다. 그래서 의뢰인은 법원에서 친자확인 판결을 받은 다음, 가족관계등록부에 아버지 김재박과 어머니 박미리의 자녀로 되어 있었던 것을 아버지 김재박과 어머니 오혜선의 자녀가 되는 것으로 바꾸었다. ······ 상속회복청구권이 문제된다. / 원고는 오혜선의 친생자이고, 모자관계에서는 인지가 필요하지 않다.

3. 전자제품 대금 관련
    가. 의뢰인은 전자제품 총판 대리점을 운영하고 있는데, 박계호가 최영만과 동업으로 전자제품 대리점을 해 보겠다고 해서 두 사람에게 1억 원어치 전자제품을 공급해 주었다.
    나. 그 후 변제기가 돼서 돈을 받으러 최영만을 찾아갔더니, 최영만이 말도 안 되는 핑계를 대길래 화가 나서 최영만의 승용차를 부순 일이 있다. 그로부터 며칠 후 박계호가 찾아와서 미안하다고 하면서 최영만이 돈이 많으니 최영만한테 대금을 받으면 되지 않느냐, 자기 채무는 조금 깎아 달라고 하도 사정하길래 그간의 친분도 있고 박계호의 모친이 암으로 고생하는 것도 생각나고 해서 대금 중 일부를 깎아 주었다.

매수인 모두가 상인으로 각 채무는 연대채무가 된다.
불법행위에 기한 손해배상채권이 발생하였다.
연대채무에 있어서 일부 채무자에 대한 일부면제의 효력이 문제된다.

4. 평택시 토지 관련
    가. 의뢰인은 고향 선배로 평소 누나처럼 따르던 정의숙이 주식회사 케이터맘의 공장 신축 자금으로 사용한다고 하여 정의숙에게 돈을 빌려 주었다. 이후 정의숙은 위 회사 대표이사로 취임하였고, 공장도 완공된 것으로 알고 있다.
    나. 최근 알아보니 정의숙은 그 후 대표이사도 사임하고 다른 사업을 하다가 망해서 지금은 동생인 정미숙 앞으로 명의신탁한 평택시 토지 외에는 아무런 재산도 가지고 있지 않다. 이 토지에는 송화선 명의 근저당권이 설정되어 있다. 근저당권 설정 당시부터 지금까지 이 토지의 시가는 3억 원 정도이다.

대표이사 개인에게 대여한 것으로 원칙적 민사채무에 해당한다.
정의숙의 무자력을 전제하고 있고, 자매간 명의신탁으로 약정 및 등기가 모두 무효이며, 사해행위취소가 문제된다.

【의뢰인 강기원의 희망사항】

지연손해금 기산점에 대한 지시사항에 해당한다.

1. 전부명령을 받은 보증금을 지급받기를 원한다. 전부금의 지연손해금도 청구할 수 있다면 소장 부본 송달 다음 날부터 구하는 것으로 해 주었으면 한다.
2. 안산시 토지 중 의뢰인의 지분을 아무런 부담이 없도록 하여 등기할 수 있는 상태로 만들어 주기를 원한다. 만약 이것이 법률상 불가능하다면 의뢰인의 지분 상당의 금전으로라도 돌려받기를 원한다.
3. 전자제품의 대금을 최대한 많이 받기를 원한다.
4. 평택시 토지에 대한 근저당권설정계약은 사해행위이므로 취소시키고, 정의숙 명의 책임재산을 아무런 부담이 없는 상태로 확보해 주기를 원한다. 다만 정의숙에 대해서는 그간의 친분도 있고 차용증에 금전소비대차 공정증서까지 받아놓았으니 정의숙을 상대로 소송을 제기하는 것은 원치 않는다.

원칙적 원물반환에 기한 상속회복청구를 지시하였다.
정의숙을 피고에서 제외할 것을 지시하였는데, 대여금청구는 할 필요가 없다.

부동산 임대차 계약서

부동산의 표시: 서울 성동구 성수동 22 지상 철근콘크리트조 슬래브지붕 2층 근린생활시설 중 1층 453㎡

위 부동산을 임대차함에 있어 임대인과 임차인은 쌍방 합의하에 아래 각 조항과 같은 조건으로 계약한다.

제1조

보증금	1억 3천만(130,000,000) 원	월세	이백만(2,000,000) 원(매월 8일 후불 지급)
	보증금 1억 3천만 원을 계약 당일 임대인에게 지불함 위 금액을 전액 수령함. 2017. 11. 9. 1. 임대규 (인) 2. 윤미영 (인)		

제2조 부동산은 계약 당일인 2017년 11월 9일 인도하기로 한다.

제3조 임대기간은 2017년 11월 9일부터 2020년 11월 8일까지(3년)로 한다.

제4조 임대차계약 종료일 1개월 전까지 임대인 또는 임차인이 계약갱신의 거절을 상대방에게 통지하지 아니하면, 임대차계약은 동일한 조건으로 2년간 자동으로 갱신된다.

제5조 임차인은 임대인의 승인 없이는 건물의 형상을 변경할 수 없다.

위 계약조건을 증명하기 위하여 본 계약서를 3부 작성하여 각자 1부씩 보관한다.

공동임대인으로, 임대차보증금반환 채무는 불가분채무에 해당한다.

2017년 11월 9일

임대인: 1. 임대규 (580828-1752313) (인)
고양시 일산동구 장항2로 23, 3동 701호(장항동, 호수마을)
2. 윤미영 (620929-2346541) (인)
고양시 일산동구 장항2로 23, 3동 701호(장항동, 호수마을)
임차인: 이상주 (730525-1248319) (인)
서울 서초구 양재대로 158, 102동 1105호(양재동, 송림아파트)

기록 8면

압류할 채권의 표시

금 1억 원정

채무자가 제3채무자에 대하여 가지고 있는 서울 성동구 성수동 22 지상 철근콘크리트조 슬래브지붕 2층 근린생활시설 중 1층 453㎡에 관한 2017. 11. 9.자 임대차계약에 기한 임차보증금반환채권 중 위 금액에 달하는 부분. 끝.

> 피압류채권액. 보증금반환채권의 일부에 대해서만 압류 및 전부가 집행되었다.

송달 및 확정증명

사 건 　서울중앙지방법원 2019타채20155 채권압류 및 전부명령
채 권 자 　김인수
채 무 자 　이상주
제3채무자 　임대규
증명신청인 　김인수

위 사건에 관하여 아래와 같이 송달 및 확정되었음을 증명하여 주시기 바랍니다.

채무자　　이상주　　　　2019. 10. 12. 채권압류및전부명령정본 송달
제3채무자 임대규　　　　2019. 10. 12. 채권압류및전부명령정본 송달
2019. 10. 20. 확정.

전부명령 확정일 및 제3채무자 송달일. 전부명령은 확정을
요건으로 제3채무자 송달시에 그 효력이 발생한다.

2020. 5. 25.

신청인 김인수

서울중앙지방법원 귀중

위 증명함.

2020. 5. 25.

서울중앙지방법원

법원주사 김동효

기록 10면

통지서에 대한 답변

수신인: 김인수   〔손해배상금 공제주장. 이후 기록을 보고 손해배상의 범위를 확정하여야 한다.〕

서울 강남구 역삼로25길 4, 11동 902호(역삼동, 무진아파트)

귀하의 2020년 10월 25일자 통지서는 잘 받아 보았습니다.

귀하의 통지서에서 주장한 바와 같이 본인 부부가 1/2씩 공유하는 서울 성동구 성수동 22 지상 2층 건물 중 1층 점포를 이상주 씨에게 임대하고 보증금으로 1억 3,000만 원을 받은 것은 사실입니다. 이상주 씨는 위 점포에서 침구류 도·소매업을 하였습니다. 귀하는 이상주 씨에게 받을 돈이 있어서 법원에서 전부명령을 받았으니 본인에게 그 돈을 달라고 주장하는 것 같은데, 본인은 귀하의 요구에 응할 수 없습니다. 〔압류의 경합 주장〕

우선 귀하가 아실지 모르나 올해 4월에 건물에 불이 나서 건물 중 2층과 1층 일부가 불에 탔고, 화재를 진압하는 과정에서 물과 소화제를 살포하는 바람에 더 이상 건물 전부를 점포로 쓸 수 없는 상태가 되고 말았습니다. 그 무렵 이상주 씨는 점포에 남아 있던 물건을 모두 빼고 출입문 열쇠를 본인에게 넘겨주었습니다. 그런데 건물의 화재 발생지점이 이상주 씨가 임차해 쓰던 1층 전면 출입구 부근입니다. 그러므로 건물의 수리비(1층 점포부분 3,000만 원, 2층 물류창고 부분 2,000만 원) 상당의 손해는 귀하가 전부받은 보증금에서 공제되어야 합니다.

또한 본인은 귀하의 전부명령이 확정되기 전에 박정우의 가압류결정을 송달받았는데, 이 경우 귀하의 전부명령은 압류가 경합된 상태에서 발령된 것으로서 효력이 없다는 것이 제가 아는 변호사의 의견입니다.

그리고 귀하의 전부명령이 있기 전에 차명호가 보증금 중 일부를 이미 양도받았고 본인은 2019년 5월 19일 우편으로 양도통지를 받았습니다. 그러므로 본인이 귀하에게 줄 돈이 있다 하더라도 차명호에게 양도된 부분만큼은 공제하겠습니다.

마지막으로 본인은 제 처와 위 건물을 1/2씩 공유하고 있으므로 본인이 반환할 보증금도 1억 3,000만 원의 1/2인 6,500만 원을 한도로 하는 것입니다.

〔분할채무 주장〕   2020년 12월 15일

〔일부 채권양도 주장〕

발신인: 임대규

고양시 일산동구 장항2로 23, 3동 701호(장항동, 호수마을)

첨부서류: 화재현장조사서, 견적서, 가압류결정, 채권양도통지서 등.

고양일산우체국
2020. 12. 15.
20 – 16231

본 우편물은 2020-12-15
제16231호에 의하여
내용증명우편물로 발송하였음을 증명함

고양일산우체국장

화재현장조사서

□ 화재발생 개요

○ 일　　　시: 2020. 4. 6. 12:05경

○ 장　　　소: 서울 성동구 성수동 22 지상 철근콘크리트조 슬래브지붕 2층 건물

○ 인명 피해: 사망자 0명, 부상자 0명

○ 재산 피해: 합계 5,000만 원 (부동산 피해 5,000만 원)

　　　　　 － 부동산 건물 1층 점포 외벽소실　　　3,000만 원 상당

　　　　　　　건물 2층 물류창고 일부 소실 2,000만 원 상당

[중략]

□ 화재조사 개요

○ 화재 원인: 1층 전면 침구용품점 출입구 부근에서 발화해 2층이 연소됨

　1층 발화 원인은 불명

〈개요〉

◇ 최초 목격자 김○○(남자/55세)이 인근을 지나가다 1층에서 연기가 나는 것을 목격하고 소방서에 전화했다고 진술하고 있음

◇ 현장에서 화재 진행방향을 확인한바, 1층에서 발화하여 2층으로 연소·확대되는 연소패턴을 발견할 수 있었음

◇ 현장에서 전기적인 요인 등 화재 발생 관련 특이점을 발견하지 못했음

◇ 화재 현장에서 방화흔 등 화재 관련 특이사항 발견치 못함

□ 결　　　론

　　계속 조사 중

[이하 생략]

화재발생장소는 임대목적물이나, 화재원인이 불명이므로, 원칙적 임차인의 손해배상의 범위는 임대목적물의 손해만으로 한정된다. 따라서 2층 손해부분은 손해배상범위에서 제외.

2020. 7. 20.

성 동 소 방 서

작성자 소방경 김성현

송달 및 확정증명

귀원 2019카단30510호 채권가압류 사건에 관한 209. 10. 14.자 채권가압류결정정본이 2019. 10. 15. 제3채무자에게 송달되었음을 증명하여 주시기 바랍니다.

2020. 12. 10.

> 전부명령 송달이후에 가압류결정이 송달되었으므로, 전부명령이 우선하고, 따라서 압류의 경합이 아니다.

신 청 인   임 대 규

서 울 중 앙 지 방 법 원   귀중

위 증명함.

2020. 12. 10.

서 울 중 앙 지 방 법 원

법원주사 이하린   [서울중앙지방법원 법원주사]

채권양도 통지서

> 채권양도통지에 확정일자가 없어, 제3자에게 대항할 수 없다.

수신인   1. 임대규

          고양시 일산동구 장항2로 23, 3동 701호(장항동, 호수마을)

         2. 윤미영

          고양시 일산동구 장항2로 23, 3동 701호(장항동, 호수마을)

발신인   이상주

         서울 서초구 양재대로 158, 102동 1105호(양재동, 송림아파트)

1. 귀하들의 안녕을 기원합니다.

2. 본인은 오늘 귀하들에 대하여 가지는 2017년 11월 9일자 임대차계약에 기한 임차보증금반환채권 중 40,000,000원을 차명호{570930-1534112, 주소: 서울 서초구 서초대로 10, 12동 102호(서초동, 동일빌라트)}에게 양도하였습니다. 이에 귀하들에게 이와 같은 채권양도를 통지하는 바입니다.

3. 그러니 귀하들께서는 양도된 위 금원을 위 채권의 변제기가 도래하면 즉시 차명호에게 지급하여 주시기를 바랍니다.

2019년 5월 17일

통지인   이상주

기록 18면

등기사항전부증명서(말소사항 포함)-토지

[토지] 안산시 단원구 선부동 45　　　　　　　　고유번호 1258-1992-569358

【표제부】	(토지의 표시)				
표시번호	접 수	소 재 지 번	지 목	면 적	등기원인 및 기타사항
1 (전2)	1992년12월9일	안산시 단원구 선부동 45	잡종지	1,320㎡	부동산등기법 제177조의6 제1항의 규정에 의하여 2001년07월14일 전산이기

【갑구】	(소유권에 관한 사항)			
순위번호	등기목적	접 수	등 기 원 인	권리자 및 기타사항
1	소유권이전	2001년5월12일	2001년3월18일	소유자 오혜선 490925-2252313 서울 서초구 반포동 15 백마빌라 1동 102호
				부동산등기법 제177조의6 제1항의 규정에 의하여 2001년07월14일 전산이기
2	소유권이전	2019년4월1일 제2683호	2019년2월27일 상속	소유자 이상주 730525-1248319 서울 서초구 양재대로 158, 102동 1105호 (양재동, 송림아파트)
3	소유권이전	2019년8월1일 제5218호	2019년8월1일 매매	소유자 박계호 780716-1371416 서울 성북구 돈암로 15, 101동 201호 (돈암동, 한신아파트) 거래가액 금300,000,000원
4	가압류	2019년11월15일 제7918호	2019년11월15일 수원지방법원 안산지원의 가압류결정(2019카단25991)	청구금액 금37,000,000원 채권자 최영만 781009-1924392 서울 강남구 강남대로 128, A동 1305호 (역삼동, 그린빌라)

상속회복청구권을 행사하여 부동산의 지분의 말소를 청구하여야 한다. 그리고 이혼한 전 배우자와 사실혼의 배우자는 상속권이 없으므로, 상속권자는 원고와 이상주만으로 한정된다.

원인무효등기에 기초한 가압류등기이므로, 말소등기에 　하　　여　　백 ----
대한 승낙의 의사표시를 청구하여야 한다.

수수료 1,000원 영수함 관할등기소 수원지방법원 안산지원 등기과 / 발행등기소 법원행정처 등기정보중앙관리소

이 증명서는 등기기록의 내용과 틀림없음을 증명합니다.

서기 2020년 12월 11일

법원행정처 등기정보중앙관리소 전산운영책임관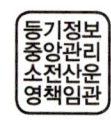

*실선으로 그어진 부분은 말소사항을 표시함. *등기기록에 기록된 사항이 없는 갑구 또는 을구는 생략함.
*증명서는 컬러 또는 흑백으로 출력 가능함.

문서 하단의 바코드를 스캐너로 확인하거나 인터넷등기소(http://iros.go.kr)의 발급확인 메뉴에서 발급확인번호를 입력하여 위·변조 여부를 확인할 수 있습니다. 발급확인번호를 통한 확인은 발행일부터 3개월까지 5회에 한하여 가능합니다.

발행번호 12154545963943364515155831517　1/1　발급확인번호 TIEN-CGFL-2753　발행일 2020/12/11

기록 26면

통지서

수신인: 이상주
         서울 서초구 양재대로 158, 102동 1105호(양재동, 송림아파트)

형님 보시오.
 이렇게까지는 하고 싶지 않았지만, 부득이 형님이 법대로 하라고 하니 나 또한 어쩔 수 없소. 우리 두 사람을 낳아주신 어머님이 돌아가신 후에 나는 어머님이 아무런 재산도 남기지 않고 돌아가신 줄로만 알았소. 그런데 박계호로부터 형님이 박계호에게 상속받은 안산 땅을 팔았다고 들어서 무슨 땅인가 하고 확인해 보았소. 그때 어머님이 남긴 유산을 형님이 함부로 단독 등기하고 박계호에게 팔아넘긴 일을 알게 되었던 것이오. 내가 이문제로 지난번 만났을 때 따졌더니 그때 형님 뭐라 그랬소? 가족관계부상 아들로 되어 있지 않으니 상속도 받지 못한다고 하지 않았소? 그때 내 속으로 피눈물을 흘렸소. 내가 이 문제를 해결하려고 법원에서 친자관계 확인 판결을 받아서 지난 7월에 가족관계부도 고쳤소. 이제 등기를 바로잡는 일만 남았소. 나도 어머님의 상속인이니 형님 마음대로 팔아넘긴 안산 땅에 내 지분도 등기해야겠소. 정 안되면 지금 시세로 쳐서 돈으로라도 내 몫을 받아야겠소. 형님 말대로 법대로 할 터이니 그리 아시오. 이만 줄이겠소.

항변유사 주장에 불과하다.   2020년 12월 5일

발신인: 김인수 (洙金印寅)
         서울 강남구 역삼로25길 4, 11동 902호(역삼동, 무진아파트)

(서울강남우체국 2020. 12. 5. 20 - 13224)

본 우편물은 2020-12-05
제13224호에 의하여
내용증명우편물로 발송하였음을 증명함

서울강남우체국장

통지서에 대한 답변서

수 신 인: 김인수
　　　　　서울 강남구 역삼로25길 4, 11동 902호(역삼동, 무진아파트)

　　네가 보낸 2020년 12월 5일자 통지서는 잘 받아 보았다. 평소 막역한 사이였던 우리들이 어쩌다 이런 문제에 휘말리게 되었는지 참으로 유감스럽게 생각한다. 하지만 아는 변호사에게 물어 보니, 네가 친생자 소송을 제기하기 전에 안산 토지가 처분되었으므로 민법 제860조 단서에 의해 민법 제1014조에 따라 상속분 상당 가액만 청구할 수 있을 뿐이라고 한다. 또 민법 제1014조에 보면 너는 재판의 확정에 의해 공동상속인이 되었으니 상속분 상당의 가액만 청구할 수 있을 뿐이라고 한다. 그리고 매각 당시보다 지금 토지 가격이 상당히 올랐는데(매각 가격은 3억 원인데 지금은 4억 원쯤 된다), 돌려 주어야 할 돈이 있다고 해도 지금 시세대로 쳐서 돌려 주어야 하는 것은 아니라고 한다. 네가 정녕 이 문제를 법대로 해결하겠다면 우리도 가만히 있지 않을 것이다. 이만 줄인다.

→ 가액배상 주장

　　　　　　　　　　2020년 12월 20일

발 신 인: 1. 이상주
　　　　　　서울 서초구 양재대로 158, 102동 1105호(양재동, 송림아파트)
　　　　　2. 박계호
　　　　　　서울 성북구 돈암로 15, 101동 201호(돈암동, 한신아파트)

(서울서초우체국 2020. 12. 20. 20-19778)

본 우편물은 2020-12-20
제19778호에 의하여
내용증명우편물로 발송하였음을 증명함

서울서초우체국장

기록 28면

통지서에 대한 답변서

수신인: 김인수
  서울 강남구 역삼로25길 4, 11동 902호(역삼동, 무진아파트)

 귀하가 보낸 2020년 12월 5일자 통지서는 잘 받아 보았습니다.
 유감스럽게도 본인은 귀하의 요구에 응할 수 없습니다. 귀하는 제가 가압류한 안산 토지에 대하여 권리를 주장하는 것으로 보입니다만, 저는 박계호에게 받을 돈이 있어서 가압류를 했을 뿐입니다. 제가 귀하에게 가압류를 말소해야 할 하등의 이유가 없으니, 저를 상대로 소송을 해 보아야 아무런 소용이 없을 것입니다. 법적으로 하시겠다면 마음대로 하시기 바랍니다.

2020년 12월 20일

················ 선의취득 및 공신력 주장

발 신 인: 최영만
  서울 강남구 강남대로 128, A동 1305호(역삼동, 그린빌라)

서울역삼우체국
2020. 12. 20.
20 - 17131

본 우편물은 2020-12-20
제17131호에 의하여
내용증명우편물로 발송하였음을 증명함

서울역삼우체국장

기록 29면

물품 공급 계약서

(상사매매에 해당한다.)

매도인 김인수(이하 '갑'이라 한다.)와 매수인 최영만, 박계호(이하 '을'이라 한다.)는 아래 전자제품을 매매함에 있어 다음과 같이 계약을 체결한다.

제1조(계약당사자와 매매목적물) 갑은 다음 매매목적물 1억 원 상당을 을에게 매도하고 을은 이를 매수한다.

제품명	제조사	단가	수량	합계액(VAT 포함)
텔레비전	삼성전자 주식회사	150만 원	10	1,500만 원
	LG전자 주식회사	150만 원	10	1,500만 원
대형냉장고	삼성전자 주식회사	250만 원	10	2,500만 원
	LG전자 주식회사	250만 원	10	2,500만 원
대형세탁기	삼성전자 주식회사	100만 원	10	1,000만 원
	LG전자 주식회사	100만 원	10	1,000만 원
합계				1억 원

제2조(매매목적물의 인도와 대금지급) ① 갑은 2019년 12월 1일까지 을에게 을의 영업점으로 위 매매목적물을 인도한다.

② 을은 2020년 12월 1일까지 갑에게 매매대금 전액을 지급하여야 한다. (매매대금의 변제기)

제3조(이자약정) 을은 전조 제1항에 따라 매매목적물을 인도받은 다음 날부터 제2항에 정한 대금지급일까지 연 3%의 이자를 가산하여 지급한다. (선인도에 따른 매매대금에 대한 이자특약)

2019년 11월 1일

매도인	주소	서울 광진구 광장로12길 37, 1702호 (스페이스엑스)			
	성명 또는 상호	김인수 (金洙寅印)	사업자등록번호	517-31-31955	전화번호 (02) 545-8865
매수인	주소	서울 용산구 청파로27길 43, B-203 (가전랜드)			
	성명 또는 상호	1. 최영만 (최영만인) 2. 박계호 (박계호인)	사업자등록번호	517-43-23487	전화번호 (02) 356-8987

기록 31면

내용증명

수 신 인 :   김인수 (780106-1525337)
             서울 강남구 역삼로25길 4, 11동 902호(역삼동, 무진아파트)
발 신 인 :   1. 박계호
             2. 최영만   ······· 연대채무의 분담비율

1. 귀하가 보낸 2020년 12월 5일자 내용증명우편을 잘 받아 보았습니다.
2. 귀하는 위 내용증명우편에서 본인들이 2019년 12월 1일 공급받은 전자제품 대금의 지급을 구하였습니다. 본인들이 1/2씩 출자해서 동업으로 전자제품 판매업을 하려고 귀하로부터 전자제품 1억 원어치를 매수한 것은 사실입니다. 그러므로 본인들이 귀하에게 전자제품 대금을 전혀 갚지 않겠다는 것은 아닙니다.   피고 최영만의 상계항변 ·······
3. 다만 본인들도 할 말이 있습니다. 귀하는 지난 12월 1일에 최영만 소유 제네시스 승용차를 아무런 이유 없이 부수었습니다. 그로 인한 수리비로 300만 원이 나왔으니 수리비와 귀하의 전자제품 대금을 상계하는 바입니다.
4. 또한 귀하는 박계호의 중·고등학교 동창으로서 박계호의 모친이 암으로 고생하는 것을 알고 박계호에 대한 채무를 일부 면제해 주었습니다. 그러므로 박계호뿐 아니라 최영만에 대해서도 같은 액수의 채무가 소멸하였습니다.

              피고들의 각 면제항변에 해당. 연대채무자의
              일인에 대한 일부면제는 다른 채무자에 대한
              절대적 효력의 범위에 관한 판례의 법리를
              유의하여야 한다.

                      2020년 12월 15일

별첨 : 1. 진술서(선현석) 2. 수리 견적서 3. 채무면제서

        발신인   1. 박계호 (780716-1371416) (호박인계)
                   서울 성북구 돈암로 15, 101동 201호(돈암동, 한신아파트)
                 2. 최영만 (781009-1924392) (만최인영)
                   서울 강남구 강남대로 128, A동 1305호(역삼동, 그린빌라)

(서울성북우체국
 2020. 12. 15.
 20 - 14131)

본 우편물은 2020-12-15
제14131호에 의하여
내용증명우편물로 발송하였음을 증명함

서울성북우체국장

채 무 면 제 서

박 계 호 귀하
서울 성북구 돈암로 15, 101동 201호(돈암동, 한신아파트)

본인은 귀하가 본인에 대하여 부담하고 있는 물품대금 중 7,000만 원 및 7,000만 원에 대한 지연손해금을 오늘 날짜로 면제합니다.

2020년 12월 7일

면제의 의사표시

김인수 (洙金印寅)

기록 35면

내용증명에 대한 답변

피고들 내용증명 도달일자

수신인:　1. 박계호
　　　　　서울 성북구 돈암로 15, 101동 201호(돈암동, 한신아파트)
　　　　2. 최영만
　　　　　서울 강남구 강남대로 128, A동 1305호(역삼동, 그린빌라)

　귀하들이 보낸 2020년 12월 15일자 내용증명은 2020년 12월 17일 받아 보았습니다. 최영만 씨 승용차를 부순 것은 제가 잠시 화가 나서 그런 것으로 미안하게 생각하고 있습니다. 박계호에게 채무를 면제해 준 것은 사실이지만 최영만 씨에 대해서까지 채무를 면제할 생각은 없었습니다. 이 점 잘못 알고 계신 것 같아서 알려 드립니다.

　　　　　　　　　　2020년 12월 20일

발신인:　김인수　(金洙 印寅)
　　　　　서서울 강남구 역삼로25길 4, 11동 902호(역삼동, 무진아파트)

(서울역삼우체국 2020. 12. 20. 20 - 17135)

본 우편물은 2020-12-20
제17135호에 의하여
내용증명우편물로 발송하였음을 증명함

서울역삼우체국장

차 용 증

대여인: 김인수 (780106-1525337)
　　　　서울 강남구 역삼로25길 4, 11동 902호(역삼동, 무진아파트)
차용인: 장의숙 (650820-2013145)
　　　　서울 관악구 신림로1길 13, 101호(신림동, 미림빌라)

금　　액: 일금 2억 원
이　　자: 월 1%(이자는 매월 말에 지급하기로 함)
변제기: 2014년 3월 31일

　차용인은 대여인으로부터 위와 같이 금전을 차용하기로 하고 위 돈을 지급 받았으므로, 변제기에 확실히 변제할 것을 약속합니다.

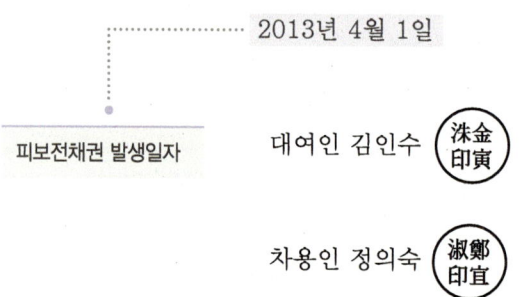

2013년 4월 1일

피보전채권 발생일자

대여인 김인수 (인)

차용인 정의숙 (인)

기록 37면

등기사항전부증명서 (말소사항 포함) - 토지

[토지] 평택시 서정동 296-2 고유번호 1102-1961-111495

【 표 제 부 】		(토지의 표시)			
표시번호	접 수	소 재 지 번	지 목	면 적	등기원인 및 기타사항
1 (전2)	2007년9월8일	평택시 서정동 296-2	대	455㎡	부동산등기법 제177조의 6 제1항의 규정에 의하여 2001년07월14일 전산이기

【 갑 구 】				(소유권에 관한 사항)
순위번호	등 기 목 적	접 수	등 기 원 인	권리자 및 기타사항
1 (전2)	소유권이전	2007년9월8일 제4983호	2007년8월12일 매매	소유자 박을동 550725-1369225 서울시 종로구 무악동 12 무악아파트 101동 103호
2	소유권이전	2010년10월13일 제5422호	2010년9월11일 매매	소유자 정의숙 650820-2013145 평택시 서정동 15 동산아파트 103동 101호
2-1	2번등기명의인 표시변경	2012년2월3일 제2216호	2012년1월24일 전거	정의숙의 주소 서울 관악구 심리로1길 13, 101호 (신림동, 미림빌라)
3	소유권이전	2012년3월10일 제3123호	2012년2월10일 매매	소유자 정미숙 681102-2013146 서울 동작구 사당대로12길, 103동 1701호(사당동, 자이아파트)

---- 이 하 여 백 ----

명의신탁이 무효인데, 피보전채권의 발생 이전이므로, 명의신탁을 사해행위로 취소할 수는 없고, 대위 말소하여야 한다.

*실선으로 그어진 부분은 말소사항을 표시함. *등기기록에 기록된 사항이 없는 갑구 또는 을구는 생략함.

발행번호 121545459639436451515533151   1/2   발급확인번호 TIEN-DGEL-8569   발행일 2020/12/02

[토지] 평택시 서정동 296-2 　　　　　　　고유번호 1102-1961-111495

【 을　구 】 (소유권 이외의 권리에 관한 사항)			
순위번호	등 기 목 적	접　　수	등 기 원 인	권리자 및 기타사항
1	근저당권설정	2020년7월13일 제4977호 ※ 근저당권설정행위가 사해행위에 해당한다.	2020년7월13일 설정계약	채권최고액 금 360,000,000원 채무자 정미숙 　서울 동작구 사당대로12길, 103동 1701호 (사당동, 자이아파트) 근저당권자 송화선 670207-2234172 　서울 종로구 사직로13길, 104동 1404호(사직동, 스페이스본)

---- 이 　 하 　 여 　 백 ----

수수료 1,000원 영수함 관할등기소 수원지방법원 성남지원 분당등기소 / 발행등기소 법원행정처 등기정보중앙관리소

이 증명서는 등기기록의 내용과 틀림없음을 증명합니다.

서기 2020년 12월 2일

법원행정처 등기정보중앙관리소 전산운영책임관   [등기정보중앙관리소전산운영책임관 인]

*실선으로 그어진 부분은 말소사항을 표시함. *등기기록에 기록된 사항이 없는 갑구 또는 을구는 생략함.
*증명서는 컬러 또는 흑백으로 출력 가능함.

문서 하단의 바코드를 스캐너로 확인하거나 **인터넷등기소**(http://iros.go.kr)의 발급확인 메뉴에서 발급확인번호를 입력하여 **위·변조 여부를 확인할 수 있습니다.** 발급확인번호를 통한 확인은 발행일부터 3개월까지 5회에 한하여 가능합니다.

발행번호 　12154545963943645155331513 　　2/2 　발급확인번호 TIEN-DGEL-8569 　　발행일 2020/12/02

통지서에 대한 답변서

수 신 인: 김인수
　　　　서울 강남구 역삼로25길 4, 11동 902호(역삼동, 무진아파트)

　귀하가 보낸 2020년 12월 10일자 통지서는 잘 받아 보았습니다.
　귀하가 말씀하신 대로 제 명의로 되어 있는 평택시 서정동 296-2 토지는 제 언니인 정의숙 소유이나 명의만 제 앞으로 되어 있는 것이 사실입니다. 그러나 명의는 제 앞으로 되어 있지만, 근저당권설정 계약을 한 것은 제가 아니라 제 언니입니다. 참고로 저와 정의숙, 송화선 사이의 확약서를 첨부해 보내 드립니다. 이 확약서를 보시면 그간의 사정을 잘 아실 수 있을 것입니다. 이뿐만 아니라 귀하가 언니에게 빌려 준 돈은 케이터링 업체인 주식회사 케이터맘의 공장 설립 자금으로 사용되었고, 그 후 언니는 주식회사 케이터맘의 대표이사로 취임하였으므로, 상사소멸시효가 적용되어 이미 청구할 수 없는 것으로 압니다. 그럼 이만 줄이겠습니다.

　　　　　　　　　　　　　　2020년 12월 21일　　　근저당권설정계약의 당사자는
　　　　　　　　　　　　　　　　　　　　　　　　　정의숙이라는 주장

발 신 인: 정미숙
　　　　서울 동작구 사당대로12길, 103동 1701호(사당동, 자이아파트)

　　　　　　　　본 우편물은 2020-12-21
　　　　　　　　제17811호에 의하여
　　　　　　　　내용증명우편물로 발송하였음을 증명함

　　　　　　　　서울역삼우체국장

확 약 서

정의숙, 정미숙, 송화선은 2020년 7월 13일 그간의 채무문제를 해결하기 위해 다음과 같이 확약함.

1. 정미숙 명의로 되어 있는 평택시 서정동 296-2 토지는 사실 정의숙이 실제 소유하고 있으나, 동생인 정미숙의 명의를 빌려 등기해 놓은 토지임을 확인함.
2. 정의숙은 2018년 4월 1일 송화선으로부터 3억 원을 이자 없이 변제기를 2019년 11월 30일로 정하여 차용하였는데, 이를 갚지 못하고 있음을 확인함.
3. 정의숙은 평택시 토지 외에 정의숙 명의로 된 아무런 재산이 없으므로 송화선에게 오늘 날짜로 평택시 토지에 대해 3억 원의 담보로 근저당권을 설정해 주기로 함. 다만 지금 등기가 정미숙 명의로 되어 있으므로 등기소에 제출하는 근저당권설정계약서는 정미숙 명의로 작성해 주기로 함.
4. 송화선은 평택시 토지가 정미숙 명의로 되어 있으나 사실은 정의숙의 토지임을 양해하고, 평택시 토지를 담보로 제공받는 데 동의함.
5. 정의숙은 2021년 3월 31일까지 3억 원을 갚지 못하면 송화선이 평택시 토지에 대해 경매를 하더라도 이의하지 아니할 것임을 확약함

2020년 7[...]

> 근저당권설정계약의 당사자는 정의숙, 송화선이고, 따라서 등기부등본의 등기원인의 기재와 달리 정의숙과 송화선의 근저당권설정계약을 취소하여야 한다.

정의숙 (650820-2013145)
서울 관악구 신림로7길 25, 102동 304호(신림동, 무지개아파트)

정미숙 (681102-2013146)
서울 동작구 사당대로12길, 103동 1701호(사당동, 자이아파트)

송화선 (670207-2234172)
서울 종로구 사직로13길, 104동 1404호(사직동, 스페이스본)

통지서에 대한 답변서

수 신 인: 김인수
　　　　　서울 강남구 역삼로25길 4, 11동 902호(역삼동, 무진아파트)

　귀하가 보낸 2020년 12월 10일자 통지서는 잘 받아 보았습니다.
　위 통지서에서 귀하는 본인이 정미숙 명의 평택시 토지에 설정받은 근저당권에 어떤 문제가 있는 것처럼 말씀하시면서 등기를 말소해 줄 것을 요청하였습니다. 귀하가 주장하는 바와 같이 평택시 토지가 정의숙이 정미숙에게 명의신탁한 토지인 것은 맞습니다. 그러나 귀하는 등기부상 소유자인 정미숙의 채권자가 아니라 정의숙의 채권자입니다. 이뿐만 아니라 귀하가 정의숙에게 빌려 준 돈은 정의숙이 케이터링 업체인 주식회사 케이터맘의 구리시 공장 신축자금으로 썼고, 그 후 정의숙이 위 회사의 대표이사가 되었으므로, 귀하의 정의숙에 대한채권은 상사채권으로서 이미 소멸시효가 완성된 것입니다. 귀하가 법적인 조취를 취하는 것은 귀하 마음이지만, 어차피 해 보아야 안되는 일을 벌이는 귀하가 딱해 보여 드리는 말씀이니 자중하시기 바라니다.

　　　　　　　　　　　　　　2020년 12월 21일

발 신 인: 송화선
　　　　　서울 종로구 사직로13길, 104동 1404호(사직동, 스페이스본)

본 우편물은 2020-12-21
제21231호에 의하여
내용증명우편물로 발송하였음을 증명함

서울종로우체국장

별지 목록 제3기재 부동산이 정의숙의 책임재산이 아니고, 피보전채권이 시효로 소멸하였다는 주장

민사법 / 기록형

2021년도 제10회
변호사 시험
답안

소 장

원　　고　　김인수
　　　　　　서울 강남구 역삼로25길 4, 11동 902호(역삼동, 무진아파트)

　　　　　　소송대리인 변호사 노형탁
　　　　　　서울 서초구 서초대로 120, 405호(서초동, 뉴로이어스 빌딩)
　　　　　　전화 02-3481-1400, 팩스 02-3481-1401, 전자우편 rohhtlaw@gmail.com

피　　고　　1. 임대규
　　　　　　　 고양시 일산동구 장항2로 23, 3동 701호(장항동, 호수마을)

　　　　　　2. 이상주
　　　　　　　 서울 서초구 양재대로 158, 102동 1105호(양재동, 송림아파트)

　　　　　　3. 박계호
　　　　　　　 서울 성북구 돈암로 15, 101동 201호(돈암동, 한신아파트)

　　　　　　4. 최영만
　　　　　　　 서울 강남구 강남대로 128, A동 1305호(역삼동, 그린빌라)

　　　　　　5. 정미숙
　　　　　　　 서울 동작구 사당대로 12길, 103동 1701호(사당동, 자이아파트)

　　　　　　6. 송화선
　　　　　　　 서울 종로구 사직로 13길, 104동 1404호(사직동, 스페이스본)

전부금 등 청구의 소

청 구 취 지

> 지시사항에 따라 소장부본송달일 다음날부터의 지연손해금을 청구하였다.

1. 피고 임대규는 원고에게 100,000,000원 및 이에 대한 이 사건 소장부본송달일 다음날부터 다 갚는 날까지 연 12%의 비율로 계산한 돈을 지급하라.

2. 원고에게

    가. 피고 이상주는 별지 목록 제2 기재 부동산 중 1/2 지분에 관하여 수원지방법원 안산지원 2019. 4. 1. 접수 제2683호로 마친 소유권이전등기의 말소등기절차를 이행하고,

    나. 피고 박계호는 별지 목록 제2 기재 부동산 중 1/2 지분에 관하여 같은 지원 2019. 8. 1. 접수 제5218호로 마친 소유권이전등기의 말소등기절차를 이행하고,

    다. 피고 최영만은 위 나항 기재 소유권이전등기의 말소등기에 관하여 승낙의 의사표시를 하라.

3. 원고에게

    가. 피고 최영만은 80,000,000원 및 이에 대한 2020. 12. 2.부터 이 사건 소장부본송달일까지는 연 6%의, 그 다음날부터 다 갚는 날까지는 연 12%의 각 비율로 계산한 돈을 지급하고,

    나. 피고 박계호는 피고 최영만과 연대하여 위 가항 기재 돈 중 30,000,000원 및 이에 대한 2020. 12. 2.부터 이 사건 소장부본송달일까지는 연 6%의, 그 다음날부터 다 갚는 날 까지는 연 12%의 각 비율로 계산한 돈을 지급하라.

> 2018. 3. 26.자 재판서 양식에 관한 예규의 개정에 따라, (1) 금원청구, (2) 등기의 의사표시의 청구, (3) 공유물분할청구의 판결서에는 주민등록번호를 기재할 필요가 없게 되었다. 단, 대위소송에서 소외인에 대한 등기청구의 인용판결을 선고할 때에는 여전히 성명 옆에 주민등록번호를 기재하여야 한다.

4. 피고 정미숙은 소외 정의숙(650820-2013145, 서울 관악구 신림로 7길 25, 102동 304호, 신림동 무지개아파트)에게 별지 목록 제3기재 부동산에 관하여 수원지방법원 송탄등기소 2012. 3. 10. 접수 제3123호로 마친 소유권이전등기의 말소등기절차를 이행하라.

5. (원고와 피고 송화선 사이에서) 별지 목록 제3기재 부동산에 관하여,

> 근저당권설정계약의 당사자는 정의숙과 송화선이고, 정미숙은 당사자가 아닌 것으로 생각된다.

　가. 피고 송화선과 소외 정의숙 사이에 2020. 7. 13. 체결된 근저당권설정계약을 취소한다.

　나. 피고 송화선은 피고 정미숙에게 수원지방법원 송탄등기소 2020. 7. 13. 접수 제4977호로 마친 근저당권설정등기의 말소등기절차를 이행하라.

6. 소송비용은 피고들이 부담한다.

7. 제1항, 제3항은 가집행할 수 있다.

라는 판결을 구합니다.

청 구 원 인

1. 피고 임대규에 대한 전부금청구

가. 임대차계약의 체결 및 종료

피고 이상주는 2017. 11. 9. 피고 임대규와 소외 윤미영으로부터 별지 목록 제1기재 부동산 중 1층 부분을 보증금 1억 3천만 원, 차임 월 200만 원, 임대기간 2017. 11. 9.부터 2020. 11. 8.까지로 각 정하여 임차하고(이하 '이 사건 임대차계약'), 위 계약체결일에 임대차보증금을 모두 지급하였습니다.

이 사건 임대차계약 존속 중인 2020. 4. 6. 위 건물의 1층 부분에 화재가 발생하여 더 이상 건물을 사용, 수익할 수 없는 상태가 되어 위 무렵 이 사건 임대차계약은 종료되었습니다.

이 사건 임대차계약이 종료함에 따라 피고 이상주는 피고 임대규에게 건물에 남아 있던 물건을 모두 빼고 출입문 열쇠를 넘겨주어 이 사건 건물을 인도해 주었습니다.

따라서 피고 임대규는 피고 이상주에게 일응 이 사건 임대차계약에 따른 임대차보증금 1억 3천만 원 및 이에 대한 지연손해금을 지급하여야 합니다.

나. 전부명령의 확정

원고는 공증인가 호수합동법률사무소 증서 2018년 제4101호로 작성된 집행력 있는 금전소비대차 공정증서 정본에 기초하여, 위 임대차보증금 중 1억 원에 대하여 2019. 10. 8. 서울중앙지방법원 2019타채20155호 채권압류 및 전부명령을 받았고, 위 결정은 2019. 10. 12. 제3채무자인 피고 임대규에게 송달되었으며, 2019. 10. 20. 그대로 확정되었습니다.

따라서 피고 임대규는 원고에게 위 전부금 1억 원 및 이에 대한 이 사건 소장 부본 송달일 다음날부터 다 갚는 날까지 연 12%의 비율로 계산한 지연손해금을 지급하여야 합니다.

다. 피고의 주장 및 이에 대한 반박

피고 임대규는 ① 피고 이상주에 대한 손해배상채권 상당액을 공제하고, ② 소외 박정우의 임대차보증금에 대한 가압류가 선행되어 압류의 경합으로 인하여 원고의 전부명령이 효력이 없으며, ③ 전부명령 확정 전 임대차보증금반환채권 중 일부가 소외 차명호에게 양도되어 위 한도 내에서 전부명령의 효력이 없고, ④ 임대차보증금반환채무가 분할채무라는 취지로 주장하나, 피고의 주장은 아래와 같은 이유로 근거가 없습니다.

(1) 손해배상채권의 공제범위

> 대판 1987.6.9. 87다68

임대인의 손해배상채권의 공제와 관련하여, 판례는 '임차보증금을 피전부채권으로 하여 전부명령이 있은 경우에도 제3채무자인 임대인은 임차인에게 대항할 수 있는 사유로써 전부채권자에게 대항할 수 있는 것이므로 건물임대차보증금의 반환채권에 대한 전부명령의 효력이 그 송달에 의하여 발생한다고 하여도 위 보증금반환채권은 임대인의 채권이 발생하는 것을 해제조건으로 하는 것이므로 임대인의 채권을 공제한 잔액에 관하여서만 전부명령이 유효하다.'고 판시하였고,

대판 2017.5.18. 2012다86895(본소), 2012다86901(반소) 전원합의체

임차인의 원상회복의무불이행에 따른 손해배상의 범위와 관련하여 판례는 '임차인이 임대인 소유 건물의 일부를 임차하여 사용수익하던 중 임차 건물 부분에서 화재가 발생하여 임차 건물 부분이 아닌 건물 부분(이하 '임차 외 건물 부분'이라 한다)까지 불에 타 그로 인해 임대인에게 재산상 손해가 발생한 경우에, 임차인이 보존관리의무를 위반하여 화재가 발생한 원인을 제공하는 등 화재 발생과 관련된 임차인의 계약상 의무 위반이 있었음이 증명되고, 그러한 의무 위반과 임차 외 건물 부분의 손해 사이에 상당인과관계가 있으며, 임차 외 건물 부분의 손해가 그러한 의무 위반에 따른 통상의 손해에 해당하거나, 임차인이 그 사정을 알았거나 알 수 있었을 특별한 사정으로 인한 손해에 해당한다고 볼 수 있는 경우라면, 임차인은 임차 외 건물 부분의 손해에 대해서도 민법 제390조, 제393조에 따라 임대인에게 손해배상책임을 부담하게 된다.'고 판시하였습니다.

위 각 판례에 따라 사안을 보면 임대인인 피고 임대규는 임대차계약에 따른 손해배상채권의 공제를 주장할 수는 있으나, 위 건물의 화재 발생 장소가 임대목적물인 건물 1층이지만 화재의 원인이 불명이기 때문에 임차인인 이상주의 손해배상의 범위는 임대목적물인 위 건물 1층의 손해액으로 한정됩니다. 따라서 피고 임대규가 공제할 수 있는 손해배상채권액은 1층의 수비리 3천만 원에 한정됩니다.

위 손해배상채권액을 공제하더라도 잔존한 임대차보증금은 1억 원이고, 위 1억 원에 대하여 원고가 전부 압류 및 전부명령을 받았기 때문에 원고의 전부명령은 모두 유효합니다.

(2) 압류의 경합

대판 1995.9.26. 95다4681

압류의 경합의 결정기준과 관련하여 판례는 '전부명령이 확정되면 피압류채권은 제3채무자에게 송달된 때에 소급하여 집행채권의 범위 안에서 당연히 전부채권자에게 이전하고 동시에 집행채권 소멸의 효력이 발생하는 것이므로, 전부명령이 제3채무자에게 송달될 당시를 기준으로 하여 압류가 경합되지 않았다면 그 후에 이루어진 채권압류가 그 전부명령의 효력에 영향을 미칠 수 없고, 이러한 이치는 피압류채권이 공사 완성 전의 공사대금 채권과 같이 장래의 채권액의 구체적인 확정에 불확실한 요소가 내포되어 있는 것이라 하여 달라질 수 없다.'고 판시하였습니다.

위 판례에 따라 사안을 보면 원고의 전부명령은 2019. 10. 12. 제3채무자인 피고 임대규에게 송달되었고, 소외 박정우의 가압류결정은 2019. 10. 15. 위 임대규에게 송달되었으므로, 위 전부명령과 가압류결정은 압류의 경합관계에 있지 않습니다.

(3) 채권양도

지명채권양도의 경우 확정일자 있는 증서에 의하지 아니하면 채무자 외의 제3자에게 대항하지 못합니다(민법 제450조). 피고 이상주는 소외 차명호에게 2019. 5. 17. 보증금반환채권 중 4천만 원을 양도하였으나 확정일자 없는 단순통지를 하였으므로 위 채권양도로써 확정일자 있는 전부명령을 받은 원고에게 대항할 수는 없습니다.

(4) 분할채무

대판 1998.12.8. 98다43137

공동임대인의 보증금반환채무와 관련하여 판례는 '건물의 공유자가 공동으로 건물을 임대하고 보증금을 수령한 경우, 특별한 사정이 없는 한 그 임대는 각자 공유지분을 임대한 것이 아니고 임대목적물을 다수의 당사자로서 공동으로 임대한 것이고 그 보증금 반환채무는 성질상 불가분채무에 해당된다고 보아야 할 것이다.'라고 판시하였습니다. 따라서 임대차보증금반환채무가 지분의 범위 내의 분할채무라는 취지의 피고 임대규의 주장은 근거가 없습니다.

2. 피고 이상주, 박계호, 최영만에 대한 청구

가. 상속회복청구권의 발생

피상속인인 소외 망 오혜선은 피고 이상주의 아버지 망 이대복과 혼인하여 피고 이상주를 출산한 후 이혼하였고, 위 오혜선은 원고의 아버지 망 김재박과 사실혼 중 원고를 출산하였습니다.

대판 2018.6.19. 2018다1049

모자관계에서의 상속회복청구와 관련하여, 판례는 '민법 제860조는 본문에서 "인지는 그 자의 출생 시에 소급하여 효력이 생긴다."라고 하면서 단서에서 "그러나 제삼자의 취득한 권리를 해하지 못한다."라고 하여 인지의 소급효를 제한하고 있고, 민법 제1014조는 "상속개시 후의 인지 또는 재판의 확정에 의하여 공동상속인이 된 자가 상속재산의 분할을 청구할 경우에 다른 공동상속인이 이미 분할 기타 처분을 한 때에는 그 상속분에 상당한 가액의 지급을 청구할 권리가 있다."라고 규정하고 있다. 그런데 혼인 외의 출생자와 생모 사이에는 생모의 인지나 출생신고를 기다리지 아니하고 자의 출생으로 당연히 법률상의 친자관계가 생기고, 가족관계등록부의 기재나 법원의 친생자관계존재확인판결이 있어야만 이를 인정할 수 있는 것이 아니다. 따라서 인지를 요하지 아니하는 모자관계에는 인지의 소급효 제한에 관한 민법 제860조 단서가 적용 또는 유추적용되지 아니하며, 상속개시 후의 인지 또는 재판의 확정에 의하여 공동상속인이 된 자의 가액지급청구권을 규정한 민법 제1014조를 근거로 자가 모의 다른 공동상속인이 한 상속재산에 대한 분할 또는 처분의 효력을 부인하지 못한다고 볼 수도 없다. 이는 비록 다른 공동상속인이 이미 상속재산을 분할 또는 처분한 이후에 모자관계가 친생자관계존재확인판결의 확정 등으로 비로소 명백히 밝혀졌다 하더라도 마찬가지이다.'라고 판시하였습니다.

따라서 원고와 소외 망 오혜선 사이의 친자관계는 친생자관계존재확인판결의 확정과 무관하게 원고의 출생으로 당연히 발생하였고, 원고는 소외 망 오혜선의 직계비속으로서 1/2지분의 상속권이 있습니다.

나. 상속재산의 침해

한편, 피상속인 소외 망 오혜선은 2019. 2. 27. 사망하였는데, 상속재산으로는 별지 목록 제2기재 부동산이 있었습니다. 그런데 피고 이상주는 위 부동산을 원고와 1/2지분씩 공동으로 상속하였음에도, 위 부동산에 관하여 단독상속을 원인으로 수원지방법원 안산지원 2019. 4. 1. 접수 제2683호로 소유권이전등기를 마쳤고, 이후 위 부동산을 피고 박계호에게 매도하면서 같은 지원 2019. 8. 1. 접수 제5218호로 소유권이전등기를 마쳐주었습니다.

피고 이상주는 위 부동산에 관한 원고의 1/2지분의 상속권을 침해하였고, 피고 박계호는 피고 이상주의 특정승계인이므로, 피고 이상주와 피고 박계호는 원고에게 위 부동산 중 1/2의 지분에 대한 소유권이전등기의 말소등기절차를 이행하여야 합니다.

참칭상속인인 피고 이상주의 상속권침해는 2019. 4. 1. 발생하였고, 이로부터 3년 이내인 2021. 1. 8. 이 사건 소가 제기되었으므로, 원고의 소는 민법 제999조 제3항에 따른 제척기간을 준수한 적법한 소입니다.

다. 피고 최영만에 대한 말소등기에 대한 승낙의 의사표시 청구

위 부동산에 관하여 피고 박계호의 채권자인 피고 최영만이 가압류기입등기를 경료하였지만, 위와 같이 피고 박계호의 소유권이전등기는 원고의 소유권을 침해하는 범위내에서는 무효의 등기이므로, 이에 터잡은 피고 최영만의 등기도 무효입니다. 따라서 피고 최영만은 등기부상 이해관계인으로서 위 피고 박계호의 말소등기에 대하여 승낙할 의무가 있습니다(부동산등기법 제57조).

라. 피고들의 주장 및 이에 대한 반박

피고 이상주는 원고에게 인지의 소급효 제한에 관한 민법 제860조 단서가 적용되거나, 피고 이상주에게 가액배상만을 구할 수 있다고 주장할 수 있으나, 위에서 말씀드린 바와 같이 친모자관계에 있어서는 민법 제860조가 적용되지 않고, 또한 상속회복청구권의 행사로 가액배상이 아닌 원물반환을 청구할 수 있으므로 이와 배치되는 피고의 주장은 근거가 없습니다.

또한, 피고 최영만은 등기를 신뢰하였기 때문에 자신의 가압류등기를 말소할 수 없다고 주장할 수 있으나, 현행법상 등기의 공신력이 인정되지 않고 위 가압류등기는 무효의 소유권이전등기에 기한 무효의 등기이므로 원고에게 대항할 수 없습니다.

3. 피고 최영만, 박계호에 대한 매매대금청구

가. 전자제품 매매계약의 체결

전자제품 대리점을 운영하는 원고는 2019. 11. 1. 동업으로 전자제품판매업을 하는 피고 최영만과 피고 박계호에게 텔레비전 등 총 1억 원 상당의 물품을 매도하면서, 2019. 12. 1.까지 물건을 인도하고, 2020. 12. 1.까지 매매대금을 지급하되, 물건의 인도일 다음날부터 2020. 12. 1.까지 연 3%의 비율로 계산한 이자를 지급하기로 정하였습니다. 그리고 원고는 2019. 12. 1. 위 약정한 물건을 모두 인도하였습니다.

따라서 일응 피고들은 상법 제57조에 따라 연대하여 원고에게 물품대금 1억 원 및 이에 대한 인도일의 다음날인 2019. 12. 2.부터 약정한 변제기인 2020. 12. 1.까지는 약정한

연 3%의, 그 다음날인 2020. 12. 2.부터 이 사건 소장부본송달일까지는 상법에 따른 연 6%의, 그 다음날부터 다 갚는 날까지는 소송촉진등에관한특례법에 따른 연 12%의 각 비율로 계산한 이자 및 지연손해금을 지급하여야 합니다.

나. 피고들의 주장 및 이에 대한 반박

한편, ① 피고 박계호는 원고가 자신에게 7천만 원의 채무면제를 하였고, ② 피고 최영만은 원고가 피고 박재호에게 한 위 채무면제의 효력이 자신에게도 미치며, ③ 피고 최영만은 불법행위에 기한 손해배상청구권을 자동채권으로 한 상계를 주장할 수 있으나, 피고들의 위 각 주장은 아래의 범위내에서만 이유가 있습니다.

(1) 피고 박계호에 대한 채무면제

피고 박계호는 2020. 12. 7. 원고로부터 물품대금 1억 원 중 7천만 원 및 이에 대한 지연손해금상당액을 면제받았습니다. 그렇다면 피고 박계호는 3천만 원 및 이에 대한 지연손해금만을 부담하게 됩니다.

대판 2019.8.14. 2019다216435

(2) 피고 최영만에 대한 채무면제의 효력

연대채무자 중 일부에 대한 채무면제의 효력과 관련하여 판례는 '민법 제419조는 "어느 연대채무자에 대한 채무면제는 그 채무자의 부담부분에 한하여 다른 연대채무자의 이익을 위하여 효력이 있다."라고 정하여 면제의 절대적 효력을 인정한다. 이는 당사자들 사이에 구상의 순환을 피하여 구상에 관한 법률관계를 간략히 하려는 데 취지가 있는바, 채권자가 연대채무자 중 1인에 대하여 채무를 일부 면제하는 경우에도 그와 같은 취지는 존중되어야 한다. 따라서 연대채무자 중 1인에 대한 채무의 일부 면제에 상대적 효력만 있다고 볼 특별한 사정이 없는 한 일부 면제의 경우에도 면제된 부담부분에 한하여 면제의 절대적 효력이 인정된다고 보아야 한다. 구체적으로 연대채무자 중 1인이 채무 일부를 면제받는 경우에 그 연대채무자가 지급해야 할 잔존 채무액이 부담부분을 초과하는 경우에는 그 연대채무자의 부담부분이 감소한 것은 아니므로 다른 연대채무자의 채무에도 영향을 주지 않아 다른 연대채무자는 채무 전액을 부담하여야 한다. 반대로 일부 면제에 의한 피면제자의 잔존 채무액이 부담부분보다 적은 경우에는 차액(부담부분 – 잔존 채무액)만큼 피면제자의 부담부분이 감소하였으므로, 차액의 범위에서 면제의 절대적 효력이 발생하여 다른 연대채무자의 채무도 차액만큼 감소한다.'고 판시하였습니다.

위 판결에 따르면, 연대채무자인 각 피고들의 부담부분은 각 5천만 원 상당액이고, 원고는 피고 박계호에 대해서 7천만 원의 면제를 하였는데, 피면제자인 박계호의 부담부분 5천만 원을 초과한 2천만 원 부분에 대해서만 피고 최영만에게 그 효력이 미치고, 나머지는 그 효력이 미치지 않습니다. 따라서 피고 최영만은 여전히 8천만 원 및 이에 대한 지연손해금을 지급하여야 합니다.

(3) 피고 최영만의 상계항변

원고는 2020. 12. 1. 피고 최영만의 차량을 파손하여 피고 최영만에게 300만 원 상당의 손해를 발생시켰는데, 피고 최영만은 2020. 12. 15. 원고에게 내용증명을 통하여 위 불법행위에 기한 손해배상채권 300만 원으로 이 사건 물품대금지급채무와 상계한다는 취지의 통지를 하여 위 통지가 2020. 12. 17. 원고에게 도달하였습니다. 그렇다면 상계적상일인 2020. 12. 1. 기준 자동채권인 300만 원이 수동채권의 원리금을 전부 충당하기에 부족하므로 민법 제499조에 따라 2019. 12. 2.부터 위 상계적상일까지의 수동채권의 이자 300만 원(1억 원 X 3% X 1년)이 우선 소멸하게 됩니다. 따라서 피고 최영만은 8천만 원 및 이에 대한 2020. 12. 2.부터 다 갚는 날까지의 지연손해금을 지급하여야 합니다.

다. 소결

그렇다면, 원고에게 피고 최영만은 8천만 원 및 이에 대한 2020. 12. 2.부터 이 사건 소장부본 송달일까지는 상법에 따른 연 6%의, 그 다음날부터 다 갚는 날까지는 소송촉진등에관한특례법에 따른 연 12%의 각 비율로 계산한 지연손해금을 지급하여야 하고, 피고 박계호는 피고 최영만과 연대하여 위 돈 중 3천만 원 및 이에 대한 2020. 12. 2.부터 이 사건 소장부본송달일까지는 상법에 따른 연 6%의, 그 다음날부터 다 갚는 날까지는 소송촉진등에관한특례법에 따른 연 12%의 각 비율로 계산한 지연손해금을 지급하여야 합니다.

4. 피고 정미숙에 대한 소유권이전등기 말소등기청구

원고는 2013. 3. 31. 소외 정의숙에게 2억 원을 이자 월 1%, 변제기 2014. 3. 31.로 정하여 대여하였고, 소외 정의숙은 이 사건 소제기일까지 위 대여원리금을 변제하지 않고 있습니다(피보전채권).

소외 정의숙과 피고 정미숙은 자매관계로, 소외 정의숙은 피고 정미숙에게 별지 목록 제3기재 부동산을 명의신탁하였는데, 위 양자 사이의 위 부동산에 관한 명의신탁약정 및 이에 기한 소유권이전등기는 부동산실권리자명의등기에 관한 법률 제4조 제1항 및 제2항을 위배하여 모두 무효입니다. 따라서 소외 정의숙은 피고 정미숙에게 위 부동산에 관하여 마쳐진 소유권이전등기의 말소등기청구권을 행사할 수 있습니다(피대위채권).

소외 정의숙은 피고 정미숙에게 명의신탁한 위 부동산을 제외하고는 다른 재산이 없으며, 소외 정의숙은 위 말소등기청구권을 행사하고 있지 않습니다(무자력 및 권리불행사).

따라서 원고는 피고 정미숙이 소외 정의숙에게 위 부동산에 관하여 수원지방법원 송탄등기소 2012. 3. 10. 접수 제3123호로 마친 소유권이전등기의 말소등기절차를 이행할 것을 대위하여 청구할 수 있습니다.

5. 피고 송화선에 대한 사해행위취소청구

가. 사해행위취소부분

위와 같이 원고는 소외 정의숙에 대한 대여금채권을 보유하고 있습니다(피보전채권).

소외 정의숙은 2018. 4. 1. 피고 송화선으로부터 3억 원을 이자 없이 변제기 2019. 11. 30.로 정하여 차용하였고, 위 차용금의 담보를 위하여 2020. 7. 13. 피고 송화선 명의로 별지 목록 제3기재 부동산에 관하여 근저당권을 설정해 주기로 합의하였으며, 피고 정미숙도 위 합의에 동의하였습니다. 대판 2000.9.29. 2000다3262

소외 정의숙은 위 약정 당시 위 부동산 외에는 다른 재산이 없었고, 채무초과 상태의 채무자가 유일한 재산인 토지를 제3자에게 담보로 제공하는 것은 채권자를 해할 것을 알고서 한 사해행위에 해당하며, 채무자의 사해의사 역시 추정됩니다(사해행위 및 사해의사). 대판 2012.10.25. 2011다107375

한편, 명의신탁된 부동산의 처분과 관련하여 판례는 "「부동산 실권리자명의 등기에 관한 법률」의 시행 후에 부동산의 소유자가 그 등기명의를 수탁자에게 이전하는 이른바 양자간 명의신탁의 경우에 그 명의신탁약정에 의하여 이루어진 수탁자 명의의 소유권이전등기는 원인무효로서 말소되어야 하고, 그 부동산은 여전히 신탁자의 소유로서 신탁자의 일반채권자들의 공동담보에 제공되는 책임재산이 된다. 따라서 신탁자의 일반채권자들의 공동담보에 제공되는 책임재산인 신탁부동산에 관하여 채무자인 신탁자가 직접 자신의 명의 또는 수탁자의 명의로 제3자와 매매계약을 체결하는 등 신탁자가 실질적 당사자가 되어 법률행위를 하는 경우 이로 인하여 신탁자의 소극재산이 적극재산을 초과하게 되거나 채무초과상태가 더 나빠지게 되고 신탁자도 그러한 사실을 인식하고 있었다면 이러한 신탁자의 법률행위는 신탁자의 일반채권자들을 해하는 행위로서 사해행위에 해당할 수 있다. 이 경우 사해행위취소의 대상은 신탁자와 제3자 사이의 법률행위가 될 것이고, 원상회복은 제3자가 수탁자에게 말소등기절차를 이행하는 방법에 의할 것이다.'고 판시하였습니다.

위 판례에 따르면 위 부동산은 피고 정미숙에게 명의신탁되었다 하더라도 소외 정의숙의 책임재산을 구성하고 또한 소외 정의숙이 자신이 처분권자로서 위 부동산에 관하여 피고 송화선에게 근저당권설정등기를 경료해 준 것은 정의숙의 일반채권자를 해하는 사해행위에 해당합니다.

따라서 소외 정의숙과 피고 송화선 사이의 위 부동산에 관한 근저당권설정계약은 사해행위로 취소되어야 합니다.

나. 원상회복청구부분

위와 같이 소외 정의숙과 피고 송화선 사이의 근저당권설정계약은 사해행위로 취소되어야 하므로, 원상회복으로써 피고 송화선은 피고 정미숙에게 위 부동산에 관하여 수원지방법원 송탄등기소 2020. 7. 13. 접수 제4977호로 마친 근저당권설정등기의 말소등기절차를 이행하여야 합니다.

● 대판 2012.7.26. 2011다43594

다. 피고의 주장 및 이에 대한 반박

피고 송화선은 ① 위 부동산이 정의숙의 책임재산이 아니고, ② 원고의 피보전채권이 상사채권으로 이미 소멸시효가 완성되었다고 주장할 수 있으나, ① 위에서 말씀드린 바와 같이 소외 정의숙과 피고 정미숙 사이의 명의신탁약정 및 이에 기한 소유권이전등기 모두 무효이므로, 위 부동산은 여전히 소외 정의숙의 책임재산을 구성하고 있고, ② 또한 상인인 회사의 대표이사에 대한 채권과 관련하여 판례는 '영업을 준비하는 행위가 보조적 상행위로서 상법의 적용을 받기 위해서는 행위를 하는 자 스스로 상인자격을 취득하는 것을 당연한 전제로 하므로, 어떠한 자가 자기 명의로 상행위를 함으로써 상인자격을 취득하고자 준비행위를 하는 것이 아니라 다른 상인의 영업을 위한 준비행위를 하는 것에 불과하다면, 그 행위는 행위를 한 자의 보조적 상행위가 될 수 없다. 여기에 회사가 상법에 의해 상인으로 의제된다고 하더라도 회사의 기관인 대표이사 개인은 상인이 아니어서 비록 대표이사 개인이 회사 자금으로 사용하기 위해서 차용한다고 하더라도 상행위에 해당하지 아니하여 차용금채무를 상사채무로 볼 수 없는 법리를 더하여 보면, 회사 설립을 위하여 개인이 한 행위는 그것이 설립중 회사의 행위로 인정되어 장래 설립될 회사에 효력이 미쳐 회사의 보조적 상행위가 될 수 있는지는 별론으로 하고, 장래 설립될 회사가 상인이라는 이유만으로 당연히 개인의 상행위가 되어 상법 규정이 적용된다고 볼 수는 없다.'고 판시하였는데 이 판례에 따르면 원고는 대표이사 개인인 정의숙에게 자금을 대여하였으므로, 이는 일반 민사채권에 해당합니다. 따라서 피고 송화선의 위 주장은 모두 근거가 없습니다.

6. 결론

위와 같은 이유로 피고들에 대하여 청구취지의 기재와 같은 판결을 선고하여 주시기 바랍니다.

증 명 방 법
〈생략〉

첨 부 서 류
〈생략〉

2021. 1. 8.

원고 소송대리인
변호사 노형탁

서울중앙지방법원 귀중

별지

부동산 목록

〈생략〉

민사법
기록형

2022년도 제11회
변호사 시험
문제

2022년도 제11회 변호사시험 문제

| 시험과목 | 민사법(기록형) |

응시자 준수사항

1. 시험 시작 전 문제지의 봉인을 손상하는 경우, 봉인을 손상하지 않더라도 문제지를 들추는 행위 등으로 문제 내용을 미리 보는 경우 그 답안은 영점으로 처리됩니다.

2. 시험시간 중에는 휴대전화, 스마트워치, 무선이어폰 등 무선통신 기기를 비롯한 전자기기를 지녀서는 안 됩니다.

3. 답안은 흑색 또는 청색 필기구(수성펜이나 연필 사용 금지) 중 한 가지 필기구만을 사용하여 답안 작성란(흰색 부분) 안에 기재하여야 합니다.

4. 답안지에 성명과 수험번호 등을 기재하지 않아 인적사항이 확인되지 않는 경우에는 영점으로 처리되는 등 불이익을 받게 됩니다. 특히 답안지를 바꾸어 다시 작성하는 경우, 성명 등의 기재를 빠뜨리지 않도록 유의하여야 합니다.

5. 답안지에는 문제 내용을 쓸 필요가 없으며, 답안 이외의 사항을 기재하거나 밑줄 기타 어떠한 표시도 하여서는 안 됩니다. 답안을 정정할 경우에는 두 줄로 긋고 다시 써야 하며, 수정액·수정테이프 등은 사용할 수 없습니다.

6. 시험 종료 시각에 임박하여 답안지를 교체했더라도 시험시간이 끝나면 그 즉시 새로 작성한 답안지를 회수합니다.

7. 시험시간이 지난 후에는 답안지를 일절 작성할 수 없습니다. 이를 위반하여 **시험시간이 종료되었음에도 불구하고 계속 답안을 작성할 경우 그 답안은 영점으로 처리됩니다.**

8. 답안은 답안지의 쪽수 번호 순으로 써야 합니다. **배부된 답안지는 백지 답안이라도 모두 제출**하여야 하며, **답안지를 제출하지 아니한 경우 그 시간 시험과 나머지 시험에 응시할 수 없습니다.**

9. 지정된 시각까지 지정된 시험실에 입실하지 않거나 시험관리관의 승인 없이 시험시간 중에 시험실에서 퇴실한 경우, 그 시간 시험과 나머지 시간의 시험에 응시할 수 없습니다.

10. 시험시간 중에는 어떠한 경우에도 문제지를 시험실 밖으로 가지고 갈 수 없고, 그 시험시간이 끝난 후에는 문제지를 시험장 밖으로 가지고 갈 수 있습니다.

【 문 제 】

귀하는 변호사 류정하로서, 의뢰인 임인형과의 상담을 통해 다음 【상담내용】과 같은 사실관계를 청취하고, 【의뢰인의 희망사항】 기재사항에 관한 본안소송의 대리권을 수여받고, 첨부된 서류를 자료로 받았다.
　의뢰인을 위하여 본안의 소를 제기하는 데 필요한 소장을 작성하시오.

【 작 성 요 령 】

1. 소장 작성일 및 소 제기일은 2022. 1. 14.로 하시오.
2. 일방 당사자가 여러 명인 경우 성명으로 특정하시오(예 : '피고 홍길동').
3. 청구취지와 청구원인은 가급적 피고별로 나누어 기재하시오.
   [이하 작성요령은 실무의 기준과 다를 수 있음]
4. 관할권이 있는 법원 중 한 곳에 1건의 공동소송으로 제기하되, 나머지 공동소송의 요건은 갖추어진 것으로 전제하고, 주관적이든 객관적이든 예비적·선택적 병합청구는 하지 마시오.
5. 【의뢰인의 희망사항】란에 기재된 희망사항에 부합하도록 소장을 작성하되, 현행법과 그 해석상 승소 가능한 최대한의 범위에서 청구하고, 소 각하나 청구기각 부분이 발생하지 않도록 하시오.
6. 제시된 사실관계만으로 상대방에게 항변사유가 있고 그 요건이 갖추어진 것으로 판단되면 이를 청구범위에 반영하고, 【사건관계인의 주장】으로 정리된 사항 중 원고의 주장에 관하여는 해당 법리에 대한 판단을 거쳐서 청구를 하고, 피고의 주장에 관하여는 이유 있다고 판단되면 청구범위에 반영하되 이유 없다고 판단되면 해당 청구원인 부분에서 배척의 이유를 기재하시오.
7. [의뢰인 상담일지]와 첨부자료에 기재된 사실관계는 모두 사실에 부합하는 것으로 보고(작성자의 의견에 해당하는 사항은 제외), 기재되지 않은 사실은 없는 것으로 전제하며, 첨부서류는 모두 진정하게 성립된 것으로 간주하시오.
8. 〈증명방법〉란과 〈첨부서류〉란 기재는 생략하고, 부동산의 표기는 아래 [별지 목록]을 소장 말미에 첨부함을 전제로 하여 [별지 목록]을 별도로 작성하지 마시오.
9. 관련 증거자료를 제시하여 기술할 필요는 없습니다.
10. 기록상의 날짜가 공휴일인지, 문서의 서식이 실제와 부합하는지는 고려하지 마시오.

별지   목 록

1. 안산시 상록구 부곡동 530 대 720㎡
2. 위 지상(부곡로 27) 철근콘크리트조 슬래브지붕 2층 근린생활시설
   1층 471㎡
   2층 471㎡
3. 서울 강동구 명일동 237(명일로 14) 지상 철근콘크리트조 슬래브지붕 2층 주택
   1층 150㎡
   2층 150㎡. 끝.

【참고자료】

각급 법원의 설치와 관할구역에 관한 법률(일부)

제4조(관할구역) 각급 법원의 관할구역은 다음 각 호의 구분에 따라 정한다. 다만 지방법원 또는 그 지원의 관할구역에 시·군법원을 둔 경우「법원조직법」제34조 제1항 제1호 및 제2호의 사건에 관하여는 지방법원 또는 그 지원의 관할구역에서 해당 시·군법원의 관할구역을 제외한다.

1. 각 고등법원·지방법원과 그 지원의 관할구역: 별표 3

  (이하 제2호 내지 제7호는 생략)

[별표 3] 고등법원·지방법원과 그 지원의 관할구역(일부)

고등법원	지방법원	지원	관할구역
서울	서울중앙		서울특별시 종로구·중구·강남구·서초구·관악구·동작구
	서울동부		서울특별시 성동구·광진구·강동구·송파구
	서울남부		서울특별시 영등포구·강서구·양천구·구로구·금천구
	서울북부		서울특별시 동대문구·중랑구·성북구·도봉구·강북구·노원구
	서울서부		서울특별시 서대문구·마포구·은평구·용산구
	의정부		의정부시·동두천시·양주시·연천군·포천시, 강원도 철원군. 다만, 소년보호사건은 앞의 시·군 외에 고양시·파주시·남양주시·구리시·가평군
		고양	고양시·파주시
		남양주	남양주시·구리시·가평군
수원	수원		수원시·오산시·용인시·화성시. 다만, 소년보호사건은 앞의 시 외에 성남시·하남시·평택시·이천시·안산시·광명시·시흥시·안성시·광주시·안양시·과천시·의왕시·군포시·여주시·양평군
		성남	성남시·하남시·광주시
		여주	이천시·여주시·양평군
		평택	평택시·안성시
		안산	안산시·광명시·시흥시
		안양	안양시·과천시·의왕시·군포시

의뢰인 상담일지
변호사 류정하 법률사무소

서울 서초구 서초대로 72, 704호(서초동, 로이스트빌딩)
전화 02)535-6898, 전자메일 youlaw123@lawyer.com

접수번호	2022-05	상담일시	2022. 1. 11.
의 뢰 인	임인형	내방경위	지인의 소개

【 상 담 내 용 】

1. 부곡동 토지와 부곡동 건물 관련
 가. 의뢰인은 별지 목록 제1항 기재 토지(부곡동 토지)를 최진기로부터 매수하였는데, 최판기는 최진기로부터 부곡동 토지를 임차하여 그 지상에 별지 목록 제2항 기재 건물(부곡동 건물)을 신축하여 소유권보존등기를 마쳤다.
 나. 위 소유권보존등기가 마쳐지기 전에 의뢰인의 신청으로 부곡동 토지에 관하여 처분금지가처분등기가 마쳐졌고, 그 후 의뢰인이 부곡동 토지에 관한 본안소송에서 승소판결을 받아 소유권이전등기가 마쳐졌다.
 다. 부곡동 토지에 관하여 최판기에 대한 3억 원의 손해배상채권을 담보하기 위한 강유석 명의의 저당권설정등기가 마쳐져 있는데, 강유석은 최판기를 상대로 손해배상청구의 소를 제기하여 1억 원과 그 지연손해금의 지급을 명하는 판결을 받았다.

2. 명일동 주택 관련
 가. 의뢰인은 자신의 소유인 서울 강동구 명일동 237 토지상에 별지 목록 제3항 기재 건물(명일동 주택)을 신축하기로 박기철과 도급계약을 체결하고 공사대금 중 4억 원을 지급하였는데, 박기철은 약정에 없는 추가대금을 요구하면서 건축허가의 명의변경을 해 주지 않고 사용검사를 거쳐 자기 이름으로 된 건축물대장을 토대로 소유권보존등기까지 마쳤다.
 나. 박기철은 완공 후 유치권을 주장하면서 명일동 주택을 점유하고 있는데, 2021. 11. 1.부터 현재까지 가족들과 함께 그곳에서 거주하고 있다.

3. 풍납동 토지 관련
 가. 의뢰인의 부(父) 임진만은 서울 강동구 풍납동 72 잡종지 200㎡(풍납동 토지)를 소유하고 있다가 2018. 9. 5. 사망하여 의뢰인이 단독상속하였다.

나. 조민숙은 임진만의 인감도장을 도용하여 풍납동 토지에 관하여 자기 앞으로 소유권이전등기를 마치고, 김진오에게 이를 1억 원에 매도한 다음 소유권이전등기를 마쳐 주었다.
다. 의뢰인은 풍납동 토지를 되찾기 위해 김진오를 상대로 소를 제기하였지만 패소하였다.

4. 양수금 청구 관련
 가. 의뢰인은 김양도로부터 채권을 양수한 후 채무자인 최도희에게 그 지급을 요청하였는데, 2021. 12. 12. 수령한 최도희의 내용증명에 의하면 전동하가 위 채권 중 일부에 대해 가압류를 하였고, 최도희가 김양도에 대한 임대차보증금으로 상계한다는 내용도 적혀 있다.
 나. 위 내용증명을 김양도에게 보여 주었더니 김양도는 전동하가 자신을 상대로 지급명령을 받아 2019. 10. 1. 확정되기는 하였지만 이미 채권양도가 완료된 후에 이루어진 일들이어서 의뢰인에게는 아무런 문제가 없을 것이고, 다만 임대차보증금 관련 내용은 모두 사실이라고 하였다.

5. 세화건설㈜ 주식 관련
 가. 의뢰인은 황유민에게 돈을 빌려주었는데 변제기에 황유민이 돈을 갚지 않자, 황유민이 세화건설㈜ 주식 10,000주를 가지고 있다는 말을 듣고 위 회사에 문의하니 황유민이 위 회사의 주주가 아니라는 답변을 받았다.
 나. 의뢰인이 자세한 경위를 알아보니, 황유민이 자신의 명의로 위 주식을 취득하여 명의개서까지 마친 사실이 있지만, 황유민이 강일동에게 위 주식을 명의신탁함으로써 강일동 앞으로 명의개서가 완료되었다는 것이다. 그런데 강일동은 위 주식으로 대물변제받은 사실이 없음에도, 황유민에 대한 채권이 있어서 대물변제를 받았다고 주장하고 있다.
 다. 현재 위 회사는 누구든지 증빙서류만 제출하면 언제든지 명의개서를 해 줄 것이라고 한다.

【사건관계인의 주장】

1. 최판기는 건물 소유 목적으로 부곡동 토지에 임대차계약을 체결하였으므로 임대차 종료일까지 위 토지를 점유·사용할 권한이 있고, 의뢰인으로부터 임대차보증금을 지급받을 때까지 의뢰인의 청구에 응할 수 없다고 주장한다.
2. 강유석은 손해배상채권 중 일부 청구임을 명시하여 승소 확정판결을 받았으

므로 피담보채무 전부의 소멸시효가 완성되지 않았고, 최판기가 시효이익을 포기하였다고 주장한다.
3. 박기철은 명일동 주택을 점유할 적법한 권한이 있다고 주장한다.
4. 조민숙은 풍납동 토지의 처분에 책임이 있더라도 ① 의뢰인의 권리는 이미 시효로 소멸하였고, ② 소멸하지 않았더라도 1억 원을 배상하면 충분하다고 주장한다.
5. 최도희는 ① 확정일자 없는 채권양도통지를 받은 후 전부명령을 받았으므로 의뢰인에게 양수금을 지급할 수 없고, ② 의뢰인에게 상계도 하였으므로 양수금을 지급할 수 없다고 주장한다. 이에 대하여 의뢰인은 ① 상계가 채권양도 후에 이루어져서 의뢰인에게 효력이 없고, ② 설령 효력이 있더라도 전동하의 채권액과 안분하여 상계처리되어야 한다고 주장한다.
6. 강일동은 ① 황유민이 주주권 행사를 포기하였으므로 주주권을 상실하였고, ② 자신이 주식을 양도하지 않는 이상 황유민을 주주로 볼 수는 없다고 주장한다.

【의뢰인의 희망사항】

1. 부곡동 토지와 부곡동 건물 관련
 가. 최판기가 자력이 없고 부곡동 토지를 조속히 매각할 필요가 있어서, 금전청구 없이 부곡동 토지를 소유권행사에 지장이 없는 상태로 조속히 인도받기를 희망한다.
 나. 부곡동 토지에 관한 저당권설정등기의 말소를 희망한다.
2. 명일동 주택 관련
  명일동 주택에 관하여 의뢰인을 소유권자로 등기하고, 명일동 주택과 그 대지에 관한 모든 권리를 실현하는 데 필요한 소 제기를 희망한다.
3. 풍납동 토지 관련
  풍납동 토지와 관련하여 가지는 모든 권리(금전채권 포함)를 실현하는 데 필요한 소 제기를 희망한다.
4. 양수금 관련
  양수금을 최대한으로 받기를 희망한다.
5. 세화건설㈜ 주식 관련
  황유민에 대한 채권의 책임재산 확보를 위하여, 일단 강일동을 상대로 위 주식에 관하여 황유민 앞으로 명의개서를 하는 데 필요한 소 제기를 희망한다.

등기사항전부증명서(말소사항 포함)-토지

[토지] 경기도 안산시 상록구 부곡동 530   고유번호 1258-1992-569359

【 표 제 부 】	(토지의 표시)				
표시번호	접 수	소재지번	지목	면적	등기원인 및 기타사항
1 (전2)	1992년12월9일	경기도 안산시 상록구 부곡동 530	대	720㎡	부동산등기법 제177조의6 제1항의 규정에 의하여 2001년7월14일 전산이기

【 갑 구 】	(소유권에 관한 사항)			
순위번호	등 기 목 적	접 수	등 기 원 인	권리자 및 기타사항
1 (전5)	소유권이전	2001년5월12일 제1958호	2001년3월18일 매매	소유자 최진기 661017-1752313 서울 강남구 도곡동 12, 정평빌라 205호 부동산등기법 제177조의6 제1항의 규정에 의하여 2001년7월14일 전산이기
2	가처분	2018년7월14일 제5743호	2018년7월13일 수원지방법원 안산지원의 가처분결정(2018카합3524)	피보전권리 소유권이전등기청구권 채권자 임인형 691024-1245218 서울 서초구 방배대로 107, 11동 502호(방배동, 서래빌라) 금지사항 매매, 증여, 양도, 저당권, 전세권, 임차권의 설정 등 일체의 처분행위의 금지
3	소유권이전	2021년3월25일 제2683호	2018년4월23일 매매	소유자 임인형 691024-1245218 서울 서초구 방배대로 107, 11동 502호 (방배동, 서래빌라) 거래가액 금800,000,000원
4	2번 가처분등기 말소			가처분의 목적달성으로 인하여 2021년3월25일 등기

*실선으로 그어진 부분은 말소사항을 표시함. *기록사항 없는 갑구 또는 을구는 '기록사항 없음'으로 표시함.
*증명서는 컬러 또는 흑백으로 출력 가능함.

문서 하단의 바코드를 스캐너로 확인하거나 **인터넷등기소**(http://iros.go.kr)의 **발급확인** 메뉴에서 **발급확인번호**를 입력하여 **위·변조 여부**를 확인할 수 있습니다. 발급확인번호를 통한 확인은 발행일부터 3개월까지 5회에 한하여 가능합니다.

발행번호 12154545963943645155831517   1/2   발급확인번호 TIEN-CGFL-2753   발행일 2021/12/11

- 7 -

[토지] 경기도 안산시 상록구 부곡동 530   고유번호 1258-1992-569359

【을 구】		(소유권 이외의 권리에 관한 사항)		
순위번호	등 기 목 적	접 수	등 기 원 인	권리자 및 기타사항
1	저당권설정	2017년3월16일 제1536호	2017년3월15일 설정계약	채권액 금300,000,000원 채무자 최판기 　서울 강북구 수유로 412, 가동 203호 　(수유동, 새한연립) 저당권자 강유석 720823-1452422 　서울 송파구 백제고분로 203, 5동 702호 　(석촌동, 석촌빌라트)

---- 이 하 여 백 ----

수수료 1,000원 영수함 관할등기소 수원지방법원 안산지원 등기과 / 발행등기소 법원행정처 등기정보중앙관리소

이 증명서는 등기기록의 내용과 틀림없음을 증명합니다.

서기 2021년 12월 11일

법원행정처 등기정보중앙관리소 전산운영책임관

*실선으로 그어진 부분은 말소사항을 표시함.　*기록사항 없는 갑구 또는 을구는 '기록사항 없음'으로 표시함.
*증명서는 컬러 또는 흑백으로 출력 가능함.

문서 하단의 바코드를 스캐너로 확인하거나 **인터넷등기소**(http://iros.go.kr)의 발급확인 메뉴에서 **발급확인번호**를 입력하여 **위·변조 여부**를 확인할 수 있습니다. **발급확인번호**를 통한 확인은 발행일부터 3개월까지 5회에 한하여 가능합니다.

발행번호 12154545963943364515155831517   2/2 발급확인번호 TIEN-CGFL-2753   발행일 2021/12/11

수원지방법원 안산지원

제 2 민 사 부

판 결

사　　건	2018가합3282 소유권이전등기
원　　고	임인형
	서울 서초구 방배대로 107, 11동 502호 (방배동, 서래빌라)
	소송대리인 변호사 한선필
피　　고	최진기
	서울 강남구 도곡동 12, 정평빌라 205호
	소송대리인 변호사 이상욱
변론종결	2021. 2. 18.
판결선고	2021. 3. 5.

2021. 3. 23. 항소기간 도과로 확정되었음을 증명함
수원지방법원 안산지원
법원주사 강 민 철

정본입니다.
2021. 11. 15.
법원주사 강민철

주 문

1. 피고는 원고로부터 2억 원을 지급받음과 동시에 원고에게 안산시 상록구 부곡동 530 대 720㎡에 관하여 2018. 4. 23. 매매를 원인으로 한 소유권이전등기절차를 이행하라.
2. 소송비용은 피고가 부담한다.

청 구 취 지

주문과 같다.

이 유

1. 인정사실

　가. 원고는 2018. 4. 23. 피고로부터 주문 제1항 기재 토지(이하 '부곡동 토지'라고

함)를 8억 원에 매수하되, 계약금 1억 원은 계약 당일, 중도금 5억 원은 2018. 6. 23.까지 각 지급하고, 잔금 2억 원은 2018. 8. 23. 소유권이전등기를 넘겨받음과 동시에 지급하기로 약정하였다(이하 위 매매를 '이 사건 매매'라고 함).

나. 원고는 위 약정에 따라 피고에게 계약금 1억 원과 중도금 5억 원을 지급하였다.

[인정근거] 갑 제1 내지 4호증의 각 기재, 변론 전체의 취지

2. 청구원인에 관한 판단

위 인정사실에 의하면, 피고는 원고로부터 잔금 2억 원을 지급받음과 동시에 원고에게 이 사건 매매를 원인으로 한 소유권이전등기절차를 이행할 의무가 있다.

3. 피고의 주장에 관한 판단

가. 피고는, 이 사건 매매계약 체결 이후 부동산 시세가 급등함에 따라 원고와 피고가 중도금 지급일에 만나서 원고가 잔금 2억 원에 더하여 1억 원을 추가로 피고에게 지급하기로 약정하였으므로 3억 원을 지급받을 때까지 원고의 청구에 응할 수 없다는 취지로 주장한다.

나. 그러나 증인 이기동의 증언만으로는 위 주장사실을 인정하기에 부족하고, 달리 이를 인정할 증거가 없다.

4. 결론

원고의 청구는 이유 있어 주문과 같이 판결한다.

재판장   판사   박상률

판사   오현지

판사   박태진

통지서에 대한 답변

수신인: 임 인 형
　　　　서울 서초구 방배대로 107, 11동 502호(방배동, 서래빌라)

　귀하의 2021년 10월 27일자 통지서는 잘 받아 보았습니다.
　귀하가 통지서에서 주장한 바와 같이 본인이 귀하 소유 안산시 상록구 부곡동 530 대지 위에 건물을 신축하여 '해피골프존'이라는 상호로 스크린 골프연습장을 운영하는 것은 사실입니다. 귀하는 위 토지 소유자라는 이유로 본인 소유의 건물을 철거하고 위 토지를 인도하여 달라고 주장하는 것 같은데, 본인은 2028. 1. 9.까지 위 토지를 임차하여 사용할 수 있는 정당한 권리가 있으므로 귀하의 요구에 응할 수 없습니다.
　본인은 건물을 신축하여 스크린 골프연습장 사업을 할 목적으로 2018. 1. 10. 사촌형인 최진기로부터 위 토지를 보증금 3억 원, 월 차임 500만 원, 임대차기간은 2028. 1. 9.까지로 정하여 임차하였고, 최진기는 임대차기간 종료일까지 본인이 건물을 신축하여 소유, 사용하는 것에 대하여 어떠한 이의도 제기하지 않기로 하였습니다.
　본인은 위와 같은 임대차계약에 따라 위 토지상에 건물을 신축하여 2018. 11. 8. 소유권보존등기까지 마쳤습니다.
　본인이 위와 같이 건물 보존등기를 마친 후에 귀하가 토지 소유권을 취득하였으므로 귀하는 최진기로부터 임대인의 지위를 승계하였다고 보아야 합니다. 따라서 아직 임대차기간이 종료하지 않은 상태에서 적법하게 위 토지를 임차하여 사용하고 있는 본인에게 토지 인도나 건물 철거를 청구할 수는 없고, 설령 본인의 의무가 인정된다고 하더라도 임대차보증금 3억 원을 지급받을 때까지는 귀하의 요구에 응할 수 없음을 분명히 밝힙니다.
　아울러서, 코로나 사태로 인하여 현재 자금 사정이 여의치 않으니 귀하가 소유권을 취득한 이후의 밀린 차임은 2022. 1.부터 성실히 지급하겠으니 혜량하여 주시기 바랍니다.

　　　　　　　　　　　　2021년 11월 2일

발신인: 최 판 기
　　　　서울 강북구 수유로 412, 가동 203호(수유동, 새한연립)

첨부서류: 임대차계약서, 건물 등기부등본 등.

이 우편물은 2021년 11월 4일 등기 제16231호에 의하여 내용증명 우편물로 발송하였음을 증명함.
서울강북우체국장

부동산 임대차 계약서

부동산의 표시: 안산시 상록구 부곡동 530 대 720m²

위 부동산을 임대차함에 있어 임대인과 임차인은 쌍방 합의하에 아래 각 조항과 같은 조건으로 계약한다.

제1조

보증금	3억(300,000,000) 원	월세	오백만(5,000,000) 원(매월 9일 후불 지급)
	보증금 3억 원을 계약 당일 임대인에게 지불함 위 금액을 정액 수령함. 2018. 1. 10. 최진기 (최진기인)		

제2조 부동산은 계약 당일인 2018년 1월 10일 인도하기로 한다.
제3조 임대차기간은 2018년 1월 10일부터 2028년 1월 9일까지(10년)로 한다.

특약사항

1. 임대인은 위 대지상에 임차인이 2층 건물을 신축하여 임대차기간 종료일까지 신축된 건물을 소유, 사용하는 것에 일체 이의를 제기하지 아니한다.

2018년 1월 10일

임대인 : 최진기(661017-1752313) (최진기인)
　　　　서울 강남구 선릉로 37, 205호(도곡동, 정평빌라)

임차인 : 최판기(680421-1021413) (최판기인)
　　　　서울 강북구 수유로 412, 가-203(수유동, 새한연립)

등기사항전부증명서(말소사항 포함)-건물

[건물] 경기도 안산시 상록구 부곡동 530 　　　　고유번호 1258-1992-569360

【 표　제　부 】		(건물의 표시)		
표시번호	접 수	소재지번	건물내역	등기원인 및 기타사항
1	2018년 11월 8일	경기도 안산시 상록구 부곡동 530(부곡로 27)	철근콘크리트조 슬래브지붕 2층 근린생활시설 1층 471㎡ 2층 471㎡	도면편철장 제1책 91면

【 갑　　　구 】		(소유권에 관한 사항)		
순위번호	등기목적	접　수	등 기 원 인	권리자 및 기타사항
1	소유권보존	2018년11월8일 제7890호		소유자 최판기 680421-1021413 서울 강북구 수유로 412, 가동 203호 (수유동, 새한연립)

【 을　　　구 】		(소유권 이외의 권리에 관한 사항)		
순위번호	등기목적	접　수	등 기 원 인	권리자 및 기타사항
			기록사항 없음	

---- 이 하 여 백 ----

수수료 1,000원 영수함 관할등기소 수원지방법원 안산지원 등기과 / 발행등기소 법원행정처 등기정보중앙관리소

이 증명서는 등기기록의 내용과 틀림없음을 증명합니다.

서기 2021년 10월 31일

법원행정처 등기정보중앙관리소 전산운영책임관

*실선으로 그어진 부분은 말소사항을 표시함. *기록사항 없는 갑구 또는 을구는 '기록사항 없음'으로 표시함.
*증명서는 컬러 또는 흑백으로 출력 가능함.

문서 하단의 바코드를 스캐너로 확인하거나 인터넷등기소(http://iros.go.kr)의 발급확인 메뉴에서 발급확인번호를 입력하여 위·변조 여부를 확인할 수 있습니다. 발급확인번호를 통한 확인은 발행일부터 3개월까지 5회에 한하여 가능합니다.

발행번호 12154545963943643151558310181 1/1 발급확인번호 TIEN-CGFL-2124 발행일 2021/10/31

내용증명우편에 대한 답변서

수신인: 임 인 형
　　　　서울 서초구 방배대로 107, 11동 502호(방배동, 서래빌라)

　귀하의 2021년 11월 12일자 내용증명우편에 대하여 본인의 입장을 밝힙니다.
　귀하는 귀하 소유의 안산시 상록구 부곡동 530 토지 위에 설정된 본인의 저당권이 피담보채무의 시효소멸을 원인으로 말소되어야 한다고 주장하고 있으나, 위 피담보채무는 시효소멸하지 않았을 뿐만 아니라, 채무자인 최판기가 최근에도 변제 각서를 작성하여 줌으로써 시효이익도 포기하였습니다.
　위 저당권이 최판기가 2016. 10. 7. 저지른 불법행위에 기한 3억 원의 손해배상채권을 담보하기 위한 것임은 귀하의 주장과 같습니다.
　그러나 본인의 형사고소를 막고자 저당권까지 설정하고 변제 약속을 하였던 최판기가 약속을 어겨 본인은 최판기를 상대로 1억 원의 손해배상금 지급을 구하는 소를 제기하여 전부 승소판결을 받아 판결이 확정되었습니다(판결문 첨부).
　본인은 당시 손해배상금 3억 원 중 일부를 청구하는 것임을 분명히 밝히고 소송 중에 손해배상금 전액으로 청구를 확장하겠다는 의사를 표시하였으나, 본인이 형사고소까지 아울러 진행하려고 하자 최판기가 자신의 잘못을 인정함에 따라 청구취지를 확장하지 않고 그대로 판결을 받은 것입니다. 따라서 위 저당권의 피담보채무 3억 원 전부는 본인의 소 제기로 인하여 시효가 중단되었고, 판결 확정일인 2017. 10. 21.부터 10년의 소멸시효가 진행됩니다.
　또한 최판기는 2021. 5. 7. 본인을 만나서 2021. 12. 31.까지 반드시 손해배상금을 전부 지급하겠다는 취지로 각서를 작성하여 주었는데, 귀하의 주장대로 피담보채무의 소멸시효가 완성되었다고 하더라도 그 채무자가 위와 같이 자신의 채무를 인정한 이상 피담보채무는 소멸하지 않은 것입니다.
　본인은 최판기가 위와 같이 마지막으로 한 약속까지 어길 경우 저당권을 실행하여 경매절차에 나아갈 것임을 밝히는 바입니다.

　　　　　　　　　　　2021년 11월 23일
발신인: 강 유 석
　　　　서울 송파구 백제고분로 203, 5동 702호(석촌동, 석촌빌라트)

첨부서류: 소장, 판결문, 각서 등

이 우편물은 2021년 11월 24일 등기 제37545호에 의하여 내용증명 우편물로 발송하였음을 증명함.
서울송파우체국장

소 장

원   고   강유석 (720823-1452422)
          서울 송파구 백제고분로 203, 5-702 (석촌동, 석촌빌라트)
          소송대리인 변호사 공태훈
          서울 서초구 서초대로 37, 214호 (서초동, 평정빌딩)
          전화번호 02-532-1568, 전자메일 smile7337@lawyer.com

피   고   최판기 (680421-1021413)
          서울 강북구 수유로 412, 가-203 (수유동, 새한연립)

손해배상 청구의 소

청 구 취 지

1. 피고는 원고에게 1억 원 및 이에 대하여 이 사건 소장 부본 송달 다음날부터 다 갚는 날까지 연 15%의 비율로 계산한 돈을 지급하라.
2. 소송비용은 피고가 부담한다.
3. 제1항은 가집행할 수 있다.
라는 판결을 구합니다.

청 구 원 인

1. 원고는 서울 강동구 올림픽로 47에 소재한 건승빌딩 305호에서 동양무역이라는 상호로 기계류 수출판매업을 영위하는 사람입니다.
2. 피고는 동양무역에서 자금부장으로 일하다가 2017. 1. 31. 퇴사한 자입니다.
3. 원고는 2017. 1. 초순경 거래업체인 ㈜한주중공업 영업부장인 김희순으로부터 '2016. 10. 31.까지 결제되어야 할 중기계 엔진대금 15억 4,000만 원 중 3억 원이 입금되지 않아 피고에게 독촉을 한 지 1개월이 넘게 경과되었음에도 입금이 되지 않고 있다'는 취지의 전화를 받게 되었습니다.
4. 원고는 동양무역 계좌의 입금내역과 대금 결제내역을 조회하여 현금으로 인출된 3억 원의 사용처가 분명하지 않다는 것을 알게 되어 피고에게 그 이유를 물었더니, 피고는 '사채업자의 빚 독촉이 너무 심하여 급한 마음에 수출대금에 손을 댔다. 조만간 갚을 수 있으니 기다려 달라'고 답하였습니다.

5. 원고는 피고의 요청에 따라 2017. 2. 말까지 기한을 주었는데 피고가 약속을 지키지 않았고, 원고가 피고를 횡령죄로 고소하려고 하자 피고는 사촌형에게 부탁하여 저당권을 설정해 줄 테니 2017. 6. 말까지만 기다려 달라고 하였습니다. 이에 원고는 피고의 사촌형인 최진기로부터 안산시 상록구 부곡동 530 소재 토지에 관하여 저당권을 설정받고 피해변제가 되기를 기다렸으나 약속은 지켜지지 않았습니다.
6. 원고가 피고에게 다시 독촉을 하자 피고는 "피고가 인출한 돈 중 2억 5,000만 원은 청도유한공사와의 거래 개시 및 확장에 대한 성과급조로 원고가 피고에게 지급하기로 한 돈이다."라는 황당한 주장을 하였는데, 저당권을 설정해 준 최진기도 같은 취지의 말을 하였습니다.
7. 이에 원고는 피고의 임의 이행을 기대하기 어렵다고 판단하여, 먼저 위 횡령으로 인한 손해배상금 3억 원 중 1억 원 및 이에 대하여 소장 부본 송달 다음날부터 소송촉진 등에 관한 특례법이 정한 지연손해금을 청구하고, 피고의 태도와 변론 경과를 보아 손해배상금 전액으로 청구를 확장하는 청구취지 및 청구원인 변경신청서를 제출하도록 하겠습니다.
8. 위와 같은 이유로 청구취지 기재와 같은 판결을 구합니다.

2017. 7. 4.

원고 소송대리인 변호사 공 태 훈

서울동부지방법원 귀중

서 울 동 부 지 방 법 원
판 결

사　　　건　　　2017가단7337 손해배상
원　　　고　　　강유석
　　　　　　　　서울 송파구 백제고분로 203, 5동 702호 (석촌동, 석촌빌라트)
　　　　　　　　소송대리인 변호사 공태훈
피　　　고　　　최판기
　　　　　　　　서울 강북구 수유로 412, 가동 203호 (수유동, 새한연립)
변 론 종 결　　　2017. 9. 10.
판 결 선 고　　　2017. 9. 25.

주　　　문

1. 피고는 원고에게 1억 원 및 이에 대하여 2017. 7. 15.부터 다 갚는 날까지 연 15%의 비율로 계산한 돈을 지급하라.
2. 소송비용은 피고가 부담한다.
3. 제1항은 가집행할 수 있다.

청 구 취 지

주문과 같다.

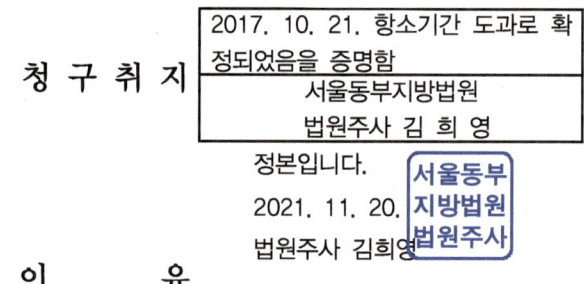

2017. 10. 21. 항소기간 도과로 확정되었음을 증명함
서울동부지방법원
법원주사 김 희 영

정본입니다.
2021. 11. 20.
법원주사 김희영

이　　　유

1. 인정사실

가. 원고는 동양무역이라는 상호로 중기계 부품 수출판매업을 운영하는 사람이고, 피고는 2014. 4.경부터 2017. 1. 31.까지 동양무역에 재직하며 자금 운영업무를 담당하던 사람이다.

나. 피고는 2016. 10. 7. 중국 청도유한공사가 동양무역 계좌(계좌번호: 신한은행 110-153-420154)로 송금한 기계대금 13억 2,000만 원 중 3억 원을 임의로 인출하여 자신의 개인채무 변제, 임대차보증금 지급 등의 용도로 소비하였다.

[인정근거] 다툼 없는 사실

2. 판단

그렇다면, 피고는 불법행위에 따른 손해배상으로 원고에게 원고가 구하는 바에 따라 위 손해액 중 1억 원 및 이에 대하여 이 사건 소장 부본 송달 다음날인 2017. 7. 15.부터 다 갚는 날까지 소송촉진 등에 관한 특례법이 정한 연 15%의 비율로 계산한 지연손해금을 지급할 의무가 있다.

3. 결론

원고의 청구는 이유 있어 주문과 같이 판결한다.

판사 이승목

각 서

강유석 귀하

1. 본인은 귀하가 운영하는 동양무역에서 재직하던 중 2016. 10. 7. 수출대금 3억 원을 횡령하여 귀하에게 피해를 입힌 사실을 인정하며, 진심으로 사죄하는 바입니다.
2. 본인은 귀하에게 수차례 변제 약속을 하였음에도 사정이 여의치 않아 그 약속을 지키지 못하였으나, 어떤 일이 있더라도 2021. 12. 31.까지 서울동부지방법원 2017가단7337호로 판결을 받은 금액뿐만 아니라 나머지 2억 원에 대하여도 2016. 10. 7.부터 연 5%로 계산한 이자를 가산하여 지급하겠습니다.
3. 위 약속을 어길 경우 어떠한 민형사상 책임도 달게 받을 것임을 서약합니다.

2021. 5. 7.

각서인   최 판 기   최 판 기 (최판기인)

공사도급 계약서

공사목적물	● 위치: 서울 강동구 명일동 237 대 200㎡ ● 건축할 건물: 철근콘크리트조 슬래브지붕 2층 주택 　　　　　　　1층 150㎡, 2층 150㎡ - 합계 300㎡			
공 사 기 간	● 2021. 2. 1. ~ 2021. 6. 15. (허가기간 포함)			
공 사 대 금	● 총 공사대금: 5억 원(500,000,000원)			
	명 목	금 액	지 급 시 기	영 수 확 인
	계 약 금 (선급금)	1억 원	계약 당일	(박기철 인)
	1차 중도금	1억 원	기성고 20% 도달 시	(박기철 인)
	2차 중도금	1억 원	기성고 40% 도달 시	(박기철 인)
	3차 중도금	1억 원	기성고 60% 도달 시	(박기철 인)
	잔 대 금	1억 원	완공 시	
특　　약	● 乙의 책임하에 乙의 이름으로 건축허가를 받기로 함 ● 乙은 잔대금을 지급받음과 동시에 설계대로 완공된 건물과 대지를 甲에게 인도하고, 당일 甲으로 건축허가명의 변경신청을 하기로 함 ● 완공건물에 대한 사용검사 신청 및 소유권보존등기는 甲의 명의로 하고, 乙은 그 절차에 필요한 협조를 하여야 함			

2021. 2. 1.

甲(도급인): 임인형(691024-1245218) (임인형 인)

　　　　　서울 서초구 방배대로 107, 11-502(방배동, 서래빌라)

乙(수급인): 박기철(660213-1544212) (박기철 인)

　　　　　서울 영등포구 문래2길 102, 3-502(문래동, 스카이빌)

　　　　　[사업자등록번호: 137-85-32924(상호: 서창건설)]

등기사항전부증명서(말소사항 포함) - 건물

[건물] 서울특별시 강동구 명일동 237 고유번호 1153-1960-131337

【 표 제 부 】		(건물의 표시)		
표시번호	접 수	소재지번	건물내역	등기원인 및 기타사항
1	2021년8월1일	서울특별시 강동구 명일동 237(명일로 14)	철근콘크리트조 슬래브 지붕 2층 주택 1층 150㎡ 2층 150㎡	

【 갑 구 】		(소유권에 관한 사항)		
순위번호	등기목적	접 수	등기원인	권리자 및 기타사항
1	소유권보존	2021년8월1일 제7728호		소유자 박기철 660213-1544212 서울 영등포구 문래2길 102, 3-502(문래동, 스카이빌)

【 을 구 】		(소유권 이외의 권리에 관한 사항)		
순위번호	등기목적	접 수	등기원인	권리자 및 기타사항
		기록사항 없음		

---- 이 하 여 백 ----

수수료 1,000원 영수함 관할등기소 서울동부지방법원 등기국/ 발행등기소 법원행정처 등기정보중앙관리소

이 증명서는 등기기록의 내용과 틀림없음을 증명합니다.

서기 2022년 1월 4일

법원행정처 등기정보중앙관리소 전산운영책임관

*실선으로 그어진 부분은 말소사항을 표시함. *기록사항 없는 갑구 또는 을구는 '기록사항 없음'으로 표시함.
*증명서는 컬러 또는 흑백으로 출력 가능함.

문서 하단의 바코드를 스캐너로 확인하거나 **인터넷등기소(http://iros.go.kr)의 발급확인** 메뉴에서 **발급확인번호**를 입력하여 **위·변조 여부를 확인**할 수 있습니다. 발급확인번호를 통한 확인은 발행일부터 3개월까지 5회에 한하여 가능합니다.

발행번호 12154545963943645155831343   1/1   발급확인번호 AAIK-VPTF-0002   발행일 2022/01/04

통 지 서

발신인: 박 기 철 [서울 영등포구 문래2길 102, 3-502(문래동, 스카이빌)]
수신인: 임 인 형 [서울 서초구 방배대로 107, 11-502(방배동, 서래빌라)]

1. 귀하의 건승을 기원합니다. 적지 않은 돈을 들여 주택을 신축하게 된 귀하의 기대와 처지를 충분히 이해하고 있습니다.

2. 그러나 코로나 사태로 수입 물류비용이 증가하고 외국인 노동자 수가 급감하는 바람에 금년 들어 건축 원자재와 인건비가 30% 가량 인상되었다는 사실은 귀하도 매스컴을 통해 충분히 알고 계실 것입니다.

3. 저희 같은 소규모 공사업체로서는 달리 공사비용을 줄일 방법은 없고, 귀하와의 신뢰관계상 공사를 마치긴 했습니다만, 당초 약정한 공사대금으로는 마진은커녕 적지 않은 손실을 입을 수밖에 없는 형편임을 다시 한 번 말씀드립니다.

4. 공사대금을 받지 못한 상황에서 건물을 인도해 드릴 수는 없고, 시공업자들이 공사대금을 담보하기 위해 자기 이름으로 보존등기까지 하는 경우는 흔히 있는 일이라서 저도 제 명의로 사용검사를 받았고, 건축물대장이 나온 이상 소유권보존등기까지 마치게 된 점을 양해해 주시기 바랍니다. 5천만 원을 더해서 공사잔대금을 주시면 곧바로 건축주명의변경을 해 드리겠지만, 그렇지 않다면 부득이 계속해서 유치권을 행사할 수밖에 없음을 알려 드립니다.

5. 지금 제가 살고 있는 집의 전세기간이 10월 말로 끝나기에, 그때까지 공사잔대금을 받지 못하면 전세보증금 부족으로 이사를 갈 수도 없어서 부득이 가족과 함께 명일동 신축 건물에 들어가서 살 수밖에 없는 형편인데, 저도 염치가 있으니 그에 따라 얻는 이익은 공사잔대금에 충당하는 것으로 하겠습니다. 서운하게만 생각하지 마시고, 제 처지를 잘 헤아려 주시기 바랍니다.

2021. 9. 15.
박 기 철 (박기철인)

| 이 우편물은 2021년 9월 15일 등기 제4732호에 의하여 내용증명 우편물로 발송하였음을 증명함. 서울마포우체국장 (서울마포우체국장인) | 이 우편물은 2021년 9월 17일 14:30 임인형에게 송달되었음을 증명함. 서울마포우체국장 (서울마포우체국장인) |

시 세 확 인 서

임인형 귀하

귀하가 의뢰한 시세확인 건에 관하여, 아래와 같이 회신해 드립니다.

대 상 물 건	조 회 사 항	시 세	
서울 강동구 명일동 237 지상 2층 주택 1, 2층 전체	2021년 기준 보증금 없는 월 임대료	대지사용권 포함 시	월 200만 원
		대지사용권 불포함 시	월 150만 원
서울 강동구 풍납동 72 잡종지 200㎡	2010년도 매매가	2억 원 (㎡당 1,000,000원)	
	2021년도 매매가	5억 원 (㎡당 2,500,000원)	

참고: 1. 위 시세는 공인중개사로서 접근 가능한 자료만을 토대로 확인한 사항이므로, 공적인 판단과는 무관함

2. 해당 지역 내 동일·유사한 조건의 물건에 대하여 근접한 시기에 실제 거래된 내역만을 토대로 확인한 결과이며, 호가자료나 변동추세와는 무관함

2022. 1. 5.

공인중개사 최 현 창 (등록번호 가6782-01-1342) [인: 崔昌鉉]
서울 강동구 천호대로 277, 104호(명일동, 명천빌딩)

등기사항전부증명서(말소사항 포함)-토지

[토지] 서울특별시 강동구 풍납동 72 고유번호 3103-1985-341248

【 표 제 부 】		(토지의 표시)			
표시번호	접 수	소 재 지 번	지 목	면 적	등기원인 및 기타사항
1 (전2)	1997년8월16일	서울특별시 강동구 풍납동 72	잡종지	200㎡	부동산등기법시행규칙 부칙 제3조 제1항의 규정에 의하여 1997년12월14일 전산이기

【 갑 구 】		(소유권에 관한 사항)		
순위번호	등 기 목 적	접 수	등 기 원 인	권리자 및 기타사항
1 (전3)	소유권이전	1997년9월9일 제1534호	1997년9월1일 매매	소유자 임진만 410921-1351024 서울 마포구 신수동 124, 3동 102호
				부동산등기법시행규칙 부칙 제3조 제1항의 규정에 의하여 1997년12월14일 전산이기
2	소유권이전	2010년3월2일 제5923호	2010년3월1일 매매	소유자 조민숙 730912-2012410 서울 마포구 공덕동 150, 팬트리버뷰 A동 207호
3	소유권이전	2010년3월15일 제6278호	2010년3월10일 매매	소유자 김진오 760723-1425272 서울 강동구 풍납동 90

【 을 구 】		(소유권 이외의 권리에 관한 사항)		
순위번호	등 기 목 적	접 수	등 기 원 인	권리자 및 기타사항
		기록사항 없음		

---- 이 하 여 백 ----

수수료 1,000원 영수함 관할등기소 서울동부지방법원 등기국 / 발행등기소 법원행정처 등기정보중앙관리소

이 증명서는 등기기록의 내용과 틀림없음을 증명합니다.

서기 2021년 12월 21일

법원행정처 등기정보중앙관리소 전산운영책임관

*실선으로 그어진 부분은 말소사항을 표시함. *기록사항 없는 갑구 또는 을구는 '기록사항 없음'으로 표시함.
*증명서는 컬러 또는 흑백으로 출력 가능함.

문서 하단의 바코드를 스캐너로 확인하거나 **인터넷등기소**(http://iros.go.kr)의 **발급확인** 메뉴에서 **발급확인번호**를 입력하여 위·변조 여부를 확인할 수 있습니다. 발급확인번호를 통한 확인은 발행일부터 3개월까지 5회에 한하여 가능합니다.

발행번호 12154544813943645155831344 1/1 발급확인번호 BAIK-VPTF-3295 발행일 2021/12/21

경 위 확 인 서

1. 본인은 2008년 10월경부터 약 5년 동안 임인형 씨의 부친인 임진만 씨에 대한 요양보호 업무를 맡아서 한 적이 있습니다.

2. 임진만 씨는 2008년 8월경 중풍으로 반신불수가 된 상태였는데, 임진만 씨의 거주지 근처에 사는 요양보호사 자격이 있는 사람을 구한다는 연락을 받고서, 일요일을 빼고 매일 출퇴근하는 형식으로 1일 10시간씩 요양보호와 생활보조를 하면서, 보수는 1일 7만 원씩으로 계산해서 받은 사실이 있습니다.

3. 당초 얘기된 내용과는 달리, 막상 일을 하는 과정에서는 임진만 씨의 외출도 동행 보조해야 했고, 각종 심부름도 해야 하는 상황이 되었으며, 주말이나 밤늦게까지도 호출을 받는 일이 허다하였습니다.

4. 개인생활도 없이 점점 힘들게 일하는데도 정당한 보상을 받지 못하고 있다는 생각에서, 제가 은행업무 심부름을 하는 과정에서 맡아 둔 임진만 씨의 인감도장과 신분증을 허락 없이 가져다가 위임장을 작성하고 인감증명을 받아 임진만 씨 소유인 풍납동 72번지 땅을 제 앞으로 이전등기를 하고 말았습니다.

5. 막상 일을 저지르고 보니 겁이 났고, 그렇다고 되돌릴 수도 없어서, 얼마 후에 부동산중개업소에 그 땅을 살 사람이 있으면 시세보다 싸게라도 빨리 팔아 달라고 부탁하였더니, 1억 원에 사겠다는 사람이 있다는 연락이 와서 흥정 없이 곧바로 계약서를 쓰고, 대금을 한꺼번에 받고서 이전등기를 해 주었습니다.

6. 해서는 안 될 일이었지만, 보상받고 싶은 심리에 사로잡혀 순간적으로 잘못을 저지른 데 대하여 진심으로 사과드리고, 오래된 일이라서 시효소멸된 것으로 알고는 있으나 법적으로 책임이 있다면 그때 받은 1억 원을 지금이라도 돌려드리고, 제 명의로 된 등기는 언제든지 말소해 드리겠습니다.

2021년 3월 5일

조 민 숙 (730912-2012410) (조민숙인)
서울 마포구 공덕대로 107, A-207(공덕동, 팬트리버뷰)

서 울 동 부 지 방 법 원
제 3 민 사 부
판 결

사　　　건	2021가합2782 소유권이전등기말소
원　　　고	임인형
	서울 서초구 방배대로 107, 11동 502호 (방배동, 서래빌라)
피　　　고	김진오
	서울 강동구 풍납1로 121 (풍납동)
변 론 종 결	2021. 6. 15.
판 결 선 고	2021. 7. 3.

주　　문

1. 원고의 청구를 기각한다.
2. 소송비용은 원고가 부담한다.

정본입니다.
2021. 12. 10.
법원주사 서동혁

청 구 취 지

피고는 원고에게 서울 강동구 풍납동 72 잡종지 200㎡에 관하여 서울동부지방법원 2010. 3. 15. 접수 제6278호로 마친 소유권이전등기의 말소등기절차를 이행하라.

이　　유

1. 인정사실

가. 조민숙은 망 임진만의 요양보호를 해 오던 중, 보관하고 있던 임진만의 인감도장을 도용하여 청구취지 기재 부동산(이하 '이 사건 부동산'이라고 함)에 관하여 서울동부지방법원 2010. 3. 2. 접수 제5923호로 자신의 이름으로 소유권이전등기를 마쳤다.

나. 그 후 조민숙은 이 사건 부동산을 대금 1억 원에 피고에게 매도하고, 같은 달 15. 같은 법원 접수 제6278호로 피고에게 위 매매를 원인으로 소유권이전등기를 마쳐 주었다.

다. 피고는 위 소유권이전등기를 마친 날부터 현재까지 이 사건 부동산을 소유의 의사로 평온, 공연하게, 선의이며 과실 없이 점유해 오고 있다.

라. 망 임진만은 2018. 9. 5. 사망하였고, 그 아들인 원고가 단독상속하였다.

[인정근거] 갑 제1 내지 10호증의 각 기재, 증인 방진혁의 증언, 변론 전체의 취지

2. 판단

위 인정사실에 의하면, 이 사건 부동산에 관한 조민숙 명의의 소유권이전등기는 적법한 원인이 없어 무효이고, 그에 터 잡아 이루어진 피고 명의의 소유권이전등기도 무효였지만, 민법 제245조 제2항에 따라 피고가 이 사건 부동산의 소유권을 시효취득한 것으로 판단된다.

그러므로 소유권에 기한 원고의 이 사건 청구는 이유 없어 기각하고, 소송비용은 원고가 부담하기로 하여 주문과 같이 판결한다.

재판장　판사　장진우

판사　천재윤

판사　주형준

확 정 증 명

아래와 같이 판결이 확정되었음을 증명함

사　　　건	서울동부지방법원 2021가합2782 소유권이전등기말소
원　　　고	임인형
피　　　고	김진오
선 고 일 자	2021. 7. 3.
확 정 일 자	2021. 7. 25.
확 정 사 유	항소기간 도과

2021. 12. 10.

서울동부지방법원

법원주사 서동혁　[서울동부지방법원 법원주사 인]

채권양도계약서

1. 당사자
   양도인: 김양도
   양수인: 임인형

2. 김양도가 최도희에 대해 가지는 첨부된 대여금 채권 전부를 임인형에게 양도합니다.

첨부: 김양도와 최도희 사이의 금전소비대차계약서

2019년 5월 16일

양도인   김양도(780201-1241213) (김양도인)
          서울 은평구 갈현로 2, 105호(갈현동, 미담아파트)

양수인   임인형(691024-1245218) (임인형인)
          서울 서초구 방배대로 107, 11-502(방배동, 서래빌라)

금전소비대차계약서

대여인: 김 양 도
　　　　서울 은평구 갈현로 2, 105호(갈현동, 미담아파트)

차용인: 최 도 희
　　　　서울 서대문구 아현로 207(아현동)

김양도는 최도희와 사이에 대여금 2억 원을 변제기 2020년 4월 30일로 정하고 이자는 없는 것으로 하되, 다만 변제기를 도과하는 경우 원금에 연 10%의 지연손해금을 부가하기로 약정한다.

* 최도희는 2019. 5. 1. 위 2억 원을 수령하였음을 확인합니다. (최도희인)

2019년 5월 1일

대여인 김 양 도

차용인 최 도 희

서 울 서 부 지 방 법 원
결 정

사　건	2019카단10930 채권가압류
채　권　자	전동하 (720310-1071818)
	서울 마포구 마포로 210, 2동 101호 (공덕동, 현대아파트)
채　무　자	김양도 (780201-1241213)
	서울 은평구 갈현로 2, 105호 (갈현동, 미담아파트)
제3채무자	최도희 (680622-2724513)
	서울 서대문구 아현로 207 (아현동)

주 문

채무자의 제3채무자에 대한 별지 목록 기재 채권을 가압류한다.
제3채무자는 채무자에게 위 채권의 지급을 하여서는 아니 된다.
채무자는 다음 청구금액을 공탁하고 가압류의 집행정지 또는 그 취소를 신청할 수 있다.

청구채권의 내용　　2018. 5. 24.자 손해배상 합의금 채권
청구금액　　　　　금 6,000만 원

이 유

이 사건 가압류신청은 이유 있으므로 담보로 별지 첨부의 지급보증위탁계약을 맺은 문서를 제출받고 주문과 같이 결정한다.

2019. 7. 1.

판사　정영욱

정본입니다.
2021. 12. 5.
법원주사 김병호

채무자, 제3채무자 송달일	2019. 7. 10.
법원주사 김병호	

가압류할 채권의 표시

금 6,000만 원

채무자가 제3채무자에 대하여 가지고 있는 원금 2억 원, 이자 없이 변제기 2020. 4. 30., 지연손해금 연 10%로 된 2019. 5. 1.자 대여금채권 중 위 금액. 끝.

서 울 서 부 지 방 법 원
결 정

사　　건	2019타채30110 가압류를 본압류로 이전하는 채권압류 및 전부명령
채 권 자	전동하 (720310-1071818)
	서울 마포구 마포로 210, 2동 101호 (공덕동, 현대아파트)
채 무 자	김양도 (780201-1241213)
	서울 은평구 갈현로 2, 105호 (갈현동, 미담아파트)
제3채무자	최도희 (680622-2724513)
	서울 서대문구 아현로 207 (아현동)

주　　문

채권자와 채무자 사이의 서울서부지방법원 2019카단10930 채권가압류 결정에 의한 별지 목록 기재 채권에 대한 가압류는 이를 본압류로 이전한다.
제3채무자는 채무자에게 위 채권에 관한 지급을 하여서는 아니 된다.
채무자는 위 채권의 처분과 영수를 하여서는 아니 된다.
위 압류된 채권은 지급에 갈음하여 채권자에게 전부한다.

청 구 금 액

금 6,000만 원(2018. 5. 24.자 손해배상 합의금 채권)

이　　유

채권자가 위 청구금액을 변제받기 위하여 서울서부지방법원 2019차34891 손해배상 합의금 사건의 집행력 있는 지급명령 정본에 터 잡아 한 이 사건 신청은 이유 있으므로 주문과 같이 결정한다.

2019. 10. 5.

사법보좌관 강민화

채무자, 제3채무자 송달일
2019. 10. 10.
확정일 2019. 10. 18.
법원주사 안동천

정본입니다.
2021. 12. 5.
법원주사 안동천

서울서부지방법원 법원주사

압류할 채권의 표시

금 6,000만 원

채무자가 제3채무자에 대하여 가지고 있는 원금 2억 원, 이자 없이 변제기 2020. 4. 30., 지연손해금 연 10%로 된 2019. 5. 1.자 대여금채권 중 위 금액. 끝.

내 용 증 명

수신인: 임 인 형
　　　　서울 서초구 방배대로 107, 11-502(방배동, 서래빌라)

1. 귀하는 김양도의 대여금 채권을 양도받았다며 2021. 12. 5. 저를 찾아와 2억 원을 지급하라고 요구하였습니다.
2. 제가 2019. 5. 17. 김양도를 만났을 때 위 대여금 채권을 귀하에게 양도하였다는 통지를 받고 그 계약서 사본을 받은 것은 사실입니다.
3. 그러나 이후에 전동하가 그 대여금채권 중 일부를 가압류한 후 지급명령과 압류 및 전부명령까지 받았고, 아는 사람에게 물어보니 그 부분은 귀하에게 지급하지 않아도 된다고 들었습니다.
4. 귀하는 저를 만났을 때 채권이 양도된 후에는 거기에 가압류를 해 보았자 소용없다며 2억 원을 모두 귀하에게 주어야 한다고 주장하였으나, 저는 채권양도통지에 확정일자가 없었으므로 귀하보다 전동하가 우선한다고 알고 있습니다.
5. 아울러 저는 이전에 김양도의 주택을 보증금 1억 원에 임차하여 거주하다가 2018. 11. 1. 임대차를 합의하여 해지하고, 해지 당일에 위 주택을 인도하였습니다. 다만 김양도가 새 임차인을 구할 기회를 주기 위하여 임대차보증금 1억 원은 6개월 뒤인 2019. 4. 30. 반환받기로 하였습니다. 그러나 김양도는 변제기가 지났음에도 아직까지 위 임대차보증금을 지급하지 않고 있습니다. 이에 저는 귀하에 대하여 임대차보증금 1억 원 및 그 지연손해금 채권을 자동채권으로 하여 귀하의 양수금 채권과 상계합니다.

　　　　　　　　　　　　　　　　2021년 12월 10일

발신인 :　　최 도 희 (인)
　　　　　서울 서대문구 아현로 207(아현동)

이 우편물은 2021년 12월 10일 등기 제71395호에 의하여 내용증명 우편물로 발송하였음을 증명함.
서울서대문우체국장

차 용 증

대여인: 임 인 형 (691024-1245218)
　　　　서울 서초구 방배대로 107, 11-502(방배동, 서래빌라)
차용인: 황 유 민 (710808-2246376)
　　　　서울 마포구 독막로 145, 301호(창전동, 금호베스트빌)

금　액: 일금 1억 원(100,000,000원)
이　자: 연 5%(매월 말일에 지급함)
변제기: 2021. 9. 14.

1. 차용인은 대여인으로부터 위와 같이 금전을 차용하기로 하고, 차용금을 수령하였음을 확인합니다.
2. 성실히 원금과 이자를 변제하겠습니다.

　　　　　　　　　　　2020. 9. 15.

　　　　　　　　차용인　황 유 민 (인)

약 정 서

갑: 황 유 민
  서울 마포구 독막로 145, 301호(창전동, 금호베스트빌)
을: 강 일 동
  서울 강남구 도곡로 412, 107-502(도곡동, 하이스트빌)

갑과 을은 아래와 같이 약정한다.

1. 갑은 을에게 갑이 소유한 주식에 대한 관리를 위임하고, 이를 위하여 다음의 주식을 명의신탁 목적으로 을에게 이전한다.
   ※ 대상주식: 세화건설 주식회사 보통주식 10,000주(액면금 10,000원)
2. 갑은 위 주식에 관한 명의신탁기간 동안 위 주식에 대한 주주권 행사를 포기하고, 을의 의결권 행사에 대하여 아무런 이의를 제기하지 아니 한다.
3. 을은 위 주식과 관련하여 매각대금, 배당금 등의 금원을 수령하면 소정의 수수료(금원의 10%)를 제외하고 이를 즉시 갑에게 지급한다.
4. 본 약정은 갑이 언제든지 해지할 수 있다.

※ 첨부: 주식양도양수합의서

2020. 10. 1.

갑: 황 유 민 (710808-2246376) (인)

을: 강 일 동 (750812-1741022) (인)

주식양도양수합의서

갑: 황 유 민
　　서울 마포구 독막로 145, 301호(창전동, 금호베스트빌)
을: 강 일 동
　　서울 강남구 도곡로 412, 107-502(도곡동, 하이스트빌)

갑과 을은 세화건설 주식회사 보통주식 10,000주(액면금 10,000원)에 관하여 아래와 같이 합의한다.

1. 갑은 을에게 갑이 소유한 세화건설 주식회사 보통주식 10,000주를 양도하고, 을은 이를 양수하기로 합의한다.

2. 본 합의 즉시 을은 세화건설 주식회사에 대하여 직접 위 주식에 대한 명의개서를 청구하고, 갑은 위 주식의 양도통지 권한을 을에게 위임한다.

2020. 10. 1.

갑: 황 유 민 (710808-2246376) (인)

을: 강 일 동 (750812-1741022) (인)

통지서에 대한 답변서

수신인: 임 인 형 (691024-1245218)
　　　　서울 서초구 방배대로 107, 11-502(방배동, 서래빌라)

1. 귀하가 보낸 2021년 11월 10일자 통지서는 잘 받아 보았습니다.
2. 귀하가 말씀하신 대로 세화건설(주) 주식 10,000주는 황유민으로부터 명의신탁받아 본인이 관리하고 있는 주식이고, 본인은 황유민과의 주식양도양수합의서를 세화건설(주)에 제시하여 적법하게 명의개서된 주주입니다(첨부한 주주명부 참조).
3. 귀하는 통지서에서 위 주식에 대한 주주명의를 다시 황유민으로 돌려 줄 것을 요청하였으나, 다음과 같은 이유로 귀하의 요청에 절대 응할 수 없습니다.
 가. 귀하도 통지서에서 언급하였다시피 황유민이 2021년 6월경부터 자금 사정이 매우 나빠져 그나마 있던 재산도 다 팔고 현재 자력이 전혀 없는 상태입니다. 본인은 황유민의 사정을 딱하게 여겨 상당한 액수의 돈을 수차례 빌려준 바 있습니다. 비록 현금으로 건네주어 증빙은 없지만 황유민에게 빌려준 돈이 거의 1억 원에 육박합니다. 그래서 최근 황유민이 본인에게 위 주식을 대물변제조로 양도하겠다고 하였습니다. 따라서 현재 위 주식은 명실상부 본인 것이므로 이를 황유민에게 돌려 줄 하등의 이유가 없습니다.
 나. 또한 황유민은 위 주식에 대하여 신탁약정을 하면서 주주권 행사를 포기하였기 때문에 위 주식에 대한 권리도 없습니다.
 다. 설령 위 주식이 본인 소유가 아니라도 황유민과의 신탁약정이 유효한 이상 위 주식에 대한 소유권은 본인에게 있습니다.
4. 모든 걸 다 떠나서 황유민과 본인 사이의 문제에 대해 제3의 채권자에 불과한 귀하가 간섭하는 이유를 알 수 없으며, 제3자인 이상 귀하가 소송을 제기할 자격은 없는 것으로 압니다.
5. 더 이상 문제를 일으키지 않기를 바라며, 이만 줄이겠습니다.
※ 첨부: 주주명부

　　　　　　　　　　　　　2021년 11월 24일

　　발신인: 강 일 동 (강일동인)
　　　　　서울 강남구 도곡로 412, 107-502(도곡동, 하이스트빌)

이 우편물은 2021년 11월 24일 등기 제18834호에 의하여 내용증명 우편물로 발송하였음을 증명함.
서울강남우체국장

주 주 명 부

순번	주 주	주 소	주식의 종류와 수	주식 취득일
1	박인수 (720614 - 1675018)	서울 서초구 방배로 30	보통주식 4만 주	2015. 2. 6.
2	서찬욱 (740720 - 1724091)	서울 영등포구 당산대로 678	보통주식 3만 주	2015. 2. 6.
3	김치원 (770120 - 1890112)	성남시 분당구 서현로 160	보통주식 2만 주	2015. 2. 6.
4	황유만 ~~(710808 - 2246376)~~	~~서울 마포구 독막로 145, 301호 (창전동, 금호베스트빌)~~	~~보통주식 1만 주~~	~~2019. 10. 1.~~
5	강일동 (750812 - 1741022)	서울 강남구 도곡로 412, 107-502 (도곡동, 하이스트빌)	보통주식 1만 주	2020. 10. 2.

※ 위 주주명부는 2021. 11. 20.을 기준으로 한 당사의 주주 현황입니다.

※ 당사의 모든 발행주식은 의결권 있는 보통주식(액면금 10,000원)이며, 당사는 현재까지 주권을 발행하지 않은 상태입니다.

주주명부 원본과 상위 없음을 확인함

2021. 11. 20.

세화건설 주식회사

(본점 소재지: 서울 서초구 서초대로 178 원촌빌딩)

대표이사 박인수

내용증명에 대한 답변

수신인: 임 인 형
　　　　서울 서초구 방배대로 107, 11-502(방배동, 서래빌라)

1. 귀하가 보낸 2021년 12월 1일자 내용증명에 대하여 다음과 같은 답신을 드립니다.
2. 이미 말씀드린 바와 같이, 저는 평소 알고 지내던 강일동의 투자권유를 받고 세화건설㈜의 제3자 신주발행 절차에 참여하여 신주인수권을 배정받아 위 회사 주식 10,000주에 관하여 2019. 9. 30. 1억 원의 주금을 납입하여 주주가 되었습니다. 다만 위 주식에 대한 관리를 위하여 이미 보내 드린 약정서 및 주식양도양수합의서와 같이 위 주식을 명의신탁하여 강일동에게 맡겨 두었습니다.
3. 저는 귀하로부터 1억 원을 차용한 바 있고, 작년까지는 귀하에 대한 채무 외에는 다른 채무도 전혀 없었으며, 위 대여금에 대한 이자는 꼬박꼬박 보내 드려 왔습니다.
4. 다만 제가 2021년 6월경 사기를 당해 갑자기 자금사정이 어려워져 죄송하게도 차용금을 갚지 못하고 있고, 사실 10억 원 상당의 아파트 등 재산도 다 처분하고 무자력이 되었으며, 남은 재산이라고는 세화건설㈜ 주식 10,000주가 전부인 상황입니다. 그런데, 강일동이 본인이 빌리지도 않은 돈을 빌렸다고 하는 것은 무슨 영문인지 모르겠습니다. 거듭 확인하지만, 저는 그 사람한테 한 푼도 빌린 것이 없고, 위 주식을 대물변제조로 가져가라고 말한 적도 없습니다.
5. 강일동이 허위사실을 주장하며 위 주식에 대한 반환을 거부하고 있는 상황에서, 제가 당장 귀하에게 해 드릴 수 있는 일은 없습니다. 다만 귀하가 위 주식에 대한 주주명의를 제 앞으로 돌려놓아 줄 수 있다면 위 주식에 대하여 귀하가 원하는 담보확보 조치에는 제가 언제든지 협조해 드릴 수는 있을 것 같습니다.

　　　　　　　　　　　　　　　　　2021년 12월 23일

발신인: 황 유 민 (황유민인)
　　　　서울 마포구 독막로 145, 301호(창전동, 금호베스트빌)

이 우편물은 2021년 12월 23일 등기 제28379호에 의하여 내용증명 우편물로 발송하였음을 증명함.
서울마포우체국장 (서울마포우체국장인)

확 인 : 법무부 법조인력과장

민사법 / 기록형

2022년도 **제11회** 변호사 시험

문제해결 TIP

기록 1면

【 문 제 】

귀하는 변호사 류정하로서, 의뢰인 임인형과의 상담을 통해 다음 【상담내용】과 같은 사실관계를 청취하고, 【의뢰인의 희망사항】 기재사항에 관한 본안소송의 대리권을 수여받고, 첨부된 서류를 자료로 받았다.

의뢰인을 위하여 본안의 소를 제기하는 데 필요한 소장을 작성하시오.

● 작성기준일자로 소멸시효 및 제척기간의 기준시점이 된다.

【 작 성 요 령 】

1. 소장 작성일 및 소 제기일은 2022. 1. 14.로 하시오.
2. 일방 당사자가 여러 명인 경우 성명으로 특정하시오(예:'피고 홍길동').
3. 청구취지와 청구원인은 가급적 피고별로 나누어 기재하시오.

　　　　　　　[이하 작성요령은 실무의 기준과 다를 수 있음]

4. 관할권이 있는 법원 중 한 곳에 1건의 공동소송으로 제기하되, 나머지 공동소송의 요건은 갖추어진 것으로 전제하고, 주관적이든 객관적이든 예비적·선택적 병합청구는 하지 마시오.
5. 【의뢰인의 희망사항】란에 기재된 희망사항에 부합하도록 소장을 작성하되, 현행법과 그 해석상 승소 가능한 최대한의 범위에서 청구하고, 소 각하나 청구기각 부분이 발생하지 않도록 하시오.
6. 제시된 사실관계만으로 상대방에게 항변사유가 있고 그 요건이 갖추어진 것으로 판단되면 이를 청구범위에 반영하고, 【사건관계인의 주장】으로 정리된 사항 중 <u>원고의 주장에 관하여는 해당 법리에 대한 판단을 거쳐서 청구를 하고, 피고의 주장에 관하여는 이유 있다고 판단되면 청구범위에 반영하되 이유 없다고 판단되면 해당 청구원인 부분에서 배척의 이유를 기재하시오.</u>
7. **[의뢰인 상담일지]**와 첨부자료에 기재된 사실관계는 모두 사실에 부합하는 것으로 보고(작성자의 의견에 해당하는 사항은 제외), 기재되지 않은 사실은 없는 것으로 전제하며, 첨부서류는 모두 진정하게 성립된 것으로 간주하시오.
8. 〈증명방법〉란과 〈첨부서류〉란 기재는 생략하고, 부동산의 표기는 아래 [별지 목록]을 소장 말미에 첨부함을 전제로 하여 [별지 목록]을 별도로 작성하지 마시오.
9. 관련 증거자료를 제시하여 기술할 필요는 없습니다.
10. 기록상의 날짜가 공휴일인지, 문서의 서식이 실제와 부합하는지는 고려하지 마시오.

별지 목록 원용 지시 ●

의뢰인 상담일지
변호사 류정하 법률사무소

서울 서초구 서초대로 72, 704호(서초동, 로이스트빌딩)
전화 02)535-6898, 전자메일 youlaw123@lawyer.com

접수번호	2022-05	상담일시	2022. 1. 11.
의 뢰 인	임인형	내방경위	지인의 소개

【 상 담 내 용 】

1. 부곡동 토지와 부곡동 건물 관련

  가. 의뢰인은 별지 목록 제1항 기재 토지(부곡동 토지)를 최진기로부터 매수하였는데, 최판기는 최진기로부터 부곡동 토지를 임차하여 그 지상에 별지 목록 제2항 기재 건물(부곡동 건물)을 신축하여 소유권보존등기를 마쳤다. *(임차권의 대항력 취득 / 가처분등기가 경료되었고, 임차권의 대항력과의 우열관계 확인이 필요하다.)*

  나. 위 소유권보존등기가 마쳐지기 전에 의뢰인의 신청으로 부곡동 토지에 관하여 처분금지가처분등기가 마쳐졌고, 그 후 의뢰인이 부곡동 토지에 관한 본안소송에서 승소판결을 받아 소유권이전등기가 마쳐졌다.

  다. 부곡동 토지에 관하여 최판기에 대한 3억 원의 손해배상채권을 담보하기 위한 강유석 명의의 저당권설정등기가 마쳐져 있는데, 강유석은 최판기를 상대로 손해배상청구의 소를 제기하여 1억 원과 그 지연손해금의 지급을 명하는 판결을 받았다. *(소유권에 기한 물권적 청구권을 행사할 수 있다.)*

2. 명일동 주택 관련 *(피담보채권 일부에 대해서만 재판상 청구를 하였다.)*

  가. 의뢰인은 자신의 소유인 서울 강동구 명일동 237 토지상에 별지 목록 제3항 기재 건물(명일동 주택)을 신축하기로 박기철과 도급계약을 체결하고 공사대금 중 4억 원을 지급하였는데, 박기철은 약정에 없는 추가대금을 요구하면서 건축허가의 명의변경을 해 주지 않고 사용검사를 거쳐 자기 이름으로 된 건축물대장을 토대로 소유권보존등기까지 마쳤다.

  나. 박기철은 완공 후 유치권을 주장하면서 명일동 주택을 점유하고 있는데, 2021. 11. 1.부터 현재까지 가족들과 함께 그곳에서 거주하고 있다. *(신축된 주택의 소유권의 귀속부터 확정하여야 한다.)*

3. 풍납동 토지 관련

  가. 의뢰인의 부(父) 임진만은 서울 강동구 풍납동 72 잡종지 200㎡(풍납동 토지)를 소유하고 있다가 2018. 9. 5. 사망하여 의뢰인이 단독상속하였다. *(법률의 규정에 의한 소유권취득)*

나. 조민숙은 임진만의 인감도장을 도용하여 풍납동 토지에 관하여 자기 앞으로 소유권이전등기를 마치고, 김진오에게 이를 1억 원에 매도한 다음 소유권이전등기를 마쳐 주었다.
다. 의뢰인은 풍납동 토지를 되찾기 위해 김진오를 상대로 소를 제기하였지만 패소하였다. ……● 최종등기를 말소할 수 없으므로, 조민숙 명의의 등기말소 승소판결은 받을 수 있지만 집행이 불가능한 상태이다.

4. 양수금 청구 관련
가. 의뢰인은 김양도로부터 채권을 양수한 후 채무자인 최도희에게 그 지급을 요청하였는데, 2021. 12. 12. 수령한 최도희의 내용증명에 의하면 전동하가 위 채권 중 일부에 대해 가압류를 하였고, 최도희가 김양도에 대한 임대차보증금으로 상계한다는 내용도 적혀 있다.
나. 위 내용증명을 김양도에게 보여 주었더니 김양도는 전동하가 자신을 상대로 지급명령을 받아 2019. 10. 1. 확정되기는 하였지만 이미 채권양도가 완료된 후에 이루어진 일들이어서 의뢰인에게는 아무런 문제가 없을 것이고, 다만 임대차보증금 관련 내용은 모두 사실이라고 하였다.
……● 채권양도와 전부명령과의 우열관계를 확정하여야 한다.

5. 세화건설㈜ 주식 관련
가. 의뢰인은 황유민에게 돈을 빌려주었는데 변제기에 황유민이 돈을 갚지 않자, 황유민이 세화건설㈜ 주식 10,000주를 가지고 있다는 말을 듣고 위 회사에 문의하니 황유민이 위 회사의 주주가 아니라는 답변을 받았다.
나. 의뢰인이 자세한 경위를 알아보니, 황유민이 자신의 명의로 위 주식을 취득하여 명의개서까지 마친 사실이 있지만, 황유민이 강일동에게 위 주식을 명의신탁함으로써 강일동 앞으로 명의개서가 완료되었다는 것이다. 그런데 강일동은 위 주식으로 대물변제받은 사실이 없음에도, 황유민에 대한 채권이 있어서 대물변제를 받았다고 주장하고 있다.
다. 현재 위 회사는 누구든지 증빙서류만 제출하면 언제든지 명의개서를 해 줄 것이라고 한다. ……● 명의신탁을 해지하고, 주주권확인청구가 필요하다.

……● 임차권의 대항력 주장

【사건관계인의 주장】

1. 최판기는 건물 소유 목적으로 부곡동 토지에 임대차계약을 체결하였으므로 임대차 종료일까지 위 토지를 점유·사용할 권한이 있고, 의뢰인으로부터 임대차보증금을 지급받을 때까지 의뢰인의 청구에 응할 수 없다고 주장한다.
2. 강유석은 손해배상채권 중 일부 청구임을 명시하여 승소 확정판결을 받았으

므로 피담보채무 전부의 소멸시효가 완성되지 않았고, 최판기가 시효이익을 포기하였다고 주장한다. …● 소멸시효 중단 및 시효이익의 포기 주장
3. 박기철은 명일동 주택을 점유할 적법한 권원이 있다고 주장한다.
4. 조민숙은 풍납동 토지의 처분에 책임이 있더라도 ① 의뢰인의 권리는 이미 시효로 소멸하였고, ② 소멸하지 않았더라도 1억 원을 배상하면 충분하다고 주장한다. …● 소멸시효 주장 및 손해배상의 범위에 관한 주장
5. 최도희는 ① 확정일자 없는 채권양도통지를 받은 후 전부명령을 받았으므로 의뢰인에게 양수금을 지급할 수 없고, ② 의뢰인에게 상계도 하였으므로 양수금을 지급할 수 없다고 주장한다. 이에 대하여 의뢰인은 ① 상계가 채권양도 후에 이루어져서 의뢰인에게 효력이 없고, ② 설령 효력이 있더라도 전동하의 채권액과 안분하여 상계처리되어야 한다고 주장한다.
6. 강일동은 ① 황유민이 주주권 행사를 포기하였으므로 주주권을 상실하였고, ② 자신이 주식을 양도하지 않는 이상 황유민을 주주로 볼 수는 없다고 주장한다. …● 주주권 상실 주장 및 황유민이 주주가 아니라는 주장

…● 전부명령 및 상계항변

【의뢰인의 희망사항】

1. 부곡동 토지와 부곡동 건물 관련   ●… 부당이득반환청구 제외 지시
 가. 최판기가 자력이 없고 부곡동 토지를 조속히 매각할 필요가 있어서, 금전청구 없이 부곡동 토지를 소유권행사에 지장이 없는 상태로 조속히 인도받기를 희망한다.
 나. 부곡동 토지에 관한 저당권설정등기의 말소를 희망한다.
2. 명일동 주택 관련 …● 말소등기 대신 진정명의회복등기 청구를 지시하였고, 인도청구도 지시함.
 명일동 주택에 관하여 의뢰인을 소유권자로 등기하고, 명일동 주택과 그 대지에 관한 모든 권리를 실현하는 데 필요한 소 제기를 희망한다.
3. 풍납동 토지 관련
 풍납동 토지와 관련하여 가지는 모든 권리(금전채권 포함)를 실현하는 데 필요한 소 제기를 희망한다. …● 조민숙에 대한 말소등기청구는 실익이 없으므로, 불법행위에 기한 손해배상청구로 청구원인 구성하여야 한다.
4. 양수금 관련
 양수금을 최대한으로 받기를 희망한다.
5. 세화건설㈜ 주식 관련   ●… 대위권에 기하여 주주권확인청구를 지시함.
 황유민에 대한 채권의 책임재산 확보를 위하여, 일단 강일동을 상대로 위 주식에 관하여 황유민 앞으로 명의개서를 하는 데 필요한 소 제기를 희망한다.

등기사항전부증명서(말소사항 포함)-토지

[토지] 경기도 안산시 상록구 부곡동 530   고유번호 1258-1992-569359

【표제부】 (토지의 표시)

표시번호	접 수	소재지번	지목	면적	등기원인 및 기타사항
1 (전2)	1992년12월9일	경기도 안산시 상록구 부곡동 530	대	720㎡	부동산등기법 제177조의6 제1항의 규정에 의하여 2001년7월14일 전산이기

【갑구】 (소유권에 관한 사항)

순위번호	등기목적	접 수	등기원인	권리자 및 기타사항
1 (전5)	소유권이전	2001년5월12일 제1958호	2001년3월18일 매매	소유자 최진기 661017-1752313 서울 강남구 도곡동 12, 정평빌라 205호 부동산등기법 제177조의6 제1항의 규정에 의하여 2001년7월14일 전산이기
2	가처분 (*가처분 등기가 경료되었고, 이후에 설정된 부담에 대하여 우선한다*)	2018년7월14일 제5743호	2018년7월13일 수원지방법원 안산지원의 가처분결정(2018카합3524)	피보전권리 소유권이전등기청구권 채권자 임인형 691024-1245218 서울 서초구 방배대로 107, 11동 502호(방배동, 서래빌라) 금지사항 매매, 증여, 양도, 저당권, 전세권, 임차권의 설정 등 일체의 처분행위의 금지
3	소유권이전	2021년3월25일 제2683호 (*원고가 소유권을 취득함*)	2018년4월23일 매매	소유자 임인형 691024-1245218 서울 서초구 방배대로 107, 11동 502호 (방배동, 서래빌라) 거래가액 금800,000,000원
4	2번 가처분등기 말소			가처분의 목적달성으로 인하여 2021년3월25일 등기

*실선으로 그어진 부분은 말소사항을 표시함. *기록사항 없는 갑구 또는 을구는 '기록사항 없음'으로 표시함.
*증명서는 컬러 또는 흑백으로 출력 가능함.

문서 하단의 바코드를 스캐너로 확인하거나 **인터넷등기소**(http://iros.go.kr)의 **발급확인** 메뉴에서 **발급확인번호**를 입력하여 **위·변조 여부를 확인할 수 있습니다.** 발급확인번호를 통한 확인은 발행일부터 3개월까지 5회에 한하여 가능합니다.

발행번호 12154545963943645151558315171   1/2   발급확인번호 TIEN-CGFL-2753   발행일 2021/12/11

[토지] 경기도 안산시 상록구 부곡동 530　　　　　고유번호 1258-1992-569359

【을　　구】		(소유권 이외의 권리에 관한 사항)		
순위번호	등 기 목 적	접　수	등 기 원 인	권리자 및 기타사항
1	저당권설정	2017년3월16일 제1536호	2017년3월15일 설정계약	채권액 금300,000,000원 채무자 최판기 　서울 강북구 수유로 412, 가동 203호 　(수유동, 새한연립) 저당권자 강유석 720823-1452422 　서울 송파구 백제고분로 203, 5동 702호 　(석촌동, 석촌빌라트)
		최진기가 물상보증을 하였고, 원고는 저당 목적물의 제3취득자의 지위에 있음.		

---- 이 하 여 백 ----

수수료 1,000원 영수함 관할등기소 수원지방법원 안산지원 등기과 / 발행등기소 법원행정처 등기정보중앙관리소

이 증명서는 등기기록의 내용과 틀림없음을 증명합니다.

서기 2021년 12월 11일

법원행정처 등기정보중앙관리소 전산운영책임관

*실선으로 그어진 부분은 말소사항을 표시함. *기록사항 없는 갑구 또는 을구는 '기록사항 없음'으로 표시함.
*증명서는 컬러 또는 흑백으로 출력 가능함.

문서 하단의 바코드를 스캐너로 확인하거나 **인터넷등기소**(http://iros.go.kr)의 발급확인 메뉴에서 **발급확인번호**를 입력하여
위·변조 여부를 확인할 수 있습니다. 발급확인번호를 통한 확인은 발행일부터 3개월까지 5회에 한하여 가능합니다.

발행번호 12154545963943645155831517　　2/2　발급확인번호 TIEN-CGFL-2753　　발행일 2021/12/11

통지서에 대한 답변

수신인: 임 인 형
　　　　서울 서초구 방배대로 107, 11동 502호(방배동, 서래빌라)

　귀하의 2021년 10월 27일자 통지서는 잘 받아 보았습니다.
　귀하가 통지서에서 주장한 바와 같이 본인이 귀하 소유 안산시 상록구 부곡동 530 대지 위에 건물을 신축하여 '해피골프존'이라는 상호로 스크린 골프연습장을 운영하는 것은 사실입니다. 귀하는 위 토지 소유자라는 이유로 본인 소유의 건물을 철거하고 위 토지를 인도하여 달라고 주장하는 것 같은데, 본인은 2028. 1. 9.까지 위 토지를 임차하여 사용할 수 있는 정당한 권리가 있으므로 귀하의 요구에 응할 수 없습니다.
　본인은 건물을 신축하여 스크린 골프연습장 사업을 할 목적으로 2018. 1. 10. 사촌형인 최진기로부터 위 토지를 보증금 3억 원, 월 차임 500만 원, 임대차기간은 2028. 1. 9.까지로 정하여 임차하였고, 최진기는 임대차기간 종료일까지 본인이 건물을 신축하여 소유, 사용하는 것에 대하여 어떠한 이의도 제기하지 않기로 하였습니다.
　본인은 위와 같은 임대차계약에 따라 위 토지상에 건물을 신축하여 2018. 11. 8. 소유권보존등기까지 마쳤습니다. ……● 가처분이후 임차권의 대항력을 취득하였음.
　본인이 위와 같이 건물 보존등기를 마친 후에 귀하가 소유권을 취득하였으므로 귀하는 최진기로부터 임대인의 지위를 승계하였다고 보아야 합니다. 따라서 아직 임대차기간이 종료하지 않은 상태에서 적법하게 위 토지를 임차하여 사용하고 있는 본인에게 토지 인도나 건물 철거를 청구할 수는 없고, 설령 본인의 의무가 인정된다고 하더라도 임대차보증금 3억 원을 지급받을 때까지는 귀하의 요구에 응할 수 없음을 분명히 밝힙니다. ……● 보증금반환 동시이행항변
　아울러서, 코로나 사태로 인하여 본인의 자금 사정이 여의치 않으니 귀하가 소유권을 취득한 이후의 밀린 차임은 2022. 1.부터 성실히 지급하겠으니 혜량하여 주시기 바랍니다.

　　　　　　　　　　　　2021년 11월 2일

발신인: 최 판 기
　　　　서울 강북구 수유로 412, 가동 203호(수유동, 새한연립)

첨부서류: 임대차계약서, 건물 등기부등본 등.

　　　　　　　　　　이 우편물은 2021년 11월 4일 등기 제16231호에 의하여 내용증명 우편물로 발송하였음을 증명함.
　　　　　　　　　　　　　서울강북우체국장

기록 13면

등기사항전부증명서(말소사항 포함)-건물

[건물] 경기도 안산시 상록구 부곡동 530   고유번호 1258-1992-569360

【표 제 부】		(건물의 표시)		
표시번호	접 수	소재지번	건물내역	등기원인 및 기타사항
1	2018년 11월 8일	경기도 안산시 상록구 부곡동 530(부곡로 27)	철근콘크리트조 슬래브지붕 2층 근린생활시설 1층 471㎡ 2층 471㎡	도면편철장 제1책 91면

【갑 구】		(소유권에 관한 사항)		
순위번호	등기목적	접 수	등 기 원 인	권리자 및 기타사항
1	소유권보존	2018년11월8일 제7890호	원인무효의 등기	소유자 최판기 680421-1021413 서울 강북구 수유로 412, 가동 203호 (수유동, 새한연립)

【을 구】		(소유권 이외의 권리에 관한 사항)		
순위번호	등기목적	접 수	등 기 원 인	권리자 및 기타사항
		기록사항 없음		

---- 이 하 여 백 ----

수수료 1,000원 영수함 관할등기소 수원지방법원 안산지원 등기과 / 발행등기소 법원행정처 등기정보중앙관리소

이 증명서는 등기기록의 내용과 틀림없음을 증명합니다.

서기 2021년 10월 31일

법원행정처 등기정보중앙관리소 전산운영책임관

*실선으로 그어진 부분은 말소사항을 표시함. *기록사항 없는 갑구 또는 을구는 '기록사항 없음'으로 표시함.
*증명서는 컬러 또는 흑백으로 출력 가능함.

문서 하단의 바코드를 스캐너로 확인하거나 **인터넷등기소**(http://iros.go.kr)의 **발급확인** 메뉴에서 **발급확인번호**를 입력하여
위·변조 여부를 확인할 수 있습니다. **발급확인번호**를 통한 확인은 발행일부터 3개월까지 5회에 한하여 가능합니다.

발행번호 12154545963943645155831018   1/1 발급확인번호 TIEN-CGFL-2124   발행일 2021/10/31

기록 14면

내용증명우편에 대한 답변서

수신인: 임 인 형
　　　　서울 서초구 방배대로 107, 11동 502호(방배동, 서래빌라)

　귀하의 2021년 11월 12일자 내용증명우편에 대하여 본인의 입장을 밝힙니다.
　귀하는 귀하 소유의 안산시 상록구 부곡동 530 토지 위에 설정된 본인의 저당권이 피담보채무의 시효소멸을 원인으로 말소되어야 한다고 주장하고 있으나, 위 피담보채무는 시효소멸하지 않았을 뿐만 아니라, 채무자인 최판기가 최근에도 변제 각서를 작성하여 줌으로써 시효이익도 포기하였습니다.
　위 저당권이 최판기가 2016. 10. 7. 저지른 불법행위에 기한 3억 원의 손해배상채권을 담보하기 위한 것임은 귀하의 주장과 같습니다. ……● 불법행위일
　그러나 본인의 형사고소를 막고자 저당권까지 설정하고 변제 약속을 하였던 최판기가 약속을 어겨 본인은 최판기를 상대로 1억 원의 손해배상금 지급을 구하는 소를 제기하여 전부 승소판결을 받아 판결이 확정되었습니다(판결문 첨부).
　본인은 당시 손해배상금 3억 원 중 일부를 청구하는 것임을 분명히 밝히고 소송 중에 손해배상금 전액으로 청구를 확장하겠다는 의사를 표시하였으나, 본인이 형사고소까지 아울러 진행하려고 하자 최판기가 자신의 잘못을 인정함에 따라 청구취지를 확장하지 않고 그대로 판결을 받은 것입니다. 따라서 위 저당권의 피담보채무 3억 원 전부는 본인의 소 제기로 인하여 시효가 중단되었고, 판결 확정일인 2017. 10. 21.부터 10년의 소멸시효가 진행됩니다. ……● 소멸시효 중단 항변
　또한 최판기는 2021. 5. 7. 본인을 만나서 2021. 12. 31.까지 반드시 손해배상금을 전부 지급하겠다는 취지로 각서를 작성하여 주었는데, 귀하의 주장대로 피담보채무의 소멸시효가 완성되었다고 하더라도 그 채무자가 위와 같이 자신의 채무를 인정한 이상 피담보채무는 소멸하지 않은 것입니다. ……● 시효이익 포기 항변
　본인은 최판기가 위와 같이 마지막으로 한 약속까지 어길 경우 저당권을 실행하여 경매절차에 나아갈 것임을 밝히는 바입니다.

　　　　　　　　　　　　　2021년 11월 23일

발신인: 강 유 석
　　　　서울 송파구 백제고분로 203, 5동 702호(석촌동, 석촌빌라트)

첨부서류: 소장, 판결문, 각서 등

이 우편물은 2021년 11월 24일 등기 제37545호에 의하여 내용증명 우편물로 발송하였음을 증명함.
서울송파우체국장

5. 원고는 피고의 요청에 따라 2017. 2. 말까지 기한을 주었는데 피고가 약속을 지키지 않았고, 원고가 피고를 횡령죄로 고소하려고 하자 피고는 사촌형에게 부탁하여 저당권을 설정해 줄 테니 2017. 6. 말까지만 기다려 달라고 하였습니다. 이에 원고는 피고의 사촌형인 최진기로부터 안산시 상록구 부곡동 530 소재 토지에 관하여 저당권을 설정받고 피해변제가 되기를 기다렸으나 약속은 지켜지지 않았습니다.

6. 원고가 피고에게 다시 독촉을 하자 피고는 "피고가 인출한 돈 중 2억 5,000만 원은 청도유한공사와의 거래 개시 및 확장에 대한 성과급조로 원고가 피고에게 지급하기로 한 돈이다."라는 황당한 주장을 하였는데, 저당권을 설정해 준 최진기도 같은 취지의 말을 하였습니다.

7. 이에 원고는 피고의 임의 이행을 기대하기 어렵다고 판단하여, 먼저 위 횡령으로 인한 손해배상금 3억 원 중 1억 원 및 이에 대하여 소장 부본 송달 다음날부터 소송촉진 등에 관한 특례법이 정한 지연손해금을 청구하고, 피고의 태도와 변론 경과를 보아 손해배상금 전액으로 청구를 확장하는 청구취지 및 청구원인 변경신청서를 제출하도록 하겠습니다. ●──── 청구취지확장을 유보한 명시적 일부청구

8. 위와 같은 이유로 청구취지 기재와 같은 판결을 구합니다.

2017. 7. 4.

원고 소송대리인 변호사 공 태 훈

서울동부지방법원 귀중

서울동부지방법원
판 결

사 건	2017가단7337 손해배상
원 고	강유석
	서울 송파구 백제고분로 203, 5동 702호 (석촌동, 석촌빌라트)
	소송대리인 변호사 공태훈
피 고	최판기
	서울 강북구 수유로 412, 가동 203호 (수유동, 새한연립)
변론종결	2017. 9. 10.
판결선고	2017. 9. 25.

주 문

1. 피고는 원고에게 1억 원 및 이에 대하여 2017. 7. 15.부터 다 갚는 날까지 연 15%의 비율로 계산한 돈을 지급하라.
2. 소송비용은 피고가 부담한다.
3. 제1항은 가집행할 수 있다.

청 구 취 지

주문과 같다.
  • 원고가 청구취지 확장을 하지 않았음.

2017. 10. 21. 항소기간 도과로 확정되었음을 증명함
서울동부지방법원
법원주사 김 희 영

정본입니다.
2021. 11. 20.
법원주사 김희영

이 유

1. 인정사실

가. 원고는 동양무역이라는 상호로 중기계 부품 수출판매업을 운영하는 사람이고, 피고는 2014. 4.경부터 2017. 1. 31.까지 동양무역에 재직하며 자금 운영업무를 담당하던 사람이다.

각 서

강유석 귀하

1. 본인은 귀하가 운영하는 동양무역에서 재직하던 중 2016. 10. 7. 수출대금 3억 원을 횡령하여 귀하에게 피해를 입힌 사실을 인정하며, 진심으로 사죄하는 바입니다.
2. 본인은 귀하에게 수차례 변제 약속을 하였음에도 사정이 여의치 않아 그 약속을 지키지 못하였으나, 어떤 일이 있더라도 2021. 12. 31.까지 서울동부지방법원 2017가단7337호로 판결을 받은 금액뿐만 아니라 나머지 2억 원에 대하여도 2016. 10. 7.부터 연 5%로 계산한 이자를 가산하여 지급하겠습니다.
3. 위 약속을 어길 경우 어떠한 민형사상 책임도 달게 받을 것임을 서약합니다.

　　　　　　　　　　　　　　● 채무자의 시효이익 포기

2021. 5. 7.

각서인　최판기　최 판 기

공사도급 계약서

공사목적물	● 위치: 서울 강동구 명일동 237 대 200㎡ ● 건축할 건물: 철근콘크리트조 슬래브지붕 2층 주택 　　　　　　　1층 150㎡, 2층 150㎡ – 합계 300㎡			
공 사 기 간	● 2021. 2. 1. ~ 2021. 6. 15. (허가기간 포함)			
공 사 대 금	● 총 공사대금: 5억 원(500,000,000원)			
	명 목	금 액	지 급 시 기	영 수 확 인
	계 약 금 (선급금)	1억 원	계약 당일	(박기철 인)
	1차 중도금	1억 원	기성고 20% 도달 시	(박기철 인)
	2차 중도금	1억 원	기성고 40% 도달 시	(박기철 인)
	3차 중도금	1억 원	기성고 60% 도달 시	(박기철 인)
	잔 대 금	1억 원	완공 시	
특　　약	● 乙의 책임하에 乙의 이름으로 건축허가를 받기로 함 ● 乙은 잔대금을 지급받음과 동시에 설계대로 완공된 건물과 대지를 甲에게 인도하고, 당일 甲으로 건축허가명의 변경신청을 하기로 함 ● <u>완공건물에 대한 사용검사 신청 및 소유권보존등기는 甲의 명의로 하고, 乙은 그 절차에 필요한 협조를 하여야 함</u> ……● 소유권 귀속에 관한 묵시적 합의			

2021. 2. 1.

甲(도급인): 임인형(691024-1245218) (임인형 인)

　　　　서울 서초구 방배대로 107, 11-502(방배동, 서래빌라)

乙(수급인): 박기철(660213-1544212) (박기철 인)

　　　　서울 영등포구 문래2길 102, 3-502(문래동, 스카이빌)

　　　　[사업자등록번호: 137-85-32924(상호: 서창건설)]

등기사항전부증명서(말소사항 포함) - 건물

[건물] 서울특별시 강동구 명일동 237   고유번호 1153-1960-131337

【 표 제 부 】		(건물의 표시)		
표시번호	접 수	소재지번	건물내역	등기원인 및 기타사항
1	2021년8월1일	서울특별시 강동구 명일동 237(명일로 14)	철근콘크리트조 슬래브 지붕 2층 주택 1층 150㎡ 2층 150㎡	

【 갑 구 】		(소유권에 관한 사항)		
순위번호	등기목적	접 수	등기원인	권리자 및 기타사항
1	소유권보존	2021년8월1일 제7728호	원인무효등기이고 말소가 원칙.	소유자 박기철 660213-1544212 서울 영등포구 문래2길 102, 3-502(문래동, 스카이빌)

【 을 구 】		(소유권 이외의 권리에 관한 사항)		
순위번호	등기목적	접 수	등기원인	권리자 및 기타사항
		기록사항 없음		

---- 이 하 여 백 ----

수수료 1,000원 영수함   관할등기소 서울동부지방법원 등기국/ 발행등기소 법원행정처 등기정보중앙관리소

이 증명서는 등기기록의 내용과 틀림없음을 증명합니다.

서기 2022년 1월 4일

법원행정처 등기정보중앙관리소 전산운영책임관

*실선으로 그어진 부분은 말소사항을 표시함. *기록사항 없는 갑구 또는 을구는 '기록사항 없음'으로 표시함.
*증명서는 컬러 또는 흑백으로 출력 가능함.

문서 하단의 바코드를 스캐너로 확인하거나 **인터넷등기소**(http://iros.go.kr)의 **발급확인** 메뉴에서 **발급확인번호**를 입력하여 **위·변조 여부**를 확인할 수 있습니다. 발급확인번호를 통한 확인은 발행일부터 3개월까지 5회에 한하여 가능합니다.

발행번호 12154545963943645155831343   1/1   발급확인번호 AAIK-VPTF-0002   발행일 2022/01/04

통 지 서

발신인: 박 기 철 [서울 영등포구 문래2길 102, 3-502(문래동, 스카이빌)]
수신인: 임 인 형 [서울 서초구 방배대로 107, 11-502(방배동, 서래빌라)]

1. 귀하의 건승을 기원합니다. 적지 않은 돈을 들여 주택을 신축하게 된 귀하의 기대와 처지를 충분히 이해하고 있습니다.

2. 그러나 코로나 사태로 수입 물류비용이 증가하고 외국인 노동자 수가 급감하는 바람에 금년 들어 건축 원자재와 인건비가 30% 가량 인상되었다는 사실은 귀하도 매스컴을 통해 충분히 알고 계실 것입니다.

3. 저희 같은 소규모 공사업체로서는 달리 공사비용을 줄일 방법은 없고, 귀하와의 신뢰관계상 공사를 마치긴 했습니다만, 당초 약정한 공사대금으로는 마진은커녕 적지 않은 손실을 입을 수밖에 없는 형편임을 다시 한 번 말씀드립니다.

4. 공사대금을 받지 못한 상황에서 건물을 인도해 드릴 수는 없고, 시공업자들이 공사대금을 담보하기 위해 자기 이름으로 보존등기까지 하는 경우는 흔히 있는 일이라서 저도 제 명의로 사용검사를 받았고, 건축물대장이 나온 이상 소유권보존등기까지 마치게 된 점을 양해해 주시기 바랍니다. 5천만 원을 더해서 공사잔대금을 주시면 곧바로 건축주명의변경을 해 드리겠지만, 그렇지 않다면 부득이 계속해서 유치권을 행사할 수밖에 없음을 알려 드립니다. ……● 1억 5천만원 공사대금에 관하여 동시이행항변

5. 지금 제가 살고 있는 집의 전세기간이 10월 말로 끝나 [ ]금을 받지 못하면 전세보증금 부족으로 이사를 갈 수도 없어서 부득이 가족과 함께 명일동 신축 건물에 들어가서 살 수밖에 없는 형편인데, 저도 염치가 있으니 그에 따라 얻는 이익은 공사잔대금에 충당하는 것으로 하겠습니다. 서운하게만 생각하지 마시고, 제 처지를 잘 헤아려 주시기 바랍니다. ……● 사용이익 공제에 대한 동의

2021. 9. 15.

박 기 철 (박기철인)

| 이 우편물은 2021년 9월 15일 등기 제4732호에 의하여 내용증명 우편물로 발송하였음을 증명함. 서울마포우체국장 (서울마포우체국장인) | 이 우편물은 2021년 9월 17일 14:30 임인형에게 송달되었음을 증명함. 서울마포우체국장 (서울마포우체국장인) |

시 세 확 인 서

임인형 귀하

귀하가 의뢰한 시세확인 건에 관하여, 아래와 같이 회신해 드립니다.

부당이득산정기준

대 상 물 건	조 회 사 항	시 세	
서울 강동구 명일동 237 지상 2층 주택 1, 2층 전체	2021년 기준 보증금 없는 월 임대료	대지사용권 포함 시	월 200만 원
		대지사용권 불포함 시	월 150만 원
서울 강동구 풍납동 72 잡종지 200㎡	2010년도 매매가	2억 원 (㎡당 1,000,000원)	
	2021년도 매매가	5억 원 (㎡당 2,500,000원)	

손해배상산정기준

참고: 1. 위 시세는 공인중개사로서 접근 가능한 자료만을 토대로 확인한 사항이므로, 공적인 판단과는 무관함

2. 해당 지역 내 동일·유사한 조건의 물건에 대하여 근접한 시기에 실제 거래된 내역만을 토대로 확인한 결과이며, 호가자료나 변동추세와는 무관함

2022. 1. 5.

공인중개사 최 현 창(등록번호 가6782-01-1342) (인: 崔昌鉉印)
서울 강동구 천호대로 277, 104호(명일동, 명천빌딩)

기록 24면

등기사항전부증명서(말소사항 포함)-토지

[토지] 서울특별시 강동구 풍납동 72   고유번호 3103-1985-341248

【 표 제 부 】		(토지의 표시)			
표시번호	접 수	소 재 지 번	지 목	면 적	등기원인 및 기타사항
1 (전2)	1997년8월16일	서울특별시 강동구 풍납동 72	잡종지	200㎡	부동산등기법시행규칙 부칙 제3조 제1항의 규정에 의하여 1997년12월 14일 전산이기

【 갑 구 】		(소유권에 관한 사항)		
순위번호	등 기 목 적	접 수	등 기 원 인	권리자 및 기타사항
1 (전3)	소유권이전	1997년9월9일 제1534호	1997년9월1일 매매	소유자 임진만 410921-1351024 서울 마포구 신수동 124, 3동 102호
		각 원인무효의 등기		부동산등기법시행규칙 부칙 제3조 제1항 의 규정에 의하여 1997년12월14일 전산 이기
2	소유권이전	2010년3월2일 제5923호	2010년3월1일 매매	소유자 조민숙 730912-2012410 서울 마포구 공덕동 150, 팬트리버뷰 A동 207호
3	소유권이전	2010년3월15일 제6278호	2010년3월10일 매매	소유자 김진오 760723-1425272 서울 강동구 풍납동 90

【 을 구 】		(소유권 이외의 권리에 관한 사항)		
순위번호	등 기 목 적	접 수	등 기 원 인	권리자 및 기타사항
		기록사항 없음		

---- 이 하 여 백 ----

수수료 1,000원 영수함 관할등기소 서울동부지방법원 등기국 / 발행등기소 법원행정처 등기정보중앙관리소

이 증명서는 등기기록의 내용과 틀림없음을 증명합니다.

서기 2021년 12월 21일

법원행정처 등기정보중앙관리소 전산운영책임관

*실선으로 그어진 부분은 말소사항을 표시함. *기록사항 없는 갑구 또는 을구는 '기록사항 없음'으로 표시함.
*증명서는 컬러 또는 흑백으로 출력 가능함.

문서 하단의 바코드를 스캐너로 확인하거나 **인터넷등기소**(http://iros.go.kr)의 **발급확인** 메뉴에서 **발급확인번호**를 입력하여 **위·변조 여부를 확인**할 수 있습니다. 발급확인번호를 통한 확인은 발행일부터 3개월까지 5회에 한하여 가능합니다.

발행번호 12154544813943645151558311344   1/1   발급확인번호 BAIK-VPTF-3295   발행일 2021/12/21

기록 25면

경 위 확 인 서

1. 본인은 2008년 10월경부터 약 5년 동안 임인형 씨의 부친인 임진만 씨에 대한 요양보호 업무를 맡아서 한 적이 있습니다.

2. 임진만 씨는 2008년 8월경 중풍으로 반신불수가 된 상태였는데, 임진만 씨의 거주지 근처에 사는 요양보호사 자격이 있는 사람을 구한다는 연락을 받고서, 일요일을 빼고 매일 출퇴근하는 형식으로 1일 10시간씩 요양보호와 생활보조를 하면서, 보수는 1일 7만 원씩으로 계산해서 받은 사실이 있습니다.

3. 당초 얘기된 내용과는 달리, 막상 일을 하는 과정에서는 임진만 씨의 외출도 동행보조해야 했고, 각종 심부름도 해야 하는 상황이 되었으며, 주말이나 밤늦게까지도 호출을 받는 일이 허다하였습니다.

4. 개인생활도 없이 점점 힘들게 일하는데도 정당한 보상을 받지 못하고 있다는 생각에서, 제가 은행업무 심부름을 하는 과정에서 맡아 둔 임진만 씨의 인감도장과 신분증을 허락 없이 가져다가 위임장을 작성하고 인감증명을 받아 임진만 씨 소유인 풍납동 72번지 땅을 제 앞으로 이전등기를 하고 말았습니다. ●··· 원인무효 등기임을 자인함.

5. 막상 일을 저지르고 보니 겁이 났고, 그렇다고 되돌릴 수도 없어 동산중개업소에 그 땅을 살 사람이 있으면 시세보다 싸게라도 빨리 팔아 달라고 부탁하였더니, 1억 원에 사겠다는 사람이 있다는 연락이 와서 흥정 없이 곧바로 계약서를 쓰고, 대금을 한꺼번에 받고서 이전등기를 해 주었습니다.

6. 해서는 안 될 일이었지만, 보상받고 싶은 심리에 사로잡혀 순간적으로 잘못을 저지른 데 대하여 진심으로 사과드리고, 오래된 일이라서 시효소멸된 것으로 알고는 있으나 법적으로 책임이 있다면 그때 받은 1억 원을 지금이라도 돌려드리고, 제 명의로 된 등기는 언제든지 말소해 드리겠습니다.

······● 소멸시효 항변 및 손해배상범위에 관한 선행주장

2021년 3월 5일

조 민 숙 (730912-2012410) (조민숙인)
서울 마포구 공덕대로 107, A-207(공덕동, 팬트리버뷰)

서 울 동 부 지 방 법 원
제 3 민 사 부
판 결

사　　　건	2021가합2782 소유권이전등기말소
원　　　고	임인형
	서울 서초구 방배대로 107, 11동 502호 (방배동, 서래빌라)
피　　　고	김진오
	서울 강동구 풍납1로 121 (풍납동)
변 론 종 결	2021. 6. 15.
판 결 선 고	2021. 7. 3.

주　　문

1. 원고의 청구를 기각한다. ······● 최종등기명의인에 대한 말소등기청구 기각판결
2. 소송비용은 원고가 부담한다.

정본입니다.
2021. 12. 10.
법원주사 서동혁

[서울동부지방법원 법원주사 인]

청 구 취 지

피고는 원고에게 서울 강동구 풍납동 72 잡종지 200㎡에 관하여 서울동부지방법원 2010. 3. 15. 접수 제6278호로 마친 소유권이전등기의 말소등기절차를 이행하라.

이　　유

1. 인정사실

가. 조민숙은 망 임진만의 요양보호를 해 오던 중, 보관하고 있던 임진만의 인감도장을 도용하여 청구취지 기재 부동산(이하 '이 사건 부동산'이라고 함)에 관하여 서울동부지방법원 2010. 3. 2. 접수 제5923호로 자신의 이름으로 소유권이전등기를 마쳤다.

나. 그 후 조민숙은 이 사건 부동산을 대금 1억 원에 피고에게 매도하고, 같은 달 15. 같은 법원 접수 제6278호로 피고에게 위 매매를 원인으로 소유권이전등기를 마쳐 주었다.

다. 피고는 위 소유권이전등기를 마친 날부터 현재까지 이 사건 부동산을 소유의 의사로 평온, 공연하게, 선의이며 과실 없이 점유해 오고 있다.

라. 망 임진만은 2018. 9. 5. 사망하였고, 그 아들인 원고가 단독상속하였다.

[인정근거] 갑 제1 내지 10호증의 각 기재, 증인 방진혁의 증언, 변론 전체의 취지

2. 판단

위 인정사실에 의하면, 이 사건 부동산에 관한 조민숙 명의의 소유권이전등기는 적법한 원인이 없어 무효이고, 그에 터 잡아 이루어진 피고 명의의 소유권이전등기도 무효였지만, 민법 제245조 제2항에 따라 피고가 이 사건 부동산의 소유권을 시효취득한 것으로 판단된다. ……● 최종등기명의인의 취득시효 인정됨.

그러므로 소유권에 기한 원고의 이 사건 청구는 이유 없어 기각하고, 소송비용은 원고가 부담하기로 하여 주문과 같이 판결한다.

재판장 판사 장진우

판사 천재윤

판사 주형준

확 정 증 명

아래와 같이 판결이 확정되었음을 증명함

사　　건　　서울동부지방법원 2021가합2782 소유권이전등기말소
원　　고　　임인형
피　　고　　김진오
선 고 일 자　2021. 7. 3.
확 정 일 자　2021. 7. 25.　●판결확정일자
확 정 사 유　항소기간 도과

2021. 12. 10.

서울동부지방법원

법원주사 서동혁　　[서울동부지방법원 법원주사 인]

금전소비대차계약서

대여인: 김 양 도
　　　　서울 은평구 갈현로 2, 105호(갈현동, 미담아파트)

차용인: 최 도 희
　　　　서울 서대문구 아현로 207(아현동)

김양도는 최도희와 사이에 대여금 2억 원을 변제기 2020년 4월 30일로 정하고 이자는 없는 것으로 하되, 다만 변제기를 도과하는 경우 원금에 연 10%의 지연손해금을 부가하기로 약정한다. ……● 지연손해금률에 대한 특약

* 최도희는 2019. 5. 1. 위 2억 원을 수령하였음을 확인합니다.

　　　　　　　　2019년 5월 1일

　　　　　　대여인 김 양 도

　　　　　　차용인 최 도 희

서 울 서 부 지 방 법 원
결 정

사 건	2019타채30110 가압류를 본압류로 이전하는 채권압류 및 전부명령
채 권 자	전동하 (720310-1071818)
	서울 마포구 마포로 210, 2동 101호 (공덕동, 현대아파트)
채 무 자	김양도 (780201-1241213)
	서울 은평구 갈현로 2, 105호 (갈현동, 미담아파트)
제3채무자	최도희 (680622-2724513)
	서울 서대문구 아현로 207 (아현동)

주   문

채권자와 채무자 사이의 서울서부지방법원 2019카단10930 채권가압류 결정에 의한 별지 목록 기재 채권에 대한 가압류는 이를 본압류로 이전한다.
제3채무자는 채무자에게 위 채권에 관한 지급을 하여서는 아니 된다.
채무자는 위 채권의 처분과 영수를 하여서는 아니 된다.
위 압류된 채권은 지급에 갈음하여 채권자에게 전부한다.

청 구 금 액

금 6,000만 원(2018. 5. 24.자 손해배상 합의금 채권)

이   유

● 전부명령의 확정일

채권자가 위 청구금액을 변제받기 위하여 서울서부지방법원 2019차34891 손해배상 합의금 사건의 집행력 있는 지급명령 정본에 터 잡아 한 이 사건 신청은 이유 있으므로 주문과 같이 결정한다.

2019. 10. 5.

사법보좌관 강민화

채무자, 제3채무자 송달일
2019. 10. 10.
확정일 2019. 10. 18.
법원주사 안동천

정본입니다.
2021. 12. 5.
법원주사 안동천

[서울서부지방법원 법원주사 인]

기록 35면

내 용 증 명

수신인: 임 인 형
　　　　서울 서초구 방배대로 107, 11-502(방배동, 서래빌라)

1. 귀하는 김양도의 대여금 채권을 양도받았다며 2021. 12. 5. 저를 찾아와 2억 원을 지급하라고 요구하였습니다.
2. 제가 2019. 5. 17. 김양도를 만났을 때 위 대여금 채권을 귀하에게 양도하였다는 통지를 받고 그 계약서 사본을 받은 것은 사실입니다. ……● 확정일자없는 채권양도 통지
3. 그러나 이후에 전동하가 그 대여금채권 중 일부를 가압류한 후 지급명령과 압류 및 전부명령까지 받았고, 아는 사람에게 물어보니 그 부분은 귀하에게 지급하지 않아도 된다고 들었습니다. 　　　　전부명령항변이고, 전부명령이 우선한다. ●
4. 귀하는 저를 만났을 때 채권이 양도된 후에는 거기에 가압류를 해 보았자 소용없다며 2억 원을 모두 귀하에게 주어야 한다고 주장하였으나, 저는 채권양도통지에 확정일자가 없었으므로 귀하보다 전동하가 우선한다고 알고 있습니다.
5. 아울러 저는 이전에 김양도의 주택을 보증금 1억 원에 임차하여 거주하다가 2018. 11. 1. 임대차를 합의하여 해지하고, 해지 당일에 위 주택을 인도하였습니다. 다만 김양도가 새 임차인을 구할 기회를 주기 위하여 임대차보증금 1억 원은 6개월 뒤인 2019. 4. 30. 반환받기로 하였습니다. 그러나 김양도는 변제기가 지났음에도 아직까지 위 임대차보증금을 지급하지 않고 있습니다. 이에 저는 귀하에 대하여 임대차보증금 1억 원 및 그 지연손해금 채권을 자동채권으로 하여 귀하의 양수금 채권과 상계합니다. ……● 상계항변

　　　　　　　2021년 12월 10일

발신인 :　　최 도 희 (인)
　　　　　　서울 서대문구 아현로 207(아현동)

이 우편물은 2021년 12월 10일 등기 제71395호에 의하여 내용증명 우편물로 발송하였음을 증명함.
서울서대문우체국장

약 정 서

갑: 황 유 민
  서울 마포구 독막로 145, 301호(창전동, 금호베스트빌)
을: 강 일 동
  서울 강남구 도곡로 412, 107-502(도곡동, 하이스트빌)

갑과 을은 아래와 같이 약정한다. •―― 주식명의신탁약정

1. 갑은 을에게 갑이 소유한 주식에 대한 관리를 위임하고, 이를 위하여 다음의 주식을 명의신탁 목적으로 을에게 이전한다.
   ※ 대상주식: 세화건설 주식회사 보통주식 10,000주(액면금 10,000원)
2. 갑은 위 주식에 관한 명의신탁기간 동안 위 주식에 대한 주주권 행사를 포기하고, 을의 의결권 행사에 대하여 아무런 이의를 제기하지 아니 한다.
3. 을은 위 주식과 관련하여 매각대금, 배당금 등의 금원을 수령하면 소정의 수수료(금원의 10%)를 제외하고 이를 즉시 갑에게 지급한다.
4. 본 약정은 갑이 언제든지 해지할 수 있다.

※ 첨부: 주식양도양수합의서

2020. 10. 1.

갑: 황 유 민 (710808-2246376) (인)

을: 강 일 동 (750812-1741022) (인)

통지서에 대한 답변서

수신인: 임 인 형 (691024-1245218)
　　　　서울 서초구 방배대로 107, 11-502(방배동, 서래빌라)

1. 귀하가 보낸 2021년 11월 10일자 통지서는 잘 받아 보았습니다.
2. 귀하가 말씀하신 대로 세화건설(주) 주식 10,000주는 황유민으로부터 명의신탁받아 본인이 관리하고 있는 주식이고, 본인은 황유민과의 주식양도양수합의서를 세화건설(주)에 제시하여 적법하게 명의개서된 주주입니다(첨부한 주주명부 참조).
3. 귀하는 통지서에서 위 주식에 대한 주주명의를 다시 황유민으로 돌려 줄 것을 요청하였으나, 다음과 같은 이유로 귀하의 요청에 절대 응할 수 없습니다.

　가. 귀하도 통지서에서 언급하였다시피 황유민이 2021년 6월경부터 자금 사정이 매우 나빠져 그나마 있던 재산도 다 팔고 현재 자력이 전혀 없는 상태입니다. 본인은 황유민의 사정을 딱하게 여겨 상당한 액수의 돈을 수차례 빌려준 바 있습니다. 비록 현금으로 건네주어 증빙은 없지만 황유민에게 빌려준 돈이 거의 1억 원에 육박합니다. 그래서 최근 황유민이 본인에게 위 주식을 대물변제조로 양도하겠다고 하였습니다. 따라서 현재 위 주식은 명실상부 본인 것이므로 이를 황유민에게 돌려 줄 하등의 이유가 없습니다.

　나. 또한 황유민은 위 주식에 대하여 신탁약정을 하면서 주주권 행사를 포기하였기 때문에 위 주식에 대한 권리도 없습니다.

　다. 설령 위 주식이 본인 소유가 아니라도 황유민과의 신탁약정이 유효한 이상 위 주식에 대한 소유권은 본인에게 있습니다.

4. 모든 걸 다 떠나서 황유민과 본인 사이의 문제에 대해 제3의 채권자에 불과한 귀하가 간섭하는 이유를 알 수 없으며, 제3자인 이상 귀하가 소송을 제기할 자격은 없는 것으로 압니다.
5. 더 이상 문제를 일으키지 않기를 바라며, 이만 줄이겠습니다.

※ 첨부: 주주명부

2021년 11월 24일

발신인: 강 일 동 (인)
　　　　서울 강남구 도곡로 412, 107-502(도곡동, 하이스트빌)

이 우편물은 2021년 11월 24일 등기 제18834호에 의하여 내용증명 우편물로 발송하였음을 증명함.
서울강남우체국장 (인)

주 주 명 부

순번	주 주	주 소	주식의 종류와 수	주 식 취득일
1	박인수 (720614 - 1675018)	서울 서초구 방배로 30	보통주식 4만 주	2015. 2. 6.
2	서찬욱 (740720 - 1724091)	서울 영등포구 당산대로 678	보통주식 3만 주	2015. 2. 6.
3	김치원 (770120 - 1890112)	성남시 분당구 서현로 160	보통주식 2만 주	2015. 2. 6.
4	황유만 (~~710808 - 2246376~~)	~~서울 마포구 독막로 145, 301호 (창전동, 금호베스트빌)~~	~~보통주식 1만 주~~	~~2019. 10. 1.~~
5	강일동 (750812 - 1741022)	서울 강남구 도곡로 412, 107-502 (도곡동, 하이스트빌)	보통주식 1만 주	2020. 10. 2.

주식의 특정 ●

※ 위 주주명부는 2021. 11. 20.을 기준으로 한 당사의 주주 현황입니다.

※ 당사의 모든 발행주식은 의결권 있는 보통주식(액면금 10,000원)이며, 당사는 현재까지 주권을 발행하지 않은 상태입니다.

주주명부 원본과 상위 없음을 확인함

2021. 11. 20.

세화건설 주식회사

(본점 소재지: 서울 서초구 서초대로 178 원촌빌딩)

대표이사 박인수   [세화건설 주식회사 대표이사 인]

기록 41면

내용증명에 대한 답변

수신인: 임 인 형
　　　　서울 서초구 방배대로 107, 11-502(방배동, 서래빌라)

1. 귀하가 보낸 2021년 12월 1일자 내용증명에 대하여 다음과 같은 답신을 드립니다.
2. 이미 말씀드린 바와 같이, 저는 평소 알고 지내던 강일동의 투자권유를 받고 세화건설㈜의 제3자 신주발행 절차에 참여하여 신주인수권을 배정받아 위 회사 주식 10,000주에 관하여 2019. 9. 30. 1억 원의 주금을 납입하여 주주가 되었습니다. 다만 위 주식에 대한 관리를 위하여 이미 보내 드린 약정서 및 주식양도양수합의서와 같이 위 주식을 명의신탁하여 강일동에게 맡겨 두었습니다.
3. 저는 귀하로부터 1억 원을 차용한 바 있고, 작년까지는 귀하에 대한 채무 외에는 다른 채무도 전혀 없었으며, 위 대여금에 대한 이자는 꼬박꼬박 보내 드려 왔습니다.
4. 다만 제가 2021년 6월경 사기를 당해 갑자기 자금사정이 어려워져 죄송하게도 차용금을 갚지 못하고 있고, 사실 10억 원 상당의 아파트 등 재산도 다 처분하고 무자력이 되었으며, 남은 재산이라고는 세화건설㈜ 주식 10,000주가 전부인 상황입니다. 그런데, 강일동이 본인이 빌리지도 않은 돈을 빌렸다고 하는 것은 무슨 영문인지 모르겠습니다. 거듭 확인하지만, 저는 그 사람한테 한 푼도 빌린 것이 없고, 위 주식을 대물변제조로 가져가라고 말한 적도 없습니다. ……● 황유민의 무자력 및 대물변제 이유없음.
5. 강일동이 허위사실을 주장하며 위 주식에 대한 반환을 거부하, 제가 당장 귀하에게 해 드릴 수 있는 일은 없습니다. 다만 귀하가 위 주식에 대한 주주명의를 제 앞으로 돌려놓아 줄 수 있다면 위 주식에 대하여 귀하가 원하는 담보확보 조치에는 제가 언제든지 협조해 드릴 수는 있을 것 같습니다.

2021년 12월 23일

발신인: 황 유 민 (황유민인)
　　　　서울 마포구 독막로 145, 301호(창전동, 금호베스트빌)

이 우편물은 2021년 12월 23일 등기 제28379호에 의하여 내용증명 우편물로 발송하였음을 증명함.
서울마포우체국장 (서울마포우체국장인)

민사법
기록형

2022년도 제11회
변호사 시험
답안

소 장

원 고 임인형
서울 서초구 방배대로 107, 11동 502호(방배동, 서래빌라)

소송대리인 변호사 류정하
서울 서초구 서초대로 72, 704호(서초동, 로이스트빌딩)
전화 02-535-6898, 전자메일 youlaw123@lawyer.com

피 고 1. 최판기
서울 강북구 수유로 412, 가동 203호 (수유동, 새한연립)

2. 강유석
서울 송파구 백제고분로 203, 5동 702호 (석촌동, 석촌빌라트)

3. 박기철
서울 강동구 명일로 14

4. 조민숙
서울 마포구 공덕대로 107, A동 207호 (공덕동, 펜트리버뷰)

5. 최도희
서울 서대문구 아현로 207 (아현동)

6. 강일동
서울 강남구 도곡로 412, 107동 502호 (도곡동, 하이스트빌)

건물철거 등 청구의 소

청 구 취 지

1. 피고 최판기는 원고에게 별지 목록 제1항 기재 부동산을 인도하고, 별지 목록 제2항 기재 부동산을 철거하라.
2. 피고 강유석은 피고 최판기로부터 100,000,000원[1] 및 이에 대한 2017. 7. 15.부터 다 갚는 날까지 월 15%의 비율로 계산한 돈을 지급받은 다음 원고에게 별지 목록 제1항 기재 부동산에 관하여 수원지방법원 안산지원 2017. 3. 16. 접수 제1536호 마친 저당권설정등기의 말소등기절차를 이행하라.
3. 피고 박기철은 원고에게
   가. 별지 목록 제3항 기재 부동산에 관하여 진정명의회복을 원인으로 한 소유권이전등기절차를 이행하고,[2]
   나. 원고로부터 100,000,0000원에서 2021. 11. 1.부터 위 부동산의 인도완료일까지 월 2,000,000원의 비율로 계산한 금액을 공제한 나머지 돈을 지급받음과 동시에 위 부동산을 인도하라.
4. 피고 조민숙은 원고에게 500,000,000원 및 이에 대한 2021. 7. 25.부터 이 사건 소장부본 송달일까지는 연 5%의, 그 다음날부터 다 갚는 날까지는 연 12%의 각 비율로 계산한 돈을 지급하라.
5. 피고 최도희는 원고에게 35,000,000원 및 이에 대한 2020. 5. 1.부터 다 갚는 날까지 연 10%로 계산한 돈을 지급하라.
6. 소외 황유민[710808-2246376, 주소 : 서울 마포구 독막로 145, 301호 (창전동, 금호베스트빌)]이 세화건설 주식회사 주주명부 순번 5 보통주식 10,000주(1주 액면금액 10,000원) 주식의 주주임을 확인한다.
6. 소송비용은 피고들이 부담한다.
7. 제1항, 제3의 나항, 제4항, 제5항은 가집행할 수 있다.
라는 판결을 구합니다.

청 구 원 인

1. 피고 최판기에 대한 청구

가. 토지인도 및 건물철거 청구

원고는 별지 목록 제1항 기재 부동산에 관하여 수원지방법원 안산지원 2021. 3. 25. 접수 제2683호로 소유권이전등기를 마친 소유자입니다.

---
1) 피고 최판기의 채무변제의 선이행관계를 기재한 것이고, 원고가 피고 최판기에게 금원을 청구하는 것은 아니기 때문에 지시사항에 반하지 않을 것으로 생각된다.
2) 건축주명의변경청구는 소의 이익이 없을 것으로 생각된다. 대판 2006.7.6. 2005다61010.

피고 최판기는 별지 목록 제1항 기재 부동산 위에 별지 목록 제2항 기재 부동산을 신축하여 보존등기를 마친 후 별지 목록 제1항 기재 부동산을 점유하고 있습니다.

피고 최판기는 권원없이 별지 목록 제1항 기재 부동산을 점유하고 있으므로, 원고에게 별지 목록 제2항 기재 부동산을 철거하고, 별지 목록 제1항 기재 부동산을 인도하여야 합니다.

나. 피고 최판기의 예상주장 및 이에 대한 반박

피고 최판기는 대항력있는 토지임차인으로서 별지 목록 제1항 기재 부동산을 점유할 권원이 있다고 주장할 수 있습니다.

그러나 가처분이후 이루어진 처분행위의 효력과 관련하여 판례[3]는 '민법 제622조 제1항은 '건물의 소유를 목적으로 하는 토지임대차는 이를 등기하지 아니한 경우에도 임차인이 그 지상건물을 등기한 때에는 제3자에 대하여 임대차의 효력이 생긴다.'고 규정하고 있는바, 이는 건물을 소유하는 토지임차인의 보호를 위하여 건물의 등기로써 토지임대차 등기에 갈음하는 효력을 부여하는 것일 뿐이므로 임차인이 그 지상건물을 등기하기 전에 제3자가 그 토지에 관하여 물권취득의 등기를 한 때에는 임차인이 그 지상건물을 등기하더라도 그 제3자에 대하여 임대차의 효력이 생기지 아니한다. 부동산에 관하여 처분금지가처분의 등기가 마쳐진 후에 가처분권자가 본안소송에서 승소판결을 받아 확정되면 그 피보전권리의 범위 내에서 그 가처분에 저촉되는 처분행위의 효력을 부정할 수 있고, 이 때 그 처분행위가 가처분에 저촉되는 것인지의 여부는 그 처분행위에 따른 등기와 가처분등기의 선후에 의하여 정해진다.'고 판시하였습니다.

위 판결에 따르면 피고 최판기가 토지 임차권에 기하여 별지 목록 제2항 기재 부동산에 관하여 2018. 11. 8. 보존등기를 경료하며 대항력을 취득하였지만, 원고는 2018. 7. 14. 별지 목록 제1항 기재 부동산에 관하여 처분금지가처분의 등기를 마쳤고, 이후 본안소송을 제기하여 승소한 뒤 위 확정판결에 기하여 소유권이전등기를 마쳤으므로, 피고 최판기는 임대차의 효력으로써 원고에게 대항할 수 없습니다. 따라서 이와 배치되는 피고 최판기의 주장은 근거가 없습니다.

2. 피고 강유석에 대한 청구

가. 저당권의 말소청구

위와 같이 원고는 별지 목록 제1항 기재 부동산의 소유자입니다.

피고 강유석은 2016. 10. 7. 피고 최판기에 대하여 3억원의 불법행위에 기한 손해배상채권을 취득하였고, 위 채권을 담보하기 위하여 2017. 3. 5. 소외 최진기와 위 부동산에 관하여 채무자 최판기, 피담보채권액 3억원의 저당권설정계약을 체결한 후, 이에 따라 수원지방법원 안산지원 2017. 3. 16. 접수 제1536호로 저당권설정등기를 마쳤습니다.

---

3) 대판 2003.2.28. 2000다65802, 65819

이후 피고 강유석은 2017. 7. 4. 피고 최판기에게 서울동부지방법원 2017가단7337호로 위 손해배상채권 3억원 중 1억원의 지급을 청구하여, '최판기는 강유석에게 1억원 및 이에 대한 2017. 7. 15.부터 다 갚는 날까지 연 15%의 비율로 계산한 돈을 지급하라.'라는 내용의 승소판결이 선고되었고, 이후 위 판결은 그대로 확정되었습니다.

위와 같이 피고 강유석은 손해배상채권 3억원 중 1억원에 대해서만 소멸시효를 중단시키고, 위 채권 3억원 중 2억원은 저당권설정등기가 이루어진 2017. 3. 16.로부터 3년이 도과하여 이미 시효로 소멸하였음에도 불구하고, 피고 강유석은 피담보채무의 액수를 다투고 있기 때문에 원고는 미리 위 저당권의 말소를 청구할 수 있습니다.

따라서 피고 강유석은 채무자인 피고 최판기로부터 100,000,000원 및 이에 대한 2017. 5. 15.부터 다 갚는 날까지 월 15%의 비율로 계산한 돈을 지급받은 다음 원고에게 별지 목록 제1항 기재 부동산에 관하여 수원지방법원 안산지원 2017. 3. 16. 접수 제1536호 마친 저당권설정등기의 말소등기절차를 이행하여야 합니다.

나. 피고 강유석의 예상주장 및 이에 대한 반박

피고 강유석은 (1) 피담보채권 중 일부의 지급을 구하는 소송을 제기하여 채권 전부의 소멸시효가 중단되었고, (2) 또한 피고 최판기가 시효이익을 포기하였다고 주장할 수 있습니다.

그러나 일부청구의 소멸시효중단과 관련하여 판례4)는 '소장에서 청구의 대상으로 삼은 채권 중 일부만을 청구하면서 소송의 진행경과에 따라 장차 청구금액을 확장할 뜻을 표시하였으나 당해 소송이 종료될 때까지 실제로 청구금액을 확장하지 않은 경우에는 소송의 경과에 비추어 볼 때 채권 전부에 관하여 판결을 구한 것으로 볼 수 없으므로, 나머지 부분에 대하여는 재판상 청구로 인한 시효중단의 효력이 발생하지 아니한다. 그러나 이와 같은 경우에도 소를 제기하면서 장차 청구금액을 확장할 뜻을 표시한 채권자로서는 장래에 나머지 부분을 청구할 의사를 가지고 있는 것이 일반적이라고 할 것이므로, 다른 특별한 사정이 없는 한 당해 소송이 계속 중인 동안에는 나머지 부분에 대하여 권리를 행사하겠다는 의사가 표명되어 최고에 의해 권리를 행사하고 있는 상태가 지속되고 있는 것으로 보아야 하고, 채권자는 당해 소송이 종료된 때부터 6월 내에 민법 제174조에서 정한 조치를 취함으로써 나머지 부분에 대한 소멸시효를 중단시킬 수 있다.'고 판시하였고,

채무자의 시효이익 포기의 효력과 관련하여 판례5)는 '소외인이 2009. 7. 15. 소멸시효의 이익을 포기하고 채무를 변제할 것을 약정한 사실을 인정한 다음, 위 소멸시효 이익의 포기는 저당부동산을 취득한 제3자에 해당하는 원고에게는 그 효력이 미치지 아니한다는 이유로 피고의 소멸시효 이익 포기 항변을 배척한 것은 정당하고, 거기에 시효 이익 포기에 관한 법리를 오해하여 심리를 다하지 아니하는 등의 위법이 있다고 할 수 없다. 이 부분 상고이유의 주장 역시 받아들일 수 없다.'고 판시하였습니다.

---

4) 대판 2020.2.6. 2019다223723
5) 대판 2010.3.11. 2009다100098

위 각 판결에 따르면 (1) 피고 강유석은 채권 3억원 중 1억원에 대해서만 일부청구를 하고 추가적으로 청구취지확장을 하지 않았으므로, 시효중단의 효력은 1억원에 대해서만 미치고, (2) 채무자인 피고 최판기가 시효이익을 포기하더라도 저당목적물의 제3취득자인 원고에게는 그 효력이 미치지 않습니다. 따라서 이와 배치되는 피고 강유석의 주장은 근거가 없습니다.

3. 피고 박기철에 대한 청구

가. 원고의 건물소유권 취득 및 이에 기한 진정명의회복등기청구와 인도청구

원고는 2021. 2. 1. 피고 박기철에게 별지 목록 3기재 부동산의 신축을 도급해 주면서, 공사대금 5억원, 피고 박기철의 명의로 건축허가를 받은 뒤 잔금지급일에 원고 명의로 건축허가명의변경신청을 하며 원고 명의로 완성건물의 소유권보존등기를 하는 것으로 정하였습니다. 그리고 원고는 약정한 공사대금 중 4억원을 지급하였습니다.

위와 같은 합의의 효력과 관련하여 판례6)는 '일반적으로 자기의 노력과 재료를 들여 건물을 건축한 사람은 그 건물의 소유권을 원시취득하고, 다만 도급계약에 있어서는 수급인이 자기의 노력과 재료를 들여 건물을 완성하더라도 도급인과 수급인 사이에 도급인 명의로 건축허가를 받아 소유권보존등기를 하기로 하는 등 완성된 건물의 소유권을 도급인에게 귀속시키기로 합의한 것으로 보여질 경우에는 그 건물의 소유권은 도급인에게 원시적으로 귀속된다.'고 판시하였는데, 위 판결에 따르면 별지 목록 제3항 기재 부동산의 소유자는 원고입니다.

그럼에도 불구하고 피고 박기철은 위 부동산에 관하여 본인 명의로 서울동부지방법원 2021. 8. 1. 접수 제7728호로 소유권보존등기를 마치고, 또한 합의한 공사대금외 추가로 5천만원의 공사대금을 주장하며 유치권에 기하여 위 부동산을 2021. 11. 1.부터 점유, 사용하고 있습니다.

위와 같이 원고가 위 부동산의 소유권을 취득하였으므로, 피고 박기철 명의의 소유권보존등기는 원인무효의 등기이고 따라서 말소되어야 하나, 원고는 말소등기청구에 갈음하여 진정명의회복등기를 청구하고자 합니다.

또한 원고가 공사대금 중 1억원을 지급하지 않았기 때문에 이에 기한 피고 박기철의 유치권은 적법합니다. 따라서 원고는 일응 1억원의 지급과 상환으로 피고 박기철에게 위 부동산의 인도를 구할 수 있습니다.

한편, 피고 박기철은 2021. 11. 1.부터 위 부동산을 주거의 목적으로 사용하고 있는데, 이와 관련하여 판례7)는 '민법 제324조에 의하면, 유치권자는 선량한 관리자의 주의로 유치물을 점유하여야 하고, 소유자의 승낙 없이 유치물을 보존에 필요한 범위를 넘어 사용하거나 대여 또는 담보제공을 할 수 없으며, 소유자는 유치권자가 위 의무를 위반한 때에는 유치권의 소멸을 청구할 수 있다고 할 것인바, 공사대금채권에 기하여 유치권을 행사하는 자가 스스로 유치물인 주택에 거주하며 사용하는 것은 특별한 사정이 없는 한 유치물인 주택의 보존에 도움이

---

6) 대판 1996.9.20. 96다24804
7) 대판 2009.9.24. 2009다40684

되는 행위로서 유치물의 보존에 필요한 사용에 해당한다고 할 것이다. 그리고 유치권자가 유치물의 보존에 필요한 사용을 한 경우에도 특별한 사정이 없는 한 차임에 상당한 이득을 소유자에게 반환할 의무가 있다.'고 판시하였습니다.

위와 같이 피고 박기철은 적법한 권원없이 위 부동산을 사용함으로써 차임상당의 이득을 얻고, 이로 인하여 원고에게 동액상당의 손해를 입히고 있으므로, 차임상당의 부당이득을 반환할 의무가 있습니다.

따라서 피고 박기철이 점유를 시작한 2021. 11. 1.부터 위 부동산의 인도완료일까지의 차임상당액이 원고가 상환하여야 할 공사대금에서 공제되어야 하고, 피고 박기철의 점유는 인도완료일까지 계속될 것으로 예상되므로, 미리 청구할 필요도 있습니다.

한편 부당이득의 액수는 위 부동산의 보증금없는 차임 상당액을 기준으로 산정하여야 하고, 그 차임 상당액 속에는 건물의 차임 외에도 부지부분의 차임(지대)도 포함되는 것이므로, 건물의 차임은 물론이고 그 부지부분의 차임도 함께 계산되어야 하는데[8], 최근 원고가 확인한 바에 따르면 위 부동산의 보증금없는 차임은 2021년 기준 200만원에 달합니다.

이에 피고 박기철은 원고로부터 미지급 공사대금 100,000,0000원에서 그 점유를 시작한 2021. 11. 1.부터 위 부동산의 인도완료일까지 차임상당액인 월 2,000,000원의 비율로 계산한 금액을 공제한 나머지 돈을 지급받음과 동시에 원고에게 위 부동산을 인도하여야 합니다.

나. 피고 박기철의 예상주장 및 이에 대한 반박

한편 피고 박기철은 (1) 점유할 권원이 있고, (2) 추가공사대금 5천만원의 상환을 주장할 수 있습니다.

그러나 위에서 말씀드린 바와 같이 유치권자가 유치물의 보존에 필요한 사용을 한 경우에도 특별한 사정이 없는 한 차임에 상당한 이득을 소유자에게 반환할 의무가 있고, 판례[9]에 따르면 '총공사대금을 정하여 한 공사도급계약의 경우 도급인은 특별한 사정이 없는 한 수급인에게 당초의 공사대금을 초과하는 금원을 공사대금으로 지급할 의무는 없고, 다만 수급인이 본계약 내용에 없는 추가공사를 하였다면 그에 대한 추가공사비를 지급할 여지가 있을 뿐이다.'라고 판시하였는데, 피고 박기철은 추가공사를 한 적이 없으므로, 이와 배치되는 피고 박기철의 주장은 모두 근거가 없습니다.

4. 피고 조민숙에 대한청구

가. 불법행위에 기한 손해배상청구

원고의 부친인 소외 임진만은 서울 강동구 풍납동 72 잡종지 200㎡에 관하여 서울동부지방법원 1997. 9. 9. 접수 제1534호로 소유권이전등기를 마치며 소유권을 취득하였고, 임진만이 2018. 9. 5. 사망하여 원고가 위 부동산을 단독상속하였습니다.

---

8) 대판 1994.12.9. 94다27809
9) 대판 2006.4.27. 2005다63870

피고 조민숙은 임진만의 인감도장을 도용하여 위 토지에 관하여 법률상 원인없이 본인 명의로 소유권이전등기를 경료하고, 다시 이를 김진오에게 매도한 후 매매를 원인으로 소유권이전등기를 마쳐주었습니다.

원고는 이와 같은 사실을 알고 김진오를 상대로 서울동부지방법원 2021가합2872호로 소유권이전등기말소청구 소송을 제기하였으나, 김진오의 취득시효가 인정되어 원고의 청구를 기각하는 판결이 선고되었고, 위 판결은 2021. 7. 25. 그대로 확정되었습니다.

위와 같이 원인무효의 등기로 인하여 소유권을 상실한 경우와 관련하여 판례[10]는 '무권리자가 위법한 방법으로 그의 명의로 소유권보존등기나 소유권이전등기를 경료한 후 그 부동산을 전전매수한 제3자의 등기부 시효취득이 인정됨으로써 소유자가 소유권을 상실하게 된 경우, 무권리자의 위법한 등기 경료행위가 없었더라면 소유자의 소유권 상실이라는 결과가 당연히 발생하지 아니하였을 것이고 또한, 이러한 소유권 상실은 위법한 등기 경료행위 당시에 통상 예측할 수 있는 것이라 할 것이므로, 무권리자의 위법한 등기 경료행위와 소유자의 소유권 상실 사이에는 상당인과관계가 있다고 할 것이다. 가해행위와 이로 인한 현실적인 손해의 발생 사이에 시간적 간격이 있는 불법행위에 기한 손해배상채권의 경우, 소멸시효의 기산점이 되는 '불법행위를 한 날'의 의미는 단지 관념적이고 부동적인 상태에서 잠재적으로만 존재하고 있는 손해가 그 후 현실화되었다고 볼 수 있는 때, 즉 손해의 결과발생이 현실적인 것으로 되었다고 할 수 있을 때로 보아야 할 것인바 소유자가 제3자를 상대로 제기한 등기말소 청구 소송이 패소 확정될 때에 그 손해의 결과발생이 현실화된다고 볼 것이며, 그 등기말소 청구 소송에서 제3자의 등기부 시효취득이 인정된 결과 소유자가 패소하였다고 하더라도 그 등기부 취득시효 완성 당시에 이미 손해가 현실화되었다고 볼 것은 아니다.'라고 판시하였습니다.

위 판결에 따르면 피고 조민숙은 원고에게 고의의 불법행위를 하였고, 이로 인하여 원고는 위 토지의 소유권이 상실되는 손해를 입었으므로, 피고 조민숙은 원고의 김진호에 대한 소송의 패소확정 당시의 위 토지의 시가 상당액인 5억원 및 이에 대한 불법행위일인 2021. 7. 25.부터 다 갚는 날까지의 지연손해금을 지급하여야 합니다.

나. 피고 조민숙의 예상주장 및 이에 대한 반박

피고 조민숙은 (1) 원고의 손해배상청구권의 소멸시효가 도과되었고, (2) 손해배상의 범위는 자신이 김진오에게 매각한 매각대금 1억원으로 제한된다고 주장할 수 있습니다.

그러나 위에서 말씀드린 바와 같이 피고 조민숙의 불법행위가 성립한 시점은 원고의 김진오에 대한 소송의 패소확정 당시인 2021. 7. 25.이고 소제기일 현재 위 판결확정일로부터 3년이 도과하지 않았음을 명백하고, 손해배상의 범위와 관련하여 판례[11]는 '소유권이전등기 말소등기의무가 이행불능이 됨으로 말미암아 그 권리자가 입는 손해액은 원칙적으로 그 이행불능이 될 당시의 목적물의 시가 상당액이다.'라고 판시하였으므로 피고 조민숙이 배상하여야 할 손해액은 패소확정 당시의 시가상당액인 5억원입니다. 따라서 이와 배치되는 피고 조민숙의 주장은 근거가 없습니다.

---

10) 대판 2008.6.12. 2007다36445
11) 대판 2005.9.15. 2005다29474

5. 피고 최도희에 대한 청구

가. 채권의 양수

소외 김양도는 2019. 5. 1. 피고 최도희에게 2억원을 변제기 2020. 4. 30., 이자없이 약정지연손해금률 연 10%로 정하여 대여하였습니다.

그리고 위 김양도는 2019. 5. 16. 위 채권을 양도하고, 2019. 5. 17. 피고 최도희에게 확정일자없는 증서로 통지를 하였고, 위 통지가 같은 날 도달하였습니다.

따라서 피고 최도희는 일응 원고에게 2억원 및 이에 대한 2020. 5. 1.부터의 지연손해금을 지급하여야 합니다.

나. 피고의 주장

(1) 전부명령 항변

피고 최도희는 김양도의 채권자인 전동하가 위 대여금 채권 중 6천만원에 대하여 2019. 7. 1. 서울서부지방법원 2019카단10930호로 가압류결정을 받았고, 이후 위 가압류결정에 대하여 2019. 10. 5. 같은 법원 2019타채30110호로 가압류를 본압류로 이전하는 채권압류 및 전부명령을 받았으며, 위 전부명령이 2019. 10. 10. 피고 최도희에게 송달되어 2019. 10. 18. 그대로 확정되었으므로 위 금액의 범위내에서 채권자인 전동하가 우선한다고 주장하고 있는데, 피고 최도희의 주장과 같이 원고의 채권양도는 대항력이 없으므로, 원고는 일응 위 전부된 금액을 공제한 1억 4천만원 및 이에 대한 지연손해금만을 청구하고자 합니다.

(2) 상계항변

또한 피고 최도희는 본인의 김양도에 대한 임대차보증금 반환채권 1억원 및 이에 대한 변제기 다음날인 2019. 5. 1.부터의 지연손해금채권을 자동채권으로 원고의 위 양수금채권과 상계한다고 주장하고 있습니다.

피고 최도희가 상계권을 행사하게 되면, 상계적상일은 자동채권과 수동채권의 각 변제기 중 늦게 도달한 일자인 수동채권의 변제기인 2020. 4. 30.이고, 위 상계적상일 기준 자동채권의 원리금의 합계금은 1억 500만원(1억원 + 1억원 X 5% X 1년)이며, 수동채권은 1억 4천만원입니다.

법정변제충당의 순서에 따라 충당을 하면 수동채권 원금 1억 500만원에 모두 충당되어, 수동채권 3천500만원이 남게 되고, 피고 최도희는 위 잔존금 및 이에 대한 상계충당일 다음날인 2020. 5. 1.부터 약정지연손해금률인 연 10%의 비율에 의한 지연손해금을 지급하여야 합니다[12].

---

12) 대판 2013.4.26. 2011다50509. 원상회복의무가 이행지체에 빠진 이후의 기간에 대해서는 부당이득반환의무로서의 이자가 아니라 반환채무에 대한 지연손해금이 발생하게 되므로 거기에는 지연손해금률이 적용되어야 한다. 그 지연손해금률에 관하여도 당사자 사이에 별도의 약정이 있으면 그에 따라야 할 것이고, 설사 그것이 법정이율보다 낮다 하더라도 마찬가지이다.

6. 피고 강일동에 대한 청구

가. 대위에 기한 명의신탁약정의 해지 및 확인청구

(1) 대위청구

원고는 2020. 9. 15. 소외 황유민에게 1억원을 이자 연 5%, 변제기 2021. 9. 14.로 대여하여 대여금채권을 보유하고 있습니다(피보전채권). 그리고 소외 황유민은 2021. 6. 이후 무자력 상태임에도 불구하고(무자력), 아래에서 말씀드리는 주식의 명의신탁을 해지하고 주주권을 확보하지 않고 있으므로(권리미행사), 원고가 위 황유민의 권리를 대위행사하고자 합니다(피대위채권).

(2) 명의신탁약정의 해지 및 확인청구

원고는 2020. 10. 1. 피고 강동일에게 자신이 보유한 세화건설 주식회사 발행 보통주식 10,000주(액면금액 10,000원)를 명의신탁하고, 피고 강동일은 위 명의신탁약정에 따라 명의개서를 마쳤습니다.

주식이 명의신탁된 경우와 관련하여 판례[13]는 '주권발행 전 주식에 관하여 주주명의를 신탁한 사람이 수탁자에 대하여 명의신탁계약을 해지하면 그 주식에 대한 주주의 권리는 해지의 의사표시만으로 명의신탁자에게 복귀하는 것이고, 이러한 경우 주주명부에 등재된 형식상 주주명의인이 실질적인 주주의 주주권을 다투는 경우에 실질적인 주주가 주주명부상 주주명의인을 상대로 주주권의 확인을 구할 이익이 있다. 이는 실질적인 주주의 채권자가 자신의 채권을 보전하기 위하여 실질적인 주주를 대위하여 명의신탁계약을 해지하고 주주명의인을 상대로 주주권의 확인을 구하는 경우에도 마찬가지이고, 그 주식을 발행한 회사를 상대로 명의개서절차의 이행을 구할 수 있다거나 명의신탁자와 명의수탁자 사이에 직접적인 분쟁이 없다고 하여 달리 볼 것은 아니다.'라고 판시하였습니다.

위와 같이 소외 황유민은 무자력상태임에도 불구하고 자신이 보유한 유일한 재산인 위 주식에 관한 권리를 행사하지 않고 있으므로, 원고는 소외 황유민의 주식명의신탁약정을 대위하여 해지하고, 피고 강일동에 대하여 소외 황유민의 주주권의 확인을 구하고자 합니다.

확인의 소에는 권리보호요건으로서 확인의 이익이 있어야 하고, 확인의 이익은 확인판결을 받는 것이 원고의 권리 또는 법률상의 지위에 현존하는 불안·위험을 제거하는 가장 유효적절한 수단일 때에 인정될 수 있는데, 피고 강일동은 소외 황유민의 주주권을 다투고 있으므로, 확인의 이익이 인정됩니다.

나. 피고 강일동의 주장 및 이에 대한 반박

피고 강일동은 (1) 소외 황유민이 주주권 행사를 포기하였고, (2) 본인이 주식을 양도하지 않으면 황유민이 주주권을 행사할 수 없다고 주장할 수 있습니다.

---

[13] 대판 2013.2.14. 2011다109708

그러나 이와 관련하여 판례14)는 '주주권은 주식양도, 주식의 소각 또는 주금 체납에 의한 실권절차 등 법정사유에 의하여서만 상실되고, 단순히 당사자 간의 특약이나 주식 포기의 의사표시만으로는 주식이 소멸되거나 주주의 지위가 상실되지 아니한다.'고 판시하여 주주권의 포기를 인정하지 않고, 그리고 위에서 말씀드린 바와 같이 주주명의를 신탁한 사람이 수탁자에 대하여 명의신탁계약을 해지하면 그 주식에 대한 주주의 권리는 해지의 의사표시만으로 명의신탁자에게 복귀하는 것이고 별도의 양도절차를 필요로 하지 않습니다. 따라서 이와 배치되는 피고 강일동의 주장은 근거가 없습니다.

7. 결론

위와 같은 이유로 피고들에 대하여 청구취지의 기재와 같은 판결을 선고하여 주시기 바랍니다.

증 명 방 법

첨부서류

2022. 1. 14.

원고 소송대리인
변호사 류정하

서울중앙지방법원 귀중

---

14) 대판 1999.7.23. 99다14808

별지

부동산 목록

<생략>

민사법
기록형

2023년도 제12회
변호사 시험
문제

2023년도 제12회 변호사시험 문제

| 시험과목 | 민사법(기록형) |

응시자 준수사항

1. 시험 시작 전 문제지의 봉인을 손상하는 경우, 봉인을 손상하지 않더라도 문제지를 들추는 행위 등으로 문제 내용을 미리 보는 경우 그 답안은 영점으로 처리됩니다.

2. 시험시간 중에는 휴대전화, 스마트워치, 무선이어폰 등 무선통신기기를 비롯한 전자기기를 지녀서는 안 됩니다.

3. 답안은 흑색 또는 청색 필기구(수성펜이나 연필 사용 금지) 중 한 가지 필기구만을 사용하여 답안 작성란(흰색 부분) 안에 기재하여야 합니다.

4. 답안지에 성명과 수험번호 등을 기재하지 않아 인적사항이 확인되지 않는 경우에는 영점으로 처리되는 등 불이익을 받게 됩니다. 특히 답안지를 바꾸어 다시 작성하는 경우, 성명 등의 기재를 빠뜨리지 않도록 유의하여야 합니다.

5. 답안지에는 문제 내용을 쓸 필요가 없으며, 답안 이외의 사항을 기재하거나 밑줄 기타 어떠한 표시도 하여서는 안 됩니다. 답안을 정정할 경우에는 두 줄로 긋고 다시 써야 하며, 수정액·수정테이프 등은 사용할 수 없습니다.

6. 시험 종료 시각에 임박하여 답안지를 교체했더라도 시험시간이 끝나면 그 즉시 새로 작성한 답안지를 회수합니다.

7. 시험시간이 지난 후에는 답안지를 일절 작성할 수 없습니다. 이를 위반하여 **시험시간이 종료되었음에도 불구하고 계속 답안을 작성할 경우 그 답안은 영점으로 처리됩니다.**

8. 답안은 답안지의 쪽수 번호 순으로 써야 합니다. **배부된 답안지는 백지 답안이라도 모두 제출**하여야 하며, **답안지를 제출하지 아니한 경우 그 시간 시험과 나머지 시험에 응시할 수 없습니다.**

9. 지정된 시각까지 지정된 시험실에 입실하지 않거나 시험관리관의 승인 없이 시험시간 중에 시험실에서 퇴실한 경우, 그 시간 시험과 나머지 시간의 시험에 응시할 수 없습니다.

10. 시험시간 중에는 어떠한 경우에도 문제지를 시험실 밖으로 가지고 갈 수 없고, 그 시험시간이 끝난 후에는 문제지를 시험장 밖으로 가지고 갈 수 있습니다.

【 문 제 】

귀하는 변호사 신영민으로서, 의뢰인 김수길과의 상담을 통해 다음 【상담내용】과 같은 사실관계를 청취하고, 【의뢰인의 희망사항】 기재사항에 관한 본안소송의 대리권을 수여받고, 첨부된 서류를 자료로 받았다.

의뢰인을 위하여 본안의 소를 제기하는 데 필요한 소장을 작성하시오.

【 작 성 요 령 】

1. 소장 작성일 및 소 제기일은 2023. 1. 13.로 하시오.
2. 일방 당사자가 여러 명인 경우 성명으로 특정하시오(예: '피고 홍길동').
3. 청구취지와 청구원인은 가급적 피고별로 나누어 기재하시오.
   [이하 작성요령은 실무의 기준과 다를 수 있음]
4. 관할권이 있는 법원 중 한 곳에 1건의 공동소송으로 제기하되, 나머지 공동소송의 요건은 갖추어진 것으로 전제하고, 주관적이든 객관적이든 예비적·선택적 병합청구는 하지 마시오.
5. 【의뢰인의 희망사항】란에 기재된 희망사항에 부합하도록 소장을 작성하되, 현행법과 그 해석상 승소 가능한 최대한의 범위에서 청구하고, 소 각하나 청구기각 부분이 발생하지 않도록 하시오.
6. 제시된 사실관계만으로 상대방에게 항변사유가 있고 그 요건이 갖추어진 것으로 판단되면 이를 청구범위에 반영하고, 【사건관계인의 주장】으로 정리된 사항 중 원고의 주장에 관하여는 해당 법리에 대한 판단을 거쳐서 청구를 하고, 피고의 주장에 관하여는 이유 있다고 판단되면 청구범위에 반영하되 이유 없다고 판단되면 해당 청구원인 부분에 배척의 이유를 기재하시오.
7. [의뢰인 상담일지]와 첨부자료에 기재된 사실관계는 모두 사실에 부합하는 것으로 보고(작성자의 의견에 해당하는 사항은 제외), 기재되지 않은 사실은 없는 것으로 전제하며, 첨부서류는 모두 진정하게 성립된 것으로 간주하시오.
8. <증명방법>란과 <첨부서류>란 기재는 생략하고, 부동산의 표기는 아래 [별지 목록]과 [별지 도면] 중 필요한 부분을 소장 말미에 첨부함을 전제로 하여 [별지 목록], [별지 도면]을 별도로 작성하지 마시오.
9. 이자나 지연손해금, 차임에 대하여는 다시 지연손해금 청구를 하지 마시오.
10. **등기청구의 경우, 진정명의회복을 원인으로 소유권이전등기를 구하는 형태의 청구는 법리상 가능하더라도 택하지 마시오.**
11. 관련 증거자료를 제시하여 기술할 필요는 없습니다.
12. 기록상의 날짜가 공휴일인지, 문서의 서식이 실제와 부합하는지는 고려하지 마시오.

[별지]

목 록

1. 경기 가평군 사현면 곡성리 산 22-13 임야 100㎡
2. (1동의 건물의 표시)
   서울 강남구 역삼동 324(역삼2길 339 서준빌)
   철근콘크리트조 슬래브지붕 4층 건물
   1층 145.2㎡
   2층 145.2㎡
   3층 145.2㎡
   4층 145.2㎡
   (전유부분의 건물의 표시)
   제1층 제101호 철근콘크리트조 44.85㎡
   (대지권의 목적인 토지의 표시)
   위 지상 대 296㎡
   (대지권의 표시)
   소유권대지권 296분의 37
3. 용인시 처인구 남사읍 북리 216 전 200㎡
4. 수원시 권선구 금곡동 510 전 350㎡
5. 서울 종로구 관철동 50-2 지상 철골조 샌드위치패널지붕 단층 창고 350㎡. 끝.

[별지]

도 면

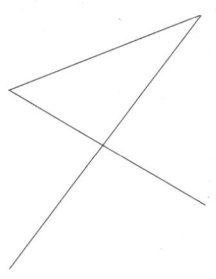

1	2
(가) 부분 60㎡	
4	3

(서울 종로구 관철동 50-2 지상 철골조 샌드위치패널지붕 단층 창고 350㎡)

【참고자료】

각급 법원의 설치와 관할구역에 관한 법률(일부)

제4조(관할구역) 각급 법원의 관할구역은 다음 각 호의 구분에 따라 정한다. 다만 지방법원 또는 그 지원의 관할구역에 시·군법원을 둔 경우 「법원조직법」 제34조제1항 제1호 및 제2호의 사건에 관하여는 지방법원 또는 그 지원의 관할구역에서 해당 시·군법원의 관할구역을 제외한다.

1. 각 고등법원·지방법원과 그 지원의 관할구역: 별표 3

   (이하 제2호 내지 제7호는 생략)

[별표 3] 고등법원·지방법원과 그 지원의 관할구역(일부)

고등법원	지방법원	지원	관할구역
서울	서울중앙		서울특별시 종로구·중구·강남구·서초구·관악구·동작구
	서울동부		서울특별시 성동구·광진구·강동구·송파구
	서울남부		서울특별시 영등포구·강서구·양천구·구로구·금천구
	서울북부		서울특별시 동대문구·중랑구·성북구·도봉구·강북구·노원구
	서울서부		서울특별시 서대문구·마포구·은평구·용산구
	의정부		의정부시·동두천시·양주시·연천군·포천시, 강원도 철원군. 다만, 소년보호사건은 앞의 시·군 외에 고양시·파주시·남양주시·구리시·가평군
		고양	고양시·파주시
		남양주	남양주시·구리시·가평군
수원	수원		수원시·오산시·용인시·화성시. 다만, 소년보호사건은 앞의 시 외에 성남시·하남시·평택시·이천시·안산시·광명시·시흥시·안성시·광주시·안양시·과천시·의왕시·군포시·여주시·양평군
		성남	성남시·하남시·광주시
		여주	이천시·여주시·양평군
		평택	평택시·안성시
		안산	안산시·광명시·시흥시
		안양	안양시·과천시·의왕시·군포시

의뢰인 상담일지

변호사 신영민 법률사무소

서울 서초구 서초대로 227, 1406호(서초동, 법조빌딩)
전화 02)535-7660, 전자메일 clever999@lawyer.com

접수번호	2023-07	상담일자	2023. 1. 10.
의 뢰 인	김수길	내방경위	지인의 소개

【 상 담 내 용 】

1. 곡성리 토지 관련

가. 의뢰인은 2020. 3.경 고등학교 동창인 김정건(2022. 12. 24 사망)으로부터 곡성리 토지를 3,000만 원에 매수하였다. 위 매매 당시 김정건, 곡성리 토지는 1985년경 아버지인 김창수가 매수 후 등기를 이전하지도 현장을 관리하지도 않은 채 방치하던 땅인데, 김창수 사망 후인 2000. 2. 1.부터 그 단독상속인인 자신이 그 위에 컨테이너를 설치하고 각종 자재를 적치하는 등으로 계속 점유해 왔으니 걱정할 것 없고, 시간을 좀 주면 곧 등기도 넘겨주고 컨테이너 등도 치워 주겠다고 하였다. 의뢰인은 당시 수일 은퇴하게 되면 사용할 전원주택을 지을만한 땅이 있으면 좋겠다고 생각하고 있었던 터라 그 말을 믿고 곡성리 토지를 매수하였다.

나. 그런데 그 후 반년이 넘게 지나도록 김정건이 컨테이너 등을 치워 주지 않고 등기도 해 주지 않아 2020. 10. 초경 김정건에게 따져 물었더니, 김정건은 '사실은 2019. 4. 15 곡성리 토지의 소유자인 이민국을 상대로 1985년경의 매매를 원인으로 한 소유권이전등기를 해 달라고 민사소송을 제기했으나, 이민국은 곡성리 토지를 김창수에게 매도한 사실이 없다면서 청구를 기각해 달라는 내용의 답변서를 2019. 4. 29. 제출하였고, 당시 김창수의 매수사실을 증명할 자료를 찾기 어려워 결국 2019년 가을에 청구 전부 기각의 패소 판결을 받고 그 무렵 위 판결이 확정되어 버렸다. 억울했지만 이민국과 대화를 적극적으로 시도하면서 2020. 2. 23.에는 적정한 가격을 제시해 주면 토지를 다시 매수하겠다고 제의까지 했으나 이민국은 이를 완전히 무시하였다. 그러던 차에 돈이 너무 급해서 전원주택을 지을 땅을 찾고 있다는 의뢰인에게 시세보다 싸게 매도한 것이다. 정말 미안하고 시간을 조금만 더 주면 1895년경의 매수사실을 밝힐 수 있는 자료를 찾아내서 소유권 관계를 정리하고 컨테이너 등도 치워 주겠다. 그런 취지에서 일단 나를 상대로 소유권이전등기청구권 판결이라도

받아서 공적 증거를 하나 만들어 두자.'고 말하였다. 의뢰인은 김정건을 한번 더 믿어 보기로 하고, 김정건을 상대로 위 매매를 원인으로 한 소유권이전등기를 해 달라는 민사소송을 2020. 10.말경 제기하여 같은 해 12.경 승소판결을 받았고 위 판결은 그 무렵 확정되었다.

다. 의뢰인은 위 민사소송 제기를 준비하던 2020. 10. 중순경 위 토지 등기부를 떼어 봤는데, 이민국이 정진선에게 2020. 5.경 매매를 원인으로 한 소유권이전등기를 마쳐 준 것으로 되어 있고, 그 이후 배승구, 기쁨저축은행, 박성연 명의의 등기들이 연이어서 마쳐져 있는 것을 발견했다. 김정건에게 확인을 요청하니, '이민국은 또 외국에 나갔는지 연락이 닿지 않고 자신은 전혀 모르는 내용이며 위 토지 매수인이라고 나타난 사람도 없었다. 위 등기들은 허위등기들인 것 같다.'고 하였다. 이에 의뢰인은 정진선을 절도죄로 경찰에 고발하였고, 조사결과 정진선의 남편인 함진욱이 서류를 위조하여 정진선 이름으로 위 소유권이전등기를 마친 것임이 드러났다.

라. 의뢰인은 2022. 3.경 이민국에게, 의뢰인이 곡성리 토지를 그 사실상 권리자인 김정건으로부터 매수하였으니, 김정건이나 의뢰인에게 소유권이전등기를 마쳐 주고, 현재 위 토지등기부상에 마쳐져 있는 다른 사람들의 등기를 그 전에 미리 정리해 달라고 요청하는 취지의 내용증명을 보냈다. 그런데 이민국이 이에 응하지 않아, 의뢰인은 2022. 8. 중순경 직접 함진욱, 정진선, 배승구, 기쁨저축은행, 박성연에게, 곡성리 토지에 마쳐진 위 사람들 명의의 등기를 2022. 9. 말까지 모두 말소하라는 취지로 내용증명을 보냈다. 그러나 위 사람들은 답을 하지 않거나 요청에 응할 수 없다는 내용으로 회신해왔다.

마. 이러한 내용증명들을 받고 나자 골치가 아파서 곡성리 토지에 대해서는 몇 개월간 신경을 쓰지 않고 있었는데, 작년 12. 24. 김정건이 교통사고로 사망했다는 소식을 듣고 문상을 갔다가 김정건의 처와 잠시 대화하면서, 김정건의 처와 자녀들이 양천구 신월동 빌라에서 계속 김정건과 함께 거주했음에도 불구하고 곡성리 토지에 대해서는 아는 것이 없다는 것을 알게 되었다. 이제 곡성리 토지 관련해서 일을 마무리 지어야 할 때가 왔다는 생각이 든다.

【곡성리 토지 관련 의뢰인의 희망사항】

의뢰인은 곡성리 토지에 대해 마쳐져 있는 무효의 등기들을 모두 깨끗이 정리한 후 의뢰인 명의로 소유권이전등기를 마치기 원한다.

다만, 김정건이 사망한 지 얼마 되지도 않았는데 김정건의 부인, 딸, 아들을 상대로 컨테이너를 철거하고 적재물을 수거한 후 곡성리 토지를 인도해달라는 청구를 바로 하기는 좀 망설여지므로, 그 일은 나중에 의뢰인이 알아서 처리하겠다. 그리고 김창수의 곡성리 토지 매수 사실에 대해서는 아직 자료가 부족하니, 제소 시에 일단 그 주장은 하지 말아 달라. 이에 대해서는 나중에 다시 상의하도록 하겠다.

【곡성리 토지 관련 사건관계인의 주장】

가. 이민국은, 의뢰인과 김정건 사이의 곡성리 토지에 관한 매매계약은 김정건의 채권자들로부터 강제집행을 피하기 위한 가장매매이고, 또한 김정건의 곡성리 토지에 대한 취득시효는 중단되었거나 시효이익이 포기되었다고 주장한다.

나. 배승구, 기쁨저축은행, 박성연은 부동산등기를 신뢰하고 등기를 마쳤으므로 자신들은 선의의 제3자로서 보호되어야 한다고 주장한다.

2. 매매대금 관련

가. 문구제조업을 하는 박수호는 인터넷쇼핑몰을 공동으로 운영하는 이철진, 이철수에게 2억 원 상당의 물품을 납품하였고, 주진희는 그 납품대금 채무의 지급을 보증하였다.

나. 이철진, 이철수가 납품대금을 지급하지 않자 박수호는 이철진 소유의 토지를 가압류하였는데 그 토지는 담보가치가 거의 없었다. 이에 박수호는 위 납품대금채권을 헐값에 이기만에게 양도하였고, 이기만도 납품대금을 지급받을 방법이 여의치 않다고 판단하여 다시 의뢰인에게 납품대금채권을 헐값에 양도하였다. 이때 박수호와 이기만은 이철진, 이철수에게만 채권양도통지를 하였고 주진희에게는 하지 않았다.

다. 그 후 이철진은 의뢰인에게 충당할 채무를 지정하지 않고 9,000만 원을 변제하였다. 그와 같이 변제할 당시에 이철진은 의뢰인에게 위 납품대금채무 이외에도 대여금 채무와 연대보증채무도 부담하고 있었다.

【매매대금 관련 의뢰인의 희망사항】

의뢰인은 이철진으로부터 지급받은 9,000만 원을 그때까지의 이철진에 대한 채권에 변제충당하기를 원하며, 남은 납품대금 잔액에 관하여 주진희를 상대로 지급을 구하는 소를 제기하고자 한다. 이철진, 이철수는 오래전부터 의뢰인과 돈거래를 하여 온 친분이 있는 사이여서 이들을 상대로 소를 제기하는 것을 원하지 않는다

【매매대금 관련 사건관계인의 주장】

주진희는 아래와 같은 이유를 들면서 납품대금의 지급을 거부하고 있다.

가. 자신은 채권양도통지를 받은 사실이 없으므로 자신에게 채권양도를 이유로 납품대금의 지급을 구할 수 없다.
나. 이기만은 납품대금채권에 관하여 양도금지특약이 있다는 사실을 알면서 채권양도를 받았으므로 이기만에 대한 채권양도 및 그에 기초한 의뢰인에 대한 채권양도는 모두 무효이다.
다. 박수호가 이철진 소유의 토지에 대하여 가압류집행을 하였더라도 그로부터 상당한 시간이 경과하였으므로 이철진의 채무는 소멸시효가 완성되었다. 이철수에 대하여는 아무런 시효중단 조치가 없었으므로 이철수의 채무는 소멸시효가 완성되었음이 명백하다.

3. 사해행위취소 관련

가. 의뢰인은 지인 최병철에게 개인적으로 1억 원을 대여하였는데, 최병철은 위 채무를 현재까지 전혀 변제하지 않고 있다.
나. 최병철은 집합건물(서준빌 101호, 시가 2억 원)을 소유하고 있는데, 위 건물에는 장정자의 이상민에 대한 채무 4억 원을 담보하기 위하여 장정자 소유의 용인 토지(시가 3억 원)와 함께 채권최고액 4억 원의 공동근저당권이 설정되어 있고, 그 피담보채무는 이자나 지연손해금 없이 현재도 4억 원 그대로이다.
다. 최병철은 위 집합건물에서 배우자 안현숙과 함께 거주하고 있고, 장정자는 안현숙의 사촌 언니로서 같은 건물 3층에 거주하고 있다.
라. 최병철은 사채업자 박이채로부터 8,000만 원을 빌렸는데, 변제기가 지나도록 갚지 못하여 박이채가 변제를 독촉하자, '가진 재산이 위 집합건물밖에 없다. 이것도 다른 빚쟁이들이랑 나눠 가지면 얼마 되지도 않으니 이거라도 가져가라'고 제안하여 그 변제에 갈음해서 대물변제로 위 집합건물에 관하여 소유권이전등기를 마쳐 주었다.
마. 최병철의 아들 최상진은 최병철이 사업에 실패하여 재산보다 빚이 훨씬 더 많은 상태에서 그의 유일한 재산으로서 가족이 거주하는 위 집합건물의 소유권을 대물변제로 박이채에게 넘긴 사실을 알고 그에게 찾아가 매도를 요청하여 매수하였다.
바. 안현숙은 최병철의 의뢰인에 대한 위 차용금 채무를 연대보증하였는데, 그 후 유일한 재산인 수원 토지(시가 3억 원)을 사촌 언니 장정자에게 매도하였고, 장정자는 위 토지를 매수한 후 이미 설정되어 있던 2순위 근저당권의 피담보채무 4,500만 원(채권최고액 5,000만 원)을 변제하고 위 근저당권설정등기를 말소하였다.

사. 의뢰인은 2022. 1. 초경 안현숙의 재산에 관하여 수소문하던 중 안현숙이 채무초과상태에서 유일한 재산인 수원 토지를 장정자에게 매도하여 처분한 사실을 알게 되어 위 토지에 관하여 처분금지가처분을 하였다.

아. 의뢰인은 최병철, 박이채, 최상진, 안현숙, 장정자에게 연락해 채권자취소권을 설명하면서 각 그들 명의 소유권이전등기를 말소하라고 요구하였다.

【사해행위 취소 관련 의뢰인의 희망사항】

의뢰인은 위 집합건물 및 수원 토지에 관하여 채권자취소권의 행사를 원하고, 이미 최병철 및 안현숙에 대해서는 지급명령신청을 하여 그 결정을 받은 상태이므로 최병철 및 안현숙에 대한 금전 지급을 구할 필요는 없다.

4. 창고 임대차 관련

의뢰인은 자신 소유인 관철동 창고를 2009년경 김영철에게 임대했는데 작년에 임대차계약을 해지했다. 일부 차임이 연체되고 또 일부 차임채권에 대해 압류 및 추심명령이 발령되었다. 이런 이유로 반환할 임대차 보증금 액수에 관하여 서로 다툼이 있다.

【창고 임대차 관련 의뢰인의 희망사항】

의뢰인은 임대차보증금 잔액 반환과 동시이행으로 창고를 인도받고 싶다.

【창고 임대차 관련 사건관계인의 주장】

김영철은 다음과 같이 주장한다.

가. 2016년에 연체된 차임은 이미 소멸시효가 완성됐으므로 이를 자동채권으로 하여 보증금과 상계하거나 보증금에서 공제하는 것이 허용되지 않는다.

나. 압류 및 추심명령을 받은 차임채권에 관하여는 의뢰인에게 수령권이 없으므로 보증금에서 공제할 수 없다.

등기사항전부증명서(말소사항 포함)-토지

[토지] 경기도 가평군 사현면 곡성리 산 22-13 　　　　　고유번호 3456-1960-562351

【표 제 부】 (토지의 표시)

표시번호	접 수	소 재 지 번	지 목	면 적	등기원인 및 기타사항
1	1980년3월8일	경기도 가평군 사현면 곡성리 산 22-13	임야	100㎡	

【갑 구】 (소유권에 관한 사항)

순위번호	등기목적	접 수	등 기 원 인	권리자 및 기타사항
1	소유권보존	1980년3월8일 제313호		소유자 이민국 501024-1****** 경기도 가평군 사현면 곡성리 435
2	소유권이전	2020년5월21일 제3975호	2020년5월20일 매매	소유자 정진선 790806-2****** 서울 서초구 사평대로 432(반포동)
3	가압류	2020년7월7일 제9460호	2020년7월6일 서울중앙지방법원의 가압류결정 (2020카단55908)	청구금액 금10,000,000원 채권자 박성연 800101-2****** 서울 중구 을지로 34, 306호 (창우비스타)

【을 구】 (소유권 이외의 권리에 관한 사항)

순위번호	등기목적	접 수	등 기 원 인	권리자 및 기타사항
1	근저당권설정	2020년5월21일 제3976호	2020년5월21일 설정계약	채권최고액 금40,000,000원 채무자 함진옥 5019-1****** 　서울 서초구 사평대로 432(반포동) 근저당권자 배승구 501114-1****** 　서울 강남구 테헤란로 14, 120동 103호 　(삼성동, 파크캐슬)
1-1	1번근저당권이전	2020년6월30일 제8877호	2020년6월29일 확정채권양도	근저당권자 주식회사 기쁨저축은행 　142585-0344899 　서울 강남구 역삼로7길 17(역삼동)

---- 이 하 여 백 ----

수수료 1,000원 영수함
관할등기소 의정부지방법원 남양주지원 가평등기소 / 발행등기소 법원행정처 등기정보중앙관리소

이 증명서는 등기기록의 내용과 틀림없음을 증명합니다.

서기 2023년 1월 9일
법원행정처 등기정보중앙관리소 전산운영책임관

*실선으로 그어진 부분은 말소사항을 표시함. *기록사항 없는 갑구 또는 을구는 '기록사항 없음'으로 표시함.
*증명서는 컬러 또는 흑백으로 출력 가능함.

문서 하단의 바코드를 스캐너로 확인하거나 인터넷등기소(http://iros.go.kr)의 발급확인 메뉴에서 발급확인번호를 입력하여 위변조 여부를 확인할 수 있습니다. 발급확인번호를 통한 확인은 발행일부터 3개월까지 5회에 한하여 가능합니다.

발행번호 5151558354545963943641517121 　1/1　 발급확인번호 HUAN-UYRL-8534 　　발행일 2023/01/09

서 울 남 부 지 방 법 원
판　결

사　　건	2020가단35466 소유권이전등기	
원　　고	김수길	
	서울 강남구 영동대로 234, 1동 806호(대치동, 혜성아파트)	
피　　고	김정건	
	서울 양천구 목동동로 100, 101동 501호(신월동, 한라빌)	
변론종결	무변론	
판결선고	2020. 12. 15.	

주　문

1. 피고는 원고에게 경기 가평군 사현면 곡성리 산 22-13 임야 100㎡에 관하여 2020. 3. 10. 매매를 원인으로 한 소유권이전등기절차를 이행하라.
2. 소송비용은 피고가 부담한다.

청 구 취 지
주문과 같다.

이　　유

1. 청구의 표시
   원고는 2020. 3. 10. 피고로부터 경기 가평군 사현면 곡성리 산 22-13 임야 100㎡를 매매대금 3,000만원에 매수하였음
2. 인정 근거: 무변론 판결(민사소송법 제208조 제3항 제1호, 제257조 제1항)

정본입니다
2023. 1. 9.
법원주사 김대성

서울남부
지방법원
법원주사

판사　　정 용 성

확 정 증 명

아래와 같이 판결이 확정되었음을 증명함

사　　　건	서울남부지방법원 2020가단35466 소유권이전등기
원　　　고	김수길
피　　　고	김정건
선 고 일 자	2020. 12. 15.
확 정 일 자	2021. 1. 2.
확 정 사 유	항소기간 도과

2023. 1. 9.

서울남부지방법원

법원주사 김대성

서울중앙지방법원
판결

사　　건	2021고단7829　사문서위조, 위조사문서행사, 공전자기록등불실기재, 불실기재공전자기록등행사
피　고　인	함진옥(750919-1671398), 무직 주거　서울 서초구 사평대로 432(반포동) 등록기준지　서귀포시 서광남3길 81
검　　사	한혜미(기소), 이철민(공판)
변　호　인	변호사 서온유(국선)
판결선고	2022. 1. 14.

주　문

피고인을 징역 6월에 처한다.

이　유

범죄사실

피고인은 2015년 초경부터 피해자 이민국의 운전기사로 일하면서 피해자가 외국으로 출국하여 체류하는 기간 동안에는 서울 동작구 상도로 803 소재 피해자의 자택을 관리하면서 피해자로부터 지시를 받아 국내에서 심부름 등을 하던 사람이다.

피고인은, 피해자가 2020. 3. 초경 10개월 체류 예정으로 미국으로 출국하자 그 무렵부터 피해자의 위 자택에 머무르던 중 같은 해 5. 초순경 위 자택의 서재 안에서, 피해자와 김정건이 경기 가평군 사현면 곡성리 산 22-13 임야㎡(이하 '이 사건 토지')에 관하여 주고받은 소장, 답변서 등을 발견하고, 피해자가 오래 전에 소유권보존등기한 이 사건 토지를 장기간 방치해 온 사실을 알게 되었다. 이에 피고인은 피해자 명의의 소유권이전등기에 필요한 서류들을 위조하여 피해자 몰래 이 사건 토지에 관하여 피고인의 처인 정진선 명의로 소유권이전등기를 마치고 이를 담보로 사채업자로부터 돈을 빌리기로 마음먹었다.

1. 사문서위조

 가. 피고인은 2020. 5. 20. 위 서재에서 정진선 명의로 이 사건 토지에 관하여 소유권이전등기를 마치는 데 행사할 목적으로 피해자의 승낙 없이, 피고인의 집에서 미리 컴퓨터로 작성하여 온 '피해자가 2020. 5. 20. 정진선에게 이 사건 토지를 매매대금 5,000만 원으로 정하여 매도하였다'는 내용의 부동산매매계약서 하단 피해자 이름 옆에 위 서재에 보관되어 있던 피해자의 인감도장을 찍어 권리의무에 관한 사문서인 피해자 명의의 부동산매매계약서 1매를 위조하고,

 나. 피고인은 2020. 5. 21. 의정부지방법원 가평등기소에서 같은 목적으로 피해자의 승낙 없이, 그곳에 비치되어 있는 소유권이전등기에 대한 위임장 및 소유권이전등기신청서 용지에 각 이 사건 토지를 표시하고 피해자의 인적사항을 기재한 후 피해자의 이름 옆에 소지하고 있던 피해자의 인감도장을 찍어 권리의무에 관한 사문서인 피해자 명의의 위임장 1매 및 소유권이전등기신청서 1매를 각 위조하였다.

2. 위조사문서행사, 공전자기록등불실기재 및 불실기재공전자기록등행사

 피고인은 제1의 나.항 기재 일시, 장소에서 제1항과 같이 위조한 부동산매매계약서 1매, 위임장 1매, 소유권이전등기신청서 1매를 그 위조된 사실을 알지 못하는 성명불상의 등기소 공무원에게 제출하여 위 공무원으로 하여금 이 사건 토지에 관하여 2020. 5. 20. 매매를 원인으로 한 정진선 명의의 소유권이전등기를 공정증서원본과 동일한 공전자기록인 등기부시스템에 입력하도록 하고, 즉시 위 등기부시스템이 구동되어 전산조회가 가능하도록 하였다.

 이로써 피고인은 위조된 사문서를 행사하고, 공무원에 대하여 허위신고를 하여 공전자기록에 불실의 사실이 기록되도록 하고, 이를 행사하였다.

증거의 요지

1. 피고인의 법정진술
1. 정진선에 대한 경찰 진술조서의 진술기재
1. 부동산등기사항전부증명서, 부동산매매계약서 사본, 위임장 사본, 소유권이전등기신청서 사본, 수사보고서(피해자통화내용)의 각 기재

(중 략)

판사　　　김정완 등본입니다
　　　　　　　　　2023. 1. 9.
　　　　　　　　법원주사 강웅기

내용증명에 대한 회신

수신인: 김 수 길
　　　　서울 강남구 영동대로 234, 1동 806호(대치동, 혜성아파트)

1. 귀하가 2022. 3. 13. 발송한 내용증명에 대한 회신입니다.
2. 귀하의 내용증명 내용은 아래와 같습니다.

> ○ 경기 가평군 사현면 곡성리 산 22-13 임야 100㎡는 귀하(김수길)와 친한 고등학교 동창인 김정건의 아버지 김창수가 1985년경 본인(이민국)으로부터 매수하였고 김정건이 2000. 2. 1.부터 20년 이상 계속 점유해 온 토지로서, 귀하가 2020. 3. 10. 김정건으로부터 다시 매수하였음. 그러니 김정건에게 소유권이전등기를 해 주거나 귀하에게 바로 소유권이전등기를 해 주기 바람
>
> ○ 현재 위 토지에 관하여 함진옥이 위조한 문서에 의하여 마쳐진 정진선 명의 소유권이전등기 및 그에 기초하여 마쳐진 배숭구 명의 근저당권설정등기, 주식회사 기쁨저축은행 명의 근저당권이전의 부기등기, 박성연 명의 부동산가압류등기가 존재하고 있으므로, 위와 같이 김정건이나 귀하에게 소유권이전등기를 해 주기 전에 위 등기들을 모두 말소해 주기 바람

3. 이에 대한 본인의 답변은 아래와 같습니다.

> ○ 경기 가평군 사현면 곡성리 산 22-13 임야 100㎡는 본인(이민국)의 토지로서, 이를 김창수나 다른 사람에게 매도한 사실이 없습니다. 김정건이 위 토지를 김창수가 매수하였다고 주장하며 본인을 상대로 제기한 소유권이전등기 청구 사건에서 2019. 10. 21. 청구 전부기각의 판결이 선고되었고, 위 판결은 그 무렵 확정되었습니다.
>
> ○ 귀하는 김정건이 위 토지를 시효취득하였다고 주장하는 것으로 보입니다. 본인이 일 년 중 절반 이상은 외국에 나가 있는 관계로 시간적 여유가 없어 위 토지를 그냥 방치하는 바람에 김정건이 2000. 2. 1.부터 20년 넘게 위 토지를 계속 점유하고 있는 것은 본인도 잘 알고 있습니다. 그러나 김정건이 제기한 위 민사소송에서 본인은 김정건이 주장하는 매매 사실을 부인하고 청구 기각을 구하는 답변서를 2019. 4. 29. 법원에 제출하여 김정건의 취득시효를 중단시켰습니다. 그리고 만약 취득시효가 완성되었다고 하더라도 그 완성일로 보이는 2020. 2. 초경 이후인 2020. 2. 23. 김정건은 본인에게 위 토지를 매수하겠으니 적정한 가격을 제시해 달라고 요청한 사실이 있는바, 시효완성의 이익이 포기되었습니다. 따라서 김정건은 위 토지 관련하여 본인에게 아무런 권리를 가지고 있지 않습니다.
>
> ○ 더욱이 귀하의 내용증명 수령 후 지인을 통해 확인한 결과, 현재 김정건이 위 토지를 여전히 점유하고 있고, 마을 사람들은 위 토지의 주인을 김정건으로 알고 있지 귀

하에 대해서는 전혀 알지 못하고 있으며, 김정건의 채권자들이 수년 전부터 최근까지 수시로 위 토지를 찾아와 김정건의 행방과 위 토지의 정확한 위치를 마을 사람들에게 묻는다는 사실을 확인하였습니다. 이런 사정들을 종합하여 본인이 봤을 때에는, 귀하가 친한 고등학교 친구인 김정건의 채권자들이 위 토지에 대해 강제집행 하는 것을 회피하기 위해 위 토지를 매수한 것으로 가장했다는 의심이 듭니다.

○ 그러므로 귀하가 본 회신을 수령한 후에도 같은 주장을 되풀이하며 위 토지에 관하여 불필요한 법적분쟁을 발생시킬 경우 본인은 이에 단호하게 대응할 것임을 알려드립니다. 그리고 귀하가 언급하신 정진선 명의 소유권이전등기 등에 대해서는 위 토지의 소유자인 본인이 적당한 시기에 알아서 적절하게 조치할 예정이므로 걱정하지 마시기 바랍니다.

2022년 4월 2일

발신인: 이 민 국 (인)
           서울 동작구 상도로 803(상도동)

내용증명에 대한 답변

받는 분: 김수길, 서울 강남구 영동대로 234, 1동 806호(대치동, 혜성아파트)

  귀하의 2022. 8. 14자 내용증명에 대하여 본인의 입장을 밝힙니다.
  귀하는 경기 가평군 사현면 곡성리 산 22-13 임야 100㎡의 매수인이라면서 위 토지에 마쳐져 있는 본인의 가압류등기가 무효이니 위 등기를 2022. 9. 말까지 말소하라고 내용증명을 보냈습니다.
  저도 귀하가 첨부해서 보내 준 함진욱에 대한 형사판결문과 확정증명원을 보고 깜짝 놀랐습니다. 귀하가 위 토지를 매수하고도 사정이 그와 같이 되어 버린 것에 대해 저도 안타깝게 생각합니다.
  그러나 저의 가압류등기를 말소하라는 귀하의 요청에는 응할 수 없습니다. 저는 지인인 정진선에게 빌려주고도 오랫동안 받지 못한 돈이 있어 고민하던 중, 정진선이 위 토지를 취득했다는 소식을 듣고 위 토지의 부동산등기부를 확인해 봤더니 실제로 정진선의 소유권이전등기가 마쳐져 있는 것을 확인하고 이를 신뢰하여 비용과 노력을 들여 부동산가압류를 한 것입니다. 저는 함진욱의 서류 위조 등에 대해서는 전혀 알지 못했습니다.
  우리나라에서 부동산 소유권 관계는 부동산등기부를 믿을 수밖에 없고 그래서 이를 국가가 작성하고 관리하는 것이므로, 저처럼 그 기재를 신뢰하고 부동산가압류를 한 선의의 제3자는 보호되는 것이 당연하고 상식에도 부합하는 것입니다.
  이러한 이유로 귀하의 요청을 거절하오니 양해하시기 바랍니다. 끝.

2022년 8월 31일

보내는 사람: 박성연, 서울 중구 을지로 34, 306호(창우비스타)

내용증명 답변서

발신인: 배승구, 서울 강남구 테헤란로 14, 120동 103호(삼성동, 파크캐슬) (배승구인)
수신인: 김수길, 서울 강남구 영동대로 234, 1동 806호(대치동, 혜성아파트)
발신일: 2022. 9. 2

1. 귀하의 2022. 8. 14.자 내용증명은 잘 받아 보았습니다.
2. 귀하는 경기 가평군 사현면 곡성리 산 22-13 임야 100㎡의 매수인이라면서 제가 위 토지에 대해 마친 근저당설정등기 및 그 이전등기가 모두 무효이니 위 등기들을 2022. 9. 말까지 말소하라고 요청하셨습니다. 그리고 제가 주식회사 기쁨저축은행(대표이사 장병훈)으로부터 연락받기로는 저로부터 위 근저당권을 이전받은 위 은행에도 귀하가 같은 내용의 내용증명을 보냈다고 들었습니다.
3. 일단 보내 주신 부동산매매계약서를 보니 매도인이 김정건으로 되어 있는데 위 토지의 소유자는 이민국입니다. 위 토지의 소유자도 아니고 그 소유자인 이민국으로부터 위 토지를 매수한 것도 아닌 귀하가 도대체 무슨 자격으로 저와 위 은행에 위와 같은 요청을 하는 것인지부터 반문하고 싶습니다. 참고로 위 토지의 소유자인 이민국은 저와 위 은행에 아무런 요청을 한 바 없습니다.
4. 다음으로, 저는 위 토지에 관한 정진선 명의의 소유권이전등기가 함진욱이 위조한 서류를 사용하여 마친 등기라는 사실을 전혀 알지 못했고, 귀하가 보내 준 형사판결문을 보고 처음 알게 되었습니다. 위 은행도 마찬가지 사정인 것으로 알고 있습니다. 저는 지인인 함진욱이 위 토지를 구입하려고 하는데 3,000만 원을 빌려주면 토지 등기를 마친 후 바로 근저당권을 설정해 주겠다고 하여, 부동산등기부를 확인해 보니까 다른 담보권 설정이 없는 깨끗한 상태이기에 2022. 5. 20. 함진욱에게 3,000만 원을 빌려줬고, 그 다음 날 함진욱의 아내인 정진선 명의로 이 사건 토지에 관한 소유권이전등기를 마친 것을 확인한 직후에 채권최고액 4,000만 원으로 해서 근저당권설정등기를 마치게 된 것입니다. 그 후에 위 은행에 제가 보증을 섰던 다른 채무와 관련하여 채무정산 합의를 하는 과정에서 위 은행과 협의하여 위 근저당권의 피담보채무인 위 대여금 채권을 위 은행에게 양도하고 그 근저당권 이전의 부기등기도 마친 것입니다. 이렇듯 저와 위 은행은 위 토지 부동산등기부의 기재를 믿고 근저당권설정등기를 마치고 이를 이전하는 등기를 한 것인바 민사법상 보호되어야 하는 선의의 제3자에 해당합니다. 따라서 위 등기들을 말소하라는 귀하의 요청에는 응할 수 없습니다.
5. 더불어 위 은행에서는 귀하가 법적분쟁을 발생시키는 경우 저와의 관련 채무정산 합의를 해제하는 것은 물론 제게 법적분쟁 대응비용까지 부담시킨다고 하고 있어 제가 매우 난처한 상황에 있습니다. 하오니 저뿐만 아니라 위 은행에 대해서도 더 이상 위 토지 근저당권설정등기 등을 말소하라는 요청을 하지 말아주시기 바랍니다. 〈끝〉

내용증명 회신

발신: 정진선[서울 서초구 사평대로 432(반포동)]
수신: 김수길[서울 강남구 영동대로 234, 1동 806호(대치동, 혜성아파트)]

　귀하의 2022. 8. 14.자 내용증명에 대해 답합니다.
　귀하는 저와 제 남편인 함진욱에게, 경기 가평군 사현면 곡성리 산 22-13 임야 100㎡의 매수인이라고 주장하면서, 위 토지에 대해 함진욱이 위조서류를 사용해서 마친 제 명의 소유권이전등기는 무효의 등기이므로 2022. 9. 말까지 말소하라고 요청했습니다.
　저는 함진욱이 제 이름으로 무슨 토지에 대해 등기를 하겠다고 하여 그냥 알았다고 하였을 뿐 서류를 위조해서 제 명의로 위 토지에 관한 소유권이전등기를 한다는 사실을 전혀 알지는 못했지만, 함진욱에 대한 관련 형사판결이 유죄로 확정된 이상 위 등기가 위법하게 이루어진 것임을 부정할 생각은 없습니다.
　그러나 귀하는 2020. 11.경 아무 것도 모르고 있던 저를 한마디 언질도 없이 경찰서에 절도죄로 고발했고, 그로 인해 저는 한동안 직장도 나가지 못하고 수사기관에서 수차례 조사를 받아야 했으며, 조사결과 다행히 저는 혐의를 벗었지만 그로 인해 결국 남편이 유죄판결을 받고 교도소에 수감되었다가 올해 여름에야 출소를 했습니다. 그동안 남편은 직업을 잃고 우리 집의 경제 상황은 현재 거의 파탄 지경에 이르렀습니다. 왜 피해자인 이민국도 아닌 귀하가 그렇게 고발을 하여 우리 집을 이 지경까지 몰아넣었는지 원망이 자꾸 듭니다.
　그래서 저와 제 남편인 함진욱은 귀하의 요청에 협조할 생각이 전혀 없음을 알려 드립니다. 귀하가 할 수 있으면 알아서 해 보시기 바랍니다.

2022. 10. 4.
정진선 (정진선인)

| 가 | 족 |

가족관계증명서   [폐쇄]

등록기준지	충청남도 장기군 장기읍 장정리 376				
구 분	성 명	출생연월일	주민등록번호	성별	본
본 인	김정건(金鼎健) 사망	1965년 04월 29일	650429-1477001	남	金海

| 가 족 사 항 |

구 분	성 명	출생연월일	주민등록번호	성별	본
부	김창수(金昌洙) 사망	1930년 04월 05일	300405-1311289	남	金海
모	서말자(徐末子) 사망	1925년 07월 20일	250720-2918127	여	利川
배우자	유덕희(柳德熙)	1970년 11월 14일	701114-2533447	여	安東
자녀	김민경(金民景)	1998년 07월 19일	980719-2968112	여	金海
자녀	김준용(金準湧)	2001년 10월 18일	011018-3011421	남	金海

위 가족관계증명서는 가족관계등록부의 기록사항과 틀림없음을 증명합니다.

서기 2023년 01월 09일

서울특별시 양천구청장

납품 계약서

문구제조업을 하는 매도인 박수호(이하 '甲'이라 한다.)와 인터넷쇼핑몰을 공동 운영하는 매수인 이철진, 이철수(이하 '乙'이라 한다.)는 아래와 같은 납품계약을 체결한다.

제1조(계약당사자와 목적물)

甲은 투명독서대(길이 80cm, 높이 60cm, 투명 아크릴판 재질, 높이 조절 가능 사양) 4,000개를 1개 당 5만 원(총 2억 원, VAT 포함)의 가격으로 乙에게 매도하고 乙은 이를 매수한다.

제2조(납품목적물의 인도와 납품대금의 지급)

① 甲은 2018년 9월 30일까지 乙에게 乙의 영업점으로 위 납품목적물을 인도한다.
② 乙은 2018년 9월 30일까지 위 물품을 인도받음과 동시에 甲에게 납품대금을 전액을 지급한다.

제3조(지연손해금 약정)

乙이 납품대금의 지급을 지연할 경우 미지급한 납품대금에 대하여 월 1%의 비율로 계산한 지연손해금을 지급한다.

제4조(채권양도금지 특약)

甲은 본 계약에서 취득한 납품대금 채권을 제3자에게 양도하여서는 아니 된다.

2018. 8. 28.

매도인	주 소	서울 서초구 방배대로 107, 11동 502호(방배동, 서래빌라)				
	성 명	박수호 (인)	사업자등록번호	213-34-089096	전화번호	(02) 595-7865
매수인	주 소	서울 송파구 송파로27길 43, A-203(거성빌딩)				
	성 명	1. 이철진 (인) 2. 이철수 (인)	사업자등록번호	517-43-23467	전화번호	(02) 356-8987

※ 본 납품계약서에 기하여 甲이 乙에게 취득하는 모든 납품대금채권에 관하여 주진희는 채무의 지급을 보증한다.

2018. 8. 28
보증인 주진희 (인)   (720412-2670124)
서울 강북구 수유로 412, 가동 203호(수유동, 새한연립)

채권양도 통지서

수신인   이 철 진, 이 철 수
          서울 송파구 송파로27길 43, A-203(거성빌딩)

발신인   박 수 호
          서울 서초구 방배대로 107, 11동 502호(방배동, 서래빌라)

1. 귀하들의 안녕을 기원합니다.
2. 본인은 오늘 귀하들에 대하여 가지는 2018년 8월 28일자 투명독서대 납품계약에 기한 납품대금 2억 원과 그 지연손해금 일체를 이기만[570930-1534112, 주소: 서울 서초구 서초대로 10, 12동 102호(서초동, 동일 빌라트)]에게 양도하였습니다. 이에 귀하들에게 이와 같은 채권양도를 통지하는 바입니다.
3. 본인은 양수인 이기만에게 2018년 8월 28일자 납품계약서를 제시하면서 그 내용을 상세히 설명하였습니다.
4. 그러니 귀하들께서는 양도통지를 받는 즉시 위 납품대금과 그 지연손해금 일체를 이기만에게 지급하여 주시기 바랍니다.

2019년 2월 8일

양도통지인   박수호

채권양도 통지서

수신인   이 철 진, 이 철 수
         서울 송파구 송파로27길 43, A-203(거성빌딩)

발신인   이 기 만
         서울 서초구 서초대로 10, 12동 102호(서초동, 동일빌라트)

1. 귀하들의 안녕을 기원합니다.
2. 본인은 오늘 귀하들에 대하여 가지는 2018년 8월 28일자 투명독서대 납품계약에 기한 납품대금 2억 원과 그 지연손해금 일체를 김수길[650514-1411011. 주소: 서울 강남구 영동대로 234, 1동 806호(대치동, 혜성아파트)]에게 양도하였습니다. 이에 귀하들에게 이와 같은 채권양도를 통지하는 바입니다.
3. 그러니 귀하들께서는 양도통지를 받는 즉시 위 납품대금과 그 지연손해금 일체를 김수길에게 지급하여 주시기 바랍니다.

2020년 1월 20일

양도통지인   이기만 (인)

등기사항전부증명서(말소사항 포함)-토지

[토지] 경기도 안산시 단원구 선부동 45 고유번호 1258-1992-569358

【표제부】 (토지의 표시)

표시번호	접수	소재지번	지목	면적	등기원인 및 기타사항
1 (전2)	1992년12월9일	경기도 안산시 단원구 선부동 45	잡종지	50㎡	부동산등기법 제177조의6 제1항의 규정에 의하여 2001년07월14일 전산이기

【갑구】 (소유권에 관한 사항)

순위번호	등기목적	접수	등기원인	권리자 및 기타사항
1 (전5)	소유권이전	2001년5월21일 제1958호	2001년3월18일 매매	소유자 오혜선 490925-2****** 서울 서초구 반포동 15 백마빌라 1동 102호 부동산등기법 제177조의6 제1항의 규정에 의하여 2001년07월14일 전산이기
2	소유권이전	2017년4월1일 제2683호	2017년2월27일 상속	소유자 이철진 730525-1****** 서울 서초구 양재대로 158, 102동 1105호(양재동, 송림아파트)
3	가압류	제2018년12월27일 제5218호	2018년12월27일 수원지방법원 안산지원의 가압류결정(2018카합198567)	청구금액 금224,000,000원 채권자 박수호 670320-1****** 서울 서초구 방배대로 107, 11동 502호 (방배동, 서래빌라)
4	가압류	2019년11월15일 제7918호	2019년11월15일 수원지방법원 안산지원의 가압류결정(2019카합259911)	청구금액 금300,000,000원 채권자 최영만 781009-1****** 서울 강남구 강남대로 128, A동 1305호(역삼동, 그린빌라)

---- 이 하 여 백 ----

수수료 1,000원 영수함 관할등기소 수원지방법원 안산지원 등기과 / 발행등기소 법원행정처 등기정보중앙관리소

이 증명서는 등기기록의 내용과 틀림없음을 증명합니다.

서기 2023년 1월 9일

법원행정처 등기정보중앙관리소 전산운영책임관

*실선으로 그어진 부분은 말소사항을 표시함. *등기기록에 기록된 사항이 없는 갑구 또는 을구는 생략함.
*증명서는 컬러 또는 흑백으로 출력 가능함.

문서 하단의 바코드를 스캐너로 확인하거나 인터넷등기소(http://iros.go.kr)의 발급확인 메뉴에서 발급확인번호를 입력하여 위변조 여부를 확인할 수 있습니다. 발급확인번호를 통한 확인은 발행일부터 3개월까지 5회에 한하여 가능합니다.

발행번호 12154545963943645151558831517 1/1 발급확인번호 TIEN-CGFL-2753 발행일 2023/01/09

내 용 증 명

수신인: 주진희
　　　　서울 강북구 수유로 412, 가동 203호(수유동, 새한연립)

1. 저는 귀하에게 납품대금 채권을 가지게 되어 그 경위를 밝히고 지급을 구하고자 이 서면을 드리게 되었습니다.
2. 박수호는 2018. 8. 28. 이철진, 이철수에게 투명독서대 2억 원 상당을 판매하고 이행기일에 전부 인도한 사실이 있는데 그때 귀하께서는 이철진, 이철수의 납품대금 채무 일체에 대하여 지급보증을 한 사실이 있습니다. 박수호는 위 납품대금 원금 2억 원 및 이에 대한 이행기로부터 1년간의 지연손해금 2,400만 원을 청구채권으로 삼아 2018. 12. 27. 이철진 소유의 안산시 소재 토지를 가압류하였으나 그 토지는 담보가치가 거의 없었습니다. 그 후 박수호는 2019. 2. 8. 이기만에게, 이기만은 2020. 1. 20. 다시 저에게 각 채권양도를 하였고, 박수호와 이기만은 위 양도 당일에 이철진, 이철수에게 각 채권양도통지를 하였으며, 그 다음 날 이철진, 이철수는 각 채권양도통지를 수령하였습니다. 따라서 현재는 제가 위 납품대금을 지급받을 권리가 있습니다.
3. 이철진은 저에게 위 납품대금 채무 이외에도 2개의 채무를 더 부담하고 있었는데(첨부 채무목록 참조), 2022. 9. 30. 변제할 채무를 특정하지 아니한 채 저에게 9,000만 원을 변제 명목으로 송금한 사실이 있습니다. 그런데 이철진이 위와 같이 9,000만 원을 송금할 당시 저에게 부담하고 있는 채무의 원금만 합쳐도 3억 2,000만 원(= 납품대금채무 2억 원 + 대여금 채무 2,000만 원 + 연대보증채무 1억 원)에 달합니다. 비록 이철진이 위와 같이 9,000만원을 변제하였다고 하더라도 이철진은 여전히 2억 3,000만원(= 3억 2,000만원 - 9,000만원)의 채무를 부담하고 있습니다. 이자나 지연손해금을 합치면 그 채무액이 더 커질 것입니다. 이철진이 저에게 부담하는 채무의 목록을 첨부하오니 참고 바랍니다.
4. 이상과 같은 이유로 보증인인 귀하께서는 저에게 위 납품대금 채무 일체를 지급하여야 합니다. 부디 조속한 변제를 부탁드립니다.

※ 첨부: 이철진의 채무목록

　　　　　　　　　　　　　　　2022년 12월 10일
발신인: 　　김수길(650514-1411011) (김수길인)
서울 강남구 영동대로 234, 1동 806호(대치동, 혜성아파트)

채 무 목 록

1. 납품대금 채무
○ 2018. 8. 28. 박수호와 이철진, 이철수 간 납품계약에 의하여 발생
○ 납품대금 2억 원, 이행기 2018. 9. 30., 지연손해금 월 1%
○ 김수길이 이기만을 거쳐서 위 납품대금 채권 일체를 양도받음

2. 대여금 채무
○ 2021. 6. 30. 김수길이 이철진에게 금전 대여
○ 원금 2,000만 원, 변제기 2022. 4. 30., 이자 월 2%
○ 변제기까지의 이자는 모두 지급받았음

3. 연대보증채무
○ 2021. 9. 30. 김수길이 이철진의 연대보증하에 신혜철에게 금전 대여
○ 원금 1억 원, 변제기 2022. 9. 30., 이자 월 1%
○ 변제기까지의 이자는 모두 지급받았음

답변서

수신인: 김수길
서울 강남구 영동대로 234, 1동 806호(대치동, 혜성아파트)

1. 귀하의 2022. 12. 10자 내용증명을 받고서 내용증명에 기재된 사실관계를 확인하여 보니 모두 사실로 확인이 되었으며 그에 대하여는 이견이 없습니다.
2. 다만 귀하의 내용증명을 받고서 주변에 법을 좀 알고 있는 사람들에게 물어 보니 저에게 책임이 없다고들 합니다.

    가. 채권양도를 하기 위해서는 채권양도통지를 하여야 하는데 박수호와 이기만은 납품대금채권을 양도하면서 그러한 양도사실을 이철진, 이철수에게만 통지하였고 저에게는 통지한 바 없습니다. 따라서 귀하는 저에게 채권양도를 받았다는 주장을 할 수 없습니다.

    나. 2018. 8. 28.자 납품계약서 제4조에는 납품대금채권을 제3자에게 양도하는 것을 금지하는 특약이 있고 이기만은 그러한 사실을 잘 알면서 채권양도를 받았으므로 이기만에 대한 채권양도는 무효입니다. 귀하가 그러한 양도금지 특약이 있다는 사실을 모른 채 채권 양도를 받은 것은 인정하지만, 이기만에 대한 채권양도가 무효인 이상 귀하도 이기만으로부터 채권양도를 받을 수 없을 것입니다.

    다. 이철진, 이철수의 채무는 소멸시효가 완성되었습니다. ① 제가 확인한 바에 의하면, 박수호가 이철진의 안산시 소재 토지에 대하여 납품대금 채권 2억 2,400만 원(이행기 이후 1년간 지연손해금 포함)을 청구채권으로 삼아 수원지방법원 안산지원에 2018. 12. 10. 가압류신청을 하여 2018. 12. 27 가압류집행을 한 사실이 있기는 하나, 위 납품대금 채무는 2018. 12. 27.부터 소멸시효가 다시 진행하므로 그로부터 3년이 되는 2021. 12. 27.경 소멸시효가 완성되었습니다. ② 이철수에 대하여는 아무런 시효중단 조치가 없었으므로 소멸시효가 완성되었음이 명백합니다.

3. 더구나 이철진은 2022. 9. 30. 귀하에게 9,000만 원을 변제한 일도 있으므로 이래저래 귀하의 요구는 지나친 것입니다.

2022년 12월 20일

발신인 :   주진희 (주진희인)
서울 강북구 수유로 412, 가동 203호(수유동, 새한연립)

차 용 증

대여자   김수길
          서울 강남구 영동대로 234, 1동 806호(대치동, 혜성아파트)
차용인   최병철
          서울 강남구 역삼2길 339, 101호(역삼동, 서준빌)

차용인은 다음과 같은 내용으로 대여자로부터 금전을 차용하며, 변제기에 반드시 상환하겠습니다.

                        - 다   음 -

차용액: 1억 원(100,000,000원)
차용일: 2016년 9월 1일
변제기: 2017년 8월 31일
이 자: 없음

                        2016년 9월 1일

차용인: 최병철 (인)

연대보증인: 안현숙 (인)
          서울 강남구 역삼2길 339, 101호(역삼동, 서준빌)

서 울 중 앙 지 방 법 원
지 급 명 령

사 건　　2017차17322 대여금
채권자　　김수길
　　　　　서울 강남구 영동대로 234, 1동 806호(대치동, 혜성아파트)
채무자　　1. 최병철
　　　　　2. 안현숙
　　　　　채무자들 주소: 서울 강남구 역삼2길 339, 101호(역삼동, 서준빌)

신청취지와 원인: 별지와 같다.
채무자는 채권자에게 별지 신청취지 기재의 금액을 지급하라.
채무자는 이 명령이 송달된 날부터 2주일 이내에 이의신청을 할 수 있다.

2017. 12. 15.

사법보좌관 정영욱

2017. 12. 20. 송달, 2018. 1. 4. 확정　　[서울중앙지방법원 법원주사 인]

※ 1. 채무자가 위 기간 이내에 이의신청서를 제출하지 않으면 이 지급명령은 확정판결과 같은 효력을 가집니다.
　 2. 채무자가 이의신청을 하는 경우에는 이의신청서와 별도로 지급 명령의 신청원인에 대한 구체적인 진술을 적은 답변서를 함께 제출하거나, 늦어도 지급 명령을 송달받은 날부터 30일 이내에 답변서를 제출하여야 합니다.

[별지]

지급명령신청서

채권자   김수길
          서울 강남구 영동대로 234, 1동 806호(대치동, 혜성아파트)
채무자   1. 최병철
          2. 안현숙
          채무자들 주소: 서울 강남구 역삼2길 339, 101호(역삼동)

신 청 취 지

채무자들은 연대하여 채권자에게 100,000,000원 및 이에 대한 2017. 9. 1.부터 이 명령 송달일까지는 연 5%의, 그 다음 날 부터는 다 갚는 날까지 연 15%의 각 비율로 계산한 돈을 지급하라.
라는 명령을 구합니다.

신 청 원 인

채권자는 2016. 9. 1. 채무자 최병철에게 1억 원을 이자 약정 없이 변제기 2017. 8. 31.로 정하여 대여하였고, 채무자 안현숙은 채무자 최병철의 차용금채무에 관하여 서면으로 연대보증하였습니다. 그런데 위 변제기가 경과하였으나 채무자들은 아직까지 전혀 변제하지 않고 있습니다. 이에 채권자는 채무자들에게 신청취지 기재 금원의 지급을 구하고자 이 사건 신청에 이르렀습니다.

첨 부 서 류

1. 차용증 1부

2017. 12. 10.

채권자 김수길

서울중앙지방법원 귀중

등기사항전부증명서(말소사항 포함)-집합건물

[집합건물] 서울특별시 강남구 역삼동 324 서준빌 101호   고유번호 1145-5548-155651

【 표 제 부 】		(1동의 건물의 표시)		
표시번호	접 수	소재지번, 건물명칭	건물내역	등기원인 및 기타사항
1	2000년7월1일	서울특별시 강남구 역삼동 324(역삼2길 339 서준빌)	철근콘크리트조 슬래브 지붕 4층 건물 1층 145.2㎡ 2층 145.2㎡ 3층 145.2㎡ 4층 145.2㎡	도면편철장 제4책 제43면

(대지권의 목적인 토지의 표시)				
표시번호	소재지번	지목	면적	등기원인 및 기타사항
1	서울특별시 강남구 역삼동 324	대	296㎡	2000년7월1일

【 표 제 부 】		(전유부분의 건물의 표시)		
표시번호	접수	건물번호	건물내역	등기원인 및 기타사항
1	2000년7월1일	제1층 제101호	철근콘크리트조 44.85㎡	도면편철장 제4책 제43면

(대지권의 표시)			
표시번호	대지권의 종류	대지권의 비율	등기원인 및 기타사항
1	소유권대지권	296분의 37	2000년7월1일 대지권 2000년7월1일 등기

【 갑 구 】		(소유권에 관한 사항)		
순위번호	등 기 목 적	접 수	등 기 원 인	권리자 및 기타사항
1	소유권보존	2000년7월1일 제3233호		소유자 삼직건설 주식회사 110125-0004659 서울 종로구 계동 1583-15
2	소유권이전	2001년3월9일 제1927호	2000년11월25일 매매	소유자 최병철 570411-1****** 서울 서초구 양재동 134
3	가압류	2022년9월1일 제11593호	2022년9월1일 서울북부지방법원의 가압류결정 (2022카단43434)	청구금액 금14,000,000원 채권자 김갑동 681017-1****** 서울 동대문구 망우로 112

발행번호 12115121581541811521893408293901588 1/2   발급번호 EGET-EGEY-158   발행일 2033/01/09

[집합건물] 서울특별시 강남구 역삼동 324 서준빌 101호   고유번호 1145-5548-155651

순위번호	등기목적	접 수	등기원인	권리자 및 기타사항
4	가압류	2022년9월1일 제11611호	2022년9월1일 수원지방법원 안산지원의 가압류 결정(2022 가단32456)	청구금액 금6,000,000원 채권자 이을수 670920-1****** ~~경기도 안산시 단원구 중앙로 212~~
5	소유권이전	2022년10월15일 제12321호	2022년10월15일 대물변제약정	소유자 박이채 670609-1****** 서울 마포구 공덕로 41, 201동 309호(공덕동, 대명아파트)
6	소유권이전	2022년11월15일 제13123호	2022년11월15일 매매	소유자 최상진 790110-1****** 서울 강남구 역삼2길 339, 101호(역삼동, 서준빌) 거래가액 금200,000,000원
7	3번가압류등기말소	2022년11월25일 제13153호	2022년11월25일 가압류신청취하	
8	4번가압류등기말소	2022년11월25일 제13154호	2022년11월25일 가압류신청취하	

【을 구】 (소유권에 관한 사항)

순위번호	등기목적	접 수	등기원인	권리자 및 기타사항
1	근저당권설정	2015년7월15일 제11098호	2015년7월15일 설정계약	채권최고액 금400,000,000원 채무자 장정자 680615-2****** 서울 강남구 역삼2길 339, 301호 (역삼동, 서준빌) 근저당권자 이상민 790217-1****** 서울 송파구 백제고분로 12, A-305 공동담보 토지 경기도 용인시 처인구 남사읍 북리 216

---- 이 하 여 백 ----

수수료 1,000원 영수함 관할등기소 서울중앙지방법원 등기국 / 발행등기소 법원행정처 등기정보중앙관리소

이 증명서는 등기기록의 내용과 틀림없음을 증명합니다.

서기 2023년 1월 9일

법원행정처 등기정보중앙관리소 전산운영책임관

*실선으로 그어진 부분은 말소사항을 표시함. *등기기록에 기록된 사항이 없는 갑구 또는 을구는 생략함.
*증명서는 컬러 또는 흑백으로 출력 가능함.

문서 하단의 바코드를 스캐너로 확인하거나 **인터넷등기소(http://iros.go.kr)**의 **발급확인** 메뉴에서 발급확인번호를 입력하여 위·변조 여부를 확인할 수 있습니다. 발급확인번호를 통한 확인은 발행일부터 3개월까지 5회에 한하여 가능합니다.

발행번호 12115121581541815218934082939015880 2/2 발급번호 EGET-EGEY-1578 발행일 2023/01/09

등기사항전부증명서(말소사항 포함)-토지

[토지] 경기도 용인시 처인구 남사읍 북리 216   고유번호 4214-1985-341248

【표제부】 (토지의 표시)

표시번호	접수	소재지번	지목	면적	등기원인 및 기타사항
1 (전2)	1997년8월16일	경기도 용인시 처인구 남사읍 북리 216	전	200㎡	부동산등기법시행규칙 부칙 제3조 제1항의 규정에 의하여 1997년12월14일 전산이기

【갑구】 (소유권에 관한 사항)

순위번호	등기목적	접수	등기원인	권리자 및 기타사항
1 (전2)	소유권이전	2010년3월2일 제5923호	2010년3월1일 매매	소유자 장정자 680615-2****** 서울 강남구 역삼2길 339, 301호(역삼동 서준빌)

【을구】 (소유권 이외의 권리에 관한 사항)

순위번호	등기목적	접수	등기원인	권리자 및 기타사항
1	근저당권설정	2015년7월15일 제9453호	2015년7월15일 설정계약	채권최고액 금400,000,000원 채무자 장정자 680615-2****** 　서울 강남구 역삼2길 339, 301호(역삼동, 서준빌) 근저당권자 이상민 790217-1****** 　서울 송파구 백제고분로 12, A-305 공동담보 집합건물 서울특별시 강남구 역삼324 서준빌 101호

---- 이 하 여 백 ----

수수료 1,000원 영수함 관할등기소 수원지방법원 용인등기소 / 발행등기소 법원행정처 등기정보중앙관리소

이 증명서는 등기기록의 내용과 틀림없음을 증명합니다.

서기 2023년 1월 9일

법원행정처 등기정보중앙관리소 전산운영책임관

*실선으로 그어진 부분은 말소사항을 표시함. *등기기록에 기록된 사항이 없는 갑구 또는 을구는 생략함.
*증명서는 컬러 또는 흑백으로 출력 가능함.

문서 하단의 바코드를 스캐너로 확인하거나 인터넷등기소(http://iros.go.kr)의 발급확인 메뉴에서 발급확인번호를 입력하여 위·변조 여부를 확인할 수 있습니다. 발급확인번호를 통한 확인은 발행일부터 3개월까지 5회에 한하여 가능합니다.
발행번호 12115121581541815218934082939015891 1/1 발급확인번호 EGET-EGEY-1579 발행일 2023/01/09

등기사항전부증명서(말소사항 포함)-토지

[토지] 경기도 수원시 권선구 금곡동 510　　　　　　고유번호 3103-1985-341248

【표 제 부】 (토지의 표시)

표시번호	접 수	소재지번	지목	면적	등기원인 및 기타사항
1 (전2)	1993년5월29일	경기도 수원시 권선구 금곡동 510	전	350㎡	부동산등기법시행규칙 부칙 제3조 제1항의 규정에 의하여 1997년12월14일 전산이기

【갑 구】 (소유권에 관한 사항)

순위번호	등기목적	접 수	등기원인	권리자 및 기타사항
1 (전2)	소유권이전	2010년3월2일 제5923호	2010년3월1일 매매	소유자 안현숙 691212-2****** 서울 강남구 역삼2길 339, 101호 (역삼동, 서준빌)
2	소유권이전	2022년1월2일 제123호	2022년1월2일 매매	소유자 장정자 680615-2****** 서울 강남구 역삼2길 339, 301호 (역삼동, 서준빌) 거래가액 금150,000,000원
3	처분금지가처분	2022년1월10일 제12353호	2022년1월10일 수원지방법원의 가처분결정 (2022카단78657)	피보전권리 사해행위취소를 원인으로 한 소유권이전등기말소청구권 채권자 김수길 650514-1****** 서울 강남구 영동대로 234, 1동 806호(대치동, 혜성아파트)

【을 구】 (소유권 이외의 권리에 관한 사항)

순위번호	등기목적	접 수	등기원인	권리자 및 기타사항
1	근저당권설정	2015년7월15일 제10981호	2015년7월15일 설정계약	채권최고액 금100,000,000원 채무자 안현숙 691212-2****** 서울 강남구 역삼2길 339, 101호 (역삼동, 서준빌) 근저당권자 주식회사 기쁨저축은행 142585-0344899 서울 강남구 역삼로7길 17(역삼동)
2	근저당권설정	2016년7월15일 제9408호	2016년7월15일 설정계약	채권최고액 금50,000,000원 채무자 안현숙 691212-2****** 서울 강남구 역삼2길 339, 101호 (역삼동, 서준빌) 근저당권자 이상민 790217-1****** 서울 송파구 백제고분로 12, A-305

발행번호 12115121581541815218934082939015900 1/2 발급확인번호 EGET-EGEY-1580 발행일 2023/01/09

[토지] 경기도 수원시 권선구 금곡동 510   고유번호 3103-1985-341248

순위번호	등 기 목 적	접 수	등 기 원 인	권리자 및 기타사항
3	2번근저당권설정등기말소	2022년1월5일 제314호	2022년1월5일 해지	

---- 이 하 여 백 ----

수수료 1,000원 영수함 관할등기소 수원지방법원 동수원등기소 / 발행등기소 법원행정처 등기정보중앙관리소

이 증명서는 등기기록의 내용과 틀림없음을 증명합니다.

서기 2023년 1월 9일

법원행정처 등기정보중앙관리소 전산운영책임관

*실선으로 그어진 부분은 말소사항을 표시함. *등기기록에 기록된 사항이 없는 갑구 또는 을구는 생략함.
*증명서는 컬러 또는 흑백으로 출력 가능함.

문서 하단의 바코드를 스캐너로 확인하거나 **인터넷등기소**(http://iros.go.kr)의 **발급확인** 메뉴에서 **발급확인번호**를 입력하여 **위·변조 여부를 확인**할 수 있습니다. 발급확인번호를 통한 확인은 발행일부터 3개월까지 5회에 한하여 가능합니다.

발행번호 12115121581541815218934082939015900 2/2 발급확인번호 EGET-EGEY-1580 발행일 2023/01/09

부동산임대차계약서(월세)

부동산의 표시: 서울 종로구 관철동 50-2 지상 철골조 샌드위치패널지붕 단층 창고 350㎡
중 별지 도명 표시 (가) 부분 60㎡

제1조 위 부동산을 (월세)로 사용함에 있어 쌍방 합의하에 아래 각 조항과 같은 조건으로 계약한다.

보증금		1억 원	월세금액	1,000,000원정(매월 말일 후불함)
계약금	일금	원정을 계약당일 임대인에게 지불하고		
중도금	일금	원정을 년 월 일 지불하고		
잔 금	일금	1억 원정을 2009년 4월 1일 지불키로 함.		

제2조 부동산은 2009년 4월 1일 인도하기로 한다.
제3조 임대기간은 2009년 4월 1일부터 2019년 3월 31까지로 한다.
제4조 임차인은 이 계약으로 인한 권리를 타에 양도, 전대할 수 없다.
제5조 임차인은 임대인의 승인 없이는 건물의 형상을 변경할 수 없다.

특약사항:
1. 용도가 창고이므로 물건의 보관만 허용되고 영업행위는 금지된다.
2. 임차인은 본 임대차계약이 종료한 경우 원상회복의무가 있다.
3. 차임이 6개월 이상 연체될 경우 임대인은 이 계약을 해지할 수 있다.

위 계약조건을 틀림없이 지키기 위하여 본 계약서를 2부 작성하여 각자 1부씩 보관한다.

2009년 4월 1일

임대인	주소	서울 강남구 영동대로 234, 1동 806호(대치동, 혜성아파트)		
	성명	김수길 (인)	주민등록번호	650514-1411011
임차인	주소	서울 종로구 효자로 32(효자동)		
	성명	김영철 (인)	주민등록번호	750417-1316400

==
금일 임대인은 보증금 1억 원을 수령했고, 임차인은 임차목적물을 인도받았음.
2009. 4. 1. 임대인 김수길 (인)   임차인 김영철 (인)

도 면

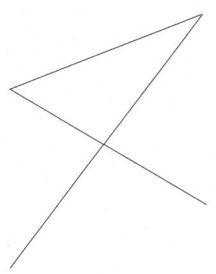

```
1                    2
┌─────────────────┬─────────────────────┐
│   (가) 부분 60㎡  │                     │
│4                │3                    │
├─────────────────┼─────────────────────┤
│                 │                     │
│                 │                     │
└─────────────────┴─────────────────────┘
```

(서울 종로구 관철동 50-2 지상 철골조 샌드위치패널지붕 단층 창고 350㎡)

채무자, 제3채무자 송달일: 2022. 2. 13	
확정일: 2022. 2. 21	

서울중앙지방법원
결   정

사   건   2022타채570   채권압류 및 추심명령
채 권 자   김청구
           서울 서초구 효령로 41(방배동)
채 무 자   김수길
           서울 강남구 영동대로 234, 1동 806호(대치동, 혜성아파트)
제3채무자   김영철
           서울 종로구 효자로 32(효자동)

주   문

채무자의 제3채무자에 대한 별지 기재 채권을 압류한다.
제3채무자는 채무자에게 위 채권에 관한 지급을 하여서는 아니 된다.
채무자는 위 채권의 처분과 영수를 하여서는 아니 된다.
채권자는 위 압류채권을 추심할 수 있다.

청구금액

금4,000,000원(서울중앙지방법원 2021가단2619 대여금)

이   유

채권자는 위 청구금액을 변제받기 위하여 서울중앙지방법원 2021가단2619 대여금 청구사건의 집행력 있는 판결 정본에 근거하여 이 사건 신청을 하였고, 이 사건 신청은 정당하므로 주문과 같이 결정한다.

2022. 2. 8.
사법 보좌관   김명수 ㊞

압류 및 추심할 채권의 표시

금4,000,000원정

채무자(임대인)가 아래 임대차계약에 기해 제3채무자(임차인)에 대해 가지는 2022. 3. 1. 이후의 차임 및 차임 상당 부당이득금 또는 손해배상금 채권 중 금4,000,000원에 이를 때까지의 금액.

아　래

임대차목적물: 서울 종로구 관철동 50-2 지상 단층 창고 건물 중 일부(60㎡)
임대차 개시일: 2009. 4. 1.
임대차보증금: 1억 원
차임: 월 100만 원. 끝.

통 고 서

수신인 김영철 귀하
　　서울 종로구 효자로 32(효자동)

1. 본인이 귀하에게 관철동 창고를 임대한지 벌써 13년이 넘었습니다.
2. 원래 계약했던 임대기간은 10년이라 2019년에 끝나게 돼 있었지만 저도 기간을 챙기지 못했고 귀하도 아무 말 없이 차임을 계속 지급하여 지금에 이르렀습니다. 이제 건물이 너무 낡아 철거해야 할 형편에 처해 어쩔 수 없이 임대차 계약을 해지하는 바입니다.
3. 가능하면 빠른 시간 내에 창고를 인도해 주시기 바랍니다.

2022. 4. 28

발신인 김 수 길 (인)

서울 강남구 영동대로 234, 1동 806호(대치동, 혜성아파트)

이 우편물은 2022년 4월 28일 등기 제 122392호에 의하여 내용 증명 우편물로 발송하였음을 증명함.

　　　　서울 강남 우체국장 ㊞

우 편 물 배 달 증 명 서

수취인의 주거 및 성명			
서울 종로구 효자로 32(효자동) 　김영철 귀하			
접수국명	서울강남	접수연월일	2022년 4월 28일
접수번호	122392	배달연월일	2022년 4월 30일
적　요	수취인과의 관계 　　본인 수령 　　　김영철		서울종로우체국 2022. 5. 6. 22 - 8434 우 체 국

통 고 서

수신인 김영철 귀하
　　서울 종로구 효자로 32(효자동)

1. 관철동 창고 관련입니다.
2. 본인은 올해 4월 귀하에게 임대차계약의 해지를 통지했습니다. 귀하는 8. 31. 창고에서 보관 중이던 짐을 모두 꺼내고 창고를 비웠지만 자물쇠로 잠가 놓고 본인에게 열쇠를 주지 않고 있습니다. 귀하는 창고를 사용하지 않으면 사용료를 내지 않아도 되는 줄 아는 모양이지만 이는 오산입니다. 귀하의 행위는 불법점유에 해당하므로 열쇠를 돌려줄 때까지 앞으로 계속 차임 상당 손해배상금을 본인에게 지급해야 합니다. 본인은 이를 보증금에서 공제할 계획입니다.
3. 2016년 10월분, 11월분 두 달분 차임 200만 원은 소멸시효가 지났지만 민법 제495조에 의해 보증금과 상계하는 바입니다. 귀하는 2022. 3. 1.부터 차임을 지급하지 않고 있으므로 본인이 돌려줄 보증금액은 1억 원에서 상계된 금액 200만 원을 뺀 9,800만 원에서 다시 2022. 3. 1.부터 창고 인도 시까지 월 100만 원의 비율로 계산한 차임, 차임 상당 손해배상금을 공제한 금액입니다.
4. 아무쪼록 빠른 시간 내에 창고를 인도해 주시기 바랍니다.

2022. 12. 10

발신인 김 수 길 ㊞
　　　　　주민등록번호 (생략)
서울 강남구 영동대로 234, 1동 806호(대치동, 혜성아파트)

이 우편물은 2022년 12월 10일 등기 제 222392호에 의하여 내용 증명 우편물로 발송하였음을 증명함.
서울 강남 우체국장 ㊞

발신인: 김영철 서울 종로구 효자로 32(효자동)
수신인: 김수길 서울 강남구 영동대로 234, 1동 806호(대치동, 혜성아파트)

응 답 서

　귀하가 본인에게 발송한 통고서는 2022. 12. 13. 잘 받았습니다. 귀하가 정당하게 계산한 보증금을 지급할 때까지 본인도 임차 목적물을 반환할 수 없습니다. 반환받을 보증금 액수에 관해 본인은 귀하와 다음과 같이 의견을 달리합니다.

　첫째, 2016년 연체된 차임 두 달분은 이미 소멸시효가 완성됐으므로 이를 자동채권으로 하여 보증금과 상계하거나 보증금에서 공제하는 것은 허용되지 않습니다.
　둘째, 본인이 금년 3월부터 차임을 지급하지 않은 것은 압류 및 추심명령을 받았기 때문입니다. 압류 및 추심명령을 받은 차임에 관해서는 귀하에게 수령할 권한이 없으므로 임대차보증금에서 공제할 수 없습니다.
　셋째, 압류된 차임 중 300만 원은 첨부한 영수증에서 보는 바와 같이 추심채권자 김청구에게 이미 지급했습니다.
　넷째, 창고를 사용하고 있지 않는데도 손해배상금을 물리겠다는 말씀은 당치 않습니다.

　제가 지난 십수년 동안 귀하에게 지급한 차임만 해도 1억 원이 훌쩍 넘어갑니다. 사람은 또 어디서 어떻게 만날지 모릅니다. 헤어지는 마당에 몇 백만 원 가지고 다투지 말고 유종의 미를 거둘 수 있었으면 합니다.
　　　　　　　2022. 12. 20
　　　　　　　　발신인 김영철 올림.

본 우편물은 2022-12-20
제27713호에 의하여
내용증명우편물로 발송하였음을 증명함
서울종로우체국장

우 편 물 배 달 증 명 서			
수취인의 주거 및 성명　서울 강남구 영동대로 234, 1동 806호(대치동, 혜성아파트) 김수길 귀하			
접수국명	서울종로	접수연월일	2022년12월20일
접수번호	27713	배달연월일	2022년12월23일
적 요	수취인과의 관계　　본인 수령　　　　김수길		서울강남우체국 2022. 12. 26 22 - 47713 우 체 국

領 收 證

금3,000,000(삼백만)원(2022. 3. 1.부터 5. 31.까지의 차임)

위 금액을 2022타채570 채권압류 및 추심명령에서 명한 추심금으로 정히 영수함.

2022. 5. 31.

영수인 김청구 (인)

김영철 귀하

확 인 : 법무부 법조인력과장

민사법
———
기록형

2023년도 **제12회**
변호사 시험

문제해결 TIP

【 문 제 】

　　귀하는 변호사 신영민으로서, 의뢰인 김수길과의 상담을 통해 다음 【상담내용】과 같은 사실관계를 청취하고, 【의뢰인의 희망사항】 기재사항에 관한 본안소송의 대리권을 수여받고, 첨부된 서류를 자료로 받았다.
　　의뢰인을 위하여 본안의 소를 제기하는 데 필요한 소장을 작성하시오.

> 작성기준일자로 소멸시효 및 제척기간의 기준시점이 된다.

【 작 성 요 령 】

1. 소장 작성일 및 소 제기일은 2023. 1. 13.로 하시오.
2. 일방 당사자가 여러 명인 경우 성명으로 특정하시오(예: '피고 홍길동').
3. 청구취지와 청구원인은 가급적 피고별로 나누어 기재하시오.
　　　　　　[이하 작성요령은 실무의 기준과 다를 수 있음]
4. 관할권이 있는 법원 중 한 곳에 1건의 공동소송으로 제기하되, 나머지 공동소송의 요건은 갖추어진 것으로 전제하고, 주관적이든 객관적이든 예비적·선택적 병합청구는 하지 마시오.
5. 【의뢰인의 희망사항】란에 기재된 희망사항에 부합하도록 소장을 작성하되, 현행법과 그 해석상 승소 가능한 최대한의 범위에서 청구하고, 소 각하나 청구기각 부분이 발생하지 않도록 하시오.
6. 제시된 사실관계만으로 상대방에게 항변사유가 있고 그 요건이 갖추어진 것으로 판단되면 이를 청구범위에 반영하고, 【사건관계인의 주장】으로 정리된 사항 중 원고의 주장에 관하여는 해당 법리에 대한 판단을 거쳐서 청구를 하고, 피고의 주장에 관하여는 이유 있다고 판단되면 청구범위에 반영하되 이유 없다고 판단되면 해당 청구원인 부분에 배척의 이유를 기재하시오.
7. [의뢰인 상담일지]와 첨부자료에 기재된 사실관계는 모두 사실에 부합하는 것으로 보고(작성자의 의견에 해당하는 사항은 제외), 기재되지 않은 사실은 없는 것으로 전제하며, 첨부서류는 모두 진정하게 성립된 것으로 간주하시오.
8. <증명방법>란과 <첨부서류>란 기재는 생략하고, 부동산의 표기는 아래 [별지 목록]과 [별지 도면] 중 필요한 부분을 소장 말미에 첨부함을 전제로 하여 [별지 목록], [별지 도면]을 별도로 작성하지 마시오.
9. 이자나 지연손해금, 차임에 대하여는 다시 지연손해금 청구를 하지 마시오.
10. **등기청구의 경우, 진정명의회복을 원인으로 소유권이전등기를 구하는 형태의 청구는 법리상 가능하더라도 택하지 마시오.**
11. 관련 증거자료를 제시하여 기술할 필요는 없습니다.
12. 기록상의 날짜가 공휴일인지, 문서의 서식이 실제와 부합하는지는 고려하지 마시오.

> 말소등기청구만을 할 것을 지시함

의뢰인 상담일지
변호사 신영민 법률사무소

서울 서초구 서초대로 227, 1406호(서초동, 법조빌딩)
전화 02)535-7660, 전자메일 clever999@lawyer.com

접수번호	2023-07	상담일자	2023. 1. 10.
의 뢰 인	김수길	내방경위	지인의 소개

【 상 담 내 용 】

1. 곡성리 토지 관련

가. 의뢰인은 2020. 3.경 고등학교 동창인 김정건(2022. 12. 24 사망)으로부터 곡성리 토지를 3,000만 원에 매수하였다. 위 매매 당시 김정건, 곡성리 토지는 1985년경 아버지인 김창수가 매수 후 등기를 이전하지도 현장을 관리하지도 않은 채 방치하던 땅인데, 김창수 사망 후인 2000. 2. 1.부터 그 단독상속인인 자신이 그 위에 컨테이너를 설치하고 각종 자재를 적치하는 등으로 계속 점유해 왔으니 걱정할 것 없고, 시간을 좀 주면 곧 등기도 넘겨주고 컨테이너 등도 치워 주겠다고 하였다. 의뢰인은 당시 수일 은퇴하게 되면 사용할 전원주택을 지을만한 땅이 있으면 좋겠다고 생각하고 있었던 터라 그 말을 믿고 곡성리 토지를 매수하였다. ● 매매에 기한 소이등청구 패소 확정

나. 그런데 그 후 반년이 넘게 지나도록 김정건이 컨테이너 등을 치워 주지 않고 등기도 해 주지 않아 2020. 10. 초경 김정건에게 따져 물었더니, 김정건은 '사실은 2019. 4. 15 곡성리 토지의 소유자인 이민국을 상대로 1985년경의 매매를 원인으로 한 소유권이전등기를 해 달라고 민사소송을 제기했으나, 이민국은 곡성리 토지를 김창수에게 매도한 사실이 없다면서 청구를 기각해 달라는 내용의 답변서를 2019. 4. 29. 제출하였고, 당시 김창수의 매수사실을 증명할 자료를 찾기 어려워 결국 2019년 가을에 청구 전부 기각의 패소 판결을 받고 그 무렵 위 판결이 확정되어 버렸다. 억울했지만 이민국과 대화를 적극적으로 시도하면서 2020. 2. 23.에는 적정한 가격을 제시해 주면 토지를 다시 매수하겠다고 제의까지 했으나 이민국은 이를 완전히 무시하였다. 그러던 차에 돈이 너무 급해서 전원주택을 지을 땅을 찾고 있다는 의뢰인에게 시세보다 싸게 매도한 것이다. 정말 미안하고 시간을 조금만 더 주면 1895년경의 매수사실을 밝힐 수 있는 자료를 찾아내서 소유권 관계를 정리하고 컨테이너 등도 치워 주겠다. 그런 취지에서 일단 나를 상대로 소유권이전등기청구권 판결이라도

받아서 공적 증거를 하나 만들어 두자.'고 말하였다. 의뢰인은 김정건을 한번 더 믿어 보기로 하고, 김정건을 상대로 위 매매를 원인으로 한 소유권이전등기를 해 달라는 민사소송을 2020. 10. 말경 제기하여 같은 해 12.경 승소판결을 받았고 위 판결은 그 무렵 확정되었다. ·········● 피보전채권 승소 확정

다. 의뢰인은 위 민사소송 제기를 준비하던 2020. 10. 중순경 ...를 떼어 봤는데, 이민국이 정진선에게 2020. 5.경 매매를 원인으로 한 소유권이전등기를 마쳐 준 것으로 되어 있고, 그 이후 배승구, 기쁨저축은행, 박성연 명의의 등기들이 연이어서 마쳐져 있는 것을 발견했다. 김정건에게 확인을 요청하니, '이민국은 또 외국에 나갔는지 연락이 닿지 않고 자신은 전혀 모르는 내용이며 위 토지 매수인이라고 나타난 사람도 없었다. 위 등기들은 허위등기들인 것 같다.'고 하였다. 이에 의뢰인은 정진선을 절도죄로 경찰에 고발하였고, 조사결과 정진선의 남편인 함진욱이 서류를 위조하여 정진선 이름으로 위 소유권이전등기를 마친 것임이 드러났다. ·········● 원인무효의 등기

라. 의뢰인은 2022. 3.경 이민국에, 의뢰인이 곡성리 토지를 그 사실상 권리자인 김정건으로부터 매수하였으니, 김정건이나 의뢰인에게 소유권이전등기를 마쳐 주고, 현재 위 토지등기부상에 마쳐져 있는 다른 사람들의 등기를 그 전에 미리 정리해 달라고 요청하는 취지의 내용증명을 보냈다. 그런데 이민국이 이에 응하지 않아, 의뢰인은 2022. 8. 중순경 직접 함진욱, 정진선, 배승구, 기쁨저축은행, 박성연에게, 곡성리 토지에 마쳐진 위 사람들 명의의 등기를 2022. 9. 말까지 모두 말소하라는 취지로 내용증명을 보냈다. 그러나 위 사람들은 답을 하지 않거나 요청에 응할 수 없다는 내용으로 회신해왔다.

마. 이러한 내용증명들을 받고 나자 골치가 아파서 곡성리 토지에 대해서는 몇 개월간 신경을 쓰지 않고 있었는데, 작년 12. 24. 김정건이 교통사고로 사망했다는 소식을 듣고 문상을 갔다가 김정건의 처와 잠시 대화하면서, 김정건의 처와 자녀들이 양천구 신월동 빌라에서 계속 김정건과 함께 거주했음에도 불구하고 곡성리 토지에 대해서는 아는 것이 없다는 것을 알게 되었다. 이제 곡성리 토지 취득시효에 기한 소이등청구를 대위행사하여야 하고, 원인 무효의 등기를 모두 말소하여야 함. 다는 생각이 든다.

【곡성리 토지 관련 의뢰인의 희망사항】
의뢰인은 곡성리 토지에 대해 마쳐져 있는 무효의 등기들을 모두 깨끗이 정리한 후 의뢰인 명의로 소유권이전등기를 마치기 원한다.
다만, 김정건이 사망한 지 얼마 되지도 않았는데 김정건의 부인, 딸, 아

들을 상대로 컨테이너를 철거하고 적재물을 수거한 후 곡성리 토지를 인도해달라는 청구를 바로 하기는 좀 망설여지므로, 그 일은 나중에 의뢰인이 알아서 처리하겠다. 그리고 김창수의 곡성리 토지 매수 사실에 대해서는 아직 자료가 부족하니, 제소 시에 일단 그 주장은 하지 말아 달라. 이에 대해서는 나중에 다시 상의하도록 하겠다.

【곡성리 토지 관련 사건관계인의 주장】 ● 피보전채권 부존재 주장

가. 이민국은, 의뢰인과 김정건 사이의 곡성리 토지에 관한 매매계약은 김정건의 채권자들로부터 강제집행을 피하기 위한 가장매매이고, 또한 김정건의 곡성리 토지에 대한 취득시효는 중단되었거나 시효이익이 포기되었다고 주장한다.

나. 배승구, 기쁨저축은행, 박성연은 부동산등기를 신뢰하고 등기를 마쳤으므로 자신들은 선의의 제3자로서 보호되어야 한다고 주장한다.

···● 취득시효 중단 주장　　　　　　　　　　●··· 선의의 제3자 주장

2. 매매대금 관련

가. 문구제조업을 하는 박수호는 인터넷쇼핑몰을 공동으로 운영하는 이철진, 이철수에게 2억 원 상당의 물품을 납품하였고, 주진희는 그 납품대금 채무의 지급을 보증하였다. ●··· 보증인에 대한 채권양도통지가 없음.

나. 이철진, 이철수가 납품대금을 지급하지 않자 박수호는 이철진 소유의 토지를 가압류하였는데 그 토지는 담보가치가 거의 없었다. 이에 박수호는 위 납품대금채권을 헐값에 이기만에게 양도하였고, 이기만도 납품대금을 지급받을 방법이 여의치 않다고 판단하여 다시 의뢰인에게 납품대금채권을 헐값에 양도하였다. 이때 박수호와 이기만은 이철진, 이철수에게만 채권양도통지를 하였고 주진희에게는 하지 않았다.

다. 그 후 이철진은 의뢰인에게 충당할 채무를 지정하지 않고 9,000만 원을 변제하였다. 그와 같이 변제할 당시에 이철진은 의뢰인에게 위 납품대금채무 이외에도 대여금 채무와 연대보증채무도 부담하고 있었다.

【매매대금 관련 의뢰인의 희망사항】 ●··· 충당계산 후 물품대금만 청구할 것을 지시함.

의뢰인은 이철진으로부터 지급받은 9,000만 원을 그때까지의 이철진에 대한 채권에 변제충당하기를 원하며, 남은 납품대금 잔액에 관하여 주진희를 상대로 지급을 구하는 소를 제기하고자 한다. 이철진, 이철수는 오래 전부터 의뢰인과 돈거래를 하여 온 친분이 있는 사이여서 이들을 상대로 소를 제기하는 것을 원하지 않는다 ···● 보증인만 피고로 지정할 것을 지시함.

【매매대금 관련 사건관계인의 주장】

주진희는 아래와 같은 이유를 들면서 납품대금의 지급을 거부하고 있다.

가. 자신은 채권양도통지를 받은 사실이 없으므로 자신에게 채권양도를 이유로 납품대금의 지급을 구할 수 없다. ············● 대항력 항변
나. 이기만은 납품대금채권에 관하여 양도금지특약이 있다는 사실을 알면서 채권양도를 받았으므로 이기만에 대한 채권양도 및 그에 기초한 의뢰인에 대한 채권양도는 모두 무효이다. ············● 양도금지특약 항변
다. 박수호가 이철진 소유의 토지에 대하여 가압류집행을 하였더라도 그로부터 상당한 시간이 경과하였으므로 이철진의 채무는 소멸시효가 완성되었다. 이철수에 대하여는 아무런 시효중단 조치가 없었으므로 이철수의 채무는 소멸시효가 완성되었음이 명백하다. ············● 소멸시효 항변

3. 사해행위취소 관련   ········● 피보전채권

가. 의뢰인은 지인 최병철에게 개인적으로 1억 원을 대여하였는데, 최병철은 위 채무를 현재까지 전혀 변제하지 않고 있다.
나. 최병철은 집합건물(서준빌 101호, 시가 2억 원)을 소유하고 있는데, 위 건물에는 장정자의 이상민에 대한 채무 4억 원을 담보하기 위하여 장정자 소유의 용인 토지(시가 3억 원)와 함께 채권최고액 4억 원의 공동근저당권이 설정되어 있고, 그 피담보채무는 이자나 지연손해금 없이 현재도 4억 원 그대로이다. ······● 공동저당이 설정되어 있고, 채무자가 물상보증인이며, 채무자 소유의 부동산에 대한 피담보채권액은 1억 원이 된다.
다. 최병철은 위 집합건물에서 배○○와 함께 거주하고 있고, 배○○는 안현숙의 사촌 언니로서 같은 건물 3층에 거주하고 있다.
라. 최병철은 사채업자 박이채로부터 8,000만 원을 빌렸는데, 변제기가 지나도록 갚지 못하여 박이채가 변제를 독촉하자, '가진 재산이 위 집합건물밖에 없다. 이것도 다른 빚쟁이들이랑 나눠 가지면 얼마 되지도 않으니 이거라도 가져가라'고 제안하여 그 변제에 갈음해서 대물변제로 위 집합건물에 관하여 소유권이전등기를 마쳐 주었다. ······● 대물변제가 사해행위
마. 최병철의 아들 최상진은 최병철이 사업에 실패하여 재산보다 빚이 훨씬 더 많은 상태에서 그의 유일한 재산으로서 가족이 거주하는 위 집합건물의 소유권을 대물변제로 박이채에게 넘긴 사실을 알고 그에게 찾아가 매도를 요청하여 매수하였다. ············● 전득행위
바. 안현숙은 최병철의 의뢰인에 대한 위 차용금 채무를 연대보증하였는데, 그 후 유일한 재산인 수원 토지(시가 3억 원)을 사촌 언니 장정자에게 매도하였고, 장정자는 위 토지를 매수한 후 이미 설정되어 있던 2순위 근저당권의 피담보채무 4,500만 원(채권최고액 5,000만 원)을 변제하고 근저당권설정등기를 말소하였다. ······● 연대보증인의 사해행위

사. 의뢰인은 2022. 1. 초경 안현숙의 재산에 관하여 수소문하던 중 안현숙이 채무초과상태에서 유일한 재산인 수원 토지를 장정자에게 매도하여 처분한 사실을 알게 되어 위 토지에 관하여 처분금지가처분을 하였다.

아. 의뢰인은 최병철, 박이채, 최상진, 안현숙, 장정자에게 연락해 채권자취소권을 설명하면서 각 그들 명의 소유권이전등기를 말소하라고 요구하였다.

【사해행위 취소 관련 의뢰인의 희망사항】

의뢰인은 위 집합건물 및 수원 토지에 ~~~~~원하고, 이미 최병철 및 안현숙에 대해서는 ~~~~~~~~ 정을 받은 상태이므로 최병철 및 안현숙에 대한 금전 지급을 구할 필요는 없다.

> 제척기간 도과가능성 있음. 기록을 통하여 확인할 필요가 있음.

4. 창고 임대차 관련

의뢰인은 자신 소유인 관철동 창고를 2009년경 김영철에게 임대했는데 작년에 임대차계약을 해지했다. 일부 차임이 연체되고 또 일부 차임채권에 대해 압류 및 추심명령이 발령되었다. 이런 이유로 반환할 임대차 보증금 액수에 관하여 서로 다툼이 있다.

【창고 임대차 관련 의뢰인의 희망사항】

의뢰인은 임대차보증금 잔액 반환과 동시이행으로 창고를 인도받고 싶다.

> 동시이행으로 청구취지 구성

【창고 임대차 관련 사건관계인의 주장】

김영철은 다음과 같이 주장한다.

> 연체차임 시효소멸 항변

가. 2016년에 연체된 차임은 이미 소멸시효가 완성됐으므로 이를 자동채권으로 하여 보증금과 상계하거나 보증금에서 공제하는 것이 허용되지 않는다.

나. 압류 및 추심명령을 받은 차임채권에 관하여는 의뢰인에게 수령권이 없으므로 보증금에서 공제할 수 없다.

> 차임채권 추심항변

등기사항전부증명서(말소사항 포함)-토지

[토지] 경기도 가평군 사현면 곡성리 산 22-13   고유번호 3456-1960-562351

【 표 제 부 】	(토지의 표시)				
표시번호	접 수	소재지번	지목	면적	등기원인 및 기타사항
1	1980년3월8일	경기도 가평군 사현면 곡성리 산 22-13	임야	100㎡	

【 갑 구 】	(소유권에 관한 사항)			
순위번호	등 기 목 적	접 수	등 기 원 인	권리자 및 기타사항
1	소유권보존	1980년3월8일 제313호		소유자 이민국 501024-1****** 경기도 가평군 사현면 곡성리 435
2	소유권이전	2020년5월21일 제3975호	2020년5월20일 매매	소유자 정진선 790806-2****** 서울 서초구 사평대로 432(반포동)
3	~~가압류~~	~~2020년7월7일 제9460호~~	~~2020년7월6일 서울중앙지방법원의 가압류결정 (2020카단55908)~~	~~청구금액 금10,000,000원 채권자 박성연 800101-2****** 서울 중구 을지로 34, 306호 (창우비스타)~~

【 을 구 】	(소유권 이외의 권리에 관한 사항)			
순위번호	등 기 목 적	접 수	등 기 원 인	권리자 및 기타사항
1	근저당권설정	2020년5월21일 제3976호	2020년5월21일 설정계약	채권최고액 금40,000,000원 채무자 함진옥 5019-1****** 서울 서초구 사평대로 432(반포동) 근저당권자 배승구 501114-1****** ~~서울 강남구 테헤란로 14, 120동 103호 (삼성동, 파크케슬)~~
1-1	1번근저당권이전	2020년6월30일 제8877호	2020년6월29일 확정채권양도	근저당권자 주식회사 기쁨저축은행 142585-0344899 서울 강남구 역삼로7길 17(역삼동)

전부 원인무효의 등기. 가압류등기에 대해서는 말소등기에 대한 승낙의 의사표시를 청구하여야 하고, 근저당권설정등기에 대해서는 양수인에 대하여 주등기의 말소를 구하여야 한다.

이 증명서는 등기기록의 내용과 틀림없음을 증명합니다.

서기 2023년 1월 9일
법원행정처 등기정보중앙관리소 전산운영책임관

*실선으로 그어진 부분은 말소사항을 표시함. *기록사항 없는 갑구 또는 을구는 '기록사항 없음'으로 표시함.
*증명서는 컬러 또는 흑백으로 출력 가능함.

발행번호 5151558354545963943641517121   1/1   발급확인번호 HUAN-UYRL-8534   발행일 2023/01/09

[기록 11면]

서울남부지방법원
판 결

사 건	2020가단35466 소유권이전등기 ·········· 피보전채권에 대한 확정판결
원 고	김수길
	서울 강남구 영동대로 234, 1동 806호(대치동, 혜성아파트)
피 고	김정건
	서울 양천구 목동동로 100, 101동 501호(신월동, 한라빌)
변론종결	무변론
판결선고	2020. 12. 15.

주 문

1. 피고는 원고에게 경기 가평군 사현면 곡성리 산 22-13 임야 100㎡에 관하여 2020. 3. 10. 매매를 원인으로 한 소유권이전등기절차를 이행하라.
2. 소송비용은 피고가 부담한다.

청 구 취 지

주문과 같다.

이 유

1. 청구의 표시
   원고는 2020. 3. 10. 피고로부터 경기 가평군 사현면 곡성리 산 22-13 임야 100㎡를 매매대금 3,000만원에 매수하였음
2. 인정 근거: 무변론 판결(민사소송법 제208조 제3항 제1호, 제257조 제1항)

정본입니다
2023. 1. 9.
법원주사 김대성 [서울남부지방법원 법원주사 인]

판사 정 용 성

서 울 중 앙 지 방 법 원
판 결

사 건	2021고단7829 사문서위조, 위조사문서행사, 공전자기록등불실기재, 불실기재공전자기록등행사
피 고 인	함진옥(750919-1671398), 무직
	주거 서울 서초구 사평대로 432(반포동)
	등록기준지 서귀포시 서광남3길 81
검 사	한혜미(기소), 이철민(공판)
변 호 인	변호사 서온유(국선)
판결선고	2022. 1. 14.

주 문

피고인을 징역 6월에 처한다.

이 유

범 죄 사 실

피고인은 2015년 초경부터 피해자 이민국의 운전기사로 일하면서 피해자가 외국으로 출국하여 체류하는 기간 동안에는 서울 동작구 상도로 803 소재 피해자의 자택을 관리하면서 피해자로부터 지시를 받아 국내에서 심부름 등을 하던 사람이다.

피고인은, 피해자가 2020. 3. 초경 10개월 체류 예정으로 미국으로 출국하자 그 무렵부터 피해자의 위 자택에 머무르던 중 같은 해 5. 초순경 위 자택의 서재 안에서, 피해자와 김정건이 경기 가평군 사현면 곡성리 산 22-13 임야 ㎡(이하 '이 사건 토지')에 관하여 주고받은 소장, 답변서 등을 발견하고, 피해자가 오래 전에 소유권보존등기한 이 사건 토지를 장기간 방치해 온 사실을 알게 되었다. 이에 피고인은 피해자 명의의 소유권이전등기에 필요한 서류들을 위조하여 피해자 몰래 이 사건 토지에 관하여 피고인의 처인 정진선 명의로 소유권이전등기를 마치고 이를 담보로 사채업자로부터 돈을 빌리기로 마음먹었다.

> 정진선 명의의 등기가 원인무효.

[기록 15면]

내 용 증 명 에 대 한 회 신

수신인: 김 수 길
　　　　서울 강남구 영동대로 234, 1동 806호(대치동, 혜성아파트)

1. 귀하가 2022. 3. 13. 발송한 내용증명에 대한 회신입니다.
2. 귀하의 내용증명 내용은 아래와 같습니다.

> ○ 경기 가평군 사현면 곡성리 산 22-13 임야 100㎡는 귀하(김수길)와 친한 고등학교 동창인 김정건의 아버지 김창수가 1985년경 본인(이민국)으로부터 매수하였고 김정건이 2000. 2. 1.부터 20년 이상 계속 점유해 온 토지로서, 귀하가 2020. 3. 10. 김정건으로부터 다시 매수하였음. 그러니 김정건에게 소유권이전등기를 해 주거나 귀하에게 바로 소유권이전등기를 해 주기 바람
>
> ○ 현재 위 토지에 관하여 함진옥이 위조한 문서에 의하여 마쳐진 정진선 명의 소유권이전등기 및 그에 기초하여 마쳐진 배승구 명의 근저당권설정등기, 주식회사 기쁨저축은행 명의 근저당권이전의 부기등기, 박성연 명의 부동산가압류등기가 존재하고 있으므로, 위와 같이 김정건이나 귀하에게 소유권이전등기를 해 주기 전에 위 등기들을 모두 말소해 주기 바람

3. 이에 대한 본인의 답변은 아래와 같습니다.

> ○ 경기 가평군 사현면 곡성리 산 22-13 임야 100㎡는 본인(이민국)의 토지로서, 이를 김창수나 다른 사람에게 매도한 사실이 없습니다. 김정건이 위 토지를 김창수가 매수하였다고 주장하며 본인을 상대로 제기한 소유권이전등기 청구 사건에서 2019. 10. 21. 청구 전부기각의 판결이 선고되었고, 위 판결은 그 무렵 확정되었습니다. ● 매도사실 부인
>
> ○ 귀하는 김정건이 위 토지를 시효취득하였다고 주장하는 것으로 보이며 ●
> 일 년 ○○○○○○ 외국에 나가 있는 관계로 시간적 여유가 없어 위 토지를 그냥 방치하○ ●취득시효 중단 주장 이 2000. 2. 1.부터 20년 넘게 위 토지를 계속 점유하고 있는 것은 본인도 잘 알고 있습니다. 그러나 김정건이 제기한 위 민사소송에서 본인은 김정건이 주장하는 매매 사실을 부인하고 청구 기각을 구하는 답변서를 2019. 4. 29. 법원에 제출하여 김정건의 취득시효를 중단시켰습니다. 그리고 만약 취득시효가 완성되었다고 하더라도 그 완성일로 보이는 2020. 2. 초경 이후인 2020. 2. 23. 김정건은 본인에게 위 토지를 매수하겠으니 적정한 가격을 제시해 달라고 요청한 사실이 있는바, 시효완성의 이익이 포기되었습니다. 따라서 김정건은 위 토지 관련하여 본인에게 아무런 권리를 가지고 있지 않습니다. ● 시효이익 포기 주장
>
> ○ 더욱이 귀하의 내용증명 수령 후 지인을 통해 확인한 결과, 현재 김정건이 위 토지를 여전히 점유하고 있고, 마을 사람들은 위 토지의 주인을 김정건으로 알고 있지 귀

하에 대해서는 전혀 알지 못하고 있으며, 김정건의 채권자들이 수년 전부터 최근까지 수시로 위 토지를 찾아와 김정건의 행방과 위 토지의 정확한 위치를 마을 사람들에게 묻는다는 사실을 확인하였습니다. 이런 사정들을 종합하여 본인이 봤을 때에는, 귀하가 친한 고등학교 친구인 김정건의 채권자들이 위 토지에 대해 강제집행 하는 것을 회피하기 위해 위 토지를 매수한 것으로 가장했다는 의심이 듭니다. ········● 피보전채권 부인

○ 그러므로 귀하가 본 회신을 수령한 후에도 같은 주장을 되풀이하며 위 토지에 관하여 불필요한 법적분쟁을 발생시킬 경우 본인은 이에 단호하게 대응할 것임을 알려드립니다. 그리고 귀하가 언급하신 정진선 명의 소유권이전등기 등에 대해서는 위 토지의 소유자인 본인이 적당한 시기에 알아서 적절하게 조치할 예정이므로 걱정하지 마시기 바랍니다.

2022년 4월 2일

발신인: 이 민 국 (인)
서울 동작구 상도로 803(상도동)

내용증명에 대한 답변

받는 분: 김수길, 서울 강남구 영동대로 234, 1동 806호(대치동, 혜성아파트)

　귀하의 2022. 8. 14자 내용증명에 대하여 본인의 입장을 밝힙니다.
　귀하는 경기 가평군 사현면 곡성리 산 22-13 임야 100㎡의 매수인이라면서 위 토지에 마쳐져 있는 본인의 가압류등기가 무효이니 위 등기를 2022. 9. 말까지 말소하라고 내용증명을 보냈습니다.
　저도 귀하가 첨부해서 보내 준 함진욱에 대한 형사판결문과 확정증명원을 보고 깜짝 놀랐습니다. 귀하가 위 토지를 매수하고도 사정이 그와 같이 되어 버린 것에 대해 저도 안타깝게 생각합니다.
　그러나 저의 가압류등기를 말소하라는 귀하의 요청에는 응할 수 없습니다. 저는 지인인 정진선에게 빌려주고도 오랫동안 받지 못한 돈이 있어 고민하던 중, 정진선이 위 토지를 취득했다는 소식을 듣고 위 토지의 부동산등기부를 확인해 봤더니 실제로 정진선의 소유권이전등기가 마쳐져 있는 것을 확인하고 이를 신뢰하여 비용과 노력을 들여 부동산가압류를 한 것입니다. 저는 함진욱의 서류 위조 등에 대해서는 전혀 알지 못했습니다.
　우리나라에서 부동산 소유권 관계는 부동산등기부를 믿을 수밖에 없고 그래서 이를 국가가 작성하고 관리하는 것이므로, 저처럼 그 기재를 신뢰하고 부동산가압류를 한 선의의 제3자는 보호되는 것이 당연하고 상식에도 부합하는 것입니다.
　이러한 이유로 귀하의 요청을 거절하오니 양해하시기 바랍니다. 끝.

선의취득 주장 ●┄┄┄

2022년 8월 31일

보내는 사람 : 박성연, 서울 중구 을지로 34, 306호(창우비스타)

내용증명 답변서

발신인: 배승구, 서울 강남구 테헤란로 14, 120동 103호(삼성동, 파크캐슬) (배승구인)
수신인: 김수길, 서울 강남구 영동대로 234, 1동 806호(대치동, 혜성아파트)
발신일: 2022. 9. 2

> 원고의 권원을 부인하고 있고, 원고가 대위청구의 요건사실을 증명하여야 함.

1. 귀하의 2022. 8. 14.자 내용증명은 잘 받았
2. 귀하는 경기 가평군 사현면 곡성리 산 22-13 임야 100㎡의 매수인이라면서 제가 위 토지에 대해 마친 근저당권설정등기 및 그 이전등기가 모두 무효이니 위 등기들을 2022. 9. 말까지 말소하라고 요청하셨습니다. 그리고 제가 주식회사 기쁨저축은행(대표이사 장병훈)으로부터 연락받기로는 저로부터 위 근저당권을 이전받은 위 은행에도 귀하가 같은 내용의 내용증명을 보냈다고 들었습니다.
3. 일단 보내 주신 부동산매매계약서를 보니 매도인이 김정건으로 되어 있는데 위 토지의 소유자는 이민국입니다. 위 토지의 소유자도 아니고 그 소유자인 이민국으로부터 위 토지를 매수한 것도 아닌 귀하가 도대체 무슨 자격으로 저와 위 은행에 위와 같은 요청을 하는 것인지부터 반문하고 싶습니다. 참고로 위 토지의 소유자인 이민국은 저와 위 은행에 아무런 요청을 한 바 없습니다.
4. 다음으로, 저는 위 토지에 관한 정진선 명의의 소유권이전등기가 함진욱이 위조한 서류를 사용하여 마친 등기라는 사실을 전혀 알지 못했고, 귀하가 보내 준 형사판결문을 보고 처음 알게 되었습니다. 위 은행도 마찬가지 사정인 것으로 알고 있습니다. 저는 지인인 함진욱이 위 토지를 구입하려고 하는데 3,000만 원을 빌려주면 토지 등기를 마친 후 바로 근저당권을 설정해 주겠다고 하여, 부동산등기부를 확인해 보니까 다른 담보권 설정이 없는 깨끗한 상태이기에 2022. 5. 20. 함진욱에게 3,000만 원을 빌려줬고, 그 다음 날 함진욱의 아내인 정진선 명의로 이 사건 토지에 관한 소유권이전등기를 마친 것을 확인한 직후에 채권최고액 4,000만 원으로 해서 근저당권설정등기를 마치게 된 것입니다. 그 후에 위 은행에 제가 보증을 섰던 다른 채무와 관련하여 채무정산 합의를 하는 과정에서 위 은행과 협의하여 위 근저당권의 피담보채무인 위 대여금 채권을 위 은행에게 양도하고 그 근저당권 이전의 부기등기도 마친 것입니다. 이렇듯 저와 위 은행은 위 토지 부동산등기부의 기재를 믿고 근저당권설정등기를 마치고 이를 이전하는 등기를 한 것인바 민사법상 보호되어야 하는 선의의 제3자에 해당합니다. 따라서 위 등기들을 말소하라는 귀하의 요청에는 응할 수 없습니다.
5. 더불어 위 은행에서는 귀하가 법적분쟁을 발생시키는 경우 저와의 관련 채무정산 합의를 해제하는 것은 물론 제게 법적분쟁 대응비용까지 부담시킨다고 하고 있어 제가 매우 난처한 상황에 있습니다. 하오니 저뿐만 아니라 위 은행에 대해서도 더 이상 위 토지 근저당권설정등기 등을 말소하라는 요청을 하지 말아 주시기 바랍니다. 〈끝〉

> 선의의 제3자 주장

내용증명 회신

발신: 정진선[서울 서초구 사평대로 432(반포동)]
수신: 김수길[서울 강남구 영동대로 234, 1동 806호(대치동, 혜성아파트)]

 귀하의 2022. 8. 14.자 내용증명에 대해 답합니다.
 귀하는 저와 제 남편인 함진욱에게, 경기 가평군 사현면 곡성리 산 22-13 임야 100㎡의 매수인이라고 주장하면서, 위 토지에 대해 함진욱이 위조서류를 사용해서 마친 제 명의 소유권이전등기는 무효의 등기이므로 2022. 9. 말까지 말소하라고 요청했습니다.
 저는 함진욱이 제 이름으로 무슨 토지에 대해 등기를 하겠다고 하여 그냥 알았다고 하였을 뿐 서류를 위조해서 제 명의로 위 토지에 관한 소유권이전등기를 한다는 사실을 전혀 알지는 못했지만, 함진욱에 대한 관련 형사판결이 유죄로 확정된 이상 위 등기가 위법하게 이루어진 것임을 부정할 생각은 없습니다.
 그러나 귀하는 2020. 11.경 아무 것도 모르고 있던 저를 한마디 언질도 없이 경찰서에 절도죄로 고발했고, 그로 인해 저는 한동안 직장도 나가지 못하고 수사기관에서 수차례 조사를 받아야 했으며, 조사결과 다행히 저는 혐의를 벗었지만 그로 인해 결국 남편이 유죄판결을 받고 교도소에 수감되었다가 올해 여름에야 출소를 했습니다. 그동안 남편은 직업을 잃고 우리 집의 경제 상황은 현재 거의 파탄지경에 이르렀습니다. 왜 피해자인 이민국도 아닌 귀하가 그렇게 고발을 하여 우리 집을 이 지경까지 몰아넣었는지 원망이 자꾸 듭니다.
 그래서 저와 제 남편인 함진욱은 귀하의 요청에 협조할 생각이 전혀 없음을 알려 드립니다. 귀하가 할 수 있으면 알아서 해 보시기 바랍니다. ············● 단순 부인

2022. 10. 4.
정진선 (정진선인)

기록 20면

| 가 | 족 |

가족관계증명서 [폐쇄]

등록기준지	충청남도 장기군 장기읍 장정리 376				
구 분	성 명	출생연월일	주민등록번호	성별	본
본 인	김정건(金鼎健) 사망	1965년 04월 29일	650429-1477001	남	金海

가 족 사 항					
구 분	성 명	출생연월일	주민등록번호	성별	본
부	김창수(金昌洙) 사망	1930년 04월 05일	300405-1311289	남	金海
모	서말자(徐末子) 사망	1925년 07월 20일	250720-2918127	여	利川
배우자	유덕희(柳德熙)	1970년 11월 14일	701114-2533447	여	安東
자녀	김민경(金民景)	1998년 07월 19일	980719-2968112	여	金海
자녀	김준용(金準湧)	2001년 10월 18일	011018-3011421	남	金海

위 가족관계증명서는 가족관계등록부의 기록사항과 틀림없음을 증명합니다.

서기 2023년 01월 09일

서울특별시 양천구청장

김정건의 상속인들

납품 계약서

문구제조업을 하는 매도인 박수호(이하 '甲'이라 한다.)와 인터넷쇼핑몰을 공동 운영하는 매수인 이철진, 이철수(이하 '乙'이라 한다.)는 아래와 같은 납품계약을 체결한다.

제1조(계약당사자와 목적물)

甲은 투명독서대(길이 80cm, 높이 60cm, 투명 아크릴판 재질, 높이 조절 가능 사양) 4,000개를 1개 당 5만 원(총 2억 원, VAT 포함)의 가격으로 乙에게 매도하고 乙은 이를 매수한다.

제2조(납품목적물의 인도와 납품대금의 지급)

① 甲은 2018년 9월 30일까지 乙에게 乙의 영업점으로 위 납품목적물을 인도한다.

② 乙은 2018년 9월 30일까지 위 물품을 인도받음과 동시에 甲에게 납품대금을 전액을 지급한다.

제3조(지연손해금 약정)

乙이 납품대금의 지급을 지연할 경우 미지급한 납품대금에 대하여 월 1%의 비율로 계산한 지연손해금을 지급한다.

제4조(채권양도금지 특약)

甲은 본 계약에서 취득한 납품대금 채권을 제3자에게 양도하여서는 아니 된다.

2018. 8. 28.

매도인	주 소	서울 서초구 방배대로 107, 11동 502호(방배동, 서래빌라)				
	성 명	박수호 (인)	사업자등록번호	213-34-089096	전화번호	(02) 595-7865
매수인	주 소	서울 송파구 송파로27길 43, A-203(거성빌딩)				
	성 명	1. 이철진 (인) 2. 이철수 (인)	사업자등록번호	517-43-23467	전화번호	(02) 356-8987

※ 본 납품계약서에 기하여 甲이 乙에게 취득하는 모든 납품대금채권에 관하여 주진희는 채무의 지급을 보증한다.

2018. 8. 28

보증인 주진희 (인)   (720412-2670124)

서울 강북구 수유로 412, 가동 203호(수유동, 새한연립)

채권양도 통지서

수신인   이 철 진, 이 철 수
              서울 송파구 송파로27길 43, A-203(거성빌딩)

발신인   박 수 호
              서울 서초구 방배대로 107, 11동 502호(방배동, 서래빌라)

1. 귀하들의 안녕을 기원합니다.
2. 본인은 오늘 귀하들에 대하여 가지는 2018년 8월 28일자 투명독서대 납품계약에 기한 납품대금 2억 원과 그 지연손해금 일체를 이기만[570930-1534112, 주소: 서울 서초구 서초대로 10, 12동 102호(서초동, 동일 빌라트)]에게 양도하였습니다. 이에 귀하들에게 이와 같은 채권양도를 통지하는 바입니다.
3. 본인은 양수인 이기만에게 2018년 8월 28일자 납품계약서를 제시하면서 그 내용을 상세히 설명하였습니다. ··········· 양수인의 양도금지특약에 대한 악의
4. 그러니 귀하들께서는 양도통지를 받는 즉시 위 납품대금과 그 지연손해금 일체를 이기만에게 지급하여 주시기 바랍니다.

2019년 2월 8일

양도통지인   박수호

기록 23면

채권양도 통지서

수신인　　이 철 진, 이 철 수
　　　　　서울 송파구 송파로27길 43, A-203(거성빌딩)

발신인　　이 기 만
　　　　　서울 서초구 서초대로 10, 12동 102호(서초동, 동일빌라트)

1. 귀하들의 안녕을 기원합니다.
2. 본인은 오늘 귀하들에 대하여 가지는 2018년 8월 28일자 투명독서대 납품계약에 기한 납품대금 2억 원과 그 지연손해금 일체를 김수길[650514-1411011. 주소: 서울 강남구 영동대로 234, 1동 806호(대치동, 혜성아파트)]에게 양도하였습니다. 이에 귀하들에게 이와 같은 채권양도를 통지하는 바입니다.
3. 그러니 귀하들께서는 양도통지를 받는 즉시 위 납품대금과 그 지연손해금 일체를 김수길에게 지급하여 주시기 바랍니다.

양도금지특약에 대한 언급없음. 전득자인 원고는 선의

2020년　1월　20일

양도통지인　　　이기만

등기사항전부증명서(말소사항 포함)-토지

[토지] 경기도 안산시 단원구 선부동 45   고유번호 1258-1992-569358

【 표 제 부 】 (토지의 표시)

표시번호	접 수	소 재 지 번	지목	면 적	등기원인 및 기타사항
1 (전2)	1992년12월9일	경기도 안산시 단원구 선부동 45	잡종지	50㎡	부동산등기법 제177조의6 제1항의 규정에 의하여 2001년07월14일 전산이기

【 갑 구 】 (소유권에 관한 사항)

순위번호	등 기 목 적	접 수	등 기 원 인	권리자 및 기타사항
1 (전5)	소유권이전	2001년5월21일 제1958호	2001년3월18일 매매	소유자 오혜선 490925-2****** 서울 서초구 반포동 15 백마빌라 1동 102호
	연대채무자 중 1인에 대한 가압류로 상대효만 있음.			부동산등기법 제177조의6 제1항의 규정에 의하여 2001년07월14일 전산이기
2	소유권이전	2017년4월1일 제2683호	2017년2월27일 상속	소유자 이철진 730525-1****** 서울 서초구 양재대로 158, 102동 1105호(양재동, 송림아파트)
3	가압류	제2018년12월27일 제5218호	2018년12월27일 수원지방법원 안산지원의 가압류결정(2018 카합198567)	청구금액 금224,000,000원 채권자 박수호 670320-1****** 서울 서초구 방배대로 107, 11동 502호 (방배동, 서래빌라)
4	가압류	2019년11월15일 제7918호	2019년11월15일 수원지방법원 안산지원의 가압류결정(2019 카합259911)	청구금액 금300,000,000원 채권자 최영만 781009-1****** 서울 강남구 강남대로 128, A동 1305호(역삼동, 그린빌라)

---- 이 하 여 백 ----

수수료 1,000원 영수함   관할등기소 수원지방법원 안산지원 등기과 / 발행등기소 법원행정처 등기정보중앙관리소

이 증명서는 등기기록의 내용과 틀림없음을 증명합니다.

서기 2023년 1월 9일

법원행정처 등기정보중앙관리소 전산운영책임관

*실선으로 그어진 부분은 말소사항을 표시함. *등기기록에 기록된 사항이 없는 갑구 또는 을구는 생략함.
*증명서는 컬러 또는 흑백으로 출력 가능함.

문서 하단의 바코드를 스캐너로 확인하거나 인터넷등기소(http://iros.go.kr)의 발급확인 메뉴에서 발급확인번호를 입력하여 위변조 여부를 확인할 수 있습니다. 발급확인번호를 통한 확인은 발행일부터 3개월까지 5회에 한하여 가능합니다.

발행번호 12154545963943645151558315117   1/1   발급확인번호 TIEN-CGFL-2753   발행일 2023/01/09

기록 25면

내 용 증 명

수신인: 주진희
　　　　서울 강북구 수유로 412, 가동 203호(수유동, 새한연립)

1. 저는 귀하에게 납품대금 채권을 가지게 되어 그 경위를 밝히고 지급을 구하고자 이 서면을 드리게 되었습니다.

2. 박수호는 2018. 8. 28. 이철진, 이철수에게 투명독서대 2억 원 상당을 판매하고 이행기일에 전부 인도한 사실이 있는데 그때 귀하께서는 이철진, 이철수의 납품대금 채무 일체에 대하여 지급보증을 한 사실이 있습니다. 박수호는 위 납품대금 원금 2억 원 및 이에 대한 이행기로부터 1년간의 지연손해금 2,400만 원을 청구채권으로 삼아 2018. 12. 27. 이철진 소유의 안산시 소재 토지를 가압류하였으나 그 토지는 담보가치가 거의 없었습니다. 그 후 박수호는 2019. 2. 8. 이기만에게, 이기만은 2020. 1. 20. 다시 저에게 각 채권양도를 하였고, 박수호와 이기만은 위 양도 당일에 이철진, 이철수에게 각 채권양도통지를 하였으며, 그 다음 날 이철진, 이철수는 각 채권양도통지를 수령하였습니다. 따라서 현재는 제가 위 납품대금을 지급받을 권리가 있습니다.

3. 이철진은 저에게 위 납품대금 채무 이외에도 2개의 채무를 더 부담하고 있었는데(첨부 채무목록 참조), 2022. 9. 30. 변제할 채무를 특정하지 아니한 채 저에게 9,000만 원을 변제 명목으로 송금한 사실이 있습니다. 그런데 이철진이 위와 같이 9,000만 원을 송금할 당시 저에게 부담하고 있는 채무의 원금만 합쳐도 3억 2,000만 원(= 납품대금채무 2억 원 + 대여금 채무 2,000만 원 + 연대보증채무 1억 원)에 달합니다. 비록 이철진이 위와 같이 9,000만원을 변제하였다고 하더라도 이철진은 여전히 2억 3,000만원(= 3억 2,000만원 - 9,000만원)의 채무를 부담하고 있습니다. 이자나 지연손해금을 합치면 그 채무액이 더 커질 것입니다. 이철진이 저에게 부담하는 채무의 목록을 첨부하오니 참고 바랍니다.

4. 이상과 같은 이유로 보증인인 귀하께서는 저에게 위 납품대금 채무 일체를 지급하여야 합니다. 부디 조속한 변제를 부탁드립니다.

　　　　　　　　　　　　　　채권자의 변제충당 주장으로 법률상 의미없음.

※ 첨부: 이철진의 채무목록

　　　　　　　　　　2022년 12월 10일
발신인:　　　김수길(650514-1411011)　(인)
서울 강남구 영동대로 234, 1동 806호(대치동, 혜성아파트)

답변서

수신인: 김수길
서울 강남구 영동대로 234, 1동 806호(대치동, 혜성아파트)

1. 귀하의 2022. 12. 10자 내용증명을 받고서 내용증명에 기재된 사실관계를 확인하여 보니 모두 사실로 확인이 되었으며 그에 대하여는 이견이 없습니다.
2. 다만 귀하의 내용증명을 받고서 주변에 법을 좀 알고 있는 사람들에게 물어 보니 저에게 책임이 없다고들 합니다. ······● 대항력 항변
   가. 채권양도를 하기 위해서는 채권양도통지를 하여야 하는데 박수호와 이기만은 납품대금채권을 양도하면서 그러한 양도사실을 이철진, 이철수에게만 통지하였고 저에게는 통지한 바 없습니다. 따라서 귀하는 저에게 채권양도를 받았다는 주장을 할 수 없습니다. ······● 양도금지특약 항변
   나. 2018. 8. 28.자 납품계약서 제4조에는 납품대금채권을 제3자에게 양도하는 것을 금지하는 특약이 있고 이기만은 그러한 사실을 잘 알면서 채권양도를 받았으므로 이기만에 대한 채권양도는 무효입니다. 귀하가 그러한 양도금지 특약이 있다는 사실을 모른 채 채권 양도를 받은 것은 인정하지만, 이기만에 대한 채권양도가 무효인 이상 귀하도 이기만으로부터 채권양도를 받을 수 없을 것입니다.
   다. 이철진, 이철수의 채무는 소멸시효가 완성되었습니다. ① 제가 확인한 바에 의하면, 박수호가 이철진의 안산시 소재 토지에 대하여 납품대금 채권 2억 2,400만 원(이행기 이후 1년간 지연손해금 포함)을 청구채권으로 삼아 수원지방법원 안산지원에 2018. 12. 10. 가압류신청을 하여 2018. 12. 27 가압류집행을 한 사실이 있기는 하나, 위 납품대금 채무는 2018. 12. 27.부터 소멸시효가 다시 진행하므로 그로부터 3년이 되는 2021. 12. 27.경 소멸시효가 완성되었습니다. ② 이철수에 대하여는 아무런 시효중단 조치가 없었으므로 소멸시효가 완성되었음이 명백합니다. ······● 소멸시효의 상대효 항변
3. 더구나 이철진은 2022. 9. 30. 귀하에게 9,000만 원을 변제한 일도 있으므로 이래저래 귀하의 요구는 지나친 것입니다. ······● 변제충당 항변

······● 소멸시효 항변

2022년 12월 20일

발신인 :   주진회 (주진회 인)
서울 강북구 수유로 412, 가동 203호(수유동, 새한연립)

차 용 증

대여자   김수길
             서울 강남구 영동대로 234, 1동 806호(대치동, 혜성아파트)
차용인   최병철
             서울 강남구 역삼2길 339, 101호(역삼동, 서준빌)

차용인은 다음과 같은 내용으로 대여자로부터 금전을 차용하며, 변제기에 반드시 상환하겠습니다.

- 다 음 -

차용액: 1억 원(100,000,000원) ·············● 사해행위취소소송의 피보전채권
차용일: 2016년 9월 1일
변제기: 2017년 8월 31일
이　자: 없음

2016년 9월 1일

차용인: 최병철 (인)

연대보증인: 안현숙 (인)
               서울 강남구 역삼2길 339, 101호(역삼동, 서준빌)

[집합건물] 서울특별시 강남구 역삼동 324 서준빌 101호   고유번호 1145-5548-155651

순위번호	등기목적	접수	등기원인	권리자 및 기타사항
4	가압류	2022년9월1일 제11611호	2022년9월1일 수원지방법원 안산지원의 가압류 결정(2022카단32456)	청구금액 금6,000,000원 채권자 이을수 670920-1****** 경기도 안산시 단원구 중앙로 212 *사해행위*
5	소유권이전	2022년10월15일 제12321호	2022년10월15일 대물변제약정	소유자 박이채 670609-1****** 서울 마포구 공덕로 41, 201동 309호(공덕동, 대명아파트)
6	소유권이전	2022년11월15일 제13123호	2022년11월15일 매매	소유자 최상진 790110-1****** 서울 강남구 역삼2길 339, 101호(역삼동, 서준빌) 거래가액 금200,000,000원
	전득행위			
7	3번가압류등기말소	2022년11월25일 제13153호	2022년11월25일 가압류신청취하	
8	4번가압류등기말소	2022년11월25일 제13154호	2022년11월25일 가압류신청취하	

채무자인 최병철은 물상보증인에 해당함.

【을   구】 (소유권에 관한 사항)

순위번호	등기목적	접수	등기원인	권리자 및 기타사항
1	근저당권설정	2015년7월15일 제11098호	2015년7월15일 설정계약	채권최고액 금400,000,000원 채무자 장정자 680615-2****** 서울 강남구 역삼2길 339, 301호 (역삼동, 서준빌) 근저당권자 이상민 790217-1****** 서울 송파구 백제고분로 12, A-305 공동담보 토지 경기도 용인시 처인구 남사읍 북리 216

근저당권설정등기가 존속하고 있으므로 원물반환의 방법으로 원상회복청구

---- 이 하 여 백 ----

수수료 1,000원 영수함 관할등기소 서울중앙지방법원 등기국 / 발행등기소 법원행정처 등기정보중앙관리소

이 증명서는 등기기록의 내용과 틀림없음을 증명합니다.

서기 2023년 1월 9일

법원행정처 등기정보중앙관리소 전산운영책임관

*실선으로 그어진 부분은 말소사항을 표시함. *등기기록에 기록된 사항이 없는 갑구 또는 을구는 생략함.
*증명서는 컬러 또는 흑백으로 출력 가능함.

문서 하단의 바코드를 스캐너로 확인하거나 인터넷등기소(http://iros.go.kr)의 발급확인 메뉴에서 발급확인번호를 입력하여 위·변조 여부를 확인할 수 있습니다. 발급확인번호를 통한 확인은 발행일부터 3개월까지 5회에 한하여 가능합니다.

발행번호 12115121581541815218934082939015882 2/2 발급번호 EGET-EGEY-1578 발행일 2023/01/09

기록 34면

등기사항전부증명서(말소사항 포함)-토지

[토지] 경기도 수원시 권선구 금곡동 510   고유번호 3103-1985-341248

【 표 제 부 】	(토지의 표시)				
표시번호	접 수	소 재 지 번	지목	면 적	등기원인 및 기타사항
1 (전2)	1993년5월29일	경기도 수원시 권선구 금곡동 510	전	350㎡	부동산등기법시행규칙 부칙 제3조 제1항의 규정에 의하여 1997년12월14일 전산이기

【 갑 구 】	(소유권에 관한 사항)			
순위번호	등 기 목 적	접 수	등 기 원 인	권리자 및 기타사항
1 (전2)	소유권이전	2010년3월2일 제5923호	2010년3월1일 매매	소유자 안현숙 691212-2****** 서울 강남구 역삼2길 339, 101호 (역삼동, 서준빌)
2	소유권이전 <u>사해행위</u>	2022년1월2일 제123호	2022년1월2일 매매	소유자 장정자 680615-2****** 서울 강남구 역삼2길 339, 301호 (역삼동, 서준빌) 거래가액 금150,000,000원
3	처분금지가처분	2022년1월10일 제12353호	2022년1월10일 수원지방법원의 가처분결정 (2022카단78657)	피보전권리 사해행위취소를 원인으로 한 소유권이전등기말소청구권 채권자 김수길 650514-1****** 서울 강남구 영동대로 234, 1동 806호(대치동, 혜성아파트)

가처분등기가 경료됨으로써 사해행위임을 알게 됨.
소제기일 기준 1년 이전이므로 제척기간 도과됨.

【 을 구 】	(소유권 이외의 권리에 관한 사항)			
순위번호	등 기 목 적	접 수	등 기 원 인	권리자 및 기타사항

1	근저당권설정	2015년7월15일
		제10981호
			2015년7월15일
			설정계약
				채권최고액 금100,000,000원
				채무자 안현숙 691212-2******
				  서울 강남구 역삼2길 339, 101호
				  (역삼동, 서준빌)
				근저당권자 주식회사 기쁨저축은행
				  142585-0344899
				  서울 강남구 역삼로7길 17(역삼동)

2	근저당권설정	2016년7월15일
		제9408호
			2016년7월15일
			설정계약
				채권최고액 금50,000,000원
				채무자 안현숙 691212-2******
				  서울 강남구 역삼2길 339, 101호
				  (역삼동, 서준빌)
				근저당권자 이상민 790217-1******
				  서울 송파구 백제고분로 12, A-305

발행번호 12115121581541815218934082939015890 1/2   발급확인번호 EGET-EGEY-1580   발행일 2023/01/09

부동산임대차계약서(월세)

부동산의 표시: 서울 종로구 관철동 50-2 지상 철골조 샌드위치패널지붕 단층 창고 350㎡ 중 별지 도면 표시 (가) 부분 60㎡

제1조 위 부동산을 (월세)로 사용함에 있어 쌍방 합의하에 아래 각 조항과 같은 조건으로 계약한다.

보증금		1억 원	월세금액	1,000,000원정(매월 말일 후불함)
계약금	일금	원정을 계약당일 임대인에게 지불하고		
중도금	일금	원정을 년 월 일 지불하고		
잔금	일금	1억 원정을 2009 년 4 월 1 일 지불키로 함.		

제2조 부동산은 2009년 4월 1일 인도하기로 한다.
제3조 임대기간은 2009년 4월 1일부터 2019년 3월 31까지로 한다. ······ 임대기간
제4조 임차인은 이 계약으로 인한 권리를 타에 양도, 전대할 수 없다.
제5조 임차인은 임대인의 승인 없이는 건물의 형상을 변경할 수 없다.

특약사항:
1. 용도가 창고이므로 물건의 보관만 허용되고 영업행위는 금지된다.
2. 임차인은 본 임대차계약이 종료한 경우 원상회복의무가 있다.
3. 차임이 6개월 이상 연체될 경우 임대인은 이 계약을 해지할 수 있다. ······
위 계약조건을 틀림없이 지키기 위하여 본 계약서를 2부 작성하여 각자 1부씩 보관한다.

특약. 묵시적 갱신이 되더라도 효력이 유지됨.

2009년 4월 1일

임대인	주소	서울 강남구 영동대로 234, 1동 806호(대치동, 혜성아파트)		
	성명	김수길 (인)	주민등록번호	650514-1411011
임차인	주소	서울 종로구 효자로 32(효자동)		
	성명	김영철 (인)	주민등록번호	750417-1316400

==

금일 임대인은 보증금 1억 원을 수령했고, 임차인은 임차목적물을 인도받았음.
2009. 4. 1. 임대인 김수길 (인)   임차인 김영철 (인)

| 기록 39면 |

압류 및 추심할 채권의 표시

금4,000,000원정   차임채권이 추심되더라도 임대차보증금에서 공제가능

채무자(임대인)가 아래 임대차계약에 기해 제3채무자(임차인)에 대해 가지는 2022. 3. 1. 이후의 차임 및 차임 상당 부당이득금 또는 손해배상금 채권 중 금4,000,000원에 이를 때까지의 금액.

아　　래

임대차목적물: 서울 종로구 관철동 50-2 지상 단층 창고 건물 중 일부(60㎡)
임대차 개시일: 2009. 4. 1.
임대차보증금: 1억 원
차임: 월 100만 원. 끝

통 고 서

수신인 김영철 귀하
　　서울 종로구 효자로 32(효자동)

1. 본인이 귀하에게 관철동 창고를 임대한지 벌써 13년이 넘었습니다.
2. 원래 계약했던 임대기간은 10년이라 2019년에 끝나게 돼 있었지만 저도 기간을 챙기지 못했고 귀하도 아무 말 없이 차임을 계속 지급하여 지금에 이르렀습니다. 이제 건물이 너무 낡아 철거해야 할 형편에 처해 어쩔 수 없이 임대차 계약을 해지하는 바입니다.
3. 가능하면 빠른 시간 내에 창고를 인도해 주시기 바랍니다.

2022. 4. 28

발신인　김　수　길　(인)

서울 강남구 영동대로 234, 1동 806호(대치동, 혜성아파트)

이 우편물은 2022년 4월 28일 등기 제 122392호에 의하여 내용 증명 우편물로 발송하였음을 증명함.

　　서울 강남 우체국장 (인)

우 편 물 배 달 증 명 서

수취인의 주거 및 성명 서울 종로구 효자로 32(효자동) 김영철 귀하			
접수국명	서울강남	접수연월일	2022년 4월 28일
접수번호	122392	배달연월일	2022년 4월 30일
적 요	수취인과의 관계 본인 수령 김영철	서울종로우체국 2022. 5. 6. 22 - 8434 우 체 국	

해지통고 도달함. 6개월 뒤에 해지의 효력 발생

통 고 서

수신인 김영철 귀하
　　　서울 종로구 효자로 32(효자동)

1. 관철동 창고 관련입니다.
2. 본인은 올해 4월 귀하에게 임대차계약의 해지를 통지했습니다. 귀하는 8. 31. 창고에서 보관 중이던 짐을 모두 꺼내고 창고를 비웠지만 자물쇠로 잠가 놓고 본인에게 열쇠를 주지 않고 있습니다. 귀하는 창고를 사용하지 않으면 사용료를 내지 않아도 되는 줄 아는 모양이지만 이는 오산입니다. 귀하의 행위는 불법점유에 해당하므로 열쇠를 돌려줄 때까지 앞으로 계속 차임 상당 손해배상금을 본인에게 지급해야 합니다. 본인은 이를 보증금에서 공제할 계획입니다.
3. 2016년 10월분, 11월분 두 달분 차임 200만 원은 소멸시효가 지났지만 민법 제495조에 의해 보증금과 상계하는 바입니다. 귀하는 2022. 3. 1.부터 차임을 지급하지 않고 있으므로 본인이 돌려줄 보증금액은 1억 원에서 상계된 금액 200만 원을 뺀 9,800만 원에서 다시 2022. 3. 1.부터 창고 인도 시까지 월 100만 원의 비율로 계산한 차임, 차임 상당 손해배상금을 공제한 금액입니다.
4. 아무쪼록 빠른 시간 내에 창고를 인도해 주시기 바랍니다.

　　　　　2개월 연체 + 2022. 3. 1.부터 2022. 10. 31.까지 차임 연체됨.

　　　　　　　　　　2022. 12. 10

　　　　　　　발신인 김 수 길
　　　　　　　　　　　　주민등록번호 (생략)
　　　　　　　서울 강남구 영동대로 234, 1동 806호(대치동, 혜성아파트)

이 우편물은 2022년 12월 10일 등기 제 222392호에 의하여 내용 증명 우편물로 발송하였음을 증명함.
　　　서울 강남 우체국장 ㊞

발신인: 김영철 서울 종로구 효자로 32(효자동)
수신인: 김수길 서울 강남구 영동대로 234, 1동 806호(대치동, 혜성아파트)

응 답 서

소멸시효 항변

귀하가 본인에게 발송한 통고서는 2022. 12. 13. 잘 받았습니다. 귀하가 정당하게 계산한 보증금을 지급할 때까지 본인도 임차 목적물을 반환할 수 없습니다. 반환받을 보증금 액수에 관해 본인은 귀하와 다음과 같이 의견을 달리합니다.

첫째, 2016년 연체된 차임 두 달분은 이미 소멸시효가 완성됐으므로 이를 자동채권으로 하여 보증금과 상계하거나 보증금에서 공제하는 것은 허용되지 않습니다.
둘째, 본인이 금년 3월부터 차임을 지급하지 않은 것은 압류 및 추심명령을 받았기 때문입니다. 압류 및 추심명령을 받은 차임에 관해서는 귀하에게 수령할 권한이 없으므로 임대차보증금에서 공제할 수 없습니다.
셋째, 압류된 차임 중 300만 원은 첨부한 영수증에서 보는 바와 같이 추심채권자 김청구에게 이미 지급했습니다.
넷째, 창고를 사용하고 있지 않는데도 손해배상금을 물리겠다는 말씀은 당치 않습니다.

손해불성립 주장   *차임공제 불가 주장*

제가 지난 십수년 동안 귀하에게 지급한 차임만 해도 1억 원이 훌쩍 넘어갑니다. 사람은 또 어디서 어떻게 만날지 모릅니다. 헤어지는 마당에 몇 백만 원 가지고 다투지 말고 유종의 미를 거둘 수 있었으면 합니다.

2022. 12. 20
발신인 김영철 올림.

본 우편물은 2022-12-20
제27713호에 의하여
내용증명우편물로 발송하였음을 증명함
서울종로우체국장

우 편 물 배 달 증 명 서			
수취인의 주거 및 성명 서울 강남구 영동대로 234, 1동 806호(대치동, 혜성아파트) 김수길 귀하			
접수국명	서울종로	접수연월일	2022년12월20일
접수번호	27713	배달연월일	2022년12월23일
적 요	수취인과의 관계 본인 수령 김수길	서울강남우체국 2022. 12. 26 22 - 47713 우 체 국	

領 收 證

금3,000,000(삼백만)원(2022. 3. 1.부터 5. 31.까지의 차임) ······· 차임의 일부가 추심됨.

위 금액을 2022타채570 채권압류 및 추심명령에서 명한 추심금으로 정히 영수함.

2022. 5. 31.

영수인 김청구

김영철 귀하

확 인 : 법무부 법조인력과장

민사법 / 기록형

2023년도 제12회 변호사 시험
답안

소 장

원 고   김수길
       서울 강남구 영동대로 234, 1동 806호(대치동, 혜성아파트)

       소송대리인 변호사 신영민
       서울 서초구 서초대로 227, 1406호 (서초동, 법조빌딩)
       전화 02-535-7660, 전자메일 clever999@lawyer.com

피 고   1. 이민국
          경기 가평군 사현면 곡성리 435

       2. 정진선
          서울 서초구 사평대로 432 (반포동)

       3. 박성연
          서울 중구 을지로 34, 306호 (창우비스타)

       4. 주식회사 기쁨저축은행
          서울 강남구 역삼로 7길 17 (역삼동)
          대표이사 장병훈

       5. 주진희
          서울 강북구 수유로 412, 가동 203호 (수유동, 새한연립)

       6. 박이채
          서울 마포구 공덕로 41, 201동 309호 (공덕동, 대명아파트)

       7. 최상진
          서울 강남구 역삼2길 339, 101호(역삼동, 서준빌)

       8. 김영철
          서울 종로구 효자로 32 (효자동)

건물철거 등 청구의 소

청 구 취 지

1. 피고 이민국은 별지 목록 제1항 기재 토지 중 3/7지분에 관하여 소외 유덕희[701114-2533447, 주소 : 서울 양천구 목동동로 100, 101동 501호(신월동, 한라빌)]에게, 위 토지 중 각 2/7 지분에 관하여 소외 김민경[980719-2968112, 위 유덕희의 주소와 동일] 및 김준용[011018-3011421, 위 유덕희의 주소와 동일]에게 2020. 2. 1. 취득시효를 원인으로 한 소유권이전등기절차를 이행하라.

2. 피고 이민국에게, 별지 목록 제1항 기재 토지에 관하여,
    가. 피고 정진선은 의정부지방법원 남양주지원 가평등기소 2020. 5. 21. 접수 제3975호로 마친 소유권이전등기의 말소등기절차를 이행하고,
    나. 피고 주식회사 기쁨저축은행은 같은 등기소 2020. 5. 21. 접수 제3976호로 마친 근저당권설정등기의 말소등기절차를 이행하고,
    다. 피고 박성연은 위 가항 기재 소유권이전등기의 말소등기에 대하여 승낙의 의사표시를 하라.

3. 피고 주진희는 원고에게 80,000,000원 및 이에 대한 2022. 10. 1.부터 이 사건 소장부본 송달일까지는 연 6%의, 그 다음날부터 다 갚는 날까지는 연 12%의 각 비율로 계산한 돈을 지급하라.

4. 별지 목록 제2항 기재 건물에 관하여,
    가. 소외 최병철과 피고 박이채 사이에 2022. 10. 15. 체결된 대물변제약정을 취소한다.
    나. 피고 박이채는 소외 최병철에게 서울중앙지방법원 2022. 10. 15. 접수 제12321호로 마친 소유권이전등기의 말소등기절차를 이행하라.
    다. 피고 최상진은 소외 최병철에게 같은 법원 2022. 11. 15. 접수 제13123호로 마친 소유권이전등기의 말소등기절차를 이행하라.

5. 피고 김영철은 원고로부터 93,000,000원을 지급받음과 동시에 원고에게 별지 목록 제5항 기재 부동산 중 별지 도면 표시 1, 2, 3, 4, 1의 각 점을 차례로 연결한 선내 (가)부분 60㎡를 인도하라.

6. 소송비용은 피고들이 부담한다.

7. 위 제3항 및 제5항은 가집행할 수 있다.

라는 판결을 구합니다.

청 구 원 인

1. 피고 이민국에 대한 청구

가. 채권자대위에 기한 청구

원고는 2020. 3. 10. 소외 김정건으로부터 별지 목록 제1항 기재 토지를 3천만 원에 매수하였고, 위 매매계약에 정한 매매대금을 모두 지급하였습니다. 그리고 원고는 소외 김정건을 상대로 서울남부지방법원 2020가단35466호로 위 토지에 관하여 소유권이전등기청구소송을 제기하여 승소하였고, 위 판결은 그대로 확정되었습니다. 따라서 원고는 소외 김정건에 대한 별지 목록 제1항 기재 토지에 관한 소유권이전등기청구권을 보유하고 있었습니다.

이후 소외 김정건이 2022. 12. 24. 사망함에 따라 유족인 처 유덕희, 자 김민경, 김준용이 각 3/7, 2/7, 2/7의 비율로 김정건의 권리, 의무를 승계하였고, 따라서 원고는 위 유족들에 대하여 각 지분비율에 따른 소유권이전등기청구권을 행사할 수 있습니다.

그리고 위 유족들은 아래에서 말씀드리는 바와 같이 피고 이민국에 대하여 취득시효에 기한 소유권이전등기청구권을 보유하고 있고, 위 유족들은 피고 이민국에 대한 소유권이전등기청구권을 행사하지 않고 있으며, 특정물채권을 보전하기 위하여 채권자대위권을 행사하는 경우 채무자의 무자력은 필요하지 않습니다.

이에 원고는 위 유족들의 피고 이민국에 대한 소유권이전등기청구권을 대위행사합니다.

나. 소외인들의 피고 이민국에 대한 취득시효에 기한 소유권이전등기청구권

소외 김정건은 2000. 2. 1.부터 위 토지의 점유를 시작하여 2020. 2. 1.까지 점유를 계속하였습니다. 위 김정건의 점유는 민법 제198조에 따라 자주, 평온, 공연한 점유로 추정되므로, 김정건은 취득시효에 기한 소유권이전등기청구권을 취득하였고, 2021. 12. 24. 사망함으로써 위 가항의 유족들이 김정건의 소유권이전등기청구권을 지분비율에 따라 상속하였습니다.

따라서 위 유족들은 피고 이민국에 대하여 위 토지에 관하여 2020. 2. 1. 취득시효를 원인으로 한 소유권이전등기청구권을 행사할 수 있습니다.

다. 피고 이민국의 예상 주장 및 이에 대한 반박

피고 이민국은 (1) 원고와 소외 김정건 사이의 매매계약이 가장매매이므로 원고의 피보전채권이 인정되지 않고, (2) 자신이 김정건의 소유권이전등기청구소송에서 2019. 4. 19. 매매사실을 부인하는 답변서를 제출함으로써 취득시효가 중단되었으며, (3) 소외 김정건이 위 토지의 매수를 시도하였으므로 이는 시효이익의 포기에 해당한다고 주장할 수 있습니다.

피보전채권에 관한 승소판결의 효력과 관련하여, 판례1)는 '채권자대위권을 재판상 행사하는 경우에 있어서도 채권자인 원고는 그 채권의 존재사실 및 보전의 필요성, 기한의 도래 등을 입증하면 족한 것이지, 채권의 발생원인사실 또는 그 채권이 제3채무자인 피고에게 대항할 수 있는 채권이라는 사실까지 입증할 필요는 없으며, 따라서 채권자가 채무자를 상대로 하여 그 보전되는 청구권에 기한 이행청구의 소를 제기하여 승소판결이 확정되면 제3채무자는 그 청구권의 존재를 다툴 수 없다.'고 판시하였습니다. 원고는 김정건에 대하여 소유권이전등기청구소송을 제기하여 승소하여 위 판결이 확정되었으며, 위 김정건의 의무를 위 유족들이 그대로 승계하였으므로, 피고 이민국은 원고의 피보전채권에 대해서 다툴 수 없습니다.

취득시효의 중단과 관련하여 판례2)는 '점유자가 소유자를 상대로 소유권이전등기 청구소송을 제기하면서 그 청구원인으로 '취득시효 완성'이 아닌 '매매'를 주장함에 대하여, 소유자가 이에 응소하여 원고 청구기각의 판결을 구하면서 원고의 주장 사실을 부인하는 경우에는, 이는 원고 주장의 매매 사실을 부인하여 원고에게 그 매매로 인한 소유권이전등기청구권이 없음을 주장함에 불과한 것이고 소유자가 자신의 소유권을 적극적으로 주장한 것이라 볼 수 없으므로 시효중단사유의 하나인 재판상의 청구에 해당한다고 할 수 없다.'고 판시하였습니다. 김정건은 피고 이민국을 상대로 매매에 기한 소유권이전등기청구소송을 제기하였고, 이에 대하여 피고 이민국은 매매사실만을 부인하였을 뿐 취득시효에 대한 주장은 전혀 하지 않았으므로, 피고 이민국의 답변서 제출은 취득시효의 중단사유가 될 수 없습니다.

시효취득자의 매수제의와 관련하여 판례3)는 '점유자가 취득시효기간 경과 후 상대방에게 토지의 매수제의를 한 일이 있다고 하더라도 일반적으로 점유자는 취득시효 완성 후에도 소유권자와의 분쟁을 간편히 해결하기 위하여 매수를 시도하는 사례가 허다함에 비추어 매수제의 사실을 가지고 점유자가 시효의 이익을 포기한다는 의사표시로 보거나 악의의 점유로 간주할 수 없다.'고 판시하였습니다. 따라서 피고 이민국의 위 주장은 모두 근거가 없습니다.

2. 피고 정진선, 주식회사 기쁨저축은행 및 피고 박성연에 대한 각 청구

가. 채권자대위에 기한 청구

위에서 말씀드린 바와 같이 원고는 유덕희, 김민경, 김준용에 대하여 별지 목록 제1항 기재 토지에 관하여 매매계약에 기한 소유권이전등기청구권을 보유하고 있고, 위 유덕희, 김민경, 김준용은 피고 이민국에 대하여 소유권이전등기청구권을 보유하고 있으며, 피고 이민국은 아래에서 말씀드리는 바와 같이 피고 정진선, 주식회사 기쁨저축은행 및 피고 박성연에 대하여 소유권이전등기말소청구권 및 말소등기에 대한 승낙의 의사표시청구권을 보유하고 있습니다.

---

1) 대판 2000.6.9. 98다18155
2) 대판 1997.12.12. 97다30288
3) 대판 1989.4.11. 88다카5843, 88다카5850

채권자대위권도 채권자대위권의 목적이 될 수 있으므로, 원고는 유덕희, 김민경, 김준용 및 피고 이민국을 순차대위하여 피고 이민국의 위 청구권을 대위행사할 수 있습니다. 피고 이민국은 위 청구권을 행사하지 않고 있고, 특정물채권을 보전하기 위하여 채권자대위권을 행사하는 경우 채무자의 무자력은 필요하지 않습니다.

나. 피고 이민국의 피고 정진선, 주식회사 기쁨저축은행 및 피고 박성연에 대한 각 청구권

피고 이민국은 별지 목록 제1항 기재 토지에 관하여 의정부지방법원 남양주지원 가평등기소 1980. 3. 8. 접수 제313호로 소유권이전등기를 경료한 위 토지의 소유자입니다.

한편 피고 정진선의 남편인 소외 함진욱은 피고 이민국이 피고 정진선에게 위 토지를 매도하는 내용의 매매계약서 및 소유권이전등기에 필요한 일체의 서류를 위조하여 피고 정진선 명의의 소유권이전등기를 마쳤는데, 위 등기는 무효인 매매계약에 기한 원인무효의 등기이고, 피고 정진선의 원인무효의 등기에 기한 피고 주식회사 기쁨저축은행 명의의 근저당권설정등기 및 피고 박성연의 가압류등기도 모두 원인무효의 등기이므로 모두 말소되어야 합니다.

따라서 피고 정진선은 피고 이민국에게 위 토지에 관하여 의정부지방법원 남양주지원 가평등기소 2020. 5. 21. 접수 제3975호로 마친 소유권이전등기의 말소등기절차를 이행하여야 하고, 피고 주식회사 기쁨저축은행은 같은 등기소 2020. 5. 21. 접수 제3976호로 마친 근저당권설정등기의 말소등기절차를 이행하여야 하며, 피고 박성연은 피고 정진선 명의의 소유권이전등기의 말소등기에 대하여 승낙의 의사표시를 하여야 합니다.

다. 피고들의 예상주장 및 이에 대한 반박

피고들은 피고 정진선의 등기가 원인무효임을 몰랐으므로, 자신들은 선의의 제3취득자에 해당하여 자신들의 등기가 유효하다는 취지로 주장할 수 있으나, 등기의 공신력이 인정되지 않고 또한 부동산의 선의취득도 인정되지 않기 때문에 위 피고들의 주장은 근거가 없습니다.

3. 피고 주진희에 대한 양수금 청구

가. 피고 주진희에 대한 물품대금채권의 양수

문구제조업을 하는 소외 박수호는 2018. 8. 28. 인터넷쇼핑몰을 공동으로 운영하는 소외 이철진, 이철수에게 투명독서대 4천개를 2억 원에 매도하면서, 2018. 9. 30.까지 위 투명독서대를 인도하되, 인도와 동시에 물품대금을 지급하는 것으로 정하였고, 피고 주진희는 매수인들의 위 물품대금채무를 보증하였습니다. 그리고 소외 박수호는 약정한 기일에 투명독서대 4천개를 모두 인도해 주었습니다.

위 매도인과 매수인들은 모두 상인이므로, 매수인들은 상법 제57조 제1항에 따라 연대채무를 부담하여야 하고, 주채무가 상행위로 인한 채무이므로 피고 주진희는 상법 제57조 제2항에 따라 연대보증채무를 부담하여야 합니다.

위 박수호는 2019. 2. 8. 이철진, 이철수에 대한 물품대금채권 및 주진희에 대한 연대보증채권을 소외 이기만에게 양도하였고, 이에 따른 양도통지가 다음 날 도달하였습니다. 또한 이기만은 2020. 1. 20. 위 각 채권을 원고에게 양도하였고, 이에 따른 양도통지가 다음 날 도달하였습니다. 따라서 피고 주진희는 원고에게 위 연대보증채무를 이행하여야 합니다.

나. 피고의 예상주장 및 이에 대한 반박

(1) 보증인에 대한 양도통지

피고는 채권자들이 자신에 대한 채권양도통지를 하지 않았으므로, 자신에게 대항할 수 없다는 취지로 주장할 수 있으나, 이와 관련하여 판례[4]는 '보증채무는 주채무에 대한 부종성 또는 수반성이 있어서 주채무자에 대한 채권이 이전되면 당사자 사이에 별도의 특약이 없는 한 보증인에 대한 채권도 함께 이전하고, 이 경우 채권양도의 대항요건도 주채권의 이전에 관하여 구비하면 족하고, 별도로 보증채권에 관하여 대항요건을 갖출 필요는 없다.'고 판시하였습니다.

따라서 이와 배치되는 피고의 주장은 근거가 없습니다.

(2) 채권양도금지특약

또한 피고는 위 투명독서대 납품계약에는 채권양도금지특약이 있으므로, 원고는 자신에게 대항할 수 없다는 취지로 주장할 수 있습니다.

그러나 채권양도금지특약의 효력과 관련하여, 판례[5]는 '민법 제449조 제2항 단서는 채권양도금지 특약으로써 대항할 수 없는 자를 '선의의 제3자'라고만 규정하고 있어 채권자로부터 직접 양수한 자만을 가리키는 것으로 해석할 이유는 없으므로, 악의의 양수인으로부터 다시 선의로 양수한 전득자도 위 조항에서의 선의의 제3자에 해당한다. 또한 선의의 양수인을 보호하고자 하는 위 조항의 입법 취지에 비추어 볼 때, 이러한 선의의 양수인으로부터 다시 채권을 양수한 전득자는 선의·악의를 불문하고 채권을 유효하게 취득한다.'고 판시하였습니다.

위 판결에 따르면 이기만이 양도금지특약을 알았다 하더라도 원고는 양도금지특약을 전혀 몰랐으므로, 원고는 피고에게 대항할 수 있습니다.

(3) 소멸시효항변

피고는 위 박수호가 2018. 12. 27. 이철진의 안산시 소재 토지에 관하여 가압류를 집행한 사실이 있으나, ① 가압류집행일로부터 이미 3년이 도과하여 이철진에 대한 채권이 시효로 소멸하였고, ② 이철수에 대해서는 시효중단조치가 없어 이철수에 대한 채권이 소멸하였으므로, 결국 자신의 연대보증채무도 시효로 소멸하였다고 주장할 수 있습니다.

---

4) 대판 2002.9.10. 2002다21509
5) 대판 2015.4.9 2012다118020

가압류의 시효중단효와 관련하여 판례[6]는 '민법 제168조에서 가압류를 시효중단사유로 정하고 있는 것은 가압류에 의하여 채권자가 권리를 행사하였다고 할 수 있기 때문인데 가압류에 의한 집행보전의 효력이 존속하는 동안은 가압류채권자에 의한 권리행사가 계속되고 있다고 보아야 할 것이므로 가압류에 의한 시효중단의 효력은 가압류의 집행보전의 효력이 존속하는 동안은 계속된다.'고 판시하였습니다. 따라서 이철진의 채무는 시효로 소멸하지 않았습니다.

그러나 피고의 주장과 같이 연대채무에서 가압류에 기한 시효중단은 상대적 효력만 가지고, 이철수에 대한 채권에 대해서는 시효중단조치가 없었으므로, 이철수의 채무는 일응 소멸하였습니다. 그리고 연대채무자 1인에 대한 채무가 시효로 소멸하더라도 민법 제421조에 따라 부담부분에 한해서만 절대효를 가지고, 민법 제424조에 따라 연대채무자의 부담부분은 균등한 것으로 추정되므로, 연대채무자 이철진의 채무는 1억 원의 범위 내에서 시효로 소멸하였습니다.

위와 같이 이철수의 채무는 시효로 소멸하였지만, 이철진의 채무는 1억 원의 범위 내에서 존속하고 있으므로, 위 범위 내에서 피고의 연대보증채무도 존속하게 됩니다.

(4) 변제항변

또한 피고는 소외 이철진이 2022. 9. 30. 9천만 원을 변제하였으므로, 위 범위 내에서 원고의 채권이 소멸하였다고 주장할 수 있습니다.

위 이철진이 변제할 당시 원고는 이철진에 대하여 ① 변제기 2018. 9. 30. 약정지연손해금률 월 1%의 물품대금채권 2억 원(이하 '①채권'), ② 변제기 2022. 4. 30. 이자율 월 2%의 대여금채권 2천만 원(이하 '②채권'), ③ 변제기 2022. 9. 30. 이자율 월 1%의 연대보증채권 1억 원(이하 '③채권')의 3개의 채권을 보유하고 있었는데, 위 각 채권은 아래와 같이 충당되었습니다.

위 변제 당시 이철진의 지정이나 당사자간 합의가 없었고, 변제액이 전채무를 변제하기에 부족하므로 충당은 민법 제479조에 따른 비용, 이자, 원본의 순서로 충당되어야 하고, 원본은 민법 제477조에 따라 변제기의 도달여부, 변제이익에 따라 충당되어야 합니다.

한편, 2022. 9. 30. 기준 위 3개의 채권의 변제기는 모두 도래하였고, 이자율이 높은 ②채권의 변제이익이 가장 크며, 보증채무보다는 주채무의 변제이익이 크므로 ①채권의 변제이익이 ③채권의 변제이익보다 큽니다[7].

---

[6] 대판 2000.4.25 2000다11102

[7] 대판 1998.7.10. 98다6763. 담보권의 실행 등을 위한 경매에 있어서 배당금이 동일 담보권자가 가지는 수개의 피담보채권과 그 이자 혹은 지연손해금 채권 등을 전부 소멸시키기에 부족한 경우에는 획일적으로 가장 공평・타당한 충당 방법인 민법 제477조 및 제479조의 규정에 의한 법정변제충당의 방법에 따라 충당을 하여야 할 것이고, 이러한 법정변제충당은 이자 혹은 지연손해금과 원본 간에는 이자 혹은 지연손해금과 원본의 순으로 이루어지고, 원본 상호간에는 그 이행기의 도래 여부와 도래 시기, 그리고 이율의 고저와 같은 변제이익의 다과에 따라 순차적으로 이루어지나, 다만 그 이행기나 변제이익의 다과에 있어 아무런 차등이 없을 경우에는 각 원본 채무액에 비례하여 안분하게 된다. / 대판 1999.7.9 98다55543. 특별한 사정이 없는 한, 변제자가 타인의 채무에 대한 보증인으로서 부담하는 보증채무(연대보증채무도 포함)는 변제자 자신의 채무에 비하여, 연대채무는 단순채무에 비하여, 각각 변제자에게 그 변제의 이익이 적다.

그리고 위 충당일 기준 ①채권은 원금 1억 원 및 지연손해금 4,800만 원이 잔존하고 있었고[8)9)] ②채권은 원금 2천만 원 및 지연손해금 200만 원(=2천만 원 X 5개월 X 0.02[10)])이 잔존하고 있었으며, ③채권은 변제기까지 이자가 모두 지급되었으므로 원금 1억 원만이 남아 있었습니다.

위 법정충당의 법리에 따라 충당을 하면 9천만 원은 먼저 지연손해금 4,800만 원 및 200만 원에 먼저 충당되고, 그 잔액인 4,000만 원이 변제이익이 가장 큰 ②채권의 원금 2천만 원에 충당되며, 나머지 2,000만 원이 ①채권의 원금에 충당되어 변제충당일 기준 ①채권의 원금 8,000만 원이 남게 됩니다.

다. 소결론

따라서 피고 주진희는 원고에게 잔존한 물품대금 8천만 원 및 이에 대한 변제충당일 다음날인 2022. 10. 1.부터 이 사건 소장부본 송달일까지는 상법에 따른 연 6%의, 그 다음날부터다 갚는 날까지는 소송촉진 등에 관한 특례법에 따른 연 12%의 각 비율로 계산한 지연손해금을 지급하여야 합니다.

4. 피고 박이채, 최상진에 대한 사해행위취소청구[11)]

가. 사해행위취소 부분

(1) 피보전채권

원고는 2016. 9. 1. 소외 최병철에게 1억 원을 이자없이 변제기 2017. 8. 31.로 정하여 대여하였고, 위 최병철의 배우자인 소외 안현숙이 위 채무를 연대보증하였습니다.

(2) 사해행위

최병철은 무자력상태에서 2022. 10. 15. 피고 박이채에게 유일한 재산인 별지 목록 제2항 기재 건물을 대물변제약정에 기하여 소유권이전등기를 경료해 주었고, 피고 박이채는 2022. 11. 15. 피고 최상진에게 매매에 기하여 소유권이전등기를 마쳐주었습니다.

---

8) 대판 2010.9.9. 2010다28031. 사채의 상환청구권에 대한 지연손해금은 사채의 상환청구권과 마찬가지로 10년간 행사하지 아니하면 소멸시효가 완성하고, 사채의 이자에 대한 지연손해금은 사채의 이자와 마찬가지로 5년간 행사하지 아니하면 소멸시효가 완성한다. / ①채권은 상인의 물품대금채권으로 3년의 소멸시효기간이 적용되고, 따라서 이에 대한 지연손해금채권도 3년의 소멸시효기간이 적용될 것으로 생각된다. 그렇다면 변제충당일 기준 소급하여 3년이내의 지연손해금채권만이 잔존하게 되지만, 2019. 9. 30. 이전의 지연손해금채권은 가압류의 청구채권으로서 시효가 중단되었다.
9) 대판 2008.3.14. 2006다2940. 소멸시효 완성의 효력은 소멸시효가 완성된 원금 부분으로부터 그 완성 전에 발생한 이자 또는 지연손해금에는 미치나, 변제로 소멸한 원금 부분으로부터 그 변제 전에 발생한 이자 또는 지연손해금에는 미치지 않는다. / 이철수의 채무는 소멸하였으므로, 이철수의 부담부분에 해당하는 원금 및 지연손해금 부분은 시효로 소멸하였다.
10) 지연손해금에 대해서는 이자제한법이 적용되지 않음.
11) 연대보증인인 안현숙의 별지 목록 제4항 기재 토지에 관한 사해행위는 2022. 1. 2. 이루어졌으나, 원고가 2022. 1. 10. 처분등기가처분등기를 경료하여 사해행위인 사실을 알게 되었으므로, 소 제기일인 2023. 1. 13. 기준 제척기간이 도과하였다.

한편, 위 부동산에는 장정자의 채무를 담보하기 위하여 별지 목록 제3기재 토지와 함께 공동근저당권이 설정되어 있으나, 아래와 같은 이유로 1억 원의 담보가치를 보유하고 있기 때문에 최병철의 대물변제약정은 무자력 중 처분행위로 사해행위에 해당합니다.

공동저당권이 설정된 부동산에 대한 피담보채권액과 관련하여 판례[12]는 '수 개의 부동산 중 일부는 채무자의 소유이고 다른 일부는 물상보증인의 소유인 경우에는, 물상보증인이 민법 제481조, 제482조의 규정에 따른 변제자대위에 의하여 채무자 소유의 부동산에 대하여 저당권을 행사할 수 있는 지위에 있는 점 등을 고려할 때, 그 물상보증인이 채무자에 대하여 구상권을 행사할 수 없는 특별한 사정이 없는 한 채무자 소유의 부동산에 관한 피담보채권액은 공동저당권의 피담보채권액 전액으로 봄이 상당하다. 이러한 법리는 하나의 공유부동산 중 일부 지분이 채무자의 소유이고, 다른 일부 지분이 물상보증인의 소유인 경우에도 마찬가지로 적용된다.'고 판시하였습니다.

위 판결에 따르면 장정자의 채무액은 4억 원이고, 장정자 소유 별지 목록 제3항 기재 토지의 담보가치는 3억 원인데, 위 토지에 관한 피담보채권액은 4억 원 전액이고, 위 토지로써 피담보채권액 전액을 담보하지 못하므로, 결국 차액 1억 원이 별지 목록 제2항 기재 건물의 피담보채권액이 됩니다.

그리고 별지 목록 제2항 기재 건물의 시가는 2억 원이므로 위 공동근저당권의 피담보채권액 1억 원을 공제한 나머지 1억 원이 공동담보로 남아있습니다.

(2) 사해의사 및 악의

위와 같이 사해행위가 인정되는 이상 채무자인 최병철의 사해의사는 추정되고, 또한 수익자 및 전득자인 피고 박이채와 최상진의 악의도 추정됩니다.

나. 원상회복청구 부분

사해행위 취소로 인한 원상회복은 특별한 사정이 없는 한 원물반환의 방법을 따라야 하므로 수익자 및 전득자 명의의 각 소유권이전등기는 말소되어야 합니다.

다. 소결

따라서 별지 목록 제2항 기재 건물에 관한 소외 최병철과 피고 박이채 사이에 2022. 10. 15. 체결된 대물변제약정은 사해행위로써 취소되어야 하고, 피고 박이채 및 피고 최상진은 소외 최병철에게 자신의 명의로 마친 각 소유권이전등기의 말소등기절차를 이행하여야 합니다.

---

12) 대판 2013.7.18 2012다5643 전원합의체

5. 피고 김영철에 대한 임대목적물 반환청구

가. 임대차계약의 체결 및 종료

원고는 2009. 4. 1. 피고 김영철에게 별지 목록 제5항 기재 창고 중 별지 도면 표시 선내 (가) 부분 60㎡를 임대하면서 임대차보증금 1억 원, 월차임 100만 원(매월 말일 지급), 임대기간 2009. 4. 1.부터 2019. 3. 31.까지로 정하였습니다.

위 임대차는 2019. 3. 31. 기간의 만료로 종료하였으나, 피고 김영철이 계속해서 사용, 수익을 하였고, 원고가 이에 대하여 아무런 이의를 제기하지 않아 민법 제639조에 따라 묵시적으로 갱신되었다가, 원고가 민법 제635조에 기하여 2022. 4. 28. 해지통고를 하였고, 위 해지통고가 2022. 4. 30.에 도달하였기 때문에 민법 제635조 제2항 제1호에 따라 2022. 10. 30. 해지로 종료되었습니다[13].

그리고 임대목적물의 반환과 임대차보증금의 반환은 동시이행관계에 있으므로, 피고 김영철은 원고로부터 잔존한 임대차보증금을 지급받음과 동시에 원고에게 위 부동산을 인도하여야 합니다.

한편, 피고 김영철은 2016. 10월분, 2016. 11월분 2개월 분의 차임을 연체하였고, 또한 2022. 3. 1.부터 2022. 10. 31.까지의 8개월 분의 차임을 연체하였으므로, 연체차임 1천만 원이 임대차보증금에서 공제되어야 하나, 위 연체차임 중 300만 원은 이미 추심채권자에게 추심되었으므로, 위 금액을 제외한 나머지 700만 원이 임대차보증금에서 공제되어야 합니다.

나. 피고의 예상 주장 및 이에 대한 반박

(1) 연체차임 시효소멸 주장

피고는 2016. 10월분, 2016. 11월분 2개월 분의 차임이 이미 시효로 소멸하였다는 취지로 주장할 수 있으나, 이와 관련하여 판례[14]는 '임대인이 이미 소멸시효가 완성된 차임채권을 자동채권으로 삼아 임대차보증금 반환채무와 상계하는 것은 민법 제495조에 의하더라도 인정될 수 없지만, 임대차 존속 중 차임이 연체되고 있음에도 임대차보증금에서 연체차임을 충당하지 않고 있었던 임대인의 신뢰와 차임연체 상태에서 임대차관계를 지속해 온 임차인의 묵시적 의사를 감안하면 연체차임은 민법 제495조의 유추적용에 의하여 임대차보증금에서 공제할 수는 있다.'고 판시하였습니다.

따라서 이와 배치되는 피고의 주장은 근거가 없습니다.

---

[13] 대판 2004.6.25. 2003다14720 : 민법 제639조 제1항은 "임대차기간이 만료한 후 임차인이 임차물의 사용·수익을 계속하는 경우에 임대인이 상당한 기간 내에 이의를 하지 아니한 때에는 전 임대차와 동일한 조건으로 다시 임대차한 것으로 본다. 그러나 당사자는 제635조의 규정에 의하여 해지의 통고를 할 수 있다."고 규정하고 있는바, 민법 제639조 제1항의 규정에 의하여 묵시적으로 갱신된 임대차계약은 존속기간을 제외하고는 전의 임대차와 동일한 조건으로 다시 임대차를 한 것으로 보아야 하고, 그 갱신된 임대차계약은 기간의 약정이 없는 임대차계약이 된다고 할 것이다. / 임대차계약이 묵시적으로 갱신됨으로써 기한의 정함이 없는 임대차가 되었으므로, 해지통고에 기하여 해지될 수 있고, 종전 임대차계약에 6개월 이상 연체할 경우 해지할 수 있다는 특약이 있으므로, 차임연체에 기한 해지는 어려울 것으로 생각된다.

[14] 대판 2016.11.25. 2016다211309

(2) 차임채권이 추심되었다는 주장

피고는 원고의 차임 및 부당이득채권이 소외 김청구에게 추심되었으므로, 원고가 차임채권을 임대차보증금에서 공제할 수 없다고 주장할 수 있습니다.

그러나 이와 관련하여 판례15)는 '부동산 임대차에 있어서 수수된 보증금은 차임채무, 목적물의 멸실·훼손 등으로 인한 손해배상채무 등 임대차에 따른 임차인의 모든 채무를 담보하는 것으로서 그 피담보채무 상당액은 임대차관계의 종료 후 목적물이 반환될 때에 특별한 사정이 없는 한 별도의 의사표시 없이 보증금에서 당연히 공제되는 것이므로, 임대보증금이 수수된 임대차계약에서 차임채권에 관하여 압류 및 추심명령이 있었다 하더라도, 당해 임대차계약이 종료되어 목적물이 반환될 때에는 그 때까지 추심되지 아니한 채 잔존하는 차임채권 상당액도 임대보증금에서 당연히 공제된다.'고 판시하였습니다.

위 판결에 따르면 2022. 3. 1.부터 2022. 10. 31.까지의 8개월 분의 연체차임 800만 원 중 300만 원은 이미 추심되었으므로, 위 300만 원 상당의 차임은 임대차보증금에서 공제할 수 없으나, 나머지 500만 원은 공제할 수 있습니다. 따라서 이와 배치되는 피고의 주장은 근거가 없습니다.

(3) 창고미사용 주장

피고는 2022. 8. 31.부터 임대목적물을 사용하지 않기 때문에 이날부터의 부당이득은 성립하지 않는다고 주장할 수 있습니다.

그러나 위에서 말씀드린 바와 같이 2022. 10. 30.까지는 임대차계약이 존속하고 있으므로, 2022. 9. 1.부터 2022. 10. 31.까지의 차임은 사용여부와 관련없이 피고가 지급되어야 합니다.

그리고, 2022. 10. 31. 이후의 부당이득은 피고의 주장과 같이 사용이익이 없으므로, 이를 공제하지 않습니다.

다. 소결

따라서 피고 김영철은 원고로부터 잔존 보증금 93,000,000원(1억 원 - 200만 원 - 500만 원)을 지급받음과 동시에 원고에게 별지 목록 제5항 기재 부동산 중 별지 도면 표시 1, 2, 3, 4, 1을 차례로 연결한 선내 (가) 부분 60㎡을 인도하여야 합니다.

---

15) 대판 2004.12.23 2004다56554

6. 결론

위와 같은 이유로 피고들에 대하여 청구취지의 기재와 같은 판결을 선고하여 주시기 바랍니다.

증 명 방 법

첨 부 서 류

2023. 1. 13.

원고 소송대리인
변호사 신영민

서울중앙지방법원 귀중

별지

부동산 목록

<생략>